Handbook of Moral Development 1

도덕성 발달 핸드북

도덕성 발달 핸드북_ 1

Handbook of Moral Development

멜라니 킬렌/쥬디스 스메타나 엮음 | 김태훈 옮김

인간사랑

Handbook of Moral Development
by Melanie Killen & Judith Smetana

서문

도덕성 발달에 관한 연구는 감정, 인지, 정서, 행동의 측면에서 고찰되었든 혹은 신경과학의 측면에서 고찰되었든 간에 그의 교육 혹은 임상적 상황에 대한 적용과 더불어 지난 20여 년 동안 엄청나게 확장되어 왔다. 그러나 현재 여러 형식의 도덕성에 관한 다양한 연구와 학문적 성과를 함께 묶은 단일 서적은 없었다. 그런데 학자, 연구자, 그리고 교육자들은 도덕성이 아동기, 청소년기, 성인기를 통해 어떻게 발달하는지 이해하는 데 여전히 몰두하고 있다. 이 핸드북은 도덕성 발달의 다양한 측면에 관하여 26개 장에서 44명 학자들의 이론화와 연구를 한데 묶어 이러한 간극을 메우고 있다.

이 핸드북의 편집자들로서 우리는 이 프로젝트에 착수하고자 약 2년 전에 (주)로렌스 엘바움 어소시에이트(Lawrence Erlbaum Associates, Inc.,)의 수석 편집자인 빌 웨버(Bill Webber)를 피아제 학회(Jean Piaget Society : The Society for the Study of Knowledge and Development)에서 만났다. 이 프로젝트에 대한 빌(Bill)의 열정은 전염성이 강했으며, 우리는 이것을 도덕성에 관한 오늘날의 연구와 학식을 함께 묶을 수 있는 절호의 기회라고 생각했다. 각 장의 저자들은 이 책의 다른 장들을 상호 참조함으로써 영역들을 아우르는 통합을 보여주었다. 우리는 그 결과에 대해 매우 만족하고 있다. 이 핸드북은 문화, 정서, 공감, 양심, 사회화, 집단 간 관계, 교육, 권리, 가치, 자연, 이타주의, 공격성, 성, 청소년 범죄, 생물학, 영장류 동물학, 상호성, 인격교육, 지역봉사, 그리고 청소년 발달 등의 영역을 다루는 다양한 장을 포함하고 있다.

이 핸드북은 학자, 전문가, 그리고 학부 및 대학원생들을 위한 하나의 자료로서 의도된 것이다. 우리의 관점에서 볼 때 아동기와 청소년기에서 그 근원을 이해하지 않고서는 도덕성의 그 모든 다양한 면을 결코 이해할 수 없다. 따라서 우리는 심리학(발달, 인지, 임상, 지역사회, 교육, 비교), 교육학(인간 발달, 교육과정), 인류학(문화), 사회학, 철학(윤리학), 그리고 정치학(사회정의, 윤리학) 등 각기 다른 분야의 학자들과 학생들이 이 핸드북이 유용한 교육적인 자료임을 발견하게 될 것으로 기대한다.

커티네스(W. Kurtines)와 게위츠(J. Gewirtz)가 편집한 최근의 『도덕성 발달 핸드북』은 1991년에 발간되었으며, 이는 1980년대 후반의 주요 연구를 반영하였다. 따라서 『도덕성 발달 핸드북』이 발간된 이래 거의 20년이 흘렀다. 이번에 발행하는 『도덕성 발달 핸드북』은 도덕성 발달 분야의 세계적 전문가들에 의해 집필되었으며, 다양한 관점에서 기본 이론, 개념구조, 최첨단 연구를 제시해 주는 새롭고 포괄적인 개정판이 되도록 설계되었다.

편집자 킬렌_Melanie Killen과 스메타나_Judith G. Smetana

차례

제1부

서두 해설

도덕성 발달에 관한 심리학적 연구는 지난 몇십 년을 거치면서 중대한 변화를 겪었다. 도덕성 발달 분야는 연구된 주제의 범위뿐만 아니라 제안된 이론적 관점의 다양성 견지에서도 크게 확장되었다. 이론은 인류학, 사회학, 정치학, 윤리학, 철학을 포함한 다른 사회과학 분야의 학문뿐만 아니라 사회심리학, 인지심리학, 신경과학을 포함한 다른 심리학 영역에서 일반적인 발달을 고찰하는 데까지 확장되었다. 예를 들면 다음과 같다. 최근의 생물학에서의 연구는 도덕성의 생물학적 토대에 관한 사고에 이바지했으며, 철학 저작들은 도덕성에 관한 오늘날의 정의를 제공했다. 사회학에서의 학문적 성과는 사회적 집단과 청소년 범죄의 역할에 관한 새로운 사고방식을 제공했으며, 인류학 저작은 문화의 역할과 정의에 관한 논쟁에 공헌했다. 사회심리학에서의 새로운 연구는 도덕성이 집단 상호 간 관계, 인종주의, 그리고 편견과 관계가 있다는 점에서 이에 대한 새로운 관심을 유발하였다. 그리고 교수법과 효과적인 교실에 관한 교육학 연구는 도덕교육에 관한 발달적 연구를 풍부하게 해주었다. 요컨대 도덕발달에 관한 연구는 이제 시민의 권리, 문화, 집단 상호 간 관계, 성체계, 가족관계, 가정교육, 양심, 가치, 공동체 봉사, 공격성, 자연, 아동들의 권리, 희생양, 그리고 발달적 및 인격교육 프로그램을 이행하기 위해 설계된 교육 프로그램을 포함한 다양한 범위의 주제를 포괄한다. 비록 여러 요인들이 도덕성 발달 분야에서 이러한 변화를 이끌었지만 이론적 형식화의 팽창이 다양한 분야에서의 연구와 학식에 영향을 미치는 새로운 연구방향을 창출했다. 『도덕성 발달 핸드북』(*Handbook of Moral Development*)은 도덕발달에 관한 심리학적 연구와 고려되고 있는 주제의 범위 및 주요 영역에 관한 오늘날의 이론화에 있어서 그 다양성과 여러 가지 전문분야의 영향을 기술하고 있다. 그 주제의 다양성을 강조하기 위해 우리는 26개의 장을 이들의 각기 다른 이론적 관점과 논제의 개념적 주제를 대표하는 6개의 부로 조직했다. 제2부는 구조주의와 도덕발달 단계, 제3부는 사회적 영역 이론과 사회정의, 제4부는 양심, 사회화, 그리고 내면화, 제5부는 사회적 상호작용, 사회문화적 비교 접근, 제6부는 공감, 정서, 공격성, 그리고 제7부는 도덕교육, 인격발달, 공동체 봉사로 구성되었다.

이 분야의 기원과 확산

아동의 도덕적 성장에 관한 심리학적 이론화와 연구의 역사는 프로이트(Sigmund Freud)에 의해 최초로 정교화된 양심, 그리고 피아제(Jean Piaget)에 의해 특성이 기술된 도덕적 자율성에 관한 개념으로부터 시작되었다. 미드(George Herbert Mead)와 볼드윈(James Baldwin)을 포함한 그 당시의 많은 발달론자들에 의해 영향을 받았던 이 두 이론가는 연구의 독특한 노선을 개척했다. 프로이트가 부모-자녀 관계, 정서, 그리고 죄의식에 초점을 맞추었던 반면에 피아제는 동료관계, 인지, 정의, 그리고 반성에 초점을 맞추었다. 그 당시의 초점은 광범위한 이론화에 보다 많이 모아졌던 반면에 개념의 조작화와 연구방법론의 체계적 보고에는 거의 관심을 기울이지 않았었다.

분화

아동들의 도덕성에 관한 심리학적 연구는 1960년대에 이르러 베르너(Heinz Werner, 1957)의 발달 은유를 채택하면서 상당히 분화되기 시작했다. 스키너(B. F. Skinner)와 같은 행동주의자들과 그 밖의 다른 학습 이론가들은 도덕적 행동을 평가하고자 설계된 실험을 수행함으로써 프로이트의 양심과 가치에 관한 개념에 이의를 제기했다. 더군다나 피아제의 연구는 콜버그(Kohlberg, 1969)에 의해 도덕 판단 발달의 6단계 계열로 크게 확장되었다.

이들 연구의 각기 다른 노선은 대부분 발달심리학의 "대이론"(정신분석 이론, 학습 이론, 그리고 인지발달 이론)을 대표했으며, 그들이 각기 다른 패러다임 혹은 세계관을 대표했던 만큼 이론들 간에 중복이 거의 없었다. 이들 모델로부터 산출된 도덕 이론들은 개인에 있어서 도덕성의 기원, 변화의 본질, 계열, 획득, 그리고 최종 상태에 관한 경쟁적인 해석으로 분화 · 제시되었다. 예를 들면 프로이트 이론은 도덕성이 내면화되기 시작하는 메커니즘으로서 부모의 가치와의 동일시를 강조한다. 이와 대조적으로 학습 이론은 도덕적 가치의 획득을 설명하는 데 공헌하는 강화 가능성을 입안한다. 인지발달 이론은 프로이트의 내면화된 죄의식에 관한 개념과 스키너의 조건화 이론에 대한 상대적 입장으로서 공헌하는 도덕적 지식의 구성(반성과 추상)에 초점을 둔다. 프로이트의 심리성적 단계 이론에서는 도덕성이 5세 정도에 형성되는 것으로 보는 반면에 콜버그의 구조발달 단계 이론에서는 원리화된 도덕성이 상대적으로 늦게 등장하는 것으로 보는데, 이때는 개인들이 그의 6단계 계열의 가장 높은 단계에 도달할 때이다. 이와는 대조적으로 학습 이론은 단계 개념을 완전히 거부하며 성숙한 도덕성을 아동들이 그들 문화의 규범과 가치를 성공적으로 내면화하는 측면에서 정의한다. 따라서 각 이론은 도덕성의 기원과 획득 및 변화의 본질에 관한 기본적인 발달 의문에 대해 분명하게 확인된 대답을 갖추고 있다.

위계적 통합과 공통 근거

베르너를 다시 빌린다면, 그리고 이 책의 기고문들에서 설명된 것처럼 이 분야는 현재 위계적 통합 단계에 있다. 이 책에서 설명된 몇 가지 이론적 입장은 분명히 대이론의 영향을 받았으며, 자극적이고 고상한 방향을 취하고 있는 이들 각기 다른 접근으로부터 도출되었다. 사회학습이론은 훨씬 더 상호작용적이고 교류적인 관점, 곧 인지의 역할과 내적·지적 상태를 포함한 관점으로 변화되고 있다. 인지발달 이론은 단계 개념으로부터 영역 제한 관점에 이르는 다양한 궤도를 따라 발달되었다. 예를 들면 도덕발달에 관한 부모의 영향, 사회적 상호작용과 경험의 역할, 그리고 문화의 역할에 관한 상세한 분석이 다양한 인지발달 연구 프로그램 속에 포함된다. 이와 비슷하게 내면화된 죄의식에 관한 프로이트의 설명으로 인해 영향을 받은 연구자들은 또한 한때 구조발달 접근의 증명서였던 도덕적 인지와 동료관계를 연구한다.

아울러 여러 다양한 이론적 관점이 도덕발달에 관한 오늘날 논의의 중요한 부분이 되었다는 것은 이 책의 기고문들을 통해 볼 때 분명하다. 예컨대 진화론적·비교적·사회문화적 접근 모두는 최근 몇 년 동안 매우 번창했으며, 경쟁하는 이론적 관점을 제공했다. 사실 이 분야의 현재 상태를 특징짓는 다원주의는 통합적인, 미묘한 차이가 있는, 복잡하면서도 다면적인 이론화와 연구의 노선을 낳았다.

혼합 이론들은 지적 논쟁을 결코 덜 분명하게 하거나 축소시키지 않는다. 즉 아동, 청소년, 그리고 성인이 발달과정에서 획득하는 도덕성에 관한 오늘날의 설명에는 분명한 차이가 존재한다. 변화된 것은 이론의 복잡성과 개인의 도덕성에 관한 설명의 기술에서 발견되는 중복의 정도이다. 오늘날 대부분의 이론은 도덕성이 인지와 판단, 정서와 생태를 포함한다는 것을 상당한 정도로 인정한다. 요컨대 대부분의 이론은 도덕성의 획득에서 가족(부모와 형제자매), 동료관계(친구, 친구가 아닌 사람, 아는 사람 등 폭넓은 범위를 포함하는), 그리고 부모가 아닌 일반 성인들을 포함하는 다양한 사회적 관계가 기여하는 공로를 검토한다. 그리고 대부분의 이론은 도덕성을 초기 아동기나 후기 청소년에 형성되는 것으로 보기보다는 초기 아동기부터 청소년기 혹은 청년기를 통해 발달하는 것으로 본다.

분화와 오늘날의 논쟁들

비록 최근 몇 년 동안 다른 관점들의 대통합과 고려가 있어왔지만 지난 몇십 년을 거치면서 논쟁해 왔던 많은 똑같은 이슈가 지금까지 미해결된 채로, 그리고 논쟁상태로 남아 있다. 예를 들면 이 책에 있는 각기 다른 관점은 다음과 같은 점에서 첨예한 불일치를 보여주고 있다 : 생태와 문화에 부여된 상대적 무게, 도덕성이 보편화되는 혹은 문화적으로 상대적인 정도, 부모와 다른 성인들이 어느 정도 그리고 어떤 방식에서 도덕적 가치의 획득에 영향을 미치는가를 포함한 가족의 역할, 인지 대 정서에 부여되어야 하는 상대적 강조, 양심의 특성 짓기, 소년들과 소녀들이 그들의 도덕적 정향 혹은 도덕적 성장에서 차이를 보이는 정도, 문화 이데올로기가 사회에서 도덕성 형성에 미치는 역할, 학교가 인격교육을 지지해야 하는지 아니면 도덕적 반성과 논의를 고양하는 데 초점을 두어야 하는지, 그리고 인간 이외의 영장류, 자연, 환경은 도덕적 균등화에 고려되어야 하는지 등. 우리의 시각에서 볼 때 이들 논쟁은 이 분야의 중요한 생명력의 지표로서 새로운 이론적 진전과 경험적 논제, 그리고 새로운 연구 프로그램을 산출할 것이다.

또한 도덕성에 관한 논쟁들은 오늘날 사회적 삶의 대부분의 측면을 반영한다. 학교차별, 빈곤, 교육적 성취 격차, 아동 노동, 성적 남용, 주택과 직업의 차별대우, 편견, 이민자들의 권리, 영토전쟁, 자원분배, 그리고 시민의 권리 등은 모두 뜨겁게 논쟁되는 이슈를 반영하고 있다. 왜냐하면 그것들은 정의, 공정, 타인들의 안녕, 배려, 공감, 그리고 이타주의의 경쟁하는 관점과 관련되기 때문이다. 따라서 아동들의 도덕성에 관한 이해는 우아한 학업 논쟁을 훨씬 넘어선다는 것을 암시하고 있다. 사실 우리가 도덕성을 어떻게 바라보느냐는 공정하고 정의로운 사회에 관한, 그리고 그것을 성취하는 방법에 관한 우리의 상상력에 대한 광범위한 함축을 지닐 수 있다. 도덕발달과 관계가 있는 대부분의 오늘날 정책 토론과 정치적 논쟁들은 도덕발달 이론과 연구를 거의 끌어들이지 않고 있다. 아동 빈곤, 교육적 성취 격차, 그리고 학교차별과 같은 논제들은 분명히 도덕적 영역에 속함에도 불구하고 연구와 적용 사이의 간극을 연결하는 통로가 거의 없다. 그런데 도덕적 영역에 속한 다양한 문제의 해결책은 아동들의 사회적 경험, 아동들의 경험에 관한 성인의 태도, 그리고 이들 이슈가 어떻게 다루어져야 하는지에 관한 문화적 기대를 이해하는 것과 관련된다. 우리는—비록 몇 안 되는 방식에서라도—이 책에 기술된 연구가 우리가 아동들의 삶을 개선하고자 시도할 때 흔히 직면하는 어려운 딜레마들에 대한 해결책을 제공하는 데, 또한 정의, 공정, 평등을 지향하는 사회의 과정을 촉진시키는 데 도움이 되었으면 한다.

이 『도덕성 발달 핸드북』은 도덕성이 아동, 청소년, 그리고 성인에게서 어떻게 정의 또는 연구되고 검토되는지에 대한 풍부한 정보를 담고 있다. 이 책에 기고한 학자들은 도덕적 삶에 관한 영역에서의 전문가들이며, 그들이 기술한 장은 우리가 학자, 정책수립자, 교육자, 그리고 아동들과 함께 일하는 전문가에게 흥미가 있을 것으로 기대하며, 도덕발달 분야에서 오늘날의 이론과 연구에 대한 정밀한 개요를 제공하고 있다. 이 책에는 광범위한 도덕발달들이 잘 반영되어 있는데, 각 장은 아동들과 청소년들의 도덕발달에 관한 오늘날의 이론적·경험적 지식을 집합적으로 그리고 개별적으로 분류하고 있다. 동시에 우리는 각 저자에게 그들의 연구영역에서 아직 대답되지 않은 연구문제들과 앞으로 필요한 연구방향을 요약해 줄 것을 부탁했으며, 각 장은 우리의 지식이 완전하지 않다는 것, 그리고 앞으로 많은 연구가 행해져야 한다는 것을 지적하고 있다. 우리는 이 책이 도덕발달에 관한 학문적인 논의의 지속적인 활력에, 그리고 이론화와 연구에서 새로운 진전에 기여할 것으로 기대한다.

《 감사의 말 》

우리는 이 프로젝트를 지원하고 격려해 준 (주)로렌스 엘바움 어소시에이트(LEA)의 편집장인 스토운(Lori Stone)에게, 그리고 유용한 도움을 제공해 준 (주)로렌스 엘바움 어소시에이트(LEA)의 라센(Rebecca Larsen)에게 감사드린다. 알렉산드라 헤닝[Alexandra(Sasha) Henning]은 우리의 편집 보조자로 봉사했으며, 이 책의 경과에 관한 그녀의 조직화된 최신 정보에 감사한다. 그리고 여느 때와 다른 스케줄과 열정으로 이들 장을 책임지고 집필해 주시고 편집상의 피드백에 친절하게 응해주신 이 책의 훌륭한 기고가들에게 감사드린다. 우리는 각 장을 읽으면서 도덕발달 분야의 흥분되는 새로운 연구에 관해 공부하면서 커다란 기쁨을 맛보았다.

제2부

구조주의와 도덕발달 단계

이 장은 독자들에게 구조발달적 접근에서 수행된 도덕발달에 관한 이론과 연구를 소개한다. 이 이론적 관점은 피아제(Jean Piaget)에 의해 최초로 공식화되었으며, 콜버그(Lawrence Kohlberg)와 도덕발달에 대한 도덕판단, 도덕추론, 사회적 상호작용 접근 연구의 한 세대를 기록했던 보다 최근의 동료들에 의해 확장되었다. 피아제가 상당한 영향을 미쳤던 『아동 도덕판단』을 1932년에 발간했지만 그의 이론은 1960년대까지 미국 심리학자들에게 널리 알려지지 않았다. 1970년대와 1980년대 동안 콜버그의 단계 이론은 도덕발달 연구에서 지배적인 패러다임이 되었다. 피아제와 콜버그의 선구적인 연구는 도덕발달 분야의 초점을 행동주의 접근으로부터 연령에 따른 도덕판단의 질적 변화를 고려하는 방향으로 이동시켰다. 잘 알려진 바와 같이 콜버그는 도덕판단이 점진적으로 차별화되며 통합되는 정의의 개념에 관한 일련의 6가지 보편적 · 계열적 · 위계적 단계를 통해 발달한다는 것을 제안하기 위해 법, 생명, 대인관계 의무, 신뢰, 그리고 권위가 내포된 갈등하는 이해관계를 대립시킨 가설적 딜레마들에 대한 반응을 활용했다. 콜버그의 이론은 개인들이 취했던 내용이나 특정한 결정보다는 개인들의 도덕판단 밑에 깔려 있는 구조에 초점을 맞추었다.

제1장에서 투리엘(Elliot Turiel)은 이 책의 1장과 그 다음에 논의된 접근 두 가지 모두를 포함한 구조발달적 이론을 보다 넓은 역사적 · 이론적 맥락에 위치시킨다. 투리엘이 집필한 제1장은 추론의 분석을 통한 도덕성 발달 연구를 지향한다. 그의 주장은 도덕철학, 정치학, 문화인류학의 최근의 학문적 성과에 의존하고 있다. 그는 또한 추론과 합리성에 관한 구조발달적 초점을 정서를 우선시하는 도덕성 접근과 비교한다. 그는 아동들의 도덕판단의 이해에 대한 피아제와 콜버그의 기여를 고려하며, 그러면서 사회적 영역 관점(이것은 제3부의 중심주제이다)의 연구가 어떻게 피아제와 콜버그 접근의 한계와 불일치에 역점을 두고 발달하게 되었는가를 기술한다. 끝으로 투리엘은 심리학적 · 철학적 · 인류학적 · 사회학적 관점의 연구결과를 통합하는 도덕성과 사회정의에 관한 구조발달적 분석으로 결론을 맺는다.

제2장에서 랩스레이(Daniel Lapsley)는 인지발달적 전통에서 등장했던 도덕단계 이론의 발달을 기술하고 있다. 랩스레이는 데이먼(Damon), 셀만(Selman), 레스트(Rest), 투리엘(Turiel), 아이젠버그 버그(Eisenberg-Berg)의 연구에서 뿐만 아니라 피아제와 콜버그의 이론에서 구조발달적 이론의 기본적인 교의와 그의 구체화에 관한 이론적이고 통찰력 있는 개

관을 제공한다. 그의 장은 구조발달적 접근의 기본적인 가정들을 검토하며, 독자들에게 그 모델의 논쟁점과 경험적 연구결과에 관한 세부적인 내용을 제공한다. 제3장에서 토마(Stephen Thoma)는 도덕판단력 검사(Defining Issues Test : DIT)에 관한 이론과 연구를 논의하는데, 그것은 1970년대 초기에 레스트(James Rest)에 의해 콜버그의 도덕판단 발달에 관한 반구조화된 인터뷰 척도의 대안으로 처음 개발된 일종의 서면기록(paper and pencil)이다. 비록 콜버그의 이론적 모델로부터 커다란 영향을 받았지만 레스트의 연구 프로그램은 독특한 특성이 있으며, 토마는 이 연구 프로그램에 관해 포괄적인 평가를 제공한다.

제4장에서 워커(Lawrence Walker)는 지속적으로 진행되고 있는 성과 도덕성 관련 논쟁을 검토하고 평가한다. 워커가 말하듯이 이 논쟁의 이슈는 도덕적 정향에서의 성차와 관련한 길리간(Carol Gilligan)의 주장으로부터 기원하는데, 그것은 그녀의 책 『다른 목소리로』가 출판되면서 1980년대 중반에 그 분야를 요동치게 만들었다. 그녀는 소년들과 남성들은 정의의 윤리에 의해 특징되는 반면에 소녀들과 여성들은 배려의 윤리에 의해 특징되며, 콜버그의 이론은 여성들의 독특한 도덕적 목소리에 편견을 갖고 있다고 주장했다. 워커의 장은 과거 20여 년 동안에 축적된 증거에 기초한 논쟁을 평가하며, 또한 논쟁에 관한 최근의 철저하면서도 체계적인 분석을 제공한다. 요컨대 워커는 도덕발달에 관한 분석에서 배려와 정의 두 가지 모두를 고려하는 연구방법을 위한 여러 가지 통찰력 있는 제안을 제공한다. 비록 그 논쟁은 대부분 가라앉았지만 워커의 장은 우리들에게 이들 논쟁이 그 분야를 얼마나 풍요롭고 활기를 띠게 했는가를 깨닫게 해준다.

제1장

도덕발달에서의 사고, 정서, 그리고 사회적 상호작용 과정

투리엘_Elliot Turiel(캘리포니아 대학교, 버클리)

학자들, 연구자들, 과학자들, 그리고 이론가들은 구어체로 표현하자면 현상을 이해하는 데 많은 시간을 보내고, 그것이 그들의 생활이 되며, 그를 통해 자신들의 입장을 정한다. 그들은 특정한 일련의 현상을 검토하며 그들이 할 수 있는 가장 일관되면서도 빈틈 없는 논리적인 설명을 제시하고자 시도한다. 이 과정에서 그들은 자신들이 현상을 이해하는 데 도움을 줄 수 있는 자료와 정보의 여러 형태들을 끌어모은다. 그 다음에 그들은 마음 속에 최소한 두 가지 원리를 갖고 자료를 검토한다. 하나는 그들의 설명에 대한 지지를 제공하는 것이며, 또 하나는 자료에 의해 지지를 받지 못할 때 그들의 설명을 변경하는 것이다. 심리학 분야의 경우 이러한 활동에 참여하는 자들은 인간 존재를 연구하고 인간(그리고 많은 경우에서 다른 동물들)이 어떻게 기능하는가를 설명하고자 시도한다. 그러한 사람들이 도덕성에 관한 연구와 설명에 참여하는 심리학자들이라면 물론 그들은 우리가 **도덕성**(morality)이라 이름붙인 영역에서 인간(그리고 인간이 아닌 존재들)이 어떻게 기능하는지를 설명하고자 시도한다. 더욱이 그러한 심리학자들은 흔히 도덕성 영역을 규정하고 또한 그 특징들을 묘사하고자 시도한다(그들은 스스로 그렇게 하거나 혹은 도덕철학자들에게 의존했을지도 모른다).

많은 심리학 분석에서 심리학자들이 그들의 학문 및 연구에 참여하는 방법과 그들이 규정하는 인간의 특징 사이에는 비동시성이 존재한다. 비동시성의 원천은 그들이 "현상을 이해하려고 노력"하고, 그런 모든 것이 연구를 수행하고 또한 이론을 공식화하는 기획에 동행하는 반면에 심리학자들의 이론은 사고, 설명, 혹은 자료와 증거에 관한 평가를 수반하지 않는 근본적으로 다른 방법으로 작동하는 인간을 택한다는 데 있다. 하나의 명백한 그리고 아마도 애매모호함이 없는 예는 스키너(B. F. Skinner)의 경우일 것이다. 그는 인간의 행동에 관한 적어도 겉으로는 유력한 설명으로 인해 20세기의 유명한, 그리고 높게 격찬을 받았던 실험 심리학자였다. 그가 이론적 구조를 공식화하기 위해 사용했던 사고의 유형과 증거를 이용했던 방법들은 심리적 과정을 배제한 채 모든 인간 행위의 원인으로 돌렸던 조작적 조건화의 원리에 근거하고 있었다(Skinner, 1971). 스키너(첨언하면 대부분의 다른 행동주의자들)로부터 나온 실제적인 예는 애매모호하지 않다. 왜냐하면 그는 사고, 언어, 행동에서의 인간의 기능작용은 사람들이 당연한 일로서 목적적이지 않고, 의도적이지도 않으며 또한 사고와 숙고에 토대를 두지도 않는, 기계적이며 조건화된 행동을 나타내는 방식에 기인한다고 주장했기 때문이다.

심리학 이론가들의 활동과 인간의 기능작용에 관한 설명 사이에 나타나는 비동시성의 정도는 다양할 수 있다. 예를 들면 인간은 탐구적이고 과학적인 사고를 할 수 있지만 보통은 그렇게 하지 않는다(혹은 그것은 특수한 훈련과 교육을 통해서만 가능하다)는 주장이 있을 수 있다. 그것이 도덕성에 관한 설명에 이르면 문제는 더욱 복잡해진다. 스키너와 다른 행동주의자들은 도덕성과 그 어떤 다른 영역을 설명하는 행동의 원리 사이를 구분하지 않은 반면에, 다른 사람들은 도덕성이 과학적 영역과 같은 그러한 영역들과는 매우 (근본적으로?) 다른 영역이라고 주장한다. 예컨대 사람들이 삶의 어떤 영역에서 현상을 이해하려고 노력하지만 도덕성은 행동에 대한 비이성적인 집착을 필연적으로 수반한다는 주장이 있을 수 있다. 이러한 관점에서조차 심리학자들이 도덕성의 분석에 참여하기 때문에 어느 정도의 비동시성은 존재한다. 그 주장은 도덕성에 관한 심리학적 (혹은 그 문제에 대한 철학적) 분석은 생명이 부여된 도덕성(아마도 이것은 분석자에게도 똑같이 적용될 것이다)과는 상이한 기획이라는 것일 것이다. 이 관점에서 보면 서로 다른 영역(예컨대 과학적 · 도덕적)에서 인간의 행동들이 분리될 것으로 추정된다. 이러한 사고의 노선을 좀 더 넓게 취해 어떤 사람들은 도덕적 문제에 관한 추론이—그것이 목격되는 한—환영(illusory)이라고 주장한다. 왜냐하면 그것은 대부분 진실과 모순되는, 도덕적 영역에서의 비이성적 행동들의 원인이 되는 합리화를 수반하기 때문이다.

피아제(1932)의 연구로까지 거슬러 올라갈 수 있는 도덕성과 그 외 다른 영역들에 관한 발달 연구의 전통 속에는 학자들, 연구자들, 과학자들, 그리고 이론가들에게 명백하게 유효한 정신활동과 사람들이 도덕성 영역에서 기능을 발휘하는 방식들의 부분으로 판단되는 정신활동 사이에 동시성이 존재한다. 이 장은 이러한 접근에 초점을 두고 있으며, 그것은 때때로 "구조발달" 혹은 "인지발달"이라 명명된다. 피아제가 도덕판단의 발달에 관해 연구를 시작한 이래 많은 사람들은 대체로 그의 접근과 노선이 같은, 그리고 사람들은 "현상을 이해하려고 노력"한다는 가정에 기초한 연구를 수행해 왔다. 도덕발달에 관한 피아제의 초기 연구의 확장은 구조발달 접근을 증진시키는 데 큰 역할을 했던 콜버그(1969, 1971)에 의해 이루어졌다. 콜버그의 연구는 그의 뒤를 이은 많은 연구자들[이 책에서 Lapsley(2장), Thoma(3장), 그리고 Walker(4장)가 논의했던 연구를 포함한)]에게 영향을 미쳤다. 필자(Turiel, 1983b, 2002)의 접근이자 또한 이 책에 수록된 여러 집필자들의 접근인 "사회적 영역" 이론 역시 다양한 구조발달 접근을 취하고 있다.

이 장의 목적은 심리학자들뿐만 아니라 철학자들, 정치학자들, 인류학자들이 중점을 두고 다루었던 몇 가지 상호 관련된 이슈들에 초점을 두고 구조발달 접근의 일반적 매개변수들을 논의하고자 하는 데 있다. 이 장은 구조발달 접근들을 통틀어 적용이 가능한 이슈들과 직접적으로 사회영역 이론으로부터 유래하는 이슈들을 포함해 논의한다. 여기에서 나온 명제들을 지지하는 증거의 대부분은 다른 장들에서도 제시되고 있다. 따라서 관련된 내용에 따라 독자들을 그 장들로 안내할 것이다. 우선 몇몇 현대 철학자들, 정치학자들, 인류학자들에 의해 제기된 명제들은 도덕성 발달에 대한 구조발달 접근의 핵심에 위치하고 있는 도덕성의 정의에 관한 폭넓은 요소들과 사고의 역할에 대해 그 윤곽을 밝히는 수단으로서 고찰된다. 그 다음에 판단과 관련한 정서의 역할이 고찰된다. 이어서 도덕판단들이 각기 다른 상황에서 어떻게 적용되는지, 그리고 각 개인은 사회정의에 대한 사회적 반대와 저항의 관계뿐만 아니라 사회제도와 문화적 관습을 어떻게 수용하고 반대하는지에 관한 논의가 뒤따른다.

사고와 도덕성

콜버그(1968)는 자신의 논문들 가운데 한 논문에 "도덕철학자로서의 아동"이라는 제목을 붙였다. 콜버그가 아동들을 도덕철학자들이라고 주장한 것은 마치 전문 철학자들이 하는 것처럼 아동들이 도덕성의 본질을 설명하는 철학적 원리를 공식화하고자 시도한다는 것을 의미하는 것이 아니었다. 오히려 그는 그 문구를 두 가지 일군의 기본적인 개념을 전달하고자 사용했다. 하나는 인간의 도덕적 기능작용이 사회적 관계에서 옳고 그름의 문제에 관한 하나의 체계적 방식으로서 정서와 함께 필연적으로 사고를 수반한다는 것이다. 사람들이 권리, 정의, 공정, 그리고 복지에 관한 그들의 이해를 토대로 옳고 그름의 이슈들을 개념화하는 방식은 도덕적 기능작용에서 매우 중요하다. 전달하고자 하는 두 번째 일군의 개념은 도덕적 기능작용이 아동기에 체계적인 방식으로 형성되기 시작하며, 아동기로부터 성인기에 이르기까지 그러한 사고방식에서 발달적 변화가 존재한다는 것이다.

사고가 인간의 도덕적 기능작용에 핵심적으로 내포되어 있다는 가정은 사회과학자들이 도덕성을 어떻게 개념화해 왔는지를 광범위하게 암시해 준다. 우선 그것이 의미하는 바는 도덕성에 관한 심리학적 연구는 그 영역을 규정하는 방식과 그것을 다른 사회적 영역과 구분하는 방식에서 많은 연구가 필요하다는 것이다. 피아제의 이론에 흔히 등장하는 용어를 사용한다면, 인식론적 분석은 인간 사고의 심리학적 분석을 위한 필수적인 가이드라인을 제공한다(Kohlberg, 1971과 Turiel, 1983a도 볼 것). 예컨대 우리가 수학, 물리학, 심리학에 관해 그들 영역의 특질을 모르면 그에 관한 사고를 연구할 수 없는 것과 마찬가지로 규정적인 기초 없이는 도덕성을 연구할 수 없다. 더 나아가 만약 도덕성이 현상을 이해하는 것을 포함한다면 도덕성은 주로 정서적으로 추동된 것으로서 양심이나 성격의 개념과 같은 고정된 생물학적 성향 혹은 비합리적인 성향을 통해 설명되지 않으며, 사회적 규범의 획득 혹은 문화적 관습이나 정향에 대한 고수를 통해서도 설명되지 않는다.

도덕성에 관한 정의와 개념화는 인간에게 무엇이 근본적인 것인가에 관한 개념과 연결된다. 철학자이자 정치이론가인 너스바움(Nussbaum)이 표현한 바와 같이 "인간은 무엇보다 추론하는 존재이다." 너스바움은 정치 이데올로기가 아니라 오히려 "오늘날 롤스(John Rawls)의 정치철학에서 표현된 칸트의 자유주의 전통과 밀(John Stuart Mill)의 고전적 공리주의 전통에 위치한"(Nussbaum, 1999, p. 57) 철학적 관점을 의미하는 "자유주의 전통"(1999, p. 71)의 핵심 가정을 언급했던 것이다. 칸트, 밀, 롤스(뿐만 아니라 Dworkin, 1977 ; Gewirth, 1982 ; Habermas, 1993)와 같은 철학자들에 의해 일치된 바와 같이 그 전통의 핵심적 특징은 다음과 같다.

> 이 전통의 핵심은 인간 존재에 관한 이중의 직관이다. 즉 인간이 된다는 것만으로 모두는 사회의 어디에 위치하든 상관없이 평등한 존엄과 가치를 지닌다는 것, 그리고 이러한 가치의 일차적인 원천은 그들 내의 도덕적 선택의 힘이며, 그 힘은 목적에 관한 자기 자신의 평가와 일치하는 삶을

계획하는 능력에 있다. 이러한 두 가지 직관에 대해—그것은 그 핵심에 있는 자유주의를 그리스 및 로마 스토아 학파 철학자들의 사고와 연결시킨다—자유주의 전통은 스토아 학파 철학자들이 강조하지 않았던 한 가지를 더 첨가한다. 곧 사람들의 도덕적 평등성은 그들에게 사회와 정치에 의한 어떤 대우의 형식들에 대해서 공정한 권리를 수여한다는 것이다. 이 대우가 무엇인가는 전통 내에서 논쟁의 주제가 될 것이지만, 공유된 출발점은 이 대우가 다음의 두 가지를 밀접하게 관련시킨 일들을 행하는 것이어야만 한다는 것이다. 그것은 선택의 자유를 존중하고 증진시켜야만 하며, 선택자로서 개인의 평등한 가치를 존중하고 증진시켜야만 한다(Nussbaum, 1999, p. 54).

너스바움은 이들 접근에서의 기본적인 도덕적 전제가 각자는 서로 다른 목적에 대한 수단으로서가 아니라 하나의 목적으로서 대우받아야만 한다는 것임을 첨가한다. 이러한 관점에서는 도덕성이 복지, 정의, 권리에 대한 실질적인 고려를 의미하며, 한 집단이나 집합체(사회, 문화)의 전통이나 공통 관습에 의해 구속되지 않는다. 추론적 존재로서 인간은 도덕적 선택의 권능을 소유하며, 자율성과 힘을 갖고 자신의 삶을 계획한다. 또한 인간의 도덕적 선택은 인간이 평등한 존엄과 가치를 지닌 존재이며, 각자 서로에 의해 그리고 사회에 의해 자유와 공정한 대우가 부여되어야 한다는 인식을 내포한다.

아동들의 사회적 · 도덕적 발달에 관한 심리학적 연구는 인간이 추론하는 존재라는 것을, 그리고 인간이 우리가 도덕적이라 이름붙일 수 있는 영역 안에서 복지, 정의, 권리를 인간의 존엄, 가치, 자유, 대우에 관한 관심을 수반하는 방식으로 추론한다는 명제를 지지하는 풍부한 증거를 보여주었다. 이에 관한 하나의 강력한 암시는 어린 나이에서부터 아동들은 서로 다른 사회적 상호작용의 영역을 구분하는 판단을 형성하기 시작한다는 것이다(Turiel, 1983b, 1998, 2002). 그 연구는 아동들이 사회체계의 통례적이고 인습적인 관습에 속하는 이슈들로부터 인간에 대한 해악과 이득, 정의, 그리고 권리에 속하는 이슈들을 구별한다는 것을 보여주고 있다. 또한 도덕적 · 인습적 영역은 개인적 자율성 영역에 속하는 개인적 선택과 권한의 영역과 구별된다. 개인적 선택은 합법적인 인습적 · 사회적 규제에 예속되지 않으며, 복지와 정의 고려와도 구분되는 것으로 이해된다. 사람들이 도덕적 · 인습적 · 개인적 문제 사이에서 이끌어내는 구별의 효력과 적절성은 그러한 판단들이 사회적 관계의 다양한 측면에서 작용한다는 것을 보여주는 연구에 의해 입증되고 있다. 가정과 학교에서의 사회적 상호작용(Smetana, 이 책 제5장 ; Nucci, 이 책 제24장), 문화적 관습에 속하는 문제(Wainryb, 제8장), 환경(Kahn, 제7장), 사회적 왕따와 집단 간 관계(Killen, Margie & Sinno, 제6장), 공격성(Tisak, Tisak & Goldstein, 제22장), 그리고 권리(Helwig, 제7장) 등이 이와 관련된다.

인간이 추론하는 존재라는 또 다른 강력한 암시는 사람들이 도덕적 개념을 특정한 상황이나 맥락에서 유연하게 적용한다는 것이다. 사람들은 흔히 주어진 상황에서 결정을 내리고 결론을 도출할 때 여러 가지 사정을 고려한다. 이와 관련한 연구결과 가운데 가장 분명한 예는 권리에 관한 연구로부터 나온다(Helwig, 이 책 제7장 참조). 어떤 문화권에 속하는 사람들은 주어진 상황에서 개인적 권리를 확인하는 데 반해 또 다른 문화권의 사람들은 그렇지 않다는 증거가 유력하다. 권리가 옹호되어야 할 것인지에 관한 판단을 내릴 때 상황의 요소들은 그 역할을 발휘한다. 여러 가지 도덕적 · 사회적 고려가 권리와 관련해 참고되며, 어느 것을 우선할 것인가에 관한 우선권이 결정된다. 이들 이슈는 다음 절에서 더 구체적으로 논의된다. 그러나 여기에서 분명한 점은 어떤 고정된 태도나 상황의 영향이 결정을 내리게 하는 것은 아니라는 것이다. 사람들은 서로 다른 도덕적·사회적 구성요소를 인정하며 그들의 상대적 장점을 평가한다.

인간이 사고의 유연성을 지닌 추론하는 존재라고 말하는 것이 정서가 전혀 역할을 하지 않는다는 것을 의미하는 것은 아니다. 그보다는 도덕성이 정서에 의해서 일차적으로 추동되는 것은 아니라는 것이다. 그것은 또한 옳음과 그름에 관한 판단의 형성을 안내하는 것이 결코 정서가 아니라는 것을 의미한다. 오히려 정서는 추론 속에 구현되며, 그 정서는 평가적으로 값을 매기는 것과 관련된다. 그래서 "이성과 정서의 완전한 구분은 의문을 불러일으키기 시작하며, 우리는 더 이상 이성을 중심으로 사고하는 사람이 정서를 배제한다고 가정하기가 어렵다"(Nussbaum, 1999, p. 72). 더 나아가 이러한 관점에서는 정서가 반성과 비판적 평가에 예속된다. 정서적 경험은 사고의 발달에 활기를 불어넣어 줄 수 있으며, 역으로 사고는 정서의 발달과 유지에 활력을 줄 수 있다. 따라서 도덕성 발달과 관련해 정서를 구분해내는 일은 중요하다. 흔히 도덕적 기능작용에서 중심적인 것으로 간주되어 왔던 공포, 불안, 수치심, 당황, 죄의식, 불쾌함과 같은 것들은 혐오의 정을 나타내는 정서이다. 혐오적인 정서를 회피하고자 하는 마음은 위반행동에 대한 도덕적 규제와 통제의 원천으로 이해된다. 정서가 평가적인 사정(evaluative appraisals)과 관련된다는 개념과 일치하는 또 다른 관점은 동정, 공감, 사랑, 애정, 존중과 같은 정서가 발달과정에서, 그리고 사람들이 소유하는 도덕적 판단 형식에서 매우 중요하다는 것이다(Okin, 1989 ; Rawls, 1971). 예를 들면 피아제

(1932)의 경우, 초기의 “일방적 존중” 발달 형식에서든 아니면 후기의 “상호 존중” 형식에서든 인간에 대한 존중은 복지와 정의에 관한 판단에서 그 중심을 이룬다. 이 문제에 대해서는 이후의 절에서 중점적으로 다룰 것인데, 특히 인간은 추론하는 존재라는 점에서 구조발달 해석이 정서를 배제한다는 여러 차례 잘못된 가정의 견지에서 다룬다.

너스바움(Nussbaum, 1999)은 (이미 인용한 바와 같이) 도덕성의 요소가 되는 추론형식과 정서의 평가적 사정을 논의하면서 “모든 사람은 인간이 된다는 바로 그것만으로 그들이 사회의 어디에 위치해 있든 상관없이 평등한 존엄성과 가치를 지니며”, 인간은 “사회에 의한 대우의 어떤 형식에 대해 공정한 권리”를 가지고 있다고, 그리고 사회에 의한 대우는 “선택의 자유를 존중하고 증진시켜야 한다”고 주장했다. 이러한 주장에 대한 직접적인 반발은 아마도 그것이 서구의 도덕적 개념이며, 그리고 사회적 위계에 의해 구조화된 도덕성과는 어울리지 않는다는 것일 것이다. 사실 너스바움과 그 밖의 여러 사람들(예컨대 Okin, 1989)은 인간의 평등에 관한 “자유주의적 전통”을 강조하면서 자연 혹은 전통에 기초한 위계에 대한 신념을 중심으로 하는 철학적 전통에 맞선다. 더군다나 분명한 것은 사회적 위계상 서로 다른 위치에 있는 사람들이 흔히 평등한 존엄과 가치로 대우받지 못하며 그들에게 어떤 대우의 형식에 대한 공정한 요구가 반드시 주어지는 것도 아니라는 점이다. 그런 사회는 예컨대 사회적 신분제도, 사회적 계층, 민족성, 그리고 성과 관련하여 지배와 종속의 관계에서 구조화된다. 대부분의 문화적 관습은 보다 큰 힘을 가지고 있거나 혹은 지배적인 입장에 있는 집단을 호의적으로 대우하는 위계적 특징을 지닌다.

이것은 너스바움이 자유주의 전통의 주요 요소로서 인지했던 명제들의 형식이 서구 문화에 뿌리를 두고 있는 도덕성의 한 종류를 나타낸다는 것을 의미하는가? 아마도 만약 (a) 어떤 사회나 문화가 하나의 도덕적 목소리로 말하고, 사회적 관계와 좋은 삶 혹은 공정한 대우를 구성하는 것에 관해 서로 이해를 공유하는 동질적이고 조화를 이루는 집단이며, 그리고 (b) 발달이 집단의 정향과 관습의 수용을 포함하는 경우라면 그럴 것이다.

자유주의 전통에 입각한 현대 철학자들과 정치이론가들은 입장이 문화에 따라 다르게 나타나고, 여러 문화는 서로 조화를 이루지도 못하고 또한 동질적이지도 않으며, 그리고 사람들 사이에, 특히 사회적 위계상 다른 위치에 있는 사람들 간에 폭넓은 이해가 존재한다기보다는 오히려 근본적인 불일치가 존재한다는 결론에 이르고 있다. 너스바움은 "문화는 완전한 통일체가 아니다. 곧 인간은 사회적 인습이라는 강력한 기계에 의해 동전처럼 똑같이 찍혀나오지 않는다"(1999, p. 32)고 주장하고 있다. 물론 이러한 관점은 추론과 정서에 관한 그녀의 가정으로부터 나온 것이지만, 그것은 또한 몇몇 동남아시아 국가를 대상으로 한 개발도상국 여성들의 삶의 질에 관한 연구로 알려져 있기도 하다(Nussba-um, 1995 참조). 문화는 완전한 통일체가 아니라는 관점에 함축된 의미는 문화가 전통, 공공 이데올로기, 사회적 규범에 대한 공유된 이해나 책무에 의해 형성되거나 규정되지 않는다는 것이다. 도덕성이 복지, 정의, 권리에 관한 추론에 바탕을 두고 있다는 비상대주의적 명제는 모든 사람이 이들 개념을 옹호하는 근거에 관한 공유된 혹은 공통된 이해를 갖고 있다는 것을 의미할 것이다. 그러나 공정한 대우와 상호성으로 구성되지는 않는 사회의 상황에서는 반드시 도덕판단이 다른 사회적·개인적 개념과 견주어 맞서게 된다. 만약 사람들이 비슷한 도덕적 판단을 주장한다면 평등한 혹은 공정한 대우를 받지 못하는 사람들(예컨대 종속적인 지위에 있는 사람들)은 도덕적 명령이 현재 존재하고 있는 사회적 제도와 문화적 관습에 적용되는(혹은 적절하게 적용되지 않는) 방식에 대항해 맞설 것이라는 기대가 나온다. 성 불평등과 억압의 이슈에 초점을 맞춰 오킨(Okin)은 이해가 공유되지 않는다고 주장했다. 곧 "억압자들과 억압을 받는 자들—후자의 목소리가 하여튼 들려질 수 있을 때—은 흔히 근본적으로 서로 불일치한다"(1989, p. 67)는 것이다. 근본적인 불일치는 억압자들과 같은 집단과 그들이 억압하는 집단 사이에 존재하는 것을 훨씬 더 넘어선다. 그러한 집단들 내에, 심지어는 가족과 같은 외견상으로 밀접한 사회적 단위 내에서조차 불일치와 갈등이 존재할 수 있다.

철학자들이 문화 및 공유된 이해와 관련해 제안했던 명제들은 문화인류학자들에 의한 분석과 유사하며, 그리고 민족지학상의 증거에 의해 지지를 받는다(Abu-Lughod, 1991, 1993 ; Spiro, 1993 ; Wikan, 1991, 1996, 2002). 비서구권 문화를 대상으로 광범위한 연구를 했던 아부 러그호드(Abu-Lughod)와 위칸(Wikan)이 제안한 명제들에서도 그러한 분명한 유사성이 발견된다. 아부 러그호드는 "특정한 개인들과 그들의 변화하는 관계에 가까이 초점을 맞춰보면 우리는 문화의 가장 문제가 되는 함축, 곧 동질성, 일관성, 영원성을 필연적으로 뒤엎게 될 것이다"(1991, p. 154)라고 주장했다. 아부 러그호드에 따르면 이것은 사람들이 "선택을 하고, 다른 사람들과 다투고, 갈등하는 말을 하고, 똑같은 사건에 관한 관점에 관해 논의하기" 때문이다. 위칸은 또한 "인간의 비참한 신세를 효과적으로 감추며 의견을 달리하는 목소리들을 억압하는 … 완벽한 통일체로서의 문화의 개념과 본래적으로 가치가 부여된 질서를 강조하는 제한된 사회"(1991, p. 290)를 제시하는 접근을 비판했다. 더 나아가 그녀는 문화라는 용어가 너무 흔히 "인간 존재의 복잡성, 곧 우리는 '우리 문화'의 소산물임과 동시에 유일무이한 개인이라는 사실을 덮어버린다"고 주장했다(Wikan, 2002, p. 88).

철학자들과 인류학자들의 이러한 관점은 사람들의 보다 큰 집단—즉 종속적인 지위에 있는, 억압받는, 그리고 의견을 달리하는 목소리를 가진 사람들—이 충분하게 주목을 받거나 혹은 연구되지 않는다고 주장된다는 점에서 광범위한 방법론적 암시를 지니고 있다. 공통적으로 존재하고 있는 불일치와 갈등은 힘과 높은 지위에 있는 사람들에 집중하는 경향으로 인해 덮여버린다. 더욱이 철학자들은 사람들이 공통적으로 어떤 사회제도와 문화관습을 반대하고, 저항하고, 파기시키려고 시도한다고 주장했고, 인류학자들은 그러한 증거를 경험적으로 축적해 왔다(Turiel, 2002, 2003a ; Turiel & Perkins, 2004 ; Wainryb, 이 책 제8장 참조). 이질성, 공유된 이해의 부족, 그리고 사회적 대항은 사회적·도덕적 발달에 관한 해명에 대해 중요한 암시를 던져주고 있다. 간략히 표현하면 그러한 것들은 발달이 한 집단의 도덕적·문화적 정향, 그의 관습의 수용 혹은 동일시를 수반한다는 명제와 일치하지 않는다. 사회적 위계에서 보다 낮은 위치에 있는 사람들의 관점에 관한 연구, 그리고 도덕성이 어떻게 사회적 제도와 문화적 관습 안에 구체화된 것으로서의 사회적 불평등과 권력, 그리고 억압과 관계하는지에 관한 분석은 사회적 상호작용의 역동성과 도덕성 발달에 관한 이해에서 매우 중요하다. 모든 문화에서 종속적 위치에 있는 사람들은 그들의 일상적인 삶에서 적대, 저항, 그리고 타도를 통해 불평등과 부정의에 대항해 싸운다. 요컨대 그러한 타도적인 행위의 존재는 도덕성이 다면화된 사회세계에서 개인의 상호작용을 통한 발달로 구성된 판단과 관련된다는 관점으로 나아가게 한다.

양심, 인격, 두려움, 불안, 그리고 죄의식

도덕성에 관해 일반적으로 일치된 특징 중 하나는 그것이 인간을 구속하는 것으로 인식된 행위와 관련된다는 것이다. 이것은 다양한 형식의 철학적 분석 주제인 도덕성의 **당위**(ought) 혹은 **마땅히 해야만 한다**(should)라는 특질이다(Brandt, 1959 ; Frankena, 1963). 많은 도덕철학자들은 의무감으로 이끄는 절차, 판단, 그리고 추론을 특징화하는 방법에 관심을 기울여 왔다. 그 경우에 의무에 관한 판단은 문화적 관습에 대한, 그리고 개인이 사회에 의해 대우를 받는 방식에 대한 적대 및 저항과 모순되지 않을 수 있다. 이와는 대조적으로 심리학 분야의 많은 곳에서 의무감 혹은 책무감은 놀랄 것도 없이 사회의 가치, 규범, 그리고 관습에 대한 적응을 포함한 변화를 산출하는 심리적 메커니즘으로서 기술되어 오고 있다. 그때 도덕성은 기본적으로 습관, 양심, 혹은 인격의 특질과 같은 그러한 것들의 발달을 통해 개인을 형성해 가는 일종의 승낙형태가 된다. 그러한 경우, 적대와 저항은 도덕과 무관한 혹은 비도덕적인 개인의 충동, 욕구, 관심, 그리고 욕망의 주장으로부터 나오는 것으로 이해될 것이다.

20세기 전반기 내내 유명했던 그러한 관점에서는 이중성이 개인의 자연적 성향과 사회적 관계 사이에서 도출되며 사회로 확장된다. 자연적 성향에서의 변화에 영향을 미치며, 그러한 변화를 유지하기 위해서는 상당한 심리적 노력이 요구된다. 그러한 심리적 노력의 대부분은 혐오의 정을 나타내는 정서의 경험에 의해 지탱된다. 혐오의 정을 나타내는 정서가 연소자들에게 사교성을 향한 변화에 영향을 미친다는 것에 대해서는 충분히 이해가 된다. 즉 사회적 가치, 규범, 그리고 표준에 적합하도록 형태가 갖추어져야 하는 것은 욕구와 욕망을 충족시키고자 하는 그들의 자연적 성향이다. 하나의 분명한 예는 도덕발달에 관한 프로이트(Freud, 1923, 1930)의 설명인데, 양심의 개념(초자아에 있는)은 사회적 표준을 고수함으로써 그러한 충동을 통제하고자 하는 의무감과의 충돌 속에서 내면화된 본능 혹은 충동의 이중적 본성을 구체화한다. 프로이트의 이론은 이들 문제에 대한 접근에서 비정형적임과 동시에 또한 정형적이다. 그것은 (a) 성적 관심과 공격성을 둘러싸고 있는 매우 강력하면서도 생물학적으로 토대를 둔 본능이 행동을 유발하고, (b) 그러한 본능의 힘은 강력한 내적 갈등을 계속해서 산출해내며, (c) 특정한 연령 기간(오이디푸스 위기)에 강렬한 일군의 갈등에서 두려움과 불안은 사회적 표준이 내면화되는 변화를 산출한다. 이제는 거꾸로 그 표준은 자신의 것으로 받아들여진, 그리고 내면을 향한 공격으로 정의되는 강렬한 죄의식 감정에 의해 유지된다. 프로이트의 이론은 전형적으로 두려움과 불안이 사회적 표준—그것은 욕구와 욕망의 충족을 향한 어린 아동의 자연적 경향을 대체시키는 데 공헌한다—의 내면화와 관련되는 사회적 행동[흔히 양심(conscience) 혹은 인격(character)으로서 언급되는]을 획득하는 원천이라는 명제와 관련된다.

도덕성 형성에 공헌하는 것으로 보이는 것은 오로지 혐오의 정을 나타내는 정서만이 아니다. 프로이트의 이론에 따르면, 부모에 대한 아동의 애착은 두려움과 불안으로 인해 경험했던 갈등을 더욱 증대시키는 데 기여한다. 행동주의자의 설명에 따르면, 정적 강화와 부적 강화 모두가 학습에—자기 이익의 필요에 의해 충동된 행동을 사회적으로 기반을 둔 행동습관의 형성으로 대체하는 데—기여한다(특히 스키너, 1971의 이론에서). 그래도 역시 도덕적 습득에 관한 연구에서 핵심적으로 강조하는 것은 혐오의 정과 관련한 정서였다. 그러한 접근을 대표하는 가장 좋은 예는 1960년대에 행동통제의 형성과 정직한 행동방식의 습득을 시험했던 실험유형이다. 소위 말하는 금지된 장난감 실험이 아동들을 대상으로 수차례 실행되었는데, 그 실험들은 아동들이 성인의 감시가 없는 상황에서 성인이 금지한 방식으로 행동하고자 하는 유혹에 저항하는 것을 학습하는지 혹은 그렇지 않는지를 알아보는 것이었다.

하나의 전형적인 실험에서 한 아동이 탐나는 장난감들을 갖춘 실험실로 안내된다. 그 아동은 장난감 가운데 몇 가지를 가지고 놀아서는 안 된다는 교육을 받는다. 아동이 어떤 장난감(금지된/훨씬 더 탐나는 것)을 가지고 놀고자 할 때 그 아동은 다르게 시간을 정해 가해지는 벌(예를 들면 실험자로부터의 꾸지람)을 받는다. 벌칙은 시간상으로 일찍(아동이 장난감을 막 집으려고 할 때 벌칙이 제공된다) 혹은 늦게(아동이 그 장난감을 막 가지고 놀기 시작할 때 벌칙이 제공된다) 제공되도록 설정되어 있다. 어떤 때에는 성인의 감시 하에 있지 않다는 믿음을 갖도록 유도된 후—그런 후 모든 시간은 실험자들에 의해 은밀하게 관찰된다—아동은 방 안에 홀로 남겨진다. 도덕적 행동의 습득 혹은 학습의 정도는 아동들이 혼자 남겨졌을 때 금지된 장난감을 가지고 노는 정도에 근거하게 된다. 초기의 벌칙이 나중에 가하는 벌칙보다 더욱 효과적이었다는 것이 일관적으로 발견되었다. 물론 이들 실험은 아동이 행동의 통제나 혹은 양심의 형성을 학습하는 데 있어서 작동하는 메커니즘을 정확하게 찾아내기 위해 가정에서와 같은 자연적 조건을 가정해 실행해 보고자 하는 데 의도가 있었다. 이 실험들에 내재되어 있는 분명한 기준은 성인에 의해 금지된 것으로서 설계된 행위, 그리고 벌칙의 집행을 통한 아동의 행위 습득이었다. 도덕적 습득은 행위에 따른 두려움과 불안의 혐오적인 정서와의 짝지음을 통해 일어난다. 초기 벌칙에 관한 연구결과는 행위의 착수와 불안의 연합을 내면화하는 데 훨씬 더 큰 효과가 있기 때문인 것으로 해석되었다.

이러한 접근에서 도덕성에 관한 개념은 양심이 대부분 강력한 정서를 통해 형성·규제된다는 것이었다. 아론프리드(Aronfreed)가 말했듯이 "양심이란 전통적으로 개인의 행위에 대한 내면화된 도덕적 통제자를 구성하는 인지적·정의적 과정을 언급하는 데 사용하는 용어이다"(1968, p. 2). 아론프리드는 내면화된 통제적 힘을 수반하는 인지적·정의적 과정에 관한 개념을 합리적 과정과 대조시켰다. 그는 이어서 도덕성을 본질적으로 "합리적 현상"으로 이해하는 고대 그리스의 개념은 "우리가 현재 사회적 행위에 대한 내면화된 통제에 필수불가결한 것으로 간주하는 경향이 있는 강력한 정의적 구성요소", 그리고 "양심의 정서적인, 불명료한, 그리고 강제력 있는 특징을 더욱 더 강조하는"(Aronfreed, 1968, p. 2) 역사적 경향과는 대조적이라고 말했다.

비록 아론프리드와 그 밖의 다른 사람들이 인지적 과정을 도덕적 행위를 통제하는 것에 포함시켰지만, 그의 많은 것은 학습된 행동을 위반할 때에 뒤따라 나오는 강력한 정서적·혐오적인 정을 나타내는 구성요소들의 렌즈를 통하는 것이었다. 그는 위반에 부착된 "정의적 상태의 혐오적인 변화에 관한 아동의 질적인 경험을 결정하는"(p. 242) 세 가지 종류의 "인지적 구조", 즉 두려움, 죄의식, 그리고 수치심을 확인했다. 학습과정을 통해 내면화된 사회적 행위와 연합된 불안은 세 가지 혐오적인 상태 가운데 하나 혹은 그들의 혼합을 야기할 수 있다. 수치심은 타인들의 반응과 연결되는 반면에 죄의식은 그 행위자의 도덕적 평가와 연결된다. 아론프리드가 제시한 바와 같이 **수치심**(shame)은 "그의 질적인 경험이 위반의 가시성을 향한 인지적 정향에 의해 결정되는 정도"(p. 249)를 뜻하며, **죄의식**(guilt)은 "위반자의 정의적 경험의 질이 그 위반에 관한 도덕적 평가에 의해 결정되는 정도"(p. 245)를 언급한다.

금지된 장난감 실험과 같은 실험 패러다임에서 검증된 바와 같이 시간에 대한 강조가 혐오 정서를 대신하게 되면서 정향에서 몇 가지 변화가 나타났다. 하나의 변화는 부모가 지닌 표준의 내면화에 관한 아동 양육 태도의 영향에 대한 연구로 이루어졌다(Hoffman, 1970). 그 연구는 체벌이 부모의 승인과 불승인[흔히 **애정 철회**(love withdrawal)라 불리는]보다 덜 효과적이며, 승인과 불승인은 이번엔 도덕적 문제에 관한 부모와의 의사소통(**유도**라고 불리는 그러한 의사소통은 훈육의 형식이라는 관점을 반영한다)보다 덜 효과적이라는 것이 밝혀졌기 때문에 벌로 인해 나타나는 두려움과 불안을 학습의 원천으로 강조하지 않기에 이르렀다. 또 다른 변화는 비혐오적인 정서—특히 동정과 공감(예를 들면 Eisenberg & Fabes, 1998 ; Hoffman, 1984, 2000)—에 더욱 큰 관심을 갖게 된 것이다. 예컨대 호프만(Hoffman, 2000)의 접근에서 보면 진화되고 있고 또한 삶의 초기에 등장하고 있는 정서는 사회적 규범 및 가치의 내면화와 연합된다.

정서를 전면에 배치한 사람들이 강조하는 것 가운데 또 다른 일군의 변화는 도덕성을 진화과정, 뇌, 신경, 그리고 문화와 연결시키는 경향이다. 도덕성에 관한 논의와 관련이 있는 하나의 흥미로운 논문은 생물학적 과정, 합리성, 정서, 감정 간의 연관에 관한 다마시오(Damasio, 1994, 2003)의 분석이다. 다마시오는 구체화된 것으로서의 마음을 검토할 것을 주장했다 : "나는 감정이 이성에 대해 강력한 영향을 발휘한다는 것과 전자에 의해 요구된 뇌체계는 후자가 필요로 하는 것들을 포함하고 있다는 것을, 그리고 그러한 특수한 체계는 신체를 규제하는 것들과 서로 얽혀 있다는 것을 제안했다"(2003, p. 245).

다마시오는 합리성 또는 추론이 감정보다 덜 중요하며 사고가 정서에 의해 추동된다는 인상을 주지 않기 위해 매우 주의를 기울인다. 그는 정서와 감정의 역할을 허용하기 때문에 자신의 공식화가 "지적 수행의 느슨한 표준들에 대한 관용"(p. 246)의 경우로 간주되어서는 안 된다고 주장했다. 그러나 그는 데카르트(Descartes)로 거슬러 올라가는 (그의 저서 『데카르트의 오류 : 감정, 이성, 그리고 인간의 뇌』 이래에) 마음을 뇌와 신체로부터 분리하는 이원론적 사고를 회피하기를 바라고 있다. 인용하자면, 데카르트의 오류는 "큼직한, 용적이 있는, 기계적으로 작동하는, 무한하게 분리 가능한 신체요소와 다른 한편으로 단일의 크기, 단일의 용적, 기계적으로 작동하지 않는, 분리가 불가능한 마음 요소로 신체와 마음을 철저하게 분리"(p. 250) 한 것이었다. 다마시오에게 있어서 데카르트의 오류로 인한 광범위한 영향(예를 들면 마음과 의학적 치료 혹은 질병의 연구에서 밝혀진 바와 같이)은 학자들로 하여금 생물학적 유기체의 작동으로부터 마음의 작동을 분리하도록 유도한 것이었다. 추론과 도덕적 판단은 신체적 고통과 그 밖의 다른 정서적 격변을 포함하는 정서 및 감정과 분리될 수 없다.

이것은 매우 좋기는 하다. 다마시오와 그 밖의 다른 사람들이 착수했던 유형에 관한 신경생리학적 및 신경심리학적 조사는 뇌와 정서, 감정, 그리고 도덕성과의 연관을 이해하는 데 중요하다. 그러나 확실하고 의미 있는 연관은 우리가 추론과 도덕성에 관한 확실하고 의미 있는 개념을 갖고 연구할 때만 이루어질 수 있다. 다마시오는 신경, 정서, 그리고 감정에 대해 분명하게 가졌던 관심에 비해 추론과 도덕성의 의미 있는 정의, 개념, 그리고 평가와 관련한 의문에 대해서는 훨씬 덜 관심을 기울이고 있다. 그는 추론에 관한 각기 다른 이론적 공식들을 서로 구분하지 않고 일반적인 방식에서 추론에 접근했다. 분명히 뇌, 사고, 그리고 정서 간의 관계를 이해하기 위해서는 추론을 적절하게 평가하는 것이 중요하다. 하나의 예로서 어떤 사람이 IQ 테스트를 통한 지적 수행능력의 평가에 관한 타당성을 받아들이지 않는다면 그 사람은 그러한 평가에 기초하고 있는 가설을 지지하는 연구를 받아들이지 않을 것이다. 또한 다마시오는 도덕성을 분명한 혹은 자세한 규정적 분석을 하지 않은 채 일반적인 방식에서 다루고 있다.

다마시오 (그리고 그 밖의 다른 사람들)의 오류

너스바움(Nussbaum, 1999)이 지적한 바와 같이 인간의 사고에 관한 분석에서 정서를 배제하느냐 혹은 그렇지 않느냐는 중심적인 문제가 아니다. 그보다는 오히려 어떤 정서가 어떻게 관련되느냐, 즉 도덕성에 관한 어떤 유형의 개념과 분석이 이용되느냐가 중심적인 이슈이다. 다마시오는 동정, 당황, 수치심, 죄의식, 긍지, 시기, 질투, 만족, 감탄, 분개, 그리고 모욕을 포함한, 도덕성과 연관될 것으로 보이는 일련의 혐오적이고 긍정적인 사회적 정서를 나열하고 있다. 이 정서들이 어떻게 도덕성과 연관되는가에 관해서는 도덕성의 개념과 마찬가지로 애매하다. 사회적 · 도덕적 행동의 본질을 분명하게 하고자 하는 하나의 노력에서 다마시오는 "내가 인간에 관해 그리고 있는 그림은 자동적인 생존 메커니즘으로 설계되어 소생하는 유기체이며, 거기에 교육과 사회양식에 따른 순응이 일군의 사회적으로 승인 가능한 의사결정 전략을 더해주며, 그것은 이제 거꾸로 현저하게 그 생존의 질을 증진시키고 또한 한 인간을 구성하는 토대로서 공헌한다"(1994, p. 126)고 지적했다. 생물학적 유기체와 사회적으로 허용 가능한 것을 구체화시켜 주는 교육 및 문화적 경험과의 상호작용에 의존하는 것 같은 이들 진술 이외에 다마시오는 반복적으로 "사회적 인습과 윤리적 규칙"이 도덕성을 망라하는 것으로 언급하고 있다. 그는 또한 때때로 종교적 신념, 법, 그리고 정의의 문화적 도구에 관한 일반적 진술을 하고 있다. 사회적 인습과 윤리적 규칙의 의미는 그것들이 문화에 의해 규제되는 동종요법 및 협동관계의 표명으로서 순환적으로 간주되는 것 이외에는 대부분 자세히 언급되지 않은 채 남겨져 있다.

다마시오의 첫 번째 오류는 그가 사회적 인습과 윤리적 규칙(혹은 법과 정의)이 무엇을 의미하는가를 분명하게 하지 않은 채 뇌, 정서, 감정, 그리고 도덕성 간의 연관을 도출해낼 수 있다고 가정한 것이다. 언급되지 않은 채 남아 있는 것은 무엇이 사회적 인습과 문화적 규칙을 구성하는지, 그것들이 어떻게 발달과정에서 획득되는지, 그리고 그것들이 어떻게 각 개인의 사고와 감정 속에서 그려지는지이다. 즉 그것들은 사회적 표준을 반영하는 내면화된 행동의 습관인가? 그것들은 문화적 네트워크에 대한 참여의 표명을 포함하는가? 그것들은 복지, 정의, 권리와 같은 문제에 관한 복잡한 판단과 이해를 포함하는가? 어떻게 그리고 어떤 정서와 감정이 도덕성과 연관되는가에 관한 분석은 상당 부분 이들 개념 가운데 어떤 것이 타당한가에 달려 있다. 예를 든다면 어떤 감정(혐오적인 감정)은 복지, 정의, 권리에 관한 판단—그것은 동정, 공감, 존중과 같은 정서와 더 연관될 것 같다—으로부터 나오는 것이라기보다는 학습된 습관으로서 도덕적 행동의 개념과 더 관련될지 모른다. 또한 다마시오는 사회적 인습과 윤리적 규칙(그리고 윤리적 원리) 간에 중요한 차이가 존재하는지 어떤지에 대해서도 언급하지 않았다. 만약 사회적 인습을 둘러싼 판단과 행동이 도덕적 규칙과 원리를 둘러싼 그것들과 다르다면 정서와 감정이 각 유형에 따라 다른 것은 당연해 보인다(이 책 제21장에서 Arsenio, Gold & Adams가 기술한 연구에 의해 입증되었듯이).

다마시오가 도덕성 영역을 다루면서 보인 애매함은 항상성(평형유지력)과 사회적 협동에 관한 가정을 의심스럽게 만든다. 기본적으로 그는 도덕성의 주제를 사회체계로 대체시키고 있으며, 그럼으로써 어떻게 도덕적 추론이 자율성, 사람들의 동등한 가치에 대한 관심, 그리고 사회에 의한 공정한 대우를 포함하는지를 고려하는 데 실패한다. 사회적 인습과 윤리적 규칙을 다시 인용하면서 그는 그것들이 사회적 위계와 불평등을 배경으로 하는 사회적 집단의 수준에서 항상성을 발휘하는 작동장치가 되기 시작한다고 주장한다. 즉 "협동의 관습으로부터 정의와 명예가 발생하는 것을 상상하는 것은 어렵지 않다. 그러나 집단 내에서 지배적 혹은 종속적 행동의 형식 속에 표현되어 있는 또 다른 사회적 정서의 층은 협동을 설명하는 공평한 교환(give and take)에서 중요한 역할을 했을 것이다"(Damasio, 2003, p. 162).

긍정적인 정서(다마시오가 "좋은" 정서 그리고 적합한 이타주의로서 언급하는 것)는 집단(가정, 부족, 도시, 국가)을 결속시키는 반면에 부정적 정서("불쾌하고 야만적인")는 그 집단 밖의 것들로 방향이 향한다. 즉 "그 결과는 화, 분개, 그리고 폭력이며, 그 모든 것은 우리가 종족적 증오, 인종주의, 그리고 전쟁의 가능한 싹으로서 인정할 수 있다" (Damasio, 2003, p. 163).

화, 분개, 그리고 폭력이 그 자신의 집단(비록 사람들이 또한 다른 집단과 협동을 위해 노력하지만)보다는 다른 집단들을 향해왔다는 것은 의심의 여지가 없다. 그러나 일차적으로 긍정적 정서와 그에 상응하는 행위가 가정, 부족, 도시, 국가의 사람에게 향한다는 생각, 그리고 지배와 종속이 의심받지 않은 협동의 관계(항상성)로 나아가게 한다는 생각에 많은 의구심이 쏟아지고 있다. 부족, 도시, 국가, 문화 내에서도 많은 화 또는 분개가 존재하며, 특히 사회적 위계에서 각기 다른 지위에 있는 집단과 지배와 종속의 지위에 있는 집단 사이에는 심지어 폭력도 존재한다. 가장 명백한 예는 서로 다른 인종, 사회계층, 그리고 성집단에서 나타난다. 남성과 여성—가족을 포함해—사이의 관계를 둘러싼 갈등은 협동이 흔히 집단 내에서 항상 지배적인 것이 아니라는 것을 극명하게 보여준다. 갈등, 화, 공격성, 분개, 그리고 때때로 폭력은 부모와 자녀 그리고 남편과 아내 사이에서 일어난다(Nussbaum, 2000 ; Okin, 1989 ; Shantz & Hartup, 1992 ; Turiel, 2002). 가족 구성원 사이에서의 갈등은 솔직함과 협동의 희생을 치르면서 속임수를 낳는다(Turiel & Perkins, 2004). 가족 구성원과 그 외 다른 사람에 의한 여성의 학대는 충분히 입증되고 있다. 학대는 문화적으로 시인된 명예 말살과 몇몇 사회에서의 "신부 달구기"뿐만 아니라 매질에까지 이른다(Wikan, 2002). 너스바움은 그 문제를 강렬한 용어로 표현했다 : "이 세계의 많은 곳에서 여성은 삶의 근본적인 기능을 발휘하지 못하고 있다. 그들은 남성에 비해 훨씬 열악하게 양육되고, 덜 건강하며, 신체적 폭력과 성적 학대에 더욱 쉽게 노출된다" (2000, p. 1).

다마시오는 반대와 저항의 현상을 인식하고 있다. 스피노자(Spinoza)는 그의 저서—또 다른 책의 제목은 『스피노자의 뇌 : 기쁨, 슬픔, 느낌의 과학』(*Looking for Spinoza : Joy, Sorrow, and the Feeling Brain*, 2003)—에서 크게 부각되는 또 하나의 철학자이다. 다마시오는 교회와 국가가 그의 저서들을 금지시키고 또한 위험스러운 책으로 지정함으로써 스피노자가 그들과 싸우지 않으면 안 되었던 이유를 설득력 있게 묘사하고 있다. 명백하게 교회는 스피노자의 저서들을 "조직화된 종교와 정치적 권력구조에 관한 최고의 비난" (Damasio, 2003, p. 20)으로 간주했다. 스피노자는 자신의 저서들을 몰래 숨겼으며, 가공의 출판자 이름으로 발행하고, 부정확한 도시를 표기했으며, 저자의 페이지를 빈 공란으로 남겨놓았다. 스피노자는 자신이 동의하지 않았던 체계를 뒤엎고자 속임수를 썼던 것이다. 데카르트도 그렇게 했던 것으로 보인다. 그가 그 자신의 묘비를 위해 준비했던 비문은 "잘 은둔했던 자, 잘 살았다"였다(Damasio, 2003, p. 21 참조).

존재하고 있는 사회제도의 부적절성에 관한 인간의 판단은 도덕적 기능작용과 발달에 대한 설명에서 중요하다. 만약 도덕성의 근원이 사회체계를 통해 성취된 협동으로부터 비롯되는 항상성 혹은 평형화의 달성이라면 인간은 지배와 종속의 수용을 포함해 불평등의 조화로운 관계망 속에서 존재할 수 있다. 몇몇 문화적 분석에서 불평등은 **비대칭적 상호성**(asymmetrical reciprocity) 때문에 집단의 구성원이 수용할 수 있는 것으로 여겨진다. 즉 하위자는 자신의 지위를 수용하고 지배 위치에 있는 자에 의해 제공된 보호의 이득으로 보상을 받으며, 또한 교육은 개인으로 하여금 상호 의존과 의무의 협력체계에 참여하도록 형성해 준다(Markus & Kitayama, 1991 ; Shweder, Much, Mahapatra & Park, 1997 참조). 이와 대조적으로 만약 사회적 관계가 사회제도와 문화적 관습에 구현되어 있는 것들과 구별될 수 있는 표준에 의해 평가되고 판단된다면, 아마도 인간은 지배와 종속에 내재되어 있는 부정의를 허락하는 불평등과 조건을 비판하거나 반대 또는 저항할 것이다.

직관과 정서 : 추론은 당연히 천천히 뒤따라 나와야 하는가?

진술한 바와 같이 다마시오는 추론이 정서에 의해서 추동된다는 주장을 하지 않도록, 그리고 환원주의적 입장을 회피하기 위해 조심했다. 그는 생태, 정서, 감정, 그리고 추론과정을 포함하는 상호작용 관점을 제안했다. 다른 어떤 사람들은 일부러 추론을 도덕적 반응에서 기껏해야 이차적인 지위로 전락시킨다. 하나의 예로 헤이트(Haidt, 2001)는 그가 "직관"이라 명명하는 것에 특권을 부여한다. 그 직관은 정서적 반응과 밀접하게 관련되어 있다. 어떤 행위가 잘못이라는 반응을 유발시키는 것은 혐오감, 싫증, 동정과 같은 그러한 즉시적이고 반성적인 반작용들이다. 어떤 행위가 잘못이라는 판단은 지각에 보다 가깝다. 즉 그것은 추론 없이 즉시적인 본능적 반응을 의미한다. 도덕적 직관은 도덕적 판단을 일으키는 원인이 된다(그것에 의해 그가 행위를 잘못으로 평가하게 된다). 도덕적 직관의 특징을 정의하는 핵심 가운데 하나는 양적인 것이다. 즉 그것은 노력 없이 신속하게, 또한 자동적으로 발생한다. 그것은 또한 의도성이 없이 발생한다. 헤이트는 직관이 문화에 의해 형성된 진화적 순응으로부터 기인한다고 제안한다. 마음 속에 새겨진 도덕적 직관은 어떤 표정이 주어져야만 된다. 그의 표정(객관화로서 언급되는)에 대한 상황을 제공하는 것은 문화이다. 그 과정에서 아동과 성인에게 나타나는 결과는 그들의 문화나 집단에서만 볼 수 있는, 그리고 흔히 지배와 종속을 수용하는 비대칭적 상호성을 포괄하는 도덕성이다(Haidt, 2001, p. 826 참조). 문화, 관습, 그리고 사회적 관계에의 몰입은 개인들에게 영향을 미친다. (이것은 발전으로 인한 도덕적 보편주의인가 혹은 문화로 인한 도덕적 상대주의인가? 그것은 말하기 어렵다.)

이러한 관점에서 보면 인간은 오로지 이차적인 방식에서만 추론하는 존재이다. 헤이트의 관점에서 추론이란 무엇인가? 그의 특징은 그것이 늦으며, 노력을 요구하고, 또한 증거를 사용한다는 점에서 직관과 대조된다. 도덕적 추론은 왜 어떤 행동이 잘못으로 파악되는지 자기 자신과 다른 사람에게 직관적으로 정당화한 이후에 주로 사용된다. 곧 "언어적 정당화에 대한 사회적 요구에 직면했을 때 우리는 진실을 찾는 재판관이라기보다는 하나의 판례를 세우는 법률가가 된다" (Haidt, 2001, p. 814). 도덕적 추론은 또한 설득하기 위해, 그리고 합리화하기 위해 사용된다. 이러한 입장은 무엇이 도덕성에 근본적인가에 관한 너스바움의 개념과 극명하게 대조적이다. 인간은 도덕적 선택의 힘도, 그리고 자신의 목적에 대한 평가에 일치해 삶을 계획하는 능력도 지니지 못한다.

헤이트는 도덕성에 관한 자신의 입장을 기술하면서 분명히 진리를 밝히고 있다. 그는 추론을 사용하는 상세한, 노력이 깃든 논증에 참여했고, 인간은 도덕적 추론자가 아니라는 명제를 지지하는 증거를 모으기 위해 노력했다. 이것은 심리학자들의 인지적 활동과 내가 이전에 논의했던 그들의 이론에서 그들이 인간에게 그 기원이 있다고 돌리는 활동 간에 비동시성의 유형을 나타낸다. 이 경우에 헤이트는 학자들이 하는 것과 대부분의 다른 사람이 하는 것 사이를 명료하게 구분한다. 헤이트는 증거를 다룰 수 있는 반면에 대부분의 사람은 그럴 수 없다. 그가 진술한 바와 같이 "대부분의 사람은 증거가 무엇인지를 이해하는 데 어려움을 갖고, 그들의 이론을 지지하는 증거를 제공하도록 압력을 받을 때 그들은 일반적으로 일화나 혹은 실제적인 예를 제공한다는 것"(Haidt, 2001, p. 821), 그리고 "모든 가설 검증의 단계들을 통과함으로써 비록 모든 단계가 이기적인 동기들에 의해 치우질 수 있지만 인간은 자신이 생각하는 방식에 관한 객관성의 환상을 주장할 수 있다"(p. 823)는 것이 밝혀지고 있다. 대부분의 사람은 도덕적 문제에 관한 반성에는 관심이 없다. 그런 사람들은 철학자들이며, 또한 사적인 혹은 개인적인 반성에 개입하는 인지에 대한 "높은 필요성"을 지닌 자들이다.

비전문가들(그리고 다른 심리학자들)에 의해 증거가 사용된 방식에 헤이트가 의문을 일으키는 것과 똑같이 우리는 그가 증거(그리고 실제적인 예들)를 사용하는 방식에 의문을 일으킬 수 있다. 여기에서 자세하게 다루지 않는다 하더라도 그가 증거를 사용하는 방식이 상당히 선택적이라는 것이 눈에 띈다. 자신의 인정에 따라 인용된 대부분의 증거는 도덕과 무관한 영역으로부터 가져온 것이다. 그는 인간이 편견이 있고, 정서적이며, 직관적이고, 그리고 증거에 관심이 없다는 관념을 지지하는 여러 편의 사회심리학 연구를 언급하고 있다. 그러나 그는 수, 수학적 추론, 분류, 보다 일반적으로 공간과 물리적 현상에 관한 이해, 인과관계, 고의성, 그리고 마음의 이론들과 같은 영역에 속하는 발달심리학과 인지심리학으로부터 나온 많은 연구에 대해서는 언급을 생략하고 있다. 그러한 연구들은 인간이 반드시 즉시적이고 빠른, 무조건적이지만은 않은 판단을 내린다는 것, 그리고 의도적이고 신중하며 반성적일 수 있다는 것을 보여준다. 인간은 많은 지식영역에서 추론을 하고 또한 직관적이지 않다. 그 연구는 또한 추론이 즉시적이며 빠를 수 있다는 것도 보여준다. 예를 들면 수와 산술의 개념화는 상당한 시간을 거치며 어렵게 획득되겠지만 일단 한번 획득되고 나면 빠른 방식으로 적용된다. 또 다른 예로서 많은 연구는 다른 사람의 마음에 대한 이해를 형성하는 데 있어서 3–5세 사이에 상당한 정도의 인지적 활동이 일어난다는 것을 보여준다. 그러나 일단 그러한 이해가 형성되면 아동들은 그것을 즉시적이고 빠르게 사용한다. 어떤 개념이 빠르게 사용된다는 것은 그것이 복잡한 추론과정을 포함하지 않는다는 것을 의미하는 것이 아니다. 직관을 정량적 속도 차원에서 추론하고 구분하는 것은 순환적이다. 그 과정의 본질이나 특질에 대한 독립적인 준거가 필요하다.

헤이트가 도덕성에 관한 연구를 논의하는 한 그것은 도덕적 추론에 관한 것이다. 대체로 그는 도덕적 추론에 관한 연구는 단지 사람들이 다른 사람을 확신시키기 위해 어떻게 정당화하는지, 혹은 그들이 그 이후에 다른 이유를 어떻게 합리화시키는지를 밝히는 것일 뿐이라고 선언한다. 그러나 그는 많은 연구에서 조사된 도덕적 추론이 어떻게 도덕적 평가를 설명하는 데 실패하는지, 혹은 그러한 추론이 어떻게 설득과 합리화의 목적을 위해 주로 사용되는지에 관한 증거를 제시하지 않고 있다. 그것은 단순히 아마도 그럴 것이라고 주장하는 것일 뿐이다.

헤이트는 도덕성의 정의를 제시하고자 시도한다. **도덕성**은 "문화나 하위문화에 의해 필수적인 것으로 평가되는 일련의 덕들로 이루어진 어떤 사람의 행위나 인격" (Haidt, 2001, p. 817)에 관해 좋다 나쁘다 같은 평가로서 정의된다. 그 정의의 광대함은 또한 우리가 그 영역의 독특한 특징을 알도록 해주는 정의를 제공하는 데 있어서 어려운 부분들을 회피하는 데 도움을 준다. 그것은 모든 도덕성의 원천을 집단(문화 혹은 하위

문화)으로 귀착시키는, 그리고 집단 의무로서 간주된 모든 행위는 도덕적인 것(상대주의?)으로 분류시키는 이중의 목적에 이바지한다. 그 정의는 또한 집단에 의해 유지된 행위들을 어떻게 위치시킬 것인가(누구에 의해, 어디에, 동의의 정도)에 대한 의문들을 불러일으킨다. 그 정의는 의미들이 문화 내에서 공유된다는 것을 분명하게 함축하고 있다.

헤이트는 비전문가들처럼 실제적인 예들을 자신의 논증을 지지하는 데 사용한다. 그가 전형적인 것으로 간주하는 하나의 예는 근친상간—문화 내에서 공유된, 그러나 모든 문화를 통틀어 적용할 수 있는, 그리고 발전적인 적응으로 간주될 수 있었던—이다. 근친상간은 그 입장의 실증적인 예이다. 근친상간은—비록 그것이 합의에 의해 이루어지며 구체적으로 임신 위험이 존재하지 않는다 하더라도—사람들이 본능적으로 그것은 잘못이라고 즉시적으로 반응하는, 그리고 그 이유를 설명할 수 없는 행위들의 하나이기 때문에 그 입장에 관한 실증적인 예가 된다. 헤이트의 논문 바로 시작 부분에 명시된 그 예는 휴가를 가는 남매가 모든 예방책을 강구하고 사랑을 나누기로 결정하는 것이다. 그 행위는 대부분의 사람들이 "뭐냐면, '나는 모른다. 나는 그것을 설명할 수 없다. 그러나 나는 즉시 그것이 잘못이라는 것을 안다' 와 같은 그런 어떤 것이다"(Haidt, 2001, p. 814)라고 말하기 때문에 직관적으로 잘못이라고 파악된다.

핵심적인 의문은 이와 같은(혹은 사람이 개고기를 먹는 것은 잘못이라고 판단하는 것 등등과 같은 예들) 사례의 보편성이다. 그것은 인간의 도덕적 삶에 보다 일반적으로 그리고 의미 있게 적용되는가? 1920년대와 1950년대 사이에 미국 남부 주(아마도 미시시피, 앨라배마)에서 일어났던 다른 예들, 어떤 사람들이 또한 즉시적으로 그리고 감정적으로 반응했을

지 모르는 그런 예들을 고려해 보자. 한 흑인 남성과 한 백인 여성이 사랑을 나누기로 결정한다. 한 흑인 여성과 한 백인 남성이 결혼을 하기로 결정한다. 한 흑인이 백인들에 의해 예약된 레스토랑에서 식사하기를 원한다. 15세의 한 흑인 소년이 "백인 전용"으로 설치된 식수대에서 물을 마신다.

많은 백인이 이 모든 행위가 잘못이라는 것을 즉시적인 방식으로 강한, 본능적인 반응을 보여주었을 것이라는 것은 의심의 여지가 없다. 그들은 그것이 잘못이라는 것을 즉시 안다고 주장했을 것이다. 질문을 받았을 때 그들은 그것이 잘못이라는 것을 즉시 안다(그들은 그것을 설명할 수 없다)고 말했을까, 혹은 그들은 백인종의 신성함 혹은 사회조직의 유지와 관련한 이유에 호소했을까? 그러나 헤이트의 관점에서 보면 작용하는 것은 정서에 토대를 둔 직관이며, 만약 이유에 호소했다면 그것은 단지 그 다음에 이어지는 합리화가 될 것이다. 더욱이 우리는 많은 예들에 대한 반응들이 문화 내에서 공유된, 그러나 모든 문화를 통틀어 적용이 가능한(근친상간에 대한 적용에서 보여진 바와 같이) 직관을 반영하는 진화적 적응들을 반영한다고 말할 것인가? 그러한 관습들이 잘못이며 변화되어야 한다고 판단하는 사람의 관점(인종차별이 잘못이라고 믿는 흑인들 혹은 그 외 다른 사람들의 관점과 같은)은 어떻게 되는가? 그것은, 일단 관련이 있다면 근친상간에 관한 판단과 어떻게 관련되는가?

아래에서 논의된 바와 같이 이들 예의 유형은 도덕적 판단이 흔히 직관 그 이상이라는 것을 보여준다. 도덕적 판단은 서로 다른 집단, 사회적 관계, 사회에 관한 관점, 그리고 언제 권리가 적용되어야 하고 언제 권리가 거절되어야 하는지 사이의 구분에 관한 개념과 관련된다. 비록 많은 사람, 특히 흑인들이 이들 예에 대해 적어도 겉으로는 빠르게, 그리고 반성적이지 않은 방식에서 서로 동의하는 성인들이 성행위를 하거나 결혼을 하는 것은 잘못이 아니라고 주장하는 반응을 보였다 하더라도 그렇다. 이와 비슷하게 즉시적인 반응이 어떤 레스토랑이나 식수대를 백인을 위해 따로 마련하는 것은 잘못이라는 것일 수도 있다. 거듭 말하면 그러한 반응은 복잡하며, 다른 집단에 대해 한 집단이 행사한 지배와 권력의 부정의에 관해서 뿐만 아니라 권리, 공정, 그리고 복지에 관한 추론을 포함한다.

그러므로 모든 도덕적 결정방식을 입증하고자 근친상간 같은 예를 사용할 때 환원주의가 존재한다. 도덕적 결정을 일차적으로 직관적인 것으로 다루는 입장 또한 환원주의적이다. 우리는 도덕적 판단이 어떤 행동에 대해 반성적이지 않고 또한 즉시적으로 잘못이라고 평가를 내리는 것을 포함한다는 생각과 적어도 겉으로 보기에는 적절하게 어울리는 행동유형의 또 다른 예를 고찰해 볼 수 있다. 나는 신체적 해(예를 들면 한 아동이 다른 아동을 때린다)와 관련한 행위를 언급하고자 한다. 흔히 사람들은 그러한 행위를 잘못이라고 빠르게 반응한다. 이것은 옳음과 그름의 판단에 관한 원천으로서 사회적 직관의 분명한 예로 보일 수도 있다. 그것은 그렇지 않다! 아동들에게 있어서, 그리고 심지어는 어른들에게 있어서도 신체적 해의 행위에 대한 반응은 간단치가 않다. 비록 아동들이 신체적 해를 가하는 많은 행위를 잘못이라고 판단하지만 그들은 또한 이유를, 특히 고통을 주는 것은 좋지 않다는 것, 인간은 고통의 경험을 느끼고 싫어하지 않는다는 것과 같은 이유를 곧잘 분명하게 말할 수 있다. 더욱이 그들은 신체적 해를 당하는 사람에 대해 평가적인 판단에서 비롯된 동정과 공감을 표현한다(이 책 제21장, Arsenio, Gold & Adams 참조 ; Nucci & Nucci, 1982a, 1982b ; Nucci & Turiel, 1978). 이와 함께 아동들은 이런 상황(예컨대 정당한 이유 없이 때리는 행위)에서 잘못인 신체적 해와 관련된 행위와 저런 상황(예컨대 성나게 한 것에 대한 보복)에서 정당화되는 신체적 해와 관련된 행위를 서로 구분한다(Astor, 1994 참조 ; 이 책 제22장, Tisak, Tisak & Goldstein). 성인 사이에서는 인간이 다른 사회적 가치에 대해 해를 가하는 것은 잘못이라는 판단을 수용하는 경우가 있다(Milgram, 1974).

관련된 예로서 다음의 행위를 고찰해 보자. 키가 크고 근육질인 한 남성이 5살 난 아동을 때린다. 이것은 대부분의 사람이 강력한 정서적 반응과 함께 그것은 잘못이라는 반성적 판단을 가지고 반응한다는 것을 전형적으로 보여주는 행위유형이 아닌가? 그러나 반드시 그런 것은 아니다. 왜냐하면 다양한 종류의 판단이 그 행위와 관련되기 때문이다. 우선 사람들은 그 행위 이면에 깔려 있는 이유나 혹은 의도를 고려한다. 만약 그 아동을 때리는 성인이 그 아동의 아버지라면, 그리고 그 아동이 비행[우리는 그것을 **응보적 벌**(spanking)이라 부른다]을 저지른 이후에 그 행위를 하고 있다면 많은 사람은 때리는 그 행위를 잘못이라고 반응하지 않는다. 한 연구는 사람들이 응보적 벌(그것은 때리고 또한 고통을 가하는 것을 포함한다)과 다른 이유로 인해 때리는 것을 서로 구분한다는 것을 보여준다(Wainryb, 1991). 후자가 무조건적으로 잘못(그것은 아동에게 해를 끼치기 때문에)이라고 판단되는 반면에 전자는 수용 가능한(그것은 그 아동의 복지를 증진시키고자 의도하기 때문에) 것으로 판단된다. 이러한 이슈에 관한 판단은 도덕적 의사결정 과정에 개입되는 다양한 정서적·인지적 특징(헤이트에 의해 깊이 생각지 않고 사라져 버린)을 포함한다. 응보적 벌의 예에서(낙태, 동성애, 그리고 외설 책과 같은 이슈에 대해서 뿐만 아니라) **정보를 제공하는 가정들**(informational assumptions)로서 언급될 수 있는 것은 그 행위에 관한 판단과 관련된다(Smetana, 1982 참조 ; Turiel, Hildebrandt &

Wainryb, 1991. 응보적 벌과 관련해 그것은 학습에 있어서 벌의 효과에 관한 심리학적 가정이다). 많은 도덕적 결정은 서로 다른 도덕적 그리고/혹은 도덕과 무관한 특징(어떻게 이것이 권리와 정직의 이슈에 적용되는가는 다음에 논의된다)의 조율을 포함한다.

복잡한 사회적 상호작용과 상호성

행동주의로부터 도덕적 직관과 관련한 생태문화적 관점에서 뿐만 아니라 다마시오(2003)가 제안한 접근의 명제까지 이르는 변화에서 우리는 도덕성이 혐오적인 정서와의 연합을 통한 행동의 단순한 학습이 아니라는 것을 보다 확실하게 인식했다. 그럼에도 불구하고 중요한 공통점이 행동주의와 직관주의 명제 사이에 존재한다. 각각은 도덕적 평가와 행위를 자극 혹은 사건에 대한 비의도적이고 비통제적인 반응으로 환원시킨다. 각각은 상황이나 혹은 사건의 요소들을 다루는 데 있어서 인간의 사고의 융통성을 부인한다. 그러므로 구조발달 접근의 관점에서 보면 이들의 접근은 상호성, 의무, 사회적 관계의 본질에 대한 고려, 그리고 도덕적 목적과 결과의 달성을 위한 사회적 상호작용에 대한 요구를 별로 중요하게 여기지 않는다. 아울러 상호성과 더불어 의무에서의 전환 가능성이 또한 생략되고 있다.

잘 알려진 바와 같이 피아제(1932)는 자신의 생애에서 매우 일찍 아동의 도덕적 판단과 행위(그가 다시 연구를 하지 않았던 주제임)에 관한 일련의 연구를 수행했다. 도덕발달과 관련한 피아제의 개념은 상호성,

의무, 사회적 상호작용, 그리고 연령에 따라 일어나는 전환에 집중되었다. 실제적으로 피아제는 생물학적·직관적 반응을 통해 도덕성을 설명하고자 했던—헤이트(2001)와 그 밖의 다른 사람들이 제안한 것과 다르지 않은—명제들을 1932년 그 옛날 이미 잘 지각하고 있었다. 피아제는 다음과 같은 안티포프(Antipoff, 1928)의 말을 인용하고 있는데, 안티포프는 "정의감이란 아동이 매우 쉽게 소유하는 것으로 보이는, 그리고 그로 하여금 악과 그 원인, 순결과 죄의식을 동시에 이해할 수 있도록 해주는 기본적인 도덕적 '구조', 곧 포괄적인 정의적 지각으로서 발달과정에서 다른 아동들과의 예비적인 경험도 다른 아동들 사이에서의 사회화도 필요하지 않은 천부적이자 본능적인 도덕적 표명을 의미한다. 우리는 그것을 뭐라 할까 **정의에 관한 정서적 지각**(affective perception of justice)이라고 말해도 좋을 것이다"(피아제, 1932, p. 228에 인용되어 있음)라고 제안했다.

피아제는 안티포프가 3세에서 9세 사이의 연령이었던 아동들을 관찰했기 때문에 그녀의 연구는 천부성을 입증하지 못했다고 지적했다. 3세에 이르면 아동은 성인으로부터의 영향을 포함해 사회적 상호작용을 경험했을 것이기 때문이다. 그러나 피아제에 따르면 성인들은 단순하게 도덕성을 아동에게 전달하지 않으며, 또한 그들은 아동의 사회적 경험의 한 측면만을 구성할 뿐이다.

> 사회화는 가정 그리고 그 이후에는 학교에서의 교육과 같은 수단을 통해 아동에 대한 성인 공동체의 압력과 같은 그러한 단일방향성의 인과관계를 결코 구성하지 않는다. 오히려 … 사회화는 서로 다른 유형과 때로는 정반대되는 효과를 지닌 다양한 상호작용의 교육과 관련된다. 사회를 단 하

나의 전체, 집단의식, 신체적·정신적 구속의 단일방향적 과정 활동으로 환원하는 뒤르켐 학파의 이론사회학과는 대조적으로, 아동의 개인적·사회적 발달이 우리로 하여금 구성하도록 만드는 구체사회학은 실제적으로 관련된 관계와 상호 의존체계를 이해하고자 할 때 개략적인 일반성에 신중을 기한다(1951/1995, p. 276).

피아제는 사회가 "단일한 전체"가 아니며, 사회가 그 구성원들에게 사회체계의 당연한 것으로 생각되는 규범에 대한 집착을 갖도록 하지 않는다고 주장했다. 도덕발달에 관한 피아제 관점의 핵심에는 사회화가 단일방향적인 원인을 내포하지 않고, 다양한 사회적 상호작용이 존재하며, 관계와 상호 의존의 체계가 존재한다는 개념이 함축되어 있다. 대부분의 후속 구조발달 접근에 공유된 이들 명제는 뒤르켐(Durkheim)의 20세기 초의 이론사회학과 다를 뿐만 아니라, "사회적으로 허용이 가능한 것을 구현하는 교육적·문화적 경험을 지닌 생물학적 유기체"(1994, p. 126) 사이에서 다마시오에 의해 제안된 상호작용의 유형과도 다르다. 특히 피아제는 발달이 사회적으로 허용 가능한 것에 대한 적응과 관련되지 않는다는 것, 발달에 영향을 미치는 다양한 경험이 성인과 동료와의 관계를 포함한다는 것, 그리고 교육적·문화적 경험이 주로 성인과 관계하는 한 도덕성의 발달이 방해받을 수 있다는 것을 제시했다.

피아제에 의해 고려된 관계와 상호 의존의 체계 유형은 아동들의 호혜적인 사회적 상호작용, 그리고 사고, 정서, 행위 간의 관계를 포괄했다. 잘 알려진 바와 같이 피아제는 두 가지의 주요한 사회적 상호작용 유형과 상응하는 두 가지의 주요한 도덕판단의 발달국면이 존재한다고 제안했다. 규칙성에 토대를 둔 전도덕적 시기에 이어서 아동들의 도덕판단은 타율적이며, 그리고 아동들의 성인(권위의 위치에 있는 부모와 그 밖의 다른 사람들)과의 관계와 주로 연관된다. 타율성은 주로 성인과 그들의 규칙에 대한 일방적 혹은 한쪽만의 존중으로 특징지어진다. 그처럼 타율적 사고는 그들이 변경할 수 없는 규칙과 판단에 관한 신성감을 포함한다. 그러므로 도덕성의 기원은 성인과 그들의 규칙에 대한 존중으로부터 나오는 의무감에 있다. 타율성은 도덕성의 불평등 형식으로서, 이는 아동과 성인 사이의 관계에 의해 훨씬 더 평등한 관계로 변화할 수 있다. 동료와의 관계는 상호성을 허용하며, 상호 존중 및 공정, 정의, 그리고 협동에 대한 관심과 관련되는 자율적 사고로의 변화를 위한 조건을 제공한다.

피아제에 의해 주창된 도덕성에 대한 구조발달 접근의 유형을 이해하기 위해서는 그가 평가적인 정서적 감정(appraisals)을 도덕적 추론과 연결했던 방식을 고려하는 것이 중요하다. 피아제에 의해 확인된 정서는 대부분 흔히 도덕적 학습과 연결되는 혐오적인 것이 아니다. 대신에 그 공식화의 중심에는 애정, 공감, 열정, 그리고 가장 중요한 것으로 존중의 정서가 있다. 두려움, 복수심, 시기심과 같은 혐오적인 정서로서 간주되는 것은 훨씬 더 적은 부분이었다. 피아제의 관점에서 보면 복수심과 열정뿐만 아니라 두려움, 애정, 동정과 같은 타고난, 혹은 매우 일찍 등장하는 정서의 연합은 도덕성의 발달을 위한 토대를 형성하는 데 도움을 준다. 그러나 그는 본능적인 경향을 "도덕성 형성을 위해 필요하지만 충분한 조건은 아니라고"(p. 344) 간주했으며, 더 나아가 그는 "사람들에 대한 아동의 행동은 일차적으로 우리가 모든 후속적인 도덕적 행동의 원천을 쉽게 볼 수 있는 그러한 동정적 경향성과 정의적 반응으로부터 비롯된다는 징후를 보인다. 그러나 지적인 행위는 어떤 규범이 평형화의 주어진 구조와 규칙을 이 원천에 압력을 가하는 순간부터 논리적이고 선의적인 충동, 곧 도덕적인 것으로 간주될 수 있을 뿐이다"(p. 405)라고 단언했다. 타율성의 등장을 조장하는 것은 성인들과의 관계에서 사회적 상호작용 및 추론과정과 두려움, 애정, 그리고 동정의 상호 연합이다.

피아제의 관점에서 보면 매우 어린 아동들에 의해 경험된 정서(그리고 규칙성에 관한 평가)는 의무감을 요구하는 도덕성과는 거리가 있다. 어린 아동들에게 있는 두려움, 애정, 그리고 동정은 주로 성인을 향해 방향이 정해지며, 타인들에 대한 존중의 강력한 감정으로 통합되고 전환되기 시작한다. 그러나 처음에는 강력한 존중의 감정은 일방적이다. 즉 그것은 성인을 향한 일방적 감정으로서 경험된다. 의무감을 산출하는 것은 그러한 존중의 감정이며, 그것은 도덕성에 반드시 필요한 것이다. 존중의 감정은 권위자로부터의 규칙과 명령에 관한 개념과 결합해 도덕성을 형성하는데, 그 도덕성은 규칙은 신성하며 변경될 수 없고, 그것은 준수되어야 하며, 선은 성인의 명령에 대한 고수를 포함한다는 개념에 토대를 둔다. 피아제에 의해 진술된 바와 같이 "이러한 존중은 도덕적 책무와 의무감의 원천이다. 곧 존중하는 사람으로부터 나오는 모든 명령은 의무적인 규칙의 출발점이다. … 성인의 의지에 복종하는 것이 권리이다. 자기 자신의 의지를 소유하는 것은 잘못이다"(1932, p. 193).

아동이 일방적 존중에 토대를 둔 의무와 연결되는 도덕성에 진입하는 것은 적절한 도덕성으로는 불충분하다. 그것은 자율성 및 협동과 관련되어야 한다. 다시 말하면 존중의 정서와 사회적 관계에 관한 개념이 서로 연합하게 되면 아동들의 도덕성은 전환하기 시작한다. 다음 수준인 자율성은 일방적 존중으로부터 상호 존중으로 변화하는 것을 요구한다. 상호 존중은 아동들의 성인과의 관계에 비해 보다 큰 평등을 포함하고 있는 동료관계로부터 등장하며, 또한 그것은 동정 및 열정과 연결되고 협력적 활동에서의 정의의 개념과 서로 연관을 맺는다. 아동들이 규칙과 법 그리고 호혜적 규범의 본질에 관한 이해를 구성하는 것은 오로지 이러한 자율성의 수준에서이다. "자율성은 그러므로 오로지 상호성과 함께 나타나는데, 그것은 상호 존중이 개인으로 하여금 내부로부터 다른 사람을 그 자신과 같이 대우하고자 하는 소망은 그렇게 대우받기를 바라는 것이라는 것을 느낄 수 있도록 해주기에 충분할 정도로 강력할 때 가능하다" (Piaget, 1932, p. 194).

자율성(autonomy)에 대해 피아제는 사회적 혹은 도덕적 요구로부터의 자유를 의미하지 않았다. 오히려 그가 의미했던 바는 개인이 "타율적인 도덕성 뒤에 놓여 있는 일방적 존중의 규범과 관련한 경우에서 일어나는 것처럼 규범을 이미 만들어져 있는 기성품처럼 받아들이는 대신에 규범을 애써 완성해 가는 일에 참여한다" (Piaget, 1960/1995, p. 315)는 것이다. 아동들이 규범을 정교화하는 데에 참여한다는 개념은 피아제가 사회적 · 도덕적 · 인지적 발달에 관한 설명에 공헌했던 것 중에서도 핵심적인 것이다. 그것은 정신적 발달의 본질을 개인의 환경과의 상호작용을 통한 구성적 과정으로 파악하며, 발달에 대한 설명을 생물학적 · 유전적 특질, 직관에 의해서나 혹은 환경(예컨대 사회, 문화, 이데올로기, 종교적 가르침)에서 이미 만들어진 것에 의해 결정된다는 것으로 설명하는 것과는 정반대의 입장에 있다. 정신적 발달의 비사회적 측면에 관한 피아제의 나중의 포괄적인 연구에서 그는 유아로부터 청소년에 이르기까지 발달에 대한 구성과정을 적용했다. 그의 초기 저작에서 어린 아동들은 규범을 이미 만들어져 있는 것으로 받아들인다는 개념에 반영되어 있듯이, 그는 본질적으로 도덕적 판단이 규범의 정교화에 바탕을 두고 있는 연령이 높은 아동들과 규범을 구성하지 않는 연령이 보다 낮은 아동들을 구분했다.

그 과정에서 피아제는 도덕적 발달과 관련한 흥미롭지만 흠집이 있는 명제를 제안했다. 곧 도덕판단의 발달은 이미 정해진 것(예컨대 규칙과 성인들의 권위)의 수용으로부터 상호성과 정의에 관한 판단을 구분하는 과정과 관련된다. 어린 아동들의 마음 속에서 그 둘은 서로 혼동되며, 그럼으로써 도덕적 의무는 규칙이란 신성하고 변경이 불가능하다는, 그리고 "권리란 성인의 의지에 복종하는 것"(p. 193)이라는 신념과 연계되어 "연령에 대한 존중—나이 든 아동들에 대한 존중, 그리고 무엇보다 성인에 대한 존중"(1932, p. 98)—이 되어야 하는 것으로 판단된다.

타율적 사고의 미분화된 상태에서 정의는 규칙과 권위에 대한 복종에 종속된다. 곧 "만약 분배정의가 성인 권위와 갈등을 일으킨다면 어린 아동들은 권위가 옳고 정의가 그르다고 믿을 것이다"(Piaget, 1932, p. 304). 일방적 존중의 정서로부터 상호 존중의 정서로 변화를 수반하는 자율성으로의 변환은 상호성, 정의, 그리고 협동에 관한 새로운 개념화를 가져온다. 타율성과 자율성의 수준에 관한 피아제의 기술을 좀 더 상세히 보려면 콜버그(Kohlberg, 1963), 피아제(1932, 1960/1995), 투리엘(Turiel, 1983a, 1983b), 그리고 투리엘과 스메타나(Turiel & Smetana, 1998)를 살펴보면 된다.

어린 아동들이 정의를 권위, 규칙, 그리고 관습에 종속시킨다는 명제는 후속적인 구조발달 공식화와 관련해 고려하는 데 중요하다. 도덕발달에 관한 피아제의 연구 이후 수년 동안 콜버그(1963, 1969, 1971, 1984)는 6단계의 도덕판단 계열로 발달과정을 차별화하는 개념을 주장하면서 사고와 발달에 관한 피아제의 일반적 명제를 확장시켰다. 콜버그의 공식(이 책 제2장에서 Lapsley가 논의한)에서 도덕판단의 시작은 도덕적 가치와 물질적 가치 사이의 구분이 결핍되어 있고, 또한 벌에 관심을 가지며(1단계 벌과 복종 정향), 사람들의 이익과 필요(개인주의, 수단적 목적에 대한 2단계 정향)에 관심을 갖는다. 콜버그는 초기와 중기 아동기의 도덕판단은 권위에 대한 존중, 규칙의 신성함, 규칙은 항상 준수되어야 한다는 판단(타율성의 특징)에 토대를 두지 않는다고 주장했다. 도덕성이 규칙, 권위, 그리고 인습적 사회체계를 유지하기 위한 필요에 토대를 두는 것은 청소년기에 이르러서이다(단계 4규칙과 권위 유지 정향). 그때 도덕판단은 사회체계 그리고 제도화된 법과 권위에 대한 존중과 관련해 새롭게 등장한 개념의 일부이다. 복지, 정의, 권리에 관한 도덕판단이 사회체계의 규칙 및 인습과 구별되기 시작한 것은 후기 청소년기와 성인기에 이르러서이다(원리화된 도덕성의 단계 5와 6).

한편, 많은 연구가 피아제와 콜버그 두 사람에 의해 제안된 구분의 유형이 도덕판단 발달을 적절하게 특징짓지 못한다는 매우 유력한 증거를 제시했으며, 또 다른 한편으로는 사회적 환경의 다면적 측면과의 호혜적 상호작용을 통한 복지, 정의, 권리에 관한 도덕판단의 구성과 관련해 피아제와 콜버그 두 사람이 제안했던 근본 명제들을 강력하게 지지해 주는 증거를 제시하고 있다. 그러한 연구결과는 여러 곳에 요약되어 있다(Smetana, 1995 ; Tisak, 1995 ; Turiel, 1983a, 1983 b). 한 연구는 어린 아동들이 독특하게 도덕판단을 내린다(처음에는 주로 복지에 관해, 그리고 나중에는 정의와 권리에 관해)는 것을 보여주는데, 그 도덕판단은 사회적 인습(사회적 인습에 근거한 통일성)과 개인적 권한의 영역에 관한 판단과 구분된다. 우리는 이들 세 가지 영역의 특징을 개략적으로 제시했는바, 그것은 사회적 상호작용과 정서적 반응의 각기 다른 유형과 연합된 세 가지 독특한 발달 경로를 구성한다(Arsenio, Gold & Adams, 이 책 제21장 ; Nucci & Turiel, 1978).

이러한 연구 노선의 기원은 도덕적 이슈들이 4단계에서 5단계—콜버그의 공식 속에 그 윤곽이 드러나 있는 바와 같이—로의 전환에서 사회적 인습 및 고정된 규칙에 관한 개념의 이슈들과 어떻게 구분이 되는지 설명하고자 시도했던 노력(Turiel, 1975)에 있었다. 예상 외로 약 9-11세의 아동들은 인습을 도덕적 규범과 혼동하지 않았으며, 그보다는 서로 다른 측면에서 각각을 개념화했다(Turiel, 1975). 후속적인 연구는 보다 더 어린 아동들조차도 비슷한 구분을 하고 있다는 것을 보여주었다(Turiel, 1978, 1979). 그 시간 이후로 지속된 연구 프로그램은 일관되게 이러한 서로 다른 판단유형이 서로 다른 영역을 구성한다는 것을 보여주고 있다. 다양한 연구절차들이 사회적 상호작용에 관한 관찰, 가설적 상황에 관한 판단에 대한 평가, 그리고 아동들과 청소년들이 참여했던 사건에 관한 판단의 평가를 포함해 활용되고 있다. 한 연구(Turiel, 2002)에서 초등학교와 중학교 아동들의 사회적 상호작용이 다양한 상황(교실, 놀이, 점심)에서 관찰되었다. 관찰된 사건의 상당수는 도덕적·인습적 영역에 대한 준거에 따라 쉽게 분류될 수 있었다. 사건이 일어난 이후에 간략하게 유도된 이들에 관한 판단은 영역에 따라 달랐으며, 똑같은(그리고 다른) 아동들이 그에 필적한 가설적 상황에 관해 내렸던 판단과 밀접하게 대응했다. 그 연구결과들의 또 다른 측면은 여러 관찰연구(Nucci & Nucci, 1982a, 1982b ; Nucci & Turiel, 1978 ; Nucci, Turiel & Encarnacion-Gawrych, 1983 ; Nucci & Weber, 1995)에서 어린 아동들을 대상으로 했던 결과와 일치했다. 도덕적 사건과 연관된 정서는 희생당했을 때의 고통이나 분노, 의무 감정, 그리고 타인들의 복지에 대한 관심의 감정(감정은 어떤 것에 관한 것이지 감정 바로 그 자체가 아니라는 점에 주목할 것)의 표명에 초점이 있었다. 인습적 사건과 연관된 정서는 중립적인 경향이 있으며, 타인의 경험 혹은 타인에 대한 관심에 초점이 없었다(보다 더 상세한 분석을 보려면 이 책 제21장 Arsenio, Gold & Adams, 그리고 Nucci 2001 참조).

이 책의 몇몇 장은 영역구조 안에서 서로 다르면서도 서로 연관된 연구 프로그램, 그리고 도덕적 · 인습적 · 개인적 판단이 발달과 사회적 상호작용과 관련되는 방식을 제시하고 있다. 이 장의 나머지 부분에서는 사회적 발달에 관한 구조발달 관점을 강력하게 지지하는 이슈들에 관한 두 가지 유형이 논의될 것이다. 하나는 도덕적 · 사회적 개념이 상황적 맥락에서 적용되고 조정되는 방식과 관련한다. 두 번째는 개인이 복지, 정의, 권리에 관한 도덕적 판단과 모순되는 문화적 관습과 사회적 규범에 대해 반대하고 저항하는지 혹은 그렇지 않는지, 만약 그렇다면 어떻게 하는지 등과 관련한다. 이러한 목적을 위해 사회적 수직계열에서 보다 낮은 혹은 종속적 입장에 있는 사람들의 관점에 관한 연구가 논의된다.

정직과 권리 : 절대주의와 상대주의

정직과 권리는 비록 서로 다른 방식에서지만 도덕적 의무로 간주될 수 있으며 또 그렇게 간주되어 오고 있다. 정직은 흔히 도덕적 관점으로부터 준수되어야 하는 하나의 특질 혹은 덕, 책임으로 다루어지고 있다. 그 경우에 다른 사람들에게 거짓말하거나 속이는 것은 나쁠 것이며, 진실을 말하면 좋을 것이다. 정직은 다양한 이론적 관점으로부터도 하나의 도덕적 명령으로 이해된다. 인간은 진실을 말해야만 한다. 왜냐하면 그것은 하나의 덕이기 때문에, 혹은 그것은 인격의 특질을 반영하기 때문에, 혹은 그것은 사회가 기능을 발휘하기 위해서 필요하기 때문에, 혹은 그것은 쉽게 이해되는 도덕적 직관이기 때문에, 혹은 그것은 사회적 관계에서 신뢰를 유지하는 데 필요하기 때문이다. 정직이 하나의 절대적인 것으로서 다루어지는 데는 이유가 있으며, 정직을 어떤 사회나 문화에 상대적인 것으로서 접근한 논의는 실제적으로 없다. 권리에 관한 논의들은 절대적인 것으로서 취급되는 특성이 있지만 문화적으로 특수한 권리에 관한 논의들도 존재한다. 한편으로, 어떤 사람들은 권리가 어떤 문화에서는 중심적이지만 다른 문화에서는 그렇지 않다고 말한다. 서구 문화는 개인적 권리와 개별적 자율성의 도덕성에 바탕을 두는 것으로 추정되는 반면에, 비서구 문화에서는 권리의 개념이 집단과 상호 의존을 향한 도덕적 정향 때문에 중심적이지 않다(일종의 상대주의). 그러나 권리에 정향된 문화권에서는 그 개념이 권리란 항상 지지되어야 한다는 것을 함축한다고 알려져 있다(일종의 절대주의).

정직과 권리에 관한 연구결과들은 이러한 다양한 명제를 지지하지 못하고 있다. 비록 대부분의 사람들이 정직의 가치를 믿지만 정직을 다른 도덕적·사회적 고려에 종속시키는 많은 상황이 존재한다. 또한 권리도 대부분의 곳에서 진지하게 다루어지고 문화적으로 특수하지 않지만 사람들이 권리를 다른 도덕적·사회적 고려에 종속시키는 많은 상황이 존재한다. 그러한 연구결과들은 단순히 상황의 견인력이나 힘을 반영하는 것이 아니다. 오히려 그것들은 상황에 관한 지각된 측면을 고려하는 서로 다른 판단유형과 사고의 유연성을 지닌 체계적인 조정 패턴을 보여준다.

정직과 속임에 관한 최근의 몇몇 연구들은 사람들이 자신들의 복지를 확대하고, 정의를 성취하며, 그리고 자율성이 불공정하게 제한받는다고 지각될 때 개인의 자율성을 증진시키기 위해 진실을 말할 때의 결과와 거짓을 말할 때의 결과를 체계적으로 평가한다는 것을 입증한다. 한 연구에서 의사들이 환자에 대한 치료나 진료절차의 승인을 획득하는 유일한 수단으로 보험회사를 속이려 하는 가설적 이야기들을 의사들에게 제시했다(Freeman, Rathore, Weinfurt, Schulman & Sulmasy, 1999). 그 이야기들은 엄중의 정도가 서로 다른 의학적 상황을 묘사하고 있었다. 두 가지 가장 엄중한 상황(생명을 위협하는 것)에서 대다수는 의사가 속이는 일에 개입하는 것이 정당화된다고 생각했다. 그러나 다른 조건들에서 속이는 것을 받아들이는 비율은 상당히 낮았으며, 가장 적은 숫자(3%)의 의사들은 속이는 일이 미용성형의 목적에 정당한 것이라고 판단했다. 요컨대 의사들이 실제적으로 보험회사를 속이는 일에 개입한다는 증거가 있다(Wynia, Cummins, VanGeest & Wilson, 2000).

의심의 여지없이 그 연구에 참여하고 있는 의사들은 정직이 옳고 부정직은 그르다고 판단할 것이다. 그러나 동시에 그들은 속임을 그들 환자의 복지를 증진시키는 하나의 수단과 같은 몇몇 조건에서는 수용 가능하다고 판단한다. 그 밖의 다른 연구는 긴밀한 관계—남편과 아내 사이—에서 일어나는 속임에 관한 판단에서 그에 일치하는 패턴을 보여주고 있다(Turiel, Perkins & Mensing, 준비 중). 그 연구는 집 밖에서 일을 하는 남편, 속이는 일에 개입하는 아내를 묘사하는, 그리고 그 반대로 아내가 일을 하고 남편이 속이는 일에 개입하는 상황을 포함도록 설계되었다. 한 상황은 가정 재정을 엄격하게 통제하는 배우자와 그 상대는 비밀 은행계좌를 간직하고 있는 것을 묘사했다. 다른 상황은 그 배우자가 싫어하는 친구를 비밀리에 바라보고, 옷을 쇼핑하며, 그리고 음주문제 후원집단의 회의(그 회의는 배우자가 자신의 상대가 참석하는 것을 원치 않으므로 비밀리에 개최된다)에 참석하는 것과 관련되었다.

그 연구에서 대학 학부생과 성인 대부분은 아내가 비밀 은행계좌를 간직하고 있는 것에 대해 수용 가능하다고 판단했다. 그러나 거의 모든 사람이 비록 일을 하고 재정을 통제하는 사람이 아내라 하더라도 남편이 그러한 속이는 일에 참여하는 것에 대해 수용 가능하다고 판단하지 않았다. 사회에서 보다 일반적인 권력구조가 이러한 결정을 내리는데 고려되는 것으로 보인다. 남성들에게는 여성에 대한 보다 큰 권력과 통제가 허용되며, 가족관계는 여성에 비해 남성에게 보다 큰 특권과 권리를 허용하는 부정의의 유형에 흔히 기초하고 있다(Hochschild, 1989 ; Nussbaum, 1999, 2000 ; Okin, 1989). 비슷한 패턴이 우정 및 쇼핑과 관련되었던 상황에서 발견되었는데, 남편과 아내의 활동에 관한 판단 사이에서의 차이는 통계적으로 의미가 없었다. 다음에는 거의 모든 사람들이 음주문제 후원집단의 회의에 참석하는 속임과 관련된 상황에서 남편 혹은 아내에 의한 속임을 정당한 것으로서 판단했다.

권력과 통제를 포함한 관계에서의 공정뿐만 아니라 복지에 관한 관심은 부모나 친구의 속임에 관한 청소년들의 판단에 또한 들어 있다. 또 다른 연구(Perkins, 2003)에서 부모나 친구를 속이는 한 청소년을 묘사하는 세 가지 유형의 상황에 관한 판단이 평가된다. 하나는 도덕적으로 그른 방식(예컨대 인종이 다른 사람과는 친구가 되지 말라, 제3자를 괴롭히는 사람에게 물리적으로 대항하라)으로 행동하도록 청소년에게 말을 하는 부모나 혹은 동료와 관련되었다. 두 번째는 개인적 선택(부모 혹은 동료가 좋아하지 않는 사람과 데이트를 하지 않으며, 또한 부모나 동료가 클럽에 가입하는 것은 시간 낭비라고 생각하기 때문에 그에 가입하지 않는다)의 이슈들과 관련한 명령과 관련되었다. 그리고 세 번째 유형은 자유재량적인 혹은 실용적인 고려(숙제를 마치는 것 또는 오토바이를 타지 않는 것)를 수반하는 개인적 이슈들에 관한 명령과 관련되었다.

대부분의 청소년들은 도덕적으로 그른 것으로 생각되는 요구에 관해 부모를 속이는 것은 수용 가능하다고 판단했다(부정의 혹은 해를 방지한다는 근거에서). 대다수는 또한 속이는 것이 부모가 개인적 선택을 간섭할 때 정당화된다고 생각했다. 그러나 대다수는 속임이 자유재량적인 문제와 관련해서는 정당화되지 못한다고 생각했다. 그것은 부모가 자녀의 복지에 관심을 갖는 것은 정당하다는 근거 위에서이다(대부분은 그 제한이 도덕적 · 개인적 문제의 경우에서는 정당하지 않다고 생각했다). 몇몇 청소년들은 도덕적으로 관련된 개인적인 이슈에 대해 부모를 속이는 것보다는 동료를 속이는 것이 더 수용 가능하다고 판단했다. 자유재량적인 이슈들과 관련해 동료를 속이는 것은 개인적 이슈들과 똑같은 방식에서 판단되었지만 이 영역에서 부모를 속이는 것보다 더욱 수용 가능한 것으로 판단되었다. 비록 청소년들이 동료에 의해 유도된 제한이 정당하지 않지만, 그들이 부모를 속이는 것보다는 동료를 속이는 것이 더욱 받아들이기가 쉽지 않다고 생각했다. 평등과 상호성의 관계에 있는 친구들은 속임에 의존하지 않고 이들 문제에 관해 서로 맞부딪힐 수 있다고 생각되었다.

이들 청소년들에게 있어서 사회적 관계에서의 정직은 속이는 일이 나쁘다고 믿는 단순한 문제가 아니다. 그러나 그들은 정직을 낮게 평가하지 않는다. 청소년들 대부분은 일반적인 질문에 대한 반응에서 거짓말하는 것은 나쁘다고 말했다. 또한 거의 대부분은 소유물에 대해 끼친 손상을 숨기기 위해 부모나 동료에게 거짓말하는 것은 정당하지 못하다고 생각했다. 그러나 의사들의 경우에서와 같이 그들이 정직이 다른 고려사항에 종속되어야 할 필요가 있다고 믿는 상황이 존재했다. 권력의 차이 때문에 청소년들의 대부분은 부모가 정의롭지 못한 행위를 명령할 때, 혹은 부모가 개인적 통제 하에 있어야만 하는 행위로서 간주되는 것에 제한을 가하고자 할 때는 부모를 속일 필요가 있다고 믿었다.

그러므로 일반적인 유형이 속임에 관한 연구들에서 분명하게 드러난다. 속임에 관한 판단은 보험회사와 관련해 의사들 사이에서, 부모 혹은 동료관계에서의 청소년들 사이에서, 그리고 부부관계 내에서 상황에 따라 변화한다. 확실히 어떤 상황에서 부정직은 모든 이들 집단에 의해 나쁘다고 판단된다. 마찬가지로 확실한 것은 속임이 어떤 상황에서는 옳은 것으로 판단된다는 것이다.

그러므로 속임에 관한 연구로부터의 결과는 사람들이 도덕적으로 중요하다고 간주하는 문제에 관해 유연한 판단을 내린다는 것을 보여준다. 정직하게 행위하는 것은 그들에게 중요한데, 신뢰를 유지하는 것은 필요한 도덕적 목적이라고 판단되기 때문이다. 그러나 사람들의 신체적·정서적 복지를 유지하고 증진시키는 것, 부정의와 싸우는 것은 또한 중요한 도덕적 목적이다. 그 연구결과는 결코 사람들이 기계적·정서적으로 맹목적인 방식으로 이들 목적을 추구하지 않는다는 것을 보여준다. 그들은 분명히 도덕적 목적들 사이의 갈등이 중요도의 순서를 정해 다루어져야 하며, 어느 정도 조정되어야 할 필요가 있다고 인정한다. 정직의 이슈는 절대적인 방식으로 다루어지지 않는다. 정직은 임의적인 방식으로 다루어지지 않을 뿐만 아니라 상대적인 방식으로 다루어지지 않는다. 그것은 도덕적으로 중요하다고 판단되지만 다른 고려사항의 맥락에서 판단된다.

비슷한 이야기가 권리의 개념에 관한 연구에 대해서도 언급될 수 있다. 개인적 권리를 유지하는 것은 서구 사회에만 국한된 개념이 아니다(Helwig, 이 책 제7장 참조 ; Turiel, 2002 ; Turiel & Wainryb, 1998). 더욱이 서구 문화뿐만 아니라 비서구 문화에서도 권리의 개념은 절대적인 방식으로 적용되지 않는다. 반면에 권리는 관념상에서, 그리고 경쟁하는 도덕적·사회적 고려(개인의 복지와 공동체 이익과 같은)에 종속되는 여러 상황에서 시인된다. 권리와 관련한 이들 명제에 대한 증거는 정직에 대한 것보다 오히려 더 광범위하다. 20세기 내내 수많은 대규모 연구가 권리에 대한 태도를 중심으로 수행되었다(Hyman & Sheatsley, 1953 ; McClosky, 1964 ; McClosky & Brill, 1983 ; Stouffer, 1955). 조사연구들은 대부분의 미국인이 권리(예컨대 표현, 종교, 집회, 불찬성, 프라이버시에 대한)를 시인한다는 것, 그들은 또한 어떤 상황(예컨대 신체적·정서적 해를 방지하는 것, 공정성을 증진시키는 것, 공동체 표준을 유지하는 것) 하에서 똑같은 권리의 예속을 시인한다는 것을 일관되게 밝혔다. 이런 많은 연구에 대한 상세한 것은 헬위그(Helwig, 이 책 제7장)에 의해 논의되는데, 그는 또한 권리에 관한 아동들과 청소년들의 판단 연구를 논의한다(Turiel, Killen & Helwig, 1987 참조). 여기에서 이 이슈를 들고 나온 중요한 목적은 정직과 같은 강력하게 유지된 도덕적 목적들이 그 밖의 다른 도덕적·사회적 고려가 내재된 맥락을 인정하면서 유연하게 판단된다는 것을 보여주기 위한 것이다. 다시 말하면 그 이슈들은 절대적인 방식으로 엄격하게, 기계적으로 다루어지지 않으며, 또한 그것들은 정서와 반성적이지 않은 직관에 의해서 추동되지도 않는다는 것을 보여준다.

문화와 사고 : 항상 일치하는 것은 아니다

정직과 권리의 이슈들은 구조발달 접근의 또 다른 측면을 함유하고 있다. 사람들은 현존하는 사회적 제도와 문화적 관습에 적용되는 복지, 정의, 권리에 관해 적극적으로 판단을 내린다는 것이다. 강조된 바와 같이 발달은 아동들이 사회적 환경의 다양한 측면과 나누는 상호작용으로부터 기원하는 구성적 과정이다. 도덕발달은 사회적 기대, 규칙, 규범에 대한 적응과 관련되지 않으며, 그리고 도덕적 기능작용은 권위자 명령, 사회적 제도, 문화적 관습과의 일치를 의미하는 것이 아니다. 그러므로 사람들이 사회제도와 문화관습을 부정의를 조장하거나 어떤 집단의 권리를 불평등하게 제한하는 것으로 지각하는 한 반대가 존재할 것임은 자명하다. 즉 그 접근은 개인이 현존하고 있는 관습을 자세히 음미하고 또한 비판하며, 그것은 당연히 반대와 저항을 불러일으킬지도 모른다는 것을 함의한다(Turiel, 2003a ; Turiel & Perkins, 2004). 거꾸로 말하면, 문화적 관습에 대한 광범위한 반대와 저항은 도덕발달이 사회적·문화적으로 존재하고 있는 바에 대한 수용보다는 무엇이 존재해야만 하는가에 관한 판단을 구성하는 과정이라는 것을 암시한다.

속임에 관한 연구는 사회적 반대와 저항이 서구 사회에 널리 퍼져 있다는 관념에 대한 증거를 제공한다(비서구 사회에서 저항으로서의 속임에 관한 논의는 Turiel, 2002 참조). 의사들에 대한 연구(Freeman 외, 1999)는 성인들은 자기 자신이 책임을 지는(심각한 해가 사람들에게 가해질 수 있을 때, 그러나 심각한 결과들이 내포되지 않을 때는 그렇지 않다) 사람(환자)의 복지에 손해를 끼치는 관습에 대해서 저항하는 것을 수용한다는 것을 보여준다. 부부 간 관계에서의 속임에 관한 판단을 검토했던 연구는 그 속임에서의 비슷한 판단들이 남편이나 아내 입장에서 행복이 위태로워질 때(예컨대 한 사람이 알코올 중독 치료를 하고자 할 때) 수용된다는 것을 보여주었다. 그 연구는 또한 결혼관계에서 권력과 지배력에서의 불평등이 저항에 대한 정당한 이유로 이해된다는 것을 보여준다. 지각된 불평등은 부부관계 내에서의 현존하는 제도에 기초할 뿐만 아니라 사회 내에 현존하고 있는 권력제도에 기초하고 있다.

권력과 지배력의 관계는 또한 부모 혹은 동료에 대한 저항으로서 청소년이 속이는 것을 수용하거나 거부하는 것과 연관되었다(Perkins, 2003). 우리는 도덕적으로 그른 것으로 간주되는 행위에 개입하도록 하는 부모의 명령과 청소년들에 의해 그들의 개인적 권리의 부분으로 간주되는 행위에 대한 저항의 수용이 존재한다는 것을 보았다. 또한 그러한 저항은 타산적인 문제에 관한 제한이 수용된다는 점에서, 그리고 평등의 관계(동료들과)가 권력 차이(부모와)를 포함하고 있는 관계와는 다르게 판단된다는 점에서 전면적이지 않다는 것을 보았다.

반대와 저항은 아동기에서 기원하며, 아동들의 사회적 발달은 협동적 정향과 대립적 정향의 연합을 포괄한다. 초기 아동기에서 반대와 저항이 기원한다는 증거는 어린 아동들이 무엇이 도덕적으로 옳은가 혹은 그른가에 관한 그들의 판단과 모순이 되는 규칙이나 권위자 명령을 수용하지 않는다는 것을 보여주는 연구들로부터 나온다(Laupa, 1991 ; Laupa & Turiel, 1986 ; Weston & Turiel, 1980). 특히 아동들은 규칙과 권위가 사람에게 해롭거나 불공정한 행위들을 명령하는 한 준수되어서는 안 된다고 판단한다. 부모, 형제자매, 동료에 대한 긍정적인 친사회적 행위와 그들에 대한 반대와 갈등이 공존한다(Dunn, 1987, 1988 ; Dunn, Brown & Maguire, 1995 ; Dunn & Munn, 1985, 1987 ; Dunn & Slomkowski, 1992). 이러한 연합은 아동들이 발달시키는 다양한 판단을 반영한다. 그들은 협동과 도움의 행위를 낳는 판단을 내린다. 아동들의 도덕판단은 또한 그들이 자기 자신이나 다른 사람에게 가해진 불공정과 해를 지각할 때(성이나 인종에 토대를 둔 배제는 불공정하다는 판단을 포함해) 저항이나 반대의 행위를 산출한다(Killen, Lee-Kim, McGlothlin & Stagnor, 2002 참조). 아동들이 개인적 권리의 영역에 관해 판단할 때 또한 정당한 개인적 선택이라 생각되는 것에 관한 침해가 존재하는 경우 이에 저항한다(Nucci, 2001 ; Nucci & Turiel, 2000 ; Smetana, 1997).

이러한 반대와 저항의 유형은 문화적 관습이 때때로 낮은 사회계급이나 계층 그리고 여성과 같은 집단을 종속시키는 데 공헌하는 비서구 문화를 포함해 많은 문화에서 사회적 위계상 보다 적은 권력의 위치에 있는 성인 사이에 분명하다. 사회적 위계에서 서로 다른 위치에 있는 사람 사이의 관계의 역동성은 호혜적인 상호작용에서 사고의 유연성이 존재한다는 것을 더욱 입증해 준다. 공공 이데올로기와 종교적 교의를 통해 집단 혹은 집합적 상호 의존을 조장하고 독립과 개인적 자율성을 깎아내리기 위해 시도하는 비서구 사회에서 사람들은 그럼에도 불구하고 개인적 목적과 집단 목적 두 가지 모두에 대해 입장을 분명히 한다(Mensing, 2002 ; Neff, 2001 ; Spiro, 1993 ; Wainryb & Turiel, 1994). 가부장적 사회에 있는 청소년들과 성인은 개인적 자율성이 여성과 소녀보다는 남성과 소년에게 보다 많이 부여되고 있다는 것을 인정한다.

이제 대부분의 여성과 소녀는 남성에게 보다 큰 자율성이 허용되는 관습을 단순하게 수용하지 않으며, 그러한 관습을 불공정한 것으로 판단한다(Wainryb & Turiel, 1994). 이집트의 도시와 시골 공동체에 있는 여성과 가난한 자를 대상으로 한 인류학적 연구는 사람들이 문화적 관습이 불공정하다는 그들의 불만과 그들의 판단을 좇아 행위한다는 것을 보여주고 있다. 이들 연구 가운데 하나(Abu-Lughod, 1993)는 이집트 북서부 해안의 자그마한 부락에 있는 베두인족(Bedouin) 가족을 관찰했고 그들과 인터뷰했다. 그 결과 가부장적 문화에서 여성들은 그들 자신의 삶을 형성하려고 시도했고, 남성이 그들에게 내린 결정에 반대했으며, 그들의 삶에 영향을 미치는 다양한 종류의 관습을 회피하려고 시도했다. 그 여성들은 소망하는 행위에 참여하며 일부다처와 부모가 혼담을 정하는 것과 같은 문화적 관습을 회피하는 등의 구실을 포함해 다양한 전략을 채택하고 또한 시도했다.

베두인족(Bedouin) 여성들 사이에서 분명했던 문화적 관습을 회피하고자 한 갈등과 투쟁, 노력은 또한 이집트의 도시지역에서도 관찰되었다(Wikan, 1996). 카이로의 가난한 지역에서 여성들은 남성들과의 관계에서 불평등에 저항하며 일부다처와 같은 관습에 불만족을 표현했다. 위칸(Wikan)에 의해 요약된 바와 같이 "내가 기술한 이들 삶은 국가와 가정, 그리고 자신의 결혼에 대항하는, 전통이나 변화의 힘 또는 이웃과 사회에 대항하는—심지어는 자기 자신에 대항하는—저항의 실행으로 읽혀질 수 있다. 그러나 감춰진 의제를 준수하며 타인의 인간성을 존중하는 방식으로 관리하고 인정하는 것으로 보이는 것은 저항이다" (1996, pp. 6-7 ; 인도와 방글라데시에서 추가적인 연구의 사례들은 Chen, 1995 참조 ; Chowdry, 1994 ; 그리고 Mencher, 1989).

결론

사람들은 도덕적 문제에 강한 확신을 갖고 접근하며, 도덕성은 적어도 외견상으로 그와 연관된 측면을 가지고 있다. 그 결과로 학문적인 논의에서 뿐만 아니라 일반적인 논의에서, 특히 그의 연결적인 특질을 파악하고자 하는 노력에서 도덕성의 한 측면에 초점을 두고자 하는 경향성이 널리 존재한다. 심리학적 설명은 흔히 "어떤 것이 우리로 하여금 어떤 방식으로 행위하도록 만든다"는 형식을 유지한다. 이에 따른 다음과 같은 상당히 긴 목록이 존재한다 : 성이 우리로 하여금 그것을 하게 만든다, 천부적인 직관이 우리로 하여금 그것을 하게 만든다, 양심이 우리로 하여금 그것을 하게 만든다, 성격의 특질 혹은 획득된 덕이 우리로 하여금 그것을 하게 만든다, 내면화된 부모의 권위가 우리로 하여금 그것을 하게 만든다, 내면화된 사회적 가치와 규칙이 우리로 하여금 그것을 하게 만든다, 문화적 방식(어떤 개념, 정서, 혹은 직관을 조장하는)과의 동일시와 헌신이 우리로 하여금 그것을 하게 만든다. 이들 설명 가운데 몇 가지에는 명시적인 혹은 암묵적인 절대주의가 존재한다. 성은 고정되어 있다. 양심, 인격특질, 그리고 덕은 불변적이 될 필요가 있다. 그 밖의 다른 설명에서는 어느 정도의 상대주의가 존재한다. 서로 다른 부모, 사회, 문화적 방식은 각기 다른 방식으로 그것을 하는 서로 다른 집단을 낳을 수 있다.

때때로 우리는 도덕성의 변화 가능한 측면에 초점을 맞춘다. 사람들이 이런 것을 말하고 때로는 저런 것을 말한다는 것, 혹은 사람들이 어떤 상황에서는 이런 방식으로 행동하고 다른 상황들에서는 또 다른 방식으로 행동한다는 것에 주목한 것이다. 도덕성의 그러한 측면에 초점을 맞춘 심리학적 설명은 맥락 혹은 상황이 우리로 하여금 그것을 하도록 만든다는 명제로 나아가게 한다.

사실 인간의 도덕성을 구속하는 특질이 존재한다. 사람들은 자신들의 도덕적 신념에 관해 열정을 지니고 있으며, 자신들의 도덕적 관점을 충족시키고자 최선을 다한다. 더욱이 여러 장소에서 수년 동안에 걸쳐 수행된 연구의 일관된 결과는 아동, 청소년, 그리고 성인은 어떤 이슈들(해로움, 도둑질, 불공정한 대우와 관련한)이 현존하는 규칙, 권위자 명령과 기대, 공통 관습과 무관하게 나쁜 것이라고 판단한다는 것이다. 그러나 이들 판단은 엄격한 혹은 절대적 방식에서 적용되지 않는다. 그 연구는 또한 사람들이 그러한 도덕적 이슈들과 인습 및 전통 사이를 구분한다는 것을 일관되게 보여주고 있다. 비록 인습이 집단 기능작용의 중요한 측면이라고 판단된다 하더라도 그것들은 서로 다르게 개념화되며, 그 나름의 규칙, 권위, 공통 관습으로 이해된다. 사회적 규범 사이의 이러한 구분유형은 인간이 추론하는 존재이기 때문에 존재한다. 그리고 인간은 추론하는 존재이기 때문에 "X(좋아하는 것을 넣는다)가 우리로 하여금 그것을 하도록 만든다"라는 관념이 도덕성의 본질을 파악하는 데 실패하도록 한다.

인간이 정서적 헌신과 사고의 유연성을 지닌 추론하는 존재라는 것은 이 장에서 논의되었던 연구에서 입증된 도덕성의 유형을 설명해 준다. 또한 그것은 정직, 권리, 해로움의 이슈들과 관련한 판단에서 맥락적 변화를 설명해 주며, 그것은 또한 세계에 그렇게 널리 퍼져 있는 사회적 반대, 저항, 그리고 파괴행위를 설명해 준다. 이 장에서 기술된 바와 같이 풍부한 연구들로부터 지지를 받는 도덕적 기능작용은 중요하며, 그리고 필요한 것으로 간주되는 복지, 정의, 권리에 관한 핵심적 판단에 의존한다. 그러나 그러한 판단은 양심, 인격, 덕의 관념 속에 천부적으로 내재된 고정된 혹은 절대적인 특질을 지니지 않는다. 사람들은 청결하지도 않고 정돈되지도 않은 사회적 삶에서 도덕적 이슈들과 버둥거리며 살아간다. 사회적 조건은 흔히 상당한 정서적·개념적 노력을 요구하는 문제를 부과한다. 첫째로 그것은 흔히 도덕적 고려의 서로 다른 측면이 갈등하는 경우이다. 이것은 예컨대 정직과 권리가 모든 상황을 관통해 주장되지 않는 이유이다. 우리가 보아온 것과 같이 정직을 주장하며 사람들의 복지를 증진시키고자 하는 필요 사이에서 갈등이 존재할 수 있다. 비슷하게 정의와 권리에 대한 사람들의 강력한 헌신은 우리의 세계에 부정의가 존재하는 한 어려운 갈등과 선택을 부과한다. 그 결과는 사회적 상호작용이 사회적 조화와 협력만큼 또한 사회적 갈등과 투쟁을 내포한다는 것이다.

"X가 우리로 하여금 그것을 하도록 만든다"라는 것보다는 좀 더 적절한 도덕성에 대한 비유로는 "도덕성은 도랑 속에 있다"일 것이다. 이것은 도덕적 발달이 아동들의 일상 삶 속에서 성인과 다른 아동과의 지속적인 상호관계를 통해 일어난다는 것을 말하는 것이다. 그것은 또한 사회적 문제, 갈등, 투쟁을 포함하는 사건을 다루는 맥락에서 일어난다. 사회적 상호작용은 복잡하고 다면적이다. 어떤 때는 협동, 조화, 돕고 또한 도움을 받음, 공유하기, 그리고 선의지가 존재한다. 또 어떤 때는 갈등, 불일치, 논쟁, 해를 끼치고 또한 해를 당함, 그리고 불공정한 대우의 경험이 존재한다. 도덕성은 사람들이 그들로 하여금 불평등과 부정의를 지각하게 만드는 사회적 제도, 문화적 관습, 그리고 물질적 조건을 경험한다는 의미에서 도랑 속에 존재한다. 불평등과 부정의에 관한 지각은 반대와 저항의 행위와 함께 대부분 사람들의 일상 삶의 부분이다(Turiel, 2003a). 강력한 도덕적 관심과 도덕적 저항은 단순히 특수한 개인적 특징을 지닌 사람들 혹은 고도로 진보된 발달 수준을 가진 사람들의 분야만은 아니다. 도덕성은 주로 사람들의 도덕적 판단과 정서에 일치하는 행위를 불러일으킨다는 점에서 대부분의 사람의 삶에서 중요하다(Turiel, 2003b).

그러므로 인간의 도덕성을 절대적인 것 아니면 상대적인 것으로서—비록 그렇게 보이는 점들이 있다 하더라도—범주화시키는 것은 오해이다. 도덕성은 복지, 정의, 권리의 이슈들이 우리가 보아왔듯이 자의적인 것으로서 판단되지 않고 환경을 관통하는 의무로서 판단되기 때문에 절대적인 것으로 보인다. 도덕성은 복지, 정의, 권리의 이슈들 또한 모든 상황에서 동일하게 적용되지 않기 때문에 상대적인 것으로 보인다. 이들 범주는 사람들이 옳고 그름의 이슈들을 어떻게 생각하고 투쟁하는가를 설명하는 데 실패하기 때문에 도덕성과 그의 발달을 이해·설명하고자 하는 우리의 노력을 방해할 수 있다. 이질적인 사회세계와의 관계에서 판단의 다양성의 발달을 검증하는 연구는 사람들이 사회적 관계에 관해 어떻게 생각하는가에 관한 이해를 제공해 주었다. 그것은 확실히 복지, 정의, 권리에 관한 도덕적 판단이 문화를 관통해 비슷하다는 경우일 것이다. 사람들은 그들로 하여금 우선권을 끌어내도록, 그것들을 각기 다른 맥락에서 선택적으로 적용하도록, 그리고 도덕적 목적을 충족시키는 데 실패하는 사회적 제도와 문화적 관습을 변화시키기 위해 시도하도록 유도하는 방식으로 이들 문제를 개념화한다.

참고문헌

Abu-Lughod, L.(1991). Writing against culture. In R. E. Fox(Ed.), *Recapturing anthropology : Working in the present*(pp. 137-162). Santa Fe, New Mexico : School of American Research Press.

Abu-Lughod, L.(1993). *Writing women's worlds : Bedouin stories*. Berkeley : University of California Press.

Antipoff, H.(1928). Observations sur la compassion et le sens de la justice chez l'enfant. *Archives de Psychologie, XXI*.

Aronfreed, J.(1968). *Conduct and conscience : The socialization of internalized control over behavior*. New York : Academic Press

Astor, R.(1994). Children's moral reasoning about family and peer violence : The role of provocation and retribution. *Child Development, 65*, 1054-1067.

Brandt, R. B.(1959). *Ethical theory : The problems of normative and critical ethics*. Englewood Cliffs, NJ : Prentice-Hall, Inc.

Chen, M.(1995). A matter of survival : Women's right to employment in India and Bangladesh. In M. C. Nussbaum & J. Glover(Eds.), *Women, culture, and development : A study of human capabilities*(pp. 61-75). New York : Oxford University Press.

Chowdry, P.(1994). *The veiled women : Shifting gender equations in rural Haryana 1880-1990*. Delhi : Oxford University Press.

Damasio, A. R.(1994). *Descartes' error : Emotion, reason, and the human brain*. New York : Harper Collins.

Damasio, A. R.(2003). *Looking for Spinoza : Joy, sorrow, and the feeling brain*. New York : Harcourt, Inc.

Dunn, J.(1987). The beginnings of moral understanding : Development in the second year. In J. Kagan & S. Lamb(Eds.), *The emergence of morality in young children*(pp. 91-112). Chicago, IL : University of Chicago Press.

Dunn, J.(1988). *The beginning of social understanding*. Cambridge, MA : Harvard University Press.

Dunn, J., Brown, J. R., & Maguire, M.(1995). The development of children's moral sensibility : Individual differences and emotion understanding. *Developmental Psychology, 23,* 791–798.

Dunn, J., & Munn, P.(1985). Becoming a family member : Family conflict and the development of social understanding in the second year. *Child Development, 56,* 480–492.

Dunn, J., & Munn, P.(1987). Development of justification in disputes with mother and sibling. *Developmental Psychology, 23,* 791–798.

Dunn, J., & Slomkowski, C.(1992). Conflict and the development of social understanding. In C. U. Shantz & W. W. Hartup(Eds.), *Conflict in child and adolescent development*(pp. 70–92). Cambridge, England : Cambridge University Press.

Dworkin, R.(1977). *Taking rights seriously*. Cambridge, MA : Harvard University Press.

Eisenberg, N., & Fades, R.(1998). Prosocial development. In W. Damon(Ed.), *Handbook of child psychology*(5th ed., Vol. 3) : N. Eisenberg(Ed.), *Social, emotional, and personality development*(pp. 710–778). New York : Wiley.

Frankena, W. K.(1963). *Ethics*. Englewood Cliffs, NJ : Prentice–Hall, Inc.

Freeman, V. G., Rathore, S. S., Weinfurt, K. P., Schulman, K. A., & Sulmasy, D. P.(1999). Lying for patients : Physician deception of third–party payers. *Archives of Internal Medicine, 159,* 2263–2270.

Freud, S.(1923). *The ego and the id*. New York : Norton.

Freud, S.(1930). *Civilization and its discontents*. New York : Norton.

Gewirth, A.(1982). *Human rights : Essays on justification and applications*. Chicago : University of Chicago Press.

Habermas, J.(1993). *Justification and application*. Cambridge, MA : MIT Press.

Haidt, J.(2001). The emotional dog its rational tail : A social intuitinist approach to moral judgement. *Psychological Review, 108,* 814–834.

Hochschild, A.(1989). *The second shift*. New York : Avon Books.

Hoffman, M. L.(1970). Moral development. In P. H. Mussen(Ed.), *Carmichael's manual of child psychology*(Vol. 2, pp. 261–359). New York : Wiley.

Hoffman, M. L.(1984). Empathy, its limitations, and its role in a comprehensive moral theory. In J. L. Gewirtz & W. M. Kurtines(Eds.), *Morality, moral development, and moral behavior*(pp. 283–302). New York : Wiley.

Hoffman, M. L.(2000). E*mpathy and moral development : Implications for caring and justice*. Cambridge, England : Cambridge University Press.

Hyman, H. H., & Sheatsley, P. B.(1953). Trends in public opinion on civil liberties. *Journal of Social Issues*, 9, 6–16.

Killen, M., Lee–Kim, J., McGlothlin, H., & Stangor, C.(2002). How children and adolescents evaluate gender and racial exclusion. *Monographs for the Society for Research in Child Development*. Serial No. 271, Vol. 67, No. 4. Oxford, England : Blackwell Publishers.

Kohlberg, L.(1963). The development of children's orientations toward a moral order : 1. Sequence in the development of moral thought. *Vita Humana, 6*, 11–33.

Kohlberg, L.(1968). The child as a moral philosopher. *Psychology Today, 2*, 25–30.

Kohlberg, L.(1969). Stage and sequence : The cognitive–developmental approach to socialization. In D. Goslin(Ed.), *Handbook of socialization theory and research* (pp. 347–480). Chicago : Rand McNally.

Kohlberg, L.(1971). From is to ought : How to commit the naturalistic fallacy and get away with it in the study of moral development. In T. Mischel(Ed.), *Psychology and genetic epistemology*(pp. 151–235). New York : Academic Press.

Kohlberg, L.(1984). *Essays on moral development : The psychology moral development*. San Francisco : Harper & Row.

Laupa, M.(1991). Children's reasoning about three authority arrtributes : Adult status, knowledge, and social position. *Developmental Psychology, 27*, 321–329.

Laupa, M., & Turiel, E.(1986). Children's conceptions of adult and peer authority. *Child Development, 57*, 405–412.

Markus, H. R., & Kitayama, S.(1991). Culture and the self : Implications for cognition, emotion, and motivation. *Psychological Review, 98*, 224–253.

McClosky, H.(1964). Consensus and ideology in American politics. *American Political Science Review, 58*, 361–382.

McClosky, M., & Brill, A.(1983). Dimensions of tolerance : *What Americans believe about civil liberties*. New York : Russell Sage.

Mencher, J. P.(1989). Women agricultural labourers and landowners in Kerala and Tamil Nadu : Some questions about gender and autonomy in the household. In M. Krishnaraj & K. Chanana(Eds.), *Gender and the household domain : Social and cultural dimensions*(pp. 117–141). London : Sage Publications.

Mensing, J. F.(2002). Collectivism, individualism, and interpersonal responsibilities in families : Differences and similarities in social reasoning between individuals in poor, urban families in Colombia and the United States. Unpublished doctoral dissertation, University of California, Berkeley.

Milgram, S.(1974). *Obedience to authority*. New York : Harper & Row.

Neff, K. D.(2001). Judgments of personal autonomy and interpersonal responsibility in the context of Indian spousal relationships : An examination of young people's reasoning in Mysore, India. *British Journal of Developmental Psychology, 19,* 233–257.

Nucci, L. P. (2001). *Education in the moral domain.* Cambridge, England : Cambridge University Press.

Nucci, L. P., & Nucci, M. S. (1982a). Children's reponses to moral and social conventional transgressions in free-play settings. *Child Development, 53,* 1337–1342.

Nucci, L. P., & Nucci, M. S. (1982b). Children's social interactions in the context of moral and conventional transgressions. *Child Development, 53,* 403–412.

Nucci, L. P., & Turiel, E. (1978). Social interactions and the development of social concepts in preschool children. *Child Development, 49,* 400–407.

Nucci, L. P., & Turiel, E. (2000). The moral and the personal : Sources of social conflicts. In L. P. Nucci, G. Saxe, & E. Turiel (Eds.), *Culture, thought, and development* (pp. 115–137). Mahwah, NJ : Erlbaum.

Nucci, L. P., & Turiel, E., & Encarnacion-Gawrych, G. (1983). Children's social interactions and social concepts : Analyses of morality and convention in the Virgin Islands. *Journal of Cross-Cultural Psychology, 14,* 469–487.

Nucci, L. P., & Weber, E. (1995). Social interactions in the home and the development of young children's conceptions of the personal. *Child Development, 66,* 1438–1452.

Nussbaum, M. C. (1995). Human capabilities, female human beings. In M. C. Nussbaum & J. Glover (Eds.), *Women, culture, and development : A study of human capabilities* (pp. 61–104). New York : Oxford University Press.

Nussbaum, M. C. (1999). *Sex and social justice.* New York : Oxford University Press.

Nussbaum, M. C. (2000). *Women and human development : The capabilities approach.* Cambridge, England : Cambridge University Press.

Okin, S. M. (1989). *Justice, gender, and the family.* New York : Basic Books.

Perkins, S. A. (2003). Adolescent reasoning about lying in close relationships. Unpublished doctoral dissertation. University of California, Berkeley.

Piaget, J. (1932). *The moral judgement of the child.* London : Routledge and Kegan Paul.

Piaget, J. (1951/1995). Egocentric thought and sociocentric thought. In J. Piaget, *Sociological studies* (pp. 270–286). London : Routledge.

Piaget, J. (1960/1995). Problems of the social psychology of childhood. In J. Piaget, *Sociological studies* (pp. 287–318). London : Routledge.

Rawls, J. (1971). *A theory of justice.* Cambridge, MA : Harvard University Press.

Shantz, C. U., & Hartup, W. W.(1992). Conflict and development : An introduction. In C. U. Shantz & W. W. Hartup(Eds.), *Conflict in child and adolescent development*(pp. 1−35). Cambridge, England : Cambridge University Press.

Shweder, R. A., Much, N. C., Mahapatra, M., & Park, L.(1997). The "Big Three" of morality(Autonomy, Community, and Divinity) and the "Big Three" explanations of suffering. In A. Brandt & P. Rozin(Eds.), *Morality and health*(pp. 119−169). New York : Routledge.

Skinner, B. F.(1971). *Beyond freedom and dignity*. New York : Knopf.

Smetana, J. G.(1982). *Concepts of self and morality : Women's reasoning about abortion*. New York : Praeger.

Smetana, J. G.(1995). Morality in context : Abstractions, ambiguities, and applications. In R. Vasta(Ed.), *Annals of Child Development, Vol. 10*(pp. 83−130). London : Jessica Kingsley Publishers.

Smetana, J. G.(1997). Parenting and the development of social knowledge reconceptualized : A social domain analysis. In J. E. Grusec & L. Kuczynski(Eds.), *Parenting and children's internalization of values*(pp. 162−192). New York : Wiley.

Spiro, M.(1993). Is the Western conception of the self "peculiar" within the context of the world cultures? *Ethos, 21*, 107−153.

Stouffer, S.(1955). *Communism, conformity and civil liberties*. New York : Doubleday.

Tisak, M. S.(1995). Domains of social reasoning and beyond. In R. Vista(Ed.), *Annals of Child Development, Vol. 11*(pp. 95−130). London : Jessica Kingsley Publishers.

Turiel, E.(1975). The development of social concepts : Mores, customs, and conventions. In J. M. Foley & D. J. Depalma(Eds.), *Moral development : Current theory and research*(pp. 7−38). Hillsdale, NJ : Lawrence Erlbaum Associates.

Turiel, E.(1978). The development of concepts of social structure : Social−convention. In J. Glick & A. Clarke−Stewart(Eds.), *The development of social understanding*(pp. 25−107). New York : Gardner Press.

Turiel, E.(1979). Distinct conceptual and development domains : Social−convention and morality. In H. E. Howe & C. B. Keasey(Eds.), *Social Cognitive Development. Nebraska Symposium on Motivation, 1977, Vol. 25. Social cognitive development*(pp. 77−116). Lincoln : University of Nebraska Press.

Turiel, E.(1983a). Domains and categories in social−cognitive development. In W. Overton(Ed.), *The relationship between social and cognitive development*(pp. 53−89). Hillsdale, NJ : Erlbaum Associates.

Turiel, E.(1983b). *The development of social knowledge : Morality and convention*.

Cambridge, England : Cambridge University Press.

Turiel, E. (1998). The development of morality. In W. Damon (Ed.), *Handbook of child psychology* (5th ed., Volume3) : N. Eisenberg (Ed.). Social, emotional, and personality development (pp. 863–932). New York : Wiley.

Turiel, E. (2002). *The culture of morality : Social development, context, and conflict.* Cambridge, England : Cambridge University Press.

Turiel, E. (2003a). Resistance and subversion in everyday life. *Journal of Moral Education, 32,* 115–130.

Turiel, E. (2003b). Morals, motives, and actions. *British Journal of Educational Psychology, Monograph Series II : Psychological Aspects of Education? Current Trends, No. 2.* L. Smith, C. Rogers, & P. Tomlinson (Eds.). *Development and motivation : Joint Perspectives* (pp. 29–40). Leicestar, England : The British Psychological Society.

Turiel, E., Hildebrandt, C., & Wainryb, C. (1991). Judging social issues : Difficulties, inconsistencies and consistencies. *Monographs of the Society for Research in Child Development, 56* (Serial No. 224).

Turiel, E., Killen, M., & Helwig, C. C. (1987). Morality : Its structure, functions and vagaries. In J. Kagan & S. Lamb (Eds.), *The emergence of moral concepts in young children* (pp. 155–244). Chicago : University of Chicago Press.

Turiel, E., Perkins, S. A. (2004). Flexibilities of mind : Conflict and culture. *Human Development, 47,* 154–178.

Turiel, E., Perkins, S. A., & Mensing, J. F. (in preparation). Judgement about deception in marital relationships. University of California, Berkeley.

Turiel, E., & Smetana, J. G. (1998). Limiting the limits on domains : Comments on Fowler and heteronomy. *Merrill–Palmer Quarterly, 44,* 293–312.

Turiel, E., & Wainryb, C. (1998). Concepts of freedoms and rights in a traditional hierarchically organized society. *British Journal of Development Psychology, 16,* 375–395.

Wainryb, C. (1991). Understanding differences in moral judgments : The role of informational assumptions. *Child Development, 62,* 840–851.

Wainryb, C., & Turiel, E. (1994). Dominance, subordination, and concepts of personal entitlements in cultural contexts. *Child Development, 65,* 1701–1722.

Weston, D. R., & Turiel, E. (1980). Act–rule relations : Children's concepts of social rules. *Development Psychology, 16,* 417–424.

Wikan, U. (1991). Toward an experience–near anthropology. *Cultural Anthropology, 6,* 285–305.

Wikan, U. (1996). *Tomorrow, God willing : Self–made destinies in Cairo.* Chicago :

University of Chicago Press.
Wikan, U.(2002). *Generous betrayal : Politics of culture in the new Europe*. Chicago : University of Chicago Press.
Wynia, M. K., Cummins, D. S., VanGeest, J. B., & Wilson, I. B.(2000). Physician manipulation of reimbursement rules for patients : Between a rock and a hard place. *Journal of the American Medical Association, 283*, 1858–1865.

제2장

도덕단계 이론

랩스레이_Daniel K. Lapsley(볼 주립대학교_Ball State University)

과학의 역사는 20세기 후반 몇십 년간을 발달심리학에서 인지발달 전통이 최고의 위상을 자랑한 시기로 기록할 것이다. 이 전통은 피아제의 발생학적 인식론과 아동들의 논리수학적 및 과학적 추론의 개체발생학에 관한 그의 뛰어난 연구 프로그램에 그 연원을 두고 있다. 그러나 이러한 전통의 영향력이 사회화의 문제로, 그리고 사회 인지발달의 영역으로 확장된 것은 상당 부분 콜버그(Lawrence Kohlberg)와 그의 동료들의 연구 때문이다. 물론 피아제(1932/1965)가 아동들의 도덕판단에 관한 연구를 개척했지만 모든 세대의 학자들로 하여금 그의 몇 가지 사회도덕적 표명 속에서 도덕적 추론의 발달 특징을 추구하도록, 그리고 교육 실제(예컨대 Power, Higgins & Kohlberg, 1989)와 임상 실제(예컨대 Selman, 1980)를 위해 사회도덕적 발달의 함축을 탐구하도록 활성화시킨 것은 콜버그의 연구였다.

사실 1970년대와 1980년대에 훈련을 받았던 발달심리학자는 두 편의 독창성이 풍부한 논문, 곧 「단계와 계열」(Kohlberg, 1969)과 「존재로부터 당위로」(Kohlberg, 1971)에 대한 정밀한 연구가 없이는 전문가의 일원으로 당당히 진입할 수가 없었다. 이 두 편의 논문은 도덕성과 사회화에 관한 인지발달 접근의 이론적 열망을 담은 두 개의 기둥에 해당한다. 여기에서 콜버그는 인지발달 접근이 사회화에 관한 경쟁적인 설명(성숙주의, 연합주의, 정신분석학)을 넘어서는 하나의 진보된 문제 변화라는 것뿐만 아니라, "인지단계의 이론"(Kohlberg, 1969, p. 352)이 또한 윤리적 상대주의의 문제와 그것을 무너뜨리는 방법과 같은 윤리 이론에서의 근본적인 문제를 해결하는 원천을 제공할 수 있다는 것을 보여주고자 노력했다. 그 이론의 영역—그의 적용 폭과 순수한 대담성—은 다루기 힘든 시기를 분명하게 정의하였으며, 비록 퇴화한 형식에서이지만 오늘날에도 그 목소리가 들리는 근본적인 발달적 의문들에 관한 논쟁조건을 확립하였다.

그러나 최고의 위상이었다고 말한다는 것은 이제는 그것이 과거라는 것을 의미하며, 도덕심리학에서 콜버그 이후의 시대를 말한다는 것은 도덕단계 이론의 지위에 무슨 일인가가 발생했다는 것을 뜻한다. 사실 도덕심리학이 중요한 갈림길에 놓여 있다는 주장은 이제 매우 흔하게 제기되고 있다(예컨대 Lapsley & Narvaez, 2005). 우리는 현대 교과서가 도덕단계 이론을 가볍고 의례적으로 다루며 전문적인 집회에서 상대적으로 무시당하고 있음을 고려해 볼 때, 그 주제가 발달과학의 최첨단 위에서 생기가 도는 연구활동의 자원이라기보다는 오히려 맥 빠진 역사적 관심거리라는 것을 감지할 수 있다.

콜버그의 도덕단계 이론의 영향력이 기울고 있다는 것은 발달심리학에서 피아제에 대한 접근의 일반적인 쇠퇴로 확실하게 추적될 수 있다. 콜버그 이론의 영향은 항상 불가피하게 피아제 패러다임의 명성과 권위에 연결되어 왔다. 콜버그가 단계와 계열에 관하여 말하고 인지단계의 이론을 내놓으며 사회화와 교육 문제에 관하여 인지발달 입장을 구성했을 때, 그는 피아제의 개념적 도구 장치를 이용하여 자신의 주장을 제기했다. 게다가 콜버그의 도덕단계 이론은 피아제가 도덕적 영역에서 의도했던 바를 완성하였음을 암시한 것이다. 다시 말하면 콜버그는 피아제가 다른 주제 때문에 이 작업을 제쳐놓았든 어떻든 간에 아동들의 도덕판단에 관한 그의 초기 연구(1932/1965)에서 그를 교묘하게 피해갔던 "경성" 도덕단계들을 발견했다는 것이다. 그러나 콜버그가 자신의 프로젝트에 의미와 방향을 제공하기 위해 피아제 이론에 의존했다는 것은 피아제의 이론이 그 영향력을 점차 상실해 감에 따라, 혹은 지적 발달에 관한 대안적인 개념의 등장으로 인해 그 명성을 잃게 됨에 따라 콜버그의 이론 또한 그와 관련한 여러 가지 지지가 박탈당하게 되었다는 것을 의미했다.

그러나 관련된 지지가 부족하다는 것만이 오늘날 도덕단계 이론의 하향된 지위에 대한 유일한 설명은 아니다(사실은 왜 피아제의 이론이 관점으로부터 표류하게 되었는가에 대한 논증으로 옮긴 것뿐이다 ; Lourenço & Machado, 1996 참조). 콜버그의 이론에 내재된 요소들 또한 그 설명의 일부를 차지하고 있는 것이 분명한데, 여기에는 그의 경험적 근거와 단계 및 구조와 같은 근본적인 개념들을 이해하는 방법에 관한 의문이 포함된다.

이 장은 도덕단계 이론의 발달을 인지발달 전통 내에서 등장한 것으로 기술한다. 비록 최초의 초점은 인지발달 전통의 원리 입안자들로서 주로 피아제와 콜버그의 연구에 모아지지만 도덕단계 이론에 관한 고려를 이들 개척자에게만 제한하는 것은 잘못을 저지르는 일일 것이다. 사실 여러 가지 추가적인 사회도덕적 단계 진보는 관점 채택, 자기 이해, 그리고 개인 상호 간 이해를 포함한 사회도덕적 판단에 대한 함축을 지니고 있는 다른 단계 계열들과 함께 분배 정의와 친사회적 추론을 기술하고 있는 이 전통 내에서 등장했다. 이들 단계에 관한 고려는 사회적 인지 발달과 단계 이론이 그것을 기술하고자 사용해 오고 있는 방법의 다양성을 이해하는 데 결정적인 이슈들을 두드러지게 해준다. 도덕심리학에서 차세대 연구의 윤곽에 관한 몇몇 의견들이 또한 제시될 것이다.

피아제의 이론

인지발달 프로젝트

피아제의 평생 연구는 아동들이 논리적 · 수학적 · 과학적 개념을 어떻게 추론하는가에 관한 경험적 기록을 확보하여 이에 호소함으로써 인식론의 근본적인 문제를 해결하고자 하는 것이었다. 이와 비슷하게 콜버그는 개인이 도덕적 딜레마에 봉착했을 때 도덕적 의미를 어떻게 구성하는지를 검토함으로써 윤리적 상대주의의 주장을 근원적으로 허물어 버리고자 했다. 그들의 연구는 과학적 · 윤리적 개념에 관한 추론이 단계들(stages)로서 특징지어질 수 있는 체계적인 개체발생적 변화에 따른다는 것을 보여주었다. 만약 우리가 과학과 철학에서의 진보를 판단하기 위한(Piaget), 혹은 언제 어떤 도덕성이 우리에게 부적절하거나 가치가 없는가를 결정할(Kohlberg) 준거를 발견해야만 한다면 아동 발달에 관한 자료는 중요한 내용이 될 것이다. 물론 단계 개념은 이를 획득하는 어떤 종류임에 틀림없었다. 윤리학과 인식론에 대한 자연주의화 접근은 단계의 개념이 어떤 설득력 있는 준거에 의해 뒷받침되어야 한다는 것을 요구했다. 이들 준거는 경험적 자료를 가지고 철학적 의문을 해결하고자 하는데, 그렇게 관심을 가지지 않는 발달 연구자에게는 훨씬 덜 중요한 것이 된다.

세 가지 핵심 개념

구조화된 전체. 인지발달 전통에서 단계 개념은 불가피하게 구조와 조직의 관념과 연결된다. 구조와 조직에 관한 피아제의 관점은 그의 지능에 관한 생물학적 접근에 의해 상당히 영향을 받았다. 모든 조직화된 전체 안에서, 실재의 모든 수준에서, 생물학적·심리학적 체계의 조직으로부터 사회학적 존재(가정, 사회)의 기구까지 **구조화된 전체**(structure d'ensemble)와 그의 구성요소 사이에 관계가 존재한다. 그러므로 부분-전체 관계는 논리학에서(개념과 그 개념의 실례들), 일반적으로 과학(사실과 이론 사이), 생물학(세포와 전체 유기체 사이 혹은 종의 유형과 그 종의 실례들 사이), 심리학(인지적 조작과 인지구조 사이), 사회학(개인과 사회 사이), 그리고 가정생활에서(아동과 부모와 가족체계 사이) 분명하다.

그러나 부분-전체 관계는 결코 조직화된 전체의 정적인 특징이 아니다. 사실 부분-전체 관계는 불안정하며, 불완전한 평형화의 형식을 야기한다. 예를 들면 때때로 전체는 부분에 대해 지배력을 지니고[융합(syncretism)], 때로는 부분이 전체에 대해 지배력을 가진다[병렬(juxtaposition)]. 그러나 불안정한 평형화는 보다 안정적인 형식으로 변형 또는 진화해 갈 수 있다. 부분과 전체 사이의 기본적인 관계는 변형적이다. 일차적으로 중요한 것은 부분과 전체 사이의 관계이다. 한 단계에서 구조화된 전체는 계속되는 단계, 곧 그의 적절한 조작에서 부분과 전체 사이의 보다 덜 안정적이고 불완전한 평형화로부터 보다 안정적이며 보다 기민한 평형화로 구조화된 전체를 움직이게 하는 변형에서의 새로운 형태 안에 한 요소 혹은 부분이 된다.

이와 관련하여 두 가지의 함축이 강조되어야 한다. 하나는 구조와 요소 사이, 전체와 부분 사이의 경계가 발달적 구성이라는 것이다. 그런고로 서로 다른 구조적 조직은 그들을 발생시키는 구성적 · 변형적인 조작과 별개로 이해될 수 없다(Broughton, 1981). 또 하나는 부분과 전체 사이의 관계가 완전하고 안정적이며 적합한 이상적 형식을 향하는 경향이 있는 진화하는 평형화라는 것이다. 그의 이상적 형식에서 부분-전체 형태는 광범위한 혼란을 아우르는 성공적인 적응을 가능하게 만드는 완전한 보상의 역동적 체계 속에 보존된다. 다시 한 번 말하면 다양한 실재의 수준에서 그 예가 풍부하다. 유기체(부분)와 종(전체) 사이의 관계는 완전한 적응을 향하는 경향이 있는 진화하는 평형화로서 기술될 수 있다. 심리학에서 인지적 조작은 발달과 더불어 점차 안정적이 되는 **구조화된 전체**로 조직되며, 사회에서 개인(부분)과 사회(전체) 사이의 이상적 평형화는 정의와 도덕성의 조작으로 규정된다.

평가적 준거. 점차적으로 구조적 적절성이 높아지고 보다 완전한 조작양식의 방향으로 발달하고자 하는 조직화된 전체의 경향성은 피아제에게 평가적 판단을 내릴 인식론적 준거를 제공했다. 즉 만약 나중의 형식이 발달의 산물이라면 나중에 나타나는 구조화된 전체는 초기 형식보다 더 낫다. 어떤 것이 발달되었다고 말하는 것은 그의 조작양식이 더욱 안정적이고 강력하며 복잡한 적응을 가능하게 해주기 때문에 더 낫다고 말하는 것이다. 그러므로 발달은 적절함의 내적 표준을 지니고 있다. 발달과정은 변형된 **구조화된 전체**를 이상적인 평형화에 보다 가깝게 다가가도록 접합과 분화(Werner, 1957)의 방향에서 부분-전체 관계를 변형시킨다. 이상적 평형화에 보다 더 접근한 구조적 조직은 이상과 거리가 먼 조직보다는 더 적절한 것으로 판단된다. 그때 적절함의 발달 준거는 불안정적이고 덜 적응적인, 시기적으로 이른 조작양식과 내구성이 강하고 완전하며 적응적인 나중의 조작을 구분시킨다.

발달에 관한 진술은 항상 두 가지 주장을 한다는 것에 유념해야 한다. 발달의 목적은 특정한 종착점, 다시 말하면 구조화된 전체가 그의 완전한 조작양식과 이상적 평형화의 종점에 이른다고 말하는 것은 발달의 자연적 과정에 관한 경험적 주장일 뿐만 아니라 평가적·규범적인 주장이기도 하다. 우리는 진보적 발달을 단순한 변화와 구분시켜 주는 표준에 대해 암묵적으로 언급하고 있으며, 그 표준은 종착점에 관한 우리의 개념화 안에 설명되어 있다. 발달적 변화—만약 그것이 발달의 예증으로서 간주되려면—는 발달과정의 최종 단계에 의해 제시된 이상적 평형화에 얼마가 가까이 접근하는가의 측면에서 평가되어야 한다(Kitchener, 1983). "따라서 발달의 종국 상태는 하나의 규범적 참고의 표준이며, 그것으로 인해 우리는 발달의 방향과 목적을 향한 진보의 정도를 평가할 수 있다"(Kitchener, 1986, p. 29).

또한 우리는 자연적인 발달과정의 경험적 주장과 좋은 발달로서 평가하는 바에 관한 가치부가적 주장을 일치시키지 않을 수 없다는 점에 유념해야 한다. 발달의 종국 상태에 관한 우리의 이해는 구조화된 전체의 진화에서 진보를 평가하는 하나의 시금석으로 기능한다. 발달에 관한 주장을 한다는 것은 구조화된 전체가 보다 바람직하며 더 나은 조작양식으로 진보했다는 것을 말한다. **구조화된 전체**가 비적응적이기보다는 적응적인 것이, 불완전하기보다는 이상적인 것이, 일시적이기보다는 지속적인 것이, 불안정하기보다는 안정적인 것이 좋으며 더 낫다. 이런 방식으로 실제적-경험적(사례가 무엇인가) 이슈와 평가적-규범적(무엇이 그 사례를 좋게 혹은 당연하게 하는가) 이슈는 발달 연구에서 항상 상호 연관된다. 콜버그(1971, 1973a)는 이들 주장을 나중에 발생하는 도덕단계가 심리학적(사실적-경험적)·윤리적(평가적-규범적) 근거 두 가지 모두에서 발달적으로 이전의 단계보다 더 낫다는, 그리고 도덕발달에 관한 연구는 필연적으로 윤리 이론에서는 **자연주의적 오류**로서 공공연히 비난받아 오고 있는 입장인 실제적[존재(is) 주장과 규범적[당위(ought)] 주장의 혼합을 수반한다는 것을 역설하기 위해 이용했다.

발생학적 인식론. 피아제의 발달 준거는 "지식을 그의 역사와 사회적 기원, 특히 그것이 근거하고 있는 관념과 조작의 심리학적 기원의 기초 위에서 설명하고자"(Piaget, 1970, p. 1) 하는 시도였던 그의 발생학적 인식론에서 매우 중요하다. 달리 말하면 그것은 왜 어떤 철학체계, 어떤 논리학 분파, 어떤 과학 이론이 다른 것을 제치고 선택되어야 하는가에 대한 합리적 주장을 유지할 수 있는 지식의 발달적 기원을 밝혀내고자 시도하는 것이다. 피아제의 관점에서 보면 아마도 아동이 발달하는 과정에서 일어났을 지식의 심리적 형성과 과학의 역사에서 발생했을 지식의 형성 사이에 보완적 관계가 존재한다. 우리가 인지발달에서 진보적 변화를 확인하는 데 사용하는 바로 그 준거는 또한 거꾸로 형이상학, 논리학, 과학에서의 진보적 변화를 설명하는 데 적용될 수 있다. 아동들의 실재(reality)에 관한 이해의 발달 역사에서 성장과 진보로 간주되는 바는 또한 과학의 역사적 발달에서 성장과 진보로 간주되는 것에 대한 준거로서 공헌할 수 있었다. 이러한 방식으로 주장하는 지식의 적합성에 관한 이론적 체계들의 비교 가능성, 그리고 진보와 성장의 가능성에 관한 인식론적 의문들은 아동들의 인지발달[여기에서 **인지발달**(cognitive development)은 생물학적으로 구조, 평형화, 적응의 측면에서 이해된다]에 관한 심리학적 의문들로 변질된다. 이러한 방식에서 인식론은 지적 발달에 관한 생물학적 연구에 귀화한다.

예컨대 피아제는 독창성이 풍부한 초기 연구에서 아동들의 실재에 관한 이해는 주관과 객관의 자기중심적 혼동에서 시작하지만 물리적 객체들과 인과적 사건들에 관한 보다 과학적인 이해로 끝난다는 것을 보여주었다. 그러나 이들 발달적 사실은 또한 지식의 이론을 배태하고 있다. 사실 피아제는 두 가지 인식론적 입장이 이들 단계 진보에 의해 훼손당한다고 주장했다. **경험주의자**(empiricist)의 입장은 아동들이 그들의 실재에 관한 관념을 환경적 영향의 결과로 획득한다고 제시한다. 아동들은 밖으로부터 안으로 유입되는 맥락에 의해 형성된다. 우리는 베이컨의 자연에 관한 꾸밈 없는 사실이 로크의 백지상태에 영향을 주었다고 짐작한다. 그러나 경험주의자의 선택은 아동들이 객관적인 사실을 그들 자신의 주관적인 도식으로 동화시킨다는 사실로 인해 논박당한다. 채프만

(Chapman)은 이에 대해 "만약 모든 지식이 외부 세계에 의해 직접적으로 아동들의 마음에 인식된다면 그들의 실재에 관한 최초의 개념은 주관적 요소와 혼합되지 않을 것"(1988, p. 56)이라고 말했다.

두 번째 입장은 개인이 선험적인 도식으로 세계를 이해한다는 것이다. 칸트의 방식에서 보면 우리의 세계에 관한 경험을 구조화시키는 마음의 선험적 범주가 존재한다. 그 결과로 지각이 내부로부터 외부 세계로 부과된다. 그러나 선험주의(a priorism)는 아동들의 실재에 관한 개념이 발달한다는 사실을 설명할 수 없다. 확실히 아동들은 객관적 실재를 주관적 도식으로 동화시키지만 도식은 또한 경험의 결과로써 변화하며, 사실상 실재에 관한 완전하게 정확한 개념을 반영하기에 이른다.

피아제의 관점에서 보면 경험주의와 선험주의 두 가지 모두 부적절한 인식론적 선택이다. 경험주의는 동화의 증거에 의해 혼돈스러워지며, 선험주의는 모방과 조절의 증거에 의해 뒤죽박죽이 된다. 피아제의 발달 준거의 측면에서 보면 두 입장은 부분적 평형화와 불안정한 부분-전체 형태의 예이다. 선험주의는 전체가 부분을 지배하는 융합의 한 예인데, 여기에서는 우리의 이데올로기, 주관적 선호, 세계관, 이론 혹은 관점이 실재를 인지적 동화의 활동 속에서 변형시킨다. 거꾸로 경험주의는 병열의 한 예인데, 여기에서는 부분이 전체를 지배한다. 통합되지 않은 격리된 지각, 인상, 그리고 사실 이외에는 어떤 양식이 없다. 모든 격리된 사실이 시시각각으로 지각을 지배함으로써 우리는 현혹당한다[피아제는 이를 현상론(phenomenalism)이라 명명했다]. 지식의 이론에 대한 도전은 이상적 평형화에 접근하는 방식으로 이들의 부분적이고 불안정적인 입장을 조정하는 대안적 입장을 개발하는 것이다.

지식 이론에 대한 피아제의 귀화 접근(naturalized approach)은 콜버그에게 강력한 호소력으로 다가섰다. 피아제가 불안정하고 부적절한 인식론적 선택(선험주의, 경험주의)을 불필요하게 만들기 위해 발달 준거에 호소했던 방식으로 콜버그 역시 부적절한 심리학적 입장(성숙주의, 연합주의)에 대해 발달적 주장으로 압박했다. 예를 들면 선험주의는 가장된 것이기 때문에 우리는 도덕적 구조가 타고난 천성적인 범주라고 주장할 수 없다. 그것은 특정한 경험이 어떤 틀에 따라 형성되는 칸트의 형식이 아니다(혹은 그 밖에 그들의 발달적 변형을 어떻게 설명할 것인가?). 또한 경험주의는 허위이기 때문에 우리는 도덕적 구조를 직접적인 성인들의 교육, 대상과 반응의 구체적 연합 혹은 강화 역사에 호소함으로써 설명할 수 없다. 왜냐하면 이런 종류의 학습은 단순히 아동들의 도덕적 구조에 동화될 뿐 그것을 변화시킬 수는 없기 때문이다(Kohlberg, 1969, 1987).

그러나 더욱 중요한 것으로 콜버그는 어떤 도덕추론의 형식은 선택되며 어떤 것은 거부되는가를 보여주고자 피아제의 발달 준거를 사용한 것이다. 콜버그는 이제 그런 준거는 가능하지 않으며 도덕적 관점은 같은 표준으로 잴 수 없다고 주장하는 윤리적 상대주의자에 대해 도전할 수 있었다. 사실 우리는 콜버그의 단계를 통한 움직임을 어떤 도덕적 관점은 잘못되었고 부적절하며 다른 어떤 것은 선택된다는, 그리고 그 차이를 아는 방법이 있다는 새롭게 떠오르는 자각으로 간주할 수 있다. 도덕적 딜레마는 해결될 수 없는 것이 아니라는 것, 도덕적 갈등은 처리하기 어려운 것이 아니라는 것, 그리고 만약 논쟁자들이 도덕적 관점에 의해서 동기를 부여받는다면 합의가 가능하다는 것은 우리가 도덕적 이상에 접근하고 최종적 단계에 보다 가까이 다가섬에 따라 그 실현 가능성이 점차 높아진다는 것을 의미한다.

피아제의 아동의 도덕판단

발생학적 인식론자로서 피아제(1932/1965)는 아동들이 어떻게 도덕규칙을 이해하고 존중하게 되는가, 그리고 이러한 발달적 사실이 우리가 사회의 윤리적 규칙의 형식과 변형을 이해하는 데 도움을 줄 수 있는지의 여부에 대해 관심이 있었다. 하나의 표준 관점은 아동들의 도덕성이 부모와 권위자들의 노력에 의해 사회화된다—경험주의를 선호하는 부모 교육에 관한 상식—는 것이다. 아동들은 다른 사람에 의해 양육되고, 길러지고, 혹은 사회화된다. 그것은 아동들에게 외부로부터 안으로 일어나는 어떤 것이다. 그래서 이러한 관점 하에서는 아동들은 보다 큰 권력을 지닌 성인에 의해 적절하게 구속받을 때 도덕적으로 사회화된다. 아동들은 집단의 훈육과 권위를 수용할 때 그의 규칙을 존중하고, 또한 그의 제재를 두려워하게 될 때 도덕적으로 사회화된다. 도덕적 사회화는 한 세대가 그의 의지를 다음 세대에게 부과하는 문제이다.

그러나 피아제(1932/1965)는 이러한 도덕적 사회화의 관점이 부분적이며 편협적이라고 주장했다(마치 경험주의가 부분적이고 편협적인 것처럼). 이러한 사회화의 관점은 부분과 전체의 상호성과 조정을 허용하지 않으며, 그러므로 불안정한 평형화이다. 비록 그는 도덕적 사회화가 아동들이 성인의 권위를 받아들이면서 불가피하게 시작한다는 것을 부정하지는 않았지만 도덕적 사회화는 거기에서 끝나지 않는다고 주장했다. 즉 아동들은 결국에는 상호적이고 평등한 새로운 사회적 관계—이러한 관계는 균형이 잡혀 있고 안정적인 평형화에 있으며, 규칙이 새로운 의미를 떠맡는다—의 형식에 참여하게 된다는 것이다. 예를 들면 동료와의 환경에서 우리는 공정, 정의, 그리고 도덕적 책임에 관한, 그리고 사회적 삶에서의 규칙의 기능에 관한 개념을 구성하는데, 그러한 개념은 한편으로는 성인 권위의 성화에 의해 강요된 일종의 도덕적 이해와 다르고 또 한편으로는 발달적으로 진보된 것이다.

그러므로 도덕적 의무감은 두 가지 근원을 갖는데, 그것은 각각 특정한 사회적 관계의 형식으로부터 나왔으며, 하나는 다른 것보다 더 낫다는 것이다. 타율적 정향은 성인-아동 관계의 맥락 내에서 등장하며, 어린애 같은 이기주의와 도덕적 실재론을 확인하고 유지하는 강제의 도덕성을 산출하는 반면에 자율적 정향은 평등의 동료 사회 내에서 등장하며, 정의에 관한 보다 평형화된 이해를 가능하게 만드는 협동의 도덕성을 산출한다.

타율성. 타율적 단계(heteronomous stage)에서 어린 아동은 성인의 권력과 위엄에 대한 일방적 존중을 유지하며 그것에 의해 구속당한다. 이러한 관계의 본래적인 불평등은 아동들로 하여금 그들의 관심을 성인의 관점에 종속시킬 것을 요구하지만(융합), 그러나 이것은 또한 어린 아동들로 하여금 사회적 관심을 그들 자신의 주관적 관점에 종속시키는 경향성을 드러내는 일군의 도덕적 관념을 불러일으키도록 한다(병렬). 달리 표현하면 어떤 아동의 관심이 성인의 흔히 불투명하고 헤아릴 수 없는 관점에 더 완전하게 종속되면 될수록 그 아동은 성인 구속을 그 자신의 특유한 관점에 더욱 더 완전하게 종속시킨다. 어떤 아동이 성인 구속의 지배력을 더 많이 느끼면 느낄수록(융합) 그 자신의 도덕적 사고는 더욱 더 주관성, 이기주의, 그리고 실재론으로 주입되기 쉽다(병렬).

그때 타율적 단계는 일종의 부분적인 그리고 불안정한 평형화—

융합과 병렬에 의해 특징되는—이며, 부분(아동)과 전체(부모) 사이의 상호성이 결핍되어 있다. 한편으로 부모는 아동을 보다 큰 사회적 권력으로 구속하면서 아동에게 도덕적 의무를 복종으로 단순화시키는 도덕적 관점을 산출하게 된다. 예를 들면 그것은 정의란 자연의 작용 속에 내재되어 있다는 도덕적 실재론과 신념을 조장한다. 그것은 공정을 자기중심적인 욕망("공유는 만약 내가 더 많이 갖는다면 공정하다")과 동일시한다. 그것은 도덕적 유죄를 의도에 의해서보다는 객관적인 결과에 의해서, 그리고 물리적 준거(예를 들면 개는 소만큼 크다고 말하는 것은 우리가 학교에서 받은 점수를 속이는 것보다 더욱 통탄할 "거짓말"이다)에 의해서 판단한다.

그러므로 아동은 성인 강제에 대한 존중에서 도덕규칙에 복종하지만 규칙을 이해하지 못한다. 규칙은 의무를 지우지만 구속하지는 못한다. 아동은 주관적 집착이 없다면 동화와 자기중심주의를 변형하면서 의무가 요구하는 바에 따르고자 한다. 피아제는 그에 관하여 다음과 같이 진술했다 : "한편으로, 아동은 실제적으로 오로지 그 자신의 환상만을 따르면서도 규칙과 일치하는 것으로 잘못 생각하기 쉽다. 다른 한편으로, 성인은 '평등'을 추구하는 대신에 그 상황을 이용한다" (1932/1965, pp. 61-62). 이러한 방법으로 인해 강제는 자기중심주의의 협력자(그리고 평등은 그의 적으로)로 작용하게 된다.

이러한 일치의 착각은 공기놀이 규칙에 관한 아동들의 실천과 이해에 대한 피아제의 분석에서 분명하게 나타난다. 어린 아동들은 공기놀이가 일련의 규칙에 따라 진행된다는 것과 이들 규칙은 그것들이 노아(Noah)나 신 또는 연장자에 의해서, 혹은 어떤 다른 외부 권위자에 의해서 전해져 오는 한 거역할 수 없고, 변경이 불가능하며, 신성하다고 지각하고 있다. 그러나 실제적으로 아동들은 이들 거역할 수 없는 규칙을 주관적인 도식에 동화시키며 놀이 친구들과 조정되지 않는 특유한 놀이를 만들어낸다. 그래서 규칙과의 일치라는 착각만이 존재한다. 아동들은 규칙의 강제를 느끼지만 규칙은 행위를 규제하지 못한다. 규칙은 신성하고 변경이 불가능한 반면 놀이는 특유하고 변화무쌍하며 개인적 도식에 동화된다. 나중에 협동의 도덕성에서 아동들은 규칙이 상호 동의(외부 권위보다는)에 근거가 있는, 그리고 결속(강제의 이익보다는)의 원인을 제공하는 유연한, 상호 협력적인 제도라는 것을 알게 된다.

자율성. 타율성과는 대조적으로 협동의 도덕성은 동등한 자들 사이에 동료 결속의 맥락 내에서 등장한다. 평등과 상호 존중의 관념이 그것을 추동한다. 동등한 자들의 사회에서는 우리는 이성을 가지고 협상해야 하고, 갈등을 풀어야 하며, 친구를 설복시켜야 한다. 만약 그렇지 않다면 공정하고 공평하다고 판단되는 방식에서 협력의 이득과 부담을 선별해야만 한다(Rest, 1983). 평등을 특징으로 하는 사회적 관계에서는 협력과 상호성을 보장하는 도덕적 의무감이 등장한다. 사실 동료관계는 보다 완전한 사회적 평형화이이기 때문에 상호 존중의 열기 속에서 구축된 도덕적 관념은 이전 단계의 도덕적 실재론 및 타율성보다 더욱 합리적이다.

피아제에 있어서 합리적 발달은 범할 수 없는 명령의 외적 부과나 신성한 법 혹은 연장자나 전통의 구속으로부터 벗어나, 타율성과 일방적 존중으로부터 벗어나 자율성, 상호 존중, 그리고 민주적 협력으로 나아가는 움직임이다. 그리고 이것은 개체발생학에서 뿐만 아니라 정치적 발달에서도 유지된다. 즉 사회의 조직에서 합리적 발달은 불안정한 평형화로부터 보다 안정적인 형식으로 나아가는, 신정정치와 노인정치의 융합과 일방적 존중으로부터 정치적 민주주의의 호혜적 존중과 상호성으로 나아가는 움직임이다. 정치적 통치에서의 합리성은 아동의 도덕판단의 확대판이다.

경험적 근거

피아제의 도덕단계 이론은 세 가지 심리학적 범례 간에 벌어진 논쟁의 중심에 서 있었다. 인지발달 전통을 고수하는 연구자들은 그 이론의 단계 특성을 입증하는 연구에 착수했다. 사회학습 이론가들은 피아제의 과업에 관한 수행이 인지구조의 누진적 연결이 아니라 오히려 강화, 모방, 그리고 모델링을 운용하는 "학습의 법칙"을 드러낸다는 것을 보여주길 원했다. 정보처리 연구자들은 도덕판단이 부호화와 기억 재생의 장치에 의해 보다 잘 설명된다는 것을 보여주고자 원했다. 각 진영은 그 나름대로 정당성의 몫을 주장할 수 있었다.

그 한 부분으로서 인지발달 연구 보고서는 피아제(1932/1965)에 의해 조사 연구된 도덕판단의 다양한 특징이 빈틈 없이 짜여진 단계 안으로 합체되지 않았다는 것을 보여주었다. 만약 우리가 **구조화된 전체**가 함의하는 바에 관해 완고한 해석을 끝까지 주장한다면 이것은 치명적인 발견이다. 피아제(1932/1965)는 마음 속에 완고한 해석을 지니고 있는 것 같지가 않았다. 그는 "피험자가 진화하는 과정 중 어떤 주어진 시점에서 그의 정신적 삶의 전체를 규정짓는 포괄적인 단계는 존재하지 않는다"(Piaget, 1932/1965)고 기술하고 있다. 사실 피아제의 발견은 아동들의 반응에서 의미심장한 단계 중복의 경향이 있었다. 피아제는 게임 규칙에 관한 아동들의 이해를 조사한 연구에서 "요소들의 혼합은 우리가 하나의 엄격한 계열 안에 이들 현상을 배열하는 데 있어 장애물이다"(p. 86)라고 결론지었다.

또한 그는 도덕판단에서의 불연속의 가능성을 너무 지나치게 강조하고 있다고 불평했다. 그는 "매우 예리한 그 어떤 불연속들도 분석적 생각이지 객관적 결과가 아니라는 것은 단번에 이해된다"고 기술하고 있다(Piaget, 1932/1965, p. 87). 더 나중의 성인의 강제와 도덕적 실재론에 관한 조사 연구에서 그는 모든 단계가 비록 "도덕발달에 관한 대강의 경계"(p. 175)를 나타내는 분명한 과정이 존재했지만 "정확히 이른바 필연적인 순서에서 서로 뒤를 따른다"고 설명할 수 없었다. 그리고 그 책의 수많은 곳에서 피아제는 그의 연구가 만약 그의 피험자들이었던 "제네바(Geneva)의 매우 가난한 지역의 아동들"(p. 46)과는 다른 사회경제적 배경을 가진, 혹은 다른 교육적·종교적 양육을 받은 아동들을 대상으로 수행되었다면 그 결과가 아주 다르게 나타났을지도 모른다는 점을 지적했다.

후속적인 연구는 적어도 대체적인 개요에서 도덕판단에 관한 피아제의 발달적 설명을 지지하는 경향이 있었다. 실제로 리코나(Lickona)는 당시의 연구 세대에 대한 답신은 더 많은 연구가 필요하지 않으며, 피아제의 직관은 "십중팔구 논리적으로 옳다"(1976, p. 239)고 제창했다. 예컨대 많은 연구들은 어린 아동들이 내재적 정의를 믿는다는 것, 그리고 이러한 신념은 "실제적이고 확고한"(Jose, 1991, p. 611) 발달적 현상으로서 연령에 따라 점차 약화된다는 것을 보여주었다. 도덕판단은 관점 채택(DeRemer & Gruen, 1979)과 동료집단 참여(Brody & Shaffer, 1982 ; Enright & Sutterfield, 1980)에서의 개선과 더불어 향상된다. 아동들이 도덕적 유죄를 판단할 때 점차적으로 의도를 이해하며 객관적 책임을 단념하게 된다는 주장은 "모든 피아제의 도덕판단 영역에서 가장 입증이 잘된 것"(Lickona, 1976, p. 224)이다.

피아제의 도덕단계 이론에 관한 다른 측면들 역시 순조롭지가 않다. 타율적 단계의 특징인 도덕적 실재론은 아동들이 (a) 도덕적 의무를 권위에 대한 복종의 측면에서 규정하도록, (b) 규칙이 성인 권위자의 위신과 더불어 부여되는 한 그것을 변경할 수 없는, 그리고 변화가 어려운 것으로서 간주하며, (c) 어떠한 규칙이든 이를 파괴하면 벌을 요청하도록 유도하는 것으로 가정된다. 도덕적 실재론에 관한 이러한 각각의 특징에 관하여 의심할 만한 경험적 근거가 존재한다(Killen, 1991 ; Turiel, 1983). 아동들은 규칙이 도덕적 혹은 사회적 인습 파괴에 관련이 있는지에 따라 벌의 정당성(Smetana, 1981, 1983)과 부모의 명령(Tisak, 1986)에 관하여 차별화된 판단을 내리는 것으로 보인다. 더욱이 아동들은 규칙을 신성하고 변경 불가능한 것으로 간주하지도 않을 뿐만 아니라, 그들은 성인이 명령하는 모든 것을 도덕적으로 간주하지도 않는다(Weston & Turiel, 1980). 아동들은 이른 나이에서부터 도덕적 규칙과 인습적 규칙 간의 구분에 민감하며(Smetana, 1983), 그들의 의무, 정당성, 그리고 벌에 관한 판단은 문제의 사회적 사건의 성격에 따라 달라진다. 실제로 투리엘(Turiel, 1983)은 피아제의 도덕판단 연구가 공기놀이 규칙에 관한 아동들의 이해를 연구함으로써 첫발을 잘못 내디뎠다고 주장했다. 그것은 본래의 성격상 도덕성에 관한 것이 아니라 사회적 인습에 관한 고려를 내포하고 있기 때문이라는 것이다.

사회학습 연구는 아동들의 도덕적 정향이 직접적 삶의 체험에 의해(Bandura, 1991 ; Bandura & McDonald, 1963 ; Cowan, Langer, Heavenrich &

Nathanson, 1969), 심지어는 담화적(Walker & Richards, 1976) 모델에 의해 영향을 받을 수 있다는 것을 보여주고자 했다. 예를 들면 반두라(Bandura)와 맥도날드(McDonald, 1963)의 연구에 따르면 아동들은 도덕적 유죄에 관한 그들의 판단을 성인이 제시한 방향으로 변경했다. 아동들의 도덕 판단이 성인 모델링 단서를 통해 쉽게 변경될 수 있었다는 사실은 피아제의 "도덕발달의 경계를 정한 계열적 단계"(Bandura & McDonald, 1963, p. 280)를 훼손시키는 것으로 생각되었으며, 그것은 투리엘(1966)이 이의를 제기해 왔던 하나의 결론이다.

끝으로 정보처리 패러다임은 도덕판단의 다양한 영역에서 아동들이 하는 행동은 단계와 구조에 관한 피아제의 관념에 의해서보다는 그들이 어떻게 정보를 부호화하고, 저장하고, 처리하며, 그리고 재생하는가의 측면에서 설명될 수 있다는 것을 보여주고자 시도하는 수많은 연구 보고를 내놓았다. 이러한 연구는 다른 곳(Lapsley, 1996)에서 검토되고 있지만 그의 일반적 결론은 여기에서 지적될 수 있는바, 그것은 실재론과 자기중심주의와 같이 전체적인 인지발달 변수에 호소하는 것은 불필요한 일이라는 것, 그리고 도덕판단에서의 발달 차이는 흔히 어린 아동들의 정보처리 능력에 과중한 짐을 지우는 복잡한 피아제 과제의 성격에 기인될 수 있다는 것이다.

콜버그의 이론

우리는 피아제와 콜버그 두 사람의 지적 프로젝트들이 한 곳으로 수렴되기 때문에 그들이 또한 단계발달에 관하여 똑같은 이해를 공유했다고 가정할 수도 있을 것이다. 그러나 콜버그는 **구조화된 전체**가 요구한 바에 관하여 피아제보다는 설득력 있는 견해를 갖고 있는 것으로 보였다. 콜버그(1969)의 인지단계에 따르면, 만약 그것이 진정한 단계로 간주될 수 있다면 다음과 같은 엄격한 준거를 충족시켜야만 한다.

1. 단계들은 추론양식에서 질적인 차이를 나타내야만 한다.
2. 단계들은 불변적인 계열, 말하자면 계열의 변치 않는 순서를 따라야만 한다. "단계 이론은 모든 개인이 종단적 연구결과로 단계 계열을 통하여, 그리고 항상 똑같은 순서에 따라 한꺼번에 오로지 한 단계만 이동해야 된다고 주장한다. 이 순서로부터의 그 어떤 일탈도 관찰에서의 명백한 잘못이나 극적인 퇴행 때문이 아니다—스트레스나 손상은 단계 계열 그 자체의 타당성에 이의를 제기한다는 것을 포함하여" (Kohlberg, 1987, p. 30).
3. 각 단계는 그 밑에 깔려 있는 사고조직 혹은 구조화된 전체(피아제의 structure d'ensemble)를 나타내야만 한다. 이들 구조화된 전체는 "발달에서 논리적 · 경험적으로 연관된 반응집단" (Kohlberg, 1969, p. 353)에 관한 표명을 보증해야만 한다.
4. 어떤 주어진 단계의 특징적인 구조화된 전체는 단순히 발달과정에서 불시에 나타난 사고조직에 의해 대체되는 것이 아니라 위계적 통합과정에 의해 새로운 구조로 흡수된다. 비록 위계적 통합이 그 이전의 단계구조를 대체하지만 이전의 구조가 완전히 사라지는 것은 아니며, 실제로 어떤 상황이 허가할 때(보다 높은 단계의 관점에서 추정컨대 유용하거나 효율적으로 활용될 수 있음) 혹은 보다 높은 추론형식을 사용하고자 하는 시도

가 무익할 때 사용될 수 있다. 그럼에도 불구하고 "개인에게는 위계적 선호, 예컨대 그에게 유용한 가장 최고의 수준에서 문제를 해결하고자 하는 성향(disposition to prefer)이 존재한다"(Kohlberg, 1969, p. 353. 강조가 부가됨).

콜버그는 피아제(1932/1965)에 의해 밝혀진 도덕판단 단계는 이들 준거를 충족시키지 못한다고 주장했다. 피아제의 단계는 이상적-전형적이며 연령에 따른 발달단계이지 진정한 구조발달 단계가 아니라는 것이다. 이상적-전형적이란 것에 대해 그는 그 단계가 정향이나 이상형을 형성하기 위해 서로 협력하는 어떤 주제들의 무리에 의해 정의되지만 구조적으로 조직되지는 않는다(내용-기능 그리고 형식-구조가 분명하게 구분된다는 점에서)는 것을 의미한다. 이들 정향은 또한 타율적 정향이—비록 이 정향이 성인기에서조차도 지속될 수도 있겠지만—연령이 높아짐에 따라 자율적 유형으로 나아가는 길을 제공하는 경향이 있다는 점에서 연령에 따른 발달이다.

그러나 콜버그는 이에 대해 두 가지 이유로 진정한 구조발달 단계가 될 수 없다고 생각한다. 첫째, 타율성으로부터 자율성으로의 진보는 내적인 논리가 부족하다. 즉 자율적 단계는 타율적 단계의 변형 혹은 위계적 통합이 아니다. 오히려 두 도덕성은 자율적 정향이 타율성을 대체하는, 그러나 그것으로부터 성장하지는 않는 단순히 서로 정반대의 위치에 있을 뿐이다. 둘째, 두 도덕성은 사회적 관계의 어떤 형식과 연결되며, 아울러 사회적 계층, 종교적 양육, 교육의 형식, 그리고 이와 유사한 것과 같은 그러한 다른 사회적 영향의 형식에 의해 영향을 받는다. 콜버그의 입장에서 보면 이것은 구조가 내용에 의해 물들여진다는, 혹은 최고의 도덕판단 형식이 “그 아동이 생활하는 사회적 관계나 사회의 종류에 의존한다”(Kohlberg, Higgins, Tappan & Schrader, 1984, p. 655)는 것을 의미하며, 그것은 정확히 만약 우리의 목적이 도덕적 상대주의를 좌절시키고자 한다면 우리가 단계 계열에서 결코 보고자 원하는 것이 아니라는 것을 의미한다.

그럼에도 불구하고 타율성으로부터 자율성으로의 움직임은 부분적인 것으로부터 보다 안정적인 평형화를 향한 움직임을 나타낸다. 그것은 부분-전체 관계를 보다 큰 평형화의 방향으로 변형시키는 메커니즘으로 상호성에 호소함으로써 이루어진다. 아동들의 도덕판단에 관한 개체발생학적 통찰은 사회에서의 윤리적 발달에 관한 발생학적 인식론의 결론에 깊이 스며들어 있다. 그 계열이 정확한지, 논리적인지 혹은 견고한지 어떤지에 관한 것은 피아제보다는 콜버그의 프로젝트와 더 관련이 있을 것이다.

수준과 단계

콜버그는 정의추론의 발달을 세 수준의 발달을 관통하는 사회도덕적 관점의 진전된 역작으로 기술한다(콜버그가 수준을 사용한 것에 관한 비판에 대해서는 Gibbs, 2003 참조). 각 수준에는 두 단계가 있고, 그의 두 번째는 첫 번째 것에 비해 더 완전한 사회도덕적 관점을 나타낸다.

전인습적 수준은 자기중심적이고 타율적인(단계 1) 사회도덕적 관점에서 시작하여 한 마음을 가진 타인과 실용적인 교환을 함으로써 자기 이익의 추구를 중요하게 여기는 관점으로 끝난다(단계 2). 그때 전인습적 정의는 보다 큰 집단의 규범 및 기대와는 아주 거리가 먼, 이기적인, 구체적-개인주의적인 목적을 충족시키는 것과 관련이 되는 호의, 물건, 그리고 승인의 교환체계이다. 다음 수준에서는 집단 성원의식에 관한, 그리고 공유된 관계의 가치에 관한 두드러진 자각이 존재한다(단계 3). 사실 자신은 사회적 역할에 부여된 인습적 기대(예를 들면 훌륭한 남편, 의무에 충실한 아들, 사랑하는 아내, 충직한 친구 등등이 되는 것)와 동일시하며, 그리고 자신의 구체적-개인주의적 선호를 공유된 관계의 필요에 종속시킬 필요성을 받아들인다. 이러한 관점은 단계 4에서, 곧 공유된 관계의 훌륭한 구성원이 되는 것에 부여되는 기대가 공유된 정치공동체에서 시민들의 일반적인 집합체를 포함하는 것으로 확장할 때 더욱 충분히 실현된다. 여기에서 행동을 규제하는 것은 단계 3에서와 같이 "우리 친구들"의 일련의 공유된 기대가 아니라 오히려 전체로서의 체계의 관점을 채택하는 관점, 사회제도와 법 앞의 모든 시민의 평등한 대우에 대한 공유된 지지 속에 반영되어 있는 관점이다.

그런데 전인습적 도덕성과 대조적으로 인습적 도덕성의 두드러진 특징은 자기 이익이 공유된 관계의(단계 3), 그리고 사회 그 자체의(단계 4) 이익으로 종속된다는 사실이다. 우리는 이들 기대와 일치하며 그것이 오로지 인습적이기 때문에 그것과 동일시한다. 그러나 최종 수준에서 우리는 규칙, 법, 기대 혹은 인습 그 자체와 동일시하는 것이 아니라, 오히려 그것들에게 동기를 부여하는 일반적인 도덕원리(들)와 동일시한다. 우리는 사회의 구성원이 되는 요구로부터 도덕원리를 유지하는 것에 대한 헌신을 구분하는데, 이것은 우리가 도덕적 관점과 법적 관점을 구분한다는 것을 말하는 것이다. 법과 인습은 단지 그것들이 옹호할 수 있는 도덕적 고려를 지탱하는 정도에 따라서만 이해가 된다. 도덕적 관점은 사회적 인습과 법적 규제에 앞서는 것으로 간주되며, 그렇기 때문에 원리와 법적 의무가 충돌할 때 도덕적 관점이 우리로 하여금 전자를 채택하고 후자를 거부하도록 명령한다(단계 5). 단계 6에서 이러한 관점은 보편적인 도덕적 의무의 견지에서 공식화되며, 자의식적인 절차적 정의의 사용은 우리의 도덕적 숙고의 타당성을 점검한다. 도덕적 합의와 일치가 실제적으로 가능한 곳은 이러한 원리화된 정의추론의 수준에서이다(왜냐하면 그것은 인습에 대한 헌신을 초월하기 때문이며, 그것은 규범적인, 보편화 가능한 도덕판단을 추구하기 때문이다). 윤리적 상대주의가 가장 확고하게 거부되는 곳은 이 단계에서이다.

단계 점수화와 타당성. 사회도덕적 반성의 수준과 더불어 각 단계는 또한 어떤 정의 조작(예를 들면 평등, 상호성, 공평, 규범적 역할 채택, 그리고 보편화 가능성)이 이해되고 또한 전개되는지의 측면에서 기술될 수 있다. 사회도덕적 관점의 수준과 정의 조작의 측면에서 도덕단계에 관한 기술은 면담 실험계획안(interview protocol)의 점수화 방법이 진전된 결과이다(Colby, 1978 ; Colby & Kohlberg, 1987). 초기의 실험계획안 점수화 체계(문장 점수화와 세계적 이야기 평정)는 불변적 계열과 전체적 일관성의 가정과는 조화되지 않는 예외적인 자료를 산출했다. 레스트(Rest)가 말했듯이 "그의 경성-노선 단계 모델과 이를 거부하는 자료 간에 충돌이 벌어지면 콜버그의 반응은 그의 단계 모델을 연성화하기보다는 그 과실이 분명히 구조와 내용을 혼동하는 데 있다는 가정에서 점수화 체계를 변경하는 것이었다"(1985, p. 461).

그러므로 나중의 점수화 체계(구조적 이슈와 표준 이슈 점수화)는 이들 예외를 구조와 내용 사이의 보다 분명한 구분을 함으로써 해결하도록 설계되었다. 결과적으로 이전의 점수화 체계가 구조로 간주했던 것이 이제 새로운 체계에서는 내용으로 간주되었다. 표본 면담에서 단계 점수가 배당되기 이전에 자료가 네 가지 분류 수준으로 해부된다. 그 유명한 하인즈 딜레마(Heinz dilemma)를 보자. 우선 그 실험계획안은 하인즈가 왜 약을 훔쳐야만 하는가 혹은 훔쳐서는 안 되는가를 정당화하는 주제에 대한 관심 영역을 나타내는 두 가지 이슈(생명을 구하는 것 대 법을 준수하는 것) 가운데 하나로 분류된 후 다시 규범(각각의 이슈에 대해 가능한 12가지)으로 분류된다. 그리고 다시 요소(각각의 규범에 대해 가능한 17가지)로 분류되고, 그것은 왜 그 규범이 가치를 지니는가를 확인한다. 그래서 우리는 만약 하인즈가 그의 최선(요소 : 자기 존중을 유지하는 것)을 다하려고 노력하지 않는다면 스스로 살아갈 수가 없으며, 그의 아내(규범 : 우호관계)를 사랑하기 때문에 약을 훔쳐야 한다(이슈 : 생명)고 주장할지도 모른다. 일단 우리가 결정을 내리면 표준 이슈 점수화 편람(Standard Issues Scoring Manual)은 단계 배당을 위한 선택을 제공한다.

단계의 경험적 타당성. 콜버그는 "단계 테스트의 가장 중요한 타당성 준거는 그것이 불변적 계열의 준거를 충족시키는 증거"(1987, p. 300)라고 주장했다. 이것은 단계를 건너 뛰어넘지 않는 것과 단계의 퇴행이 없는 것을 의미한다. 두 번째의 가장 중요한 준거는 구조화된 전체이다. 이 준거로 인해 타당성 연구의 결과(예를 들면 Colby, Kohlberg, Gibbs & Lieberman, 1983)는 "깜짝 놀랄 만하다"(Rest, 1986, p. 466)고 한다. 레스트(Rest, 1986)는 계속하여 다음과 같이 말하고 있다.

> 이들 측면에 관한 새로운 점수화 체계의 연구들은 매우 인상적이다.

즉 연구결과들은 모든 사회인지적 발달에서 유례가 없다. 그 분야에서 그 어떤 다른 측정절차도 그렇게 강력하게 확실한 경향을 보고하지 않고 있기 때문이다(p. 464). … 만약 우리가 이들 연구결과에 대해 호의적으로 인상을 받지 못한다면 모든 사회발달 문헌에서 무엇이 인상적일 것인가를 안다는 것은 어려운 일이다(p. 466).

그러나 레스트(1986)는 또한 계열을 통한 발달적 진보는 느리다는 것, 원리화된 단계는 대부분 경험적 기록에 나타나지 않는다는 것, 전체적 일관성의 증거는 표준 이슈 점수화(standard issue scoring)의 어떤 결정규칙의 가공품일 수도 있다는 것을 지적하고 있다(또한 Krebs, Denton, Vermeulen, Carpendale & Bush, 1991). 그러므로 "우리는 얼마나 강한 주장이 종단적 자료를 토대로 발달에 관한 '경성단계 모델'에 대해 가해질 수 있는가에 신중을 기해야 한다"(Rest, 1985, p. 467).

단계 6과 하위단계들. 그의 최종 단계의 경험적 실재에 어떤 의문이 생긴다는 것은 구조발달 단계에 있어서 중요한 문제이다. 결국 최종 단계는 발달적 설명을 가능하게 만드는 이상적인 평형화이다. 단계 전이는 오로지 최종 단계로서 실증을 들었던 이상형을 향한 점진적 접근일 때만 의미가 있다(Kitchener, 1983). 만약 최종 단계가 제대로 입증되지 않는다면 우리는 발달 모델의 일관성을 의심하는 근거를 갖게 된다. 그러나 표준 이슈 점수화의 한 가지 결과는 단계 6이 점수화 편람으로부터 배제되었으며 계열의 가설적인 종착점으로 취급되었다(그러나 정의 조작뿐만 아니라 동정 조작을 포함하도록 변경되었다 ; Kohlberg, Boyd & Levine, 1990 참조)는 것이다. 더욱이 단계 6의 소외는 두 번째의 이론적 발달에 수반되어 일어났는데, 그것은 남아 있는 단계에서 A와 B 하위단계의 발견이었다. 단계 6의 소외와 하위단계의 등장은 콜버그가 경성단계 준거의 규율을 가지고 정의추론에서의 감당할 수 없는 발달경향을 통제하려는 시도의 결과였다.

크래머(Kramer, 1968)는 예컨대 초기의 점수화 체계를 가지고 점수를 부여했던 면담은 내적으로 일관된 단계를 합체시키지 않는다고 보고했다(구조화된 전체 가정에 대한 의문을 던지고 있다). 더욱이 고등학교에서 원리화된 수준(단계 5와 단계 6)으로 한번 분류되었던 청소년들이 대학에 들어가면서 단계 2의 특징인 일종의 상대주의를 받아들이는 것으로 나타났다(불변적 계열 가정을 파괴하는 단계 퇴행). 불변적 계열과 전체적 일관성이 구조발달 전통에 대한 관심의 타당성을 구성하는 유일한 증거라는 것을 회상해 보라. 그러므로 이들 자료는 콜버그에게 그의 도덕단계 이론에 관한 가장 근본적인 논박을 제공했다.

그러나 실험계획안(그리고 새로운 점수화 절차와 함께)에 관한 좀 더 깊은 검토에 관하여 콜버그는 대학생들의 상대주의가 단계 2의 피험자들의 구체적-개인주의적 사고와는 전혀 다르다고 결론을 내렸다. 대학생 피험자들은 전체적인 도덕 이론의 부분으로서 상대주의와 씨름하고 있는 것으로 보였다. 비록 이들 피험자들이 고등학교에서 원리화된 추론자로 간주되었다 하더라도 그들의 추론은—비록 그것이 인습적 추론보다는 훨씬 더 복잡하게 보이지만(그것이 이론적이기 때문이다)—이제 원리화된 것으로 간주될 수가 없다(왜냐하면 그것이 상대주의를 받아들이기 때문이다). 그러므로 콜버그는 그들의 추론을 과도기 단계 4½로 간주했다(Kohlberg, 1973b, 1984 ; Kohlberg & Kramer, 1969). 그러나 과도기 단계의 등장은 다른 수정을 압박했다. 예를 들면 만약 과도기 단계 피험자들이 이론적 방식으로 상대주의적인 도덕적 관념과 씨름하고 있다면 우리는 또한 원리화된 피험자들이 그들의 도덕적 반성에서 더욱 이론적이 되는 것을 기대해서는 안 되는가?

그 문제는 원리화된 단계들을 철학적-이론적 방식으로 규정함으로써(단계 6이 경험적 관점으로부터 멀어졌다는 결론을 가지고) 해결되었으며, 과도기 피험자들의 이론적 논의는 인습적 추론형식으로 축소되었다. 이것은 일단 원리화된 추론의 유일한 범위로 간주되었던 보편화 경향성이 다른 사정 아래에서는 사회 구성원 관점을 가지고 있는 인습적 피험자들 가운데서도 발견될 수 있다는 것을 의미했다. 인습적 수준에서 이러한 종류의 추론에 대한 여지를 만들기 위해서는 A와 B 하위단계를 창조할 필요가 있었다. 인습적 추론에 관한 전통적 기술은 A 하위단계로 분류되었고, 보다 이론적 종류는 하위단계 B를 의미하게 되었다.

B 하위단계는 도덕판단의 규범적이고 보편화 가능한 성질에 관한 보다 나은 평가를 반영하며, 피아제의 자율적 정향과 매우 흡사하게공정, 평등, 상호성 쪽으로 향하고 있다. 그 다음 A 하위단계는 규칙, 권위, 인습에 대한 타율적 정향과 연관된다. 이것은 B 하위단계가 A 하위단계보다 더 평형화되어 있다는 것, 그리고 도덕발달이 이제 단계 사이에서뿐만 아니라 단계 내에서(예를 들면 단계 3A로부터 3B로 움직임)도 일어난다고 할 수 있다.

콜버그는 크래머(Kramer, 1968)에 의해 보고된 예외적인 자료가 구조와 내용 사이의 보다 분명한 구분을 허용하도록 점수화 체계를 변경함으로써 해결될 수 있다고 믿었다. 이것이 보다 효과적으로 수행되면 될수록 도덕적 이상인 단계 6은 하나의 경험적 가능성으로서 점차 사라져 갔다. 깁스(Gibbs, 1979)가 진술한 바와 같이 단계 6은 피아제식 구조의 측면에서 어떻게 이해될 수 있는가를 판단하기 어렵게 만드는 미묘한 철학적 영역에서 "오도 가도 못 하게" 되었다. 사실 단계 5조차도 현존하는 종단적 자료에서 거의 사라지고 있다. 그러나 이제 B 하위단계의 존재는 도덕적 타당성의 윤리적 준거를 적어도 외견상으로는 그의 도덕적 이상을 잃어버린 단계 이론에 재차 소개할 수 있는 하나의 길을 제공해 준다.

더욱이 단계 6의 희석과 B 하위단계의 등장을 하나의 관련된 발달로서 이해해야 한다. 칸트의 도덕적 타당성이 단계 6의 가설적 종착점으로의 환원으로 인하여 하나의 경험적 가능성이 사라져 버린 바로 그때 그것은 B 하위단계의 발견으로 회복되고 있다. 비록 단계 6이 대부분의 추론자의 범위를 초월하는 것으로 보일지라도 그의 고유한 특성이 약간은 회복되었고, 사실 도덕적 추론의 인습적 수준에서조차 보다 더 일반적으로 적용이 가능하게 되었다. 단계 6이 관점으로부터 벗어나면 날수록, 철학적 영역에서 궁지에 빠지면 빠질수록 그의 핵심적 특징은 인습적 추론의 B 하위단계에서 더욱 더 실질적 가능성으로 자리 잡기 시작한다. 그리하여 흥미롭게도 원리화된 추론—혹은 어느 정도 그의 겉모양—은 한때는 매우 드물었지만 지금은 아주 흔하다(Lapsley, 1996).

차이와 구조화된 전체 가정(假定). 콜버그는 피아제의 **구조화된 전체**(structure d'ensemble)에 관한 개념을 발달에서의 동시성의 관찰을 필요로 하는 것으로 해석했다. 인지구조는 오로지 그것이 구조화된 전체이기 때문에 다양한 내용을 조직하는 것으로 가정된다. 그것은 문제 해결, 추론, 판단에서 일관성을 제공하는, 관련된 내용영역의 집단 사이에 행동적 일관성을 보증하는 것으로 가정된다. 이것은 피아제의 의도를 잘못 해석한 것이다(Chapman, 1988). 아직까지 구조화된 전체 가정을 검증하는 것은 거의 30여 년 동안, 1970년대에 절정에 이르렀던 하나의 광대한 경험적 기획이었다.

두 가지 이슈가 이 기간의 전조였다. 첫째는, **내용 차이**(content decalage)—밑에 깔려 있는 똑같은 논리적 구조를 공유하는 과제들은 그래도 다른 연령에서 해결된다—의 문제가 있었다. 실제로 몇몇 연구자들은 내용 차이의 증거에 많이 숙달됨으로써 기초가 되는 구조의 각기 다른 내용 표명에 관한 비동시성의 지배는 이들 과제들이 작동기억, 주의를 끄는 자원, 그리고 정신적 능력에 관하여 부여하는 차별적 요구에 의해 설명될 수 있다는 것을 제시하면서 그들을 설명하고자 정교한 신피아제 이론을 고안했다(예를 들면 Case, 1985 ; PascualLeone, 1970). 둘째는, **절차적 차이**(procedural decalage)—과제들이 단순화되고 불필요한 수행 요구로부터 벗어날 때 아동들은 피아제의 발달적 예상으로는 설명이 불가능한 연령에서 인지적 과제를 해결하는 것으로 보여질 수 있었다—의 문제가 있었다. 내용 차이와 절차적 차이는 모두 단계의 구조화된 전체 가정을 손상시키는 것으로 생각되는데, 이는 그것이 도덕적 영역에 대해서도 중요한 함축을 지녔다는 것을 의미했다.

콜버그는 도덕적 영역에서 구조화된 전체 가정에 관한 통념(通念)을 끝까지 주장했다. 그것은 내용 영역들을 관통하는 일관성을 요구한다. 그는 "단계는 '구조화된 전체' 의 개념이 함축하고 있는 일관성의 준거를 충족시켜야만 한다" (1969, p. 388)고 기술하고 있다. 사실 딜레마의 형식에 따른 단계 용법의 변화를 추적하는 것(예를 들면 가설적 삶 대 실제적 삶)은 전형적으로 구조화된 전체 가정에 관한 완고한 해석을 선호하지 않는 도덕발달 연구의 중요한 하나의 노선이 되어왔다(Carpendale &

Krebs, 1992 ; Krebs, Denton 외, 1991 ; Krebs, Vermeulen, Carpendale & Denton, 1991 ; Leming, 1978). 딜레마 형식의 기능으로서 중요한 단계 변화는 흔하게 보고되었으며, 때때로 똑같은 딜레마에 관하여 그 이슈의 반대 측면으로부터 주장되기도 했다(DeVries & Walker, 1986).

절차적 차이의 이슈는 또한 원리화된 추론의 발생률이 사정(査定)의 양식에 따라 변화한다는 것을 보여주었던 연구들에서 탐구되었다(예를 들면 Rest, Cooper, Coder, Masanz & Anderson, 1974 ; Rest, Davison & Robbins, 1978). 가장 일반적으로 사용된 도덕판단에 관한 대안적 사정은 DIT(도덕판단력 검사)로서, 이는 피험자들이 우선 도덕적 딜레마를 읽고, 그리고 나서 우리가 딜레마를 해결하는 데 고려했을지 모르는 도덕단계의 전형적인 일련의 진술을 읽고, 그런 후 최종적으로 중요도에 따라 최고위의 네 가지 진술에 순서를 매기도록 요구하는 하나의 표준화된 절차이다. 그때 이 네 가지 선택된 것은 인습이후적인 추론의 비율 점수(p-점수)를 산출하기 위해 점수가 부여된다.

DIT는 하나의 이해력과 선호 과제라는 점에 주목해야 한다. 각 개인은 그들에게 제시된 목록에 있는 도덕단계 진술들을 이해해야 하며, 그리고 난 후 그들의 최상위의 네 가지 선호에 순서를 매겨야만 한다. 이것은 콜버그의 사정과는 완전히 대조적인 것인데, 그의 사정은 개인이 구술 면담과정에서 도덕판단을 제시하도록 요구한다. 사실 레스트(1973)는 제시(production), 이해(comprehension), 선호(preference) 세 가지 과제를 고려했는데, 이는 일종의 피아제 격차(Piagetian decalage)로서 제시는 이해보다 더 어렵고 이해는 단순하게 선호를 나타내는 것보다 더 어렵다는 것과 관련한다. 놀랄 것도 없이 DIT 문헌은 분석적인 면담방법을 사용하는 연구에 비해 훨씬 더 많은 인습이후적 추론의 빈도를 보여준다(예를 들면 Rogers, 2002).

그러나 이들 연구결과는 도덕단계의 구조화된 전체 가정에 대해 중요한 함축을 지닌다. 인지발달 전통을 괴롭히는 하나의 지속적인 문제는 전체적 구조의 적절한 확장을 어떻게 결정할 것인가이다. 콜비(Colby)와 콜버그(Kohlberg, 1987)는 자발적인 도덕판단의 제시(구술 면담에서와 같은)가 경성단계들—위계적 변형, 통합, 전위, 그리고 기타 등등을 포함한—에 의해 특징지어질 수 있지만 경성단계들은 이해와 선호를 특징짓지는 못한다는 결론을 내렸다. 그들의 관점에서 보면 "하나의 전체(자발적 제시뿐만 아니라 이해와 선호를 포함하는)로서 도덕판단의 발달은 그 범위가 너무 넓어 단 하나의 모델로는 기술될 수 없다"(Colby & Kohlberg, 1987, p. 7).

다른 말로 표현하면, 정의추론에 관한 **구조화된 전체**(structure d'ensemble)는 DIT에 의해 사정된 도덕판단의 부류를 포괄할 만큼 그렇게 구조화되어 있지 않으며 그렇게 전체적이지도 않다. 분명히 정의구조는 배려와 자비, 혹은 그 둘 가운데 하나의 이슈를 내포하고 있는 딜레마에 반응하지 않는다(Kohlberg, Levine & Hewer, 1983). 정의추론의 구조, 그리고 그의 개체발생은 구술 면담으로부터 나온 자발적 제시 자료에 특유한 것이지 그 밖의 어떤 다른 방법에서 도출된 도덕판단과는 어울리지 않는다. 이것은 구술 면담의 자발적 제시인 도덕판단만이 오로지 경성단계 분류(아마도 여기에서 분명한 차이는 맥락적이기보다는 절차적일 것이다)의 자격이 있기 때문에 제시, 이해, 그리고 선호(자비와 배려는 말할 것도 없고)가 똑같은 정의구조의 내용 차이에 고려될 수도 없다는 것을 의미한다. 이러한 방식에서 도덕적 영역은 단계로 유형화될 수 있는, 단계에 관한 가장 엄격한 이해를 지닌 오로지 그러한 측면만으로 좁혀졌으며, 이것은 윤리적 상대주의에 맞서 대항하는 가장 튼튼한 토대를 제공한다.

위계적 통합과 구조화된 전체 가정. 하나의 구조화된 전체가 확장하는 단위의 크기에 관한 논의는 또한 단계 발달이 위계적 통합을 요구한다는 주장을 어떻게 해석할 것인가에 관한 입장을 취하는 것과 관련된다. 콜버그 집단은 위계적 통합을 앞선 이전의 도덕적 구조가 전위되거나 변형되며, 일단 우리가 보다 높은 단계로 발달하면 더 이상 접근할 수 없다는 것을 의미하는 것으로 해석한다. 이러한 변형-전위 모델(transformative-displacement model)은 부가적 단계 모델(additive stage model, 예를 들면 Rest, 1979)과는 대조적인데, 후자에서는 보다 낮은 단계들이 아직 접근이 가능하며, 우리가 보다 높은 단계로 진보할 때조차도 가능하다. 부가적 모델은 더 나아가 실제적인 단계 활용이 많은 변수—상황의 필요요건 특성, 각기 다른 유형의 딜레마가 끄는 견인력, 검사도구의 성질, 그것이 요구하는 반응양식, 그것이 점수화되는 방법, 그리고 다른 매락적 영향에 관한 원천을 포함하여—에 따라 달라질 수 있을 것으로 가정한다. 확실히 부가적 모델은 변형적 모델—전체적 단계에 매우 공고하게 어울리는 것으로서 "추론에 관한 **매우 큰** 내적 일관성"(Colby & Kohlberg, 1987, p. 7, 나의 강조임)을 가정하는—이 하는 것보다 더 큰 단계 이질성에 대한 포용력을 지닌다.

그러나 지적한 바와 같이 도덕적 추론에 관한 "매우 큰 내적 일관성"은 도덕적 논증의 자발적 제시에 한정되며, 그리고 다른 사람에 의해 혹은 선호 판단에 대해 이루어진 도덕적 논증에 관한 이해나 혹은 평가를 포함하지 않는다. 콜비(Colby)와 콜버그(Kohlberg, 1987, p. 7)는 "실제적으로 상당한 정도의 구조화된 전체를 포함하고 있는 변형적 모델이 도덕판단에 관한 이해와 선호를 기술하는 데 적절치 않다는 것은 아주 분명하다"고 기술하고 있다.

강화된 단계들. 우리는 콜버그 연구 프로그램이 시간을 경과하면서 발달함에 따라 경성단계 준거에 관한 주장 또한 그것이 단계로 분류될 수 있고, 단계에 관한 가장 엄격한 이해를 지닌 한 좁고 협소한 어떤 것으로 도덕적 구조의 확장 범위를 축소시켰다는 것을 인지하고 있다. 이러한 방법론적 수행은 윤리적 상대주의자에 대항하는 발달적 자원을 제공하기 위한 보다 큰 프로젝트의 부분으로 이해되어야 한다. 이러한 차원에서 비록 **논리**와 그와 어원이 같은 용어의 사용이 자주 달라지고 또한 때때로 문제가 있긴 하지만, 콜버그는 인지발달 단계의 논리적 지위에 관해 분명한 주장을 내놓았다(예를 들면 Locke, 1986 ; Phillips & Nicolayev, 1978). 단계의 순서는 논리적 필연의 하나인데, 그것은 이미 주장되었듯이 바로 계열이 점증하는 접합, 차별, 그리고 통합의 견지에서 규정되기 때문이다. 분명히 나중의 단계가 이전 단계 요소의 측면에서 부분적으로 규정된다면 나중의 단계는 자명한 일로서 이전 단계를 뒤따라야만 한다. 이것은 논리의 문제이지 심리학 이론의 문제가 아니다(Kohlberg, 1984).

그러나 또한 콜버그는 단계가 아동들이 말하는 것을 논리적으로 분석함으로써 규정된다고 제안했는데, 그것은 단계의 계열이 논리적 필연에 의해 검증되는 것이라는 주장과는 아주 다르다. 우리가 아동들의 관념에서 내적인 연결을 시도할 때, 우리가 그것을 모두 함께 어떤 분별있는 형식 안으로 투입할 때 단계의 일관성이 밝혀진다. 그는 "단계를 규정하기 위해 사용된 개념은 피험자들의 것이지 우리의 것이 아니다. 아동의 사고에서의 연결에 관한 논리적 분석은 그 자체가 이론적으로 중립적이다"(Kohlberg, 1984, p. 196)라고 기술하고 있다. 그리고 그는 "**단계 그 자체는 이론이 아니다**"(Kohlberg, 1984, p. 196, 강조는 원문에 있음)라고 덧붙인다.

콜버그(1987)는 우리가 선행연구 없이도 아동의 면담에 관한 의미를 분간할 수 있다고 주장하는 것처럼 보인다. 단계는 이론적 개념이 아니고, 가설적 개념으로부터 파생될 수도 없으며, 아동의 마음의 본론을 분석하는 데 관심을 갖는 모든 사람에게 확실히 명백하다는 것이다. 단계에 대한 이러한 주장은 유감스럽다. 단계 계열이 논리적 필연에 의해 주어진다는, 혹은 단계 그 자체는 이론적이 아니라는(그리고 그런고로 의문에 열려있지 않는) 주장은 회의론자와 상대주의자에 반대하여 정의추론의 기초를 확보하는 교묘한 술책이다. 과학적 분석이 이론 없이 가능하다는 생각은 현대 과학과 과학철학에서 오래 전에 버려진 베이컨식 환상이다. 콜버그가 다른 이유에서 거부했던 것은 실증주의적 행동주의 과학의 환상이다. 정의추론에 관한 다른 단계 이론들은 콜버그의 보다 강화된 경성단계에 관한 생각을 점차 이용하기를 꺼려했는데, 그것은 아마도 경성단계가 윤리학에서의 문제에 중점을 두고 다루고자 의도되지 않았기 때문일 것이다.

적극적 정의단계 이론들 : 분배 정의와 친사회적 추론

적극적 정의

콜버그가 그의 이론에서 목표로 삼은 관심들의 부류는 때때로 **금지 도덕추론**(prohibition moral reasoning, Eisenberg, 1982)이라 불리는데, 그것은 권리, 의무, 규범, 그리고 형식적 의무에 초점을 맞추기 때문이다. 그것은 어린 아동들의 도덕적 세계와는 약간 거리가 있는 이슈(예를 들면 재산권 대 생명에 대한 권리)에 초점을 맞춘다. 이와는 대조적으로 적극적 정의의 영역은 친사회적 상호작용의 맥락 내에서 일어나는 공정의 이슈에 초점을 맞춘다. 공유(共有)는 아동들의 사회적 생태에서 자연스럽게 일어나는 전형적인 친사회적 행동이다. 실제로 아동들은 가끔 그들의 소유물을 다른 사람과 공유하기를 요구받지만 요구자가 많고 자원은 부족할 때 이를 어떻게 할 것인가는 분명치가 않다. 그때 공정한 공유의 도식을 발달시키는 것이 분배 정의의 문제이다.

데이먼(Damon, 1973, 1975)은 4세부터 10세에 이르는 어린 아동들에게 공유 딜레마를 제시하고 아동들의 재산의 공정한 분배에 관한 이해를 조사했다. 객관화된 면담과정에서 아동들은 다양한 분배 준거에 직면하게 된다. 공유는 엄격한 평등(모든 사람이 똑같이 받는), 공적(功績, 누구든지 최선을 다 한다. 그렇지 않으면 최고의 사람이 더 많이 받아야만 한다), 공평(우리는 정상을 참작할 필요에 대해 특별한 허용을 허락해야만 한다), 자기 이익(누구든지 그것을 가장 원하는 사람이 그것을 받아야만 한다), 아니면 다른 행동적(가장 잘 한 사람) 혹은 물리주의적(모든 소녀들이 더 많이 받는다 혹은 최고 연장자들이) 요소에 의해 통제되어야 하는가?

분배 정의추론의 단계들. 데이먼은 공정한 공유에 관한 아동들의 추론이 단계 진보를 따른다는 것을 보여주었다. 0-A 수준에서는 자기 이익이 지배적인 분배적 준거이다("그것은 내가 원하는 것이기 때문에 내가 더 많이 받아야 한다"). 0-B 수준에서 자기 이익은 외적이고 물리적인, 그리고 관찰 가능한 특징들—예컨대 크기, 연령, 그리고 성과 같은—에 대한 호소로 후퇴된다("모든 우리 소년들은 더 많이 받아야 한다"). 1A에서 엄격한 평등의 관념들("모든 사람은 똑같이 받아야만 한다")이 공유를 통제한다. 1B에서 공적과 정확한 공과가 분배 계산으로 진입한다("만약 당신이 최선을 다했다면 당신은 더 많이 받아야만 한다. 만약 당신이 게을렀거나 혹은 인색한 일을 했다면 당신은 덜 받아야만 한다"). 2A에서 우리는 어느 정도 공평할 수 있는 타협을 산출함으로써 공적과 경쟁하는 주장에 균형을 맞추고자 시도한다. 2B에서 공평과 상호성 사이의 타협이 상황의 요구 혹은 집단의 보다 큰 목적과 목표에 비추어 이루어진다.

우리는 일차적으로 데이먼이 제시한 계열의 세 가지 수준이 피아제가 제시했던 유명한 보편적 진보와 꽤 잘 어울린다는 점에 주목한다. 즉 자기중심주의와 공정에 관한 물리주의적인 관념(수준 0)으로부터 엄격한 평등의 관념으로(수준 1), 그리고는 공평(수준 2)으로 진보한다. 하나의 중요한 연구목적은 분배 정의추론이 일반적인 인지발달과 관련이 있으며, 그리고 없어서는 안 될 계열적 특성을 나타낸다는 것을 보여주는 것이었다. 한 연구에서 데이먼(1975)은 분배 정의추론과 분류, 논리적 보상, 관점과 비율의 조정, 그리고 몫들 사이의 강력한 관련을 보여주었다. 더욱이 분배 정의추론의 세 가지 수준은 전조작(수준 0), 구체적 조작(수준 1), 과도기적인 형식적 조작(수준 2)으로 정렬될 수 있었다. 그러므로 계열과 관련하여 명료하게 피아제적인 어떤 것이 존재한다. 그러나 논리적 영역에서의 추론이 분배 정의 영역에서 추론을 위한 전제조건이었다는 것을 암시하는 것은 결코 아니었다. 비록 논리적 추론과 도덕적 추론이 강하게 연결된다 하더라도 "논리적 추론과 도덕적 추론의 고유한 특성이 발달에서 반드시 필요한 것으로 보이지는 않는다. 심지어 정상적인 피험자들 사이에서 그 양태는 정반대로 뒤집어질 수도 있다" (Damon, 1975, p. 312).

계열의 발달적 특성은 두 가지 종단적 연구에서 탐구되었다. 한 연구(Damon, 1977)에서 1년에 걸쳐 변화를 보였던 아동들은 다음 최고 단계로 움직이는 경향을 보였다. 그러나 많은 아동들은 이 기간 동안 전혀 변화를 보이지 않았으며, 몇몇 아동은 보다 낮은 추론단계를 보여주었다. 발달 변화의 과장된 속도에 대한 하나의 설명은 아동 중기에 단순히 1년 동안의 기간으로 사회인지발달을 획득하기에 충분하지 않다는 것이었다. 아마도 2년의 기간이 지난 이후에 아동들을 검사한다면 위로 향한 단계 움직임의 보다 많은 사례를 보여주었을 것이다. 이것은 사실 데이먼(1980)의 두 번째 종단적 사정에서 보고되었다. 이 연구에서 변화했던 아동들의 거의 86%가 2년 동안의 기간을 거치면서 진보적 발달을 보였다. 더욱이 1년 후에 처음에는 아래쪽으로 향하는 역전을 보였던 아동들이 두 번째 해에 이르러 자신들을 교정했다. 데이먼(1980)은 또한 단계 전이의 최고의 예보자는 현재 단계에서의 강화가 아니라 그 양식보다 높은 점수의 확대로 결정되는 것과 같은 단계 혼합이라는 것을 보여주었다. 보다 최근의 연구들과 함께(Walker, Gustfson & Hennig, 2001 ; Walker

& Taylor, 1991) 이러한 발견은 단계 혼합이 발달을 위한 준비의 암시라는 투리엘(Turiel, 1974)의 주장을 지지하는 것으로, 특히 점수 분배가 다음의 최고 단계의 방향으로 기울어지는 경우에는 더욱 그렇다.

분배 정의 척도. 엔라이트(Enright), 프랭크린(Franklin), 그리고 맨하임(Manheim, 1980)은 데이먼(1977)의 것과 유사한 두 가지 공유 딜레마로 구성된 분배 정의 척도(DJS)라 불리는 분배 정의추론에 관한 표준화된 객관적인 사정 척도를 설계함으로써 두 번째 연구를 시작했다. 딜레마를 해결하고자 하는 최초의 시도 이후에 그 아동에게 한 쌍의 그림을 보여주는데, 각각은 계열에서의 특수한 단계를 나타내고 있다. 단계들의 모든 조화는 이런 방식으로 구성되며, 그 아동은 가장 공정한 방식으로 공유 딜레마를 해결하는 그림을 선택하도록 요구받는다.

분배 정의 척도(DJS)를 활용한 연구는 연령과 논리적 상호성과의 강력한 연합(Enright, Franklin & Mannheim, 1980)을 보고했는데, 이는 스웨덴에서도 반복되었던 양식(Enright 외, 1984)이었다. 분배 정의 이슈가 동료들보다는 가족 구성원을 포함할 때 추론은 전형적으로 보다 높은 수준을 보였다(Enright 외, 1984, 연구 2). 종단적 비교는 동료 효과에 의해 오염되지 않은, 그리고 아동 중기보다 더 어린 연령에서 보다 빠른 속도로 위쪽으로 향한 단계 진보를 보여주었다(Enright 외, 1984, 연구 3). 사회적 계층 차이 또한 분명했는데, 인종과 상관없이 보다 낮은 계층 아동들은 중류 계층 동료들보다 지체했다(Enright, Enright & Lapsley, 1981). 이것은 아동들의 분배적 공정에 관한 이해가 상황 요소들에 민감하다는 것을 의미한다.

이 조사연구와 관련하여 놀랄 만한 사실은 데이먼의 객관화된 방법에 의해 밝혀진 연구결과와 DJS가 산출한 연구결과가 수렴된다는 점이다. 확실히 그 계열은 강력한 경험적 지지를 향유한다. 강력한 종단적인 연령경향이 존재한다. 즉 그 계열은 인지발달의 다른 지수들과 연결되고, 최소한 두 문화에서 분명하며, 그리고 상황요소들에 대한 하나의 흥미 있는 민감성을 보여준다. 비록 두 방법론을 아우르는 연구결과에서 몇 가지 불가피한 파열음이 존재하지만 우리는 그 차이보다는 유사성에 의해 더욱 인상을 받는다. 그러므로 콜버그의 임상적 인터뷰와 DIT 같은 객관적 도구로 수행되었던 도덕적 추론에 관한 연구들과는 달리, 데이먼(Damon)의 분배 정의에 관한 객관화된 사정과 엔라이트(Enright)의 표준화·객관화된 도구의 사용 사이에 중요한 절차적 차이의 증거가 거의 없어 보인다.

부분 구조 이슈. 분배 정의 계열은 도덕단계 이론에서 아직까지는 또 다른 선택을 대표하고 있다. 데이먼(1977)은 도덕적 구조가 항상 내용 특이성의 요소를 유지한다고 주장했는데, 그것은 각기 다른 도덕적 영역 혹은 개념이 서로 다른 방식으로 조직된다는 것을 의미한다. 투리엘이 주장했던 노선과 유사하게 "인지구조는 지식의 경계가 정해진 영역을 에워싼다는 점에서 부분적이다. 곧 사고는 근본적 범위의 경계 내에서 조직된다"(1983, p. 20).

그러나 레스트(Rest, 1983)에 따르면 이러한 일반적 구조와 관련한 불가지론의 입장은 문제가 있다. 왜냐하면 그것은 사고의 체계적 특질에 대해 불충분한 주의를 기울이기 때문이다. 그의 관점에서 보면 사고는 연관이 없는 개념의 혼잡이 아니다. 데이먼의 계열은 확실히 우리에게 아동들이 공유의 특수한 문제를 어떻게 해결하게 되는가에 관해 말해주

지만, 우리로 하여금 어떻게

> 아동들의 거짓말하기, 약속 준수하기, 싸우기와 자기 방어, 처벌, 게임이나 학교 시험에서 속이기, 파괴적이고 제멋대로 하기, 가족과 친척에 대한 특수한 책임, 할당된 잡일 수행하기, 그리고 도덕적 이슈와 관련된 아동 삶에서의 모든 다른 상황과 관련한 아동들의 도덕적 사고(Rest, 1983, p. 604)

를 이해하도록 도움을 주는지에 관해서는 말해주지 않는다.

비록 많은 노력이 부분-구조 영역을 증명하는 데 투입되었던 만큼 조직의 체계를 상술하는 데도 투입되어야 된다는 것은 일리가 있지만 사실상 일반적 구조가 이러한 엄격한 표준을 충족시켜 왔다. 또 다른 비판은 분배 정의 계열의 내적 논리가 부족하다는 것이다. 그것은 위계적 통합에 관한 분명한 개념 혹은 왜 분배 딜레마를 해결하는 어떤 방법은 다른 것보다 우월해야만 하는가에 대한 설명이 부족하다(Rest, 1983). 예를 들면 왜 공적과 평등 사이의 타협은 하나의 분배적 준거로서 평등이나 혹은 공평 하나만에 대한 의존을 최후 수단으로 해야만 하는가? 어떤 이유에서 추론의 연속하는 수준이 보다 낮은 수준보다 더 적절한가(그리고 어떤 의미에서 그것은 더 낮은가)?

그러므로 분배 정의 계열에 대한 우리의 검토는 도덕적 영역에서의 단계 이론에 관한 핵심적인 논쟁을 보여주고 있는 것이다. 단계는 일반적인가 아니면 부분적인가? 내적 논리가 존재하는가? 발달은 부가적인가 아니면 변형적인가? 타당성의 내적 표준은 심리적·도덕적 측면에서 어떻게 이해되어야 하는가? 부분-구조 관점이 발달에 관한 타당한 개념화인가 아닌가는 주로 우리가 피아제의 **구조화된 전체**의 개념을 어떻게 이해하는가에 달려 있다. 부분-구조 개념이 경성단계 준거를 둘러싸고 성장했던 외면상의 피아제의 정설보다는 피아제의 특징에 좀 더 가깝다고 간주되는 경우가 있다. 단계는 영역에 의해, 그리고 내용 특성에 의해 경계가 정해지고 제한된다. 그러나 이것이 우리를 단계들이 따로따로 떨어진 영역들의 번잡한 뒤범벅이라는 관점이나 혹은 단계들이 "과제와 상황을 통틀어 표명된 자율적인, 독립적인 단위들"(Turiel, 1983, p. 21)을 구성한다는 둘 중의 어떤 관점으로 인도하지는 않는다. 다음 절에서 우리는 또 하나의 적극적인 정의단계 진보가 어떻게 부분-구조의 개념조차 밀쳐내고 **구조화된 전체**에 관한 이해를 극단으로 풀어놓는지를 보게 된다.

친사회적 도덕추론

친사회적 도덕추론은 적극적 정의의 또 다른 측면이다(Eisenberg-Berg, 1979). 그것은 전형적으로 우리 자신에게 어느 정도의 희생이 따를 때 우리가 다른 사람을 도와줄 것인가의 문제에 직면할 때, 그렇게 해야만 하는 어떤 형식적 의무가 없을 때 등장한다. 써클빌레(Circleville)의 가난한 농부들을 대면하는 문제를 거론해 보자. 그들은 농토가 물에 잠겨 버렸던 이웃 지역에—비록 그것이 써클빌레 주민들이 굶주리게 될 것이라는 것을 의미한다 하더라도—그들이 수확한 대부분의 것을 제공해야만 하는가? 신체적으로 허약하다 하더라도, 혹은 우리의 연구에 해를 끼치거나 우리에게 직무상의 손해를 끼친다 하더라도 우리는 헌혈을 해야만 하는가? 우리가 위험해 처해질지 모른다 하더라도 희생자를 원조하러 가야만 하는가?

도덕적 고려 범주. 이와 같은 친사회적 딜레마를 제공받은 아동들은 분류학상으로 조직될 수 있는 여러 가지 도덕적 고려를 하게 된다(Eisenberg-Berg, 1979). 도덕적 고려는 다음과 같은 것들을 포함한다. 처벌과 복종(우리는 만약 돕지 않는다면 처벌을 받을지 모른다), 실용적인 자기 이익("내가 굶주리게 될 것이기 때문에 나는 돕지 않을 것이다")이나 혹은 직접적 상호성("그녀는 돕고자 한다. 왜냐하면 그들이 그 다음에는 그녀에게 음식을 제공할 것이기 때문이다")을 포함하는 쾌락주의적 추론, 다른 사람의 신체적 · 물질적("그는 혈액을 필요로 한다") · 심리적("만약 그들이 음식을 먹게 되면 그들은 행복할 것이다") 필요에 대한 관심을 보여주는 필요 정향, 상투적인 추론("돕는 것은 당연한 것이다"), 동정적인 배려("그는 그들에게 가엾음을 느낄 것이다")나 역할 채택("나는 그들의 입장이 되고자 노력하고 있다")을 포함하는 공감적 정향, 사회적 승인과 수용에 대한 관심("만약 그가 돕는다면 그의 부모는 그를 자랑스럽게 여길 것이다"), 내면화된 정서("주민들에게 먹을 것을 제공하는 것을 보는 것은 그녀를 기분 좋게 만들 것이다"), 그리고 내면화된 규범, 법, 그리고 가치를 불러일으키는 추상적 추론("그녀는 다른 사람들 도와줄 의무가 있다"), 타인의 권리("나는 그녀가 강탈당하지 않고 거리를 걸을 권리를 갖고 있기 때문에 도울 것이다"), 일반화된 상호성("만약 모든 사람이 서로를 돕는다면 우리는 모두 형편이 전보다 더 나아질 것이다"), 사회의 조건("만약 모든 사람이 돕는다면 사회는 더 좋아질 것이다").

발달경향. 이전의 횡단적 연구에서 아이젠버그-버그(Eisenberg-

Berg, 1979)는 초등학교 아동들의 친사회적 추론은 쾌락주의적 · 상투적인, 그리고 필요에 정향된 관심에 초점을 맞추는 경향이 있다는 것을 보여주었다. 고등학교 학생들 또한 이를 고려했지만 그들은 추상적 추론과 내면화된 가치 및 규범을 좀 더 흔하게 고려했다. 발달경향은 유아원으로부터 7세 혹은 8세 연령에 이르기까지 친사회적 추론을 추적한 두 가지 종단적 연구에 의해 명료화되었다. 이들 자료에 따르면, 쾌락주의적 추론의 사용은 이 기간이 지나면서 점차 꾸준히 감소되었던 반면 공감적 필요와 승인을 중심으로 한 추론은 증가했다(Eisenberg, Lennon & Roth, 1983 ; Eisenberg-Berg & Roth, 1980).

후속적인 종단적 연구들은 아동 중기로부터 초기 성인기에 이르는 7세(Eisenberg 외, 1987) 이후, 11세(Eisenberg, Miller, Shell, McNalley & Shea, 1991), 그리고 15세(Eisenberg, Carlo, Murphy & Van Court, 1995)에 친사회적 추론에서의 변화를 추적했다. 이 기간 내내 쾌락주의적 추론은 청소년기가 될 때까지 감소했지만 청소년 후기와 성인 초기에 이르러 다소 증가했다. 필요를 중심으로 한 상투적인 추론은 아동 중기와 청소년 초기 때까지 증가했으며, 그리고는 그 사용이 점차 감소되었다. 직접적 상호성과 승인 중심의 추론은 청소년 중기가 될 때까지 감소했지만 그 이후에 안정적으로 남아 있었다. 내면화된 규범과 일반화된 상호성과 같은 몇몇 보다 높은 수준의 추론양식은 후기 아동기에서 등장했고, 청소년기와 성인 초기를 지나면서 그 사용이 증가했다.

친사회적 추론의 수준. 다양한 도덕적 고려 범주의 사용에서 연령과 관련된 변화는 친사회적 추론의 수준으로 개념화될 수 있다는 것이 분명해졌다(Eisenberg, 1986). 수준 1(쾌락주의적 · 자기 중심적 정향)에서 돕고자 하는 동기는 자기 이익이나 혹은 자기를 위한 가능한 결과와 연관되어 있다. 수준 2(필요를 중심으로 한 정향)에서 비록 관심이 동정, 죄의식, 자기 반성의 분명한 증거 없이 표현된다 하더라도 그 관심은 그것이 자기 자신의 필요와 갈등할 때조차도 타인의 필요에 대해 표명된다. 수준 3(승인-개인 상호 간 정향 그리고/혹은 상투적 정향)에서 친사회적 의도는 착한, 그리고 나쁜 사람에 관한 상투적 관념에 비추어 판단된다. 곧 우리는 좋은 혹은 착한 사람을 도와야만 한다. 그러나 좋지 않거나 나쁜 사람을 도와서는 안 된다. 친사회적 행동은 또한 승인이나 수용을 확보해야만 한다. 수준 4(자기 반성적인 공감적 정향)에서 자기 반성적인 역할 채택, 다른 사람의 박애에 대한 공감적 관심, 그리고 자신의 행위가 일상적으로 긍정적 감정을 야기시키는가 아니면 죄의식을 초래하는가에 관한 증거가 존재한다. 과도기 수준(4B)은 우리의 자기 반성이 내면화된 규범과 책임감 혹은 의무감을 고려하기 시작하는 곳에서 뒤따라 나온다. 사회의 복지나 인간의 존엄에 대한 다소 모호한 관심이 존재한다. 이러한 관심은 수준 5(강력하게 내면화된 단계)에서 보다 더 잘 조율된다. 이 수준에서 내면화된 규범, 의무, 책임, 그리고 권리에 대한 호소가 분명하게 나타난다. 자기 존중과 자신의 가치에 따라 삶을 영위하는 이슈는 또한 이 단계에서 일반적으로 표현된다.

단계 이슈들. 친사회적 추론은 쾌락주의와 이기주의의 혼미 속에서 시작하지만 그 다음에는 사회의 필요와 복지를 정식으로 고려하는 이제까지 없었던 넓은 사회적 관점을 채택하면서 확장한다. 발달은 자기 몰두로부터 타인 관련으로, 내적·사적인 관심으로부터 외적·사회적인 관심으로 움직인다. 그러나 친사회적 추론은 또한 사회적 고정관념, 승인, 그리고 수용으로부터 그와 정반대 방향인 자아감이 균형을 잡고 있는 강력하게 내면화된 책임을 향해 나아간다.

아이젠버그(Eisenberg)의 인상적인 종단적 연구는 친사회적 추론에서 연령과 관련된 변화를 충분히 입증해 주었다. 그 계열은 부가적 모델과 일치하며, 구조발달적이기보다는 연령발달적이다. 사실 아이젠버그(1986)는 계열에 관하여 견고한 경성단계 가정을 하지 않을 뿐만 아니라, 도덕단계 이론에 관한 통상적인 개념적 요구에 많은 관심을 보여오지 않았다. 예컨대 수년 동안 콜버그 집단을 고무시켜 왔던 목표인 구조와 내용을 구분하고자 하는 시도가 없었다. 그 대신에 친사회적 계열은 내용 반응에서 등장했던 동기의 분류로부터 귀납적으로 확인되었다. 각 발달 수준이 하나의 구조화된 전체인가 아닌가에는 거의 관심이 없다. 사실 친사회적 추론이 일반 구조나 혹은 부분 구조에 의해 통제되는지의 여부에 관하여 호기심을 갖고 생각하는 것은 아동들이 다양한 수준에서 친사회적 정당화에 호소하는 계열 속에서 옳은 의문이 결코 아닌 것으로 보인다. 또한 친사회적 추론의 수준이 불변적 계열과 일치하는지의 여부에 관해서도 거의 관심이 없다. 예컨대 쾌락주의적 동기가 어떻게 아동기 초기부터 청소년기까지 그 중요성에서 쇠퇴하는지, 그러나 그 후에 청소년 후기와 성인기 초기에 재차 강조되는지에 주목한다.

그래서 여기에서 우리는 그 중요성이 계속 바뀌며 위계적 통합을 불러일으키는 내적 논리가 부족한 계열 안에 배열된, 타당한 구조적 토대도 없는, 내용으로 물들여진 친사회적 도덕판단의 수준들을 가지게 된다. 인지발달적 정설의 관점에서 보면 이것은 아주 불안하다. 이것은 진정한 구조발달 단계로서 간주될 수 있는 것인가에 관한 콜버그의 검증을 분명히 통과하지 못한다. 그러나 이들 문제에 관한 엄격한 정설은 연구목적이 단순하게 경험적 실재를 입증하는 것뿐만 아니라, 또한 철학적 목적에 점수를 주는 자료를 사용하고자 바랄 때에만 요구되는 것 같다.

두 가지 유망한 방향. 이 연구 프로그램에 관한 두 가지 부차적인 특징을 간략히 지적하고자 한다. 첫째, 청소년의 친사회적 추론(PROM ; Carlo, Hausmann, Christinasen & Randall, 2003)과 친사회적 행동(PTM ; Carlo & Randall, 2002 ; Carlo, Hausmann, Christiansen & Randall, 2003)의 표준화된 사정에 관한 유망한 연구가 현재 존재하고 있다. 둘째, 도덕적 영역에서의 모든 다른 연구 프로그램들과는 달리 친사회적 추론의 연구는 항상 공감, 배려, 그리고 동정적 관심(Eisenberg, 잡지에서, 1986 ; Eisenberg & Miller, 1987 ; Eisenberg & Morris, 2004)과 같은 친사회적 정서의 연구와 협력하여 수행되어 왔다. 최근 몇 년 동안 이것은 친사회적 행동에 대한 성향적 혹은 관상학적 토대가 존재하는지의 여부에 관한 중요한 조사연구로 나아갔다. 한 연구에 따르면 4세와 5세에서 관찰된 자발적인, 타인 정향된 친사회적 공유 행동(그러나 적은 비용의 도움이나 혹은 남이 시켜서 하는 친사회적 행동이 아닌)은 17세 이후에까지 실제적이고 자기 보고적인 친사회적 행동—곧 부분적으로 동정심에 의해 중재되는 관계—을 예보했다(Eisenberg 외, 1999). 이와 비슷하게 성인기 초기에 친사회적 성향에 관한 자기 보고는 흔히 동정심, 공감, 그리고 10세에서 16세의 이른 시기의 친사회적 행동에 관한 자기 보고와 연관된다(Eisenberg 외, 2002). 이들 연구는 아동기 초기에 등장하는, 그리고 오랫동안 지속하는, 비록 이타적 퍼스낼리티의 표명이 사회적 상황의 요구 특성에 따라 변화할지 모르지만, 친사회적 퍼스낼리티 성향이 존재한다는 주장을 지지한다(Carlo, Eisenberg, Troyer, Switzer & Speer, 1991).

기타 사회적 인지단계 모델들

우리가 검토한 바와 같이 단계 개념은 질적 변화, 구조적 통일, 그리고 불변적 계열에 대한 엄격한 요구를 하는 콜버그의 구조발달 모델로부터 분배 정의추론에 관한 부분-구조 모델, 친사회적 추론과 피아제식의 도덕판단에 관한 부가적인 연령발달 모델에 이르기까지 도덕발달 영역에서 다양한 방식으로 사용되고 있다. 도덕판단, 적극적 정의, 그리고 친사회적 추론은 단계 개념이 사회 인지발달의 연구에서 전개되어 왔던 영역을 남김 없이 논의하지는 않았다. 우리는 또한 그 중에서도 특히 자기 발달(Kegan, 1982 ; Noam, 1985, 1988), 자기 이해(Damon & Hart, 1982 ; Hart & Damon, 1986), 관점 채택, 개인 상호 간 이해(Selman, 1980), 사회인습 추론(Turiel, 1983), 종교적 판단(Oser, 1985), 그리고 신념 발달(Fowler, 1981) 단계 이론에 대해 지적할 수 있다. 이들 영역에서의 단계발달에 관한 설명은—비록 그들 가운데 몇몇이 발달 변화를 특징짓는 것에 대한 추가적인 선택을 또한 소개하지만—도덕적 영역에서 부각되었던 똑같은 종류의 이슈와 경쟁한다.

사회인습 추론

예를 들면 사회인습 단계 계열은 그 계열 전체를 통하여 부정단계를 끼워넣음으로써—발달적 변화가 긍정과 부정이 연속적인 국면들을 통하여 변증법적으로 일어나는—발달적 성장에서의 인지적 갈등의 비평형화 역할을 공식화한다(Turiel, 1983). 예컨대 단계 1(6-7세)에서 아동은 광범위한 사회적 획일성("남성들은 의사이고 여성들은 간호원이다")을 지각하지만 이것은 당연한 사회적 질서로 생각되며, 인습적 획일성은 이러한 이유로 긍정된다. 그러나 단계 2(8-9세)에서 이러한 이해는 부정된다. 인습적 행위는 자의적이며, 모든 사람이 그것을 한다는 사실은 인습을 유지하는 데 충분하지 않다. 단계 3(10-11세)에서 인습적 획일성은 규칙의 체계를 긍정한다. 비록 규칙이 자의적이지만 우리는 권위의 위치에 있는 자들이 우리들에게 기대하기 때문에 그것을 준수한다. 단계 4(12-13세)에서 이러한 긍정은 부정된다. 인습은 우리에 대해 규칙과 같은 그러한 지배력을 지니지 못한 단지 사회적 기대일 뿐이다. 단계 5(14-16세)에서 인습은 하나의 정적인 위계적 조직에서 고정된 역할에 의해 특징지어진 사회적 규범으로서 긍정된다. 사회는 역할 지위가 어떤 것은 다른 것에 비해 더 많이 소유하는 하나의 복잡한 조직이며, 그리고 지위에서 다양한 차이가 있는 개인 사이의 상호작용을 규제하는 어떤 인습 체계가 존재한다. 이들 사회적 인습은 성문화된 행위의 표준이 사회집단을 유지하기 때문에 지위위계를 긍정한다. 단계 6(17-18세)에서 이러한 이해는 부정된다. 인습은 습관적 사용과 관성을 통해 성문화되기 시작하는—그러나 그렇지 않다면 사회체계를 유지하는 것과 관련하여 어떠한 기능도 공헌하지 못하는—사회적 기대에 지나지 않는다. 마지막으로 단계 7(18-25세)에서 사회적 인습은 다시 긍정된다. 여기에서 우리는 사회적 인습이 사회집단을 구속하는 혹은 지위의 분배를 규제하는(단계 5) 사회적 규율이 아니라, 오히려 능률과 조정에 대한 필요와 같은 그러한 기능적 목적에 공헌하는 공유된, 동의된 획일성이라는 것을 이해한다.

관점 채택

사회 인지발달의 모든 영역에 기초가 되는 근원적인 발달 성취는 관점 채택이다. 그것은 두 가지 방향—관계의 개념과 인간의 개념—으로 전개된다(Selman, 1980). 예를 들면 사회적 관계의 개념과 관련하여 자기중심주의에 에워싸여 있는 어린 아동은 다른 사람의 관점을 추론할 수가 없다(수준 0). 수준 1에서 아동은 정확하게 다른 사람의 관점을 추론할 수 있다. 수준 2에서 아동은 자기-타인 관점을 상호적으로 추정할 수 있다. 수준 3에서 양자관계 상호작용의 제3의 관점을, 그리고 수준 4에서 전체로서의 사회체계의 관점을 추정할 수 있다. 자기 중심적 자아의 몰두로부터 국부적인 자기-타인 관점, 제3의 관점과 그 이후 체계 관점으로, 지금껏 없었던 광범위한 사회적 관점을 채택하는 발달하는 능력은 점차 복잡해져 가는 정의와 친사회적 추론(그리고 모든 다른 사회 인지적 발달의 사례)의 기초가 된다.

자기 중심적 관점(수준 0)으로부터 사회적 관점 채택(수준 4)으로 발달하는 관계의 개념을 기술하는 것에 덧붙여 계열은 또한 인간의 개념을 병행하여 나타낸다. 수준 0에서 자기 중심적 아동은 물리적 특질로부터 심리적 자아를 구분할 수 없으며, 그리고 주관-심리적인 것과 객관-물리적인 것을 혼동한다. 수준 1에서 이러한 구분은 이제 가능해진다. 우리는 자기와 다른 사람 모두의 주관적 상태를 지각하며, 비록 인간의 주관적 삶(사고, 감정, 의견)이 하나의 단일한 전체로 간주되지만 의도적인 행위와 비의도적인 행위를 구분할 수 있다. 수준 2에서 우리는 자신의 주관-심리적 삶에 관하여 자기 반성적이 될 수 있으며, 그리고 우리는 다른 사람들도 마찬가지로 이를 할 수 있다는 것을 인식한다. 인간은 진정한 자기를 반영하는 숨은 내면의 삶을 지닌 존재이며, 그것은 다른 사람들에게 보여진 외면적 자기와는 다를 수 있다고 이해된다. 그리하여 속임은 이제 하나의 가능성이다. 게다가 인간의 주관적인 삶은 더욱 복잡하게 이해된다. 예컨대 복합적이며 갈등하는 사고와 감정—이들이 대개는 서로 조화를 이루지만 서로 분리되기도 한다(예를 들면 "대개는 행복하지만 때로는 무섭다")—을 갖는 것은 가능하다. 수준 3에서 인간은 상당히 안정적인 태도와 가치의 체계로서 이해된다. 우리는 관찰하고 있는 자아에 관한 제3의 관점을 추정함으로써 자기에 관하여 감시하고 또한 반성할 수 있다. 이것은 우리로 하여금 동시에 우리 자신을 진행하는 상호작용에서 행위자로서, 그리고 객체로서 인식하는 것이 가능하도록 허용해 준다. 수준 4에서 행동의 주관-심리적 토대에 관한 예리한 지각이 존재하는데, 자기는 반성적 관찰을 하는 자아에 의해 항상 통찰될 수는 없는 내적 깊이를 지닌다. 우리는 때때로 자기 반성에 불투명한 갈등하는 동기와 모순적인 주관적 상태를 지닌다. 요컨대 발달적 역사를 지니는 성향들의 산물과 같은 새로운 퍼스낼리티 관념이 존재한다.

사회적 관점 채택의 정점에서 우리는 사회적 관점과 심층 관점 두 가지 모두를 추정할 수 있다. 관점의 가장 넓은 사회적 의미, 하나의 전체로서의 사회체계(관계의 개념)에 관한 자각뿐만 아니라, 동시에 주관적 자기의 가장 깊은 복잡성(인간의 개념)에 관한 자각이 존재한다. 우리의 자아, 퍼스낼리티, 그리고 주관성에 대한 이해가 고도로 발달하는 것은 우리의 관계에 관한 이해의 발달과 서로 연결되어 있다. 이것은 분명히 도덕적 기능 작용과 관계가 있다. 우리의 의도와 동기를 동시에 자각하는 동안 우리의 결정과 행위가 가장 넓은 사회조직에 어떻게 영향을 미치는가, 그리고 우리의 행위가 우리가 현재까지 형성되어 온 그런 종류의 인간을 어떻게 반영하는가를 검토한다는 것은 하나의 도덕적 성숙의 지표임이 틀림없다. 우리는 사회적 관점 채택의 이러한 이중적인 움직임을, 비록 사회적 관점 채택에서의 진보가 모든 도덕적 영역 전역에서 성숙한 기능작용을 보증할 것이라는 것이 분명하지만, 친사회적 추론의 수준에서 가장 분명하게 이해하게 된다. 사실 전통적인 공식은 사회적 관점 채택에서의 진보가 도덕판단의 진보에, 비록 이들의 상호 의존에 대한 경험적 근거가 항상 결정적으로 입증되어 온 것은 아니지만, 필요하지만 충분하지는 않다는 것이다(Lapsley, 1996).

자기 이해

자기 이해를 기술하는 단계 계열과 관련해서도 비슷한 지적이 가해질 수 있다. 하트와 데이먼(Damon, 1986 ; Damon & Hart, 1982)에 따르면 **자기 이해**는 "자기를 규정하며 자기와 타인을 구분하는 특성들의 총체"(p. 388)에 초점을 맞추는 하나의 개념적 체계이다. 주체로서의 자기—주격으로서의 자기(I-self)—는 우리의 연속성, 독특성, 의지적 행위, 그리고 자기 성찰성에 관한 의식을 포함한다(비슷한 도식에 대해서는 Blasi, 1988 참조). 객체로서의 자기—목적격으로서의 자기(me-self, 자아개념)—는 물리적 자기(육체적 · 물질적 소유물), 능동적 자기(활동과 능력), 사회적 자기(사회적 퍼스낼리티 특징), 그리고 심리적 자기(정서, 사고, 인지적 과정)를 규정하는 네 가지 도식을 포함한다. 이들 영역의 각각에서 자기 이해는 네 수준으로 발달적 변화를 보인다.

물리적 자기를 예로 들어보자(모든 단계 기술과 전형적인 진술은 하트와 데이먼, 1986에서 인용). 물리적 자기는 발달을 통틀어 신체적 특성이나 물질적 소유물의 견지에서 이해된다(수준 1). 그리고 이후에 물리적 특성과 관련된 활동으로서(수준 2) 사회적 호소와 사회적 상호작용에 영향을 미치는 물리적 특성의 견지에서(수준 3), 그리고 마지막으로 자발적 선택과 도덕적 표준을 반영하는 물리적 특성(단계 4 : "몇 사람이 그 어느 것도 갖지 못하고 있다면 많은 것을 갖는 것은 공정하지 못하다")으로서 이해된다.

이와 비슷하게 활동적 자기에 관한 우리의 최초의 이해는 전형적인 행동의 견지에서(수준 1)이며, 타인과 관련한 역량(수준 2), 사회적 입장에 영향을 미치는 특성(수준 3), 그리고 마지막으로 선택과 개인적·도덕적 표준을 반영하는 능동적 특성의 견지에서(수준 4 : "나는 신앙심 깊은 기독교인이 되고자 한다") 이해된다. 사회적 자기는 우선 특정한 집단이나 사회적 관계에서 자신의 구성원으로서의 사실에 의해 이해된다(수준 1). 그리고 타인의 승인이나 불승인과 관련하여 판단되는 활동(수준 2), 사회적 퍼스낼리티 특징(수준 3), 사회적 관계 혹은 사회적 퍼스낼리티 특징에 관한 도덕적·개인적 선택(수준 4 : "나는 내 친구들에게 해를 끼치지 않으려고 노력한다. 왜냐하면 당신은 사람들을 존중심을 갖고 대우해야만 하기 때문이다")에 의해 이해된다. 마지막으로 심리적 자아는 우선 순간적인 기분, 감정, 선호, 그리고 혐오와 연관된다(수준 1). 그리고 지식, 학습된 기능, 정서적 상태와 연관된 활동(수준 2), 심리적으로 관련된 사회적 기능(예를 들면 사회적 민감성, 의사소통 능력 ; 수준 3), 개인적 철학을 반영하는 신념체계(수준 4 : "나는 세계 평화를 믿는다. 나는 전쟁이 그 어느 것도 해결할 수 없다고 생각하며, 우리는 싸움을 중지하려고 노력해야만 한다")와 연관된다.

이들 발달경향과 관련하여 놀라울 정도로 분명한 것은 자기 이해에서의 진보가 그 영역이 무엇이든 상관없이 우리를 도덕성으로 유도한다는 것이다. 성숙한 자기 이해—복잡한 발달과정의 최고 높은 수준에서—는 자기의 도덕적 함축을 반영한다. 사회 인지발달은 우리를 다른 말로 표현하면 도덕적 자아로, 도덕적 관점과 별개로 해서는 이해될 수 없는 자기로 유도한다. 이것은 도덕적 자아의 형성이 자기 발달의 분명한 목적이라는 것을 제시하는 것이다. 그리고 이것은 사회 인지발달에서만 단지 진실한 것이 아니라 심리사회적 발달에서도 진실하다. 예를 들면 에릭슨(Erik Erikson)은 도덕성과 정체성이 호혜적으로 지지하는 관계에 있다고 주장했다. 윤리적 역량은 "정체성의 진정한 준거"(Erikson, 1968, p. 39)이며, 또한 "정체성과 성실은 윤리적 견고성을 위해서 반드시 필요하다"(Erikson, 1964, p. 126). 이것은 도덕적 정체성의 형성이 도덕적 발달과 정체성 발달 두 가지 모두의 분명한 목적이라는 것, 말하자면 그것은 도덕적 자아를 위한 것이라는 것, 그리고 도덕적 발달 궤도와 자아정체성 발달의 궤도가 도덕적 퍼스낼리티 내에서 이상적으로 결합된다는 것을 의미한다(Lapsley & Lasky, 2001).

요약과 전망

이 장에서 우리는 단계 이론이 도덕적 영역 내에서 활용되어 왔던 다양한 방식을 고찰했다. 단계 개념은 피아제와 콜버그 두 사람 모두의 광범위한 목적에서 중요한 역할을 했다. 피아제에 있어서 단계 개념은 그로 하여금 발생학적 인식론과 관련한 어떤 결론을 도출하도록 허용했던 분석적 방책이었다. 연령-발달 혹은 이상-전형적 계열은 이러한 목적에 충분했다. 콜버그에 있어서는 도덕적 관점에 대한 발달적 근거를 제공하는 데, 그리고 그와 양립할 수 없었던 철학적 입장을 무너뜨리는 데 아주 다른 단계 개념이 요청되었다. 경성단계 개념을 둘러싸고 성장해 왔던 정통 학설은 이러한 프로젝트에 비추어 이해되어야 한다. 이것을 끌어내기 위해서는 언제 구조발달적 변화가 일어났는지를 결정하는 엄격한 준거뿐만 아니라, 그것을 충족시킬 수 있는 도덕판단으로 연구분야를 좁힐 필요가 있었다. 콜버그가 철학적 문제에 역점을 두고 단계 이론을 다루면서 윤리 이론은 도덕단계의 바로 그 개념화의 요소여야만 한다고 하였던 주장은—비록 그가 심리학자들이 그들의 학문에 관한 경험적 및 개념적 도구들을 가지고 중점적으로 다룰 준비가 되어 있지 않은 그런 종류의 이슈를 그 분야에 또한 포함시켰지만—윤리학과 철학에 관한 생산적인 반성을 증진시키는 데 효과를 가져왔다. 그러나 사실 심리학 자료가 철학적 문제들을 해결할 수 있는지는 의문이다(Blasi, 1990).

콜버그에 의해 신봉된 변형 발달단계 모델과 대조적으로 우리는 또한 적극적 정의 영역에서 부분-구조 단계 모델, 그리고 친사회적 추론에 대한 연령발달적 접근을 검토했다. 이들 모델은—비록 이들 문제에 있어서의 변절이 이들 단계 이론에 명백한 철학적 야망의 결핍을 반영하지만—콜버그가 입안했던 불변적 계열, 위계적 통합, 그리고 구조적 통일의 엄격한 개념과는 어느 정도 거리가 있다.

분배 정의와 친사회적 추론에 더하여 세 가지 부가적인 단계 이론을 고찰했다. 사회인습적 단계 계열은 변형적 단계 발달의 특성을 묘사하는 또 다른 선택을 예증하기 위해 고찰되었다. 이 계열은 긍정과 부정의 연속적 기간의 측면에서 발달적 성장의 특성을 설명하는 방식이 독특하다. 이러한 방식으로 인지적 비평형화는 그 단계 이론의 바로 핵심으로 자리잡았다. 마지막으로 사회적 관점 채택과 자기 이해를 설명하고 있는 단계 계열이 검토되었고, 또한 그 두 가지는 도덕적 자아와 정체성을 이해하는 데 결정적인 것으로 밝혀졌다. 확실히 우리는 도덕적 발달과 자기 발달은 동일한 목표를 향하고 도덕적 퍼스낼리티에 이상적으로 결합된다고 결론지었다.

도덕적 영역에서의 하나의 분명한 경향은 임상적 면담을 도덕판단에 관한 표준화·객관화된 사정으로 보완하고자 하는 노력이다. 참여자들을 면담하고 단계에 점수를 배정하기 위한 콜버그의 정교한 방법론은 레스트(Rest)의 DIT로 접합되었다. 엔라이트(Enright)의 분배 정의 척도는 공정한 공유에 관한 아동들의 이해를 사정하고자 했던 데이먼(Damon)의 구술 사정과 같은 선상에 있다. 그리고 카를로(Carlo)와 그의 동료들이 최근에 발달시킨 친사회적 추론(PROM)과 행동(PTM)의 객관적 측정은 친사회적 영역에서의 경향을 완성시키고 있다. DIT는 수년 동안에 걸쳐 상당한 연구물을 산출했으며, 그리고 단계 이론을 인지과학으로부터의 개념을 통합하는 도식 이론(schema theory, Narvaez & Bock, 2002 ; Rest, Narvaez, Bebeau & Thoma, 1999)으로 변형시켰던 도덕판단 발달에 관한 신콜버그 관점의 핵심이다. 객관적 측정의 타당성은 또한 친사회적 영역에서의 새로운 연구 노선을 촉발시킬 것이다.

이와 관련된 하나의 경향은 연구자들이 점차 도덕적 사고와 행동에서의 개인적 차이에 관심을 보이고 있는데, 이는 아마도 발달적 변화를 그리는 것에 대한 보다 전통적인 관심을 무색케 할 것이다. 이것은 친사회적 영역에서 가장 분명하게 드러나는데, 거기에서는 실험실의 실험 조작을 포함한 모든 방법론이 친사회적 행동의 성향적 토대를 면밀히 조사하고 있다. 이 연구에 대해 혹자들은 성향 일관성을 집요하게 사람-맥락 상호작용에 위치시키는 가운데 발달과학의 최고 통찰, 혹은 최소한 그에 관한 생태적·상황적 해석에 의해 정보가 제공된다고 말하고 있다.

그러나 또한 도덕적 기능 작용을 자기, 정체성, 그리고 퍼스낼리티 발달을 포함한 보다 큰 발달과정의 맥락에서 이해하고자 하는 욕구는 도덕심리학 연구에서 새롭게 일고 있는 물결임이 분명하다. 사실 우리는 사회적 관점 채택과 자기 이해의 진보가, 그리고 도덕적 자아와 도덕적 정체성의 요인을 유기적으로 관련시키고자 하는 시도가 도덕적 성숙의 방향에서 어떻게 점차 일반화되고 있는지를 검토해 보았다(Blasi, 1995 ; Lapsley & Narvaez, 2004).

끝으로 이 책이 예증하고 있듯이 도덕적 영역은 단계 이론에 의해서 파악될 수 있는 그런 종류의 추론에 대한 관심을 넘어 확장하고 있다. 실제로 도덕추론의 단계발달적 유형과 관련한 연구결과는 우리가 기타 다른 발달문헌들로부터 알게 되는 바의 맥락에서 파악되어야 한다는 것은 이제 분명하다. 말하자면 우리는 동기의 처리과정, 자기 규제, 자서전적 기록의 구성, 자기 발달, 사회 정보처리, 그리고 전문지식의 맥락에서 파악해야 한다. 문화적 연구를 포함한 사회맥락적 변수에 관한 연구는 아동들의 도덕적 형성과 관계되는 새로운 통찰을 제공할 것이다(예를 들면 Killen & Hart, 1995 ; Turiel, 1997). 이 모든 것은 콜버그 이후 시대에서의 연구가 그의 최종 국면에 도달하고 있다는 것과는 전연 다르다는 것을 분명하게 해준다.

참고문헌

Bandura, A.(1991). Social cognitive theory of moral thought and action. In W. M. Kurtines & J. L. Gewirtz(Eds.), *Handbook of moral behavior and development : Vol. 1. Theory*(pp. 45–104). Hillsdale, NJ : Lawrence Erlbaum Associates.

Bandura, A., & McDonald, F. J.(1963). The influence of social reinforcement and the behavior of models in shaping children's moral judgments. *Journal of Abnormal and Social Psychology, 67*, 274–281.

Blasi, A.(1988). Identity and the development of the self. In D. K. Lapsley & F. Clark Power(Eds.), *Self, ego, and identity : Integrative approaches*(pp. 226–242). New York : Springer.

Blasi, A.(1990). How should psychologists define morality? Or, the negative side effects of philosophy's influence on psychology. In T. Wren(Ed.), *The moral domain : Essays on the ongoing discussion between philosophy and the social sciences*(pp. 38–70). Cambridge, MA : MIT Press.

Blasi, A.(1995). Moral understanding and the moral personality : The process of moral integration. In W. M. Kurtines & J. L. Gewirtz(Eds.), *Moral development : An introduction*(pp. 229–253). Boston : Allyn & Bacon.

Broughton, J.(1981). Piaget's structural developmental psychology. I. Piaget and structuralism. *Human Development, 24*, 78–109.

Carlo, G., Eisenberg, N., & Knight, G. P.(1992). An objective measure of adolescents' prosocial moral reasoning. *Journal of Research on Adolescence, 2*, 331–349.

Carlo, G., Eisenberg, N., Troyer, D., Switzer, G., & Speer, A. L.(1991). The altruistic personality : In what contexts is it apparent? *Journal of Personality and Social Psychology, 61*, 450–458.

Carlo, G., Hausmann, A., Christiansen, S., & Randall, B. A.(2003). Sociocognitive and behavioral correlates of a measure of prosocial tendencies for adolescents.

Journal of Early Adolescence, 23, 107–134.

Carlo, G., & Randall, B. A. (2002). The development of a measure of prosocial behaviors for late adolescents. *Journal of Youth and Adolescence, 31*, 31–44.

Carpendale, J., & Krebs, D. (1992). Situational variation in moral judgment : In a stage or on a stage? *Journal of Youth and Adolescence, 21*, 203–224.

Case, R. (1985). *Intellectual development : Birth to adulthood.* Orlando, FL : Academic Press.

Chapman, M. (1988). *Constructive evolution : Origins and development of Piaget's thought.* Cambridge, UK : Cambridge University Press.

Colby, A. (1978). *Logical operational limitations in the development of moral judgment.* Unpublished doctoral dissertation, Columbia University, New York.

Colby, A., & Kohlberg, L. (1987). *The measurement of moral judgment : Vol. 1. Theoretical foundations and research validation*. Cambridge : Cambridge University Press.

Colby, A., Kohlberg, L., Gibbs, J., & Lieberman, M. (1983). A longitudinal study of moral judgment. *Monographs of the Society for Research in Child Development, 48* (1–2, Serial No. 200). Chicago : University of Chicago Press.

Cowan, P., Langer, J., Heavenrich, J., & Nathanson, M. (1969). Social learning and Piaget's cognitive theory of moral development. *Journal of Personality and Social Psychology, 11*, 261–274.

Damon, W. (1973). *Early conceptions of justice as related to the development of operational reasoning*. Unpublished doctoral dissertation, University of California? Berkeley.

Damon, W. (1975). Early conceptions of positive justice as related to the development of logical operations. *Child Development*, 46, 301–312.

Damon, W. (1977). *The social world of the child.* San Francisco ; Jossey–Bass.

Damon, W. (1980). Patterns of change in children's social reasoning : A two–year longitudinal study. *Child Development, 51*, 1010–1017.

Damon, W., & Hart, D. (1982). The development of self–understanding from infancy through adolescence. *Child Development, 51*, 1010–1017.

DeRemer, P. A., & Gruen, G. E. (1979). Children's moral judgments : The relationship between intentionality, social egocentrism and development. *Journal of Genetic Psychology, 134*, 207–217.

deVries, B., & Walker, L. (1986). Moral reasoning and attitudes toward capital punishment. *Development Psychology, 22*, 509–513.

Eisenberg, N. (Ed.). (1982). *The development of prosocial behavior*. New York : Academic Press.

Eisenberg, N.(1986). *Altruistic emotion, cognition and behavior.* Hillsdale, NJ : Lawrence Erlbaum Associates.

Eisenberg, N.(in press). The development of empathy–related responding. In C. Pope–Edwards & G. Carlo(Eds.), *Nebraska symposium on motivation, 2003, Vol. 51.* Lincoln : University of Nebraska Press.

Eisenberg, N., Carlo, G, Murphy, B., & Van Court, P.(1995). Prosocial development in late adolescence : A longitudinal study. *Child Development, 66,* 1179–1197.

Eisenberg, N., Guthrie, I. K., Cumberland, A., Murphy, B. C., Shepard, S. A., Zhou, Q., & Carlo, G.(2002). Prosocial development in early adulthood : A longitudinal study. *Journal of Personality and Social Psychology, 82,* 993–1006.

Eisenberg, N., Guthrie, D. K., Murphy, B. C. Shepard, S. A., Cumberland, A., & Carlo, G.(1999). Consistency and development of prosocial dispositions : A longitudianl study. *Child Development, 70,* 1360–1372.

Eisenberg, N., Lennon, R., & Roth, K.(1983). Prosocial development : A longitudinal study. *Developmental Psychology, 19,* 846–855.

Eisenberg, N., & Miller, P. A.(1987). The relation of empathy to prosocial and related behaviors. *Psychological Bulletin, 101,* 91–119.

Eisenberg, N., Miller, P. A., Shell, R., McNalley, S., & Shea, C.(1991). Prosocial development in adolescence : A longitudinal study. *Developmental Psychology, 27,* 849–857.

Eisenberg, N., & Morris, A. S.(2004). Moral cognitions and prosocial responding in adolescence. In R. Lerner & L. Steinberg(Eds.), *Handbook of adolescent psychology*(2nd ed.).(pp. 155–188). New York : Wiley.

Eisenberg, N., Shell, R., Pasternack, J., Lennon, R., Beller, R., & Mathy, R.(1987). Prosocial development in middle childhood : A longitudinal study. *Development Psychology, 23,* 712–718.

Eisenberg–Berg, N.(1979). Development of children's prosocial moral judgment. *Developmental Psychology, 15,* 128–137.

Eisenberg–Berg, N., & Roth, K.(1980). Development of young children's prosocial moral judgment : A longitudinal follow–up. *Development Psychology, 16,* 375–376.

Enright, R. D., Bjerstedt, A., Enright, W., Levy, V., Lapsley, D., Buss, R. R., Harwell, M., & Zindler, M.(1984). Distributive justice development : Cross–cultural, contextual and longitudinal evaluations. *Child Development, 55,* 1737–1751.

Enright, R. D., Enright, W., & Lapsley, D.(1981). Distributive justice development and social class. *Development Psychology, 17,* 826–832.

Enright, R. D., Franklin, C. C., & Manheim, L. A.(1980). Children's distributive justice reasoning : A standardized and objective scale. *Developmental Psychology, 16*, 193–202.

Erikson, E. (1964). *Insight and responsibility*. New York : Norton.

Erikson, E. (1968). *Identity, youth and crisis*. New York : Norton.

Fowler, J. (1981). *Stages of faith : The psychology of human development and the quest for meaning*. San Francisco : Harper & Row.

Gibbs, J. (1979). Kohlberg's moral stage theory : A Piagetian revision. *Human Development, 22*, 89–112.

Gibbs, J. (2003). *Moral development and reality : Beyond the theories of Kohlberg and Hoffman*. Thousand Oaks, CA : Sage.

Hart, D., & Damon, W. (1986). Developmental trends in self-understanding. *Social Cognition, 4*, 388–407.

Jose, P. E. (1991). Measurement issues in children's immanent justice judgments. *Merrill Palmer Quarterly, 37*, 601–617.

Kegan, R. (1982). *The evolving self.* Cambridge, MA : Cambridge University Press.

Killen, M. (1991). Social and moral development in early childhood. In W. M. Kurtines & J. Gewirtz (Eds.), *Handbook of moral behavior and development. Vol. 2. Research* (pp. 115–138). Hillsdale, NJ : Lawrence Erlbaum Associates.

Killen, M., & Hart, D. (Eds.). (1995). *Morality in everyday life : Developmental perspectives*. Cambridge, UK : Cambridge University Press.

Kitchener, R. (1983). Developmental explanations. *Review of Metaphysics, 36*, 791–818.

Kitchener, R. (1986). *Piaget's theory of knowledge : Genetic epistemology and scientific reasoning*. New Haven, CT : Yale University Press.

Kohlberg, L. (1969). Stage and sequence : The cognitive developmental approach to socialization. In D. Goslin (Ed.), *Handbook of socialization theory and research* (pp. 347–480). New York : Rand McNally & Company.

Kohlberg, L. (1971). From is to ought : How to commit the naturalistic fallacy and get away with it in the study of moral development. In T. Mischel (Ed.), *Cognitive development and epistemology* (pp. 151–284). New York : Academic Press.

Kohlberg, L. (1973a). The claim to moral adequacy of the highest stage of moral development. *Journal of Philosophy, 70*, 630–646.

Kohlberg, L. (1973b). Continuities in childhood and adult moral development research. In P. B. Baltes & K. W. Schaie (Eds.), *Lifespan developmental psychology : Personality and socialization*. New York : Academic Press.

Kohlberg, L. (1984). Moral stages and moralization : The cognitive development approach. In L. Kohlberg (Ed.), *The psychology of moral development : The nature and validity of moral stages*(pp. 170–205). San Francisco : Harper & Row.

Kohlberg, L.(1987). The young child as a philosopher. In L. Kohlberg(Ed.), *Child psychology and childhood education : A cognitive–developmental view*(pp. 13–44). New York : Longman.

Kohlberg, L., Boyd, D., & Levine, C.(1990). The return of Stage 6 : Its principle and moral point of view. In T. Wren (Ed.), *The moral domain : Essays in the ongoing discussion between philosophy and the social sciences*(p. 151–181). Cambridge, MA : MIT Press.

Kohlberg, L., Higgins, A., Tappan, M., & Schrader, D.(1984). From substages to moral types : Heteronomous and autonomous morality. In L. Kohlberg(Ed.), *Essays on moral development*(Vol. II, App. C, pp. 652–683). San Francisco : Harper & Row.

Kohlberg, L., & Kramer, R.(1969). Continuities and discontinuities in childhood and adult moral development. *Human Development, 12,* 93–120.

Kohlberg, L., Levine, C., & Hewer, A.(1983). *Moral stages : A current formulation and a response to critics*. In J. A. Meacham (Ed.), *Contributions to human development* (Vol. 10). Basel : Karger.

Kramer, R.(1968). *Moral development in young adulthood.* Unpublished doctoral dissertation, University of Chicago.

Krebs, D., Denton K. L., Vermeulen, S. C., Carpendale, J., & Bush, A.(1991). Structural flexibility of moral judgment. *Journal of Personality and Social Psychology, 61,* 1012–1023.

Krebs, D., Vermeulen, S. C., Carpendale, J., & Denton, K. L.(1991). Structural and situational influences on moral judgment : An interaction between stage and dilemma. In W. M. Kurtines & J. L. Gewirtz (Eds.), *Handbook of moral behavior and development : Vol. 2. Research*(pp. 139–170). Hillsdale, NJ : Lawrence Erlbaum.

Lapsley, D. K.(1996). *Moral psychology*. Boulder, CO : Westview Press.

Lapsley, D. K., & Lasky, B. M.(2001). Prototypic moral character. *Identity, 1,* 345–464.

Lapsley, D. K., & Narvaes, D.(2004). A social cognitive approach to the moral personality. In D. K. Lapsley & D. Narvaez (Eds.), *Moral development, self and identity : Essays in honor of Augusto Blasi*(pp. 189–212). Mahwah, NJ : Lawrence Erlbaum Associates.

Lapsley, D. K., & Narvaez, D.(2005). Moral psychology at the crossroads. In D. K. Lapsley & F. C. Power(Eds.), *Character psychology and character education.* Notre Dame, IN : University of Notre Damen Press.

Leming, J.(1978). Intrapersonal variations in stage of moral reasoning among adolescents as a function of situational context. *Journal of Youth and Adolescence, 7,* 405–416.

Lickona, T.(1976). Research on Piaget's theory of moral development. In T. Lickona (Ed.), *Moral development and behavior*(pp. 219–240). London : Holt, Rinehart & Winston.

Locke, D.(1986). A psychologist among the philosophers : Philosophical aspects of Kohlberg's theory. In S. Modgil & C. Modgl(Eds.), *Lawrence Kohlberg : Consensus and controversy*(pp. 21–38). Philadelphia : Falmer Press.

Lourenco, O., & Marchado, A.(1996). In defence of Piaget's theory : A reply to 10 common criticisms. *Psychological Review, 103,* 143–164.

Narvaez, D., & Bock, T.(2002). Moral schemas and tacit judgment, or how the Defining Issues Test is supported by cognitive science. *Journal of Moral Educations, 31,* 297–314.

Noam, G.(1985). Stage, phase and style : The developmental dynamics of the self. In M. Berkowitz & F. Oser(Eds.), *Moral education : Theory and application*(pp. 321–346). Hillsdale, NJ : Lawrence Erlbaum Associates.

Noam, G.(1988). The self, adult development, and the theory of biography and transformation. In D. K. Lapsley & F. Clark Power(Eds.), *Self, ego, and identity : Integrative approaches*(pp. 3–29). New York : Springer.

Oser, F.(1985). Stages of religious judgment. In C. G. Harding(Ed.), *Moral dilemmas.* Chicago : Precedent.

Pascual–Leone, J.(1970). A mathematical model for the transition rule in Piaget's Developmental stages. *Acta Psychologica, 32,* 301–345.

Phillips, D. C., & Nicolayev, J.(1978). Kohlbergian moral development : A progressive or degenerating research program? *Educational Theory, 28,* 286–301.

Piaget, J.(1932/1965). *The moral judgment of the child.* New York : The Free Press.

Piaget, J.(1970). *Genetic epistemology.* New York : Norton.

Power, F. C., Higgins, A., & Kohlberg, L.(1989). *Lawrence Kohlberg's approach to moral education.* New York : Columbia University Press.

Reed, D. R. C.(1997). *Following Kohlberg : Liberalism and the practice of democratic community.* Notre Dame, IN : University of Notre Dame Press.

Rest, J. R.(1973). The hierarchical nature of moral judgment : A study of patterns of comprehension and preference of moral stages. *Journal of Personality, 41,* 86–109.

Rest, J. R.(1979). *Development in judging moral issues.* Minneapolis : University of Minnesota Press.

Rest, J. R.(1983). Morality. In J. H. Flavell & E. Markman(Eds.), *Handbook of child psychology*(4th ed.). *Vol. 3. Cognitive development*. New York : Wiley.

Rest, J. R.(1986). Moral research methodology. In S. Modgil & C. Modgil(Eds.), *Lawrence Kohlberg : Consensus and controversy*(pp. 455–470). Philadelphia : Falmer Press.

Rest, J. R., Cooper, D., Coder, R., Masanz, J., & Anderson, D.(1974). Judging the important issues in moral dilemmas?an objective test of development. *Developmental Psychology, 10*, 491–501.

Rest, J. R., Davison, M., & Robbins, S.(1978). Age trends in judging moral issues : A review of cross–sectional, longitudinal and sequential studies of the Defining Issues Test. *Child Development, 49*, 263–279.

Rest, J. R., Narvaez, D., Bebeau, M. J., & Thoma, S. J.(1999). *Postconventional moral thinking : A neo–Kohlbergian approach*. Mahwah, NJ : Lawrence Erlbaum Associates.

Rogers, G.(2002). Rethinking moral growth in college and beyond. *Journal of Moral Education, 31*, 325–338.

Selman, R.(1980). *The growth of interpersonal understanding : Developmental and clinical analysis*. New York : Academic Press.

Smetana, J.(1981). Pre–school children's conceptions of moral and social rules. *Child Development, 52*, 1333–1336.

Smetana, J.(1983). Social–cognitive development : Domain distinctions and coordinations. *Developmental Review, 3*, 131–147.

Turiel, E.(1966). An experimental test of the sequentiality of developmental stages in the child's moral judgments. *Journal of Personality and Social Psychology, 41*, 235–245.

Turiel, E.(1974). Conflict and transition in adolescent moral development. *Child Development, 45*, 14–29.

Turiel, E.(1983). Domains and categories in social cognitive development. In W. Overton(Ed.), *The relationship between social and cognitive development*(pp. 53–89). Hillsdale, NJ : Lawrence Erlbaum Associates.

Turiel, E.(1997). The development of morality. In W. Damon(Ed.) & N. Eisenberg(Vol. Ed.), *Social, emotional and personality development : Vol. 3. Handbook of child psychology*(5th ed., pp. 863–932). New York : Wiley.

Walker, L., Gustafson, P, & Hennig, K. H.(2001). The consolidation/transition model in moral reasoning development. *Developmental Psychology, 37*, 187–197.

Walker, L., & Richards, B. S.(1976). The effects of narrative model on children's moral judgments. *Canadian Journal of Behavioural Science, 8*, 169–177.

Walker, L., & Richards, B. S.(1979). Stimulating transitions in moral reasoning as a function of stage moral development. *Developmental Psychology, 15*, 95–103.

Walker, L., & Taylor, J. H.(1991). Stage transitions in moral reasoning : A longitudinal study of developmental processes. *Annals of Child Development, 5*, 33–78.

Werner, H.(1957). The concept of development from a comparative and organismic point of view. In D. B. Harris(Ed.), *The concept of development*(pp. 125–148). Minneapolis : University of Minnesota Press.

Weston, D. R., & Turiel, E.(1980). Act–rule relations : Children's concept of social rules. *Developmental Psychology, 16*, 417–424.

제3장

도덕판단력 검사에 관한 연구

토마_Stephen J. Thoma(앨라배마 대학교_University of Alabama)

도덕판단력 검사를 사용하는 연구

이 장은 도덕판단 발달에 관한 콜버그 특유의 반구조화된 면담 측정에 대한 하나의 지필 대안으로서 레스트(James Rest)에 의해 1970년대 초기에 개발된 도덕판단력 검사(DIT)에 관한 최근의 연구를 검토한다(Rest, 1979). 콜버그의 6단계 도덕추론 이론에 강하게 영향을 받아(Lapsley, 이 책 제2장 참조) 레스트는 청소년들과 성인들이 어떻게 도덕적 이슈를 이해하고 해석하는지에 관한 하나의 사정(査定)으로서 DIT를 개발했다. 콜버그와 같이 레스트는 도덕판단 발달을 도덕적 이슈에 관한 협소한 자기 중심적 해석으로부터—도덕적 결정과 관련해 보다 넓은 사회세계 및 연합된 집단에 토대를 둔 주장에 관한 이해를 통해 인습 이후 도덕원리에의 의존으로 나아가는—발달 진행의 순서를 따르는 하나의 사회적·인지적 구성으로 간주했다. 또한 레스트는 도덕판단의 인지적 특징을 도덕적 행위와 정서에 관한 이해에서 중심적인 것으로 간주했다. 그러므로 그의 개념에서 DIT는 콜버그의 발달계열을 사정하며 청소년과 성인집단에서의 도덕판단 이론의 발달에 공헌하고자 설계되었다.

하나의 측정과정으로서 DIT는 또한 콜버그의 면담방법에 상당히 영향을 받았다. 콜버그의 도덕판단 면담과 유사하게 DIT 사정과정은 참여자들에게 도덕적 딜레마를 강조하는 이야기들—그 가운데 많은 것은 원래 콜버그와 그의 연구생들에 의해 사용되었다(예컨대 하인즈와 약 이야기)—을 제시함으로써 시작했다. 더 나아가 DIT에서 사용되었던 문항의 상당수는 콜버그 면담자료에서 발견되는 주제를 추출한 것이었다. 그러나 참여자가 반드시 반응해야만 하는 콜버그 면담과정과 달리 DIT 과업은 대부분 콜버그의 6단계를 반영하는 12가지의 짧은 이야기 진술에 대하여 등급을 정하고 나서 순위를 매기는 것이다(Rest, 1979). 특히 DIT를 받아들여 참여하는 사람은 그 이야기를 읽고 나서 그 주인공이 해야만 하는 바를 3가지 평정척도에 따라 결정한다(예를 들면 하인즈 딜레마에서 선택은 약을 훔친다, 훔치지 않는다, 그리고 모르겠다가 있다). 행위 선택에 이어서 12가지 문항이 제시되며, 5가지 평정척도(매우 중요한부터 전혀 중요하지 않은까지)에 따라 등급이 매겨진다. 이들 등급 결정에 뒤이어 참여자들은 주인공이 그 딜레마를 어떻게 해결해야만 하는가에 관하여 그들의 생각을 가장 잘 반영하는 네 가지 문항에 순위를 매기는 순위 매기기 과업을 수행한다. 이런 식으로 하나의 확인 과업으로서 DIT는 단지 참여자들에게 도덕적 딜레마에 관한 그들의 이해를 가장 잘 반영하는 이슈 진술을 확인하고 선택할 것을 요구한다.

참여자들에 의해 가장 중요한 것으로 순위가 매겨진 네 가지 문항에 관한 도덕판단 발달의 지표에 초점을 맞춤으로써 레스트와 그의 동료들은 DIT가 콜버그의 모델(예컨대 콜버그, 1969)에 근거를 둔 이론적 예상과 아주 일치하는 결과를 산출했다는 것을 입증할 수 있었다. 이하의 고찰에서 자세히 언급되었듯이 DIT를 사용한 연구는 도덕판단이 고등학교와 대학교를 거치면서 급속하게 발달했다는 콜버그의 주장을 지지했으며, DIT는 도덕판단 발달에서 분명히 서로 달라야 하는 이미 잘 알려진 집단을 서로 구분할 수 있었다. 그런 반면에 DIT는 또한 그 측정이 교육적 개입, 도덕적 행위와 선택, 그리고 다른 정당화 준거에 따라 민감하다는 것을 입증했다. 따라서 레스트는 우리가 참여자들과의 구술계획에 따라 면담을 하고, 해석하고, 혹은 점수를 주지 않더라도 도덕판단 발달을 측정할 수 있었다.

콜버그 모델과의 밀접한 연계를 가정하여 DIT는 흔히 면담방법에 대한 단순한 방법론적 대안으로 간주되었다. 그러나 시간이 지나면서 DIT 연구 프로그램은 그 분야에서 하나의 독특한 지류로 발달했다(Rest, Narvaez, Bebeau & Thoma, 1999). 1990년대 중반부터 후반 이래에 그 이론과 측정과정에 대한 변화는 가속화되어 왔다. 현재 DIT 연구자들은 확장된 일군의 지표, 보다 정교한 확인전략, 그리고 점차 도식(schema) 이론의 측면과 같은 선상에 놓이게 되는 기초 이론으로서 그들의 뜻에 따라 DIT의 새로운 버전(DIT-2)을 갖게 되었다(Rest, Narvaez, Thoma & Bebeau). 이들 변화의 정도를 감안하여 이 장은 무엇이 DIT 측정과정과 그 기초가 되는 이론을 도덕심리학 분야에서 다른 지류와 다르게 만드는지에 관하여, 그리고 이론에서 관련된 변화에 따른 DIT에 대한 최근의 조정을 언급하는 데 초점을 둔다.

최근의 이론적 고찰 – 신콜버그 모델

DIT 연구와 이론 구축의 특징은 측정 이슈와 DIT의 기초가 되는 이론 사이가 매우 밀접하게 연관되어 있다는 것이다. 연구가 시작된 이래로 DIT 연구자들은 그 측정에 대한 변경을 삼가는 대신에 점차 늘어나는 경험적 자료의 집적에 의해 유도된 이론을 변경하는 것을 선택했다. 이와는 대조적으로 콜버그와 그의 동료들과 같은 다른 사람들은 측정과정을 이론의 직접적 확장으로 간주했다. 따라서 콜버그가 노력을 기울였던 일차적인 초점은 이론을 지지하는 자료를 산출하는 데 유용한 측면에서 측정과정을 변경하는 것이었다(예컨대 Colby & Kohlberg, 1987). 경험적 증거에도 불구하고 완강히 버티는 이론을 변경시키고자 하는 DIT 연구자들의 의지는 점차 DIT에 의해 사정된 도덕판단 구성의 진화로 매우 빠르게 나아갔다. 이 장에서 중점적으로 다루어진 이론과 측정에서의 최근 추이들은 이들 변화의 정도를 잘 나타내 주고 있다.

근래 DIT 연구자들은 그들의 최근 이론을 콜버그에 의해 제안되었던 원래의 이론으로부터 중대한 변화를 의미하는 신콜버그 이론으로 기술하고 있다(Rest, Narvaez, Bebeau & Thoma, 1999 ; Rest, Narvaez, Thoma & Bebeau, 2000도 볼 것). 이 과제의 중심적인 특징은 장본인들이 그의 이론적 근거를 밝히고자 할 뿐만 아니라, DIT를 지지하는 이론을 그 분야에서의 최근의 이슈와 논쟁거리 내에 위치시키고자 시도한다는 것이다. 이 과제의 세부사항들은 다소 광범위하며 접근이 가능하므로 여기에서는 그것을 간략히 요약만 한다.

콜버그 모델과의 유사점

그 핵심에 있어서 신콜버그 모델은 도덕성을 이해하는 최상의 방법이 그의 인지적 구성요소에 초점을 두는 것이라고 가정한다. 분명히 이 선택은 정서(예컨대 Haidt, 2001), 인체생물학(Krebs, 2001), 친사회적 행동(Eisenberg & Fabes, 1998)과 같은 그러한 도덕적 기능작용으로 들어가는 입구를 차단하지 않는다. 그러나 현상에 대한 모든 탐구에서와 같이 우리는 오로지 그 결과가 보다 넓은 분야에 대해 유익하며 중요한 공헌을 한다는 희망에서 우선권을 정하고 또한 타협해야만 한다. 신콜버그파 학자들에게 있어서 인지에 초점을 두는 선택은 여전히 도덕적 기능작용의 연구로 진입하는 그럴 듯한 입구로 보인다.

특히 신콜버그파 학자들은 콜버그와 마찬가지로 성장을 발달의 견지에서 이해한다. 즉 새로운 도덕적 사고의 형식은 시간이 지나면서 발달하며, 이들 새로운 발달은 보다 오래된 개념을 넘어서는 개선이다. 이들의 새로운 개념은 보다 정당화 가능한 적용으로 이끄는 철학적 의미에서, 그리고 그 결과로 발생하는 인지구조의 복잡성의 견지에서 더 낫다.

콜버그와 마찬가지로 신콜버그파 학자들은 개인이 사회세계에 관한 그 자신의 관점을 구성하며, 그러한 과정 속에서 협력과 그것을 지지하는 사회적 구조를 이해하게 된다는 관점을 수용한다. 신콜버그파 학자들은 개인의 발달에서 문화의 역할을 무시하지 않는다. 그러나 측정 세트는 확고하게 개인에 의해서 형성된 협동의 개념을 사용한다. 이런 관점에서 보면 문화는 발달과정에서 하나의 중재자로서 공헌한다. 어떤 경우에 문화는 협동의 몇 가지 이해의 측면에 관한 구성을 강화할 것이다(예를 들면 생각의 자유로운 표현에 강조를 두는 문화권에서 거주하는 개인에게). 이와는 대조적으로 다른 문화들은 잠재적으로 도덕판단 발달을 방해할지도 모른다(예를 들면 문화가 종교적 측면에서 사회적 인습을 규정할 때 개인이 비판적으로 사회구조를 평가하며, 그리고 도덕성에 관한 인습 이후 이해로 진보하는 것을 더욱 어렵게 만든다).

끝으로 콜버그 관점과 일관되게 신콜버그파 학자들은 협동에 관한 인습적 관점으로부터 인습 이후 관점으로의 변화에 초점을 맞추며, 그것을 청소년과 성인 발달의 중심적인 특징으로 기술한다. 분명히 전 생애에 걸쳐 도덕판단 발달에 대한 기초가 되는 여러 요소들이 청소년기 이전에 존재한다(예컨대 Kegan & Lamb, 1987). 그러나 신콜버그파 학자들은 청소년들이 어떻게 사회적 인습을 이해하게 되고 결국에는 사회세계의 보다 복잡하고 미묘한 토대를 인정하고 또한 논쟁하게 되는가를 이해하는 데에 커다란 의의가 있다고 주장한다.

콜버그 모델과의 차이점

신콜버그 관점과 콜버그 이론 사이에는 또한 중요한 차이가 존재한다. 신콜버그파 학자들의 관점에서 재차 단언된 것은 개인이 한꺼번에 어떤 단계로부터 그 다음 단계로 한 단계 움직이는 발달에 관한 경성단계 모델에 대한 거부이다. 그 대신에 그 모델은 발달을 사회적 협동의 보다 낮은 개념으로부터 보다 복잡한 개념으로의 점진적인 변화로 규정한다. 더 나아가 신콜버그 모델은 언제 어느 때든 개인에게 유용한 다양한 개념이 존재한다는 것을 가정한다. 따라서 바람직한 측정전략은 어떤 개념이 유용한가 뿐만 아니라 가장 선호된 체계를 사정해야만 한다.

둘째, 신콜버그 접근은 콜버그 체계로부터 나온 자료수집 전략과의 차이를 재차 강조하고 있다. 서두에서 언급한 바와 같이 콜버그의 측정법은 참여자들에게 도덕적 딜레마에 관하여 추론하며 그들의 선택을 설명하도록 요구하는 반면에 DIT는 참여자들에게 일군의 문항에 등급을 정하고 순위를 매기도록 요구한다. 전통적으로 이러한 측정체계의 선택은 실제적인 조건에서 판단된다—그것은 광범위한 면담을 수행하는 것보다 지필(paper-and-pencil)자료를 수합하는 것이 더 쉽다. 그러나 신콜버그파 학자들은 인지적 처리로 들어가는 하나의 관문으로서 면담자료에 관한 관심이 점차 높아가고 있다는 점에 주목했으며, 특히 처리의 수준에 관한 하나의 정확한 사정으로서 이러한 방법의 사용을 실제적 생활 맥락 안에서 활용했다(예를 들면 Narvaez & Bock, 2002). 인지과학 관점으로부터 비롯된 자료가 점차 누적되면서 신콜버그파 학자들은 자기 자신의 인지과정에 관한 자기 보고적 설명이 심각한 한계를 지닌다는 것을 지적하고 있다(예컨대 Narvaez & Bock, 2002 ; Nisbett & Wilson, 1977). 더 나아가 그들은 도덕적 상황에 관한 내재적 이해를 사정하는 것이 실시간의 인지적 기능작용에 관한 더 정확한 표명을 이끌어낸다는 것에 주목한다. 그처럼 도덕적 이슈에 대한 암묵적 이해를 강조하는 DIT는 면담에 토대를 둔 체계에 비해 실제적으로 이점을 지니고 있을 것이다. 이러한 논증은 진행 중인 사안이지만 그 기본적인 생각은 DIT 이야기와 문항이 도덕적 도식을 활성화시키는 효과적인 방법이라는 것이다. 한 개인이 도덕적 딜레마(그리고 DIT 문장 단편)를 읽을 때 도덕적 도식은 활성화된다. 활성화된 실제의 도식은 물론 어떤 사람이 그것을 발달시켰던 정도에 따라 제한된다. 어떤 문항의 등급이 분류되고 순위가 높게 매겨지면 우리는 평가자가 그 문항을 이해하며, 그리고 그것은 선호된 도식을 나타낸다는 것을 가정한다. 이와는 대조적으로 개인이 어떤 문항을 낮은 등급으로 평가하고 그것에 순위를 매기지 않을 때 그 가정은 그 문항이 의미가 없거나 아니면 극단적으로 단순하고 또한 확신이 없다는 것이다. 즉 그것은 그 개인이 선호한 도식을 활성화시키지 못한다. 문장 단편은 특히 하의상달식 처리(bottom-up processing, 도식을 활성화시키는 충분한 일련의 논증을 진술하기)와 상의하달식 처리(top-down processing, 논증을 미완성으로 남겨놓음으로써 참여자가 이미 장기 저장고에 있는 도식으로부터 그 의미를 보충해야만 한다)를 조화시키기 때문에 선호된 도식을 불러일으키는 데 효과적이다.

최근에 나베츠(Narvaez)와 복(Bock, 2002)은 DIT가 도덕적 도식을 이끌어내는 데 효과적으로 작용할 뿐만 아니라, 그것은 또한 일상의 도덕적 사고와 가장 밀접하게 연결되어 있는 처리 수준을 나타낸다고 주장하고 있다. 즉 우리는 직접적인 혹은 의식적인 반성의 증거가 거의 없이 판단을 하는 경향이 있다. DIT는 아마도 추측컨대 도덕적 이슈에 관한 암묵적 이해를 측정하기에 매우 유용할 것이다. 왜냐하면 그것은 언어적 요구와 의식적 반성에의 괴로운 의존으로부터 자유롭기 때문이다. 나베츠와 그녀의 동료들은 현재 이러한 주장을 검사하기 위한 연구 프로그램에 참여하고 있다. 최소한 이들 연구자들은 면담자료가 다른 측정 체계에 비해 반드시 이점을 지니지는 않는다는 것을 제시하며, 그리고 어떠한 형식의 사정을 사용할 것인가에 관한 결정은 하나의 경험적 문제라는 것을 주장한다.

신콜버그 관점의 공식 속에는 단계 모델과 측정체계에서의 차이와 더불어 콜버그의 체계와 다른 많은 부차적 특성들이 잘 다듬어져 있다. 하나의 중요한 출발은 인습 이후 추론에 관한 정의이다. 콜버그 관점에서 보면 인습 이후 추론은 자유주의 계몽(Liberal Enlightenment)에 관한 의무론적 이론과 연관된 철학자들, 특히 롤스(John Rawls)의 연구에 의해 가장 잘 규정된다. 콜버그가 자신의 이론을 1960년대에 정초시키고자 하였을 때, 롤스의 연구는 인습 이후 추론이 논리적으로 인습추론에 비해 진보한 것이라는 관점을 방어하는 데 매우 그럴 듯한 출발점이었다. 그러나 응용철학과 이론철학에서 많은 변화가 있게 되자 의무론적 이론과 관점이 명백한 우월을 차지하는 것에 대해 의문이 들게 되었다(Beauchamp & Childress, 1994, 2002 참조). 따라서 인습 이후 추론에 대한 철학적 토대는 더 이상 콜버그가 그것을 규정했던 만큼 그렇게 확고하지 않게 되었다.

"큰 텐트 방식"(big tent) 접근을 활용한다는 점에서 인습 이후 추론에 관한 신콜버그 이론의 설명은 더 이상 특정한 철학적 이론 혹은 관점과 연결되지 않는다. 그 모델이 도덕적 상대주의로 빠져들고 있다는 주장을 경계하고자 인습 이후 체계로서 평가받을 수 있는 일련의 준거가 개발되었다. 요약하면 이들 준거는 (a) 법과 규범의 공식화와 이해에서 도덕적 준거의 중심적인 역할, (b) 이상—즉 체계—에 대한 호소는 공동체가 어떻게 질서가 잡혀져야만 하는가에 관한 어느 정도 완성된 관점을 전해야만 한다는 것을 포함한다. 또한 (c) 인습 이후 체계는 도덕적 이상이 비판에 열려 있고, 또한 그에 복종하며, 그럼으로써 보다 큰 공동체와 공유가 가능하다는 분명한 의미를 제시해야만 한다. 마지막으로 (d) 그 체계는 완전히 상호적이다. 즉 그 체계는 공동체를 하나의 전체로서 다루도록 개발되며, 그러므로 균등하게 적용된다.

많은 전통적인 철학적 접근들이 이들 준거에 적합하다. 따라서 분파적 입장을 취하면서 심리학 모델을 어떤 특정한 철학적 전통과 연결시킬 필요가 없다. 그러나 신콜버그파 학자들은 모든 철학적 전통들이 이들 준거와 일치하는 것은 아니라는 확신을 가지고 있다. 인간의 협동을 약자를 통제하는 강자의 책략으로 보고 이를 거부하는 자들(예를 들면 Nietzsche 1968/1986), 도덕성을 단순히 개인적으로 좋은 것과 싫어하는 것을 전하는 언어로서 이해하는 자들(예를 들면 Stevenson, 1937), 도덕체계가 논쟁이나 면밀한 조사에 열려 있지 않는 종교적 교의에 토대를 두고 있는 자들은 자격이 있는 일련의 접근에서 제외된다(Rest, Narvaez, Bebeau & Thoma, 1999 참조. 도덕 이론에 관한 상대적 적절성에 대한 논의는 Beauchamp & Childress, 1994도 볼 것).

둘째, 신콜버그 모델은 도덕단계가 보편적이라는 주장의 콜버그 체계로부터 이탈한다. 콜버그는 보편성 문제와 관련하여 매우 강력한 관점을 가졌는데, 그는 모든 문화에서 정상적인 기능을 발휘하는 개인은 비록 속도에서 서로 다르고 서로 다른 수준에서 머문다 하더라도 똑같은 발달계열을 통해 움직인다고 주장하였다(Kohlberg, 1984). 레스트(Rest)는 보편성 주장이 콜버그에 있어서 특히 중요한데, 그 까닭은 그것이 도덕적 상대주의—콜버그는 이를 단순히 존재한다는 이유만으로 정당화되는 비도덕적 체계와 관습으로 향하는 하나의 위험한 비탈길로서 바라보았다—의 주장에 대한 가장 강력한 완충기를 제공하기 때문이라는 것이다(Rest, 1999 ; Reed, 1997도 볼 것).

최근의 직업윤리 교육 영역의 연구에서 보면(예컨대 Bebeau, 2002) 신콜버그 모델은 관습법의 개념과 다소 유사한 공유 도덕성(common morality) 관점을 채택하고 있다. 관습법은 유사한 목적에 공헌하는, 그리고 많은 특질을 공유하는 문화와 종교를 관통하여 인정될 수 있다. 그러나 특정한 경우와 특유한 사례 때문에 관습법은 강조점과 선례에서 문화와 맥락에 엇갈리는 주목할 만한 차이를 발달시킨다.

신콜버그 관점은 공유 도덕성이 각기 다른 문화와 환경 속에서도 비슷한 방식에서 발달할 것이라는 것이다. 한편으로, 범문화적 유사점은 모든 사회집단에 공통적인 몇 가지 기본적인 협동 압력이 존재한다는 기대뿐만 아니라 상황과 역사의 중복을 가정하면 분명해질 것이다. 거꾸로 차이점들 또한 비슷한 이유, 곧 특정한 이슈를 강조하는 데에 공헌하는 서로 다른 역사와 서로 다른 환경으로 인하여 나타날 것이다(예를 들면 미국은 교회와 국가의 분리에 관한 입장이다). 또 다른 방식에서 보면 신콜버그파 학자들에 의해 채택된 공유 도덕성에 관한 개념은 도덕성을 사회, 그의 역사, 그리고 사회적 이슈의 논의를 증진시키는 그의 공식화된 구조로서 이해하는 것이다. 더 나아가 공유 도덕성의 진화는 논쟁과 협상에 의해 추동되며, 그리고 오로지 보다 큰 공동체로부터 일반적 지지를 축적함으로써만 영속성을 성취한다. 이 마지막 요점은 그것이 항상 도덕판단 연구자들에게 관심의 대상인 도덕적 상대주의의 개념을 다루고자 시도한다는 점에서 중요하다. 결국 공유 도덕성의 개념은 단순히 상대주의에 대한 피난처가 아니다. 왜냐하면 상대주의가 묘사하는 도덕 체계는 공동체 전체를 생각하고 일반적으로 적용 가능한 심사숙고의 과정에서 발달하기 때문이다. 연구자들에게 있어서 이 관점에 관한 주요한 함축은 보편성 문제가 이제 문화를 관통하는 도덕적 개념에서 중복이 존재하는지 어떤지, 그리고 어느 정도 존재하는지를 묻는 경험적 문제라는 것이다. 그것은 아무 것도 존재하지 않는다는 가정에서 시작하지 않는다.

끝으로 신콜버그파 학자들은 도덕판단 발달에 관한 도식 관점(schema view)을 채택한다. 전문용어에서의 변화는 콜버그의 단계 정의에서 중심적이었던 도덕단계에 관한 명확한 특징으로서 인지적 조작의 포기를 뜻하는 것이다. 신콜버그파의 모델에서 도식은 특정한 인생 사건을 둘러싸고 조직되며, 개인이 이전의 경험에 토대를 둔 새로운 정보를 이해하도록 도와주는 지식의 그물망을 나타낸다(Rest, Narvaez, Bebeau & Thoma, 1999). 그러므로 도식은 콜버그의 단계보다 대단히 맥락적이고, 흔히 자동적이며, 그리고 덜 반성적이다. 도식이 개인에 의해서 명시적으로 이해되지 않을 수 있으며 암묵적 수준에서 작동할 수 있다는 입장은 이러한 관점 및 인지심리학에서의 오늘날의 사고와도 일치한다(예컨대 Rummelhart, 1980). 언급된 바와 같이 DIT는 특히 도식 수준에서 도덕적 도식을 사정하는 데 매우 적절할 수 있다.

DIT를 신콜버그파의 도덕적 기능작용 모델에 위치시키기

이론에 대한 주의는 DIT에 의해 공급된 정보가 어떻게 해석되는가에 관하여 직접적인 효과를 가져왔다. 이러한 재평가는 4구성요소 모델(Four Component Model)의 발달기간인 1980년대에 일어났는데, 그 모델은 원래 주요 도덕발달 분야를 조직하는 하나의 수단으로 창안되었다

(Rest, 1983). 그러나 4구성요소 모델은 여전히 DIT에 의해 측정된 복합 심상을 이해하며 설명하는 하나의 수단으로 사용되고 있다.

4구성요소 모델. 4구성요소 모델은 도덕적 기능작용이 최소한 네 가지 구성요소 과정, 곧 도덕적 민감성, 도덕적 판단, 도덕적 동기, 그리고 함께 서로 작용하여 작동하는 도덕적 인격의 결과라는 점을 제안한다. 그 모델에 의해 규정된 바와 같이 이들 각각의 구성요소는 도덕적 기능작용에 나름의 독특한 공헌을 하고 똑같은 목적에 이바지하는 일군의 과정을 규정하는 것으로서 가장 잘 이해된다. 이 모델의 중요한 하나의 함축은 신콜버그의 관점을 포함하여 콜버그 전통에서의 도덕판단 발달이 4구성요소 모델 가운데 구성요소 II(도덕적 판단) 안에 포괄된다는 것이다. 더욱이 도덕판단 발달은 우리가 무엇을 해야만 하는가에 관한 판단으로 이끄는 일군의 과정 가운데 단지 하나로서만 간주된다(즉 구성요소 II 도덕적 판단의 산물). 결국 DIT가 측정한 바를 명료화하는 것과 관련한 4구성요소 모델의 일차적인 효과는 그 구성을 두 번째 구성요소 내에 분명하게 위치시키는 것이었다.

4구성요소 모델은 도덕적 기능작용과 관련된 심리적 공간 내에 도덕판단 발달의 범위를 설정하는 데 있어서 그 역할이 다소 덜 분명하다. 따라서 4구성요소 모델의 발달에 가담하여 DIT가 도덕적 사고의 충분한 척도라고 주장하기는 매우 어렵다. DIT 측정결과에 대한 관점의 이러한 변화는 중요한 것으로서, 그것은 DIT가 사용된 방식에 대하여 직접적인 영향을 미쳤다. 예컨대 1980년대의 도덕판단과 행위 연구를 고려해 보자(예컨대 Rest, 1986). 4구성요소 모델 이전의 경우, 도덕적 판단과 행위 사이의 연결에 관심을 가졌던 DIT 연구자들은 그 일차적인 목적을 도덕적 행위에 관한 DIT 점수의 직접적 효능을 평가할 수 있는 연구를 설계하는 데 두었다. 4구성요소 모델이 알려진 이후 연구자들의 관심은 다측정법(multimeasure approach)을 채택한 연구로 변화했는데, 그 접근은 연구 설계 안에 다른 구성요소의 공헌에 대해서도 주의를 기울이는 것이다(Rest, 1986).

규약, 중개 개념, 그리고 기본 도식. 보다 최근에 4구성요소 모델 관점은 DIT에 의해 측정된 구성 개념의 재해석을 촉구했다. 이는 직업전문학교에서 일하는 DIT 연구자들에 의해 부분적으로 추동되었던 것으로, 구성요소 II가 세 가지 수준의 구성요소 II 기능작용—규약, 중개 개념, 그리고 기본 도식—의 제안으로 인해 더욱 더 정교화된 것이다(Bebeau, 1994, 2002 ; Rest & Narvaez, 1994). 그림 3.1이 나타내는 바와 같이 이들 세 가지 수준은 구성요소 II 기능작용의 가장 특수한 형식을 나타내는 규약과 가장 넓은 토대에 바탕을 둔 기본 도식이 전문성의 정도에서 서로 다르다. 비록 DIT 점수가 세 가지 수준 모두에서 척도와 관련이 있다는 것을 지적하지만 연구결과는 또한 개선의 여지—특히 직접적으로 그 개념을 목표로 정하는 척도 가운데—가 있다는 것을 지적하고 있다(Bebeau, 2002 ; Bebeau & Thoma, 1999). 따라서 세 수준—특히 중개 수준—의 측정을 명료화하는 데 관심이 증폭되어 왔다(Bebeau, 2002). 그와 동시에 DIT 점수는 단지 가장 일반적인 기능작용의 기본 수준을 사정하는 것으로 점차 간주되고 있다(예를 들면 Rest, Narvaez, Bebeau & Thoma, 1999).

좀 더 구체적으로 보면 규약은 상당히 규범적이며 보다 덜 포괄적인 해석을 요구한다. 예를 들면 자기 자신이 어떤 하나의 규약과 관련된 특별한 상황에 처해 있다는 것을 아는 사람은 그 요구된 행위가 규약에

그림 3.1_ 4구성요소 모델

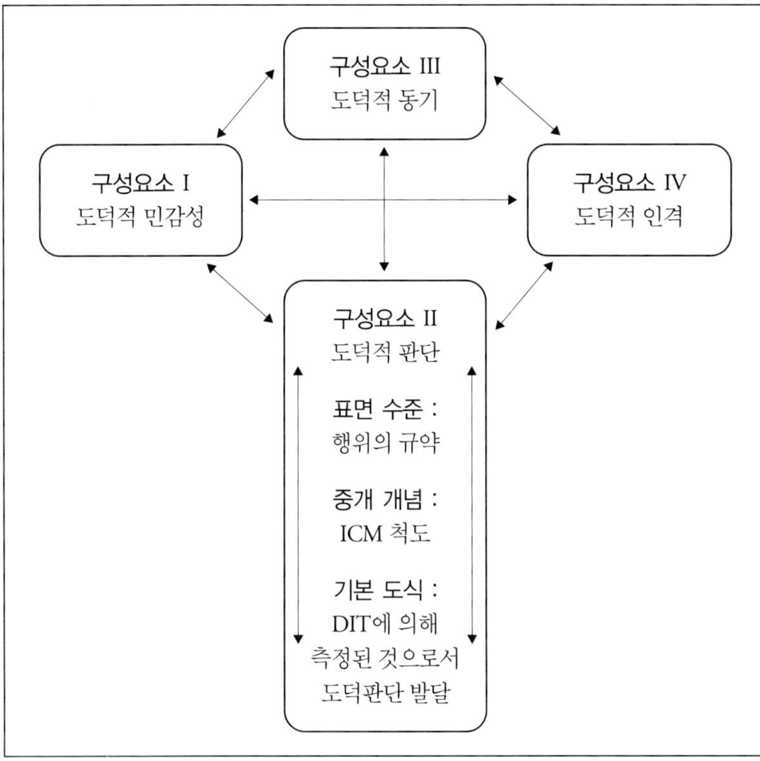

서 명료하기 때문에(예를 들면 x가 발생하면 당신은 y를 해야만 한다) 행위를 구성하는 데 있어 거의 망설임의 여지가 없다. 따라서 이러한 구성요소 II 추론의 형식에서 가장 어려운 측면은 그 상황을 규약의 범위에 드는 것으로 인정하는 것이다. 일단 인정되면 구성요소 II 결과로 이끄는 처리 요구는 상대적으로 단순하게 보인다.

두 번째 수준—중개 개념—은 흔히 특정한 환경이나 혹은 직업과 연관되는 윤리적 개념을 나타낸다. 이들 개념은 추상적이며, 실행과 평가를 위해 이해와 자기 구성적인 수단을 필요로 한다. 그래서 예를 들면 고지에 입각한 동의의 개념, 자선, 그리고 직업적 권위 등은 여러 가지 건강과 사회과학 직업윤리 교육 프로그램에서 흔히 등장하는 주제이다. 이들 주제는 흔히 특정한 맥락 내에서 묘사되며, 해석과 해결에 있어서 여러 가지 선례를 참고한다. 이들 개념의 상당수는 일상의 도덕성을 나타내며, 흔히 그 성격상 대인관계와 관련이 있다(Bebeau & Thoma, 1999도 볼 것).

끝으로 기본 도식은 도덕적 상황을 해석하는 데 있어서 가장 일반적이며, 탈맥락적인 체계로서 DIT에 의해 측정된 구성 개념이다. 이들 도식에 관한 최근의 해석은 그것이 하나의 기본 체계(default system)로 사용되며, 그리고 다른, 보다 자동적이고 맥락 특수적인, 해석 체계들이 미완성의 혹은 일치하지 않는 정보를 제공할 때 존재한다는 것을 암시한다. DIT에 의해 측정된 구성 개념을 기본적인 것으로 규정하고 또한 몇몇 보충 기능을 제공하는 것이 DIT 점수들과 외적 준거 사이의 실제적인 관계가 극미하다는 것을 의미하지는 않는다. 이 점에 주목하는 것은 중요하다. 이들 기본 도식이 중개 개념에 관한 추론의 발달에 미치는 가설적인 영향을 가정해 본다면 DIT 점수들은 다양한 직접적 · 간접적 원천을 모두 나타낸다. 즉 DIT 점수들은 직접적으로는 기본 도식을, 그리고 간접적으로는 추가적인 보다 높은 수준에 있는 체계에 대한 기본 도식의 영향을 사정한다.

미시 도덕성 대 거시 도덕성. DIT에 의해 측정된 구성 개념에 관한 하나의 마지막 재해석은 언급할 만하다. 일상 도덕성 혹은 미시 도덕성과 전사회적인 도덕성 혹은 거시 도덕성 사이에는 많은 구별이 있어왔다(예를 들면 Rest, Narvaez, Bebeau & Thoma, 1999 ; Thoma, 2002). DIT 연구자들은 4 구성요소 모델의 구성요소 II 내에 기본 도식의 척도로서 DIT가 거시 도덕성을 사정한다는 것을 확신해 오고 있다. 그와 같이 이들 기본, 거시 도덕적 과정은 개인이 법과 정부의 구조, 그리고 다른 사회제도 내에서 정의와 공정의 견지에서 사회적 협동을 어떻게 이해하는가에 관한 토대를 형성한다. 분명히 미시 도덕성과 거시 도덕성을 구분하는 것은 완전하지 않으며, 우리가 도덕성을 사회적 구조의 측면에서 이해하는 방식은 몇 가지 측면에서 일상 도덕성과도 관련이 있다. 그러나 그 모델에 의해서 제기된 주장은 일상 도덕성이 거시 도덕성보다 훨씬 더 맥락적이며, 그리고 다양한 원천(예를 들면 4구성요소 모델에 있는 다른 구성요소에 의해 규정된 바와 같은)—그 중의 단지 하나는 DIT에 의해 측정된 기본 체계이다—에 의해 추동된다는 것이다.

비록 거시 도덕성과 미시 도덕성 간의 구별이 도덕적 기능에 대한 거시 도덕성의 영향을 제한하는 것으로 보일지 모르지만 인생의 두 번째 10년, 그리고 그 이상 동안 그 중요성은 흔히 주목을 받는다(예를 들면 Adelson, 1971 ; Torney-Puta, 1990). 사실 DIT 측정체계는 청소년기와 그 이후 기간 동안에 일어나는 주요한 발달적 변화는 인습 및 인습 이후 기간에 사회적 협동의 거시 도덕적 개념에 관한 이해가 점차 증가한다는 것을 가정한다(Rest, Narvaez, Bebeau & Thoma, 1999).

요약하면 최근에 DIT에 의해 측정된 구성 개념의 이론적 위치가 주목을 받아왔다. 현재 다양한 경험적 자료와 이론적 논의는 그 측정이 일군의 구성요소 II 과정 가운데 특정한 일원에 초점을 맞출 뿐만 아니라 그것이 가장 일반적인 수준에 존재한다는 것을 제안한다. 더 나아가 DIT는 기본 해석체계(default interpretive system)로서 사용되는 체계를 사정하는 것으로 가정된다. 그와 같이 DIT에 의해 측정된 구성 개념은 그것이 도덕적 선택과 행위에 직접적·간접적(예를 들면 중개 개념을 통해) 영향의 통로를 제공할 것이라는 기대를 가지고 도덕판단 발달에 관한 거시 도덕적 특징에 초점을 맞춘다.

구성 타당도와 DIT

DIT 연구 프로그램의 한 가지 강점은 그것이 구성 타당도 연구에 초점을 둔다는 것이다(예컨대 Thoma, 2002). 도덕판단 발달에 관한 하나의 척도로서 DIT를 지지하는 연구의 수와 형식은 광범위하고 깊다(Rest, 1979, 1986 ; Rest & Narvaez, 1994 ; Rest, Narvaez, Bebeau & Thoma, 1999). 잘 조정된 일군의 타당도 준거는 DIT의 발달에 필수적이었으며, 앞절에서 언급되었던 이론적 변화에도 이바지했다. 더욱이 이러한 준거는 새로운 지표에 대한, 그리고 척도의 비판을 다루는 데 대한 검증 근거로서 공헌했다. 시간이 지나면서 일련의 연구들이 DIT를 타당화시키기 위해 서로 다른 준거범주의 측면을 제시했다는 것이 확인되었다. 이들 연구는 새로운 아이디어를 검증하는 실험실이 되었다. 가치 있는 부가 혹은 점수화 변경이 되기 위해서는 실험적 변수가 그 이전의 상대에 의해 산출된 경향보다 준거와 연구 전체에서 유의미하게 더 나은 경향을 산출해야만 했다.

DIT에 관한 비판은 타당도 준거의 사용을 통해 비슷한 방식에서 중점적으로 다루어졌다. 예를 들면 DIT가 실제적으로 언어능력을 측정했다는 주장이 제기되었을 때(Sanders, Lubinski & Benbow, 1995), DIT 연구자들로부터의 응답은 서로 다른 준거유형 연구를 대표하면서도 언어능력의 척도 혹은 그와 유사한 대용물을 포함할 수 있는 연구들을 찾는 것이었다. 그때 그 주장을 검증하기 위한 절차는 매우 단순하게 된다. 곧 언어능력을 통제하는 동안 이들 자료를 재분석하고 그 경향이 남아 있는지의 여부를 관찰하는 것이다(즉 언어능력이 통제될 때 DIT 점수가 여전히 연령경향을 산출하는지, 지식집단을 구별하는지, 정치적 태도 및 선택과 관련이 있는지 등등). 이 경우 토마(Thoma), 나베츠(Narvaez), 레스트(Rest), 그리고 데리베리(Derryberry, 1999)는 지배적인 경향이 남아 있다—언어능력은 DIT 점수를 사용한 연구결과에 대해 설명할 수 없었다—는 것을 발견했다.

DIT를 정당화시키기 위해 사용되었던 구체적인 준거는 다음과 같다. (1) 다양한 연령과 교육집단의 구별, (2) 종단적 증가, (3) 인지적 능력 척도와의 상호 관련, (4) 도덕교육 개입에 대한 민감성, (5) 행동과 직업적 의사결정과의 상호 관련, 그리고 (6) 정치적 선택과 태도에 대한 예언. 짧게 말하면 다양한 연령과 교육집단의 구별은 DIT가 도덕판단 발달의 척도에서 달라야만 하는 집단 사이를 구별할 수 있다는 것을 암시한다. 예를 들면 정치학과 철학을 전공하는 대학생들은 정치적·윤리적 이론에 그렇게 정통하지 않는 다른 대학생들보다 더 높은 점수를 받아야만 한다. 이와 비슷하게 대학생들은 고등학생들보다 높은 점수를 받아야만 하고 등등이다. 자연발생 집단의 활용은 특히 DIT의 초기 몇 년 동안에 특별히 인기 있는 연구가 되었다. 대혼성 표본(수천 명의 피험자)은 DIT 점수 변량의 30%에서 50%가 하급 고등학교 학력을 가진 사람들로부터 박사학위를 가진 사람들에까지 이르는 표본에서 교육 수준에 그 원인이 있다는 것을 보여준다.

종단적 증가 준거는 DIT가 시간이 흐르면서 상향 이동의 증거를 분명히 산출한다는 것을 시사한다. 이 준거는 기본적으로 발달 척도가 변화를 상향 이동하는 방식으로 설명해야만 한다는 전통적인 주장을 반영한다. 예를 들면 10년간의 종단적 연구는 남성과 여성에게, 대학생과 대학에 진학하지 못한 다양한 삶의 영역 사람에게 유의미한 증가를 보여준다(Rest, 1986). 1학년 대학생들과 4학년 대학생들(n=755)을 비교한 수많은 연구에 관한 평론은 .80(대증가)의 효과 크기(Cohen의 d 통계치로서 표현됨)를 보여준다. 요약하면 DIT 증가는 대학생을 대상으로 연구된 모든 변수의 집합에서 가장 극적인 종단적 증가 가운데 하나이다(Rest & Narvaez, 1994).

준거 3은 DIT 점수가 도덕적 이해력의 척도 및 다른 인지적 척도와 분명히 관련된다는 것을 시사한다. 인지적 척도와의 관계는 결코 과도하지 않은 것이 분명하며, 따라서 DIT 점수가 실제적으로 일반적인 인지적 기능을 측정하고 있다는 가능성을 제기한다. 또한 인지적 척도는 DIT 점수와 다른 준거 변수[Sanders 외(1995)의 연구에 의해서 주장된 바와 같이] 사이의 관계를 포함하지도 않는다. 일반적으로 연구결과는 DIT 점수가 도덕적 이해력에 관한 인지적 능력 척도(r=.60s), 인습 이후 도덕적 논증의 상기와 재구성, 콜버그의 척도, 그리고 (보다 덜한 정도로) 다른 인지발달 척도와 유의미하게 관련된다는 것을 지적한다(Rest, 1979).

네 번째 준거는 DIT 점수가 발달을 자극하는 특수한 경험과 분명히 관련된다는 것을 시사한다. 중재 연구들이 이 준거의 전형이다(예컨대 딜레마 논의 조건의 실재 혹은 부재). 예를 들면 레스트(1986)는 50편이 넘는 중재 연구에 관하여 비평하고 딜레마 논의 중재에 대한 효과 크기가 .41(중 증가)이 된다고 보고했다. 반면에 비교집단에 대한 효과 크기는 단지 .09(소 증가)에 불과했다,

다섯 번째 준거는 DIT 점수가 친사회적 행동 및 바람직한 직업적 의사결정과 분명히 관련된다는 것을 시사한다. 한 평론은 47개 척도에서 32개가 통계적으로 유의미했다는 것을 보고하고 있다(Rest, 1986). 요컨대 레스트와 나베츠(1994)는 DIT 점수를 직업적 의사결정의 많은 측면과 연결시키고 있다.

끝으로 준거 6은 DIT 점수와 사회적·정치적 변수 사이의 관련에 초점을 둔다. 준거 6과 관련된 주장은 DIT 점수가 정치적 태도 및 정치적 선택과 유의미하게 연결되는 것이 분명한데, 왜냐하면 특히 그것이 거시 도덕성의 척도이며, 그리하여 정치적 지식 및 이해와 당연히 관련되기 때문이라는 것이다. 많은 연구에 관한 비평에서 DIT 점수는 정치적 태도와 상관관계가 있으며, 그것은 전형적으로 r=.40으로부터 .65의 범위에서 상관관계가 있다는 것이 밝혀졌다(Thoma 외, 1999). DIT 점수가 문화적 이데올로기의 다양한 척도와 서로 결합될 때 종합적인 예언은 논의의 여지가 있는 공공 정책 이슈(낙태, 공립학교에서의 종교, 여성의 역할, 피고인의 권리, 동성애자의 권리, 그리고 언론자유 이슈와 같은)에 관한 의견에서 불일치가 2/3까지 증가했다. 그러한 이슈는 우리 시대의 가장 뜨거운 논쟁적인 이슈이므로 이들 이슈에 대한 DIT의 예언 가능성은 미래의 연구에 중요하고 또한 가치가 있다(Narvaez, Getz, Rest & Thoma, 1999).

이들 타당도 준거와 더불어 미네소타 집단(Minnesota group)은 또한 검사를 받는 서로 다른 환경을 관통하는 반응 안정성뿐만 아니라 받아들일 수 있는 정신측정학적 증거와 같은 그러한 검사와 척도를 위한 전통적인 권능을 부여하는 표준에 초점을 맞추었다. 이와 더불어 DIT 점수는 언어능력/일반 지능과 같은 그러한 많은 경쟁하는 변수와 보수적/자유주의적 정치 태도와는 차별적인 타당도를 보여준다(Thoma 외, 1999

에서 20여 편 이상의 연구에 관한 평론 참조). 또한 DIT는 남성과 여성에게 평등하게 타당하다. 왜냐하면 성은 DIT 불일치의 1/2% 이하를 설명하는 반면에 교육은 DIT 불일치를 예언하는 데 있어서 250배 이상으로 강력하기 때문이다(Thoma, 1986).

DIT 측정체계에 대한 최근 변화

DIT-2의 개발. DIT에 의해 측정된 도덕판단 구성 개념의 위치에 관한 논의와 동반하여 또한 측정과정에 관한 중요한 연구가 있어왔다. 이들 변화 가운데 으뜸은 새로운 DIT(이후 DIT-2)의 개발이다. DIT는 참여자들이 6가지 이야기를 읽고 각 이야기에 대해 12가지 문항—그 대부분은 1973년에 이미 콜버그가 기술한 바와 같은 단계 가운데 2단계에서 6단계를 반영하여 글로 씌어졌다—에 대해 등급을 정하고 순위를 매기도록 요구받는 지필 척도라는 것은 이미 잘 알려져 있다(Rest, 1979 ; Thoma, 2002 참조). 원래의 DIT의 내용이 시대에 뒤떨어졌고 신선미가 없다는 비판에 대한 반응으로 DIT-2는 새로운 이야기와 문항으로 탄생되었다. 특히 원래의 DIT는 베트남 전쟁을 반대하는 것과 같은 더 이상 시사성이 없는 이슈와 더 이상 사용되지 않는 전문용어를 포함한 문항(예컨대 *Oriental*과 같은 호칭)에 초점들 두었던 이야기를 내포하고 있었다. 콜버그 면담체계에 그 근원을 둔 원래의 DIT와 달리 DIT-2는 이야기와 문항의 내용만을 바꿈으로써 DIT의 기본 특징을 그대로 반영하도록 작성되었다. 따라서 이야기는 모두 다른 맥락에서 똑같은 딜레마를 제시했다. 예를 들면 하인즈(Heinz)와 약 대신에 DIT-2 이야기는 가난한 농부가 그의 굶주리고 있는 가족을 먹여 살리기 위해 상점을 소유한 부자의 식품창고에 침입해야만 하는지 어떤지를 묻는다.

DIT-2의 개발과 관련하여 하나의 가장 중요한 변화는 아시아계 미국인 수리공을 고용할 것인가를 고려하는 수선가게 주인의 이야기인 웹스터 이야기(Webster story)와 관련된 내용을 제거한 것이었다. 이 이야기는 원래의 6가지 이야기 가운데 늘 가장 취약한 것으로 간주되었다. 왜냐하면 그것은 논쟁의 여지가 거의 없었고(거의 모든 사람은 그 주인이 소수민족 수리공을 고용해야만 한다는 데에 동의했다), 경험적으로 그것은 다른 다섯 가지 이야기 약식 점수와 그다지 확실하게 연관되지도 않았다(미네소타 윤리발달연구센터, 개인적 공표). 그러므로 웹스터 이야기의 다른 버전을 만들고자 하는 노력이 가해지지 않았다.

DIT-2의 절차는 도덕적 사고의 척도를 창출하는 원래 과정과는 상당한 변화를 보여주었다. 레스트(1979)에 의해 기술된 바와 같이 최초의 DIT 이야기는 콜버그와 그의 동료들에 의해 사용된 유사한 이야기로부터 도출되었다(예컨대 Lockwood, 1970). DIT 상에서 그에 대응하는 문항은 면담자료의 결과를 토대로 레스트에 의해 작성되었다. 따라서 만약 참여자들이 이야기에 대한 반응에서 특유한 논쟁거리를 제기하지 않았다면 DIT를 위한 이야기를 만들고자 하는 시도가 가해지지 않았을 것이다. 면담자료와 문항개발 사이의 긴밀한 연계는 지필척도에서는 흔하지 않는 과업에서의 심리적 실재의 수준을 확보해 주었다.

이와는 대조적으로 DIT-2는 이전의 면담자료에 의존함이 없이 원래 기초가 되는 딜레마와 대응하는 이야기를 창안함으로써 DIT로 이끄는 작업에 편승한다. 이와 함께 DIT-2 문항은 단계에 기초한 문항과 신뢰도 검사 문항의 똑같은 혼합을 제공할 뿐만 아니라 똑같은 단계와 문장구조를 반영하도록 작성되었다. 신뢰도 검사 문항은 성질이 다른 검사 측정 세트(*M* 혹은 의미가 없는 문항)를 사용하는 참여자를 확인하기 위해 설계되었다. 타당도 연구 이전에 그 분야의 전문가들은 DIT와 DIT-2 문항 간의 각각의 짝을 사정했다. 이 점검에서 탈락한 모든 DIT-2 문항은 원래의 것과 무리 없이 대응되는 것으로 밝혀질 때까지 작성되었다.

흥미롭게도 이들 타당도 연구는 DIT와 DIT-2 일람 지표 사이의 상관관계가 $r(505) = .79$; $p < .01$, DIT에서 발견된 전형적인 검사—재검사 신뢰도에 가장 근접한 지수—였다는 것을 밝혀냈다. 사실 만약 두 버전 사이의 상관관계가 두 척도의 불신뢰도(둘은 서로 다른 연령 표본에서 중간 .70s으로부터 하위 .80s까지 분포하고 있음)로 인하여 정정된다면 조정된 상관관계는 .98로 매우 훌륭하다(Rest, Narvaez, Thoma & Bebeau, 1999). 함께 고려해 보면 이들 연구결과는 DIT와 DIT-2가 같은 종류의 형식으로서 이해될 수 있다는 것뿐만 아니라, 피험자들로 하여금 문항에 대해 등급을 구분하고 순위를 매기도록 하는 데 특별한 측정 장점이 있다는 것을 암시하고 있다. 즉 피험자들로 하여금 모든 문항을 두 번씩 사정하도록 하는 것—한번은 등급을 구분하는 과업 동안에, 그리고 두 번째는 순위를 결정할 때—은 상당히 높은 신뢰도와 타당도 계수를 지닌 매우 안정적인 척도를 산출한다(Rest, Narvaez, Thoma & Bebeau, 1999).

DIT의 내적 구성 재해석하기. 척도를 경신하는 과정과 동시에 DIT 연구자들은 또한 그 척도가 사정하기로 되어 있는 발달영역의 특징에 초점을 맞추었다. 애초에 이해된 바와 같이 발달영역은 1970년대 초에 제시되었던 바와 같은 콜버그 단계의 측면에서 규정되었다. 이러한 정의는 1970년대 후반과 1980년대 동안 콜버그 이론에 대한 수정에도 불구하고 20년이 넘도록 계속 남아 있었다. 게다가 콜버그 집단이 그들의 모델에 대해 수정작업을 함에 따라 DIT 연구자들에 의해 전제되었던 지지 이론은 그 모델을 콜버그 관점의 노선 내에 유지하고자 그것을 수정하려던 동기마저도 부식시키면서 점차적으로 분파되었다. 따라서 발달영역의 정의는 1980년대와 1990년대 초를 지나면서까지 계속 남아 있었던 것이다.

그러나 최근에 이르러 발달영역에서 참여자들의 위치를 더 잘 이해할 필요성은 발달을 어떻게 하면 가장 잘 정의할 것인가에 새로운 관심을 갖게 하고 있다. 새로운 지표를 탐구하고자 하는 동기의 일부는 DIT 자료에 대한 콜버그 모델의 적합성을 경험적으로 사정하는 충분한 인원(약 44,000여 명 규모)과 다양성을 갖춘 여러 벌의 자료를 창안하는 능력이었다. 요컨대 DIT 상의 몇몇 낮은 단계 문항들이 콜버그 이론에 의해 예견되지 않는 방식에서 서로 결합된다는 것을 제시한 약간의 경험적 연구가 있었다(윤리발달연구센터, 1998).

이러한 몇몇 연구가 데이비슨[Davison, 레스트(1979)에서]에 의해 예언되었다는 점을 주목하면 흥미롭다. 그는 제한된 자료를 가지고 DIT에 의해 사정된 것처럼 콜버그의 단계 2와 3 사이의 심리적 간격이 단계 3과 4 사이보다 더 좁다는 것을 발견했다. 더욱이 단계 4는 서로 유사한 경향이 있는 단계 5와 6과는 멀리 떨어진 것으로 나타났다. 전체적으로 데이비슨은 DIT에 입각하여 콜버그 단계의 순차적 배열을 지지하는 결과를 발견했다. 그러나 데이비슨은 또한 보다 낮은 단계들이 기대했던 것보다 훨씬 가깝게 제휴되어 있다는 것에 주목했다. 즉 우리는 문항들의 세 묶음이 자료에서 분명했다고 주장할 수 있었다(단계 2와 3이 묶이고 단계 4, 그리고 인습 이후 문항인 단계 5와 6).

수많은 문항 묶음에 관한 보다 크고 다양한 표본을 사용한 경험적 평가는 세 가지의 독특한 집단, 곧 단계 2와 3, 단계 4, 그리고 단계 5와 6을 제시한다. 이러한 연구결과는 특히 고등학교 학생에서부터 성인에 이르는 광범위한 표본을 사용할 때 분명하게 나타났다(예컨대 Thoma & Rest, 1999). 표본이 단지 가장 어린 집단인 중학생 집단을 강조하고자 구성되었을 때에만 단계 2 문항들과 단계 3 문항들과의 거리가 멀어졌을 뿐이다. 결국 DIT 자료에 가장 잘 어울리는 발달 도식은 더 이상 여섯 가지의 콜버그 단계가 아니다. 그 대신에 콜버그 모델에 의해 느슨하게 보고되었던 세 수준 모델이 더 적합한 것으로 보인다.

의심의 여지없이 이 구조는 전형적으로 연구 중인 표본의 모집단과 척도 그 자체의 특성에 부분적으로 원인이 있다. 그러나 경험적으로 볼 때 참여자들은 단계 2와 3을 대표하는 문항을 보다 덜 중요한 추론으로 간주하고 그 둘을 유사하게 취급하는 경향이 있었다. 하나의 집단으로서 이들 문항은 순위가 매겨지지 않는다. 즉 자기 보존, 자기 이익, 그리고 개인적 관계를 말하는 문항은 단계 4문항에 의해 나타내진 다른 사람, 보다 넓은 범위의 체계 그리고 인습 이후 묶음을 구성하는 것보다는 중요성이 떨어지는 개인적 관심들로서 함께 간주된다. 이들 문항은 상당히 중요한 것으로 간주되며, 흔히 그렇게 순위가 매겨진다. DIT 문항들이 보다 거시적인 도덕적 추론의 측면을 활용하고 있다는 관점과 일치하여 DIT의 엔진은 단계 4 인습적 문항들과 인습 이후 문항들로부터 확실히 추동된다.

세 가지 문항들의 묶음 해석하기. 도덕판단 발달에 관한 보다 맥락화된 도식 근거적인 관점으로의 변화를 따르면서 세 가지 문항들의 경험적 묶음은 세 가지 순서화된 도덕적 도식, 곧 개인적 관심 도식(단계 2와 3에 관한 콜버그의 기술들로부터 도출됨), 규범 준수 도식(콜버그의 단계 4로부터 도출됨), 그리고 인습 이후 도식(콜버그의 단계 5와 6—이전의 P 점수 문항들—으로부터 도출됨)을 나타내는 것으로 해석된다. 각 도식에 관한 기술은 아래에 제시된다.

● 개인적 관심 도식. 레스트(Rest), 나베츠(Narvaez), 비보우(Bebeau), 그리고 토마(Thoma, 1999)는 참여자들이 DIT를 신뢰성 있게 완성할 수 있는 시간에 이르면 개인적 관심 도식이 충분히 발달되는 것으로 기술한다(전형적으로 9학년 지식 수준으로서 정의된다). 명칭이 함축하고 있는 바와 같이 도식에 의해 강조되는 주요 고려사항은 각 참여자가 개인적으로 도덕적 딜레마 내에서 경험하게 될 이익과 손해이다. 보다 넓은 사회체계에 대한 호소는 이 도식 내에 포함되지 않는다. 그것은 마치 사회세계가 긴밀한 관계 및 개인적 관심과 연결되는 미시 도덕적 고려사항의 그물망과 같다. 불행히도 DIT는 아동기 내에서 그 도식의 발달에 관하여 말해줄 수 있는 것이 거의 없다. 다만 경험적으로 참여자들이 청소년기에 이르러서야, 그것도 기껏해야 비로소 부차적인 고려사항으로 그것을 인정한다고 말할 수 있을 뿐이다.

● 규범 준수 도식. 규범 준수 도식은 직접적으로 사회의 도덕적 토대에 초점을 맞춤으로써 사회범위의 도덕적 관점으로 들어가는 첫 관문을 나타낸다. 즉 그것은 사회전체에 걸친 토대에서 어떻게 협동을 조직할 것인가에 관한 문제를 집중적으로 다룬다. 이 도식이 장려하는 사회

의 조직은 규칙, 역할, 그리고 권위의 중요성에 관한 이해에 토대를 둔다. 그리하여 그것은 주로 콜버그의 단계 4로부터 도출되어 나온다. 그러나 그것은 또한 아델슨(Adelson, 1971)에 의해 보고되는데, 청소년들의 정치적 사고에 관한 이해의 발달, 그리고 특히 청소년의 권위주의에 관한 그의 관점이 반영된 것이다. 규범 준수 도식은 특히 다음의 요소들을 포함한다 : (a) 집단을 관리하기 위해 일반적으로 받아들여진 사회적 규범에 대한 지각된 필요, (b) 규범이 사회 전체, 사회에 있는 모든 사람에게 적용되어야 할 필요성, (c) 규범이 투명하고 균등하고 절대적이어야 할 필요(즉 "법의 지배"가 존재한다는 것), (d) 규범은 상호성을 확립하는 것으로서 이해된다(시민 각자는 다른 모든 사람이 또한 복종할 것이라는 기대에서 법에 복종한다), (e) 위계적 역할구조, 명령의 고리, 그리고 권위와 의무의 확립, 즉 하나의 조직화된 사회에 위계적 역할구조가 존재한다(예컨대 교사-학생, 부모-자녀, 장군-장병, 의사-환자 ; Rest, Narvaez, Bebeau & Thoma, 1999, p. 37).

요약하면 규범 준수 도식은 분명하게 확립된 사회질서를 도덕적 책무로서 바라본다. 콜버그의 단계 4에서와 같이 그 도식은 법이 없다면 질서도 없을 것이고, 사람들은 대신에 그들 자신의 특수한 이익에 따라 행동할 것이며, 그 결과는 만인의 투쟁상태일 것임을 시사한다. 이 도식에서는 단순히 행위가 법에 의해 규제되고, 어떤 일을 하는 확증된 방식이거나 신의 인정된 의지라고 주장하는 것을 넘어서서 도덕성을 정의하는 그 이상의 어떤 다른 정당화가 필요하지 않다.

● **인습 이후 도식**. 신콜버그 모델은 인습 이후 체계를 구성하는 것에 관한 다른 정의를 가정한다. 여러 철학적 전통을 따른다면 인습 이후

사고의 본질적 특징은 도덕적 책무가 공유된 이상에 토대를 두어야 하고, 완전히 상호적이며, 그리고 엄격한 논증에 열려 있다(즉 논리적 일관성의 검사, 공동체의 경험, 그리고 수용된 관습과의 결합을 필요로 한다. 보다 상세한 설명은 위의 내용과 Rest, Narvaez, Bebeau & Thoma, 1999, p. 38 참조).

결국 DIT에 의해 조정된 주요한 구별은 인습성과 후인습성 사이의 차이이다(예를 들면 콜버그가 단계 4와 단계 5 사이의 차별로서 간주했던 바, 그리고 아델슨의 정치적 사고의 발달에 관한 설명). 비록 DIT의 초점이 이들 초기의 모델들보다 범위에서 더 많이 제한되지만 인습추론으로부터 후인습추론으로의 변화에 대한 중요성은 매우 강력하다. 예를 들면 인습성과 후인습성 사이의 구별은 걸프 만 전쟁에 대한 반응, 소수민족 권리, 학교에서의 종교, 의료정책, 그리고 기타 등등과 같은 수많은 공공정책 논쟁을 해결해 가는 경향이 있다는 것이다. 더욱이 아마도 가장 중요한 것으로 9·11 이후의 사건을 고려해 본다면 인습추론과 인습 이후 추론은 종교적 근본주의와 비종교적 근대주의 사이의 분계를 역점을 두고 다룬다(Marty & Appleby, 1993).

새로운 지표와 척도

새롭게 경신된 척도의 발달과 더불어 DIT와 관련한 여러 새로운 지표들이 지난 5년 동안 개발되었다. 가장 주목할 만한, 그리고 수많은 시도의 실패 이후에 하나의 새로운 종합적인 지표가 전통적인 P-점수에 필적할 수 있다는 것이 확인되었으며, 그리고 그것은 척도에 의해 제공된 표준지표의 하나로 첨가되었다(Rest, Thoma, Narvaez & Bebeau, 1997).

수년 동안 기본적인 DIT 지표는 P-점수였다. 그것은 참여자들의 인습 이후 문항에 관한 순위 매기기로부터 도출된다. 이 점수는 최소한 두 가지 이유에서 비판을 받아왔다. 첫째는 질적인 자료를 연속적으로 다룬다는 것이요, 둘째는 피험자 반응을 인습 이후 문항들보다는 단계에 토대를 둔 문항들로 집중시켜 버린다는 것이다. 첫 번째 비판과 관련하여 많은 논란이 있다(예컨대 Rest, 1979, 1986 ; Rest 외, 1997). DIT 연구자들이 서로 다른 도덕적 사고 개념 간의 질적 차이를 인정하지만, 그러면서 또한 여러 가지 도덕적 사고 유형에 반응하여 상대적 차이를 측정하기 위해서는 사정절차가 계량적이어야만 한다는 것을 강력히 주장한다는 정도로만 말해두자. 그러므로 P-점수는 발달 연속체(질적으로 다른 위치표지에 의해 경계가 정해진) 상에서 참여자의 상대적 위치를 나타낸다. 가설은 P-점수가 올라감에 따라 개인의 발달적 위치가 점차적으로 도덕적 사고의 보다 높은 수준을 향한다는 것이다.

P-점수에 관한 두 번째 비판은 유용한 정보의 모든 것을 사용하지 않는 종합 지표의 타당함을 문제시 삼는다. 이미 언급한 바와 같이 P-점수는 P 문항들의 상대적 사용으로 보다 낮은 단계에 토대를 둔 문항들의 사용을 추리하지만 P의 측정이 직접적으로 다른 문항들을 점수의 계산에 통합시키지는 않는다. 발달에 관한 DIT의 핵심 지표가 지니는 이러한 특징은 많은 사람들에게 관심이 되어왔는데, 그 까닭은 그것이 고전적 측정 이론의 기초적인 요소—당신은 유용한 자료를 버려서는 안 된다—를 어기기 때문이다(예컨대 Loevinger, 1976). 비록 P-점수가 그의 가치를 수년 동안 입증하고 있지만 놓치고 있는 특별한 정보를 부가함으로써 P에 관하여 개선하고자 하는 수많은 시도가 이어져 오고 있다. 불행하게도 이들 시도는 실험적 지표에 의해 공급된 정보가 P-점수와 경

쟁할 때 좀 더 우월한 경향을 제공하지 못했다는 점에서 실패했다(Rest, 1979 안의 Davison ; Evens, 1995 ; Rest 외, 1997). 말하자면 N2 점수가 인정될 때까지 그랬다.

N2 점수. 그러나 최근에 P-점수를 대체할 희망을 보여준 새로운 지표 N2가 개발되었다. 흥미롭게도 N2 점수는 P-점수를 그 출발점으로 사용하며, 그런 다음 P 문항과 보다 낮은 단계 문항 사이를 구별할 수 있는 참여자들의 능력에 기초하여 P-점수를 조정한다. 요약하면 P-점수는 만약 그 참여자가 높은 P 문항과 낮은 단계 문항을 구별한다(즉 보다 높은 문항을 보다 낮은 단계 문항보다 더 중요한 것으로 등급을 정하는)면 긍정적인 방향에서 조정된다. 이러한 구별을 하지 못한다면 P-점수를 하향 조정한다. 전형적으로 P와 N2 사이의 상관관계는 높고, 그리고 중간 80s으로부터 보다 낮은 90s까지 분포한다(Rest 외, 1997 참조). 그러나 N2 점수의 주요한 영향은 나이가 더 든 사람과 아마도 더 발달된 개인에게 미치게 되는데, 그 까닭은 그것이 발달적 척도의 높은 끝점에서 구별하는 데 가장 도움이 될 것이기 때문이다. 따라서 대학생과 직업학교 사람을 모집단으로 DIT를 활용한 연구자들은 틀림없이 P-점수에 대해 N2 점수의 개선을 발견했을 것이다. 고등학교와 대학교 학생 표본에 관한 오늘날의 관찰은 P-점수와 N2 점수가 매우 비슷하게 반응하는 경향이 있다는 것을 제시하고 있다(윤리발달연구센터, 2003, 11. 11, 개인적 공표).

DIT와 DIT-2로부터 도출된 부가 척도들. 최근에 두 가지의 부가적 척도가 개발되어 현재 사용 중에 있다. 첫 번째는 공통적인 종합 지표를 사용함으로써 직접적으로 사정되지 않는 도덕판단 발달의 측면을 파악하는 부가적 방법이 있다. 이 척도는 경화(consolidation)와 전이(transition)의 지표, 그리고 도덕적 유형 지표를 포함한다. 두 번째의 척도 부류는 DIT에 대한 반응으로부터 도출될 수 있는 도덕과 무관한 발달 지표를 포함한다.

● **발달국면 지표.** 도덕판단 발달에 관한 부가적 척도의 첫 번째 부류는 도덕판단 발달의 경화와 전이의 역할을 탐구하고자 창안되었다(Thoma & Rest, 1999). 스나이더(Snyder)와 펠드만(Feldman, 1984)의 경화와 전이 발달국면 모델에 따르면서, 그리고 도덕판단 영역 안에서의 이 모델에 대한 워커(Walker)와 테일러(Taylor, 1991)의 적용을 주목하면서 토마(Thoma)와 레스트(Rest, 1999)는 참여자들이 DIT 상에서 전이적이거나(즉 단계에 토대한 다양한 문항에 대한 선호가 거의 없음을 입증함으로써 균일한 반응 프로필을 보인다) 혹은 경화되는(특정한 단계에 토대를 둔 문항에 대한 분명한 선호를 입증함으로써 최고지점까지 오른 반응 프로필을 보인다) 정도를 측정하고자 시도했다.

토마(Thoma)와 레스트(Rest, 1999)가 직면했던 주요 어려움은 스나이더(Snyder)와 펠드만(Feldman)이 정통 단계 모델을 가정하면서 그들의 경화와 전이 이론을 개발했다는 것이다. 이 관점에서 보면 발달은 참여자를 발달 연속체 위에 직접적으로 위치시킴으로써 기술된다(예를 들면 콜버그의 단계들이 이 기술에 적합하다). 따라서 그 체계를 DIT 자료에 적용 가능하게 만들기 위해서는 스나이더와 펠드만 모델의 기본 개념을 DIT에 의해 전제된 보다 연속적인 모델로 환원시킬 필요가 있었다. 토마와 레스트(1999)가 사용했던 방법은 문항의 단계 할당에 의한 참여자의 문항 등급 매기기에서 밝혀진 변화를 사정함으로써 경화와 전이를 규정하는 것이었다. 즉 만약 단계 할당에 의한 문항 등급 매기기에서 밝혀진 변화가 통계적으로 유의미한 수준에 도달했다면 그 참여자는 경화된 국면에 있는 것으로 분류된다. 그 변화가 지표 증가를 설명하기 때문에 단계 반응의 프로필은 분명히 더 절정에 이른다는 것을 주목해야 한다. 따라서 통계적 검사는 프로필이 최고 지점에 이르는 시점을 규정하기 위한 단순히 하나의 객관적인 결정 규칙이다. 역으로 통계적 검사가 단계 할당에 의해 밝혀진 변화가 거의 없음을 지적했을 때는 전이 지위가 배정된다. 이들 조건 하에서 문항 반응 유형은 분명히 균일한 것이 될 것이다. 결국 문항 반응 유형에 주목함으로써 스나이더와 펠드만 모델과 동등한 연속적인 단계 모델을 개발하는 것이 가능하게 되었다.

토마와 레스트는 발달국면의 지표를 사용함으로써 도덕판단에서의 변화가 경화와 전이의 기능으로 변한다는 것을 지적하는 연구결과(예컨대 Walker & Taylor, 1991)를 되풀이할 수 있었다. 특히 전이국면으로부터 경화 국면으로 움직이는 참여자들은 모든 다른 유형보다 더 빠른 비율로 변했다. 더욱이 그들은 도덕적 정보가 발달 수준과 상관없이 경화 국면 동안 의사결정 과정에서 더욱 두드러진다는 것을 발견했다. 보다 최근에는 발달국면이 도덕적 이슈에 관한 결정에 도달하는 데 걸리는 시간과 관련이 있다는 것이 밝혀지고 있다(Thoma, Narvaez, Endicott & Derryberry, 2001). 경화된 피험자들은 도덕적 이슈의 보다 깊은 처리과정을 제시하면서 이들 이슈를 판단하는 데 더 오랜 시간이 걸렸다. 또한 데리베리(Derryberry, 2000)는 하나의 조정자로서 분석에 포함될 때 발달국면 지표는 도덕판단과 행위 사이의 관계의 크기를 증대시켰다는 것을 발견했다. 사실 이들 연구를 관통하는 공통적인 연구결과는 발달국면이

DIT 점수와 외적 변수 사이의 관계를 조정하는 데 도움이 된다는 것이다. 일반적으로 말해서 만약 어떤 효과가 DIT를 사용하는 가운데 목격된다면 경화된 집단의 참여자들인 경우에 그 효과가 더욱 유력해진다.

● **발달유형.** 발달국면 정보를 사용하는 데 있어서 차질이 빚어지는 것 중의 하나는 연구결과를 제시할 때 그것을 발달 수준과 통합하는 것이다. 언급된 연구들을 전형적으로 예로 들면 발달국면의 영향은 발달 수준을 통제한 이후에 사정된다. 이러한 접근은 발달 수준 변수의 지속적인 성질을 주장하며 발달국면이 관심의 변수에 유일한 효과를 지닌다는 관점을 지지한다. 역으로 몇몇 연구들은 혼합 모델 회귀(즉 이분법적 변수에 의해 추진된 발달국면, 그리고 지속적인 변수로서의 발달 수준) 내에 정보의 두 원천을 첨가하려고 시도했다. 비록 이러한 접근이 두 변수의 측정 특성들과 일치하지만 의미 있는 방식으로 그 자료를 제시하는 것이 항상 쉽지만은 않다. 이러한 어려움을 회피하기 위해 **유형**(Type)이라 이름붙여진 새로운 변수가 창안되었으며, 이는 발달국면과 발달 수준 두 가지 모두를 반영한다.

표 3.1이 나타내는 바와 같이 유형은 발달국면(즉 경화 혹은 전이)과 발달 수준에 의해 규정된 7가지 수준이 있으며, 그것은 이제 세 가지 문항 집합(즉 단계 2/3문항들－개인적 관심 도식, 단계 4문항들－규범 준수 도식, 그리고 P 문항들－인습 이후 도식)에 근거한 지정 등급 매기기에 의해 규정된다. 7가지 지표체계에서 경화된 유형들은 발달국면 지위와 지배적 도식에 토대를 둔 1, 4, 그리고 7이다.

전이유형들은 규정하기가 좀 더 어렵다. 경화된 피험자들처럼 선호된 도식은 가장 높은 사용에 의해 확인된다. 게다가 두 번째로 가장 선

표 3.1_ 유형변수의 종류

유형	경화?	지정 도식	탈지정 도식
1	예	2/3	N/A
2	아니오	2/3	4
3	아니오	4	2/3
4	예	4	N/A
5	아니오	4	5/6
6	아니오	5/6	4
7	예	5/6	N/A

주의. N/A, 적용이 가능하지 않음.

호된 도식이 또한 확인된다. 후자는 그 개인이 경화된 국면을 향하여 움직이는지 아니면 그로부터 멀어지는지 측정하기 위해 사용된다. 예를 들면 유형 3과 5를 고찰해 보자. 이들 두 가지 유형 모두는 전이적이며, 두 가지 모두 규범 준수 도식에 대한 선호를 지니는 것으로 특징된다. 유형 3과 5를 서로 분리시키는 것은 두 번째 가장 높은 등급 매기기 집합이다. 유형 3에 있어서 발달적으로 보다 낮은 개인적 관심 집합은 두 번째 가장 높은 등급으로 매겨진 집합이다. 대조적으로 P 문항 집합은 유형 5를 규정하는 두 번째 가장 중요한 도식이다. 우리는 두 전이유형들을 인습 문항들(유형 3)에 근거한 경화를 향한 움직임으로, 그리고 인습문항들(유형 5)에 근거한 경화로부터 멀어지는 움직임으로서 이해할 수 있다.

그림 3.2는 유형과 P 점수 및 N2 점수 사이의 예상된 확고한 관계를 나타낸다. 비록 유형이 발달국면과 수준 정보 모두를 제시하는 매우 유용한 방법이라는 것이 분명하다 하더라도 문제점이 없는 것은 아니다. 이러한 어려움 가운데 으뜸은 지속적인 변수를 범주화하는 통계적 이슈이다(마찬가지로 이 어려움을 주목한 Walker, 2002도 볼 것). DIT 연구자들

이 수년 동안 주장하고 있듯이 DIT에 의해 제공된 발달에 관한 일차적 척도는 지속적이다. 따라서 유형과 같은 범주적 척도를 옹호하는 것은 그것이 DIT 자료로부터 도출될 때 약간은 원래로 되돌아가는 것으로 보인다. 다른 한편으로, 유형변수의 의도가 DIT의 주요한 발달지표로서 P- 혹은 N2 점수를 대신하는 것이 아니라, 오히려 발달국면 정보와 함께 발달의 모습을 제시해 주는 효과적인 방법을 제공하는 것임을 고려해 보라. 이러한 목적에 일치한다면 대부분의 경우에 DIT를 활용하는 연구를 위한 주요한 분석전략으로 유형에 의존하는 것은 적절치 않을 것이다. 그러나 유형지표를 사용하는 자료의 전반적인 모습을 제시함으로써 주요한 분석을 보충하는 것은 아주 적절할 것이다.

DIT로부터 도출된 도덕과 무관한 판단 척도. 언급된 변수들의 두 번째 집합은 다른 도덕과 무관한 변수의 대용물로서 이바지하기 위해 개발되었다. 대부분 이들 변수들은 다른 척도에 의존하지 않고 참여자들에게 시간을 최소로 요구하면서 DIT로부터 추가적인 정보를 도출하는 시도이다(Thoma, 2002). 특히 이들 변수는 DIT 이야기 행위 선택에 관한 확고함의 정도, 철학과 정치학을 전공하는 대학생들의 개방적인 집단에 의해 취해진 행위 선택과의 일치, 그리고 종교적인 정통파 정향과 일치하는 문항 등급 매기기와 순서 매기기 형태를 공략한다. 이들 변수는 DIT를 사용하는 연구자들에게 확실히 유용할 뿐만 아니라, 또한 변수 대용물을 창안하여 사용하기를 바라는 다른 사람들에 대해서는 하나의 주형으로서 이바지한다.

- 모르겠다의 횟수. 모르겠다 변수는 개인이 DIT에서 행위 종류

그림 3.2_ 도덕적 유형의 함수로서 평균 DIT 문항 등급

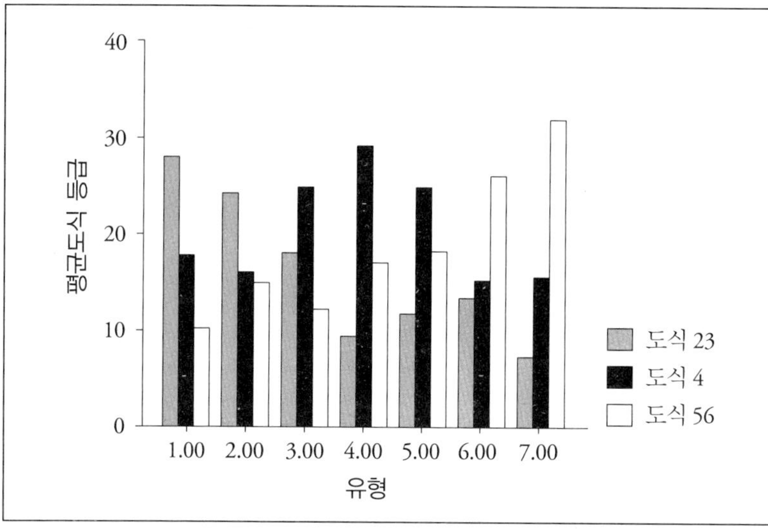

를 선택하는 확고함을 나타내기 위해 창안되었다. 이 변수의 계산은 오히려 간단하다. 6가지(혹은 DIT-2에서는 5가지)의 이야기 각각에 대해 참여자들은 그 주인공이 특정한 방식으로 행위해야 하는지 혹은 해서는 안 되는지(예를 들면 하인즈 딜레마에서 훔쳐야만 하는지 혹은 훔쳐서는 안 되는지)를 선택해야만 한다. 참여자들은 또한 모르겠다를 선택할 수도 있을 것이다. 이 변수를 계산하기 위해 연구자는 참여자가 모르겠다를 선택하는 횟수를 계산하는데, 결과적으로 DIT에서 0에서부터 6까지, 그리고 DIT-2에서 0에서부터 5까지 분포하는 척도를 낳는다. 이 변수에 대한 관심은 우유부단이 부분적으로 도덕적 정보가 처리되는 안락의 산물이라는 생각을 중심으로 모아진다. 더욱이 토마와 레스트(1999)의 연구에 기초하여 우유부단이 발달국면과 함께 변화할지도 모른다는 예상이 존재한다. 특히 전이국면은 전이와 연관된 다양한, 그리고 잠재적으로

갈등하는 해석이 주어진다면 증가된 우유부단과 연합되어야 한다. 예를 들면 그림 3.3은 대(大)표본(N=45,829 ; Evens, 1995 참조)에 대한 유형에 따라 평균적인 모르겠다 점수들(NUMCD라 명명된)을 가지고 구성한 것이다. 이 표본은 미네소타 윤리발달연구센터에 의해 채점이 된 10년 동안의 DIT 자료를 나타내는 모든 미국 종교와 연령분포에 관한 하나의 혼성 표본이다. 관찰될 수 있는 바와 같이 경화된 유형들—4와 7—은 모르겠다의 가장 낮은 빈도수와 연결된다. 유형 1—또한 하나의 경화된 유형—은 이 경향과 적합하지 않다. 그러나 그것은 상대적으로 작고 불안정한 집단이다. 또한 개인적 관심 집합에 경화된 개인들은 아마도 그들이 다양한 상황을 쉽게 이해하고 또한 적용할 수 있는 도덕적 정보에서 제한을 받을 것이다. 유형 정보가 도덕판단 발달과 도덕적 정보처리 사이의 관계를 명료화하는 데 얼마나 유용한지를 역시 주목해 보라.

● 인도주의적/자유주의적 관점. 이 변수는 도덕적 이슈에 관한 인도주의적·자유주의적 관점을 위한 대용물이다. DIT의 발달 초기에 정치학과 심리학 전공자들이 가장 높은 P-점수를 획득했다는 것에 주목했다. 그렇게 높은 것은 이 집단이 그 영역에서 전문가로서 제시되었으며, 그 척도의 상류 끝을 늘 고정시켜 왔다는 사실에서 나타났다(Rest, 1979). 그러나 훨씬 덜 알려진 것은 이들 피험자들이 DIT에서 높은 점수를 얻고 있다는 것뿐만 아니라 그들은 또한 행위 선택에서 아주 일관적이었다는 것이다. 예를 들면 이들 피험자들은 하인즈가 그의 죽어가는 아내를 위해 약을 훔쳐야만 한다는, 그 이웃은 지금은 모범적인 삶을 영위하고 있는 탈출한 죄수를 밀고해서는 안 된다는, 그 의사는 시종일관된 말기 환자의 뜻에 따라 묵인해야만 하며 고통을 없애는 치명적인 약을 처

그림 3.3_ 도덕적 유형에 따른 모르겠다 행위 선택(NUMCD)의 평균 횟수

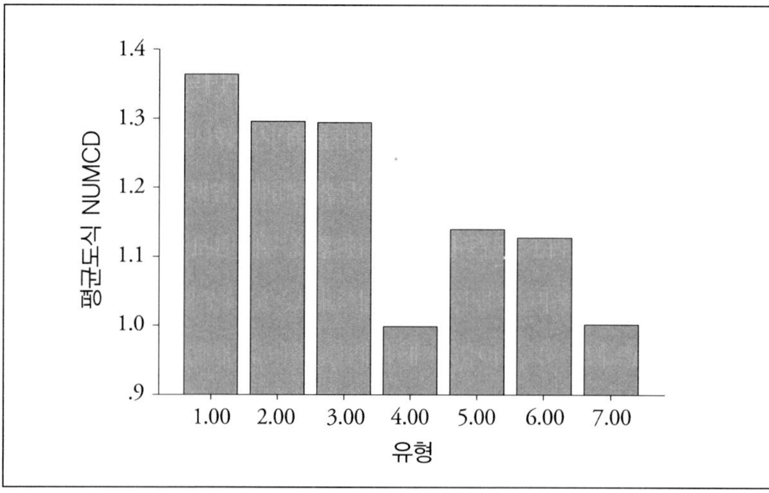

방해야 한다는—소유자는 비록 몇몇 고객이 회사와의 거래를 중단한다 하더라도 소수민족 지원자를 고용해야만 한다는, 그리고 학생들이 그들의 권리범위 내에서 그들의 저항을 촉진하기 위한 행정 건물을 양도받아야 한다는 것에 동의하는—입장을 강력하게 찬성했다. 이러한 분명한 선택 경향을 고려하여 참여자의 선택이 이러한 높은 점수집단과 대응하는 횟수를 단순하게 계산하는 하나의 변수가 창안되었다(Rest, 1979 ; Thoma, 2002). 그 점수는 0(전혀 대응이 없다)부터 6(모두 대응한다)까지 분포할 수 있다.

그림 3.4는 유형의 기능으로서 채점된 인도주의의 자유주의적 관점(HUMLIB라 명명된)을 나타내고 있다. 가장 주목할 만한 것은 전문가 집단과의 높은 일치와 연결되는 낮은 유형들과 높은 유형들이 곡선경향이라는 것이다. 인습적 유형들(3-5)은 모든 것 중에서 가장 낮은 경화된 버전(유형 4)과 더불어 의미심장하게 더 낮다.

그림 3.4_ 도덕적 유형에 따른 인도주의의 자유주의적 관점(HUMLIB) 평균 점수

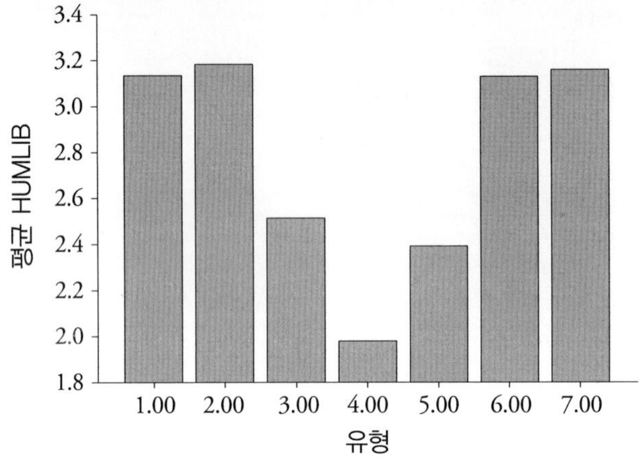

● 종교적 정설. 종교적 정설 변수는 의사의 딜레마에 있는 문항 9에 대한 등급과 순위의 합을 나타낸다. 이미 언급한 바와 같이 이 이야기는 어느 죽어가는 여성에게 그녀의 죽음을 앞당길 약을 제공해야 하느냐 혹은 그래서는 안 되느냐의 딜레마를 중심으로 이루어져 있다. 문항 9는 단지 신만이 누군가가 살아야 하는지 혹은 죽어야 하는지를 결정할 수 있다는 생각을 불러일으킨다. 이 한 문항에 관한 등급과 순위 매기기는 종교적 신념에 관한 브라운(Brown)과 로위(Lowe)의 조사기록(1951)과 같은 종교적 정설 척도상의 요약 점수와 매우 밀접하게 연관된다는 것이 밝혀졌다(가장 최근에는 Narvaez 외, 1999에서). 특히 종교적 정설 점수는 문항 9에 주어진 등급 구분하기에 순위 매기기 가치를 부가함으로써 집계된다. 등급 구분하기가 1부터 5까지의 등급에서 집계되며 네 문항이 각 이야기마다 순위가 매겨진다는 것을 고려한다면 이 변수에 대

그림 3.5_ 도덕적 유형에 따른 종교적 정설(DOCTOR9) 평균 점수

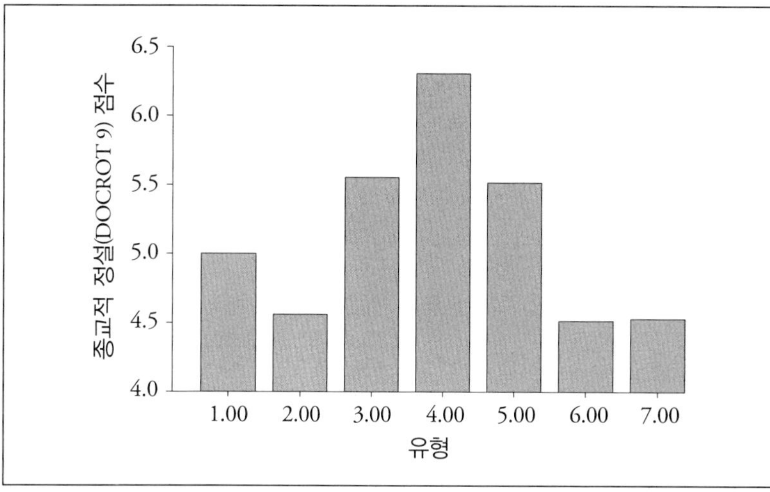

한 최고 점수는 9(가장 중요한 것으로 등급이 구분되고 1순위로 매겨진다)이고 가장 낮은 점수는 1(중요하지 않은 것으로 등급이 구분되고 순위가 매겨지지 않는다)이다.

그림 3.5는 유형에 따른 종교적 정설 점수(DOCTOR9로 명명된)를 나타낸다. 평균의 경향이 인도주의적/자유주의적 관점 점수를 그대로 거울에 비친 상이라는 것에 주목하면 흥미롭다. 즉 그 초점이 종교적 정설에 있으면 경화된 인습 수준에서 점수를 부여하는 참여자들은 종교적 정설에서 가장 높고, 그리고 낮은 유형과 높은 유형은 유의미하게 보다 낮게 점수를 부여한다.

도덕적 도식에 대한 경험적 지지

언급된 바와 같이 도식 이론으로의 변화 뒤에 있는 기본적인 의미는 인지구조에 관한 보다 맥락화되고 암묵적인 관점으로의 변화를 알리는 것이다. 도덕적 도식이 도덕적 정보의 처리를 촉진한다는 예상은 이러한 관점과 일치한다. 비록 이러한 주장에 대한 경험적 지지는 임시적이지만 그것이 추구할 만한 가치가 있는 연구방향이라는 것을 제시하는 몇 가지의 일관된 연구결과가 있다. 지금까지의 기본적인 접근은 왜 어떤 사람은 다른 사람보다 더 쉽게 도덕적 판단을 내리는가를 설명하는 것이 되어왔다. 대부분 이 문제를 중점적으로 다루는 연구들은 어떤 사람들이 그들의 판단들을 더 확신하는지, 더 일관적인지, 그리고 명확하고 일관적인 관점에서 도덕적 딜레마를 다루는 일에 접근하는 것으로 보이는지의 여부에 초점을 두고 있다.

앞에서 언급했던 모르겠다 변수는 바로 이러한 목적 때문에 창안되었다. 즉 그 예상은 DIT의 도덕적 내용을 처리하는 데 보다 어려움을 겪는 참여자들은 모르겠다 선택의 횟수가 틀림없이 증가한다는 것이다. 즉 무슨 이유에서든 간에 높은 모르겠다 점수를 가진 참여자들은 이야기 상황에 관한 명료한 해석을 제공하지도 않으며, 그 행위 선택을 공식화하는 데 도움을 주지도 못하는 도덕적 도식을 가지고 있다(Thoma & Narvaez, 출판 준비 중).

그림 3.3과 유형에 따른 모르겠다 점수의 구성을 참고해 보면 우리는 이러한 연구 노선의 주요 결과를 주시할 수 있다. 모르겠다 점수는 발달과 함께 변화하는 것으로 밝혀졌다(즉 보다 낮은 모르겠다 점수들은 보다

높은 P-와 N2 점수와 연결된다). 그러나 경화된 유형 4와 유형 7은 모든 다른 유형들보다 유의미하게 더 낮았다. 즉 어떤 사람이 도식들(즉 규범 준수 혹은 인습 이후) 중 어느 하나에 경화되면 될수록 정보처리에 있어서 용이함과 일관성은 더욱 커진다. 역으로 구조들의 혼합(잠재적으로 갈등하는 그리고 정보의 모순적 원천들)이 크면 클수록 그 사람은 의사를 결정하는 데 있어서 어려움이 더 커진다. 이러한 연구결과는 도덕적 도식에 관한 특수한 정의를 특수한 결과와 연결시키며, 따라서 제안된 도식이 어느 정도의 심리적 진실(그렇지 않다면 경화와 도식 지배의 척도는 예상된 경향을 산출하는 데 실패했을 것이다)을 지니고 있다는 주장을 지지한다는 것을 주목해야 한다.

DIT 외부의 자료를 이용하여 이 연구결과를 입증하는 것으로 토마(Thoma), 나베츠(Narvaez), 엔디코트(Endicott), 그리고 데리베리(Derryberry, 2001)는 도덕적 이슈들의 중요성에 대해 등급 매기는 데 걸렸던 시간이 경화 및 전이와 관련된다는 것을 발견했다. 표준 반응시간 방법론을 활용했는데, 유형 4와 7 참여자들(이 연구에서 유형 1 참여자들은 없었다)이 도덕적 이슈를 처리하는 데 전체적으로 더 긴 시간이 걸렸다. 이 연구결과는 도덕적 구조가 자기 체계와 같은 그러한 보다 넓은 지식구조의 그물망 내에 자리를 마련할 것이라는 것을 제시하는 것이다. 이에 덧붙여 내부 피험자 분석은 인습적 추론(유형 4)이 규범 준수 문항들의 보다 빠른 처리와 연관된다는 것을 발견했다. 이와 비슷하게 인습 이후 수준에서 추론하는 참여자들은 인습 이후 문항들을 처리하는 데 더 빨랐다. 다시 말하면 도식의 명료성(발달국면에 의해 규정된)은 도덕적 정보의 처리에 영향을 미쳤다.

또한 도덕적 정보에 관하여 명료해진다는 것이 똑같은 결정에 이르도록 하는 것은 아니라는 점에 주목해야 한다. 예를 들면 그림 3.4는 규범 준수 도식에서의 경화가 종교적 정설의 강력한 승인과 연관된다는 것을 보여준다. 대조적으로 유형 7에서의 경화는 이러한 관점을 거부한다. 일반적으로 DIT와 연관되지 않는 변수들을 사용하는 경우 규범 준수 도식은 인습 이후 도식에 비해 보수적인 정치적 이데올로기와 종교적 정설과 보다 강력하게 연합되는 경향이 있다(Thoma & Narvaez, 출판 준비 중).

요약과 결론

이 장에서 대략적으로 밝힌 바와 같이 지난 5년 동안 DIT와 그것이 측정하고자 하는 도덕판단 발달의 이론에 대해 수많은 중요한 변화가 있어왔다. DIT는 이제 개인이 도덕적 이슈를 해석하는 기본 도식을 측정하는 것으로 제안된다. 이들 기본 도식은 거시 도덕적 수준에 고정되어 사회구조와 그의 장치에 관한 개인의 이해에 정보를 알려준다. 더욱이 이들 구조의 발달은 인생의 두 번째 십 년 동안에 시작하고, 규범의 이해와 준수에 대한 초점은 인습 이후 이해로 길을 열어주는 것과 같이 순서가 정해져 있다고 주장되고 있다.

DIT 연구 전통에 대한 이러한 변화의 기간은 또한 DIT에 의해 전제된 이론이 콜버그 체계로부터 좀 더 멀어지는 것과 관련된다. 이들 변화 가운데 으뜸은 6단계로부터 세 가지 도덕적 도식으로 발달 연속체가 재해석되는 것이다. 후자는 이제 콜버그의 단계 이론보다는 현대 도식

이론과 더 동일한 맥락에 놓여 있다. 또한 발달을 규정하기 위해 도식 개념을 채택하는 것은 선험적 가정과 같은 보편성 주장에 대한 포기, 내용과 구조 구별에 입각한 경성 관점에 대한 포기, 그리고 도덕적 이슈들에 관한 묵시적인 이해에 초점을 두는 것은 다른, 보다 언어적으로 토대를 둔 사정체계보다 실제 생활적인 의사결정에 관한 보다 더 나은 제시일 것이라는 관점의 수용과 같은 기본적 가정에서의 추가적인 변화를 알리는 신호이다.

이러한 이론적 변화와 동시에 DIT의 새로운 안과 많은 새로운 변수를 창안하고자 상당한 노력이 이루어지고 있다. DIT 연구자들은 이제 발달, 발달국면—독립적으로 그리고 함께—을 사정하는 수단을 갖게 되었는데, 이는 도덕적 결정을 내리는 데 있어서 결정적이며 인도주의적/자유주의적 관점 및 종교적 정설의 대용품이다.

이러한 중요한 변화에도 불구하고 DIT 연구 전통은 또한 콜버그의 핵심 통찰을 다시 긍정하는 데 중요한 힘이 되고 있다. 콜버그처럼 DIT 연구자들은 도덕판단이 인지적이며 발달적이라고 믿는다. 또한 세 가지 도덕적 도식의 개략적 개요는 콜버그의 단계와 청소년 및 청년의 도덕판단 발달에 관한 핵심적인 개념을 반영한다. 콜버그의 유산은 오늘날 DIT 연구자들이 이 관점을 규정하기 위해 신콜버그파라는 명칭을 사용하는 데서 명백하게 인정되고 있다. 콜버그 이론과의 이론적 연결과 더불어 DIT에 의해 산출된 경험적 자료는 많은 콜버그의 주요 예언을 지지해 왔다. 사실 우리는 콜버그의 면담 접근법을 사용하는 연구에서 반영되지 않았던 DIT를 사용하여 일관된 연구결과를 발견함으로써 곤경에 빠지곤 하였다.

종합하면 이들 노력은 DIT 연구가 그 분야에서의 진보적인 힘이며 그것은 새로운 연구방향, 특히 보다 높은 교육적 결과와 직업윤리(Bebeau, 2002 ; King & Mayhew, 2002)와 같은 응용영역에서 혹은 방법론적 관심사(Lind, 1995)와 전략(Carlo, Eisenberg & Knight, 1992)에 관한 방향을 제시하는 데 보다 효과적이었다는 의견을 지지한다. 그 분야 내의 독특한 분파로서 점차 DIT가 이제 다른 전통에 대해 특별한 공헌을 할 정도로 잘 갖추어져 있다는 것은 그럴 듯해 보인다. 예를 들면 DIT에 의해 측정된 것으로서의 발달국면에 대한 최근의 관심(Thoma & Rest, 1999)은 서로 다른 사회적/도덕적 체계(예컨대 사회적 영역)가 애매한 상황에서 어떻게 우위를 차지하는가에 관한 우리의 이해를 확장시키는 데 잠재력을 지니고 있다. 아마도 도덕적 도식에 경화되어 있는 그러한 참여자들은 특히 전이 피험자들과 비교해 볼 때 사회적 인습 정보보다 도덕적 정보를 다르게 처리할 것이다(예를 들면 Thoma, Narvaez, Endicott & Nucci, 2002).

DIT 연구 프로그램의 현재의, 그리고 잠재적인 공헌에도 불구하고 도덕판단 연구에 관한 이 관점은 비판에 자유롭지 못하다. 예를 들면 몇몇 사람들은 변화과정이 서로 다른 표본의 변덕과 연구자의 관심에 너무 많이 좌우되고 일련의 논리적으로 일관된 특징의 규정에는 훨씬 덜 좌우되는 구성으로 이끌며 너무 경험적으로 추동되지는 않는지에 대해 의심하고 있다(예컨대 Nucci, 2002). 이들 주장을 고려하여 DIT 연구자들은 모든 제안된 변형이 검사되는 넓은 토대를 둔, 그리고 잘 연결된 일련의 타당도 준거를 강조한다. 그들은 새로운 척도와 이론적 명제가 이러한 검사과정을 통해 오로지 현존하는 척도와 설명을 뛰어넘는 중요한 개선을 일관되게 보여줄 때만 찬성을 얻는다고 주장한다. 비록 그 과정이 분명히 경험적으로 추동된다 하더라도 그것은 제멋대로가 아니다. 이들 노력을 통해 DIT와 연관된 신콜버그파의 모델이 계속적으로 도덕판단 연구를 확장하는 데 공헌하는 이론적 모델과 연구전략을 그 분야에 제공할 수 있기를 희망한다.

참고문헌

Adelson, J.(1971). The political imagination of the young adolescent. *Daedalus, 100,* 1013–1050.

Beauchamp, T. L., & Childress, J. F.(1994). *Principles of biomedical ethics*(4th ed). New York : Oxford University Press.

Beauchamp, T. L., & Childress, J. F.(2002). *Principles of biomedical ethics*(5th ed.). New York : Oxford University Press.

Bebeau, M.(1994). Influencing the moral dimension of dental practice. In J. Rest, & D. Narvaez(Eds.), *Moral development in the professions.* Hillsdale, NJ : Lawrence Erlbaum Associates.

Bebeau, M.(2002). The Defining Issues Test and the Four Component Model : Contributions to professional education. *Journal of Moral Education, 31,* 271–298.

Bebeau, M. J., & Thoma, S. J.(1999). Intermediate concepts and the connection to moral education. *Educational Psychology Review, 11,* 343–360.

Brown, D. G., & Lowe, W. L.(1951). Religious beliefs and personality characteristics of college students. *Journal of Social Psychology, 33,* 103–129.

Carlo, G., Eisenberg, N., & Knight, G. P.(1992). An objective measure of adolescents' prosocial moral reasoning. *Journal of Research on Adolescence, 2*(4), 331–349.

Colby, A., & Kohlberg, L.(1987). *The measurement of moral judgment.* Cambridge : Cambridge University Press.

Derryberry, W. P.(2000). *The relationship of moral reasoning and self-understanding and their influences on moral action.* Unpublished doctoral dissertation. University of Alabama. Tuscaloosa, AC.

Eisenberg, N., & Fabes, R.(1998). Prosocial development. In W. Damon(Series Ed.) & N. Eisenberg(Vol. Ed.), *Handbook of child psychology. Vol. 3. Social, emotional, and personality development*(5th ed., pp. 701–778). New York : John Wiley.

Evens, J.(1995). *Indexing moral judgment using multidimensional scaling*. Unpublished doctoral dissertation, University of Minnesota, Minneapolis.

Haidt, J.(2001). The emotional dog and its rational tail : A social intuitionist approach to moral judgment. *Psychological Review*, 108, 814–834.

Kagen, J., & Lamb, S.(1987). *The emergence of morality in young children*. Chicago : The University of Chicago Press.

King, P. M., & Mayhew, M.(2002). Moral judgment development in higher education : Insights from the Defining Issues Test. *Journal of Moral Education, 31*, 247–270.

Kohlberg, L.(1969). Stage and sequence. The cognitive–developmental approach to socialization. In D. A. Gosling(Ed.), *Handbook of socialization theory and research*. Chicago : Rand McNally.

Kohlberg, L.(1984). *Essays on moral development : The nature and validity of moral stages*(Vol. 2). San Francisco : Harper & Row.

Krebs, D.(2001). *The evolution of morality : Reconceptualizing Kohlbergian structures of moral development*. Paper presented to the Annual meeting of the Association for Moral Education, Vancouver, BC, Canada.

Ling, G.(1995, April). The meaning and measurement of moral competence revisited. Paper presented to the Annual Meeting of the American Educational Research Association, San Francisco, CA.

Loevinger, J.(1976). *Ego development*. San Francisco : Jossey–Bass.

Lockwood, A.(1970). *Relations of political and moral thought*. Unpublished doctoral dissertation, Harvard University, Cambridge, MA.

Marty, M. E., & Appleby, R. S.(Eds.).(1993). *Fundamentalism and the state*. Chicago : University of Chicago Press.

Narvaez, D., & Bock, T.(2002). Moral schemas and tacit judgments or how the Defining Issues Test is supported by cognitive science. *Journal of Moral Education, 31*, 297–314.

Narvaez, D., Getz, I., Rest, J., & Thoma, S.(1999). Individual moral judgment and cultural ideologies. *Development Psychology, 35*, 478–488.

Nietzsche, F.(1968/1986). *Beyond good and evil*. In W. Kaufman(Trans.). *The portable Nietzsche*(pp. 443–447). New York : Viking Press.

Nisbett, R. E., & Wilson, T. D.(1977). Telling more than we can know : Verbal reports on mental processes. *Psychological Review, 84*(3), 231–259.

Nucci, L.(2002). Goethe's Faust revisited : Lessons from DIT research. *Journal of Moral Education, 31*, 315–324.

Reed, D. R. C.(1997). *Following Kohlberg : Liberalism and the practice of the democratic community*. Notre Dame, IN : University of Notre Dame Press.

Rest, J.(1979). *Development in judging moral issues*. Minneapolis : University of Minnesota Press.

Rest, J.(1983). Morality. In P. H. Mussen (Series Ed.), J. Flavell, & E. Markman (Vol. Ed.), *Handbook of child psychology. Vol. 3 : Cognitive development* (4th ed., pp. 556–629). New York : Wiley.

Rest, J.(1986). Moral development : Advances in research and Theory. New York : Praeger.

Rest, J.(1999). Stories about Larry Kohlberg. Unpublished manuscript, available from The Center for the Study of Ethical Development, The University of Minnesota.

Rest, J., & Narvaez, D.(1994). *Moral development in the professions*. Hillsdale, NJ : Lawrence Erlbaum Associates.

Rest, J., Narvaez, D., Bebeau, M., & Thoma, S.(1999). *Post-conventional moral thinking : A neo-Kohlbergian approach*. Mahwah, NJ : Lawrence Erlbaum Associates.

Rest, J., Narvaez, D., Thoma, S. J., & Bebeau, M. J.(1999). DIT2 : Devising and testing a revised instrument of moral judgment. *Journal of Educational Psychology, 91*, 644–659.

Rest, J., Narvaez, D., Thoma, S. J., & Bebeau, M. J.(2000). A neo-Kohlbergian approach to morality research. *Journal of Moral Education, 29*, 381–396.

Rest, J., Thoma, S. J., Narvaez, D., & Bebeau, M. J.(1997). Alchemy and beyond : Indexing the Defining Issues Test. *Journal of Educational Psychology, 89*(3), 498–507.

Rummelhart, D. E.(1980). Schemata : The building blocks of cognition. In R. Spiro, B. Bruce, & W. Brewer (Eds.), *Theoretical issues in reading comprehension* (pp. 33–58). Hillsdale, NJ : Erlbaum.

Sanders, C. E., Lubinski, D., & Benbow, C. P.(1995). Does the Defining Issues Test measure psychological phenomena distinct from verbal ability? *Journal of Personality and Social Psychology, 69*, 498–504.

Synder, S. S., & Feldman, D. H.(1984). Phases of transition in cognitive development : Evidence from the domain of spatial representation. *Child Development, 55*, 981–989.

Stevenson, C. L.(1937). The emotive meaning of ethical terms. *Mind, XLVI*, 14–31.

Thoma, S. J.(1986). Estimating gender differences in the comprehension and preferences of moral issues. *Developmental Review, 6*, 165–180.

Thoma, S. J.(2002). An overview of the Minnesota approach in moral development. *Journal of Moral Education, 31*, 225–246.

Thoma, S. J., & Rest, J.(1999). The relationship between moral decision-making and patterns of consolidation and transition in moral judgment development. *Developmental Psychology, 35*, 323-333.

Thoma, S. J., & Narvaez, D.(unpublished manuscript). *Evidence supporting a schema view of the Defining Issues Test*. The University of Alabama, Tuscaloosa.

Thoma, S. J., Narvaez, D., Endicott, L., & Derryberry, P.(2001, April). *Development phase indicators and moral information processing*. Paper presented to the American Educational Research Association, New Orleans, LA.

Thoma, S. J., Narvaez, D., Endicott, L., & Nucci, L.(2002, November). *Judging social issues : The influence of domain and developmental phase indicators*. Paper presented to the Association for Moral Education, Chicago, IL.

Thoma, S. J., Narvaez, D., Rest, J., & Derryberry, P.(1999). The distinctiveness of moral judgment. *Educational Psychology Review, 11*, 361-376.

Torney-Purta, J.(1990). Youth in relation to social institutions. In S. Feldman & G. R. Elliott(Eds.), At the threshold : The developing adolescent(pp. 457-478). Cambridge, MA : Harvard University Press.

University of Minnesota, Center for the Study of Ethical Development.(1998). Norming Data for the DIT. Unpublished data.

Walker, L. J.(2002). The model and the measure : An appraisal of the Minnesota approach to moral development. *Journal of Moral Education, 31*, 353-367.

Walker, L. J., Taylor, J. H.(1991). Stage transitions in moral reasoning : A longitudinal study of developmental precesses. *Developmental Psychology, 27*, 330-337.

제4장

성과 도덕성

워커_Lawrence J. Walker (브리티시 컬럼비아 대학교_University of British Columbia)

성과 도덕성을 둘러싼 이슈는 지난 20여 년 이상 도덕심리학 분야에서 뿐만 아니라 사회과학, 인문학, 그리고 광범위한 사회집단에서 상당한 관심의 대상이 되어왔다. 논쟁의 열기는 최근 몇 년 동안 많이 진정되었으며, 이제는 우리가 이들 이슈와 관련하여 논쟁이 어디까지 와 있는가를 검토해 볼 적절한 시점이 된 것 같다.

본래 그 이슈가 상당히 논쟁적인 성질을 지닌 것임을 인정하는 것은 중요하다. 성과 도덕성에 관한 주장과 진술은 지난 20여 년 이상 폭넓게 전개되어 왔으며 대중화되어 왔다. 도덕적 영역이 우리의 자기 정의(self-definition) (대부분의 사람들은 자기 자신을 도덕적 존재로 간주한다)에서 핵심적이며 또한 분명히 평가적이라고 가정한다면, 이 영역에서 차이가 있다는 주장은 개념적·경험적 관심뿐만 아니라 보다 넓은 이데올로기적·실제적 함축에 주의를 기울이면서 신중히 검증을 받아야 한다. 관련된 심리학 이론들과 경험적 증거에 관한 주의 깊은 검토는 이들 이슈에 관한 지속적인 대화에 긍정적인 방식으로 이바지한다.

오늘날의 성과 도덕성에 관한 논쟁은 몇 가지 측면에서 현대 도덕 심리학을 지배해 온 두 이론가, 곧 콜버그(Lawrence Kohlberg, 1969, 1981, 1984)와 길리간(Carol Gilligan, 1977, 1982)의 연구를 둘러싼 논쟁으로부터 기인한다. 이러한 최근의 콜버그와 길리간을 둘러싼 논쟁에도 불구하고 여러 사람들이 인식하고 있는 바와 같이 그 이슈는 실제적으로는 오히려 오랜 역사를 지니고 있다. 역사적으로 남성들과 여성들은 종종 일치되거나 혹은 서로 다른 도덕적 특질(그리고 때때로 서로 다른 도덕적 값어치)을 주장해 왔다. 광범위하게 발달한 가부장 사회는 도덕적 리더십의 공적·제도적 지위를 가진 여성들을 상습적으로 부정하고 대신에 가정 영역 내의 역할로 격하시켜 버린 것을 예증하고 있다. 여성들은 우리 사회의 법조, 정치, 종교, 사업, 학문, 그리고 그 밖의 다른 영역(비록 이들 영역이 도덕적 리더십과 완전히 동의어는 아니지만)에서 소수의 사람들만이 지도력을 발휘하는 위치에 존재한다. 남성의 도덕적 우월성과 지도력을 암시하는 역사적 관점과 대조적으로 우리는 여성들이 자신들이 요구하는 높은 도덕적 표준을 공적인 생활에 부여하고자 하는 시도에서 많은 운동, 예를 들면 산업혁명 기간 동안 아동들의 복지를 증진시키기 위한 운동(그것은 아동 노동법과 보통 교육을 불러일으켰다), 참정권 확대 운동, 금주 운동을 주창했으며, 그리고 조장해 왔다는 점을 기억해야만 한다(Tronto, 1993). 이와 비슷하게 현대 사회에서 여성들과 남성들은 종종 사형, 낙태, 가정폭력, 총기 통제, 전쟁과 같은 여러 가지 절박한 도덕적 이슈에 관하여 다양한 태도를 견지하고 있다.

시대를 뛰어넘는 도덕철학자들(예컨대 필론, 아우구스티누스, 아퀴나스, 데카르트, 칸트, 루소, 헤겔)은 도덕성에서 성 차이의 관념, 곧 남성은 전형적으로 합리적인 도덕성 감각을 지니고 있는 존재로, 그리고 여성은 정서적인 도덕성 감각을 소유한 존재로 특징짓는 관념을 영속화시켜 왔다(검토를 위해서는 Lloyd. 1983 참조).

아마도 철학자들은 빈약한 근거에 입각한 탁상공론적인 관찰이지만 그것을 잘 조정함으로써 어느 정도 비난을 면할 수 있을 것이다. 그러나 심리학자들은 그 이슈에 관한 경험적 자료를 근거로 차이를 유도했다. 프로이트(1927)는 성과 도덕성에 관하여 꽤 많은 악명을 끌어모았던 것으로 다음과 같은 설명을 제시했다.

> 나는 여성들에 있어서 윤리적으로 정상적이라는 수준이 남성들에 있는 바와 다르다는 생각(비록 나는 그것을 표명하는 것을 주저하지만)에서 벗어날 수가 없다. 그들의 초자아는 우리가 남성들에게 존재해야 한다고 요구하는 만큼 그의 정서적 기원으로부터 결코 엄연하고, 객관적이며, 독립적이지 못하다. 모든 시대의 비평가들이 여성들에 대해 제기해 왔던 성격 특질－그들은 남성들보다 더 낮은 정의감을 보인다는 것, 그들은 인생의 중대한 필연성을 감수할 준비가 덜 되어 있다는 것, 그들은 판단을 할 때 애정 혹은 적의의 감정에 의해 더 자주 영향을 받는다는 것－은 모두 우리가 이미 추론했던 그들의 초자아의 형성에서 변형에 의해 충분히 설명될 수 있을 것이다(pp. 141-142).

프로이트는 여성들의 상대적인 도덕적 미성숙을 같은 성을 가진 부모에 대한 동일시에서 결손과 그 결과로 인한 초자아 형성—그의 심리성적 발달 모델의 고유한 부분—탓으로 돌렸지만 그는 또한 그의 관점이 추측이고, 얼마 안 되는 사례에 토대를 두고 있으며, 경험적 검증을 요구한다는 것을 인정했다. 오이디푸스(Oedipal)와 엘렉트라(Electra) 갈등에 관한 프로이트의 해석적인 개념은 결국 대부분 검증이 불가능한 것으로 간주되기 시작했으며, 정신분석 이론의 종언과 더불어 도덕적 영역에서의 성적 차이에 관한 관념은 몇십 년 동안 심리학에서 수면 아래로 가라앉았다. 최근까지 도덕발달 분야에서 그 어느 다른 주요 이론가도 성 차이를 자신의 모델의 필수적인 요소로 설정하지 않고 있다.

그 이슈는 길리간(Carol Gilligan)에 의해 『하버드 교육 평론』(*Harvard Educational Review*, 1977)의 한 유력한 논문과 자신의 베스트셀러인 『다른 목소리로』(*In a Different Voice*, 1982)에서 부활되었으며, 미국에서 페미니즘이 우세한 상황에서 일어났다. 길리간의 일차적인 주장은 여성들의 도덕성이 질적으로 남성들의 그것과 다르다는 것이다. 즉 그녀는 여성들의 도덕적 추론을 배려의 윤리로, 그리고 남성의 도덕적 추론을 정의의 윤리로 특징지었다. 이들의 서로 다른 도덕적 정향은 기본적인 삶의 정향에서의 심원한 성적 차이의 반영이라고 주장된다. 길리간의 두 번째 주장은 인간 발달에 관한 영향력 있는 이론들(그리고 그녀는 그러한 위치에 있는 사람들로 프로이트, 피아제, 에릭슨, 레빈슨, 맥크릴랜드, 그리고 유명한 콜버그를 들었다)이 여성들의 경험에 편견을 품고 있다는 것이다. 특히 도덕심리학과 가장 관련된 것으로 그녀는 콜버그의 이론이 도덕성에 관한 여성들의 다른 목소리를 놓치거나 오해하였으며, 여성들을 도덕적으로 결함이 있는 존재로 특징지었다고 주장했다.

다음 절에서 길리간의 도덕적 정향에 관한 이론이 짧게 설명된다.

그런 후 콜버그의 이론에 맞서는 성 편견에 관한 그녀의 주장과 관련한 논거가 검토되며, 마지막 절에서 길리간 모델의 경험적 타당도가 다소 상세하게 고찰된다.

길리간의 도덕적 정향에 관한 이론

길리간(1977, 1982, 1986b, 1987 ; Gilligan & Attanucci, 1988 ; Gilligan, Brown & Rogers, 1990 ; Gilligan, Lyons & Hanmer, 1990 ; Gilligan, Ward & Taylor, 1988 ; Gilligan & Wiggins, 1987)은 남성들과 여성들이 그들의 기본적인 삶의 정향, 특히 자아(self)와 도덕성의 개념에서 전형적으로 다르며, 그것들은 서로 다른 발달 통로를 따라간다고 제안했다. **도덕적 정향**(*moral orientation*)은 도덕적 영역을 조직하고 이해하는 개념적으로 독특한 구조(framework)이다. 길리간은 배려와 정의 정향 사이에 형태 변화의 어떤 것이 존재한다고 주장하며, 때때로 고전적인 얼굴-꽃병 착각(face-vase illusion)을 그들 사이의 관계를 예증하는 데 사용한다.

길리간은 남성들이 그들의 자아에 관한 개인주의적 · 단독적인 개념, 공평한 객관성, 업무에 기초한 정체성의 토대 구축, 그리고 추상적이고 공평한 규칙 혹은 원리를 향하는 경향 때문에 전형적으로 정의 정향(때로는 또한 권리 정향으로 언급했다)을 지니고 있다고 믿는다. 따라서 그녀는 남성들이 전형적으로 도덕적 갈등을 대립적인 권리들의 이슈를 함의하고 있는 것으로 간주한다고 주장한다. 길리간은 이러한 도덕적 정향이 도덕철학과 도덕심리학 모두에서 잘 표현되어 왔다고 생각한다.

다른 한편으로(그녀는 그 차이를 마치 그것이 근본적으로 양립 불가능한 관점을 나타내는 이분법적인 것인 양 기술하고 있다 ; Stocker, 1987) 그녀는 여성들이 다른 사람들과 연결된, 그리고 그들에 의존적인 것으로서 자아에 관한 그들의 지각, 친밀한 관계에 기초한 정체성의 토대 구축, 위험에 처하지 않게 하거나 혹은 해를 끼치지 않도록 하는 데 대한 민감성, 자기와 다른 사람들의 복지에 대한 관심, 그리고 구체적인 상황에서 조화로운 관계에 대한 관심 때문에 전형적으로 배려 정향(때로는 반응 정향으로 언급했다)을 지니고 있다고 믿는다. 따라서 그녀는 여성들이 전형적으로 도덕적 갈등을 대립적인 책임들의 이슈를 함의하고 있는 것으로 인정한다고 주장한다. 길리간은 도덕철학과 인간 발달 이론에서 적절하게 설명되지 않은 것은 이러한 "여성" 배려 윤리라고 주장한다. 도덕적 정향이 성과 관련되어 있다는 것이지 성에 특정한 것은 아니라는 점에 주목하는 것은 중요하다(길리간은 이 점을 강하게 주장한다).

길리간(1982)의 이론은 또한 방법론적 숙고를 내포한다. 특히 그녀는 배려 정향이 실생활 도덕 딜레마에 관한 추론에서 가장 잘 드러나며, 그것은 아마도 도덕적 추론에 관한 사정에서 표준 패러다임(예컨대 Colby & kohlberg, 1987의 도덕판단 면담과 Rest, 1979의 DIT)인 가설적 도덕 딜레마로 인해 모호해질 것이라고 주장한다. 길리간은 가설적 딜레마들이 추상적이고, 비개인적으로 객관화되고, 문맥상의 정보에 제한되고, 정서적으로 개입되지 못하고, 미리 구성된 도덕적 이슈(연구자에 의해, 흔히 대립적인 권리들의 견지에서)를 갖춘다고 주장한다. 이와 반대로 자기 자신의 경험으로부터 일어나는 실생활 딜레마들은 특수하고, 문맥상으로 풍부하고, 개인적으로 관련되거나 관계가 있으며, 그들의 구성 측면에서 자유롭게 답하기 때문에 배려추론을 드러내는 데 보다 더 적절한 상황이 된다고 주장한다.

성과 관련된 도덕적 정향에 관한 길리간의 제안은 광범위한 주목을 받았으며, 결국 이들 정향의 발달적 기원에 대한 의문을 자극했다. 이들 도덕적 정향은 어떻게 발달과정에서 발생되기 시작하는가? 길리간은 자신의 나중의 연구물들(1986b, 1987 ; Gilligan 외, 1988 ; 그리고 특히 Gilligan & Wiggins, 1987)에서 이들 정향의 기원이 가족에, 어린 소년들과 소녀들의 부모와의 서로 다른 경험에 확고하게 자리하고 있다고 주장했다. 페미니스트에 속한 학자들 사이에 "차이"(differences) 전통(Kimball, 1994)이 일반적이듯이 길리간은 도덕적 추론에서의 성 불균형을 신정신분석 이론(Chodorow, 1978)에 의존하여 초기의 부모-자녀 관계로 설명하였다.

길리간(Gilligan)과 위긴스(Wiggins, 1987)는 다른 사람과의 관계가 도덕적 기능작용의 중심부에 위치해 있으며, 따라서 관계에 관한 관점이 도덕성의 모든 개념을 구성하는 것이 분명하다고 믿는다. 그들은 다른 사람들과의 관계에서 자아에 관한 자각은 평등-불평등과 애착-분리(지배와 양육의 일차적인 대인간 영역과 유사한, 가족체계 순환 이론가들에 의해 퍼스낼리티에 위치된)의 두 가지 영역 면에서 가장 잘 특징지어진다고 제안한다(Wiggins, 1991). 그들의 제안은 어머니가 어린 아동들에 대한 일차적인 보호자이며, 아동들은 같은 성을 가진 부모를 동일시하게 된다는 가정 위에서 확립되었다. 따라서 부모와의 관계에서 이들 두 영역에 따른 초기의 차이는 초기 아동기에 발생하는, 그리고 생애 전반을 통해 지속하는 서로 다른 도덕적 정향에 대해 설명하는 것으로 판단된다.

평등-불평등의 영역은 아동들이 성인들보다 의존적이고, 더 작고, 힘이 더 없고 덜 유능한 존재라는 정확한 자각을 반영한다. 발달적 진행(최소한 정의 구성 내에서)은 다른 사람들과의 평등과 그들로부터의 독립의 지위를 향한다. 애착–분리의 직접적인 교류영역은 보호를 받는다는 아동들의 의식, 그들의 보호자에 대한 애정, 그리고 다른 사람들에게 영향을 미치고 또한 그들과 연계되어 있다는 것에 관한 그들의 자각을 반영한다. 길리간은 애착관계의 역동성이 자아에 관한 매우 다른 감각을 유발한다는, 그리고 그러한 애착에 관한 도덕적 함축은 발달심리학에서 충분히 관심을 받지 못해왔다고 주장했다.

길리간은 소년들과 소녀들의 서로 다른 불평등과 애착의 경험이 정의와 배려의 도덕적 정향을 위한 토대를 형성한다고 가정했다. 또한 그녀는 소녀들이 그들의 어머니에게 애착을 갖게 되고 그들을 동일시한다고 주장했다. 소녀들의 정체성은 어머니와의 이러한 관계를 유지하는 맥락 안에서 발달한다. 따라서 불평등의 경험은 그렇게 두드러지지 않는 반면에 타인들과의 관계를 유지하는 애착의 경험은 그들의 자아 정의(self–definition)에서 중심을 차지한다. 그 결과는 자아의 상호 의존감이며 배려와 관계의 유지를 향한 도덕적 정향이다. 이와는 대조적으로 소년들은 처음에 그들의 어머니에게 애착을 갖지만 그들의 아버지를 동일시한다. 소년들의 정체성은 어머니로부터의 분리의 맥락에서, 이와 동시에 아버지의 권력 및 권위와 관련되는 맥락에서 발달한다. 따라서 불평등의 경험은 더욱 두드러지며, 분리와 독립에 대한 필요는 그들의 자아 정의에서 더욱 중심을 차지한다. 그 결과는 자아에 관한 개인주의적 의식이며 정의와 권리를 향한 도덕적 정향이다.

길리간(1977, 1982)은 비록 이들 발달단계를 도덕적 정향의 기원에 관한 자신의 나중의 이론화와 통합시키지는 못했지만 최초로 배려 윤리의 발달단계를 제안했다. 배려추론에 대한 그녀의 발달계열은 두 가지 중간단계의 전이 시점과 함께 세 가지 특정한 수준으로 이루어진다. 최초의 수준은 자기에 관한 자기 중심적 초점을 이루며, 여기에서의 도덕적 관심은 실용적이다. 그리고 자기 자신의 행복을 보장하고 해를 입는 것을 피하는 것을 포함한다. 두 번째 수준은 선에 관하여 규범적 · 인습적 초점을 이루며, 그것은 타인들에 대한 자기 희생적 배려와 같게 된다. 세 번째 수준은 자기와 타인들에 대한 배려의 윤리로 그들의 상호관계에 관한 균형적인 이해를 수반한다. 여기에서는 비폭력의 원리(해를 끼치는 것을 막는 명령)와 자기와 타인에 대한 책임 사이의 도덕적 평등의 주장에 초점이 있다.

이 절은 도덕적 정향에 관한 길리간의 이론을 짧게 설명하고 있다. 도덕적 정향과 관련한 현존하는 경험적 논거는 도덕판단 발달에 관한 콜버그의 이론이 도덕성에 관한 여성들의 다른 목소리에 귀를 기울이지 않았으며 여성들을 도덕적으로 열등하고 정도를 벗어난 존재로 잘못 묘사했다는 길리간의 다른 아주 별개의 주장을 먼저 검토한 이후 이 장의 후반부에서 검토된다.

콜버그 이론에서의 성 편견

길리간의 두 번째 주요한 주장은 인간 발달에 관한 영향력 있는 이론들, 특히 가장 최근에 도덕심리학을 지배했던 이론—콜버그의 이론—이 여성들의 배려 윤리에 둔감하다는 것이다. 그녀는 도덕성에 관한 콜버그의 개념이 권리, 개체성, 합리성, 비인격성, 정의의 원리와 같은 전통적인 남성의 특질과 가치(특히 보다 높은 단계들에 있는)를 강조한다고 주장한다. 그리고 그녀는 관계의 유지, 배려, 그리고 도움을 요청받을 때 헌신과 같은 그러한 전통적인 여성의 관심은 전형적으로 도덕발달의 보다 낮은 단계로 분류된다고 보고 있다. 따라서 길리간은 콜버그의 접근이 여성들(그리고 배려의 윤리를 가진 사람들)은 그들의 도덕적 추론의 수준에서 결손이 있다는 증거를 잘못 산출하고 있으며, 이러한 성차가 그 모델의 전반적인 성 편견을 드러내고 있다고 주장한다.

성 편견에 관한 길리간 주장은 이중적 토대 위에 근거하고 있다. (a) 편견의 첫 번째 잠재적 원천은 도덕 이론에 대한 이데올로기적 근거이다. 콜버그 이론(1984)이 스스로 인정하고 있는 지적 근거는 형식주의 도덕철학과 자유주의 사회과학의 전통에 있다. (b) 두 번째 편견의 원천은 이론의 구성이 원래 도출된, 그리고 타당화된(비록 이론들이 전적으로 연구자료에만 기초되는 것은 아니라는 것이 인정되고 있지만) 본래의 표본의 특징과 관련한다. 콜버그의 도덕단계 모델과 점수화 체계는 대부분 전적으로 남성 표본의 종단적 자료로부터 구성되었다(Colby, Kohlberg, Gibbs & Lieberman, 1983).

길리간(1982)과 다른 사람들(예컨대 Baumrind, 1986)은 차이에 관한 연구결과들이 성 편견을 추인한다고 주장해 왔다. 그러나 그것이 항상 그렇게 단순하지는 않다. 성 차이에 관한 연구결과들은 단지 실재를 적절하게 반영하지 않을 때에만 오로지 편견에 관한 주장을 지지한다. 성 차이들이 편파적인 이론의 암시라기보다는 단순히 여성들에 대한 기회를 부정하는 성 차별 사회의 반영일지도 모른다는 것이 가능하다. 예를 들면 남성들이 평균적으로 여성들보다 키가 크지만 그러한 결과가 우리의 측정체계를 반드시 거부할 필요는 없다. 이론에 반하는 편견에 관한 해석용 주장의 토대는 성과 도덕성에 관련한 그의 주장들이 입증될 수 없다는 것을 암시하는 경험적 증거가 될 것이다.

콜버그(1984)의 도덕발달에서의 성 차이에 관한 이론적 관점은 길리간의 그것과 상당히 다르다. 그의 접근은 "발달적 통로"나 아니면 발달의 속도에서 성 차이를 예언하지 않았으며 그리고 필요하지도 않다. 콜버그의 도덕적 단계 모델은 잘 알려져 있다(이론적 · 방법론적 설명에 대해서는 Colby & Kohlberg, 1987 참조). 콜버그는 단계 획득의 순서가 불변적이며 보편적이라고 주장했지만, 적절하게 비평형적인 사회적 경험에 대한 노출로 인하여 발달의 속도와 최종 지점이 다를 수 있음(variability)을 예언했다. 사회적 경험의 다양성이 도덕적 추론 발달을 예언한다는 것을 암시해 주는 꽤 많은 증거가 누적되어 왔다(Walker & Hennig, 1997). 콜버그는 이들 도덕발달 결정요소들이 성을 포함하여 개인 간 또는 집단 간의 변화성을 설명한다고 주장했다. 따라서 그의 입장은 만약 그의 척도 상의 성차가 드러난다면 그것은 전적으로 도덕발달에 관한 이들 영향의 측면에서 나타나는 차이 때문이라는 것이다.

콜버그의 모델에 관심을 갖는 광범위한 연구를 고찰해 보면 오늘날 도덕적 추론 발달단계에서의 성 차이와 관련한 상당한 증거가 존재한다. 성 차이의 진정한 빈도는 그러한 차이가 일차적인 관심사(그 생각에 관한 길리간의 대중화 이전에)가 아니었기 때문에 아마도 현존하는 연구문헌에 의해 다소 과장되었을 것이라는 것과 연구보고와 출판 편견이 때로는 통계적으로 유의미하지 않은 연구결과에 대한 보고를 방해한다—서류함 문제(역자 주 : 자신의 의도와 맞지 않는 연구결과는 연구자의 서랍 속에서 점차 잊혀져 버린다)—는 것에 특히 주의해야 한다(Rosenthal, 1991).

워커(Walker, 1984, 1986b, 1991)는 성 차이가 검증되었거나 혹은 검증될 수 있었던 콜버그의 척도를 사용한 모든 연구와 관련된 문헌에 대해 논평했다(콜버그의 척도를 사용하는 연구들이 보다 최근에는 거의 출판되지 않고 있으며, 그래서 이 평론은 경신이 필요하지 않다). 그 평론은 152가지 표본을 가진 80편의 연구를 포함했으며, 10,637명의 참여자들이 관련되어 있었다. 이들 152가지 별개의 표본 가운데 통계적으로 유의미하지 않은 성 차이는 대다수(86%)에서 보고되었으며, 대조적으로 보면 여성들은 표본의 6%에서 더 높은 점수를 받았고 남성들은 9%에서 더 높은 점수를 받았다. 여성들에게 유리한 몇 가지 차이는 학생들의 동질 표본에서 발생하는 경향이 있었던 반면에 남성들에게 유리한 몇 가지 차이는 성인들의 이질적인 표본에서 발생하는 경향이 있었다(남성들과 여성들이 현대 사회에서 때때로 발견되는 것과 같이 대체적으로 교육과 업무 수준에서 달랐다는 점에서 이질적이다). 흥미롭게도 연구자들이 교육, 업무, 혹은 그 둘 모두에 대해 몇 가지 방식에서 통제했던 모든 경우에서는 도덕적 추론의 성 차이가 사라졌다. 이것은 이들 연구결과를 교묘히 변명하고자 하는 시도가 아니라—전반적으로 통계적으로 유의미하지 않은 경향이 있다고 가정할 필요는 없다—그러한 경험들이 발달의 속도에 영향을 미친다는 콜버그의 지적을 예증하는 것이다.

연구결과들을 통합하는 전통적인 계표(유의미한 혹은 그렇지 않은) 방법(vote-counting method)의 한 가지 한계는 그것이 효과의 크기를 고려하는 데 실패한다는 것이다. 만약 그 효과가 심각하지 않은 것이라면 개인적 연구들에서의 차이는 비록 그것이 일정한 방향을 향할지라도 유의성에 도달하지 않는 경향이 있다. 메타 분석은 전통적인 검토방법의 한계를 극복하면서 통계적으로 일련의 연구결과를 합병하는 객관적이고 유력한 수단이다. 그것은 연구결과들의 전반적인 유형, 효과 크기, 다양한 중개 변수의 관련성에 대한 확률 수준을 결정할 수 있다. 워커(1984, 1986b)의 메타 분석은 연구결과들이 전반적으로 유의미하지 않으며 효과 크기가 아주 작은(d = .046 ; 그것은 성이 도덕적 추론 발달에서 변이성의 1%의 1/20을 설명한다는 것을 의미한다) 경향이 있음을 지적하였다. 이전의 오래된 연구 가운데 성 차이에 관한 부차적인 연구결과를 제공했던 한 가지 설명은 콜버그의 초기 점수화 체계(최종적으로 완성되기 전에 여러 차례의 수정을 거쳤다)가 내용과 구조를 혼동하는 등 부적절했다는 것이다(Colby & Kohlberg, 1987). 워커(Walker, 1991)는 초기의 점수화 체계 대 현재의 점수화 체계를 중재 변수로 검사했지만 유의미한 차이를 발견하지 못했다.

도덕추론에서의 성 차이에 대해 우리가 주목할 만한 또 하나의 포괄적인 메타 분석이 있다. 토마(Thoma, 1986)는 성 차이를 DIT—콜버그의 이론으로부터 도출된 척도(다소 다른 단계 기술과 매우 다른 방법론을 지닌)로서 길리간의 비판에 노출되어 있는—에 의거하여 검사했다. 토마는 56표본을 검사했는데, 거기에서 DIT에 의거한 성 차이가 여성들에게 유리한 유의미한 차이가 발견되었지만 반대로 그 효과 크기는 도덕적 추론에서 변이성의 1%의 절반도 안 되는 크기를 책임지고 있는 등 극도로 작았다.

이들 메타 분석에서의 최소 효과 크기를 고려해 보면 우리는 성과 도덕단계 사이에 어떤 의미 있는 관계가 결코 존재하지 않는다는 결론에 도달하게 된다. 콜버그의 모델이 여성들의 도덕적 사고에 낮은 점수를 준다는 길리간의 주장에 대한 경험적 지지가 존재하지 않는다. 그 생각은 "설득력 있게 가면이 벗겨졌다"(Jaffee & Hyde, 2000, p. 707).

그러나 콜버그의 모델에 대한 길리간의 비판은 그의 접근이 여성들의 도덕적 추론에 대해 낮게 점수를 준다는 것뿐만 아니라, 그의 접근이 배려의 윤리에 입각한 그러한 추론을 보다 낮은 단계들에서 범주화시킴으로써 이를 경시한다는 것이었다(길리간에 있어서 여성들의 도덕적 추론과 배려 윤리는 본질적으로 동의어이지만 이것은 앞으로 볼 수 있듯이 보증되지 않은 가정일 뿐이다). 길리간은 "따라서 콜버그의 구조에서 배려 정향을 중요하게 여길 책임이 있다"(1986b, p. 45)고 언급했다.

그 주장과 관련하여 상대적으로 증거가 거의 없으며, 그나마 몇몇 유용한 연구결과들은 서로 일치하지 않는다. 크레브(Krebs), 버뮤렌(Vermeulen), 덴턴(Denton), 카펜데일(Carpendale, 1994)은 대학생들을 대상으로 콜버그의 도덕판단 면담(MJI)에 대한 서면반응을 받았으며, 그것들은 도덕단계와 길리간의 두 가지 도덕적 정향 모두를 고려해 부호화되었다(MJI는 길리간이 자신의 도덕적 정향을 사정하기 위해 선호한 도구가 아니라는 것을 유의해야 한다). 도덕단계와 배려추론 사이의 예견된 소극적 상관관계는 남성들에게서 발견되었지만 여성들에게서는 그렇지 않았다. 프래트(Pratt), 골딩(Golding), 헌터(Hunter), 그리고 샘슨(Sampson, 1988, 연구 1)은 성인들로 하여금 콜버그의 MJI에 대해 응답하도록 요구한 후 그 결과를 토대로 도덕단계를 사정하였다. 또한 실생활 딜레마를 논의하고 그 결과를 근거로 길리간의 도덕적 정향을 사정하였다. 프래트와 협력 연구자들의 연구결과는 콜버그의 모델에서 배려 윤리에 반하는 편견에 관한 길리간의 주장을 지지하지 않았다. 즉 여성들에게 있어서 보다 높은 단계추론은 배려추론과 더 많이 관련되었던 반면에 남성들에게 있어서는 유의미한 관계가 없었으며, 그 결과는 나중에 스퀘어(Skoe), 프래트, 매튜스(Matthews), 커러(Curror, 1996)에 의해 되풀이되었다. 두 연구는 성적 행동 및 질병과 관련된 딜레마 추론을 통해 도덕단계들과 도덕 정향을 사정하였지만 상호 관련성을 발견하지 못했다(Conley, Jadack & Hyde, 1997 ; Jadack, Hyde, Moore & Keller, 1995).

이와 비슷하게 이 이슈에 관한 나 자신의 연구에서(Walker, 1989 ; Walker, DeVries & Trevethan, 1987) 참여자들은 두 번의 서로 다른 면담(2년이 지난 종단적 간격)에서 MJI와 실생활 도덕 딜레마 두 가지 모두에 반응했다. 두 가지 유형(가설적 그리고 실생활)의 딜레마에 대한 응답결과는 도덕단계와 도덕 정향 두 가지로 채점되었다. 만약 길리간의 논증이 옳다면 배려 정향을 지닌 참여자들은 정의 정향(그것은 아마도 콜버그의 모델에서 선호될 것이다)을 지닌 사람들보다 도덕단계에서 더 낮게 채점되어야 한다. 가설적 딜레마상에서 단계와 정향 사이의 관계에 대한 분석은 유의미한 결과를 나타내지 못했다. 그러나 실생활 딜레마들에 대한 분석은 배려 정향을 지닌 개인들이 정의 정향을 가진 사람들보다 도덕단계에서 더 높은 점수를 받았다는 것을 보여주었다. 배려 윤리가 콜버그의 모델에서 경시되어 있다는 길리간의 주장에 대해 제한된 경험적 지지가 있을 뿐이다. 오히려 그것이 촉진된다는 징후가 존재한다.

요약하면 콜버그의 도덕단계 모델에 관한 길리간의 관심은 경험적으로 유지될 수가 없다. 그럼에도 불구하고 콜버그의 접근에 대한 관심은 비록 다른 이유 때문이지만 약해지고 있다. 도덕단계 모델과 발달에 대한 설명의 타당성과 관련하여 축적되어 온 상당한 경험적 지지에도 불구하고 그 접근이 도덕적 기능작용에 관한 다소 제한된, 심지어는 부적절한 관점을 수반한다는 증거가 점차 나타나고 있다(Walker, 1996 ; Walker & Pitts, 1998). 이것은 어떤 방식에서든 그 접근의 상당한 공헌을 부정하는 것이 아니라 오히려 이들 공헌을 적절한 구성 내에 자리잡도록 시도한다. 도덕성은 적절히 이해한다면 개인 상호 간의 구성요소와 개인 내의 구성요소 두 가지 모두를 지닌다고 주장될 수 있다. 대인관계 구성요소는 사회적 상호작용의 규제, 특히 사람들의 권리 및 복지와 관련한 갈등의 판결과 관련된다. 도덕성의 이러한 측면은 콜버그의 도덕심리학에 잘 기술되어 있다(도덕철학에서 형식주의, 목적론적 관점을 반영하고 있음). 개인 내적 구성요소는 우리의 기본적 가치, 정체성, 목적, 그리고 인격을 포함하며, 콜버그의 패러다임에서 무시되어 왔다. 만약 우리가 사고, 정서, 행동의 역동적인 상호작용을 포함하여 그의 진정으로 다면적인 심리학적 성격을 인정하는 도덕적 기능작용에 관한 정의를 수용한다면 콜버그의 모델이 제한적이라는 점 또한 명백하다. 그의 접근은 인지적 추론능력을 도덕성의 본질을 나타내는 것으로 감싸고 도덕적 기능작용의 다른 측면의 중요한 고려를 배제한다. 콜버그의 접근에 있는 성 편견에 관한 길리간의 주장에 대한 증거의 부족에도 불구하고 그녀의 이론화는 그의 패러다임이 도덕적 영역의 전체 범위를 나타내지 못한다는 점을 점차적으로 현실화시키는 데 공헌해 왔다.

그 밖의 다른 이론에 관한 길리간의 주장의 진실성과 관계없이 배려 윤리와 관련한 그녀의 주장은 분리가 가능하며, 그리고 그 측면에서 평가될 수 있다. 다음 절은 도덕적 정향에 관한 길리간의 이론의 경험적 검사와 평가를 제시한다.

배려 윤리와 관련한 경험적 증거 및 개념적 이슈들

길리간은 도덕적 정향에 관한 자신의 이론과 관련한 다양한 주장을 발전시켜 왔다. 이 절은 이들 주장과 관련한 유용한 경험적 증거를 검토한다. 그 가운데 여러 가지는 서로 관련이 있으며, 또한 그 모델에 관한 몇 가지 개념적 이슈들을 불러일으킨다.

사정(assessment)

기본적으로 길리간의 모델과 관련된 경험적 증거에 대한 평가는 도덕적 정향이 어떻게 사정되고 또한 그러한 척도들이 신뢰할 만하고 타당한지를 고찰하는 것이다. 길리간(1982)의 책은 단지 도덕적 정향과 관련한 일화와 비공식적 증거만을 제공할 뿐 사정의 이슈들을 중점적으로 다루지 않았다. 그러나 길리간의 연구생인 리온스(Lyons, 1982)는 실생활 도덕적 딜레마들에 관한 추론에서 정의와 배려 고려(즉 점수를 매길 수 있는 사고단위들)를 분류하기 위한 점수화 체계를 개발했다. 리온스의 체계에서는 면담 내에서의 각 정향에 대한 상대적인 고려 숫자가 지정된 도덕적 정향을 결정한다. 이것은 길리간이 심사받은 심리학 간행물에 도덕적 정향에 관하여 기고했던 유일한 경험적 연구에서 사용된 점수화 체계이다(Gilligan & Attanucci, 1988). 존스톤(Johnston, 1988)은 나중에 리온스의 점수화 체계를 가설적 딜레마들(즉 이솝우화 두 편)에 대한 반응에서 도덕적 정향을 채점하기 위해 채택했다.

도덕적 정향에 대한 길리간의 점수화 체계는 **독자 가이드**(Reader's Guide)의 발달과 더불어 더욱 진화했다(Brown, 1987 ; Brown, Debold, Tappan & Gilligan, 1991 ; Brown, Tappan, Miller & Argyris, 1989). 그것은 설화에서 자기를 확인하는, 그리고 배려와 정의의 도덕적 목소리를 듣는 해석용 절차를 제공해 준다. 이러한 독자 반응과 페미니스트 방법은 객관성을 피하고 대신에 특정한 "해석공동체"(interpretive community) 내에서 의미를 창조하고자 시도한다(Brown 외, 1991, pp. 27, 33).

길리간의 집단 내에서 개발된 점수화 체계의 수집 곤란성과 주관성은 다른 연구자들이 이를 폭넓게 채택하는 것을 방해했다. 그러므로 몇몇 다른 척도의 개발은 이들 도덕적 정향을 개척하는 경향이 있었다. 쉬퀘(Skoe)와 마르시아(Marcia, 1991)는 배려 윤리 면담(ECI)을 개발했으며, 나중의 연구에서 이를 타당화시켰다. ECI는 길리간의 배려추론의 수준을 사정하는 척도이다(이 척도는 정의 정향이 아닌 배려 정향을 개척한다는 점에 주목해야 한다). ECI는 세 가지의 대인간 표준 딜레마와 한 가지의 실생활 딜레마로 구성된다.

위의 척도들은 면담 척도이지만 자기 보고 객관적 척도 또한 개발되었다. 몇몇 연구자들은 참여자들에게 도덕적 갈등을 해결하는 데 있어서 그들 자신의 각 도덕적 정향의 사용에 대해 단순히 등급을 매기도록 요청했다(Ford & Lowery, 1986 ; Galotti, Kozberg & Farmer, 1991). 도덕 정향 척도(Moral Orientation Scale, Yacker & Weinberg, 1990)는 일련의 아동기 딜레마를 제시한 후 참여자들에게 각각을 해결하는 데 있어서 도덕적 고려(정의와 배려 정향을 반영하는)에 대해 등급을 매기도록 요구한다. 도덕 정향의 척도(Measure of Moral Orientation, Liddell & Davis, 1996 ; Liddell, Halpin & Halpin, 1992)는 비슷하게 대학생들의 삶과 관련된 일련의 딜레마를 제시하고, 참여자들에게 각 딜레마를 해결하는 데 있어서 도덕적 고려(두 정향을 반영하는)에 대해 등급을 매기도록 요구한다. 이 척도의 제2부는 참여자들에게 일반적으로 두 정향을 반영하도록 설계된 14가지 항목에 관해 그들 자신들에 대해 등급을 매기도록 요구함으로써 자기 인식을 개척하고 있다.

길리간의 도덕적 정향 개념을 사정하기 위해 개발되어 왔던 여러 척도와 관련한 하나의 비판적 이슈는 그들의 수렴 타당도이다. 이들 비교 가능한 척도들은 길리간에 의해 개념화된 것과 같은 도덕적 정향인가, 그리고 그 척도들은 그것을 사정하고 있는가? 이 점과 관련하여 아직까지 증거가 거의 없다. 그러나 리델(Liddell, 1998)은 그녀의 객관적인 도덕적 정향의 척도를 도덕적 갈등 면담에서 분명히 알 수 있는 도덕적 추론과 비교했으며, 그것은 리온스(Lyons, 1982)의 점수화 체계를 사용하여 채점되었다. 리델은 두 척도에 의해 산출된 도덕적 정향 점수 사이에서 유의미한 관계를 발견하지 못했다. 이러한 수렴 타당도의 결핍은 길리간의 모델을 사정한다고 주장하는, 그러나 그녀의 척도와 점수화 체계를 사용하지 않는 연구들의 결과를 해석할 때 주의가 반드시 필요하다는 것을 일러주는 것이다. 재피(Jaffee)와 하이드(Hyde, 2000)가 언급했듯이 "연구자들은 길리간의 배려와 정의 정향이 어떻게 정의되고 그것이 어떻게 측정되어야 하는지에 관해서는 좀처럼 동의하지 않고 있다"(p. 703). 물론 측정 이슈들에 대한 길리간의 상대적 주의 부족이 문제를 더욱 복잡하게 만드는 것은 분명하다.

정신내적 일관성

배려 윤리와 정의 윤리는 길리간의 이론화에서 "특유한 도덕적 정향—즉 무엇이 도덕적 문제를 구성하고 있는가, 그리고 그것을 어떻게 해결할 것인가—에 관한 사고를 조직하는 두 가지 구성"이며, "대부분의 사람들은 … 하나의 정향에 초점을 두고 다른 것은 최소한으로 나타낸다" (Gilligan, 1986a, p. 10). 길리간이 주장하는 바와 같이, 만약 도덕적 정향이 실제적으로 도덕성을 이해하는 독특한 구성을 나타내고 우리의 기능작용에서 기본적이라면, 우리는 도덕적 상황들을 관통하여 일반화하는, 시간이 지나도 안정적인 어떤 하나의 정향에 초점을 맞추어야 한다. 길리간의 주장의 초점은 경험적으로 한 개인의 추론의 실질적인 비율은 다른 정향을 반영하는 추론이 상대적으로 거의 없는 하나의 정향을 반영한다는 것이다. 그때 이치에 맞는 일관성의 수준은 어느 정도인가라는 문제가 생기게 된다. 길리간(1986a)은 정의나 혹은 배려의 지정된 도덕적 정향을 반영하는 추론의 75% 혹은 그 이상의 준거를 제안했다(50%는 두 정향들의 동등한 사용을 나타내고 100%는 한 정향의 배타적인 사용을 나타낸다는 것을 가정한다면).

이러한 준거를 사용하여 길리간과 애타누치(Attanucci, 1988)는 참여자들의 단지 66%만이 하나의 실생활 딜레마에 관한 추론에서 어떤 하나의 정향에 초점을 맞춘다는 증거를 보여주었다. 이와 비슷하게 워커(Walker)와 동료들(1987)은 그들의 표본의 단지 53%만이 실생활 딜레마에 대한 정향에서 일관적이었다. 프래트(Pratt)와 동료들(1988, 연구 2)은 그들의 참여자들로 하여금 두 가지 실생활 딜레마—이의 각각은 도덕적 정향을 검토하기 위해 전체적으로 채점되었다—를 논의하도록 함으로써 일관성의 이슈를 중점적으로 다루었다. 그들의 표본의 단지 60%만이 두 가지 딜레마에 관하여 똑같은 지정된 정향을 사용했으며, 일관성의 수준은 우연과 유의미하게 다르지 않았다. 워커(Walker, 1989)는 2년의 종단적 간격으로 실생활 딜레마에 관한 그들의 추론에서 개인들의 도덕적 정향에 관한 안정성을 검사했으며, 50%가 최초의 면담에 비해 재검사에서 다른 지정 정향을 드러내고 있다는 것을 발견했다. 따라서 길리간의 실생활 도덕 딜레마에 관한 선호된 패러다임을 사용할 때조차도 초점 혹은 선호에 관한 최소의 증거만이 있다. 사실 맥락들 내에서, 그리고 맥락들을 관통하는 정향 사용에서 일관성의 낮은 수준은 정상으로 보인다.

초점현상은 분명히 색다른 실생활 딜레마에 관한 추론에서 뿐만 아니라 가설적인 표준 딜레마에서도 마찬가지로 명백하다. 그리고 비록 길리간이 가설적 딜레마의 사용을 비방했지만(이미 분명하게 밝혀져 있다는 이유들 때문에) 그녀의 1982년 저서는 콜버그의 MJI에 반응한 정향의 실례들로 가득 차 있다. 그리하여 워커(Walker, 1989 ; Walker 외, 1987)는 MJI와 실생활 딜레마 사이의 반응에서 정향 사용의 일관성을 검사했으며, 20% 이하만이 이들 두 딜레마 맥락 사이의 그들의 지정된 도덕적 정향에 일관적이었다는 것을 발견했다. 두 딜레마 사이의 배려추론 점수의 상관관계는 매우 낮았다(.15 이하). 마지막으로 워크(Wark)와 크렙스(Krebs, 1996)는 다소 다른 준거를 사용하여 정향 일관성을 검증했다. 그들은 대학생들로 하여금 콜버그의 MJI와 두 가지 실생활 딜레마에 대해 반응하도록 했으며, 5단계 척도(전적으로 정의, 지배적으로 정의, 혼합된 정의와 배려, 지배적으로 배려, 그리고 전적으로 배려)상에서 도덕적 정향 사용을 사정했다. 그들은 만약 참여자들의 추론이 세 가지 유형의 딜레마를 관통하여 이 척도상에서 똑같이 혹은 비슷하게 분류된다면 그들을 일관적이라고 간주했다. 단지 29%만이 이 일관성 준거를 충족시켰다. 요약하면 많은 개인들은 어떤 분명한 초점이나 선호를 입증하지 못한 채 이 두 정향을 상당히 혼합하여 사용하고 있다. 그리하여 단순히 어떤 하나의 도덕적 정향의 기초에 입각하여 사람들을 분류하는 것은 오해일 수 있다. 정향(orientation)이란 용어의 사용은 보증되지 않은 것으로 보인다.

도덕적 정향의 기원

길리간(Gilligan)과 위긴스(Wiggins, 1987)는 정의와 배려의 도덕적 정향에 대한 발달적 기원이 그들 부모와의 불평등과 애착에 관한 소년들과 소녀들의 서로 다른 경험에 있다고 제안했다. 그러나 길리간은 모든 연구가 그러한 주장과 관련된다고 암시하지는 않았으며, 이와 관련한 그녀의 논증은 그녀의 모델에서 중심적임에도 불구하고 최소의 경험적 검증만 받아왔다. 비록 길리간이 자신의 최근 저작들에서 도덕적 정향에서의 성 차이와 관련한 주장을 다소 완화시켰지만(그것이 최소한이라는 강력한 증거, 재검토받아야 한다는 것을 고려하여), 성차이가 초기의 부모-자녀 관계의 근본적인 영역의 맥락에서 발생한다는 그녀의 생각은 대신에 소년들과 소녀들, 그리고 남성들과 여성들 사이의 강력한 분기점을 암시해 준다.

그러나 로리스(Lollis), 로스(Ross), 레록스(Leroux, 1996)에 의한 한 연구는 성에 토대를 둔 도덕적 정향의 기원에 대한 길리간의 개념과 연관된 증거를 제공했다. 그들의 연구는 부모가 실제로 소녀들을 배려로, 그리고 소년들을 정의로 사회화하는지의 여부를 검사했다. 그들은 유아원생(길리간의 이론화에서의 결정적 연령범위)이 있는 두 부모 가족의 표본을 대상으로 가정에서 그들의 상호작용을 직접 관찰을 통해 자료를 얻었으며, 그리고 부모와의 상호작용은 도덕적 정향을 검토하기 위해 부호화되었다. 비록 어머니들이 일반적으로 자녀들에게 정의 정향된 추론보다는 배려 정향된 추론을 더 조작하고 아버지들이 그 역으로 하는 경향이 있었지만 소녀들이 더 배려 정향된 추론을 받았다는, 혹은 소년들이 어머니나 아버지로부터 더 정의 정향된 추론을 받았다는 증거는 없었다. 달리 말하면, 비록 부모들 자신이 성과 관련된 도덕적 정향의 유형을 나타내 보인다 하더라도 그들은 소년들과 소녀들을 서로 다르게 사회화시키지는 않았다. 이들 자료는 초기의 부모-자녀 관계에서 도덕적 정향의 기원과 관련한 길리간의 명제를 지지하는 데 실패한다.

로리스(Lollis)와 동료들(1996)이 길리간의 주장을 직접적으로 검사하지 않았다는 점은 지적되어야 한다. 그들의 구상은 자녀들과의 상호작용에서 부모의 도덕적 정향 사용의 유형에 관한 사정과 관련되었던 반면에 길리간의 제안은 약간 다른 어떤 것—신정신분석 이론에 의해 틀이 짜여진 바와 같은 불평등과 애착의 차원, 그리고 관련된 동일시 유형—을 포함했다. 부모-자녀 관계에서 이들 차원은 도덕적 정향에 관한 명백히 서로 다른 사회화에서 실제적으로 입증되지 않아도 아동들의 발달하는 도덕성과 관련된다는 것은 가능하다. 경험적 이슈—그러나 아직 길리간에 의해 중점적으로 다루어지지 않은—는 어떻게 직접적으로 초기의 부모-자녀 관계에서 이들 두 차원을 사정하는가이다. 우리는 그것들이 타당도와 신뢰도로 계량화하는 것이 쉬울 것이라고 기대하지 않을 것이다. 그러므로 이들 초기의 부모-자녀 관계를 나중의 도덕적 정향과 관련시키는 종단적 연구가 수행될 필요가 있다.

더 깊은 의문은 도덕적 정향의 발달적 기원에 관한 길리간의 모델과 관련하여 일어난다. 곧 불평등과 애착이 부모-자녀 관계의 유일한 혹은 심지어는 가장 두드러진 차원인가? 이들 관계의 차원은 길리간의 주장처럼 그렇게 유력하게 성과 연관되어 있는가? 동료들과 다른 성인들과의 관계는 정말이지 도덕발달과 관련되지 않는가? 배려와 정의가 두 성과 유력하게 관련된 두 가지 관계의 차원에 바탕을 두고 있다는 관념은 거기에 두 가지, 오로지 두 가지 도덕적 정향만이 존재한다는 것을 함의하고 있다. 몇몇 도덕철학자들(예컨대 Flanagan, 1991)은 그러한 주장을 논쟁적인 것으로 간주하곤 한다. 이들 차원이 성과 유력하게 연관되어 있다는 관념은 투리엘(Turiel, 1998)에 의해서도 비슷하게 도전받아 왔는데, 그는 소녀들과 여성들이 가정, 학교, 직장에서 불공정(Okin, 1989)을 경험할 때 불평등의 이슈는 그들에게 특히 두드러지고 예민한 것이 된다고 지적했다. 마찬가지로 소년들에게 있어서 애착의 이슈는 협력, 연대의식, 연고를 내포하는 집단, 단체 스포츠, 그리고 패거리에 관한 그들의 경험에서 두드러진다. 투리엘의 논증은 길리간의 부모에 관한 배타적인 초점을 넘어서서 다른 사람들과의 대인관계가 도덕발달에서 매우 중요함을 암시한다.

발달경향과 수준

길리간(1986b ; Gilligan & Wiggins, 1987)은 대조적인 도덕적 정향이 초기 아동기에 등장하며, 그리고 나서 전 생애를 통해 분명해진다고 주장했다. 그녀는(1977, 1982) 또한 배려 윤리에서 세 수준의 발달계열을 제안했다. 불행히도 그녀는 정향의 기원과 관련한 그녀의 이론화를 이 발달계열과 결코 통합시키지 않았다. 진술되지 않은 함축은, 만약 도덕적 정향이 초기 아동기에서부터 중기 아동기에 이르기까지 부모-자녀 관계에서 기원한다면 후속적인 발달을 설명할 필요가 없다는 것이다. 놀랍게도 길리간은 결국에는 배려 정향에서 세 수준을 통한 발달적 진보의 개념을 단념했다. 이러한 후퇴에 대한 하나의 근본적 이유는 발달계열이 소녀들의 도덕적 경험을 반영하지 않는다(최초의 수준은 문제가 되는 임신을 숙고하고 있는 여성들의 추론에 뿌리를 두고 있었다는 것을 가정하면)는 그녀의 관찰(1990, p. 9)이었다. 보다 이데올로기적인 근본적 이유는 그녀가 발달심리학의 개념(단계와 같은)에 대해 불만을 갖고 있었을 뿐만 아니라 이들 발달 정향을 문학이나 뮤지컬 유추를 사용하여 기술하는 것을 선호했기 때문이다(Gilligan, Brown & Ro-gers, 1990, pp. 111-112).

길리간이 발달단계를 포기했음에도 불구하고 스퀘어(Skoe)는 그녀의 연구 프로그램에서 그의 타당성을 추적했다. 스퀘어와 마르시아(Marcia, 1991)는 배려추론의 수준을 사정하기 위해 ECI와 신뢰할 만한 점수화 체계를 개발했다. 청소년들과 젊은 성인들을 대상으로 한 횡단적 연구에서 연령과 배려추론의 수준은 긍정적으로 연관되지만(Skoe, 1995 ; Skoe & Marcia, 1991) 그러한 관계가 나이가 든 성인들의 표본 가운데에서는 발견되지 않았다(Skoe 외, 1996, 연구 1과 2). 다시 나이가 든 성인들을 대상으로 한 4년간의 종단적 연구는 배려추론의 수준에서 어떠한 발달적 진보를 드러내는 데 실패했다(Skoe 외, 1996, 연구 2). 비록 ECI를 사용하는 연구가 역시 사춘기 전의 사람들을 대상으로 시행되어 왔지만(Skoe 외, 1999 ; Skoe & Gooden, 1993) 그 연령집단을 대상으로 한 발달경향은 조사되지 않았다. 따라서 ECI에 의해 사정된 것으로 배려추론 수준에서의 발달적 진보와 관련한 증거가 제한되어 있으며, 그리고 이들 수준의 연속성과 관련한 어떠한 증거도 없다.

길리간의 집단 내에서 개발된 점수화 체계 가운데 하나에 의해 사정된 것으로서 배려추론에서의 발달유형과 관련한 약간의 증거가 있다.

몇몇 연구—아동들, 청소년들, 성인들의 표본을 대상으로 한 랑데일(Langdale, 1986), 1학년에서 5학년까지의 아동들을 대상으로 한 게로드(Garrod), 빌(Beal), 쉰(Shin, 1990), 그리고 중년과 나이가 든 성인들의 표본을 대상으로 한 헌스버거(Hunsberger), 팬서(Pancer), 세보이(Savoy, 1991)에 의해 수행된 것을 포함하여—는 연령과 도덕적 정향 사이의 유의미한 관계를 발견하는 데 실패했다. 발달경향에 관한 가장 포괄적인 연구는 워커(Walker, 1989)가 아동들, 청소년들, 성인들의 큰 표본을 대상으로 시행한 2년 종단 연구에 보고되었다. 그는 비록 종단적 간격을 뛰어넘는 발달의 증거가 없었지만 연령집단들을 통틀어 증가하는 배려추론의 비율을 가지고 유의미한 발달경향을 발견했다.

발달경향 및 수준과 관련하여 분명한 증거가 존재하지 않으며, 이는 전 생애를 관통하는 도덕적 정향에서 발달적 변화에 관한 보다 정교한 기술이 필요함을 암시한다. 여기에서 그 도전은 발달을 기술하는 것뿐만 아니라 그것이 어떻게 그리고 왜 일어나는지를 설명하는 것이다. 왜냐하면 발달 모델은 발달 아래에 놓여 있는 인과관계 메커니즘(들)에 관한 상세한 설명이 없다면 불완전하기 때문이다(Auerbach, Blum, Smith & Williams, 1985 ; Puka, 1989a). 길리간의 몇몇 저작(Blackburne-Stove, Belenky & Gilligan, 1982 ; Gilligan, 1982)은 위기와 갈등의 경험이 비평형화의 인지발달 메커니즘과 유사하게 도덕적 성장을 자극할 수 있으나 정향의 발달적 기원과 관련한 그녀의 보다 최근의 이론화(GIlligan & Wiggins, 1987)는 신정신분석의 동일시 개념과 매우 유사함을 보여주고 있다. 전 생애를 관통하는 도덕적 기능작용에서 유의미한 발달적 변화가 존재한다는 수십 년 동안의 연구로부터 얻은 풍부한 증거를 고려한다면 길리간 모델의 발달적 측면은 더 깊고 넓은 정교화와 명료화를 필요로 한다.

도덕적 성숙의 정의

길리간의 모델을 평가하는 데 있어서 기본적인 물음은 도덕적 성숙에 관한 그녀의 정의와 관련한다. 비록 발달 최종 지점이 인간 발달의 모델(특히 그렇게 명백하게 가치가 적재되어 있는 모델)을 평가하는 데 결정적이라는 것은 널리 인정되고 있지만 길리간의 연구에서는 그녀가 도덕적 성숙을 무엇으로 주장하고자 하는지가 불분명하다. 길리간은 이 이슈에 관하여 다양한 대립적인 가능성을 제의했다(더 자세한 논의에 대해서는 Flanagan & Jackson, 1987과 Mason, 1990 참조).

1. 그녀는 때때로 도덕적 성숙이 정의 정향(그것은 가치가 떨어지는 면에서 기술된다)보다는 배려 정향의 일차적 획득을 포함한다고 주장하며, 그리고 분명히 그녀는 배려 윤리의 편을 들고 있다. "틀림없이 우리는 배려 관점에 더욱 확고하게 서 있다" (Gilligan, Brown & Rogers, 1990, p. 123). 이러한 논증은 그녀의 입장에서 배려추론의 가치를 증진시키고자 하는 수사학적 방책을 표현한 것일 수 있다. 이러한 관점이 함축하고 있는 것은 여성들이 전형적으로 남성들보다 더 도덕적이라는 것이다.
2. 길리간은 또한 가끔씩 도덕적 성숙이 정향들—그것들은 도덕적 구조로서 동등하게 타당하고, 수용 가능하며, 아마도 도덕적 문제의 서로 다른 유형에 대해 서로 다르게 어울릴 것이다(비록 그녀는 어떤 정향이 각기 다른 상황에서 더 적절한지 결정하기 위한 안내지침을 제공하지 않고 있지만)—가운데 어떤 하나에 의해 나타내질 수 있다고 주장한다. 이러한 관점은 그 정향들이 둘 다 논리적 · 심리학적으로 양립 불가능하다는, 그리고 그

것들이 서로 다른 성 사회화에서 기원한다는 그녀의 논증에 의해 강화되었다(Gilligan, 1982, p. 20 ; Gilligan & Wiggins, 1987, p. 295). 이러한 입장은 또한 정향들(화해될 수 없는 대안적 관점들)을 설명하기 위해 형태 이동 은유(the gestalt shift metaphor)에 대한 그녀의 잦은 언급에 반영된다. 그녀는 "이들 두 관점이 쉽게 통합되거나 혹은 융합된다는 암시에 반대하는" (1987, p. 30) 주장을 하기 위해 애매한 형태 유추를 사용한다.

3. 도덕적 성숙의 이슈에 대한 길리간의 반응 중에서 또 다른 것은 이들 두 가지 정향이 실제적으로 어떤 역동적 긴장 속에서 유지될 수 있었던 보완적 관점들이라고 주장하는 것이었다(Gilligan, 1982, pp. 33, 100).
4. 길리간이 발전시켜 왔던 마지막 가능성은 도덕적 성숙이 이들 정향의 종합 혹은 통합에 의해 나타내진다는 것이다(Gilligan, 1982, p. 174). 즉 정의롭지 못한 배려와 배려하지 않는 정의 두 가지 모두는 상대가 없다면 도덕적으로 불충분하다는 것이다.

이러한 도덕적 성숙에 관한 이슈와 관련하여 몇 가지 제한된 경험적 증거가 존재한다. 그것은 도덕적 성숙이 정의와 배려추론을 통합하는 능력을 포함하는 입장과 일치하는 경향이 있다. 게로드(Garrod)와 동료들(1990)은 아동들의 두 정향을 설명하는, 자극을 받을 때 둘 사이를 전환하는 능력은 진보된 인지적 및 관점 채택 발달과 연결된다는 것을 발견했다. 워커(Walker)와 동료들(1987)의 연구에서 도덕발달의 보다 높은 단계(콜버그의 잘 정당화된 모델에 의해 색인된 바와 같은)에 있는 개인들은 그들의 도덕적 정향에서 보다 더 잘 분할된다. 즉 배려와 정의추론 두 가지 모두 충분한 가치를 입증한다는 것이 밝혀졌다. 이러한 분할 정향은 두 추론유형을 통합하거나 혹은 합체시키고자 하는 시도를 제시한다. 도덕단계와의 연합은 성숙한 도덕적 사고가 그러한 통합을 포함한다는 것을 가리킨다. 동시에 이러한 연구결과는 또한 콜버그에 의해 개념화된 바와 같은 원리화된 도덕적 사고가 배려와 정의 정향 모두의 추론을 포함한다는 관념과 일치한다(Kohlberg, Boyd & Levine, 1990). 정의 윤리와 배려 윤리가 서로 배타적이라는 것을 가정할 이유가 결코 없다. 이러한 도덕적 정향에서의 성숙의 관점이 널리 인정되고 있다는 것을 가정한다면 의문이 생긴다. 어떻게, 그리고 어떤 수준에서 이러한 통합은 일어나는가?

배려 윤리의 한계

도덕적 정향들이 근본적으로 양립 불가능하다는, 그리고 그들이 부모와의 이른 시기의 성 유형화된 관계에서 기원한다는 길리간의 논증은 소년들과 소녀들 사이에, 그리고 남성들과 여성들 사이에 하나의 강력한 분기점을 함축한다. 이들 논증은 많은 페미니스트들이 여성들에 대한 정치적 위험이 따르고 그들의 운동에 별로 도움이 되지 않는 것으로 간주하는 것들이다. 비록 억압을 해석하는 "여성 중심의 분석"(Brabeck, 1989)과 여성들의 "인식의 특권"(Boyd, 1990)의 가치가 인정된다 하더라도 길리간의 이론이 성에 관한 전통적이고 제한적인 고정관념을 강화시킨다는 점은 인지되어야 한다(Henley, 1985). 그러한 기능에 있어서 여성들이 불리하고 또한 복종적인 지위에 남아 있는 가부장적 사회에서 현상에 도전하는 데 거의 역할을 하지 않으며, 개인들이나 혹은 사회구조를 변화시키고자 하는 도전을 하지 않는다(Hare-Mustin, 1987 ; Tronto,

1993). 예를 들면 길리간의 이론화는 배타적으로 (버지니아 군사학교의 경우에서와 같은) 남성 공립학교를 유지하기 위한 논증에서 활용되고 있다(Kaminer, 1998). 이러한 성을 기초로 하는 이분화는 **알파 편견**(alpha bias)이라 이름붙여져 오고 있는 바를 반영한다(Hare-Mustin & Mareck, 1988). 이 편견은 성 내의 변화성을 최소화하며 성 간의 차이를 극대화하는 것으로 인간의 경험을 희화화하고 거짓 이분법을 만들어낸다[알파 편견(차이 전통을 반영하는)에 관한 과학과 정치학에서의 도움이 되는 논의는 Eagly, 1995와 Kimball, 1994 참조].

몇 사람의 주석자들(Brabeck, 1987 ; Card, 1990 ; Kimball, 1994 ; Okin, 1989 ; Puka, 1989b ; Tronto, 1993 ; Turiel, 1998)은 배려 윤리가 본질적으로 억압을 다루는 데 적합한 사고유형을 반영하는 성차적인 편의 정향이라고 지적하고 있다. 권력의 위치에 있는 사람들은 권리와 합리성을 옹호하는 반면에 종속적 지위에 있는 사람들은 필연적으로 동정과 관계를 옹호한다고 주장된다(Hare-Mustin & Marecek, 1988). 더욱이 그 정향들이 성에 토대한 부모-자녀 관계의 맥락에서 발생한다는 논증은 그 정향을 문화뿐만 아니라(Haste, 1994) 성과 관련된 것으로(Turiel, 1998) 강조하는 과정에서 사회적 · 정치적 · 경제적 구조에 의해 수행된 역할을 무시한다. 여기에 잠재적 역설이 들어 있다. 즉 만약 배려와 동정 같은 여성들의 본질적 특질이 가치가 있는 것이라면(길리간이 주장하는 바와 같이), 그러나 일차적으로 종속관계를 통해 발생하는 것이라면, 또한 그렇게 지속적으로 불평등을 찬성하지 않는다면 이러한 특질이 어떻게 발전될 수 있는가(Houston, 1989)?

또한 배려 윤리에 대해 중점적으로 다루어져야 할 필요가 있는 몇 가지 중요한 도덕적 한계가 존재한다. 비록 배려가 논쟁의 여지없이 도덕적 기능작용의 중요한 측면이긴 하지만 그 자체로는 불완전하며 부족한 것으로 보인다(Held, 1987). 예를 들면 그것은 성숙한 도덕적 의사결정에 중요한 것으로 간주되고 있는 불편부당성과 보편화 가능성의 개념을 포함하지 않는다(Flanagan & Adler, 1983). 이러한 불편부당성의 관념은 길리간과 그 외 다른 사람들로부터 비판받아 왔다. 그것은 우리가 냉정하고 계산적이며 상황에 무감각해야 한다는 것을 의미하지는 않는다(Hill, 1987 ; Mason, 1990). 오히려 그것은 도덕적으로 관련되는 상황의 맥락적 특징들에 초점을 두고 그렇지 않은 것들을 배제한다(Sher, 1987). 정말 수수께끼인 문제점은 무엇이 도덕적으로 관련된 것인가를 결정하는 것이다(Huston, 1989). 배려 윤리에 대한 또 다른 한계는 그의 초점이 대인관계, 그리고 이러한 개인적 상호작용의 영역을 넘어서는 도덕적 책임에 대해서는 상대적으로 배제한다는 것이다. 이와 같이 배려 윤리는 일상생활에 내재되어 있는 책임의 갈등을 해결하는 내재적 메커니즘을 지니고 있지 않다(Flanagan & Jackson, 1987).

끝으로 정의를 포함하는 그 어떤 다른 덕처럼 배려 또한 몇 가지 맥락에서 부적합하거나 도덕적으로 문제가 있을 수 있다는 것을 인정하는 것은 중요하다. 플래너건(Flanagan)이 주장했듯이 "배려는 자기를 내세우지 않는, 자율성을 침식하는 형식에서 나온다. 더욱이 그것은 만약 불충분하게 원리화되거나 혹은 맥락에 민감하게 된다면 쇼비니즘(맹목적 배외주의)을 지지하고 또한 야기시킬 수 있으며, 그것은 다양한 방식으로 인간과 프로젝트의 의심스러운 유형을 양성할 수 있다"(1991, p. 202). 헤니그(Hennig)와 워커(Walker, 2004)는 성격 사정의 기법들을 배려 윤리 영역을 조사하는 데 사용했다. 그들의 초점은 어떤 의미에서는 일그러져 뒤틀린—배려하는 자나 배려를 받는 자 중에서 하나 혹은 둘 모두에게 기능장애가 되는—배려의 측면에 있었다. 예를 들면 문제가 있는 것으로 확인된 배려의 한 가지 형식은 자기 희생적 배려인데, 그것은 자기 소홀과 타인들의 삶에 대한 지나친 개입을 정당화시키며, 따라서 배려의 본래적 특질과 타협하여 해결할 수 있다(완전한 교류에 관한 관련된 연구 참조 ; Helgeson & Fritz, 1998). 확인된 또 다른 문제가 있는 형태는 복종적 배려인데, 여기에서 타인에 대한 배려는 부정적 평가의 두려움에 의해 마음을 졸이며 동기화되고, 우리의 자기 표현은 다른 사람들의 의견에 따라 규제된다. 달리 말하면 배려의 덕은 믿음이 떨어지는 표명을 나타낼 수 있으며, 그의 발달과 표현에 관한 보다 더 적절한 기술을 제공하기 위해서는 개념적 분석과 경험적 분석 두 가지 모두가 필요하다.

도덕적 정향에서의 성 차이

길리간의 일차적인 주장이자 가장 주목을 끌어왔던 주장은 남성들과 여성들이 전형적으로 그들의 도덕적 정향에서 다르다는 것이다. 남성들은 정의 윤리에 의존하고 여성들은 배려 윤리에 의존한다는 것이다. 그녀는 성과 정향의 결합이 절대적이 아니라고 조심스럽게 지적했지만, 강력한 성 양극성은 정향들의 기원과 관련한 그녀의 신정신분석적 이론화에 의해 분명하게 예언되었다.

도덕적 정향에서의 성 차이에 관한 비평들은 앞에서 이미 제시되었으므로(Walker, 1991, 1995) 여기에서 되풀이할 필요가 없다. 대부분 그러한 이전의 비평들은 제피(Jaffee)와 하이드(Hyde, 2000)에 의해 최근에 보고된 포괄적 메타 분석에 의해 이루어졌다. 그들의 데이터베이스 조사는 포섭 준거를 충족시킨 총 113편의 연구(출간물과 미출간물 모두 포함하여)를 확인했다. 이들 연구 가운데 배려 정향에서의 성 차이가 보고되거나 혹은 결정될 수 있는 것은 160개의 표본이었으며, 95개의 표본에서는 정의 정향에서의 성 차이가 사정되었다. 길리간의 정의 정향은 콜버그의 도덕단계들과 동의어가 아니라는 점에 주목해야 하며, 사실 경험적 증거는 그것들이 약하게 관련된다는 것을 보여주고 있다(Walker, 1989). 따라서 정의 정향의 메타 분석은 도덕단계에서의 성 차이에 관한 나의 이전의 메타 분석과는 아주 다른 연구결과를 산출할 수 있다(Walker, 1984, 1986b, 1991).

배려 정향에서의 성 차이가 사정된 160개 표본 가운데 73%는 유의미하지 않은 연구결과를 보고했는데, 이는 성 양극성에 관한 길리간의 강력한 주장과는 분명하게 일치하지 않는 경향이다. 제피(Jaffee)와 하이드(Hyde)의 메타 분석은 작은 것(d=−.28)으로 간주될 배려추론에서의 성 차이에 대한 종합 효과 크기를 산출했다. 그들의 메타 분석과 관련한 하나의 문제는 그들이 길리간의 배려 개념화를 제창할 의도가 아니었던 많은 수의 척도—비록 그것들이 그와 관련되는 것으로 간주될 수 있다 하더라도—를 포함했다는 것이다. 예를 들면 도덕적 정향에 관한 콜버그의 척도(즉 공리주의와 완전주의 정향 ; Colby & Kohlberg, 1987 참조)와 친사회적 도덕추론에서의 단계들에 관한 아이젠버그(Eisenberg)의 척도(Eisenberg, Fabes & Shea, 1989) 등이다. 그러나 고려 하에 있는 연구들이 길리간에 의해 개념화된 바와 같은 배려 정향을 사정한 것들—아마도 그녀의 모델에 관한 보다 정당한 검사—로 제한될 때라도 평균적인 효과 크기는 비교적 중간(d=−.32)을 유지했다. 효과 크기는 해석하기에 다소 어려움이 있다. 그래서 나는 보다 큰 직관적 의미를 지닐 다른 두 가지 통계(r^2와 U_1통계)를 계산했다. 이 효과 크기(d=-.32)는 성이 배려 정향 점수에서 분산의 단 2.4%만을 설명한다는 것을 의미하며, 그리고 남성들과 여성들에 대한 두 점수 분포의 결합 중에서 단지 22.6%만 중복되지 않는다. 달리 말하면 그 분포들은 그림 4.1에서 분명한 것처럼 대부분 중복되며, 그것은 이 성 차이에 관한 시상적 표상(graphic representation)을 제공한다.

이와 비슷하게 정의 정향에서의 성 차이가 사정되었던 95개 표본 가운데 72%는 유의미하지 않은 것으로 보고되었다. 제피(Jaffee)와 하이드(Hyde, 2000)의 메타 분석은 정의 정향에서의 성 차이에 대해 작은 종합적 효과 크기를 산출했다(d=.19 ; 똑같은 효과 크기는 그 연구들이 길리간에 의해, 혹은 몇몇 다른 모델에 의해 개념화된 것과 같은 정의 정향을 사정했는지의 여부와 상관없이 발견되었다). 다시 말하면 나는 다소 좀 더 많은 해석이 가능한 r^2와 U_1 통계를 계산했다. 이 효과 크기는 성이 정의 정향 점수에서의 분산의 단지 0.9%만을 설명해 주며, 남성들과 여성들에 대한 두 점수 분포의 결합영역 가운데 단지 14.1%만 중복되지 않는다(다음의 그림 4.1 참조).

제피(Jaffee)와 하이드(Hyde, 2000)가 그들의 메타 분석을 요약한 것은 명료했다. 즉 "배려추론을 측정했던 연구들의 73%, 그리고 정의추론을 측정했던 연구들의 72%가 유의미한 성 차이를 발견하는 데 실패했다는 연구결과와 결합된 이들 소규모의 효과들은 우리를 이들 정향이 성과 유력하게 연관되지 않는다는 결론으로 유도한다"(p. 719). 그들은 더 나아가 "그 분야는 성 차이에 관한 논쟁을 넘어서서 나아가야 한다"(p. 721)고 주장했다.

그림 4.1_ 도덕적 정향에서의 성 차이에 대한 효과 크기의 도해

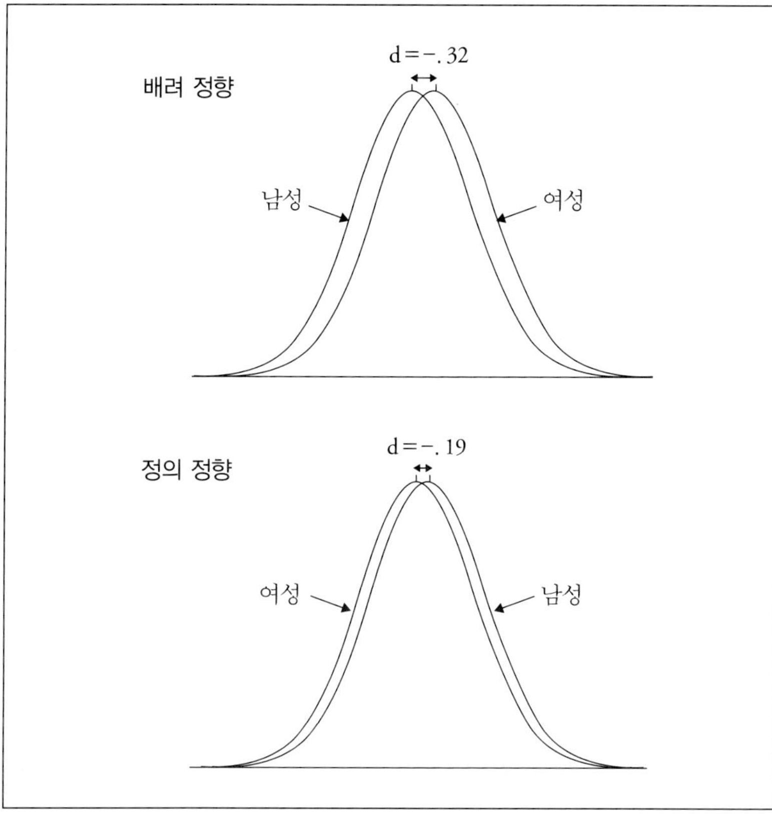

의도적 대 상황적?

제피(Jaffee)와 하이드(Hyde, 2000)의 메타 분석은 또한 성 차이에 대한 효과 크기의 규모가 어느 정도까지 다른 변수들에 의해 조절되는지를 검토했다. 배려와 정의 정향 모두에 있어서 고려 중에 있는 딜레마의 유형이 중요한 조절변수임이 밝혀졌다. 참여자들이 어떤 유형이든 가

설적 딜레마에 대해 반응했을 때(표준 가설적 딜레마, 보다 현실적인 혹은 친숙한 가설적 딜레마, 배려를 향하는 가설적 딜레마, 정의를 향하는 딜레마), 배려와 정의에서의 성 차이에 대한 효과 크기는 일률적으로 작거나 혹은 무시할 만한($ds \leq \pm.20$) 반면에 참여자들이 그들의 개인적 경험으로부터 나온 실생활 딜레마들에 관하여 추론할 때 효과 크기는 비록 아직까지 실질적인 것(배려 정향에 대해서는 d=−.37, 정의 정향에 대해서는 d=.42)과는 거리가 있지만 유의미하게 더 강했다.

개인적 경험으로부터의 실생활 딜레마들에 의존하는 도덕적 정향에 관한 연구들에 주목할 만한 방법론적 문제가 있다. 참여자들은 단순히 그들 자신의 도덕적 문제 중 하나를 자세히 열거한다. 따라서 이들 딜레마는 특유하며, 그리고 폭넓은 철학자들과 사회과학자들에 의해 조율된 바와 같은 도덕성에 대한 기본적 준거와 일치하지 않을 수도 있다. 이것은 이들 연구에서의 성 차이가 기본적인 도덕적 구성에서의 근본적인 차이라기보다는 남성들과 여성들이 전형적으로 직면 혹은 관계하고자 선택하는 각기 다른 도덕적 문제의 가공품일지도 모른다는 것을 시사한다(Walker, 1986a).

도덕적 정향에 영향을 미치는 데 있어서 딜레마의 성격이 갖는 중요성은 몇몇 연구에서 예증되어 왔다(Pratt 외, 1988, 1991 ; Walker, 1989 ; Walker 외, 1987). 이들 연구에서 참여자들은 그들 자신의 경험으로부터 실생활 딜레마를 회상하고 논의하도록 요구받았으며, 그들의 도덕적 정향이 결정되었다. 연구자들은 이들 실생활 딜레마의 내용 분석을 수행했다. 즉 워커(Walker)는 개인적 딜레마와 비개인적 딜레마를 구분했다. 반면에 프래트(Pratt)와 협력자들은 관계 딜레마와 비관계 딜레마를 구분했다. 개인적 혹은 관계적 딜레마(personal or relational dilemmas)는 중요한, 현재 지속적인 관계를 맺고 있는 사람들 사이의 갈등을 포함한다. **비개인적 혹은 비관계적 딜레마**(impersonal or nonrelational dilemmas)는 비교적 친숙하지 않은 사람들 사이의, 혹은 제도나 일반화된 타자들과의, 혹은 자기에게 일차적으로 본질적인 갈등과 관련된다. 워커(Walker)와 프래트(Pratt) 및 그 동료들은 모두 딜레마 내용과 도덕적 정향 사이의 관계를 검토했으며, 개인적/관계적 딜레마들은 놀라울 것도 없이 배려 윤리의 측면에서 논의되는 경향이 있었던 반면에 비개인적/비관계적 딜레마들은 정의 윤리의 측면에서 더 추론되었다는 것을 밝혔다. 따라서 딜레마의 성격은 사용된 도덕적 추론의 양식에 상당한 영향을 발휘하고 있다(실생활 딜레마들의 내용에 관한 그 밖의 다른 분석에 대해서는 Walker, Pitts, Hennig & Matsuba, 1995와 Walker & Krebs, 2000 참조).

또한 프래트와 동료들(1988, 1991) 그리고 워커(1989 ; Walker 외, 1987)는 성 차이를 실생활 딜레마들의 유형 내에서 검토했는데, 어느 것도 분명하지 않았다. 따라서 도덕적 정향에서의 변화성은 그들의 성 탓이라기보다는 사람들이 전형적으로 직면하는 딜레마의 유형에 더 원인이 있을 수 있다. 크롭튼(Clopton)과 소렐(Sorell, 1993)은 길리간이 상황요소들의 중요성을 이해하면서, 그리고 의도적 요소들의 역할을 과대평가하면서 근본적 귀인 오류를 범했다고 주장한다. 현존하는 증거는 사람들이 단 하나의 도덕적 정향에 초점을 두지 않거나 명백한 선호를 나타내지도 않으며, 오히려 두 정향의 상당한 혼합, 곧 고려 중에 있는 도덕적 문제의 성격에 따라 강하게 영향을 받는 형태를 사용한다는 것이다. 가설적 딜레마들에 대한 반응이나 혹은 실생활 딜레마들의 유형 내에서 도덕적 정향에서의 성 차이가 일반적으로 부족한 것은 성과 관련된 도덕적 정향에 관한 최초의 증거가 방법론적 가공품에 토대를 두고 있었다는 것을 시사한다. 세이그프리드(Seigfried, 1989)와 투리엘(Turiel, 1998)은 여러 가지 중에서도 도덕적 정향을 의도적 요소보다는 상황적 요소에 위치시킴으로써 여성들에 대한 철학적·정치적 이점에 주목했다.

결론

성과 도덕성의 이슈는 올바르게 논쟁이 이어져 왔다. 그 논쟁은 지난 20여 년 동안 콜버그의 이론과 길리간의 이론을 중심으로 맴돌았으나 도덕심리학에는 그 이슈에 의해 손상되지 않고 상처도 입지 않은 채 남아 있는 여러 가지 다른 중요한 이론적 관점이 존재한다는 것을 마음속에 간직할 필요가 있다. 도덕발달에 관한 대부분의 모델은 성 차이를 주장하지 않는다. 이 장의 내용은 현존하는 증거에 관한 면밀한 검토와 내포된 개념적 이슈들에 관한 균형잡힌 논의를 제공하는 것이었다. 이 장이 밝힌 것은 성이 도덕적 추론 발달에서 무시해도 좋을 정도의 변화성을 설명한다는 것이다. 이제 이러한 이슈를 제쳐놓고 그 대신에 도덕심리학에 직면하여 보다 중요한 개념적·실제적 관심사에 초점을 맞출 시점이다.

이것은 길리간의 모델이 산출해 왔던 많은 긍정적인 공헌을 무시하는 것이 아니다. 그녀의 이론화는 배려, 반응, 상호 의존, 그리고 관계에 대한 강조를 통해 도덕심리학과 도덕철학에 관한 우리의 이해를 확장시켜 왔다. 그녀는 자기 산출적인 실생활 딜레마, 곧 수많은 새로운 통찰을 산출해 온 접근에 의존하여 도덕적 추론을 사정하는 새로운 방법론을 소개했다. 그리고 그녀는 심리학 이론에서 여성들의 경험을 보다 조심스럽게 표현할 필요가 있다는 것에 대한 관심을 집중시키는 데 분명히 도움을 주었다.

그러나 성 차이와 성 편견에 관한 길리간의 주장과 관련한 축적된 증거는 그녀가 그와 관련하여 본질적으로 오류를 범했다. 그녀는 두 가지 성과 관련된 도덕적 정향, 곧 배려 윤리와 정의 윤리가 존재하며, 그것들은 애착과 불평등에 관한 부모와의 이른 시기의 아동기 경험에서 생겨난다고 주장했다. 그녀는 더 나아가 콜버그의 이론은 여성들과 그들의 배려 윤리에 반하여 편중되어 있다고 주장했다.

풍부한 경험적 증거는 콜버그의 모델이 여성들의 추론과 배려 정향을 가진 추론을 낮게 평가한다는 관념에 대한 지지가 존재하지 않다는 것을 보여준다. 이와 비슷하게 도덕적 정향에서 성 양극성에 관한 길리간의 주장은 성 차이의 분석에서 작은 효과 크기에 비추어 유지될 수 없다. 길리간의 모델은 더욱이 다른 방법론적 · 개념적 관심으로부터 비판을 받는다. 예를 들면 신뢰할 만하고 또한 타당한 점수화 체계를 개발하지 못한 그녀의 실패는 측정 이슈들에 대한 그녀의 무관심을 반영하며, 다양한 척도들 간의 수렴타당도의 부족에서 반영된 바와 같이 다른 연구자들의 능력과 타협하도록 만든다. 거의 어떤 연구도 정향의 발달적 기원과 관련한 그녀의 주장을 검토하지 않았으며, 그녀가 이와 관련하여 제안했던 개념의 성격을 가정한다면 어떻게 그것이 검사될 수 있는지를 상상하기가 어렵다. 사람들이 전형적으로 한 가지 정향에 대한 강력한 선호를 보여준다는 주장 또한 지지될 수 없었다. 오히려 대부분의 사람들이 두 정향의 상당한 혼합, 도덕적 문제의 성격과 같은 상황적 요소들에 의해 쉽게 영향을 받는 형태를 사용한다는 증거가 있다. 마지막으로 성 양극성에 관한 길리간의 옹호는 여성들의 운동(마찬가지로 남성들의 운동)에 도움이 되지 않을 것 같은 전통적(그리고 제한적) 고정관념을 구체화시키는 데 기여해 왔다.

길리간의 모델은 제쳐놓더라도 성과 도덕성의 영역에서 주목할 몇 가지 다른 광대한 의문과 미래의 방향이 존재한다. 성은 의미의 다양한 층을 내포하며, 강력한 방식에서 문화와 서로 영향을 주고받는 하나의 급속히 발전하는 사회적 범주로서 상당한 중요성을 지니고 있다. 의심할 여지없이 많은 도덕적으로 관련된 이슈들은 성과 도덕성의 접점에서 지속적으로 일어나고 있다. 현대 도덕심리학에서의 개념적 오용은 오늘날의 콜버그-길리간 논쟁에서 잘 증명된 것으로, 도덕적 영역의 다른 측면들에 대해서는 주의를 기울이지 않은 채 대인 간 갈등이 적용된 도덕적 추론에만 초점을 두는 결과를 낳고 있다(Walker, 2004). 예를 들면 도덕성은 갈등의 판결과 상호작용의 규제를 포함할 뿐만 아니라 우리의 근본적인 목적과 가치, 삶의 스타일, 그리고 정체성과 더 관계하는 심리내적 측면을 포함한다. 이들 측면에는 도덕적 인격과 덕을 참고로 인용하는 중요한 성 변화성이 당연히 존재할 것이다. 이와 같이 도덕성은 사고, 정서, 그리고 행동의 역동적 상호작용을 포함하는 본래적으로 다면적인 것이다. 성과 도덕성에 관한 최근의 논쟁은 또다시 도덕적 기능작용의 정서적 · 행동적 측면에, 그리고 이들의 다양한 구성요소 사이의 상호관계에 대한 고려를 최소화한 채 도덕적 인지영역에서의 성 차이의 주장에 초점을 맞추고 있다. 미래의 연구는 도덕적 기능작용과 도덕적 성숙을 야기하는 심리적 과정의 범위에 관한 보다 포괄적인 관점에 초점이 맞춰져야 할 것이다.

참고문헌

Auerbach, J., Blum, L., Smith, V., & Williams, C.(1985). Commentary on Gilligan's "In a Different Voice." *Feminist Studies, 11*, 149–161.

Baumrind, D.(1986). Sex differences in moral reasoning : Response to Walker's (1984) conclusion that there are none. *Child Development, 57*, 511–521.

Blackburne–Stover, G., Belenky, M. F., & Gilligan, C.(1982). Moral development and reconstructive memory : Recalling a decision to terminate an unplanned pregnancy. *Developmental Psychology, 18*, 862–870.

Boyd, D. R.(1990, April). *One man's reflection on a masculine role in feminist ethics : Epistemic vs. political privilege*. Paper presented at the meeting of the Philosophy of Education Society, Miami, FL.

Brabeck, M. M.(1987). Gender and morality : A response to Philibert and Sayers. *New Ideas in Psychology, 5*, 209–214.

Brabeck, M. M.(1989). Introductions : Who cares? In M. M. Brabeck(Ed.), *Who cares? Theory, research, and educational implications of the ethic of care*(pp. xi–xviii). New York : Praeger.

Brown, L. M.(Ed.).(1987). *A guide to reading narratives of moral conflict and choice for self and moral voice*. Unpublished manuscript, Harvard University Graduate School of Education GEHD Study Center, Cambridge, MA.

Brown, L. M., Debold, E., Tappan, M., & Gilligan, C.(1991). Reading narratives of conflict and choice for self and moral voices : A relational method. In W. M. Kurtines & J. L. Gewirtz(Eds.), *Handbook of moral behavior and development : Research*(Vol. 2, pp. 25–61). Hillsdale, NJ : Erlbaum.

Brown, L. M., Tappan, M. B., Gilligan, C., Miller, B. A., & Argyris, D. E.(1989). Reading for self moral voice : A method for interpreting narratives of real–life moral conflict and choice. In M. J. Packer & R. B. Addison(Eds.), *Entering the circle : Hermeneutic investigations in psychology*(pp. 141–164). Albany : State

University of New York Press.

Card, C.(1990). Gender and moral luck. In O. Flanagan & A. O. Rorty(Eds.), *Identity, character, and morality : Essays in moral psychology*(pp. 199–218). Cambridge, MA : MIT Press.

Chodorow, N.(1978). *The reproduction of mothering : Psychoanalysis and the sociology of gender*. Berkeley : University of California Press.

Clopton, N. A., & Sorell, G. T.(1993). Gender differences in moral reasoning : Stable or situational? *Psychology of Women Quarterly, 17*, 85–101.

Colby, A., & Kohlberg, L.(1987). *The measurement of moral judgment*(Vols. 1–2). New York : Cambridge University Press.

Colby, A., Kohlberg, L., Gibbs, J., & Lieberman, M.(1983). A longitudinal study of moral judgment. *Monographs of the Society for Research in Child Development, 48*(1–2, Serial No. 200).

Conley, T. D., Jadack, R. A., & Hyde, J. S.(1997). Moral dilemmas, moral reasoning, and genital herpes. *Journal of Sex Research, 34*, 256–266.

Eagly, A. H.(1995). The science and politics of comparing women and men. *American Psychologist, 50*, 145–158.

Eisenberg, N., Fabes, R., & Shea, C.(1989). Gender differences in empathy and prosocial moral reasoning : Empirical investigations. In M. M. Brabeck(Ed.), *Who cares? Theory, research, and educational implications of the ethic of care*(pp. 127–143). New York : Praeger.

Flanagan, O. J.(1991). *Varieties of moral personality : Ethics and psychological realism*. Cambridge, MA : Harvard University Press.

Flanagan, O. J., & Adler, J. E.(1983). Impartiality and particularity. *Social Research, 50*, 576–596.

Flanagan, O. J., & Jackson, K.(1987). Justice, care, and gender : The Kohlberg–Gilligan debate revisited. *Ethics, 97*, 622–637.

Ford, M. R., & Lowery, C. R.(1986). Gender differences in moral reasoning : A comparison of the use of justice and care orientations. *Journal of Personality and Social Psychology, 50*, 777–783.

Freud, S.(1927). Some psychological consequences of the anatomical distinction between the sexes. *International Journal of Psycho–Analysis, 8*, 133–142.

Galotti, K. M., Kozberg, S. F., & Farmer, M. C.(1991). Gender and developmental differences in adolescents' conceptions of moral reasoning. *Journal of Youth and Adolescence, 20*, 13–30.

Garrod, A., Beal, C., & Shin, P.(1990). The development of moral orientation in elementary school children. *Sex Roles, 22*, 13–27.

Gilligan, C.(1977). In a different voice : Women's conception of the self and of morality. *Harvard Educational Review, 47*, 481–517.

Gilligan, C.(1982). *In a different voice : Psychological theory and women's development.* Cambridge, MA : Harvard University Press.

Gilligan, C.(1986a, Spring). Letter to D. Baumrind. *Newsletter of the APA Division on Developmental Psychology*, pp. 10–13.

Gilligan, C.(1986b). Remapping development : The power of divergent data. In L. Cirillo & S. Wapner(Eds.), *Value presuppositions in theories of human development*(pp. 37–53). Hilldsdale, NJ : Erlbaum.

Gilligan, C.(1987). Moral orientation and moral development. In E. F. Kittay & D. T. Meyers(Eds.), *Women and moral theory*(pp. 19–33). Totowa, NJ : Rowman & Littlefield.

Gilligan, C.(1990). Teaching Shakespeare's sister : Notes from the underground of female adolescence. In C. Gilligan, N. P. Lyons, & T. J. Hanmer(Eds.), *Making connections : The relational worlds of adolescent girls at Emma Willard School*(pp. 6–29). Cambridge, MA : Harvard University Press.

Gilligan, C., & Attanucci, J.(1988). Two moral orientations : Gender differences and similarities. *Merrill–Palmer Quarterly, 34*, 223–237.

Gilligan, C., Brown, L. M., & Rogers, A. G.(1990). Psyche embedded : A place for body, relationships, and culture in personality theory. In A. I. Rabin, R. A. Zucker, R. A. Emmons, & S. Frank(Eds.), *Studying persons and lives*(pp. 86–147). New York : Springer.

Gilligan, C., Lyons, N. P., & Hanmer, T. J.(Eds.).(1990). *Making connections : The relational worlds of adolescent girls at Emma Willard School.* Cambridge, MA : Harvard University Press.

Gilligan, C., Ward, J. V., & Taylor, J. M.(Eds.).(1988). *Mapping the moral domain : A contribution of women's thinking to psychological theory and education.* Cambridge, MA : Harvard University Graduate School of Education.

Gilligan, C., & Wiggins, G.(1987). The origins of morality in early childhood relationships. In J. Kagan & S. Lamb(Eds.), *The emergence of morality in young children*(pp. 277–305). Chicago : University of Chicago Press.

Hare–Mustin, R. T.(1987). The gender dichotomy and developmental theory : A response to Sayers. *New Ideas in Psychology, 5*, 261–267.

Hare–Mustin, R. T., & Marecek, J.(1988). The meaning of difference : Gender theory, postmodernism, and psychology. *American Psychologist, 43*, 455–464.

Haste, H.(1994). "You've come a long way, babe" : A catalyst of feminist conflicts. *Feminism & Psychology*, 4, 399–403.

Held, V. (1987). Feminism and moral theory. In E. F. Kittay & D. T. Meyers (Eds.), *Women and moral theory* (pp. 111–128). Totowa, NJ : Rowman & Littlefield.

Helgeson, V. S., & Fritz, H. L. (1998). A theory of unmitigated communion. *Personality and Social Psychology Bulletin, 2*, 173–183.

Henley, N. M. (1985). Psychology and gender. *Signs, 11*, 101–119.

Hennig, K. H., & Walder, L. J. (2004). *Thinking too much about others : Risks associated with a relational self–construal.* Manuscript submitted for publication.

Hill, T. E., Jr. (1987). The importance of autonomy. In E. F. Kittay & D. T. Meyers (Eds.), *Women and moral theory* (pp. 129–138). Totowa, NJ : Rowman & Littlefield.

Houston, B. (1989). Prolegomena to future caring. In M. M. Brabeck (Ed.), *Who cares? Theory, research, and educational implications of the ethic of care* (pp. 84–100). New York : Praeger.

Jadack, R. A., Hyde, J. S., Moore, C. F., & Keller, M. L. (1995). Moral reasoning about sexually transmitted diseases. *Child Development, 66*, 167–177.

Jaffee, S., & Hyde, J. S. (2000). Gender differences in moral orientation : A meta–analysis. *Psychological Bulletin, 126*, 703–726.

Johnston, D. K. (1988). Adolescents' solutions to dilemmas in fables : Two moral orientations?Two problem solving strategies. In C. Gilligan, J. V. Ward, & J. M. Taylor (Eds.), *Mapping the moral domain : A contribution of women's thinking to psychological theory and education* (pp. 49–71). Cambridge, MA : Harvard University Graduate School of Education.

Kaminer, W. (1998, April). The trouble with same–sex schools. *The Atlantic Monthly, 281* (4), 22–36.

Kimball, M. M. (1994). The worlds we live in : Gender similarities and differences. *Canadian Psychology, 35*, 388–404.

Kohlberg, L. (1969). Stage and sequence : The cognitive–developmental approach to socialization. In D. A. Goslin (Ed.), *Handbook of socialization theory and research* (pp. 347–480). Chicago : Rand McNally.

Kohlberg, L. (1981). *Essays on moral development : Vol. 1. The philosophy of moral development.* San Francisco : Harper & Row.

Kohlberg, L. (1984). *Essays on moral development : Vol. 2. The psychology of moral development.* San Francisco : Harper & Row.

Kohlberg, L., Boyd, D. R., & Levine, C. (1990). The return of Stage 6 : Its principle and moral point of view. In T. Wren (Ed.), *The moral domain : Essays in the ongoing discussion between philosophy and the social sciences* (pp. 151–181). Cambridge, MA : MIT Press.

Krebs, D. L., Vermeulen, S. C., Denton, K. L., & Carpendale, J. I.(1994). Gender and perspective differences in moral judgement and oral orientation. *Journal of Moral Education, 23*, 17–26.

Langdale, C. J.(1986). A re–vision of structural–developmental theory. In G. L. Sapp(Ed.), *Handbook of moral development : Models, processes, techniques, and research*(pp. 15–54). Birmingham, AL : Religious Education Press.

Liddell, D. L.(1998). Comparison of semistructured interviews with a quantitative measure of moral orientation. *Journal of College Student Development, 39*, 169–178.

Liddell, D. L., & Davis, T. L.(1996). The measure of moral orientation : Reliability and validity evidence. *Journal of College Student Development, 37*, 485–493.

Liddell, D. L., Halpin, G., & Halpin, W. G.(1992). The measure of moral orientation : Measuring the ethics of care and justice. *Journal of College Student Development, 33*, 325–330.

Lloyd, G.(1983). Reason, gender, and morality in the history of philosophy. *Social Research, 50*, 490–513.

Lollis, S., Ross, H., & Leroux, L.(1996). An observational study of parents' socialization of moral orientation during sibling conflicts. *Merrill–Palmer Quarterly, 42*, 475–494.

Lyons, N. P.(1982). *Conceptions of self and morality and modes of moral choice : Identifying justice and care in judgments of actual moral dilemmas*. Unpublished doctoral dissertation, Harvard University, Cambridge, MA.

Mason, A.(1990). Gilligan's conception of moral maturity. *Journal for the Theory of Social Behaviour, 20*, 167–179.

Okin, S. M.(1989). *Justice, gender, and the family*. New York : Basic.

Pratt, M. W., Diessner, R., Hunsberger, B., Pancer, S. M., & Savoy, K.(1991). Four pathways in the analysis of adult development and aging : Comparing analyses of reasoning about personal–life dilemmas. *Psychology and Aging, 6*, 666–675.

Pratt, M. W., Golding, G., Hunter, W., & Sampson, R.(1988). Sex differences in adult moral orientations. *Journal of Personality, 56*, 373–391.

Puka, B.(1989a). Caring?In an interpretive voice. *New Ideas in Psychology, 7*, 295–314.

Puka, B.(1989b). The liberation of caring : A different voice for Gilligan's "different voice." In M. M. Brabeck(Ed.), *Who cares? Theory, research, and educational implications of the ethic of care*(pp. 19–44). New York : Praeger.

Rest, J. R.(1979). *Development in judging moral issues*. Minneapolis : University of Minnesota Press.

Rosenthal, R.(1991). *Meta-analytic procedures for social research*(rev. ed.). Newbury Park, CA : Sage.

Seigfried, C. H.(1989). Pragmatism, feminism, and sensitivity to context. In M. M. Brabeck(Ed.), *Who cares? Theory, research, and educational implications of the ethic of care*(pp. 63-83). New York : Praeger.

Sher, G.(1987). Other voices, other rooms? Women's psychology and moral theory. In E. F. Kittay & D. T. Meyers(Eds.), *Women and moral theory*(pp. 178-189). Totowa, NJ : Rowman & Littlefield.

Skoe, E. E.(1995). Sex role orientation and its relationship to the development of identity and moral thought. *Scandinavian Journal of Psychology, 36*, 235-245.

Skoe, E. E., & Gooden, A.(1993). Ethic of care and real-life moral dilemma content in male and female early adolescents. *Journal of Early Adolescence, 13*, 154-167.

Skoe, E. E., Hansen, K. L., M?rch, W., Bakke, I., Hoffman, T., Larsen, B., & Aasheim, M.(1999). Care-based moral reasoning in Norwegian and Canadian early adolescents : A crossnational comparison. *Journal of Early Adolescence, 19*, 280-291.

Skoe, E. E., & Marcia, J. E.(1991). A measure of care-based morality and its relation to ego identity. *Merrill-Palmer Quarterly, 37*, 289-304.

Skoe, E. E., Pratt, M. W., Matthews, M., & Curror, S. E.(1996). The ethic of care : Stability over time, gender differences, and correlates in mid-to late adulthood. *Psychology and Aging, 11*, 280-292.

Stocker, M.(1987). Duty and friendship : Toward a synthesis of Gilligan's contrastive moral concepts. In E. F. Kittay & D. T. Meyers(Eds.), *Women and moral theory*(pp. 56-68). Totowa, NJ : Rowman & Littlefield.

Thoma, S. J.(1986). Estimating gender differences in the comprehension and preference of moral issues. *Developmental Review, 6*, 165-180.

Tronto, J. C.(1993). *Moral boundaries : A political argument for an ethic of care*. New York : Routledge.

Turiel, E.(1998). The development of morality. In W. Damon(Series Ed.) & N. Eisenberg(Vol. Ed.), *Handbook of child psychology : Vol. 3. Social, emotional, and personality development*(5th ed., pp. 863-932). New York : Wiley.

Walker, L. J.(1984). Sex differences in the development of moral reasoning : A critical review. *Child Development, 55*, 677-691.

Walker, L. J.(1986a). Experiential and cognitive sources of moral development in adulthood. *Human Development, 29*, 113-124.

Walker, L. J.(1986b). Sex differences in the development of moral reasoning : A rejoinder to Baumrind. *Child Development, 57*, 522-526.

Walker, L. J.(1989). A longitudinal study of moral reasoning. *Child Development, 60,* 157-166.

Walker, L. J.(1991). Sex differences in moral reasoning. In W. M Kurtines & J. L. Gewirtz(Eds.), *Handbook of moral behavior and development*(Vol. 2, pp. 333-364). Hillsdale, NJ : Erlbaum.

Walker, L. J.(1995). Sexism in Kohlberg's moral psychology? In W. M. Kurtines & J. L. Gewirtz(Eds.), *Moral development : An introduction*(pp. 83-107). Boston : Allyn & Bacon.

Walker, L. J.(1996). Kohlberg's cognitive-developmental contributions to moral psychology. *World Psychology, 2,* 273-296.

Walker, L. J.(2004). Progress and prospects in the psychology of moral development. *Merrill-Palmer Quarterly, 50,* 546-557.

Walker, L. J., de Vries, B., & Trevethan, S. D.(1987). Moral stages and moral orientations in real-life and hypothetical dilemmas. *Child Development, 58,* 842-858.

Walker, L. J., & Hennig, K. H.(1997). Moral functioning in the broader context of personality. In S. Hala(Ed.), *The development of social cognition*(pp. 297-327). East Sussex, England : Psychology Press.

Walker, L. J., & Pitts, R. C.(1998). Naturalistic conceptions of moral maturity. *Developmental Psychology, 34,* 403-419.

Walker, L. J., Pitts, R. C., Hennig, K. H., & Matsuba, M. K.(1995). Reasoning about morality and real-life moral problem. In M. Killen & D. Hart(Eds.), *Morality in everyday life : Developmental perspectives*(pp. 371-401). Cambridge, UK : Cambridge University Press.

Wark, G. R., & Krebs, D. L.(1996). Sex and dilemma differences in real-life moral judgment. *Developmental Psychology, 32,* 220-230.

Wark, G. R., & Krebs, D. L.(2000). The construction of moral dilemmas in everyday life. *Journal of Moral Education, 29,* 5-21.

Wiggins, J. S.(1991). Agency and communion as conceptual coordinates for the understanding and measurement of interpersonal behavior. In D. Cicchetti & W. M. Grove(Eds.), *Thinking clearly about psychology : Essays in honor of Paul E. Meehl*(Vol. 2, pp. 89-113). Minneapolis : University of Minnesota Press.

Yacker, N., & Weinberg, S. L.(1990). Care and justice moral orientation : A scale for its assessment. *Journal of Personality Assessment, 55,* 18-27.

제3부

사회영역 이론과 사회정의

제3부는 구조발달 접근으로부터 영향을 받은 사회인지 영역 모델에 관한 연구와 이론, 그리고 사회적 판단 모델이 어떻게 집단 간 관계, 권리, 그리고 문화와 같은 영역으로 확장되어 왔는가를 기술한다. 스메타나(Judith Smetana)가 기술한 제5장은 사회영역 이론과 연구를 개관한다. 그녀는 사회영역 모델을 피아제와 콜버그의 포괄적 단계 이론과 비교한 후 그 모델이 어떻게 초기의 도덕발달, 동료관계, 부모-청소년 관계, 그리고 문화를 이해하는 데 활용되는지를 기술한다. 스메타나는 도덕적 영역에서의 발달적 변화에 관한 연구, 개인들이 복잡한 상황을 평가하기 위해 도덕적·사회적 지식을 어떻게 활용하는지, 그리고 가설적 상황과 실제적 상황에서 판단의 차이에 관한 최근의 연구결

과를 기술한다. 그녀의 장은 독자들에게 사회인지 영역 모델에 관한 심층적이며 이론적인 개관과 더불어 그것이 도덕적으로 관련된 다양한 영역에서 산출하는 연구방법을 제공해 준다.

제6장에서 킬렌(Melanie Killen), 마지(Nancy Margie), 시노(Stefanie Sinno)는 사회영역 모델을 집단 간 관계의 맥락에서 도덕성을 검증하는 데 적용한다. 집단 간 관계에 관한 사회심리학적 연구는 편견, 선입관, 그리고 차별에 관한 성인들의 태도를 연구하는 것으로 모두 도덕적으로 관련된 개념들이다. 그러나 이들 개념이 어떻게 나타나고 발달과정에서 어떻게 획득되는가에 관한 분석은 거의 없는 상태이다. 킬렌, 마지, 시노는 성, 민족, 인종에 관한 아동들과 청소년들의 개념이 어떻게 발달하는지에 대한 연구와, 개인들이 흔히 도덕적 지식뿐만 아니라 고정관념적인 지식을 불러일으키는 배제와 같은 그러한 상황에 직면할 때 공정, 정의, 평등을 어떻게 평가하는지를 기술한다.

제7장에서 헬위그(Charles Helwig)는 권리, 시민적 자유, 그리고 민주주의에 관한 아동들과 청소년들의 개념에 초점을 맞춘 연구를 논의한다. 그는 서로 다른 문화에서 권리의 가치화에 관한 문화적 고정관념에 도전하는 문화 간 연구, 특히 중국에서의 연구를 중심으로 기술한다. 헬위그는 권리와 시민적 자유의 다면적 차원을 잘 표현하며 다양한 문화에서 이들 개념의 발달적 발생을 입증해 주고 있다.

마지막으로 제8장에서 와인립(Cecilia Wainryb)은 문화의 복잡한 이슈에 초점을 맞춘다. 그녀는 문화란 문헌에서 흔히 주장되어 온 바와 같이 동질적인 "전체성"이 아니라고 단정하며 다양한 문화의 각 개인은 자율성, 권리, 대인관계 책무, 권위, 인습, 관습, 그리고 공정에 가치를 부여한다는 것을 입증하는 광범위한 경험적 연구를 기술한다. 그녀는 이들 가치가 문화적으로 특수하지 않으며, 비록 이들 가치의 표명이 다양한 궤도를 따른다 하더라도 오히려 보편적이라고 단언한다. 그녀는 문화의 특성화가 고정관념의 관점을 영속화하고 소녀들과 여성들이 자율성과 권리를 부정하는 방법들과 같은 문화에서 불공정한 위계적 제도를 유지하는 데 공헌하는 방식을 기술한다.

이와 함께 이들 장은 도덕발달에 관한 철학적 · 인류학적 · 심리학적 설명 사이의 연결을 제공한다. 제3부의 저변에 깔려 있는 주제는 사회적 삶이 다면적이라는 것이며, 또한 도덕성에 관한 경험적 연구는 전 생애에 걸친 도덕성의 등장과 변화에 관한 포괄적 설명을 제공할 필요가 있는데, 그러려면 이러한 다면적인 차원을 고려할 필요가 있다는 것이다.

제5장

사회인지 영역 이론

아동들의 도덕적 판단과 사회적 판단에서의 일관성과 변화

스메타나_Judith G. Smetana(로체스터 대학교_University of Rochester)

사회세계는 복잡하다. 그것은 많은 사회적 기대와 규칙으로 구성되며, 그러한 기대와 규칙은 다양한 사회적 상황에서, 그리고 각기 다른 사회적 관계와 사회적 제도의 맥락에서 집행된다. 발달의 과정을 통해 아동들은 이러한 사회적 기대와 규칙에 관한 이해를 획득해야만 하는데, 여기에는 특정한 사회적 맥락에 어울리는 일정불변적인 규칙성에 관한 자각뿐만 아니라 상황을 망라하여 보다 폭넓게 적용될 수 있는 기대 및 일정불변의 규칙에 관한 자각이 포함된다. 게다가 비록 도덕성이 사회적 관계를 규제한다 하더라도 모든 사회적 규칙이 도덕적인 것만은 아니다. 즉 어떤 규칙은 사회적 상호작용을 규제하는 데 작용하겠지만 도덕적 규칙이 지니고 있는 규범적이고 의무적인 토대가 부족할 수도 있다. 이 장은 사회인지 영역 관점에서 도덕적·사회적 발달에 관한 이론과 연구를 기술하는데(Helwig & Turiel, 2003 ; Nucci, 2001, 2002 ; Smetana, 1995b ; Turiel, 1998, 2002, 이 책 제1장), 아동들이 그들의 사회세계의 이러한 다양한 측면들을 어떻게 이해·해석·수용하며 때로는 거부하게 되는가에 관심을 갖는다.

도덕발달에 대한 대부분의 심리학적 접근은 도덕성을 다면적인 것으로, 그리고 정의적·인지적·행동적 구성요소를 지닌 것으로 바라보지만 이론적 관점은 이러한 구성요소 중 어느 것에 우선순위를 두느냐에 따라 다양하다. 사회인지 영역 관점[이후에는 **영역 이론**(domain theory)으로서 언급된다]을 견지하는 연구자들은 도덕판단 발달에 관한 다른 구조발달 이론들처럼 도덕발달은 도덕판단에 관한 심리학적 분석을 통해 가장 잘 이해된다고 제안한다. 그러나 이 장에서 논의되는 바와 같이 정서와 행동이 결코 소홀히 취급되지는 않는다. 정서는 도덕판단과 결코 분리될 수 없는 것으로, 그리고 판단을 위한 하나의 동기적인 혹은 강력한 힘을 제공하는 것으로 간주되며, 그리고 행동은 개인이 상황을 해석할 때 그에 수반되는 것으로 간주된다. 또한 영역 이론은 도덕판단 발달에 관한 다른 구조발달 이론과 마찬가지로 도덕성이 개인 환경과의 호혜적인 상호작용의 결과로 구성된다고 제안한다(Turiel, 1983, 1998).

그러나 영역 이론이 도덕성을 아동들의 발달하는 사회적 지식의 몇 가지 요소 가운데 하나로 바라본다는 점에서 다른 구조발달 이론들과는 다르다. 사회세계에 관한 사고는 서로 다른 사회적 정향, 동기, 그리고 목적이 상호 이질적이면서도 함께 공존하는 특징을 지닌다. 따라서 정의, 복지, 권리에 대한 관심사—모든 도덕적 이슈—는 권위자, 전통, 사회적 규범[**사회인습적 이슈**(social-conventional issues)로 간주됨]에 대한 관심사와 더불어 프라이버시, 신체적 고결과 자제, 무제한적인 선택과 선호 [개인적 이슈(personal issues)로 기술됨]에 대한 관심사와 함께 존재한다. 영역 이론은 이들 각각이 사회적 지식에 관한 하나의 조직화된 체계 혹은 영역을 구성하는바, 그러한 사회적 지식은 아동들이 사회적 환경에서 서로 다른 일정불변한 규칙유형을 경험할 때 나온다고 제안한다(Turiel, 1983, 1998). 이 관점은 도덕판단 발달에 관한 다른 구조발달 단계 모델들과는 차이가 있는데, 그 모델들은 도덕발달의 과정을 인습, 실제적 고려, 그리고 자유재량권이라는 도덕과 무관한 것으로부터 정의 혹은 권리의 원리에 관한 점진적 차별화를 의미하는 것으로 기술한다(Kohlberg, 1984 ; Piaget, 1932/1965). 오히려 이러한 사회적 지식영역들은 인생의 초기 경험에서 분화되어 서로 다른 발달궤도를 따르는 것으로 이해된다. 따라서 사회적 삶의 복잡성과 다양성을 충분히 이해하고 인식하기 위해서는 사회적 지식의 다른 유형들과는 별개의, 그러면서도 때로는 대등한(혹은 그에 종속되는) 도덕적 지식을 고려해야 할 필요가 있다.

이론이 최초로 공식화된 이래(Nucci & Turiel, 1978 ; Turiel, 1979, 1983) 영역 이론은 단 하나의 장에서 이를 축약하기가 어려울 만큼 너무나 많은 방향으로 다양하게 전개되어 나갔다. 그러나 다행스럽게도 여러 편의 탁월하고 포괄적인 평론이 이곳저곳에 발표되어 왔으며(Helwig & Turiel, 2003 ; Killen, Lee-Kim, McGlothlin & Stangor, 2002 ; Nucci, 2001, 2002 ; Tisak, 1995 ; Turiel, 1983, 1998, 2002 ; Smetana, 1995b, 1997, 2002도 볼 것 ; Smetana & Turiel, 2003), 이 책은 이들 연구방향의 대부분을 기술하고 있다.

이 장은 아동들의 도덕적 지식과 사회적 지식이 개인과 환경과의 호혜적인 상호작용으로부터 구성된다는 기본 명제를 그 핵심으로 채택하며(Turiel, 1983, 1998), 이들 상호작용의 측면이 어떻게 도덕적 판단과 사회적 판단에서 일관성과 변화로 이끄는지를 고찰한다. 이 장은 영역 이론에 대한 개관으로 시작한다. 도덕성은 하나의 독특한 발달적·개념적 영역으로서 다른 사회적 지식의 유형들과 구별하여 정의되며, 아동들의 도덕적·사회적 지식을 사정하는 방법이 기술된다. 그런 후에 도덕적 판단, 사회적 판단, 그리고 사회적 관련이 없는 판단을 각기 구별하는 증거가 가설적인 맥락과 실제적인 맥락에서, 그리고 단순한 상황과 복잡한 상황에서 제시된다.

다음 절은 사회적 상호작용의 특징과 특성을 포함하여 환경에서의 규칙성이 어떻게 도덕적 판단과 사회적 판단에서 일관성과 변화를 초래하게 하는지에 초점을 맞춘다. 그 다음으로 개인의 특성(성, 사회적 계층, 그리고 인종과 같은)이 도덕적 판단과 사회적 판단에 미치는 영향을 고찰한다. 도덕판단 발달에 관한 구조발달 이론들(특히 Kohlberg의 이론)이 맥락의 영향을 소홀히 했다는 비판(Shweder, 1982 ; Simpson, 1973)을 받고 있음에도 불구하고 영역 연구자들은 판단에서 맥락적, 특히 문화적 변화에 많은 관심을 기울여 왔다. 이어지는 절에서 우리는 개인과 환경 간 상호작용의 환경적 측면에 대한 고찰로 되돌아간다. 그러나 보다 넓은 시각에서 조망한다. 즉 우리는 사회적 역할과 사회적 관계를 포함하는 서로 다른 맥락이 판단에 어떻게 영향을 미치는가를 고찰한다. 그러한 시각을 더욱 확장하여 문화적 영향으로 인한 판단에서의 일관성과 변화가 논의된다. 이 장은 미래의 연구방향에 대한 논의로 끝을 맺는다.

도덕적 영역 정의하기

사회적 지식에 관한 하나의 독특한 영역으로서의 도덕성

사회인지 영역 이론은 도덕성에 관한 철학적 정의(Dworkin, 1978 ; Gewirth, 1978 ; Rawls, 1971)와 복지(해로움), 공정, 그리고 권리의 개념을 기초로 사회적 관계를 규제하는 의무적이고 일반화 가능한 규범의 측면에서 도덕성을 정의하는 심리학적 연구를 도출해 왔다(Helwig & Turiel, 2003 ; Turiel, 1983, 1998). 도덕적 위반은 다른 사람의 권리와 복지에 본질적인 영향을 미치기 때문에 나쁜 것으로 가정된다. 따라서 도덕적 개념은 의무적이고, 보편적으로 적용 가능하고, 비개인적이며, 그리고 규범적으로 구속력이 있는 것으로 가정된다.

사회적 관계에 관한 아동들의 규범적 이해는 사회체계, 사회조직, 사회인습에 관한 기술적 이해와는 다르다. 사회적 인습은 사회체계 내에서 개인들의 상호작용을 조정하는 맥락적으로 상대적인, 공유된 통일성과 규범(에티켓이나 매너와 같은)으로 정의되고 있다. 사회적 인습은 개인에게 각기 다른 맥락에서 적절한 행동과 관련한 기대를 제공하고, 따라서 그 사회체계의 원활하고 능률적인 기능작용을 촉진시키는 데 도움을 준다. 그러므로 사회적 인습 개념은 맥락적으로 상대적이고, 합의에 의하여 동의하며, 임시적인 특수한 규칙이나 권위자 명령이고, 그리고 변경이 가능한 것으로 가정된다.

도덕적 인습과 사회적 인습은 심리적 체계로서의 인간에 관한 개인들의 기술적 이해와는 구별되는데, 그러한 기술적 이해는 자기 자신과 다른 사람들의 행동에 관한 이해와 원인의 귀속을 포함하며, 자아와 성격, 그리고 정체성에 관한 지식도 포함한다. 심리학적 지식은 개인이 심리적 원인을 이해하며 사회적 상호작용 속에 주어지지 않은 의미를 추론하고자 하는 시도와 관련한다. 비록 심리학적 영역이 사회적 지식에 관한 하나의 독특한 개념적·발달적 체계이지만 그것은 권리의 관념이 자아와 개인적 행위의 관념 속에 뿌리를 박고 있다는 점에서 도덕성의 범위와 본질을 배태하고 있다(Dworkin, 1978 ; Gewirth, 1978 ; Nucci, 1996, 2001).

다음으로 누치(Nucci, 1996, 2001)는 각 개인은 개인적 이슈에 대한 통제를 주장할 때 한 인간으로서의 개인적 행위를 실천한다고 제안하고 있다. 개인적 이슈는 자신의 신체에 대한 통제, 프라이버시, 친구나 혹은 활동의 선택과 같은 그러한 이슈와 관련한 선호나 선택을 포함한다(Nucci, 1996, 2001 ; Nucci & Turiel, 2000). 개인적 이슈는 단지 그 행위자와 자신의 삶의 사적인 측면과만 관련이 있기 때문에 인습적 규제와 도덕적 관심의 영역 밖에 있는 것으로 간주된다. 따라서 개인으로서 어떤 이슈에 대해 주장을 제기한다는 것은 개인의 자율성 혹은 다른 사람들과 다른 개성의 발달에서 중요한 측면이며(Nucci, 2001), 자율적 의사결정을 내리는 권리는 자기와 사회세계 사이의 경계를 형성한다. 아동들과 청소년들은 전형적으로 그 행위의 결과는 단지 그 행위자에게만 영향을 미친다는, 혹은 그 행위는 개인적인 문제이며 그 행위자 자신의 일임이 분명하다는 정당화를 바탕으로 개인적 이슈를 전적으로 개인에게 달린 문제로(옳거나 혹은 그른 행위라기보다는) 범주화시킨다(Killen & Smetana, 1999 ; Nucci, 1981 ; Nucci & Weber, 1995 ; Smetana & Asquith, 1994).

도덕성을 사회적 지식영역으로 규정하는 준거

사회인지 영역 관점에서 수행된 대부분의 초기 연구는 아동들이 도덕성을 사회적 인습과 구별할 수 있다는 명제를 검증하는 데 초점을 맞추었다. 이러한 연구는 아동들이 영역을 구별하는 것으로 가정된 이론적 준거를 사용하여 구별을 일관되게 하는지의 여부를 검증했다. 이에 따라 이들 연구는 그 영역의 전형으로 간주되는 가설적 상황에 관한 아동들의 판단을 검사했다. 도덕적 사건, 규칙, 혹은 위반은 전형적으로 사건을 단순하게(그 행위가 다른 유형의 목적, 동기, 혹은 사건과 갈등하는 것으로 묘사되지 않는다는 점에서) 묘사하는 이야기 삽화나 그림으로 표현되었고, 도덕적 자극은 보통 다른 사람의 복지나 권리에 영향을 미치는 의도적이며 자발적인 행위로 묘사된다.

영역 구별은 두 가지 유형의 사정을 활용하여 검증되어 왔다. 우선 아동들의 준거판단은 도덕성을 사회적 지식의 다른 유형들과 구별하는 것으로 가정된 이론적 차원의 활용을 통하여 사정된다. 도덕성에 대한 준거는 일반화 가능성, 의무, 불변성, 그리고 규칙과 권위자 제재로부터의 독립을 포함하는 반면에 인습에 대한 준거는 맥락적 상대성, 변경 가능성, 그리고 규칙과 권위자에의 부속을 내포한다. **일반화 가능성**(generalizability)은 사건이나 위반이 서로 다른 사회적 맥락, 예컨대 집, 다른 학교, 다른 나라에서 잘못으로 판단되는지 아니면 허용 가능한 것으로 판단되는지의 측면에서 작동된다. **도덕적 의무**(moral obligation)는 개인들이 요구된 행위를 의무적으로 수행해야 하는지 혹은 규칙에 복종해야 하는지에 대한 아동들의 판단으로 사정된다. **규칙과 권위자로부터의 독립적 판단**

(judgments of rule and authority independence)은 행위나 위반이 규칙이 구비되어 있지 않을 때에도, 혹은 만약 권위자(교사, 부모 등등)가 규칙 파괴를 목격하지 않았거나 알지 못했을 때조차도 잘못인지의 여부에 관한 아동들의 평가 측면에서 작동된다.

이와 함께 연구들은 서로 다른 위반에 응당한 처벌의 심각성과 양 그리고 서로 다른 규칙 유형의 중요성에 관한 양적인 사정을 포함하고 있다. 비록 도덕적 위반이 전형적으로 인습적 위반에 비해 더 심각하며 더 처벌받을 만한 것으로 취급되고 도덕적 규칙이 인습적 규칙보다 더 중요한 것으로 평가되지만, 이러한 양적 차원은 영역들에 대한 형식적 준거로서보다는 영역을 구별하는 것과 상호 관련되는 것으로 여겨진다(심각성이 사건 영역으로부터 어떻게 분리될 수 있는가에 관한 예에 대해서는 Tisak & Turiel, 1988 참조).

아동들이 자신의 판단을 정당화하기 위해 혹은 개인들이 자신의 사회적 행위에 대한 평가를 설명하기 위해 제시하는 이유의 유형은 또한 영역 구별을 위한 준거로 활용되고 있다. **도덕적 정당화**(moral justifications)는 다른 사람들에 대한 행위의 본질적인 영향과 관련이 있는데, 이는 다른 사람들의 해 혹은 복지, 공정 혹은 권리, 그리고 의무에 대한 관심사를 포함한다. 반면에 **사회인습적 정당화**(social-conventional justifications)는 권위자(처벌, 규칙, 혹은 권위자 명령에 대한 관심사를 포함하는), 사회적 기대와 사회적 규칙성(예컨대 사회적·문화적 규범), 사회조직 혹은 사회질서(예컨대 사회질서를 유지하고 무질서를 회피하거나 사회적 상호작용을 조정할 필요성)와 관련한다.

지난 30여 년 동안 다양한 연령분포의 아동들을 대상으로 그들이 판단과 정당화에서 도덕적 행위와 인습적 행위를 구별하는지의 여부를 검증하기 위해 수많은 연구가 수행되었다. 그에 따른 연구결과는 여러 곳에서 광범위하게 검토되어 왔다(Killen, McGlothlin & Lee-Kim, 2002 ; Nucci, 2001 ; Smetana, 1995b, 1997 ; Tisak, 1995 ; Turiel, 1998). 따라서 여기에서는 이를 자세하게 검토하지 않는다. 그러나 킬렌(Killen), 맥그로쓰린(McGlothlin), 그리고 리킴(Lee-Kim)이 주목한 바와 같이 100편 이상의 연구결과는 아동들이 이들 이론적 준거에 따른 도덕성과 사회적 인습을 이른 나이에서부터 구별한다는 명제를 강력히 지지한다. 전형적인 가설적 도덕 사건에 관한 평가를 검증한 연구(미국과 그 밖의 다른 나라에서 수행되었던)는 개인이 초기 아동기에서부터 도덕적 위반을 다른 사람들의 복지나 권리와의 도덕적 관련에 입각하여 규범적으로, 그리고 일반화 가능하게 잘못이라고 아주 쉽게 평가한다는 것을 발견했다. 아동들은 일반적으로 도덕적 사건을 평가할 때는 행위 본위이며, 그리하여 행위가 다른 사람들에 미치는 영향에 초점을 맞추는 반면에 그들은 사회인습 사건에 대해서는 규칙 본위로 평가한다. 더 나아가 3세 정도의 연령에 있는 아동들은 초보적인 수준이지만 도덕적 사건과 사회적 사건을 구별하며(Smetana, 1981a ; Smetana & Braeges, 1990), 어린 아동들은 그러한 구분을 익숙하지 않은 사건보다는 익숙한 사건에 더 적용한다(Davidson, Turiel & Black, 1983). 나이가 점차 증가함에 따라 그 구별은 보다 넓은 사회적 사건의 범위로 확장되어 적용되기 시작한다. 특정한 개인적 경험에 대한 의존으로부터 그 준거를 보다 추상적이며 덜 익숙한 사회적 사건에 적용하는 능력으로 발달해 간다.

도덕적 개념과 사회적 개념의 조정과 중복

모든 사건이나 상황이 도덕적 구성요소와 인습적 구성요소로 분명하게 구별될 수 있는 것은 아니다(Smetana, 1983 ; Turiel, 1983 ; Turiel, Killen & Helwig, 1987). 많은 사건이나 상황은 다면적이며, 그리고 도덕성, 사회적 인습, 자유재량권, 실제적 고려, 개인적 이슈가 서로 중복되어 관련되며 때로는 서로 갈등을 일으키기도 하고 때로는 동시에 발생하기도 한다. 이러한 영역혼합(혹은 다면적인) 결과는 최근 대부분의 연구가 관심을 갖고 있는 것으로, 이는 판단에서 발달적 및 맥락적 변화 가능성과 불일치의 원천이 되고 있다. 즉 개인이 판단을 내릴 때 도덕적 고려와 도덕과 무관한 고려 중 어디에 비중을 더 둘 것인가, 그리고 그 둘을 어떻게 조정할 것인가 하는 방식은 맥락, 문화, 발달에 따라 다를 것이다. 사실 발달에 관한 적절한 설명은 개인들이 그들의 사고에서 도덕적 이슈와 도덕과 무관한 이슈를 어떻게 조정하는가에 관한 분석을 내포하고 있어야만 한다(Helwig & Turiel, 2003 ; Smetana & Turiel, 2003 ; Turiel, 1983, 1998).

다면적 상황에 관한 판단을 검증하는 연구는 참여자들로 하여금 서로 다른 관련 형식들이 갈등하는 가설적 상황을 평가하도록 요구한다. 어떤 연구는 서로 다른 혼합된 영역 상황에 관한 아동들의 판단을 검증하거나(예컨대 Killen, 1990 ; Smetana, Killen & Turiel, 1991) 혹은 단순한(단 하나의 영역) 사건에 관한 판단을 혼합된 영역 상황에 관한 판단과 서로 비교했다(예컨대 Helwig, 1995 ; Turiel, Hildebrandt & Wainryb, 1991). 이러한 비교유형들은 비록 아동들이 단순한 상황들에서는 도덕적 개념을 이해하며 적용하지만 보다 복잡한 상황들에서는 도덕성을 다른 관심사들(예컨대 법이나 사회적 인습)보다 경시하기도 한다는 것을 보여준다. 이러한 연구들은 아동들이 복잡한 상황에서 도덕성을 사회적 인습(도덕판단에 관한 범세계적 단계 모델들이 가정하고 있듯이)과 구별하는 추론능력을 발휘하지 못한다는 것을 반영한다기보다는 오히려 다면적 상황에서 서로 다른 관심사의 두드러진 특징을 반영하는 것임을 분명하게 입증하고 있다. 수많은 연구로부터의 결과는 개인들이 도덕성을 다른 사회적 개념과 조절하는 방식에 있어서 개인 간 혹은 개인 내에 상당한 변화가 있다는 것을 말해준다. 몇몇 상황에서 아동들은 어떤 영역의 개념을 다른 영역보다 덜 중요하게 여기는데, 그것은 그들이 어떤 관심사의 유형을 분명히 고려하기는 하지만 덜 두드러지거나 혹은 덜 타당한 것으로서 거부하기 때문이거나 아니면 그들이 그 경쟁하는 관심사를 인정하지 않기 때문이다. 다른 상황에서 아동들은 서로 다른 사회적 개념을 조정하거나 혹은 그러한 개념을 갈등 속에서 바라볼지도 모른다. 많은 연구가 각기 다른 연령에서의 이러한 조정의 성격을 이해하고자, 그리고 서로 다른 사회적 개념을 조정하는 아동들의 능력에 일반적인 발달경향이 존재하는지 여부를 발견하고자 여전히 진행되고 있다. 다음 절에서는 아동들의 도덕판단에서 영역 내의 변화들과 도덕적 행위의 유형에 관한 판단 대 도덕과 무관한 행위의 서로 다른 유형들에 관한 판단이 고찰된다.

판단에서 일관성과 변화의 원천이 되는 행위의 특징

전형적인 도덕적 및 사회인습적 사건에 관한 아동들의 판단을 검증하는 몇몇 연구들 또한 각기 다른 도덕적 이슈들의 유형과 관련한 도덕판단의 분석을 내놓으면서 체계적으로 도덕적 자극에 변화를 가해왔다. 비록 연령에 따라 도덕적 개념이 발달적 변화를 보인다는 증거를 제공한 유용한 연구가 있기는 하지만 도덕적 영역 내에서 발달이 어떻게 이루어지는가에 대해서는 실질적으로 별 주의를 기울여 오지 않았다. 그 밖의 다른 연구들은 도덕적 혹은 인습적 사건(혹은 둘 다)을 물리적 혹은 논리적 규칙과 같은 사회적 관련이 없는 사건과 비교했거나 혹은 가설적 사건 대 실제적 사건에 관한 판단을 검증했다. 이들 연구로부터의 결과는 다음에 검토된다.

영역 내에서의 변화

신체적 · 심리적 해, 그리고 공정에 관한 도덕적 판단. 아동들과 청소년들의 도덕적 이해와 인습적 이해에서의 구별을 검증하는 대부분의 연구는, 비록 그 분석이 도덕적 판단과 인습적(혹은 다른 도덕과 무관한) 판단을 비교하는 데 초점을 두었지만, 서로 다른 도덕적 사건의 유형을 포함했다. 몇몇 연구는 서로 다른 도덕적 사건의 유형에 관한 아동들의 판단을 체계적으로 검증했는데, 거기에는 사회인습적 항목들에 관한 그들의 평가와 함께 공정(예컨대 공유나 혹은 교대를 않는), 심리적 해 혹은 고통(예컨대 성가시게 함, 아동에게 욕을 함, 혹은 비열해짐), 그리고 신체적 해(예컨대 때리거나 혹은 발로 차기)를 수반하는 사건들이 포함되어 있다(Smetana, Kelly & Twentyman, 1984 ; Smetana, Schlagman & Adams, 1993). 모든 종류의 도덕적 위반은 사회인습적 위반보다는 더 중대한 것으로, 더 처벌을 받아 마땅한 것으로, 더 규칙과 관계없는 것으로, 그리고 더 일반화 가능하게 그른 것으로 여겨진다. 그러나 어린 아동들은 또한 불공정, 심리적 고통, 그리고 신체적 해를 더욱 더 중대한 위반으로 간주한다(Smetana 등, 1984).

더 나아가 어린 아동들(주로 유치원 아동들)은 도덕적 준거를 불공정(장난감을 공유하지 않는 것과 같은 ; Smetana, 1981a)보다는 신체적 해(때리거나 상처를 입히는 것)를 수반하는 사건에 보다 일관적으로 적용한다. 어린 아동들이 공유와 관련하여 공정에 관한 도덕적 판단을 내리는 것을 연구한 결과들은 일치하지 않는다. 그러나 유치원 아동들을 대상으로 한 연구에서 나타난 이러한 차이는 공유와 자원 분배에 관한 묘사에서의 애매함 때문일 수도 있다. 이들 연구에서 활용한 자극은 그 물건이 개인 소유물인지(이 경우에 소유권자의 권리는 공유가 더 임의적일 수 있다고 지시한다) 혹은 공동 자산인지(이 경우에 소유의 권리는 부각될 것이다)를 항상 분명하게 나타내지는 않았다(예컨대 Ross, Tesla, Kenyon & Lollis, 1990). 게다가 유아들의 어머니는 소유의 권리와 대비하여 소유권자의 권리를 지지하는 데 있어서 일관적이지 않음이 밝혀졌기 때문에(Ross 등, 1990) 아동들은 이러한 상황에서 공정에 관한 이해를 구성하는 데 어려움을 가질 수 있다.

그러나 보다 일반적으로 약간 나이가 든 아동들을 대상으로 한 연구들은 도덕적 영역 안에서의 아동들의 이해가 아동기 초기에 구체적인 해와 다른 사람들의 복지에 대한 초점으로부터 아동기 중기에 개인 간의 평등과 동등한 대우의 측면에서 규정되는 공정에 관한 이해로 발달한다는 것을 확증해 준다(Damon, 1977 ; Davidson 등, 1983 ; Kahn, 1992 ; Nucci, 2001 ; Tisak & Turiel, 1988). 청소년기 이전 동안에 평등과의 관련은 공평과의 관련으로, 공정한 대우는 필요와 지위에서의 개인적 차이에 관한 고려를 수반한다는 이해로 변환된다(Damon, 1977 ; Nicci, 2001, 2002). 마지막으로 청소년기 동안에 공정의 개념은 보다 더 광범위하게 포괄적 · 보편적으로 적용 가능하며, 상황적인 변화들을 더 고려할 수 있을 뿐만 아니라 상황들을 통틀어 일반화가 가능한 것으로 발달해 간다(Nucci, 2001, 2002).

아동들은 매우 어린 나이에 복지의 개념을 심리적 해를 수반하는 상황보다는 신체적 해를 수반하는 상황에 적용하는 것으로 밝혀졌는데(Davidson 등, 1983 ; Smetana 등, 1993), 이는 신체적 해를 수반하는 상황이 심리적 해보다는 어린 아동들에게 보다 직접적이며 구체적이기 때문일 것으로 보인다. 심리적 해를 수반하는 상황에서는 희생자가 우선 그 상황을 해로운 결과를 경험하는 것으로 해석해야 하는 반면에 신체적 해는 보다 직접적이며 상징적인 중재를 필요로 하지 않는다(Helwig, Hildebrandt & Turiel, 1995).

이러한 연구들은 영역 이론의 차원에서 정의된 바와 같은 아동들의 도덕적 개념이 연령에 따라 질적으로 변화한다는 몇 가지 증거를 제시하는데, 그러나 지금까지의 연구는 횡단적 설계를 철저하게 배제한 상황에서 조사된 상대적으로 소규모적이며 동질적인 표본들을 토대로 하고 있다. 요컨대 그 연구들은 특정한 도덕적 개념(예를 들면 분배 정의 혹은 신체적 해 대 심리적 해)에 초점을 맞춘 경향이 있었다. 보다 이질적인 표본을 사용하고 영역 이론 내에서 정의된 바와 같은 도덕적 개념에서의 질적 변화를 보다 포괄적으로 검증하는 종단적 연구가 필요하다.

종교적 규칙 대 도덕적 규칙. 도덕성과 사회적 인습 간의 구별은 세속적 맥락에만 제한되는 것이 아니라 종교적 규칙에도 적용이 가능하다. 누치와 투리엘(Nucci, 1985 ; Nucci & Turiel, 1993)은 서로 다른 종교적 신앙(가톨릭, 칼뱅주의, 아미쉬 메노파, 정통 유대교, 보수 유대교)을 가진 청소년들을 대상으로 도덕적 규칙과 종교적 규칙의 개념을 검사했다. 보통의 영역 사정(domain assessments)에 덧붙여 그 연구자들은 어떤 주어진 행위의 허용 가능성이 신으로부터의 특수한 명령이 있거나 없거나에 따라 결정되는지의 여부, 그리고 신의 명령은 대부분의 아동들이 도덕적으로 옳지 않은 것으로 간주하는 권리를 훔치는 것과 같은 행위를 하도록 하는지의 여부를 검증했다. 예상된 바와 같이 어떤 종교에 가입하고 있는가와 무관하게 대부분의 청소년들은 도덕적 이슈(훔치기, 때리기, 그리고 재산 손상)를 신으로부터의 명령이 존재하지 않을 경우에는 그른 것으로 간주하는 반면에 예배일, 적절한 의상에 대한 기대(아미쉬 메노파 참여자들에게), 다이어트(유대교 참여자들에게) 등은 종교적 인습이 수용할 만한 것으로 간주하였다. 이와 함께 대부분의 아동들은 신의 명령이 도덕적 위반(훔치기와 같은)을 도덕적으로 옳은 것으로 만들 수 있을 것이라는 생각을 거부했으며, 거의 모든 참여자들은 신이 그러한 명령을 할 것이라는 생각을 거부했다. 따라서 서로 다른 종교적 신념을 가진 아동들이라도 도덕적 준거를 공정 및 권리관계의 종교적 규칙에 적용하며 종교적 인습을 도덕적 이슈와 구별한다.

도덕적 · 인습적 행위에 관한 판단 대 그 밖의 다른 사회적 및 사회와 무관한 행위에 관한 판단

자유재량적 · 개인적 이슈. 아동들과 청소년들의 도덕적 및 인습적 사건에 관한 이해는 자유재량적 이슈, 곧 안전, 자아에 대한 해, 안락, 그리고 건강 등 사회와 무관한 행위에 관한 그들의 이해와 비교되어 왔다(Tisak, 1993 ; Tisak & Turiel, 1984). 아동들은 타인들에 대한 (도덕적) 해(한 아동이 다른 아동을 갑자기 획 밀칠 때와 같은)와 자아에 대한 (자유재량권이 있는) 해(한 아동이 일부러 획 뛰어내릴 때와 같은)를 서로 구별하는데, 심지어는 위반이 비슷한 결과를 낳는 것으로 묘사될 때조차도(예컨대 아동이 상처를 입는 ; Tisak, 1993) 그 두 가지 해가 관련되는 상황을 서로 구별한다. 더 나아가 아동들은 도덕적 위반을 자유재량적 위반보다 더 나쁜 것으로 판단하며, 그 결과가 도덕적 규칙의 위반보다 자유재량적 규칙의 위반이 더 심각한 것으로 묘사될 때나 혹은 도덕적 위반의 결과가 더 작은 것으로 묘사될 때조차도 그렇게 판단한다(Tisak, 1993). 따라서 아동들의 판단은 해의 심각성보다는 해의 유형과의 관련을 반영한다.

3세 정도 연령의 아동들 또한 가정과 유치원 두 상황 모두에서 개인적 이슈와 도덕적 · 인습적 이슈를 서로 구별한다(Killen & Smetana, 1999 ; Nucci & Weber, 1995 ; Weber, 1999). 아동들은 전형적으로 개인적 이슈를 그 결과가 단순히 그 행위자에게만 영향을 미친다거나 그 행위가 사적인 문제이며 그 행위자 자신의 일이어야만 한다는 정당화에 입각하여 순전히 개별적인 것으로(옳거나 그른 행위와 같은 것이라기보다는) 범주화시킨다(Killen & Smetana, 1999 ; Nucci, 1981 ; Nucci & Weber, 1995).

논리적·물리적 이슈. 비록 모든 연령의 아동들이 도덕법칙을 인습보다는 변경하기 더 어려운 것으로 간주하지만, 어린 아동들이 인습적 규칙성과 물리적 규칙성(중력과 같은) 간을 구별하는 능력은 중기 아동기의 연령에서 증가한다(Komatsu & Galotti, 1986 ; Lockhart, Abrahams & Osherson, 1977). 코마츄(Komatsu)와 게로티(Galotti, 1986) 또한 사건들이 있을 수 있는 다른 세계("E.T."의 세계)와 대비하여 이 세계에서 묘사되었는지의 여부를 다루었다. 3학년에 이르면 대부분의 아동들은 인습이 두 세계 모두에서 변경 가능하다는 것을 이해한다. 이와는 대조적으로 아동들은 물리적 사실들을 이 세계에서는 변경이 불가능한 것으로, 그러나 대체로 다른 세계에서는 변경이 가능한 것으로 이해했다. 따라서 사회적 규칙성과 사회와 무관한 규칙성의 서로 다른 유형에 관한 아동들의 이해는 중기 아동기의 연령에서 증가한다.

이러한 구별은 확장되어 논리적 문제(Laupa, 2000)뿐만 아니라 지적 인습(어떤 글자들을 쓰는 방법과 같은)과 개인적인 지적 문제(특정한 책에 대한 선호와 같은 ; Nicholls & Thorkildsen, 1988)까지도 포함하게 된다. 아동들은 지적 인습을 물리적·논리적 법칙보다 더 변경이 가능한 것으로 판단하며, 그들은 아동들을 개인적 이슈에 대하여 자율성을 가진 존재로 간주하는 반면에 교사들을 다른 이슈 유형(논리와 인습)에 대해 표준을 설정할 합법적인 권위를 가진 존재로 간주한다.

가설적 상황 대 실제적 상황과 관련한 판단

앞절에서 논의되었던 연구는 주로 가설적이고 전형적인 상황에서 아동들의 판단과 정당화에 초점을 맞추었다. 전형적인 표본을 활용한 연구들은 분명하며 간단한 방식에서 도덕적 행위의 특징을 묘사하고자 설계되었다. 실제적인 상황에서 위반은 마찬가지로 단순할 수도 있으나 그것은 더 빨리 지나가면서 더 많은 뉘앙스를 띠게 할지 모르며, 행위자의 의도, 사건을 선동하는 데 있어서 희생자의 역할, 그리고 희생자에 의해 경험된 부정적 결과의 정도는 모두 분간하기가 애매하거나 혹은 어려울 수 있다. 이와 함께 실제적 상황은 서로 다른 영역의 혼합—예컨대 규칙이나 권위자가 불공정한 실천과 관련될 때—을 수반할지도 모른다(Turiel, 2002). 이러한 요소들 모두는 아마도 실제적 상황에서의 판단에 변화를 가져올 것이다.

전형적이고 가설적인 위반과 실제적이고 증인이 있는 위반에 관한 아동들의 판단이 상호 비교되어 왔다(Smetana 등, 1993 ; Smetana, Toth 등, 1999 ; Turiel, 2002). 한 연구(Smetana 등, 1993)에서 유치원 아동들은 표준사정절차를 이용하여 전형적인 도덕적 위반과 인습적 위반에 관한 판단을 내렸다. 이 연구의 새로운 측면은 도덕적 혹은 인습적 위반이 발생할 때까지 유치원 교실을 관찰했으며, 그런 이후에 위반에 대한 방관자들이나 목격자들과 그 사건에 관하여 면담을 가졌다는 것이다. 비록 아동들은 가설적 위반과 실제적 위반을 판단할 때 권위자와는 독립적으로 도덕적 사건과 인습적 사건을 아주 분명하게 구별하여 판단했지만 가설적 위반과 실제적 위반에 관한 판단에서 그 차이는 거의 발견되지 않았다.

두 번째 연구(Smetana, Toth 등, 1999)는 똑같은 방법을 채택했지만 방관자들 대신에 실제 희생자들과 위반자들을 대상으로 면담을 했다. 다시 한 번 전형적인 도덕적 위반에 관한 아동들의 판단과 단순한 도덕적 위반에 관한 판단이 비교되었다. 아동들은 가설적 위반과 실제적 위반의 엄중함에 관한 평가에서 서로 다르지 않았지만 그들은 가설적 위반을 실제적 위반보다 마땅히 더 처벌받아야 하는 것으로 평가했다. 아동들은 또한 실제적 위반보다는 가설적 위반을 정당화할 때 행위의 본질적 특징에 더욱 초점을 맞추었던 반면, 그들은 가설적 위반보다는 실제적 위반을 정당화할 때 왜 위반이 나쁜가에 대해 알지 못하는 경우가 더 많았다. 따라서 아동들은 분명히 도덕적 준거를 활용하여 실제적인 도덕적 위반을 판단하지만 가설적 사건이 보다 분명한 도덕적 평가를 이끌어내는 것으로 보인다.

가설적 상황과 실제적 상황에서의 판단에 관한 가장 자세한 기술은 아마도 투리엘(2002)의 관찰연구를 꼽을 수 있을 것이다. 서로 다른 학교에서 도덕적·인습적, 그리고 혼합된 영역 사건에 관한 관찰이 몇 가지 맥락을 중심으로 이루어졌다. 실제적 사건이 발생한 직후에 다양한 연령의 아동들을 대상으로 그에 관한 면담을 했다. 또한 그 관찰 이후 약 한 달이 지난 후에 그들을 대상으로 가설적인 도덕적 사건과 인습적 사건에 관하여 표준 면담을 실시했다. 이전의 연구에서 밝혀진 바와 같이 모든 연령의 아동들이 인습적 사건과 실제적 사건을 서로 구별했지만 가설적 사건에 관한 판단이 실제적 사건에 관한 판단보다 더 명료하고 또한 한결같았다(Turiel, 2002). 따라서 아동들이 일상의 삶에서 단순한 도덕적 위반에 직면할 때 그 상황은 더 애매할 수 있으며, 그 사건의 특징들은 또한 가설적 면담에 제시된 상황만큼 그렇게 구체적이고 상세하지 않을 수 있다. 그리고 이것은 도덕판단에서 어떤 변화로 나아가게 한다.

사실과 가치 : 정보를 제공하는 가설

와인립(Wainryb, 1991, 2000 ; Wainryb & Ford, 1998)이 수행한 일련의 연구들은 아동들이 사실적 신념과 도덕적 평가 간을 구분하는 중요성을 조명해 왔다(이 이슈에 관한 인류학적 관점에서의 논의는 Hatch, 1983 참조 ; 발달적 논의는 Turiel, 2002과 Turiel 등, 1987 참조). 와인립은 도덕적 평가에서의 뚜렷한 차이는 아마도 도덕적 개념이나 원리에서보다는 실제의 본질(그녀는 **정보를 제공하는 가설들**로서 언급하고 있다)에 관한 아동들의 기술적 이해에서의 차이에 기인할 것이라고 제안했다. 그녀의 연구는 아동들이 도덕적 판단을 내릴 때 일관되게 도덕적 신념과 사실적 신념 두 가지 모두를 고려한다는 것을 입증했다.

최초의 연구에서 와인립(1991)은 비록 청소년과 대학생 연령의 학생들이 다른 사람들에게 해를 끼치는 것의 잘못에 대하여 비슷한 도덕적 신념을 가지고 있지만, 그들이 진실이라고 믿는 바에 관하여 서로 불일치하기 때문에(체벌의 상황에서 고통을 야기시키는 것이 학습을 증진시키는가 아니면 그렇지 않은가) 그들은 특정한 상황(아버지가 체벌을 가하는 것을 허용할 수 있는가의 여부와 같은)에 대한 평가에서 서로 다르다는 것을 발견했다. 이러한 사실적 신념에서의 차이는 체벌의 허용 가능성에 관한 그들의 도덕적 평가에 정보를 알려준다. 체벌에 관한 태도는 고통이 학습을 촉진시킨다고 믿는 사람들 사이에서 보다 긍정적인 반면에 학습에서 고통의 가치에 관하여 보다 부정적이거나 혹은 불확실한 신념을 가진 사람들은 부정적인 태도를 보인다. 게다가 정보를 제공하는 가정들을 잘 처리하면 행위에 관한 개인의 도덕적 평가에서 변화를 가져온다. 정보 제공 가정들과 도덕적 평가 간의 유사한 관계는 다른 사회적 관습에서 역시 발견되고 있다(Turiel 등, 1991 ; Wainryb, 1991).

사실적 혹은 정보 제공 신념들은 또한 원하지 않은 임신에 관한 판단을 조직화하는 데 영향력을 행사함으로써 실생활 의사결정에 정보를 제공하는 것으로 밝혀졌다. 청소년과 젊은 여성들이 인간됨(personhood)에 관하여 갖는 신념에서의 변화(임신기간 중 태아는 언제 인간이 되는가, 그리고 인간됨을 정의하는 준거를 포함하여)는 하나의 도덕적 혹은 개인적 이슈로서 여성들의 낙태 개념에 정보를 제공해 주며, 그 다음에 이는 원하지 않은 임신을 인공적으로 종결할 것인가 어떨 것인가를 결정하는 데 영향을 미친다(Smetana, 1981b, 1982). 비록 종교적 배경이 인간됨에 관한 여성들의 정의에 영향을 미치지만, 영역 정향이 종교적 배경이나 혹은 콜버그의 가설적인 도덕판단 딜레마를 활용한 평가와 같은 도덕적 추론의 발달 수준보다 임신과 관련한 결정을 내리는 데 있어서 진정으로 더 나은 예보자였다. 따라서 사실적 신념은 개인이 어떻게 사회적 관례를 이해하며 신념에 따라 행위하는가와 관련이 있다. 이들 연구가 제시하듯이 정보를 제공하는 가정이나 사실적 신념은 과학과 종교를 포함한 다양한 원천으로부터 나오고, 또한 변화하기도 할 것이며(예컨대 과학적 지식이 진보할 때), 한 문화 내에서도 서로 다른 집단들에 의해 논쟁이 되기도 할 것이다(예컨대 태아가 언제 한 인간이 되는가에 관한 서로 다른 종교적 신념).

이들 연구에서 하나의 흥미로운 확장은 와인립과 그녀의 동료들이 관용에 관한 판단 혹은 아동들의 사실적 신념이 그들 자신의 것과는 다른 신념의 정당성에 관하여 평가를 내릴 때 어떻게 정보를 제공하는가를 검증했다는 것이다. 쇼(Shaw)와 와인립(Wainryb, 1999)은 대학생들에게 다른 문화의 대부분의 구성원들에 의해 전형적으로 실천되는 것으로 기술된, 그러나 해를 수반하는(예컨대 14세가 지나면 돌로 소년의 앞 이빨을 치는 것) 사회적 관습을 평가하도록 요구했다. 대부분의 연구 참여자들은 다른 문화에 속한 사람들이 이러한 관습을 해롭기보다는 오히려 이득이 된다고 믿는 사실적 신념을 지니고 있음이 틀림없다고 진술했다. 또한 연구자들은 신념의 유형(도덕적 대 사실적)과 그 신념에 관한 사회적 합의가 존재하는지의 여부를 다루었다. 그들은 사회 구성원들이 단지 똑같은 사실적 신념(예컨대 그 관습은 이득이 되는 결과를 낳는다는)을 지니고 있고, 그 관습에 관하여 합의적인 일치를 보일 때만 오로지 관습이 긍정적으로 평가된다는 것을 밝혀냈다. 사회 구성원들이 그 밑에 깔려 있는 사실에 관해서나 혹은 그 행위가 비도덕적인지 어떤지에 관해서 불일치하는 것으로 나타나거나, 아니면 그 관습이 비도덕적이라는 데에 일치하는 것으로 나타날 때 그것은 해로운 혹은 불공정한 결과를 낳는 것으로서 부정적으로 평가되었다. 따라서 각 개인은 만약 행위들이 다양한 사실적 신념 위에 토대를 두고 있는 것으로 보인다면 그들이 해롭거나 혹은 불공정한 것으로 간주하는 그 행위들을 받아들일 수 있는 것으로 판단한다. 와인립(Wainryb), 쇼(Shaw), 메이아누(Maianu, 1998)는 신념이 해석의 문제라는, 그리고 각 개인은 사실들을 서로 다르게 해석할지도 모른다는 이해가 다른 사람들과 그들의 행동에 대한 관용으로 나아가게 한다고 결론을 내렸다. 그러한 사회에 있는 개인은 정보가 잘못 전달된 것이지만 의도는 좋은 것이다.

또 다른 일련의 연구는 마음 이론(theory of mind)에 관한 폭넓은 문헌, 그리고 아동들이 언제 그들 자신의 것과는 다른 도덕적·사실적 신념을 각 개인이 지니고 있다는 것을 이해하기 시작하는가를 검증하기 위해 아동들의 거짓 신념에 대한 이해를 중심으로 접근했다. 최초의 연구(Flavell, Mumme, Green & Flavell, 1992)는 표준 마음 이론의 거짓 신념 과제(standard theory of mind false belief task, 사실적 신념에 초점을 맞추고 있는)에서 3세 아동들의 어려움은 다른 사람들이 다양한 도덕적 신념을 가질 수도 있을 것이라는 것을 이해하지 못하는 무능력으로 확장한다고 보고했다. 그러나 이 연구에서 아동들은 5세에 이르면 다른 사람들이 서로 다른 사실적 · 도덕적 신념을 가질 수도 있을 것이라는 것을 이해했다. 그러나 와인립과 포드(Ford, 1998)가 지적했듯이 정확하게 그 기원을 추정한다면 오로지 거짓 도덕적 신념만이 각 개인이 다른 사람들의 사회적 관습에 관한 허용 가능성을 어떻게 판단하는가를 예언하지는 않는다. 그 결과 와인립과 포드(1998)는 다양한 사회적 관습에 관한 아동들의 평가를 검증하기 위해 이 연구를 확장했다. 프라벨(Flavell)과 동료들처럼 와인립과 포드(1998)는 3세 아동들은 다른 사람들이 그들 자신과는 다른 신념을 가진다는 것을 이해하지 못하며, 그러므로 관용적이지 못하다는 것을 발견했다. 그러나 나이가 더 든 아동들을 대상으로 한 연구에서 와인립과 포드(1998)는 5세와 7세 연령의 아동들은 그들이 도덕적 신념보다는 정보적 신념에서 불일치할 때 잠재적으로 비도덕적인(예컨대 해롭거나 혹은 불공정한) 관습을 보다 긍정적으로 평가한다는 것을 발견했다. 달리 말하면 어린 아동들은 그들 자신의 것과는 다른 정보적 신념을 그 행위의 의미를 개념화하기 위해 사용할 때 더욱 관용적이었다.

요약. 풍부한 경험적 증거는 어린 아동들이 도덕적 준거를 보다 익숙한 도덕적 이슈에 적용하고 그들의 판단과 정당화에서 인습적 · 개인적 · 자유재량적 이슈와 도덕적 이슈를 서로 구별한다는 것을 보여준다.

초기 아동기에서 일반화 가능성 및 규칙 독립성과 같은 도덕적 준거는 공정 및 심리적 해에 대해서보다는 안녕 및 구체적인 해와 관련한 도덕적 이슈에 대해 보다 일관적으로 적용된다. 중기 아동기에 이르러 아동들은 점차적으로 도덕적 준거를 익숙하지 않은 도덕적 사건과 보다 넓은 도덕적 개념의 범위에 적용할 수 있다. 횡단적 연구들은 아동들의 도덕적 추론이 초기 아동기로부터 청소년기에 이르기까지 나이가 들어감에 따라 변화한다는 증거를 보여주었다. 그러나 도덕적 영역에서의 질적 변화에 관한 증거를 제공하기 위해서는 영역 이론 내에서 정의된 것으로서 도덕적 개념에서의 표준적인 변화를 검증하는 종단적 연구가 요청된다. 종단적 연구는 또한 아동들이 자신들의 도덕적 판단 밑에 놓여 있는 서로 다른 준거를 적용함에 있어서 연령과 관련하여 어떻게 증가하는가에 관한 우리의 이해를 돕기 위해 요청된다.

중기 아동기에 이르면 서로 다른 규칙성의 유형들에 관한 아동들의 이해는 확장하여 도덕적 개념, 지적 · 사회인습적 통일성, 물리적 규칙성, 그리고 논리적 규칙 사이를 구별하게 된다. 도덕성과 사회적 인습 간의 구별에 관한 이해는 세속적 맥락에 제한되는 것이 아니라 종교적 이슈에도 또한 적용된다. 사실적 신념에 관한 아동들의 이해는 초기 아동기에서 발달하는데, 이는 도덕적 평가에 영향을 미치며 아동들의 도덕판단에서 중요한 변화의 원천이 될 수 있다.

판단에서의 일관성과 변화 원천으로서 사회적 상호작용의 특징

도덕적 지식과 사회적 지식이 개인과 환경 간의 호혜적인 상호작용으로부터 구성된다는 가설은 최소한 세 가지 형태의 연구들로부터 검토되어 왔다. 첫째, **경험적 연구들**(experimental studies)은 서로 다른 위반유형들과 관련된 행위의 특징들을 다양화해 왔는데, 이를 통해 이들 특징들이 도덕적·사회적 판단에서의 차이로 이끄는지의 여부를 검증하고자 했다. 둘째, **관찰연구**(observational research)는 각기 다른 영역에서 자연적으로 발생하는 위반에 대한 아동들과 성인들의 반응을 검증했다. 마지막으로 **정서적 귀인**(emotional attributions)에 관한 연구는 도덕과 무관한 개념으로부터 도덕적 개념을 구별할 때 그의 역할의 측면에서 검토되어 왔다. 이들 세 가지 연구 노선으로부터 나온 증거는 다음 절에서 요약된다.

행위의 특징들

실험 설계는 아동들이 사회적 사건의 특징에 기초하여 도덕적 판단을 한다는 명제를 명시적으로 검증하기 위해 이루어졌다. 스메타나(Smetana, 1985)는 익숙한, 그리고 특기하지 않은 도덕적·인습적 사건에 관한 유치원 아동들의 판단을 검토했다. 특기하지 않은 사건들은 무의미한 단어들에 의해 분류되었다. 그러나 그것들은 금지의 일관성과 행위에 대한 반응의 유형에서 다양했다. 유치원 아동들은 익숙한 도덕적 위반과 인습적 위반 사이를 예상된 방식으로 구별했다. 그들은 또한 특기하지 않은 사건들을 그들의 특징에 근거하여 구별했다. 일반화 가능하게 그른 것으로 묘사된, 그리고 다른 사람들의 복지에 영향을 미치는 행위("도덕적" 행위)는 도덕적 판단으로 이끌었고, 반면에 맥락적으로 상대적인 것으로 묘사된, 그리고 성인들에 의해 금지된 명백한 해나 혹은 권리의 위반을 수반하지 않는 행위("인습적" 행위)는 인습적 판단으로 이끌었다. 따라서 아동들은 특수한 사건의 내용에 관한 지식과는 별개로 상호작용의 특징을 평가했다.

제라조(Zelazo), 헬위그(Helwig), 그리고 라우(Lau, 1996)는 다른 방법을 활용하여 행위와 그의 관련된 결과 간의 관계뿐만 아니라, 행위자들의 의도를 다양화한 서로 다른 조건에서 유치원 아동들의 판단을 사정했다. 예컨대 아동들은 때리는 행위가 어떤 조건에서 해악의 원인이 되고(정상적인 혹은 표준적인 인과관계) 혹은 쾌락(기대하지 않은 혹은 비표준적인 인과관계)의 원인이 되는지, 그리고 행위자들이 해를 끼치고자 하는 의도가 있었는지 아니면 그런 의도가 없었는지를 고려했다. 비록 어린 아동들은 정상적인 인과관계보다는 예상치 못한 인과관계에 더욱 어려움을 갖지만, 행위 수용 가능성에 관한 아동들의 판단은 주로 결과(누군가가 해를 입었는지 아닌지)에 기초했지 행위(때리는 것과 같은)와 그 행위에 대한 외적인 요소들—예컨대 성인 처벌이나 승인과 같은—간의 연합에 기초하지 않았다. 이러한 연구결과는 3세 아동들에게서 그대로 반복되는데, 그들은 심리적 해에 관하여 비슷한 판단을 내린다는 것이 입증되었다(Helwig, Zelazo & Wilson, 2001). 따라서 이 연구들은 아동들이 일반화 가능한 도덕적 판단을 구성하기 위해(맥락적으로 상대적인 인습적 판단뿐만 아니라) 그 행위가 다른 사람들에게 해를 유발하는 원인이 되느냐의 여부와 같은 도덕적 행위의 구체적 특징들을 이용한다는 확실한 증거를 제공한다.

쇼(Shaw)와 와인립(Wainryb, 2003)은 다소 다른 접근을 채택했다. 그들은 위반에 대한 비전형적인 반응(가설적인 위반자의 요구에 대한 반응에서 반대보다는 순종이나 혹은 타도)이 아동들로 하여금 불공정에 관한 도덕적 위반을 허용 가능한 것 혹은 수용 가능한 것으로 평가하도록 이끄는지의 여부를 검증했다. 순종과 타도는 비전형적인 반응으로 간주될 수 있다. 왜냐하면 희생자들은 전형적으로 저항이나 항의로 불공정에 반응하기 때문이다. 따라서 시키는 대로 고분 고분하는 희생자들은 자발적 참여자들로서 이해될 수 있을 것이다. 예상과 정반대로 7세에서 15세 연령의 아동들은 희생자의 반응과 관계없이 위반자의 행위를 도덕적으로 나쁜 것으로 평가했다. 아동들은 명료한 행동적 단서(희생자로부터의 저항이나 탄원과 같은) 없이도 괴롭힘과 불공정에 관한 이해를 구성했다. 저자들은 이러한 연구결과가 참여자들이 사건에 대한 평가를 할 때 그들 자신의 경험으로부터 나온 정보와 판단을 활용한 것임을 나타낸다고 해석했다. 가설적 희생자들이 위반자의 요구를 승낙하거나 혹은 타도할 때조차도 대부분의 연구 참여자들은 희생자가 그들의 괴롭힘에 대한 부정적인 정서적 반응을 가진 것으로서 평가했다. 따라서 위반자에 대한 그들의 도덕적 평가에 덧붙여 아동들은 희생자의 행위가 그들의 심리적 상태나 내적인 감정을 정확하게 반영하지 않을 수도 있다는 복잡한 이해를 보였다.

사회적 상호작용의 특징들

유아로부터 중학생에 이르는 연령분포의 아동들을 대상으로 가정, 데이케어 센터(day care center) 및 보육학교, 학교 교실, 그리고 운동장을 포함한 서로 다른 자연스러운 상황에서 그들의 도덕적 · 인습적 · 개인적 · 자유재량적 상호작용의 특징을 검토하기 위해 관찰조사를 벌였다(이에 관한 검토는 Smetana, 1995b, 1997 ; Turiel, 1998 참조). 똑같은 관찰 범례와 상당히 비슷한 암호체계를 활용하는 최소한 10여 편의 관찰연구 결과(Blumenfeld, Pintrich & Hamilton, 1987 ; Killen & Smetana, 1999 ; Much & Shweder, 1978 ; Nucci & Nucci, 1982a, 1982b ; Nucci & Turiel, 1978 ; Nucci, Turiel & Gawrych, 1983 ; Nucci & Weber, 1995 ; Smetana, 1984, 1989b ; Tisak, Nucci & Jankowski, 1996. 또한 갈등 해결, 논의, 그리고 가족, 동료, 교사-아동 상호작용을 검토하기 위해 표준 계획안을 변경한 최소한 10여 편 이상의 연구들)는 도덕적 · 인습적 · 자유재량적 위반상황에서 사회적 상호작용이 비행에 대한 반응의 유형에서 뿐만 아니라 누가 위반에 반응하는가의 측면에서도 서로 다르다는 것을 지적했다.

이들 연구에서 관찰자들은 우선 행동적 정의(예컨대 대상 갈등 혹은 공격)를 이용하여 관찰된 위반을 도덕적 · 인습적(혹은 몇몇 경우에서는 자유재량적 혹은 개인적)인 것으로 확인하고 분류했다. 그런 이후 관찰자들은 위반에 반응하는 자(예컨대 희생자, 다른 동료 혹은 성인)와 반응의 유형을 행동적 반응(신체적 보복과 같은), 정서적 반응, 조롱, 명령, 그리고 각기 다른 진술유형들(예컨대 무질서 대 권리 성명)을 포함한 범주체계를 활용하여 부호화했다.

이들 연구는 상당히 일관된 결과를 산출했다. 성인들과 아동들 모두(주로 희생자들) 행위의 결과가 다른 사람의 권리나 복지에 미치는 영향에 관한 피드백을 제공하는 방식으로 도덕적 위반에 반응한다(예컨대 희생자의 관점을 채택하라는 성인들의 요구, 아동과 성인 모두가 권리, 희생자들의 정서적 반응, 혹은 상해나 손실에 대한 청구를 평가하려는 시도). 아동과 성인 모두는 또한 명령이나 승인으로 모든 위반에 대해 반응했지만, 그 반응의 대부분은 아동들의 도덕적 이해가 행위를 규제하는 규칙으로부터보다는 행위 그 자체로부터 도출될 수 있다는 생각과 일치했다. 더욱이 이들 연구는 비록 아동들의 도덕적 발달이 성인들에게 커다란 관심일지라도 많은 도덕적 갈등이 부모나 다른 성인의 부재 속에서 발생하고 또 해결된다는 것을 제시했다. 사실 아동들의 도덕적 갈등에 대한 성인의 개입은 이른 연령으로부터 중기 아동기에 이르면서 감소한다(Smetana, 1997). 이와는 대조적으로 성인은 주로 아동들의 인습적 위반에 반응하는데, 특히 중기 아동기까지 서로 다른 상황에서 무엇이 받아들여질 수 있으며 무엇이 그렇지 않은가(예컨대 그 행위가 원인이 되는 무질서에 관한 진술, 재가, 규칙 진술, 그리고 명령)에 관한 정보를 가지고 반응한다. 이러한 연구결과는 성인과 아동이 도덕적·사회인습적 갈등과 위반을 어떻게 다루는가에 대한 행동적 증거를 제공해 준다. 더군다나 그 연구는 사회적 상호작용이 사회적 지식의 구성을 위한 경험적 토대를 형성한다는 주장에 대한 지지를 제공해 준다.

위반의 정서적 결과

도덕발달에서 정서의 역할에 대한 관심은 계속적으로 증가해 왔다(Arsenio, Gold & Adams, 이 책 제21장 참조 ; Arsenio & Lemerise, 2004 ; Arsenio & Lover, 1995 ; Lemerise & Arsenio, 2000). 정서에 우선성을 부여하는 이론적 접근은 도덕적 원리의 사회화가 (부모의) 부정적인 정서와의 연합을 통해 성취되고 정의적 과정(공감과 같은)이 도덕원리에서의 변화를 추동한다고 주장한다. 이와 대조적으로 피아제(1967) 이후 영역 이론 연구자들은 정서를 판단을 추동하고 조직하는 에너지로 간주하고 있다. 곧 아동의 정의적 경험은 도덕적 위반에 관한 아동들의 이해, 부호화, 그리고 기억에 영향을 미친다는 점에서 "사회인습 방앗간의 곡물"(girst for the social-cognitive mill) (Smetana, 1997, p. 122)이다. 따라서 이 관점에서 보면 도덕적 지식—정서적 반응이 아닌—은 연령에 따라 질적으로 변화한다(Nucci, 2001 ; Smetana, 1997 ; Turiel, 1998).

아르세니오(Arsenio)의 연구 프로그램은 이러한 주장에 대한 몇 가지 지지를 제공한다(Arsenio, Gold & Adams, 이 책 제21장 참조). 그의 연구는 서로 다른 정서는 서로 다른 위반의 유형과 연관된다는 것을 보여주고 있다. 중기 아동기에서 도덕적 사건은 정서적으로 부정적으로 평가되는 반면에 인습적 위반은 정서적으로 중립적으로 평가되고, 이러한 비율은 의무로서의 이행 및 변경 가능성에 관한 판단과 밀접하게 서로 연관된다(Arsenio & Ford, 1985). 또한 도덕적 · 사회적 판단에 관한 아동들의 정서적 결과에 대한 예측은 상당히 분화되며, 연령이 높아짐에 따라 더 복잡해진다. 아동들은 일어나고 있는 사건이 도덕적인지 인습적인지, 혹은 개인적인지를 추론하기 위해 상황의 정서적 결과에 관한 정보(예를 들면 행위자 혹은 희생자는 행복한지, 슬픈지, 화가 났는지, 두려운지, 혹은 중립적인지)를 활용한다(Arsenio, 1988). 이러한 연구결과들은 아르세니오로 하여금 정서적 자극을 이끌어내는 도덕적 · 인습적 사건경향에서의 차이는 이들 사건에 관한 서로 다른 부호화를 촉진한다는 제안을 하도록 유도한다. 곧 고도로 자극하는 도덕적 사건은 덜 자극하는 사건보다 정서적으로 더 두드러진다는 점 때문에 "비도덕적"으로 간주될 수 있다. 따라서 이들 연구는 정의적 반응이 아동들의 위반에 관한 경험의 두드러진 특징이라고 제안하는데, 그러한 경험은 아동들이 사회적 사건의 도덕적 유형과 다른 유형을 이해하고 구별하며 기억하는 데 영향을 미친다.

비록 모든 연령의 아동들이 부정적 정서를 위반의 희생자들에게 일관되게 귀착시키기는 하지만 대부분의 어린 아동들은 "행복한 가해자들"이다. 즉 아동들은 긍정적 정서(행복과 같은)를 위반자에게 귀착시킨다(Arsenio & Kramer, 1992). 연령이 증가하면서(약 6세에 시작하여) 아동들은 또한 갈등하는 정서(희생자의 곤경에 대한 그들의 이해로 인하여 나타나는 부정적 정서뿐만 아니라, 그 행위의 결과로서 그들이 얻는 것으로 인해 나타나는 행복)를 가해자에게 귀착시킨다. 아르세니오와 러버(1995)는 연령이 증가함에 따라, 그리고 긍정적인 동료관계의 영향으로서 정상적으로 발달하는 아동들은 가해자를 순전히 행복한 감정으로서 바라보던 관점으로부터 그 희생자에 대한 부정적 결과에 초점을 맞추는 것으로 변화한다고 제안했다. 이러한 모델은 어린 아동들의 상대적으로 복잡한 도덕적 평가(최소한 희생자들에게 초점을 맞추는 동안)와 초기 아동기에서의 도덕적 비행과 위반의 빈도수 간의 명백한 불일치를 설명하는 데 도움이 된다(왜냐하면 아동들은 또한 희생을 가함으로써 성취된 이득에 초점을 두기 때문이다). 아르세니오와 러버(1995)의 개념화에 의하면, 아동들의 동료 관계에서 나타나는 안정적인 개인적 차이는 발달적 변화와 결합하여 아동들의 도덕적 이해에 영향을 미친다.

요약. 이 절에서 검토된 연구들은 아동들의 도덕판단에 일관성이 존재하고 도덕성은 보편화될 수 있다는 주장을 함축하고 있다. 서로 다른 방법을 활용하여 그 연구들은 아동들의 도덕적·사회적 판단이 특정한 행위와 관련한 금지에 대한 지식으로부터라기보다는 그 행위의 특징으로부터 추론된다는 증거를 제시했다. 서로 다른 위반의 유형에 대한 아동들의 정서적 예측과 귀인에 관한 연구는 희생을 가했을 때의 부정적 결과를 가해자가 얻는 잠재적으로 긍정적인 획득과 통합시키는 능력이 연령이 높아지면서 증가하며, 그리고 귀인적 변화가 아동들의 도덕적 평가와 행동 간의 불일치를 설명해 줄 수 있다고 제시했다.

또한 관찰연구는 성인들과 아동들이 서로 다른 갈등 해결 전략을 활용하고 도덕적·사회인습적 갈등과 위반에 대해 서로 다른 반응을 보인다고 지적하고 있다. 이러한 연구는 아동들의 도덕적 판단과 사회적 판단에서 발견되어 온 차이점을 분명하게 나타내는 사회적 상호작용에서 관찰 가능한 규칙성이 존재한다는 것을 입증한다. 사회적 상호작용의 유형과 도덕적·사회적 판단의 발달 사이의 이러한 가설적 연계를 명료하게 검증하는 연구가 필요하다.

판단에서의 일관성, 변화 원천으로서 사회적 역할과 사회적 관계의 특징

도덕적·사회적 판단이 호혜적인 사회적 상호작용으로부터 능동적으로 구성된다는 명제는 각 개인이 끊임없이 상황을 해석하며 의미를 상호작용에 귀속시킨다는 것을 암시한다. 이러한 해석과정은 **사회적 해석**(social construal)으로 언급되고 있으며(Saltzstein, 1994 ; Turiel 등, 1987, 1991), 또한 많은 최근 연구의 초점이 되고 있다. 비록 사회적 해석에 내포된 단계들이 영역 연구에서 잘 구체화되지 않고는 있지만(그러나 Arsenio & Lemerise, 2004 참조), 사회적 상황이 전개되는 동안 아동들이 실시간으로 정보 및 사회적 단서에 관하여 사회인지적 처리를 하는 단계들은 사회적 행동에 관한 사회 정보처리(SIP) 모델로부터 검증받아 왔다. 최초의 단계는 사회적 상황에 대한 부호화와 해석을 수반하는 것으로 기술된다(Coie & Dodge, 1998). SIP 모델은 사회적 상황이 전형적으로 복잡하고 정보가 너무 많기 때문에 각 개인은 상호작용의 관련된 부분을 부호화하기 위해 발견학습법(편견과 결손을 포함한)을 활용한다고 제안한다. 상황에 관한 도덕적으로 관련된 측면을 평가하는 것을 포함하는 사회적 해석은 이러한 과정의 일부이며, 혼합된 영역이나 다면적인 사건들을 평가할 때 특히 중요할 수도 있다(Arsenio & Lemerise, 2004). 다음 절에서 검토된 연구는 상호작용에서 우리의 역할이나 혹은 참여자들 간의 사회적 관계와 같은 상황의 요소들이 도덕적으로 관련된 상황들에 관한 각 개인의 사회적 해석에 영향을 미칠 수 있다고 지적하고 있다.

상황에서 아동들의 역할

놀라울 것도 없이 유치원 아동들이 자기나 아니면 다른 사람에 의해 저질러진 것으로 기술된 가설적인 도덕적 위반과 인습적 위반을 평가하도록 요구받을 때, 아동들은 다른 사람에 의해 저질러진 것보다 자신에 의해 저질러진 위반에 대해 더 허용적으로 평가한다(Slomkowski & Killen, 1992 ; Smetana 등, 1984). 아동들의 판단은 또한 그들이 위반의 희생자냐 아니면 가해자냐에 따라 다르다. 던(Dunn), 커팅(Cutting), 그리고 드미트리우스(Demetrious)는 유치원 아동들이 그 아동 참여자가 가해자로 묘사될 때보다는 도덕적 위반의 희생자로 묘사될 때 대인관계 정당화를 더 많이 제공한다는 것을 발견했다. 실생활 상황에서 유치원 아동의 희생자들은 실제적인 도덕적 위반을 (실제적인) 가해자들이 판단하는 것보다 더 심각하며 벌을 받을 만하다고 판단하는 반면에, 위반자들은 그들의 행위를 희생자들이 간주하는 것보다 더 정당화되는 것으로 간주한다(Smetana, Toth 등, 1999). 이러한 관점 차이는 자기 이익 때문이라고 할 수 있다. 그러나 행위자/관찰자 차이에 관한 사회심리학 연구는 개인들이 다른 사람들의 행위보다는 그들 자신에게 영향을 미치는 상황요소에 관한 더 많은 지식을 지니고 있으며, 따라서 그들 자신의 행위에 귀착시킬 때 더 쉽게 완화시키며 상황적 경우를 더 고려한다는 것을 입증하고 있다.

이것은 사회적 판단과 사회적 행위에 관한 투리엘(Turiel, 2002)의 연구결과와도 일치한다. 그는 평가에서 역할과 관련된 차이를 발견하기도 했지만 더욱 중요한 것은 희생자들과 위반자들이 똑같은 사건에 관하여 영역 사정에서 도덕적 영역으로 똑같이 판단한다는 것이다. 위반자들과 희생자들은 누가 도덕적 위반을 충동했는가 또는 왜 위반이 발생했는가에 관하여 불일치를 보였지만 희생자들과 위반자들은 모두 그러한 사건을 도덕적인 것으로 간주했다(반면에 인습적 위반에 대해서는 위반자들은 그 행위를 관찰자들보다는 덜 부정적으로 간주했다).

와인립(Wainryb)과 랭레이(Langley, 2003)의 최근 연구는 이러한 이슈를 더 폭넓게 조명하고 있다. 이 연구자들은 아동들이 도덕적 위반의 가해자가 되거나 아니면 희생자가 되는 상황에서 그들의 의도와 이유에 관하여 6세, 10세, 그리고 15세 아동들이 보인 회고적인 이야기체 묘사를 검사했다. 희생을 당한 경험을 이야기할 때 아동들(그리고 특히 어린 아동들)은 그 해를 의도적인 것으로 간주하는 경향이 더 많았다. 비록 아동들이 연령이 높아짐에 따라 참작할 정상, 오해, 그리고 태만의 탓으로 더 자주 돌렸지만 가해자들은 전형적으로 그들의 행동을 도발에 대한 반응으로 묘사했으며, 반면에 희생자들은 전형적으로 가해자를 그들에게 해를 끼치거나 화나게 하기를 바라는 것으로 기술했다. 특히 이들 대부분의 연구(Dunn 등, 2000 ; Smetana, Daddis 등, 1999 ; Wainryb & Langley, 2003)가 피험자 내 설계(within-subjects design)를 활용했기 때문에 희생자의 반응과 가해자의 반응 간의 차이는 아동들의 개별적 차이에 기인될 수 없다. 오히려 그 상황에서 아동들의 역할이 무엇이냐에 따라 달라지는 그들의 사회적 이해에서의 차이인 것으로 보인다.

동료 및 형제자매와의 사회적 관계

피아제(1932)는 최초로 동료관계의 상호적 성격이 도덕발달을 촉진해 줄 협동, 갈등, 협상을 경험하도록 해준다는 것을 제안했다. 다른 사람들(Damon, 1977 ; Youniss, 1980)도 역시 동료와의 관계가 상호성 및 서로 주고받기—이것은 지식의 공동 구성으로 나아가도록 해준다—를 가능하게 해준다고 비슷하게 가정했다. 이러한 주장과 일치하는 것으로 아동들은 부모보다는 연령이 같거나 비슷한 연령의 사람(예컨대 형제자매)과 여러 가지 다른 사회적 경험을 갖는 것으로 밝혀졌다. 여러 연구들에 대한 비평을 토대로 스메타나(Smetana, 1997)는 소유물, 권리, 교대하기, 고통, 공격, 심리적 해, 그리고 불친절에 관한 논쟁을 포함한 도덕적 갈등은 성인보다는 동료 및 형제자매와의 상호작용에서 주로 발생하는 반면에, 최소한 어린 아동들 사이에서 사회적 인습에 관한 갈등은 주로 성인과의 상호작용에서 발생한다(왜냐하면 성인은 인습적 규칙성을 유지시키는 것과 관련이 있기 때문이다)고 결론을 내렸다. 중기 아동기에 이르면 아동들 또한 특정한 사회적 맥락의 인습과 관련한 갈등에 개입하게 된다(그리고 보다 어린 연령에서는 문화적 인습이 관련된다).

비록 도덕적 갈등이 부모-자녀 상호작용에서보다는 동료 간에 더 자주 있는 것으로 밝혀졌지만, 사회인지 영역의 관점에서 바라보는 연구는 동료와의 사회적 경험의 질(혹은 정도)이 아동들의 도덕적·사회적 추론의 발달에 영향을 미치는지의 여부에 관해 거의 검증하지 않았다. 하나의 예외는 샌더슨(Sanderson)과 시갈(Siegal, 1988)이 수행한 연구이다. 이 연구자들은 사회적인 기능을 더 잘 갖춘 아동들이 그렇지 못한 동료들보다 더 잘 발달된 사회적 규칙에 관한 개념을 구성할 것이라고 가정했다. 그들은 4세와 5세 아동들을 대상으로 도덕적 위반과 인습적 위반에 관한 판단을 사정했는데, 그 아동들은 동료집단의 추천을 토대로 토론을 좋아하는, 인기 있는, 일반적인, 고립되는, 배척되는 아동들로 선정되었다. 이전의 연구와 일치하는 것으로 아동들은 다양한 준거를 활용하여 영역들을 구분했다. 그러나 토론을 좋아하는 아동들은 도덕적 위반을 인기 있는 동료들이 평가하는 것보다는 더 처벌을 받을 만한 것으로 평가했다. 토론을 좋아하는 아동들은 다른 아동들보다 더 개인 상호 간의 기능을 잘 갖추고 있기 때문에 이러한 연구결과는 보다 사회적인 기능을 잘 갖춘 아동들이 그들의 도덕적 성숙에서 더 진보한다는 것을 입증하는 것으로 해석되었다. 비록 이러한 연구결과가 암시적이라고 하지만 인기 있는 아동들과 관련한 그들의 가설은 확증되지도 않았고 또한 다른 준거판단에서 일관된 차이가 있는 것도 아니었다. 따라서 이 연구결과를 재확인하기 위해서는 더 많은 연구가 필요하다.

우정. 몇몇 연구자는 이른 시기의 우정이 도덕발달에서 특히 중요하다고 제안하고 있다(Arsenio & Lover, 1995 ; Dunn 등, 2000). 던(Dunn)과 그의 동료들은 친구 사이의 상호작용이 그들의 도덕적 평가에 영향을 미칠 내적 상태와 정서에 대해 논의하는 기회를 통해서 자기와 다른 사람에 관한 이해를 발달시키는 데 중요한 맥락을 제공한다고 주장한다. 유치원 아동들은 도덕적 위반이 친구가 아닌 사람보다는 친구와 관련될 때 그것을 더 허용 가능한 것으로 간주하고 있다(Slomkowski & Killen, 1992). 또한 아동들은 친구 사이의 도덕적 위반을 정당화할 때 더욱 더 개인 상호 간 고려들을 언급했던 반면에 그들은 친구가 아닌 사람 사이의 위반을 정당화하기 위해서는 도덕적 정당화를 더 사용했다. 대부분의 아동들이 가설적인 도덕적 위반을 잘못으로 평가하기 때문에 그 연구결과는 우정이 그 행위의 잘못을 완화시키는 상황적 조건들을 기꺼이 고려하고자 하는 데 영향을 미쳤다는 것을 시사하고 있다. 더 나아가 그 연구는 어린 청소년들이 아는 사람의 도덕적 위반과 친구의 도덕적 위반에 대한 반응에서 적절한 해결전략에 관해 서로 다른 신념을 가지고 있다는 것을 보여준다(Tisak & Tisak, 1996).

또래집단. 혼(Horn), 킬렌(Killen), 그리고 스탱거(Stangor, 1999)는 청소년들의 사회적 준거집단이나 동료들(운동선수나 전문가와 같은)에 관한 고정관념이 도덕적 위반에 대한 책임이 분명하지 않은 애매한 상황에서 청소년들의 판단에 영향을 미친다는 것을 보여주었다. 청소년들은 도덕적 위반이 여러 다른 준거집단에 관한 고정관념의 기대와 불일치할 때보다는 일치할 때 도덕적 관심에 덜 초점을 맞추고 사회인습적 관심에 더 많은 초점을 두었다(Horn 등, 1999). 달리 말하면 사회인습적 추론은 행동이 고정관념과 일치되는 것으로 묘사될 때 더 흔히 활성화되었지만 판단은 또한 사회적 준거집단에 따라 달라졌다. 혼(2003)은 더 나아가 청소년들이 사회집단으로부터의 배제를 도덕적·인습적 요소를 지닌 것으로, 그리고 다면적인 것으로 간주한다는 것을 입증했다. 그녀는 높은 사회적 지위의 집단[치어리더, 운동선수, 혹은 프레피(역자 주 : prep school의 학생이나 졸업생, 부잣집 아이들이 많음)]에 속한 청소년들은 또래집단으로부터의 배제를 어떤 집단에 소속되지 않거나 아니면 낮은 사회적 지위 집단(지저분한 자, 마약중독자, 그리고 교양 없는 자)에 속한 청소년들이 하는 것보다는 덜 잘못된 것으로 판단한다는 것을 발견했다. 따라서 공정이나 평등한 대우와 같은 도덕적 개념은 청소년들의 사회적 위계에서의 위치뿐만 아니라 상황에 관한 도덕적 지표에 의해서 영향을 받았다[사회적 배제와 관련한 판단에 대해 더욱 정교한 것은 Killen, Margie, 그리고 Sinno(이 책 제6장) 참조].

형제자매. 형제자매는 친구처럼 도덕적 경험과 상호작용할 수 있는 맥락을 제공한다(Dunn & Munn, 1987). 아동들은 그들의 형제자매로부터 다른 사람을 때리고 난리를 치는 경험을 포함하는 비도덕적 행동뿐만 아니라 도덕적 행동(공감과 같은)을 배운다. 태어나 2년차가 되는 해에 "함께 지내면서 형제자매를 약올리고 괴롭히는 방법"(Dunn, 1987, p. 94)에 관한 이해가 더 증가할 뿐만 아니라 짓궂게 괴롭히는 일이 더 증가한다. 던(Dunn, 1987)은 형제자매와 경쟁의식을 보이는 2년차 아동은 다른 사람을 때리고 귀찮게 하는 방법에 관한 더 나은 도덕적 이해를 가진 반면에 긴밀하고 애정적인 형제자매 관계는 아동의 협동, 화해, 그리고 역할놀이의 능력(Dunn, 1987)과 종단적으로는 보다 성숙한 도덕적 정향과 동시에 연합된다는 것을 밝혔다(Dunn, Brown & McGuire, 1995).

4살 아동은 어머니보다는 형제자매 및 친구와 함께 하는 자연스럽게 일어나는 대화 속에서 다른 사람의 정신적 상태를 보다 더 잘 이해하며, 그리고 정신적 상태의 용어를 보다 더 많이 사용한 아동들은 보다 더 협동적인 상호작용에 참여한다는 것을 보여주었다(Brown, Donelan-McCall & Dunn, 1996).

부모 및 다른 성인들과의 관계

피아제(1932/1965)는 최초로 사회적 관계에서 권력의 중요성에 주목했다. 또래관계의 상호적 성격은 협동 및 도덕판단 발달에서의 진보로 이끄는 것으로 간주된 반면, 부모-자녀(혹은 보다 일반적으로는 성인-아동)의 상호작용을 특징짓는 불균형은 도덕발달을 방해하는 구속의 관계로 이끈다고 가정되었다. 이것은 초기의 구조발달 연구에서 도덕판단을 촉진시키는 것과 관련하여 부모의 영향을 상대적으로 소홀히 취급하게 만들었다(그러나 그 예외를 보려면 Walker & Taylor, 1991 참조). 영역 이론 연구자들은 도덕발달을 촉진시키는 가족 상호작용과 훈육방법의 유형, 그리고 부모와 교사 권위에 관한 아동들 및 청소년들의 판단을 포함하여 부모의 역할과 관련한 몇 가지 이슈를 검토해 왔다. 이 연구로부터의 결과는 다음 절에서 짧게 논의된다.

부모의 훈육. 사회화 관점을 견지하는 연구자들은 도덕발달에 대한 부모 훈육의 영향에 초점을 맞추어 왔다. 하나의 일관된 연구결과는 유도, 부모가 추론으로 접근하는 것, 설명, 정당화는 다양한 방식에서 평가된 것으로 보다 성숙한 도덕성과 연결된다는 것이다(Hoffman, 1991 ; Thompson & Meyer, 이 책 제10장). 그러나 전통적인 사회화 이론들은 그러한 메시지의 내용과 내면화되어야 할 가치에 별로 주의를 기울이지 않았다. 그루섹(Grusec)과 굿나우(Goodnow, 1994)에 의해 광범위하게 검토된 연구는 부모가 사용하는 추론의 유형은 비행의 성격에 따라 다르다는 것을 보여주었다. 언급한 바와 같이 어머니들은 복지와 해를 수반하는 행위에 대한 반응에서 다른 사람의 필요와 권리에 관하여, 그리고 인습적 위반에 대한 반응에서 사회적 질서와 규칙에 관하여 추론하는 경향이 있다. 더욱이 도덕적(그리고 인습적) 위반에 대한 부모의 반응은 직접적이고, 명료하며, 전형적으로 협상을 수반하지 않는 반면에, 개인적 이슈에 대한 반응들은 아동들이 선택을 하는 데 있어서 더 큰 협상과 더 많은 기회를 포함하는 보다 암묵적인 형식을 수반한다(Nucci & Weber, 1995).

영역 이론에 따르면 부모(또래뿐만 아니라)와의 상호작용은 도덕판단 발달의 측면에서 중요한 맥락이다. 아동들의 직접적 경험(위반의 희생자와 관찰자로서)은 타인들의 복지와 권리에 대한 행위의 본질적 결과에 관하여 지식의 한 원천을 제공하지만 위반에 대한 부모의 말, 의견, 그리고 반응은 또 하나의 원천을 제공해 준다. 부모의 영역 특수적인 설명과 추론을 포함한 유도적인 훈육방법은 위반의 성격에 관한 정보를 제공함으로써, 그리고 아동들로 하여금 그들의 행위에 관하여 반성적으로 생각하도록 자극함으로써 아동들의 도덕적·사회적 발달을 촉진한다. 한 예로 중류층 유럽계 미국인 아동들을 대상으로 위반에 대한 반응들을 순차적으로 분석한 연구결과는 어린 아동 희생자는 도덕적 위반에 대해 그들이 경험한 상해나 손실에 관한 진술과 더불어 반응한다는 것을 입증했다. 이것은 비행을 그만두라는 부모의 명령이나 혹은 권리에 초점을 맞추고 있는 부모의 진술로 인해, 아니면 희생자의 관점을 취하라는 요구로 인해 연속으로 뒤따라 나왔다(Smetana, 1989b). 따라서 최소한 후자의 경우에 부모의 반응은 도덕적 개념을 구성하는 데 활용될 수 있는 아동의 경험에 대한 보완적인 정보의 원천을 제공해 주었다. 부모의 반응과 설명은 아동들이 그들의 직접적이고 잠재적으로 대단한 정서적 반응과 의견을 정의, 공정, 권리에 관한 보다 일반화 가능하고 추상적인 원리로 해석하는 데 도움을 줄 것이다. 추론은 지나치게 광범위한, 그리고 특성이 없는 범주로서 비판받아 왔지만(Grusec & Goodnow, 1994) 특별히 부모의 타인정향적 추론에 초점을 맞춘 연구들은 이러한 설명이 도덕적 발달을 촉진시키고(Kuczynski, 1982 ; Zahn-Waxler & Chapman, 1982) 또한 훨씬 감소된 도덕적 위반과 연결된다(Smetana, 1997에 보고된 미간행 분석물)는 것을 발견했다.

역으로 권력주장적 방법은 일반화 가능한 도덕적 개념의 구성과 관련된 정보를 제공하는 데 실패하기 때문에 도덕적 성숙을 촉진시키는 일에 비효과적이다. 실제로 연구결과는 권력행사가 단기적인 동의를 유도하는 데는 효과적이지만 도덕발달을 촉진시키지는 못한다는 것을 보여주었다(Kuczynski, 1984). 극도로 부정적인, 화를 내는, 혹은 강압적인 부모의 반응은 도덕적·사회적 이해의 발달에 특히 해로운데, 그 까닭은 그러한 반응이 아동을 협박하고, 그의 안전감을 위협하며, 다른 사람의 감정보다는 그 아동의 감정에 초점을 맞추도록 하기 때문이다(Grusec & Goodnow, 1994 ; Zahn-Waxler & Chapman, 1982). 정서가 도덕적 사건의 돌출과 부호화에 영향을 미친다는 주장과 일치한다(Arsenio & Lover, 1995). 그러나 다른 사람의 복지와 권리에 대해 초점을 맞춘 설명과 함께하는 적절한 분노와 부정적인 정서는 부모의 추론에 관한 효과성을 증가시키는 것으로 보이는데, 이는 아마도 그것이 아동으로 하여금 그 해나 부정의가 원인이 되는 것에 대해 초점을 맞추도록 하는 데 도움을 주기 때문일 것이다(Grusec & Goodnow, 1994 ; Smetana, 1997 ; Zahn-Waxler & Chapman, 1982).

더 나아가 훈육과정은 쌍방향적이며(Turiel, 1998), 따라서 부모의 메시지 바로 그 자체가 아니라 아동들이 그 메시지를 해석하는 방법에 초점을 맞추는 것이 중요하다. 아동들은 성인 반응의 적절성을 그들의 행위에 따라 평가하며, 영역에 부적절한 반응보다는 영역에 적절한 반응을 더 선호한다(Killen, Breton, Ferguson & Handler, 1994 ; Nucci, 1984). 비록 관찰연구는 부모와 다른 성인들이 위반에 대한 그들의 반응들을 자연스럽게 그 행위의 성격과 연결시킨다는 것을 제시하지만, 아동들은 부모의 명령이 행위에 관한 아동들의 이해와 일치할 때 그 명령에 더 민감하게 반응한다.

부모와 교사의 권위. 도덕적 내면화에 대한 전통적 접근은 성공적인 사회화의 지표로서 아동들의 순종에 초점을 맞추었다. 보다 최근에 그루섹(Grusec)과 굿나우(Goodnow, 1994)는, 비록 순종이 어떤 경우에는 바람직할지 모르지만, 부모는 그들의 자녀에 대해 자율성이나 혹은 독창력을 장려하는 등 다른 목적을 가질 수도 있다는 것을 인지했다. 따라서 부모의 요구에 대한 보다 큰 순종이나 복종이 항상 보다 나은 도덕적 성숙이나 발달능력을 가리키는 것은 아니다. 설혹 그 순종이 외적으로 강압된(혹은 상황적 순종) 것이 아니라 서로 혹은 자유롭게 선택된 것일 때에도 마찬가지이다(Kochanska, 1997).

영역 관점에서 보면 훈육상황이 쌍방향적이라는 명제는 아동들이나 청소년들이 규칙을 정하거나 혹은 순종을 요구하는 성인 권위의 정당성에 대해 평가한다는 것을 함축한다. 광범위한 일군의 연구(Laupa, Turiel & Cowan, 1995 ; Smetana, 1995a, 1995b, 2002 ; Tisak, 1995 ; Turiel, 1998에 요약되어 있음)는 정당한 부모(그리고 교사)의 권위에 관한 아동들과 청소년들의 개념을 검토했다. 피아제(1932/1965)의 연구결과와 대조적으로 어린 아동들조차도 성인 권위에 대한 일방적인 존중을 품고 있지 않다. 그들은 그 정당성을 권위 출처의 속성뿐만 아니라 요구의 영역과 성격 등 몇 가지 차원에 따라 비판적으로 평가한다. 초기 아동기부터 청소년기 후기에 이르기까지 아동들은 도덕적 이슈와 인습적 이슈 두 가지 모두를 성인에 의해 합법적으로 규제되는 것으로 판단하는데, 이는 그들의 권위가 맥락적으로 적절하고(교사들은 가정에서 인습을 강요할 합법적인 권위를 갖고 있는 것으로 간주되지 않으며, 어머니들은 가정에서보다는 학교에서 인습을 규제할 권위를 더 갖지 못하는 것으로 간주된다. Laupa, 1991 ; Weber, 1999) 또한 그들이 필수적인 지식을 가지고 있을 때(Laupa, 1991) 그러하다. 아동들은 다른 사람의 물건을 훔치거나 다른 사람에게 해를 끼치도록 하는 것과 같은 비도덕적 요구를 하는 성인의 권위를 거부한다(Damon, 1977).

미국의 아동들과 청소년들 또한 부모와 성인 권위를 정당화하는 경계를 설정하고 개인적 이슈는 그러한 정당한 부모와 교사 권위의 경계를 넘어서는 것으로 일관되게 간주한다. 비록 부모와 교사가 아동들과 청소년들은 음식, 의복, 친구, 그리고 활동의 선택과 같은(재검토를 위해서는 Smetana, 1995a, 2002 참조), 그리고 좀 더 나이가 든 청소년들의 경우 진로결정과 같은(Bregman & Killen, 1999) 어떤 이슈들에 대해 어느 정도의 개인적 통제권을 지녀야 한다는 관점을 지지한다 하더라도, 부모는 자녀들이 기꺼이 허용하고자 하는 범위를 넘어 개인적 이슈에 대해 자신들이 더 많은 권위를 가지고 있는 존재로 간주하고 있다. 부모(교사뿐만 아니라)와 청소년들 또한 영역 사이의 중복을 수반하는(예컨대 인습적 요소와 개인적 요소 둘 다를 포함하는 사건들) 이슈를 규제하고자 하는 부모의 합법적 권위에 대해 서로 불일치를 보이고 있다. 부모의 합법적 권위와 청소년들의 개인적 재량권 사이에서 어디에 그 경계를 설정하느냐에 대한 불일치는 청소년-부모 관계에서 갈등으로 번지게 하며, 그 갈등은 이번에는 청소년들의 개인적 영역의 경계를 확장시키는 것으로 밝혀졌다(Smetana, 1989a, 2002). 따라서 개인적 이슈에 대한 부모의 통제에 대해 동의하지 않으며 이를 거부하는 것은 아동들이 아동기와 청소년기를 거치면서 부모와의 사회적 관계에서 드러내는 특징이 된다. 아동들과 청소년들은 규제에 저항하고 성인 권위에 도전하면서 사건들을 개인적인 것으로 적극 주장한다. 비록 사회화 연구가 전형적으로 성인 권위에 대한 아동들의 저항을 아동의 특징 또는 사회화의 실패 증거로서 취급하고 있지만, 이러한 연구결과는 저항이 사회적 지식의 영역과 누가 서로 다른 이슈의 형식을 합법적으로 통제하고 규제해야 하는가에 관한 신념이 체계적으로 관련된다는 것을 제시하고 있다.

마지막으로 청소년들과 부모가 영역 사이의 경계를 어떻게 설정하는가는 아동들의 심리적 조정과 관련된다. 하세베(Hasebe), 누치(Nucci), 그리고 누치(Nucci, 2004)는 부모가 개인적 이슈에 대해 통제하는 것에 관한 (그러나 인습적·자유재량적 이슈는 아닌) 미국과 일본의 중산층 청소년들의 평가는 정신병리학의 자기 보고적 징후(특히 우울 및 불안과 같은 내면화하는 징후)와 관련된다는, 그리고 그 징후는 청소년들이 그들의 주장을 개인적 영역에까지 확대하는 것과 같이 나이가 들어감에 따라 더 심해진다는 것을 발견했다. 개인적·다면적 이슈에 대해 의사결정을 내리는 것과 관련한 더욱 큰 부모의 통제에 대한 아프리카계 미국 청소년들의 지각은 청소년기 초기에 보다 더 나은 조정(보다 나은 학업성취, 보다 긍정적인 자존심, 그리고 보다 줄어든 일탈을 포함하는)과 연합되지만, 청소년 중기부터 청소년 후기까지는 개인적·다면적 이슈에 대해 청소년의 의사결정이 증가하는 것은—보다 큰 자존심과 보다 줄어든 우울을 포함하는(Smetana, Campione-Barr & Daddis, 2004)—보다 나은 조정과 연합된다. 청소년들은 개인적 영역에 대한 지나친 통제를 심리적 통제로 간주한다(Smetana & Daddis, 2002). 그러나 그 연구결과 또한 청소년들의 자율성을 허용하는 것은 발달적으로 적절해야 할 필요가 있다고 지적하고 있다. 왜냐하면 너무 이르거나 맥락적으로 부적절한 자율성은 보다 더 빈약한 심리사회적 조정과 관련되기 때문이다(Smetana 등, 2004).

요약. 사회적 이해는 아동들이 행위를 도덕적으로 관련된 것으로 (예컨대 도덕적 영역에서) 간주하는지 혹은 그렇지 않은 것으로 간주하는지를 포함한 사회적 상호작용에 관한 해석을 수반한다. 가해자들은 그들의 행동을 도발에 대한 반응으로 간주하는 경향이 더 많은 반면 희생자들은 해를 의도적인 것으로서 간주하는 경향이 더 강하다. 대부분의 연구는 피험자 내 설계를 사용했기 때문에 이들 차이가 아동들에 있는 개인적 차이보다는 상황에서 아동들의 역할에 기인한다는 어쩔 수 없는 증거가 존재한다(그리고 그들은 사회적 상황에서 희생자들 대 위반자들일 것이라는 가능성). 연령이 증가함에 따라 아동 희생자들은 참작할 정상을 고려하는 경향이 더 많지만 아동들의 이러한 정상 참작에 관한 이해에서의 표준적인 변화에 초점을 두는, 그리고 희생자 역할에서 얻은 지식 대 위반자 역할에서 얻은 지식 사이의 조정에 초점을 두는 더 많은 연구가 필요하다.

도덕적 갈등과 위반은 성인보다는 또래와 형제자매와의 상호작용에서 더 자주 일어난다. 던(Dunn, 1987)의 연구는 형제자매와의 상호작용이 아동들에게 도덕적 행동과 비도덕적 행동 두 가지 모두를 학습할 기회를 제공한다는 것을 밝혔다. 발달적으로 적절한 부모의 추론과 설명은 아동들이 옳고 그름에 관한 도덕적 이해를 구성하는 데 도움을 주지만 훈육은 쌍방향적이며, 아동들은 또한 그들이 받은 메시지를 해석한다. 따라서 아동들은 부모(그리고 보다 넓게는 성인)의 명령이 영역에 적절하며 사건에 관한 그들의 이해와 일관될 때, 그리고 성인 권위가 맥락적으로 적절하고 정통할 때 더 민감하게 반응한다.

아동들의 판단에서 변화 원천으로서 각 개인의 특징

도덕판단 발달에 관한 구조발달 이론이 표준적 발달에 초점을 두기 때문에 도덕판단 발달에서 각 개인의 차이에는 상대적으로 거의 주의를 기울이지 못했다. 비록 영역 이론이 또한 도덕적 추론에서 연령이 증가함에 따라 질적인 변화가 존재한다고 가정하지만, 도덕적 이해가 어떻게 다른 사회적 지식의 유형과 통합되는지에 관한 초점은 판단에서의 개인적 차이를 검증하는 여지를 남겨놓고 있다. 아래의 절에서는 성, 사회적 계층, 그리고 인종과 민족성에 따른 도덕적·사회적 판단에서의 차이가 논의되며, 이어 전형적이 아닌 아동들의 발달에 관한 연구를 검토한다.

개인적 차이

성. 도덕발달에서 성차의 이슈는 소녀들이 보다 약한 도덕관념을 가지고 있다고 주장했던 초기의 도덕이론가들(프로이드 같은)로부터 소년과 소녀가 서로 다른 도덕적 정향을 발달시킨다고 주장했던 길리간(Gilligan, 1982)에 이르기까지 논쟁의 오랜 원천이 되어왔다. 길리간 또한 소년의 도덕성은 규칙, 권리, 그리고 자율적 행위자로서 자기를 향하여 정향이 되는 반면에 소녀의 도덕성은 배려, 책임, 그리고 해를 예방할 의무에 의해 구성된다고 주장한다. 이들 주장은 광범위하게 논쟁되어 왔다(이 책 제4장, Walker 참조).

이들 논쟁에 비추어 보면 성차가 영역 접근의 연구에서 거의 등장하지 않았다는 것은 주목할 만하다. 소년과 소녀는 상황에 따라 도덕적 준거를 적용하거나 도덕적 추론을 사용하는 그들의 능력에서 체계적으로 서로 다른 것으로 보이지 않는다. 아동들과 청소년들의 도덕적 추론에서 정의와 복지(배려) 사이의 균형을 검증하기 위해 특별히 설계된 한 연구(Smetana 등, 1991)는 소년과 소녀가 개인 상호 간 책무를 유지하는데 보다 큰 우선권을 부여하느냐 아니면 정의에 부여하느냐의 문제는 상황의 특징에 좌우된다는 것을 보여주었다. 아동들과 청소년들은 긴밀한 개인 상호 간 관계(아는 사람보다는 친구)를 묘사하고 있는 상황이나 혹은 불공정이 별로 문제가 되지 않았을 개인 상호 간 책무를 유지하는 것을 더 선호했다. 그러나 공정이 보다 두드러지게 될 때 청소년들은 개인 상호 간 관계를 유지하는 것에 더 낮은 우선권을 부여했다. 그들의 추론에서 단순히 성에 기인하지 않는 각 개인 내에, 그리고 모든 개인에 걸쳐 상당한 불일치가 존재했다. 오히려 워커(Walker, 1991, 이 책 제4장)가 결론을 내린 것과 아주 흡사하게 딜레마의 상황적 특징이 그 변이를 설명해 주었다.

성은 최근의 연구에서 보다 복잡한 방식으로 고려되어 왔다. 오킨(Okin, 1989)과 투리엘(Turiel, 1998)은 가정의 권력과 자원의 분배에서 나타나는 성 불평등이 아동들의 사회적 역할과 관계뿐만 아니라 그들의 도덕적 이해에도 영향을 미칠 것이라는 방식으로 주의를 환기시켰다. 이것은 성 불평등이 어떻게 아동들의 도덕적·사회적 평가에 정보를 제공하는지에 관한 일군의 연구(다음 절에서 논의된다)가 등장하도록 이끌었다.

민족성과 사회적 계층

사회경제적 지위. 비록 아동들의 도덕적·사회적 판단에 관한 많은 연구가 중산층 아동들에게 초점을 맞추었지만 빈곤층 아동들의 판단을 검증하는 연구가 점차 증가해 왔다. 자거(Jagers), 빙햄(Bingham), 그리고 한스(Hans, 1996)는 낮은 사회경제적 배경을 가진 아프리카계 미국인 유치원생들을 대상으로 판단과 사회화 경험 사이의 관계뿐만 아니라 도덕적·사회적 판단을 검증했다. 대다수의 연구와 대조적으로 자거(Jagers)와 동료들(1996)은 영역 구분을 하는 아동들의 능력에 대해 혼재된 지지를 발견했다. 아동들은 도덕적(그러나 인습적이 아닌) 위반의 그릇됨을 학교로부터 가정으로 일반화시켰으며, 도덕적 위반이 인습적 위반보다 규칙으로부터 더 자유로워야 한다고 판단했지만 그들은 도덕적 위반과 인습적 위반 사이에 그들의 심각성과 처벌을 받아야 마땅한 것을 구분하는 데 있어서, 혹은 학교 전역을 아우르는 일반화 가능성의 판단에서 그 둘 사이를 구별하지 못했다. 저자들은 폭력이 일상적으로 일어나는 환경에 처해 있는 아동들은 때리는 것과 같은 도덕적 위반을 상대적으로 해가 없는 행위로 간주하며, 그러므로 무엇이 상대적으로 더 작은 폭력으로 지각되는가에 대한 사회적 인습으로부터 도덕성을 구별하지 못한다고 추측했다. 그러나 영역을 구별했던 아동들은 자녀와 더 자주 추론을 했던, 그리고 특권을 부정하고 위반을 무시하지 않았던 어머니를 두고 있었다. 따라서 아동들이 도덕적 준거를 도덕적 사건에 적용하며 사회적 인습으로부터 도덕성을 구분하는 데 실패하는 것은 최소한 부분적으로 부모의 자녀 양육 관습 차이에 귀인될 수 있다. 보다 낮은 사회경제적 지위는 보다 난폭하고, 권력행사적이며, 보다 부모중심적인 훈육방법과 관련되었으며(Hoff, Laursen & Tardif, 2002), 그것은 관습의 효능감에 관한 서로 다른 문화적·사회적 계층에 토대를 둔 (정보를 제공하는) 가정들로부터 유래할지도 모른다. 그러나 어렵게 사는 아동들을 포함한 다른 연구(예컨대 Astor, 1994 ; Smetana, Toth 등, 1999)는 아동들의 도덕적·사회적 이해에서 그와 비슷한 결손을 발견하지 못했다.

누치(Nucci), 카미노(Camino), 사피로(Sapiro, 1996)는 준거범위의 전역에 거쳐 브라질 아동들의 도덕적·인습적·자유재량적·개인적 정당화와 판단에 관한 사회경제적 지위의 영향을 명료하게 검사했다. 낮은 계층과 중간계층의 브라질 북동쪽 아동들을 비교한 결과 이 연구자들은 보다 낮은 계층의 아동들이 맥락들을 관통하는 인습의 효과를 일반화하는, 그리고 규칙에 호소함으로써 인습을 정당화하는 경향이 더 있다는 것을 제외하면 사회경제적 지위에 대한 아무런 효과를 발견하지 못했다.

개인적 영역에 대한 주장들은 또한 보다 낮은 계층 아동들에게서보다는 중간계층 아동들에게서 더 자주 나타났지만 이러한 사회적 계층 효과는 청소년 중기에 이르면 사라졌다. 따라서 개인적 영역에 대한 주장들의 등장은 발달요소들에 귀인되었다. 누치와 그의 동료들은 사회적 계층 효과는 특히 개인적 이슈의 판단에서 개인적 자유를 표현하는 기회와 연결되며, 그것은 어렵게 사는 아동들에게 보다 더 제한될 것이라는 점을 제안했다.

스메타나(Smetana)와 게인즈(Gaines, 1999)는 수입 분배의 다른 끝—중간계층의 미국 가정 대 상류계층의 아프리카계 미국인 가정 사이에서—에서 추론을 비교했으나 수입에 따른 추론에서의 차이를 거의 별견하지 못했다(그러나 부모와 청소년 간의 갈등이 어떻게 경험되고 해결되는가에서 몇 가지 차이를 제외하면). 사용된 인습적 정당화의 유형에서 약간의 미묘한 차이가 존재했다. 즉 상류계층 부모는 중간 수입 부모에 비해 보다 더 전통과 문화적 규범과 책임에 대해 호소했다. 그러나 두 집단은 인습적 정당화에 관한 그들의 전체적인 사용에서는 별 차이가 없었다.

인종과 민족성. 비록 앞절들에서 인용했던 많은 연구들이 소수민족 아동들을 포함하고 있기는 하지만 단지 그 가운데 몇 편의 연구만이 아동들의 판단에 대한 인종이나 민족성의 영향을 검증했을 뿐이다. 인종이나 민족성 차이는 거의 발견되지 않았다. 킬렌(Killen)과 동료들(2002)은 아프리카계 미국인, 아시아계 미국인, 유럽계 미국인, 그리고 라틴계 미국인 청소년들이 직접적인 도덕적 위반에 관한 평가에서 차이가 없었다는 것을 발견했다. 민족적 차이는 오로지 다면적 이슈라 할 수 있는 배척의 그릇됨에 관한 정교함에서만 발견되었다. 푸리그니(Fuligni, 1998)는 또한 인습적·개인적 이슈(도덕적 이슈는 연구되지 않았다)의 규칙을 제정하는 부모의 합법적 권위에 관한 그들의 개념에서 유럽인, 중국인, 필리핀인, 멕시코인 출신성분을 가진 자들과 미국인 청소년들 간의 차이를 거의 발견하지 못했다.

이와 비슷하게 스메타나(Smetana, 2000)는 도덕적·인습적·개인적·자유재량적, 그리고 상호 중복하는 이슈들과 관련하여 합법적인 부모 권위에 대한 아프리카계 미국 청소년들 및 부모들의 판단에서 유럽계 미국 가족들에게서 관찰되어 온 것과 너무나 똑같은 경향을 발견했다. 두 연구를 비교한 결과 스메타나(2002)는, 비록 아프리카계 미국 아동들도 유럽계 미국 상대방들처럼 부모의 주장에 반대하여 그들 자신의 개인적 권리를 주장하지만, 아프리카계 미국 부모들이 개인적·다면적 사건들에 대하여 청소년들이 선택을 할 수 있는 자유를 유럽계 미국 부모들보다는 다소 더 많이 제한하는 것으로 보인다고 결론을 내렸다. 누치(Nucci)와 그의 공동 연구자들(1996)과 같이 스메타나는 아프리카계 미국 부모들이 더 많은 제한을 가하는 것을 인종주의와 편견이 팽배하게 남아 있는 환경에서 자율성을 너무 일찍 주게 되면 오히려 자녀들의 안전에 심각한 위험을 수반할지도 모른다는 자녀들의 안녕에 대한 관심과 연결시켰다.

비전형적인 자들

도덕적·사회인습적 추론과 판단은 비전형적으로 발달하는 아동들을 대상으로 광범위하게 검토되어 왔다. 이러한 연구는 발달에서 사회적 경험의 역할에 대한 유용한 통찰을 제공해 준다. 이들 연구 중에서 몇 가지는 아동들의 도덕적·사회적 이해가 똑같은 진보나 과정을 따르지만 그들의 무능력 때문에 그 속도에 있어서 차이가 난다는 가설을 세워 놓고 있다. 예를 들면 슈미트(Schmidt), 누치(Nucci), 그리고 칸(Kahn, 1991)은 지능발달이 뒤진 청소년들의 판단은 그들의 연대기적 연령보다는 그들의 정신연령과 더 일치할 것이라고 추정했다. 연구결과는 이러한 예상을 입증시켜 주었다. 면담을 통해 사정한 것으로, 약간 정신적으로 발달이 지체된 청소년들의 인습적 추론에 관한 발달 수준은 그들의 연대기적 연령보다는 그들의 정신적 연령과 일치했다. 정신지체 청소년들은 여러 가지 준거에 입각하여 도덕적 규칙과 사회적 규칙을 구별했지만, 그들은 상당히 높은 비율의 인습적 항목들을 규칙이 없을 때에 그릇된 것으로 판단했으며, 같은 연령의 정상적으로 발달하는 아동들을 대상으로 한 연구에서 발견되어 왔던 것보다 더욱 더 권위에 대한 호소 혹은 규칙들의 부재에 의존하는 정당화를 제시했다.

브레어(Blair, 1996)는 자폐증 아동들이 도덕적 평가를 내리는 능력은 그들의 마음 이론에 관한 이해와 연관될 것이라고 추정했다. 그리하여 그는 자폐증 아동들의 표본을 표준 마음 이론의 거짓 신념 과제(standard theory of mind false belief task)를 통과한 자들과 실패한 자들로 구분하여 검토했으며, 정상적으로 발달하는 아동들과 보통의 학습 장애를 가진 아동들을 비교했다. 가설과 정반대로 모든 아동들이 그들의 판단에서 도덕적 이슈와 인습적 이슈를 서로 구별했다. 거짓 신념 과제에 관한 능력의 수준은 아동들이 도덕적·인습적 판단을 내리는 능력과 연관되지 않았다.

스메타나(Smetana)와 그녀의 동료들은 학대와 연합된 비정상적인 사회적 경험들이 각기 다른 도덕적 평가를 낳을 수도 있다고 가정했다(Smetana 외, 1984 ; Smetana Toth 외, 1999). 두 가지의 분리된 연구에서 학대받고 무시당한 유치원 아동들(이들은 연령, 성, 사회경제적 지위, 그리고 인종에서 서로 쌍을 이루는 학대받지 않는 아동들과 비교되었다)은 가설적 위반에 관한 판단에서 도덕적 위반과 인습적 위반 간을 구별하며 가설화된 도덕적 준거에 따라 도덕적 사건들을 평가하는 것으로 밝혀졌다. 한 연구(Smetana 외, 1984)는 학대받지 않는 아동들과 비교했을 때 학대받고 무시당한 아동들은 그들이 경험했던 학대와 가장 가깝게 연관된 도덕적 사건들이 지니고 있는 본질적인 그릇됨에 대해 더 민감하다고 하였다. 그러나 이 연구결과는 그 이후의 연구(Smetana, Toth 외, 1999)에서는 나타나지 않았다. 일반적으로 비록 학대받은 아동들과 학대받지 않는 아동들이 위반에 대한 그들의 정서적 귀인에서 차이가 있지만 도덕적 판단은 학대 현상의 기능에 따라 서로 다르지 않았다(Smetana, Daddis 외, 1999 ; Smetana, Toth 외, 1999).

행동 장애(conduct problem)를 가진 아동들 및 청소년들을 대상으로 한 연구(성인뿐만 아니라 예컨대 Blair, 1995)는 표출적 행동(acting out)을 보이거나 혹은 공격적으로 행동하는 것으로 확인된 아동들과 청소년들이 그들의 도덕적 추론에서 결점을 지니고 있는지의 여부를 검토했다(콜버그의 도덕판단 발달단계를 채택한 연구에서 광범위한 경험적 검토를 받았던 가설). 이들 연구에서 행동 장애는 정신병의 척도(Blair, 1995, 1997 ; Blair, Monson & Frederickson, 2001), 파괴적이며 다루기 어려운 존재로서 확인된 아동들(Hughes & Dunn, 2000), 행동 혹은 행위 장애의 진단들(Arsenio & Fleiss, 1996 ; Nucci & Herman, 1982), 그리고 청소년 범죄자와 비행자로서 선고를 받은 자들에 높은 점수를 주는 것을 포함한 여러 가지 방식들로 사정되었다(Tisak & Jankowski, 1996). 그 연구결과는 행동 장애가 있는 혹은 범죄자로 선고를 받은 아동들과 청소년들은 도덕적 위반을 도덕적 준거를 사용하여 평가하며, 그들의 판단과 정당화에서 도덕성을 사회적 인습과 성공적으로 구별한다는 것을 입증했다(Blair, 1997 ; Blair 외, 2001 ; Nucci & Herman, 1982 ; Tisak & Jankowski, 1996). 그들은 또한 도덕성과 사회적 인습을 개인적 이슈들과도 구별한다(Nucci & Herman, 1982 ; Tisak & Jankowski, 1996).

그럼에도 불구하고 행동 장애를 보인 아동들의 판단과 전형적으로 발달하는 아동들의 판단에서 몇 가지 일관된 차이가 관찰되고 있다. 행동적으로 장애를 보이거나 선고를 받은 청소년들은 전형적으로 발달하는 아동들에 비해 도덕적 위반을 규칙이 없을 때에 허용 가능한 것(혹은 덜 나쁜 것)으로 판단하는 경향이 있으며(Blair, 1997 ; Blair 외, 2001 ; Nucci & Herman, 1982), 또한 도덕적 위반은 그 행위가 처벌로 나아갈 수 있기 때문에 나쁘다고 추론하는 등 도덕적 위반의 인습적 측면에 더 초점을 맞추는 경향이 있다. 행동 장애를 가진 아동들은 정상적으로 발달하는 아동들보다 개인적 이슈를 그들의 개인적 재량 내의 문제로 덜 인식한다(Nucci & Herman, 1982). 이와 비슷하게 범죄자들은 개인적 이슈와 관련한 규칙을 비행자들이 생각하는 것보다 더 중요한 것으로 평가했다. 이것은 행동적으로 장애가 있는 아동들이 도덕적 위반의 본질적 기초를 이해하는 데 약간의 어려움을 가지고 있다는 것을 시사한다. 그들은 또한 사회적 규제와 개인적 자율성 사이의 경계에 관하여 명료하지 못하며, 또한 개인적 책임의 영역을 인식하는 데 어려움을 갖고 있다. 그러나 현재까지 판단에서의 이러한 차이들을 낳게 하는 발달요소들을 검토한 연구는 없다. 흥미롭게도 한 연구는 행동 장애가 크면 클수록 도덕적 · 인습적 구별을 하는 데 있어서 더 큰 결손과 연결된다는 것을 보여주었다(Blair 외, 2001). 그러나 판단에서의 이러한 차이들이 아동들의 행동 장애의 원인이 되는지 혹은 그 결과인지에 관해서는 검증되지 않고 있다.

보다 최근의 연구는 도덕판단에서의 변화성에 대한 또 다른 잠재적 원천에 초점을 맞추었다. 아스토(Astor, 1994)는 화나게 하는 일에 관한 판단에서 공격적인 아동들과 그렇지 않은 아동들 간의 차이를 검토했다. 그는 비록 폭력적인 아동들과 비폭력적인 아동들 모두 화나게 하는 것으로 묘사된 가설적 상황에서 도덕적 추론을 사용했지만 공격적인 아동들은 그러한 도발의 비도덕성에 더 많은 초점을 두었으며, 보복적으로 때리는 것은 도덕적으로 정당화되는 것으로 인식하는 반면 비폭력적인 아동들은 도덕적 추론을 보복을 비난하는 데 사용했다. 이러한 연구결과는 누치(Nucci)와 허만(Herman, 1982)의 관찰결과와 일치하는데, 행동적으로 장애가 있는 아동들은 때리는 것과 같은 도덕적 위반이 해를 일으키는 원인이 되지만 흔히 상황을 도덕적 위반에 대한 구실을 찾기 위해 완화시키는 것(예컨대 "그녀는 실제로 다치지 않는다" 혹은 "그녀는 마땅히 그런 해를 당할 만하다")과 관련된다고 이해한다. 그들은 또한 공격적인 고교생들과 비공격적인 고교생들을 비교해 볼 때 폭력범죄(성폭행, 절도, 그리고 살인과 같은)로 감금되었던 폭력 청소년들은 공격의 정당성을 더 쉽게 믿으며 그들의 희생자가 겪는 고통을 더 무시하는 경향이 있다는 선행 연구결과(Slaby & Guerra, 1988)를 부연설명해 주고 있다.

이러한 연구들은 행동 장애가 있는, 그리고 선고를 받은 아동들과 청소년들의 상황에 관한 이해에 사회인지적 편견이 존재한다는 것을 나타낸다. 이러한 주장은 새로운 것이 아니다. 도쥐(Dodge)와 그의 동료들은 공격적인 아동들이 애매한 상황을 평가하는 데 있어서 정보처리의 결점을 보인다는 광범위한 증거를 제시했다(이에 관한 검토는 Coie & Dodge, 1998 참조). 그러나 사회영역 연구는 비록 공격적인, 그리고 행동 장애를 보인 아동들이 도덕적 평가를 내릴 수 있지만 그들은 그 행동이 희생자에게 미치는 영향보다는 가해자의 관점에 초점을 맞추며, 도발을 그들의 행동에 대한 하나의 도덕적 정당화로서 간주한다는 통찰을 추가하고 있다. 이에 덧붙여 박해를 받는 아동들에게서 많이 발견되는 바와 같이(Smetana, Toth 외, 1999) 행동적으로 장애를 가진 아동들은 정상적으로 발달하는 아동들보다 위반의 정서적 결과들에 관하여 각기 다른 원인을 귀속시킨다(희생자와 가해자 모두에 대해). 이러한 연구결과는 전형적으로 발달하는 아동들 또한 상황에서의 그들의 역할에 따라 그들의 판단에서 편견을 보여준다는, 그리고 가해자들은 희생자들보다 도발을 그들의 행위로 더욱 귀인시키는 경향이 있다는 것을 나타내 주는 앞선 연구들과 함께 고려될 필요가 있다(Smetana, Toth 외, 1999 ; Wainryb & Langley, 2003). 전형적으로 발달하는 아동들과 공격적이거나 행동 장애를 가진 아동들 간에 희생자들의 관점 대 가해자들의 관점에 초점을 두는 그들의 능력에서 어떤 발달적 차이가 있는가를 검토하는 폭넓은 연구가 요구된다.

요약. 전형적인 도덕적 사건과 사회적 사건에 관한 판단에서 체계적인 성차가 거의 관찰되지 않고 있다. 길리간(Gilligan, 1982)의 주장과 반대로 개인적 필요와 정의 사이의 갈등을 내포하는 다면적 상황에 관한 판단은 성보다는 상황에 따라 변화를 드러낸다. 사회경제적 지위와 인종적 · 민족적 차이는 아동들과 청소년들이 합법적인 개인적 통제와 인습적 · 도덕적 규제 사이의 경계를 어떻게 구성하는가에서 더욱 분명하다. 즉 이러한 평가에서의 변화들은 사회적 경험(자녀양육 방법과 같은), 정보를 제공하는 가설, 그리고 기회에서의 차이들과 관련되는 것으로 보인다. 물론 이러한 이슈를 명료하게 검증하는 연구가 더 필요하기는 하다.

전형적으로 발달하는 아동들과 비교한 것으로 자폐증 아동들과 학대받는 아동들을 포함한 비전형적인 표본들에 관한 연구는 비록 학대받는 아동들과 학대받지 않는 아동들이 정서에 관한 그들의 이해와 귀인에서 차이가 나는 것으로 보이지만 도덕적 평가에서, 그리고 영역을 구별하는 그들의 능력에서는 상대적으로 어떤 차이가 거의 발견되지 않았다. 가설화된 바와 같이 발달 지체는 연대기적 연령보다는 그들의 발달적 연령과 일치한다는 것은 정신적 발달 장애를 보이는 청소년들의 인습적 이해에 관한 발달 수준에서 밝혀지고 있다.

행동 장애를 가진, 그리고 공격적인 청소년에 관한 수많은 연구는 그들이 도덕적 개념을 도덕적 위반에 적용하며 도덕적 개념을 몇 가지 차원들에 관한 인습적 규제와 구별한다는 것을 보여준다. 물론 그들이 도덕적 위반을 인습화하며 희생자들에 대한 위반의 결과보다는 도발의 비도덕성에 좀 더 많은 관심을 갖는다는 증거가 있긴 하다. 연구가 전형적으로 발달하는 아동들의 도발에 관한 이해에서 발달적 변화가 존재한다고 제안함에 따라 종단적 연구는 도발을 이해하는 데 있어서 발달적 지체 혹은 상황에 관한 사회적 해석에서의 차이들이 행동 문제의 발달에 공헌하는지 어떤지를 결정해야만 한다.

사회적 맥락으로서 문화의 특징

도덕적 추론 발달에 관한 이론들의 문화 간 적용은 상당한 관심과 논쟁을 불러일으켰으며, 또한 영역 관점에서 접근하고자 하는 연구자들에게 지속적인 관심이 되고 있다. 다음 절은 문화를 도덕적 판단과 사회적 판단에서 일관성과 변화성 두 가지 모두의 원천으로 보고 영역 관점에서 이를 간략히 고찰한다(보다 포괄적인 취급은 이 책 제8장 Wainryb와 제1장 Turiel이 쓴 글 참조).

최근에 문화를 이해하는 하나의 인기 있는 접근은 개인주의와 집합주의(Shweder 외, 1998)처럼 전체적 차원에서의 다양성으로 문화를 기술하는 것이다. 이 관점에 따르면 개인주의적 문화는 자만, 개인적 목적의 성취, 자율성, 타인들과의 분리, 그리고 도덕적 영역에서는 개인적 권리에 대한 관심을 강조한다. 이와 대조적으로 집합적 문화는 상호 의존성, 조화, 대인관계에서의 연계성, 지위 · 역할 · 관계에 관한 초점, 그리고 도덕적 영역에서는 권위, 전통, 의무에 대한 관심을 강조하는 것으로 알려지고 있다.

이와는 대조적으로 영역 이론 연구자들은 문화들 내에 존재하는 정향들의 다양성을 고려하는 보다 차별화된 관점을 채택하고 있다. 개인들은 범문화적으로 서로 다른 관심사들의 공존을 낳는 이질적인 정향들을 발달시킨다(Killen & Wainryb, 2000 ; Nucci & Turiel, 2000 ; Smetana, 2002 ; Turiel, 1998, 2002 ; Wainryb, 1997). 서로 다른 관심사들의 공존에는 전통과 집단 목적을 유지시키는 것의 중요성(사회적 인습), 다른 사람들의 권리와 복지에 대한 관심(도덕성), 개인적 선택, 개인적 권리 부여, 그리고 자율성에 대한 관심(개인적 이슈) 등이 포함된다. 따라서 다른 구조발달 이론들(예컨대 Colby & Kohlberg, 1987 ; Kohlberg, 1984)처럼 영역 이론은 도덕적 개념이 보편적으로 적용 가능하지만 사회적 인습과 개인적 권한의 개념도 마찬가지라고 주장한다. 사회적 인습은, 비록 그 형식이 문화에 따라 변화 가능한 것으로 예상되지만, 모든 문화에서 사회적 상호작용을 구조화하며 촉진하는 똑같은 기능을 발휘한다. 더 나아가 개인적 영역이 문화에 따라 적용 가능한 기층적인 심리적 실재에 토대를 두고 있다는 생각 때문에(Killen & Wainryb, 2000 ; Nucci, 1996 ; Nucci & Tureil, 2000 ; Turiel & Wainryb, 2000 ; Wainryb, 1997) 모든 문화는 비록 문화적 변화가 개인적 영역의 범위와 내용 두 가지 모두에서 예상되지만(Nucci 1996 ; Smetana, 2002) 몇몇 이슈를 근본적으로 자기 그리고 개인적 행위자의 경계 내에서 다루도록 가설을 세우고 있다.

이러한 주장들은 다양한 연구에서 검토되고 있다. 북남미 아메리카, 아시아, 중동 아시아, 그리고 오스트레일리아 등 다양한 범위의 문화에 속한 아동들은, 비록 정당화에서 몇몇 차이가 목격되고 있기는 하지만, 다양한 준거에 입각하여 사회인습적 이슈를 도덕적 이슈와 구별하는 것으로 밝혀지고 있다. 비록 이에 관한 연구가 많지는 않지만 개인적 선택에 대한 호소가 개인주의적 문화에 속한 아동들에게 국한되는 것은 아니며, 유럽, 아시아, 남아메리카, 중동 등 다양한 문화에 속한 아동들의 판단에서 발견되고 있다는 보고가 있다(이에 관한 검토는 Killen, McGlothlin 외, 2002 ; Nucci, 2001 ; Smetana, 2002 참조).

도덕적 · 사회적 판단을 사회적 위계에서의 개인의 지위에 따른 기능으로서 검토하는 것에 관심이 점차 늘어나고 있다(Turiel, 2002에서 포괄적으로 논의됨). 개인들은 각기 다른 사회적·관습적 관계의 공정성에 관한 생각을 구성한다. 따라서 좀 더 종속적인 역할에 있는 개인(예컨대 여성, 아동, 빈곤하게 사는 사람들)은 권력의 분배, 자원이 할당되는 방식, 그리고 유용한 기회에서의 불평등뿐만 아니라 그들의 사회적 지위의 기능으로서 선택과 자유에서 보다 큰 제한을 경험할지도 모른다. 이러한 모든 것은 도덕적 판단과 사회적 판단에서 변화의 잠재적 원천이 될 수 있을 것이다.

이것은 전통 사회에서 남성과 여성에 허용된 권리, 권한 부여, 그리고 선택에 관한 아동, 청소년, 그리고 성인의 판단을 검토하는 연구로 나아가게 한다. 예를 들면 와인립(Wainryb)과 투리엘(Turiel, 1994 ; Turiel & Wainryb, 1998, 2000)이 수행했던 일련의 광범위한 연구는 이스라엘에 있는 자그마한, 위계적으로 조직된, 상당히 근친적인 아랍공동체인 드루즈(Druze) 족의 사회적 판단을 검토했는데, 이곳에서는 여성이 복종적 역할을 수행하며 그들의 사회적 위치의 기능으로서 선택과 자유에서 보다 큰 제한을 경험한다. 드루즈 아랍 여성은 개인적 이슈에 관하여 보다 더 많은 개인적인 관할을 바란다. 그러나 그들은 그러한 결정을 현존하고 있는 인습적 질서를 반대하는 것으로 간주하지 않으며, 보다 많은 개인적 관할에 대한 그들의 소망을 보다 적절하거나 보다 실용적으로 현명한 것으로 간주한다. 그래도 역시 그 상황에서 여성들은 보다 많은 권한 부여와 선택이 허용된 지배적인 지위에 있는 사람들과 비교해 볼 때 사회적 관습이 불공정하다고 평가하는 경향이 있다. 따라서 성 차이는 사회적 위계에서의 각 개인의 지위와 연결된다. 그리하여 개인들이 독립보다는 상호 의존에 더 가치를 부여하는 것으로 알려지고 있으며, 사회적 관계가 보다 위계적으로 조직되어 있는 집합주의적 문화에서조차도 정의, 대인관계 책무, 인습, 개인적 선택, 그리고 개인적 권한 부여 등을 포함하는 각기 다른 사회적 개념들이 공존하고 있다. 그와 동시에 문화적 정향들은 사회적 판단에 영향을 미친다. 게다가 심리학적 연구뿐만 아니라 문화인류학에서의 민족지학 연구에 의존하여 연구자들은 복종적 지위에 있는 사람들이 사회적 관습에 저항하고 반항하며 변형을 시도한다는 것을 보여주고 있다.

선택과 자유에서의 사회적 불평등과 제한이 도덕적 · 사회적 · 개인적 판단에서 변화의 강력한 원천이 되는 것처럼 이러한 관점은 또한 앞절에서 기술했던 도덕적 · 사회적 평가[한 예로서 브라질에서 개인적 선택에서의 사회적 계층 차이에 관한 Nucci와 그의 동료들(1996)의 논의 참조]에서 성, 민족성, 그리고 사회경제적 지위에서의 차이에 관한 연구에 정보를 제공한다는 것은 틀림없을 것이다.

결론 및 미래의 방향

영역 모델은 도덕판단 발달의 연구를 확장 · 부흥시켰다. 그것은 문화 내의 다양한 개인들의 관심사, 예컨대 정의, 복지, 권리, 사회적 인습, 전통, 권위, 개인적 선택, 개인적 권한 부여 등에 대한 관심사를 개념화하는 복합적 방법을 제공했다. 이러한 각기 다른 관심사들은 문화 내에 존재하는 사회적 삶의 모든 측면들이지만 아직 그것들은 개인적 발달, 사회적 맥락, 특히 문화적 관계에 의존하는 서로 다른 방식들에 통합되어 있기 때문에 각 개인의 추론 내에 공존하고 있다.

비록 초기의 사회영역 연구가 각기 다른 연령의 아동들이 도덕적 개념과 사회인습적 개념을 서로 구별한다는 주장을 타당화시키는 데 초점을 두었지만 보다 최근의 연구는 상호 중복하는 혹은 갈등하는 관심들을 수반하는 다면적 상황에서 아동, 청소년, 성인의 추론을 검토했다. 이러한 접근은 아동들의 권리, 공격성, 관용의 개념, 동료 배제, 고정관념, 그리고 청소년-부모 관계를 포함하는 다양한 주제에 관한 많은 연구들을 내놓았다. 영역 접근은 모든 사고를 도덕판단 발달의 전체적 단계로 축소시키는 것이 아니라 오히려 개인들이 서로 다른 도덕적·인습적·개인적 관심사의 두드러짐을 어떻게 평가하는가를 고려하는 그러한 맥락화된 상황에서 추론을 이해하는 하나의 강력한 방법을 제공해 준다. 더군다나 이 접근은 개인들이 (영역과 관련된) 상황에 관하여 해석하는 것을 고려한다는 것은 영역 정향과 사회적 행동 간의 연합으로 나아가게 한다는 것을 보여주었다.

도덕성을 아동들의 사회적 추론의 한 요소로 이해하는 데 있어서 많은 진전이 이뤄졌음에도 불구하고 아직 우리의 지식에는 많은 간극이 존재하고 있다. 서로 다른 도덕적 개념들에 관한 아동들의 이해에서 연령에 따른 명백한 계열화 뿐만 아니라, 횡단적 연구들로부터 등장한 아동들의 도덕적 추론에서의 질적이고 표준적인 발달적 변화는 종단적 연구를 활용하여 좀 더 폭넓게 구체화시킬 필요가 있다. 우리는 또한 이러한 발달적 변화들이 도덕성을 다른 사회적 개념들과 통합시키는 아동들의 능력과 어떻게 상호 교차하는지, 보다 일반적으로는 도덕적 개념과 도덕과 무관한 개념을 통합시키는 아동들의 능력이 연령에 따라 어떻게 변화하는지, 그리고 사회적 맥락의 특징에 의해 어떻게 조정되는지 이해할 필요가 있다.

지금까지의 연구는 형제자매, 친구, 동료, 부모, 그리고 다른 성인들과의 상호작용이 어떻게 도덕적 추론 발달을 촉진시키는지에 관한 몇 가지 중요한 통찰을 제공해 주었다. 그러나 이질적인 표본들을 활용한 보다 더 많은 연구가 필요한데, 그 까닭은 서로 다른 사회적 맥락에서 아동들이 도덕적 개념들을 구성하는 데 영향을 미치는 과정, 그리고 사회적 상호작용과 도덕적·사회적 판단의 발달 간의 인과적 연결고리(그것은 추론이 되지만 직접적으로 검사되지는 않았다)를 충분히 이해할 필요가 있기 때문이다. 더 나아가 도덕성을 다른 사회적 개념들과 구별하는 아동들의 발달하는 능력이 심리적 적응을 포함한 다른 도덕적·심리적 특징들과 어떻게 관련되는지에 관해서는 거의 알려지지 않고 있다. 비정상적으로 발달하는 아동들에 관한 연구는 도덕성의 내재적인 토대를 이해하는 데 있어서의 어려움이 행위 문제와 연관된다는 것을 제시하지만, 정상적으로 발달하는 아동들이 발달과 변화에서 어려움을 겪게 되는 과정에 관한 보다 많은 연구가 필요하다.

실제적인 상황에서 아동들의 도덕적·사회적 추론에 관한, 그리고 서로 다른 사회적 관계의 맥락(우정 혹은 동료 관계와 같은)에서 희생자 대 가해자에 대한 서로 다른 관점에 관한 연구는 우리가 도덕적 추론에서 개인 내 변화를 이해하는 데 정보를 제공하기 시작했다. 미래의 연구는 각기 다른 연령에 있는 아동들이 도발을 어떻게 평가하며 그들의 피해자와 가해자의 관점을 가설적 상황과 실제적 상황에서 그들의 도덕적·사회적 판단에 어떻게 통합시키는지, 그리고 그들이 정서를 어떻게 이해하고 귀인시키는지를 검토해야만 한다. 이러한 연구는 서로 다른 맥락에서 정상적인 발달뿐만 아니라 공격적이거나 혹은 행동 장애를 보이는 아동들의 경우에서와 같은 문제가 있는 발달에 대한 우리의 이해에 정보를 제공해 줄 것이다.

마지막으로 최근에 위계적 구조와 서로 다른 문화에서의 관습적 관계에 대해 초점을 두는 것은 꼭 비교문화적 연구뿐만 아니라 발달 연구를 위한 많은 새로운 연구의 길을 열어준다. 위계적 구조가 사회적 삶에서 지배, 전복, 그리고 저항으로 나아갈 수 있다는 생각은 미국 문화에서 도덕발달의 변화뿐만 아니라 다른 문화에서 도덕성을 연구하는 데도 유효하게 적용될 수 있다. 사회인습적 영역 접근은 문화 내에서, 그리고 문화별로 도덕적·사회적 판단에서의 발달적 변화와 일관성에 관한 보다 깊은 연구를 위한 풍부한 이론적 뼈대를 제공해 준다.

참고문헌

Arsenio, W.(1988). Children's conceptions of the situational affective consequences of sociomoral events. *Child Development, 59*, 1611–1622.

Arsenio, W., & Fleiss, K.(1966). Typical and behaviourally disruptive children's understanding of the emotional consequences of sociomoral events. *British Journal of Developmental Psychology, 14*, 173–186.

Arsenio, W., & Ford, M.(1985). The role of affective information in social–cognitive development : Children's differentiation of moral and conventional events. *Merrill–Palmer Quarterly, 31*, 1–18.

Arsenio, W., & Kramer, R.(1992). Victimizers and their victims : Children's conceptions of the mixed emotional consequences of victimization. *Child Development, 63*, 915–927.

Arsenio, W., & Lemerise, E.(2004). Aggression and moral development : Integrating social information processing and moral domain models. *Child Development, 75*, 987–1002.

Arsenio, W., & Lover, A.(1995). Children's conceptions of sociomoral affect : Happy victimizers, mixed emotions and other expectancies. In M. Killen & D. Hart (Eds.), *Morality in everyday life : Developmental perspectives*(pp. 87–128). Cambridge, UK : Cambridge University Press.

Astor, R. A.(1994). Children's moral reasoning about family and peer violence : the role of provocation and retribution. *Child Development, 65*, 1054–1067.

Blair, R. J. R.(1995). A cognitive developmental approach to morality : Investigating the psychopath. *Cognition, 57*, 1–29.

Blair, R. J. R.(1996). Morality in the autistic child. *Journal of Autism and Developmental Disorders, 26*, 571–579.

Blair, R. J. R.(1997). Moral reasoning in the child with psychopathic tendencies. *Personality and Individual Differences, 22*, 731–739.

Blair, R. J. R., Monson, J., & Frederickson, N.(2001). Moral reasoning and conduct problems in children with emotional and behavioural difficulties. *Personality and Individual Differences, 31*, 799–811.

Blumenfeld, P. C., Pintrich, P. R., & Hamilton, V. L.(1987). Teacher talk and students' reasoning about morals, conventions, and achievement. *Child Development, 58*, 1389–1401.

Bregman, G., & Killen, M.(1999). Adolescents' and young adults' evaluations of career choice and the role of parental influence. *Journal of Research on Adolescence, 9*, 253–275.

Brown, J. R., Donelan–McCall, N., & Dunn. J.(1996). Why talk about mental states : The significance of children's conversations with friends, siblings, and mothers. *Child Development, 67*, 836–849.

Coie, J. D., & Dodge, K. A.(1998). Aggression and antisocial behavior. In N. Eisenberg(Ed.), *Handbook of Child Psychology, 5th Edition, Volume 3 : Social, Emotional, and Personality Development*(William Damon, Series Editor) (pp. 779–862). New York : Wiley.

Colby, A., & Kohlberg, K.(Eds.). (1987). *The measurement of moral judgment*(Vols. 1–2). New York : Cambridge University Press.

Damon, W.(1977). *The social world of the child.* San Francisco : Jossey–Bass.

Davidson, P., Turiel, E., & Black, A.(1983). The effect of stimulus familiarity of criteria and justifications in children's social reasoning. *British Journal of Development Psychology, 1*, 49–65.

Dunn, J.(1987). The beginnings of moral understanding : Development in the second year. In J. Kagan & S. Lamb(Eds.), *The emergence of morality in young children*(pp. 91–112). Chicago : University of Chicago Press.

Dunn, J., Brown, J. R., & Maguire, M.(1995). The development of children's moral sensibility : Individual differences and emotion understnading. *Development Psychology, 31*, 649–659.

Dunn, J., Cutting, A. O., & Demetriou, H.(2000). Moral sensibility, understanding others, and children's friendship interactions in the preschool period. *British Journal of Developmental Psychology, 18*, 159–177.

Dunn, J., & Munn, P.(1987). Development of justification in disputes with mothers and siblings. *Developmental Psychology, 23*, 791–798.

Dworkin, R.(1978). *Taking right seriously.* Cambridge, MA : Harvard University Press.

Flavell, J. H., Mumme, D. L., Green, F. L., & Flavell, E. R.(1992). Young children's understanding of different types of beliefs. *Child Development, 63*, 960–977.

Fuligni, A. J.(1998). Authority, autonomy, and parent–adolescent conflict and cohesion : A study of adolescents from Mexican, Chinese, Filipino, and European backgrounds. *Developmental Psychology, 34*, 782–792.

Gewirth, A. (1978). *Reason and morality*. Chicago : University of Chicago Press.

Gilligan, C. (1982). *In a different voice*. Cambridge, MA : Harvard University Press.

Grusec, J. E., & Goodnow, J. J. (1994). Impact of parental discipline methods on the child's internalization of values : A reconceptualization of current points of view. *Developmental Psychology, 30*, 4–19.

Hasebe, Y., Nucci, L., & Nucci, M. S. (2004). Parental control of the personal domain and adolescent symptoms of psychopathology : A cross–national study in the United States and Japan. *Child Development, 75*, 815–826.

Hatch, E. (1983). *Culture and morality : The relativity of values in anthropology*. New York : Columbia University Press.

Helwig, C. C. (1995). Adolescents' and young adults' conceptions of civil liberties : Freedom of speech and religion. *Child Development, 66*, 152–166.

Helwig, C. C., Hildebrandt, C., & Turiel, E. (1995). Children's judgments about psychological harm in social context. *Child Development, 66*, 1680–1693.

Helwig, C. C., & Turiel, E. (2003). Children's social and moral reasoning. In P. K. Smith & C. H. Hart (Eds.), *Blackwell handbook of childhood social development* (pp. 475–490). Oxford : Blackwell.

Helwig, C. C., Zelazo, P. D., & Wilson, M. (2001). Children's judgments of psychological harm in normal and noncanonical situations. *Child Development, 72*, 66–81.

Hoff, E., Laursen, B., & Tardif, T. (2002). Socioeconomic status and parenting. In M. H. Bornstein (Ed.), *Handbook of parenting : Vol. 2 : Biology and ecology of parenting* (2nd ed., pp. 231–252). Mahwah, NJ : Lawrence Erlbaum Associates.

Hoffman, M. L. (1991). Empathy, social cognition, and moral action. In J. L. Gewirtz & W. M. Kurtines (Eds.), *Handbook of moral behavior and development, Vol. 1 : Theory* (pp. 275–301). Hillsdale, NJ : Lawrence Erlbaum Associates.

Horn, S. S. (2003). Adolescents' reasoning about exclusion from social groups. *Developmental Psychology, 39*, 71–84.

Horn, S. S., Killen, M., & Stangor, C. (1999). The influence of group stereotypes of adolescents' moral reasoning. *Journal of Early Adolescence, 19*, 98–113.

Hughes, C., & Dunn, J. (2000). Hedonism or empathy? : Hard–to–mange children's moral awareness and links with cognitive and maternal characteristics. *British Journal of Developmental Psychology, 18*, 227–245.

Jagers, R. J., Bingham, K., & Hans, S. L. (1996). Socialization and social judgments among inner–city African–American kindergartners. *Child Development, 67*,

140–150.

Kahn, P. H., Jr.(1992). Children's obligatory and discretionary moral judgments. *Child Development, 63,* 416–430.

Killen, M.(1990). Children's evaluations of morality in the context of peer, teacher–child, and family relation. *Journal of Genetic Psychology, 151,* 395–410.

Killen, M., Breton, S., Ferguson, H., & Handler, K.(1994). Preschoolers' evaluations of teacher methods of intervention in social transgressions. *Merrill–Palmer Quarterly, 40,* 399–416.

Killen, M., Lee–Kim, J., McGlothlin, H., & Stangor, C.(2002). How children and adolescents evaluate gender and racial exclusion. *Monographs for the Society for Research in Child Development.* Serial No. 271, Vol. 67, No. 4. Oxford, UK : Blackwell.

Killen, M., McGlothlin, H., & Lee–Kim, J.(2002). Heterogeneity in social cognition and culture. In H. Keller, Y. Poortinga, & A. Schoelmerich(Eds.), *Between biology and culture : Perspectives on ontogenetic development*(pp. 159–190). Cambridge, UK : Cambridge University Press.

Killen, M., & Smetana, J. G.(1999). Social interactions in preschool classrooms and the development of young children's conceptions of the personal. *Child Development, 70,* 486–501.

Killen, M., & Wainryb, C.(2000). Independence and interdependence in diverse cultural contexts. In S. Harkness, C. Raeff, & C. M. Super(Eds.), *Variability in the social construction of the child : New directions for child and adolescent development*(Vol. 87, pp. 5–21). San Francisco : Jossey–Bass.

Kochanska, G.(1997). Mutually responsive orientation between mothers and their young children : Implications for early socialization. *Child Development, 68,* 94–112.

Kohlberg, L.(1984). *Essays on moral development : Vol. 2.* The psychology of moral development. San Francisco : Harper and Row.

Komatsu, L. K., & Galotti, K. M.(1986). Children's reasoning about social, physical, and logical regularities : A look at two worlds. *Child Development, 57,* 413–420.

Kuczynski, L.(1982). Intensity and orientation of reasoning : Motivational determinants of children's compliance to verbal rationales. *Journal of Experimental Child Psychology, 34,* 357–370.

Kuczynski, L.(1984). Socialization goals and mother–child interaction : Strategies for long–term and short–term compliance. *Developmental Psychology, 20,* 1061–1073.

Laupa, M.(1991). Children's reasoning about three authority attributes : Adult status, knowledge, and social position. *Developmental Psychology, 27,* 321–329.

Laupa, M.(2000). Similarities and differences in children's reasoning about morality and mathematics. In M. Laupa(Ed.), *Rights and wrongs : How children and young adults evaluate the world. New directions for child development*(Vol. 89, pp. 19–31). San Francisco : Jossey–Bass.

Laupa, M., Turiel, E., & Cowan, P.(1995). Obedience to authority in children and adults. In M. Killen & D. Hart(Eds.), *Morality in everyday life : Developmental perspectives*(pp. 131–165). Cambridge, UK : Cambridge University Press.

Lemerise, E., & Arsenio, W.(2000). An integrated model of emotion processes and cognition in social information processing. *Child Development, 71,* 107–118.

Lockgart, K. L., Abrahams, B., & Osherson, D. N.(1977). Children's understanding of uniformity in the environment. *Child Development, 48,* 1521–1531.

Much, N., & Shweder, R. A.(1978). *Speaking of rules* : The analysis of culture in breach. In W. Damon(Ed.), *New directions for child development. Vol. 1 : Moral development*(pp. 19–40). San Francisco : Jossey–Bass.

Nicholls, J. G., & Thorkildsen, T. A.(1988). Children's distinctions among matters of intellectual convention, logic, fact, and personal preference. *Child Development, 59,* 939–949.

Nucci, L.(1981). The development of personal concepts : A domain distinct from moral or societal concepts. *Child Development, 52,* 114–121.

Nucci, L.(1984). Evaluating teachers as social agents : Students' ratings of domain appropriate and domain inappropriate teachers' responses to transgressions. *American Educational Research Journal, 21,* 367–378.

Nucci, L.(1985). Children's conceptions of morality, social conventions, and religious prescription. In C. Harding(Ed.), *Moral dilemmas : Philosophical and psychological reconsiderations of the development of moral reasoning*(pp. 137–174). Chicago : Precedent Press.

Nucci, L. P.(1996). Morality and personal freedom. In E. S. Reed, E. Turiel., & T. Brown(Eds.), *Values and knowledge*(pp. 41–60). Mahwah, NJ : Lawrence Erlbaum Associates.

Nucci, L.(2001). *Education in the moral domain.* Cambridge : Cambridge University Press.

Nucci, L.(2002). The development of moral reasoning. In U. Goswami(Ed.), *Blackwell handbook of child cognitive development*(pp. 303–325). Oxford : Blackwell.

Nucci, L. P., Camino, C., & Sapiro, C. M.(1996). Social class effects on Northeastern Brazilian children's conceptions of areas of personal choice and social regulation.

Child Development, 67, 1223–1242.

Nucci, L. P., & Herman, S.(1982). Behavioral disordered children's conceptions of moral, conventional, and personal issues. *Journal of Abnormal Child Psychology, 10,* 411–426.

Nucci, L. P., & Nucci, M. S.(1982a). Children's responses to moral and social–conventional transgressions in free–play settings. *Child Development, 53,* 1337–1342.

Nucci, L. P., & Nucci, M. S.(1982b). Children's social interactions in the context of moral and conventional transgressions. *Child Development, 53,* 403–412.

Nucci, L. P., & Turiel, E.(1978). Social interactions and the development of social concepts in preschool children. *Child Development, 49,* 400–407.

Nucci, L. P., & Turiel, E.(1993). God's word, religious rules, and their relation to Christian and Jewish children's concepts of morality. *Child Development, 64,* 1475–1491.

Nucci, L. P., & Turiel, E.(2000). The moral and the personal : Sources of social conflict. In L. P. Nucci, G. Saxe, & E. Turiel(Eds.), *Culture, thought, and development*(pp. 115–137). Mahwah, NJ : Lawrence Erlbaum Associates.

Nucci, L. P., Turiel, E., & Gawrych, G.(1983). Children's social interactions and social concepts : Analyses of morality and convention in the Virgin Islands. *Journal of Cross–Cultural Psychology, 14,* 468–487.

Nucci, L. P., & Weber, E. K.(1995). Social interactions in the home and the development of young children's conceptions of the personal. *Child Development, 66,* 1438–1452.

Okin, S. M.(1989). *Justice, gender, and the family.* New York : Basic Books.

Piaget, J.(1932/1965). *The moral judgment of the child.* New York : The Free Press.

Piaget, J.(1967). *Six psychological studies.* New York : Vintage.

Rawls, J.(1971). *A theory of justice.* Cambridge, MA : Cambridge University Press.

Ross, H., Tesla, C., Kenyon, B., & Lollis, S.(1990). Maternal intervention in toddler peer conflict : The socialization of principles of justice. *Developmental Psychology, 26,* 994–1003.

Saltzstein, H. D.(1994). The relation between moral judgment and behavior : A social–cognitive and decision–making analysis. *Human Development, 37,* 299–312.

Sanderson, J. A., & Siegal, M.(1988). Conceptions of moral social rules in rejected and nonrejected preschoolers. *Journal of Clinical Child Psychology, 17,* 66–72.

Schmidt, M. F., Nucci, L., & Kahn, J. V.(1991). *Development of conventional reasoning in trainable mentally retarded adolescents.* Unpublished manuscript, University of Illinois, Chicago.

Shaw, L., & Wainryb, C.(1999). The outsider's perspective : Young adults' judgments of social practices of other cultures. *British Journal of Developmental Psychology, 17,* 451–471.

Shaw, L., & Wainryb, C.(2003). *Children's and adolescents' thinking about victimization and consent.* Unpublished manuscript, University of Utah Salt Lake City.

Shweder, R. A.(1982). Liberalism as destiny. *Contemporary Psychology, 27,* 421–424.

Shweder, R. A., Goodnow, J. J., Hatano, G., LeVine, R. A., Markus, H., & Miller, P.(1998). The cultural psychology of development : One mind, many mentalities. In R. M. Lerner(Ed.) & W. Damon(Series Ed.), *Handbook of child psychology, Vol. 1 : Theoretical models of human development*(5th ed., pp. 865–937). New York : Wiley.

Simpson, E. L.(1973). Moral development research : A case study of scientific cultural bias. *Human Development, 17,* 81–106.

Slaby, R. G., & Guerra, N. G.(1988). Cognitive mediators of aggression in adolescent offenders I. Assessment. *Developmental Psychology, 24,* 580–588.

Slomkowski, C., & Killen, M.(1992). Young children's conceptions of transgressions with friends and nonfriends. *International Journal of Behavioral Development, 15,* 247–258.

Smetana, J. G.(1981a). Preschool children's conceptions of moral and social rules. *Child Development, 52,* 1333–1336.

Smetana, J. G.(1981b). Reasoning in the personal and moral domains : Adolescent and young adult women's decision–making about abortion. *Journal of Applied Developmental Psychology, 2,* 211–226.

Smetana, J. G.(1982). *Concepts of self and morality : Women's reasoning about abortion.* New York : Praeger.

Smetana, J. G.(1983). Social–cognitive development : Domain distinctions and coordinations. *Developmental Review, 3,* 131–147.

Smetana, J. G.(1984). Toddlers' social interactions regarding moral and conventional transgressions. *Child Development, 55,* 1767–1776.

Smetana, J. G.(1985). Preschool children's conceptions of transgressions : The effects of varying moral and conventional domain–related attributes. *Developmental Psychology, 21,* 18–29.

Smetana, J. G.(1989a). Adolescents' and parents' reasoning about actual family conflict. *Child Development, 60,* 1052–1067.

Smetana, J. G.(1989b). Toddlers' social interactions in the context of moral and conventional transgressions in the home. *Developmental Psychology, 25,* 499–508.

Smetana, J. G.(1995a). Context, conflict, and constraint in adolescent-parent authority relationships. In M. Killen & D. Hart(Eds.), *Morality in everyday life : Developmental perspectives*(pp. 225-255). Cambridge, UK : Cambridge University Press.

Smetana, J. G.(1995b). Morality in context : Abstractions, ambiguities, and applications. In R. Vasta(Ed.), *Annals of child development, Vol. 10*(pp. 83-130). London : Jessica Kingsley.

Smetana, J. G.(1997). Parenting and the development of social knowledge reconceptualized : A social domain analysis. In J. E. Grusec & L. Kuczynski(Eds.), *Parenting and the internalization of values*(pp. 162-192). New York : Wiley.

Smetana, J. G.(2000). Middle class African American adolescents' and parents' conceptions of parental authority and parenting practices : A longitudinal investigation. *Child Development, 71*, 1672-1686.

Smetana, J. G.(2002). Culture, autonomy, and personal jurisdiction in adolescent-parent relationships. In H. W. Reese & R. Kail(Eds.), *Advances in child development and behavior*(Vol. 29, pp. 51-87). New York : Academic Press.

Smetana, J. G., & Asquith, P.(1994). Adolescents' and parents' conceptions of parental authority and adolescent autonomy. *Child Development, 65*, 1147-1162.

Smetana, J. G., & Braeges, J. L.(1990). The development of toddlers' moral and conventional judgments. *Merrill-Palmer Quarterly, 36*, 329-346.

Smetana, J., Campione-Barr, N., & Daddis, C.(2004). Developmental and longitudinal antecedents of family decision-making : Defining healthy behavioral autonomy for middle class African American adolescents. *Child Development, 75*, 932-947.

Smetana, J. G., & Daddis, C.(2002). Domain-specific antecedents of psychological control and parental monitoring : The role of parenting beliefs and practices. *Child Development, 73*, 563-580.

Smetana, J. G., & Gaines, C.(1999). Adolescent-parent conflict in middle-class African-American families. *Child Development, 70*, 1447-1463.

Smetana, J. G., Daddis, C., Toth, S., Cicchetti, D., Bruce, J., & Kane, P.(1999). Effects of provocation on preschoolers' understanding of moral transgressions. *Social Development, 8*, 335-348.

Smetana, J. G., Kelly, M., & Twentyman, C. T.(1984). Abused, neglected, and nonmaltreated children's conceptions of moral and conventional transgressions. *Child Development, 55*, 277-287.

Smetana, J. G., Killen, M., & Turiel, E.(1991). Children's reasoning about interpersonal and moral conflicts. *Child Development, 62*, 629-644.

Smetana, J. G., & Schlagman, N., & Adams, P.(1993). Preschoolers' judgments about hypothetical and actual transgressions. *Child Development, 64*, 202–214.

Smetana, J. G., Toth, S., Cicchetti, D., Bruce, J., Kane, P., & Daddis, C.(1999). Maltreated and nonmaltreated preschoolers' conceptions of hypothetical and actual moral transgressions. *Developmental Psychology, 35*, 269–281.

Smetana, J. G., & Turiel, E.(2003). Morality during adolescence. In G. R. Adams & M. Berzonsky(Eds.), *The Blackwell handbook of adolescence*(pp. 247–268). Oxford, UK : Blackwell.

Tisak, M.(1993). Preschool children's judgments of moral and personal events involving physical harm and property damage. *Merrill–Palmer Quarterly, 39*, 375–390.

Tisak, M.(1995). Domains of social reasoning and beyond. R. Vasta(Ed.) *Annals of child development*(Vol. 11, pp. 95–130). London : Jessica Kingsley.

Tisak, M. S., & Jankowski, A. M.(1996). Societal rule evaluations : Adolescent offenders' reasoning about moral, conventional, and personal rules. *Aggressive Behavior, 22*, 195–207.

Tisak, M. S., Nucci, L. P., & Jankowski, A. M.(1996). Preschool children's social interactions involving moral and prudential transgressions : An observational study. *Journal of Early Education & Development, 7*, 137–148.

Tisak, M. S., & Tisak, J.(1996). My sibling's but not my friend's keeper : Reasoning about responses to aggressive acts. *Journal of Early Adolescence, 16*, 324–339.

Tisak, M. S., & Turiel, E.(1984). Children's conceptions of moral and prudential rules. *Child Development, 55*, 1030–1039.

Tisak, M. S., & Turiel, E.(1988). Variation in seriousness of transgressions and children's moral and conventional concepts. *Developmental Psychology, 24*, 352–357.

Turiel, E.(1979). Distinct conceptual and developmental domains : Social convention and morality. In C. B. Keasey(Ed.), *Nebraska symposium on motivation*(pp. 77–116). Lincoln : University of Nebraska Press.

Turiel, E.(1983). *The development of social knowledge : Morality and convention*. Cambridge, UK : Cambridge University Press.

Turiel, E.(1998). Moral development. In N. Eisenberg(Ed.) & W. Damon(Series Ed.), *Handbook of child psychology, Vol. 3 : Social, emotional, and personality development*(5th ed., pp. 863–932). New York : Wiley.

Turiel, E.(2002). *The culture of morality : Social development, context, and conflict*. New York : Cambridge University Press.

Turiel, E., Hildebrandt, C., & Wainryb, C.(1991). Judging social issues : Difficulties, inconsistencies, and consistencies. *Monographs of the Society for Research on Child Development, 56*(2, Serial No. 224).

Turiel, E., Killen, M., & Helwig, C.(1987). Morality : Its structure, functions, and vagaries. In J. Kagan & S. Lamb(Eds.), *The emergence of morality in young children*(pp. 155–243). Chicago : University of Chicago Press.

Turiel, E., & Wainryb, C.(1998). Concepts of freedoms and rights in a traditional, hierarchically–organized society. *British Journal of Developmental Psychology, 16,* 375–395.

Turiel, E., & Wainryb, C.(2000). Social life in cultures : Judgments, conflict, and subversion. *Child Development, 71,* 250–256.

Wainryb, C.(1991). Understanding differences in moral judgments : The role of information assumptions. *Child Development, 62,* 840–851.

Wainryb, C.(1997). The mismeasure of diversity : Reflections on the study of cross–cultural differences. In E. Turiel(Ed.), *Development and cultural change : Reciprocal precesses. New directions for child development*(Vol. 83, pp. 51–76). San Francisco : Jossey–Bass.

Wainryb, C.(2000). Values and truths : The making and judging of moral decisions. In M. Laupa(Ed.), *Rights and wrongs : How children evaluate the world. New directions for child development*(Vol. 89, pp. 33–46). San Francisco : Jossey–Bass.

Wainryb, C., Ford, S.(1998). Young children's evaluations of acts based on beliefs different from their own. *Merrill–Palmer Quarterly, 44,* 484–503.

Wainryb, C., & Langley, M.(2003). *Victims and perpetrators : Children's narrative accounts of their own interpersonal conflicts.* Unpublished manuscript, University of Utah, Salt Lake City.

Wainryb, C., Shaw, L., & Maianu, C.(1998). Tolerance and intolerance : Children's and adolescents' judgments of dissenting beliefs, speech, persons, and conduct. *Child Development, 69,* 1541–1555.

Wainryb, C., & Turiel, E.(1994). Dominance, subordination, and concepts of personal entitlements in cultural contexts. *Child Development, 66,* 390–401.

Walker, L. J.(1991). Sex differences in moral reasoning. In W. M. Kurtines & J. L. Gewirtz(Eds.), *Handbook of moral behavior and development*(Vol. 2, pp. 333–364). Hillsdale, NJ : Erlbaum.

Walker, L., & Taylor, J. H.(1991). Family interactions and the development of moral reasoning. *Child Development, 62,* 264–283.

Weber, E. K.(1999). Children's personal prerogative in home and school contexts. *Early Education and Development, 10,* 499–515.

Youniss, J.(1980). *Parents and peers in social development : A Sullivan–Piaget perspec-*

tive. Chicago : University of Chicago Press.

Zahn-Waxler, C., & Chapman, M.(1982). Immediate antecedents of caretakers' methods of discipline. *Child Psychiatry & Human Development, 12*, 179-192.

Zelazo, P., Helwig, C. C., & Lau, A.(1996). Intention, act, and outcome in behavioral prediction and moral judgment. *Child Development, 67*, 2478-2492.

제6장

집단 간 관계 맥락에서의 도덕성

킬렌_Melanie Killen
마쥐_Nancy Geyelin Margie
신노_Stefanie Sinno(메릴랜드 대학교_University of Maryland)

> 우리는 어디에서든 부정의에 맞서 저항하는 도덕적 용기를 지녀야 한다.
>
> 마틴 루터 킹(1957/1986)

역사상 각 분야의 모든 사람이 정의롭고, 공평하며, 평등한 대우를 받지 못했던 사회, 즉 도덕성의 원리가 모든 구성원이 아니라 사회와 문화의 몇몇 구성원들에게만 적용되는 사회의 예들을 발견하는 것은 어렵지 않다. 사회비평가들은 역사상 개인의 사회적·도덕적 의사결정에서 일관성과 비일관성 두 가지 모두의 예들을 광범위하게 분석·조사했다. 한편으로는 모든 사람이 생명, 자유, 행복의 추구와 같은 결코 양도할 수 없는 권리들을 지닌 존재로서 평등하게 대우받는 새로운 국가를 주장하면서, 또 다른 한편으로는 노예 소유자들이었던 미국의 건국 아버지들에 의해 지지된 사적인 삶과 유명한 말들에 관한 최근의 재검토는 그러한 예의 하나이다[이 주제에 관한 최근의 책들을 검토하려면 *New York Times*(12월 14일, 2003) 참조]. 이러한 예는 인간의 본성과 도덕성에 관한 몇 가지 흥미를 돋우는 의문을 불러일으킨다. 곧 모든 사람의 평등을 신봉하는 사람들이 어떻게 공평과 정의의 기본적 원리를 파괴하는 방식으로 다른 사람들을 대우할 수 있는가? 그때 그 파괴는 공평과 정의의 원리에 관한 이해가 부족하다는 것을 나타내는가 아니면 그 밖의 다른 어떤 것을 의미하는가?

비록 사람들이 평등, 정의, 공평에 관한 도덕적 가치를 주장하고 그에 따라 행동하며 가치를 부여한다는 폭넓은 증거가 존재하지만, 사람들은 그들의 집단의식에 기초하여 다른 사람들에 관하여 정형화된 기대를 갖는다는 거부하기 어려운 증거 또한 존재한다. 이러한 정형화된 기대들은 부정적인 집단 간 관계와 상호작용에 반영되며, 편견과 집단 선입견을 낳는다. 이 장은 집단 간 관계 맥락 내에서의 도덕성을 중심으로 하는 몇 가지 관련된 개념적·경험적 이슈들을 중점적으로 다룬다. 이들 이슈는 도덕성에 관한 발달 이론들과 집단관계에 관한 사회심리학 이론들에 대해 직접적인 암시를 지닌다. 집단 간 관계에 관한 도덕적 의사결정 및 그의 발달 궤도에 내포된 경쟁하는 판단과 원리의 유형들을 검증하고 있는—특히 집단 간 관계에 관한 도덕적 원리와 태도의 습득 및 등장의 측면에서—연구가 검토된다.

아동들과 청소년들이 그들의 정의의 원리를 사회의 모든 구성원들에게 적용하는 정도는 분명히 도덕적 발달영역 내에 있다. 그러나 최근에 이르러서야 서로 다른 사회적 · 인종적 · 문화적 집단의 개인들에 대한 도덕적 원리의 적용에 특별히 초점을 맞춘 체계적이고 경험적인 조사가 수행되었다. 발달심리학자들은 지난 10여 년 동안 오로지 아동들이 어떻게, 언제 그들의 정의의 원리를 각기 다른 사회집단에 속하는 개인들에게 적용하는지, 그리고 아동들이 문화 내 또는 문화 간의 공평과 관련한 결정에 내포된 복잡성을 인식하는 정도를 광범위하게 검사해 왔다.

문헌에서의 이러한 차이는 어느 정도는 거의 교차되거나 중복되지 않는 두 가지의 잘 발달된 연구 노선의 결과일지도 모른다. 이들 연구 노선은 다음의 두 가지와 관련된다. 하나는 동료, 가족, 그리고 학교 상호작용의 맥락에서 아동들이 공평과 정의의 개념을 발전시켜 나가는 것을 포괄하는 **도덕발달**(moral development)이며, 또 하나는 성인들 사이에서의 고정관념, 편견, 차별, 내집단/외집단 태도, 그리고 잠재적 · 명시적 집단 간 편견과 같은 그러한 주제를 포함하는 **집단 간 관계**(intergroup relationship)이다.

이 장은 4절로 구분된다. 제1절은 도덕발달 이론들이 집단 간 관계를 고찰한 방법을 기술하고, 제2절에서는 인종적 · 민족적, 성 고정관념 및 집단 간 태도에 관한 이론과 연구가 발달상의 출현, 차별과 공평에 관한 개념, 그리고 집단 간 친교 문제의 견지에서 논의된다. 제3절은 도덕발달 구조와 집단 간 관계 구성을 이끌어내고 있는 이론 및 연구를 검토한다. 마지막 절에서 우리는 미래의 방향에 관한 숙고로 마무리한다. 비록 집단공동체 의식이 다양한 범주를 포함하지만(예컨대 인종, 민족성, 성, 성적 관심, 종교, 장애, 계급) 여기에서의 초점은 인종이나 민족성 그리고 성에 있다. 이들 범주는 연구결과의 견지에서 볼 때 가장 확고한 영역을 구성하고 있으며, 미국과 세계 여러 지역에서 가장 널리 알려진 이슈이다. 우리는 그것이 도덕발달의 여러 측면들을 밝혀주고 또한 집단 간 관계와 공평, 평등, 그리고 정의를 포함하는 도덕적 추론의 개념이 언제 어떻게 출현하는가에 관한 정보를 제공한다는 차원에서 이 연구를 논의한다.

연구의 두 노선 : 도덕발달과 집단 간 관계

대부분의 도덕발달 연구자들은 문화, 인종, 사회경제, 종교 차원에서 서로 다른 다양한 집단에 속한 아동들이 공평, 권리, 타인들의 복지를 어떻게 평가하는가를 검토해 왔다. 이에 따라 도덕발달 연구 프로그램은 아동들이 도덕규칙을 사회인습 규칙과 구별하는(Nucci, 2001 ; Smetana, 1995, 이 책 제5장 참조 ; Turiel, 1983, 1998), 억제 도덕성을 금지 도덕성과 다른 것으로 이해하는(Tisak, 1986), 친사회적 판단을 내리는(Carlo, 이 책 제20장 ; Eisenberg, 이 책 제19장 ; Eisenberg & Fabes, 1998), 분배 정의를 이해하는(Damon, 1977), 사회도덕적 정서를 평가하는(Arsenio & Lover, 1995), 그리고 권리와 자유를 구별하는 (Helwig & Turiel, 2002 ; Nucci, 2001 ; Ruck, Abramovitch & Keating, 1998 ; Wainryb & Turiel, 1994) 정도와 같은 개념적 범주와 구별의 보편성을 입증하는 데 집중되어 왔다.

이들 원리의 보편성에 관한 연구는 다양한 범위의 문화에 속한 아동들과 청소년들이 평등, 정의, 공평을 모든 곳의 개인에게 적용한다고 믿고 있다는 것을 입증했다. 도덕판단 연구에서 보편성 혹은 일반화 가능성은 전형적으로 어떤 문화에 속한 개인이 도덕적 가치들이 다른 문화의 구성원들에 의해서도 틀림없이 지지를 받을 것으로 믿는지 아니면 이들 가치들이 문화적으로 특수한 것으로 믿는지의 측면에서 검토된다. 예를 들면 인도와 미국에서의 비교문화 연구는 이런 방식을 취하고 있다. 즉 미국과 인도에 사는 사람들은 언론 자유가 보편적 권리라고 믿는가? 이러한 의문에 대한 대답은 도덕적 보편주의와 도덕적 상대주의에 관한 이론을 다룬다.

그러나 원리의 보편성에 관한 의문을 다루는 또 다른 방법은 개인들이 평등과 공평에 관하여 판단할 때 다른 집단 구성원들(문화, 인종, 민족성, 성에 의해 제한된)을 포함하는지의 여부를 묻는 것이다. 사람들은 집단 구성원들이 누구인가와 상관없이 자원이 개인들 간에 평등하게 분할되어야 한다고 믿는가? 자원의 공평한 분배는 다수의 지위에 속하느냐 혹은 소수의 지위에 속하느냐에 따라 다른가? 그리고 이러한 판단은 내집단과 외집단의 구성원들에게도 비슷하게 적용되는가? 이러한 판단이 분명하게 긍정되는 맥락들은 무엇인가, 그리고 타인에 관한 고정관념은 언제 이러한 판단유형에 영향을 미치는가? 이러한 의문들은 집단 간 관계와 관련이 있는 것으로, 그것은 개인의 관점으로부터 벗어난 도덕성의 보편성과 관련이 있다.

도덕발달에 관한 대부분의 연구는 아동들이 그들의 도덕원리를 그들 자신의 문화, 민족, 성 집단의 구성원들에게 어떻게 적용하는가를 검토해 왔다. 사실 대부분의 연구 설계는 전형적으로 피면담자들의 심리적 안정감을 증대시키기 위해 그들과 똑같은 다른 사람들에 관하여 아동들 및 청소년들과 면담하는 일과 관련된다(예컨대 아동들에게 참여자의 성과 인종 혹은 민족성이 일치하는 그림 카드를 보여준다). 그럼에도 불구하고 도덕성이 정의와 권리를 집단 구성원과 관계없이 모든 사람에게 공평한, 그리고 그렇게 적용하는 개념인 한 도덕발달 이론에서 집단 간 관계에 관한 기본적인 가설들이 존재한다. 그러나 매우 최근에까지 도덕발달 연구는 직접적으로 이러한 가설들을 검증하지 않았으며, 그리고 도덕발달 가설들은 도덕판단에 관한 집단 간 태도의 영향을 고려하지도 않았다.

이와 반대로 집단 간 관계와 집단 간 과정 관점에서 접근하는 연구자들은 아동기와 청소년기에 고정관념이나 내집단 혹은 외집단 편견에 관한 도덕발달적 함축에 대해서는 거의 관심을 기울이지 않는다. 집단 간 관계에 관한 연구는 성인들을 대상으로 연구하는 사회심리학자들에 의해 가장 많은 관심을 받아온 것으로 고정관념, 집단 간 편견, 잠재적·명시적 태도, 차별, 소수-다수 관계, 편견, 사회적 범주화와 같은 그러한 주제를 검토했다(Brown & Gaertner, 2001 ; Oskamp, 2000). 집단 간 관계와 집단 간 친교에 관한 대부분의 연구는 대학생들을 표본으로 수행되었으며, 집단 간 태도와 집단 간 과정을 검토하기 위하여 실험실에서 창조된 인위적 집단이나 인종과 무관한, 성과 무관한 집단(즉 엔지니어 대 영어 전공자와 같은 대학 전공자들)을 채택했다.

집단 간 관계의 영역에서 검토된 많은 이슈들은 분명히 도덕적 영역 내에 있다(예컨대 차별은 그 개념 정의에 따르면 부정적인 개인 간 대우를 가리킨다). 그러나 집단 간 연구자들은 개인들이 이들 구성에 관한 도덕적 함축, 즉 편견을 갖는 것 혹은 차별적 방식으로 행동하는 것은 옳은가 아니면 그른가에 관하여 얼마나 숙고하는가를 으레 검증하지 않는다. 이것은 다른 방법론적 접근뿐만 아니라 다른 이론적 정향과도 관계가 있다. 대부분의 도덕판단 연구는 사회적 추론을 면밀히 조사하고 분석하는 심층 면담에 의존하는 반면, 사회심리학 연구는 전형적으로 복잡한 추론

반응을 사정하지 않는 평가척도에 대해 참여자들이 반응하는 태도 조사나 질문지를 채택한다. 이와 함께 사회적 바람직성은 사회심리학의 자기보고 자료의 한계로 간주된다(Dovidio, Kawakami & Beach, 2001). 사실 집단 간 관계에 관한 도덕적 추론의 심층유형을 평가한 연구는 거의 없는데, 그 유형은 면담자가 피면담자 반응을 역으로 조사하기 때문에 사회적 바람직성에 덜 취약하다. 이와 함께 몇몇 연구자들은 고정관념적인 판단들이 세계를 범주화시키는 효과적인 수단이라고 단정하며, 이러한 판단이 도덕적 영역 내에 존재한다고 가정하지 않는다(Stangor & Schaller, 1996 참조). 단지 지난 5년부터 7년 사이에 이들 이슈의 상호 관련에 중점을 두는 연구가 설계되었으며, 그것은 집단 간 관계의 맥락에서 도덕성의 발달에 관한 이해를 향한 중요한 진전을 나타내 주고 있다.

도덕발달

이 절에서 우리는 피아제(1932)의 기초 연구에 근거를 두고 있는 도덕발달 이론들이 어느 정도 집단 간 관계에 관심을 기울여 왔는지 혹은 역점을 두어왔는지 논의한다. 도덕발달에 관한 인지발달 이론들에 정보를 제공해 온 도덕철학 이론들은 공평, 정의, 권리의 원리를 포괄한다(Dworkin, 1986 ; Gewirth, 1978 ; Rawls, 1971). 이들 관점에 근거를 두고 있는 경험적 프로그램들은 아동들의 도덕성 구성에 관한 증거를 제공하는, 그리고 도덕판단들이 사회적 상호작용에서 어떻게 등장하는지를 조사하는 기초를 제공해 준다(Killen & de Waal, 2000). 피아제는 아동의 도덕판단을 연구하기 위해 칸트의 도덕성(Kant, 1785, 1959 참조), 특히 "항상 동시에 보편적 입법의 원리에 타당하도록 행위하라" (p. 38)는 정언명법에 의존했다. 분명히 이러한 정의(definition)는 정의의 원리가 모든 개인, 곧 서로 다른 집단공동체 의식을 나타내는 사람들에게도 적용된다는 것을 가정한다. 피아제(1952)의 일련의 사회학 연구는 집단 간 관계에 관한 아동들의 관점을 고찰하는 가장 근접한 경험적 시도였는데, 그 일련의 연구에서 그는 아동들이 어디에서 살았으며 그들 자신의 문화가 보다 넓은 세계 문화의 범주와 어떻게 어울리는지에 관해 그들과 면담함으로써 다른 문화에 대한 그들의 생각을 검토했다. 그러나 그의 경험적 프로그램은 공평에 관한 아동들의 개념이 다른 문화와 인종적 배경(혹은 다른 성)을 가진 타인들에 대한 대우에 어느 정도 적용되는지에 초점을 두지 않았다. 그는 또한 그것이 편견 혹은 차별의 발달에 어떻게 적용되는지에 대해서도 흥미를 갖지 않았다. 그 대신에 피아제는 한 개인이 동시에 한 도시와 한 국가의 구성원이라는(제네바 그리고 스위스) 아동의 이해에 관한 논리적이고 인지적인 기반을 연구하는 데 관심이 있었다.

콜버그(1971, 1984)는 도덕발달의 가장 높은 단계를 규정하는 도덕적 추론과 예들을 개념화할 때 피아제보다는 더 집단 간 관계에 초점을 맞추었다. 콜버그는 **도덕적 표본**(moral exemplars)들, 특히 루터 킹과 간디—도덕성의 가장 높은 단계에 있는 사람들—의 삶을 긍정적인 집단 간 관계를 조성하는 데 헌신했던 사람들과 동일시했다. 콜버그의 체계에서 도덕적 추론의 가장 높은 단계, 곧 6단계 혹은 후인습적 추론은 보편적인 윤리적 원리를 자신의 삶의 여정에 체계적으로 적용하는 것과 관련된다. 이러한 도덕적 추론 단계에 도달하는 사람은 거의 없다. 그는 사람들이 스스로 선택한 윤리적 원리를 준수할 때 이 단계에 도달한다고 제안했는데, 그 윤리적 원리는 인권평등과 한 개인으로서의 인간 존재의 존엄성에 대한 존중과 관련되는 원리들로 구성된다(Colby & Kohlberg, 1987, p. 19 표 1.1 참조 ; Lapsley, 이 책 제2장 참조). 콜버그는 도덕성을 정의하면서 피아제의 경우보다 더욱 명백하게 칸트 윤리학을 끌어왔으며, 도덕성에 관한 단계 이론을 조직화할 때에는 롤스(Rawls, 1971)의 정의론을 활용했다. 그러나 피아제와 마찬가지로 콜버그는 원리화된 도덕성을 후인습적(문화와 독립적인)인, 그리고 인류에 관한 것으로 규정함으로써 도덕성을 문화적 규범 및 관습과는 다른 것으로 규정했다.

도덕발달에 관한 세미나 자료에서 콜버그(1971)는 6단계 추론의 예들을 "시민전쟁 이전에 노예들을 탈출하도록 돕는 것"(p. 171)과 같은 시민불복종 행위로서 제시했다. 그럼에도 불구하고 그의 경험적 연구 프로그램은 부당한 집단 간 대우에 대한 개인들의 평가를 직접적으로 사정하기 위해 설계되지는 않았다. 대신에 그 프로그램은 도덕적 딜레마에 관한 추론을 통해 보편적인 윤리적 원리들이 모든 인간에게 적용되는 단계를 향하여 나아간다는 것을 입증하도록 설계되었다.

따라서 콜버그의 도덕성에 관한 이론적 공식화는 비록 긍정적인 집단 간 관계 차원이 그의 경험적 연구 프로그램에서 명시적으로 검토되지는 않았지만 이를 조장하는 것을 포함하고 있었다. 오히려 그의 연구는 도덕성에 관한 인지발달 심리학 이론을 체계화하기 위해 설계되었다. 이것은 도덕성의 행동적 측면(판단이 아닌), 도덕성에 관한 문화적으로 특수한 정의(definition, 보편적이 아닌), 그리고 내면화에 관한 정신분석 이론(Lapsley, 이 책 제2장 참조)에 초점을 둔 당시에 널리 유행하고 있던 이론들과는 대조적이었다.

집단 간 관계를 포함하고 있는 가장 최근의 인지발달 도덕 이론은 투리엘(Turiel, 1998, 2002)이 제안한 것이다. 투리엘 역시 도덕성을 정의하며 아동기, 청소년기, 성인기에서 도덕적 추론을 경험적으로 검사하기 위한 준거를 산출하고자 도덕철학 이론을 끌어들였다(Turiel, 1983, 1998, 2002). 그는 도덕적 원리들(그것들은 보편적일 수 있다)과 인습적 규칙들(그것들은 합의에 의해 받아들여진다) 간의 구분에 관해 논의했다. 그는 게위스(Gewirth, 1978)의 윤리적 준거를 개인들이 도덕성을 사회인습적 규제들과 어떻게 구별하는가를 결정하는 데 적용했다. 사회인습적 준거는 우연성, 변경 가능성, 맥락 특수성, 권위자 지배를 포함하는 반면에 도덕적 준거는 필수성, 보편화 가능성, 변경 불가능성, 비인격성을 포함한다(이들 준거에 관한 정의에 대해서는 Smetana, 1995, 이 책 제5장 참조).

투리엘과 그의 동료들은 집단 간 관계의 이슈에 가장 관련된 것으로 개인들이 세계의 각기 서로 다른 지역에서 성 위계, 지위, 사회적 힘의 도덕적 · 사회적 · 심리적 차원을 어떻게 평가하는지를 분석했다(Turiel, 2002, 이 책 제1장 ; Turiel & Neff, 2000 ; Wainryb & Turiel, 1994, 1995). 사회인지 영역 연구는 문화 이데올로기가 차별적 · 편견적인 문화적 관습을 영속화시키는 방식을 검토했으며, 그 중 대부분은 여성들의 자유, 권리, 그리고 해방에 대해 부정적인 결과를 보여주었다(Nussbaum, 1999과 Okin, 1989이 입증한 바와 같이). 이 때문에 그 연구결과들은 소위 말하는 집단적 문화에 젖어 있는 개인들이 의무, 위계, 상호 의존을 강조하는 집단주의의 문화적 특성과 반대로 자율성, 공평, 정의에 가치를 부여하는 방식을 입증했다.

또 다른 연구자들은 사회인지 영역 모델을 활용하여 아동들과 청소년들이 서로 다른 관념에 대한 관용(Wainryb, Shaw, Laupa & Smith, 2001), 집단주의 문화에서 권리에 대한 지지(Helwig, Arnold, Tan & Boyd, 2003 ; Ruck 외, 1998), 집단주의 문화에서 자유에 대한 가치(Nucci, Camino & Milnitsky-Sapiro, 1996)에 관하여 어떻게 평가하는가를 연구함으로써 이 방향을 확장시켰다. 연구결과는 한 개인이 권리, 자유, 관용에 대해 가치를 부여할 때 오로지 문화 그 한 가지만이 모든 것을 설명해 줄 수 없다는 것을 보여주었다. 실제적으로 중국 아동들과 청소년들이 정부에 저항하는 개인의 권리를 지지하는 것과 같이 그 결과의 상당수는 직관에 반한다(Helwig 외, 2003). 이 연구들은 그 결과가 문화적 고정관념의 정체를 폭로하는 정도에 따라 집단 간 관계와 관련이 있다(예컨대 중국인들이 오로지 집단 정향된 것은 아니며, 때때로 개인적 권리에 가치를 부여한다). 그러나 이 연구자들은 사회적 가치에 관한 척도에서 집단 간 판단에 관한 태도를 직접적으로 사정하지는 않았다.

집단 간 관계의 맥락에서 도덕성을 연구하기 위해서는 타인들에 대한 고정관념과 편견이 사회적 · 도덕적 판단과 어느 정도 관련이 있는가 뿐만 아니라 인종, 민족성, 성, 문화에 관한 아동들의 사회적 추론을 이해할 필요가 있다. 최근의 연구가 밝힌 바와 같이 이러한 의문들에 대한 대답은 복잡하다. 도덕성에 우선성을 부여하느냐 혹은 고정관념적인 정형화된 기대에 우선성을 부여하느냐는 의사결정을 내리는 개인의 연령, 성, 민족성뿐만 아니라 맥락과 대상(성, 인종, 민족성)에 따라 달라진다. 성인들을 대상으로 한 사회심리학 연구결과가 시사하는 바와 같이 개인들은 인류평등주의적 관점과 집단 간 편견을 모두 지니고 있는 것으로 보인다(Fiske, 2002 ; Gaertner & Dovidio, 1986, 2000). 이들 판단의 다양한 형식 가운데 우월성을 부여하는 데 공헌하는 맥락과 변수들을 이해하는 것은 다양한 판단유형 가운데 언제 어느 유형이 의사결정에서 우선성을 갖는가를 결정하는 핵심이 된다.

전체적으로 볼 때 도덕발달을 다루는 문헌은, 비록 아동들이 생애의 이른 시기에(2년 6개월 정도의 어린 나이 ; Smetana, 1985 참조) 공평과 평등에 관한 개념을 형성하지만, 아동들의 도덕적 이해는 맥락 차이에 대한 민감성이 부족하며 복잡하고 애매모호한 문제들을 평가할 수 있는 능력에 한계가 있다는 것을 보여주고 있다. 도덕적 지식과 같이 아동들의 사회, 문화, 그리고 사람들에 관한 지식은 아동기를 통해 내내 변화하며, 이러한 변화는 아동들이 도덕적 원리들을 일상의 상황, 사건, 그리고 사회적 만남에 적용하는 방식과 서로 관련이 있으며 또한 영향을 미친다. 아동들은 어린 도덕철학자이며, 그들은 어린 사회학자(사회적 규범, 기대, 그리고 전통에 관한 이론과 신념을 형성하는), 인류학자(문화의 이론을 형성하는), 심리학자(사람의 이론과 마음의 이론을 개발하는)이다. 이들 다양한 지식의 영역을 통합하는 것은 어려운 일이며, 이러한 어려움은 다른 집단의 구성원들에 대한 고정관념 및 문화적 기대와 관련되는 상황들에 대해 그들이 공평한 판단을 적용하는 데 반영되고 있다. 도덕발달과 집단 간 관계에 관한 최근의 연구로 되돌아가기 전에 집단 간 관계의 영역에 있는 연구자들에 의해서 확인된 몇 가지 중심적인 이론적 구성개념(Brown & Gaertner, 2001)을 검토할 필요가 있다.

집단 간 관계와 태도

집단 간 관계는 한 집단의 구성원이 다른 집단의 구성원에 관하여 지니고 있는 태도, 판단, 경향, 그리고 성향이다(Allport, 1954). 사회심리학자들은, 인위적인 집단들이 실험실에서 창조되는 최소 집단 패러다임(minimal group paradigms, 역자 주 : 자기 편에 대해서는 호의를, 다른 편에 대해서는 평가절하하는 것)을 활용하여, 대부분의 개인들은 쉽게 그들의 내집단에 대해 호의를 보이는 반면에 외집단에 대해서는 부정적인 편견을 보이며(Bourhis & Gagnon, 2001 ; Tajfel, 1978 ; Tajfel & Turner, 1979), 심지어는 외집단 구성원들을 향하여 고정관념과 편견, 선입견을 귀인시킨다(Devine, Plant & Blair, 2001)는 것을 입증해 왔다. **고정관념**이란 내집단 다양성에 대한 고려 없이 한 집단의 구성원을 특정 범주로 귀속시켜 버리는 것으로서 변화하기가 매우 어려우며, 특히 성인기에는 더욱 그렇다(Macrae, Stangor & Hewstone, 1996). 따라서 고정관념이 아동기에 어떻게 등장하는가를 이해하는 것은 사회생활에서 그의 사용 및 전달을 저지하고 제거하는 데 매우 중요하다.

집단 간 관계 이론가들은 잠재적인 집단 간 태도뿐만 아니라 명시적인 태도도 연구한다(Brown & Gaertner, 2001). 사회심리학 문헌에서 명시적인 태도는 "의식적인 방식으로 작동하며, 이들 구성에 관한 전통적인 자기 보고적 척도에 의해 예시된다"(Dovidio 외, 2001, p. 176). 성인들을 대상으로 한 명시적인 편견의 사정은 성인기에 도덕적 영역에서의 판단을 반영하는 평등과 공평규범을 지지하는 판단인 인류평등 태도에 관한 조사연구 척도를 포함했다. 잠재적인 태도는 "태도 대상의 단순한 존재만으로도 자동적으로 활성화되는 평가와 신념"(Dovidio 외, 2001, p. 176)이다. 성인들을 대상으로 잠재적 편견에 관한 광범위한 연구가 수행되어 왔다.

비록 명시적인 그리고 표면에 나타난 집단 간 편견은 인종차별 폐지 및 시민 권리 법안을 통해 법적으로 도전을 받아 지난 50여 년간 실질적으로 줄어들었지만 잠재적인 편견들은 아직도 상당히 널리 퍼져있다(Gaertner & Dovidio, 1986). 성 및 성적 정체성과 같은 다른 집단공동체 의식의 범주에 속하는 명시적인 편견들은 그 정도로 감소되지는 않았지만 그러한 편견들 또한 몇십 년 전보다는 확실히 덜 용인되고 있다(Dovidio 외, 2001 ; Fiske, 2002). 명시적인 인종적 편견이 줄어듦에도 불구하고 최근의 연구결과들은 자신들 스스로 편견이 없다고 주장하는 사람들이 실제적으로는 잠재적인 편견을 드러낸다는 것을 보여주고 있다. 인종적 편견 영역에서 혐오적 인종주의(aversive racism) 현상은 공개적으로는 인류평등 원리를 지지하지만 무의식적으로는 인종 편견을 보여주는 사람들에 의해 드러나고 있다(Gaertner & Dovidio, 1986).

잠재적 편견들이 명시적 판단의 저변에 존재하는, 곧 똑같은 가치들의 집합 가운데 한 부분이라는 의미를 내포하는 그러한 태도를 반영하는지, 혹은 잠재적인 태도와 명시적인 태도가 서로 다른 유형의 집단 간 판단을 반영하는지에 관해서는 서로 다른 관점이 존재한다(Dovidio 외, 2001 ; Greenwald 외, 2002 ; Karpiniski & Hilton, 2001). 예를 들면 잠재적인 태도는 대중매체에 대한 노출의 결과로 획득된, 그리고 한 개인의 집단 간 정향을 반영하지 않는 연합일 수도 있다. 이 이슈는 잠재적 편견들의 기원과 그들의 명시적 판단과의 연결에 초점을 맞추고 있는 사회심리학 문헌에서 많은 논쟁을 불러일으키고 있다(Dovidio 외, 2001 ; Fazio, Jackson, Dunton & Williams, 1995 ; Greenwald 외, 2002). 이 이슈는 대부분의 도덕발달 연구가 명시적인 판단과 태도에 관한 실증적 자료를 축적해 왔기 때문에 도덕발달 문헌과 관련된다. 만약 잠재적인 인종 편견이 인종배제의 명시적 판단과 연결된다면 이는 아동들과 청소년들의 판단에서 증거로 입증할 중요한 측면이 될 것이다. 왜냐하면 그것은 도덕추론의 발달궤도를 이해하는 방법에 관한 추가적인 정보를 제공해 주기 때문이다.

아동들을 대상으로 잠재적 편견을 검토했던 소수의 연구들은 잠재적 연합검사(Implicit Associations Test : IAT)와 모호한 그림 사정을 활용했다. IAT는 부정적인 형용사들이 그들의 내집단에 소속한 사람들보다는 외집단 구성원들의 사진과 보다 빨리 연합된다(컴퓨터 스크린상에서 실행된 단어 주입 기법들을 통하여)는 것을 입증하기 위해 성인들을 대상으로 광범위하게 사용되어 왔다. 성인들을 대상으로 한 IAT의 연구결과는 내적 · 외적 신뢰성 및 타당성과 관련된 여러 가지 이슈와 논쟁을 불러일으켰다(Dovidio 외, 2001 ; Greenwald 외, 2002 ; Rudman, 2004). 아동들을 대상으로 한 IAT의 관심사는 절차와 연합된 언어적 요구 및 피로에서 기인하는 기법들의 적절성과 관련된다(Skowronski & Lawrnece, 2001).

인종적 태도에 관한 간접 척도들—예컨대 아동들에게 서로 다른 민족 배경을 가진 인물들과 관련되는 애매모호한 상황을 평가하도록 요구하는 것과 같은—은 아동들의 일상적인, 익숙한 상호작용의 맥락을 활용한다(Lawrence, 1991 ; Margie, Killen, Sinno & McGlothlin, 2005 ; McGlothlin, Killen & Edmonds, 2005 ; Sagar & Schofield, 1980). 이들 척도는 아동들에게 잠재적 가해자의 인종을 제외한 동일한 두 장의 그림 카드에서 잠재적 가해자의 동기를 해석하도록 요구한다(예를 들면 한 아동은 그네 뒤에 서 있고 또 한 아동은 운동장에 쓰러져 다친 것으로 보인다. 애매함은 그 아동이 두 번째 아동을 그네 밑으로 밀쳤는지 혹은 그렇지 않은지에 있다).

연구결과는 잠재적인 인종 편견들이 연령, 성, 그리고 상황의 함수로서 등장한다는 것을 보여주었다. 즉 연령의 증가와 더불어 아동들은 인종 함수로 부정적 의도를 동료들에게 귀인시켰다. 그러나 이런 경우가 발생한다 하더라도 전반적으로 발생하지는 않았다. 어떤 상황(예컨대 우정)에서 인종 편견을 보인 아동들이 또 다른 상황(예컨대 집단 상호작용 ;

McGlothlin 외, 2005)에서는 그렇지 않았다. 게다가 인종에 대한 초점은 그 목표 대상이 되는 인종과 참여자의 인종에 따라 달라졌다(Margie 외, 2005).

애매모호한 그림 카드를 활용하여 의도의 귀인을 사정하는 방식은 사회 정보처리 연구에서 이용되어 왔는데, 이에 따르면 공격적인 아동들은 다른 사람들의 적의적인 의도에 지나치게 귀착시킨다(Arsenio & Lemerise, 2004 ; Crick & Dodge, 1994). 인종적 편견 문헌에 있어서의 차이점은 애매한 그림들에 관한 평가들이 잠재적 가해자의 인종 함수로서 적의적인 의도의 귀인에 관한 사정을 제공한다는 것이다. 게다가 연구결과들은 공격적이자 지나치게 적의적인 아동들에 대한 하나의 진단으로서 공헌하는 사회 정보처리 연구와 대조적으로 "정상적인" 사람들에게서 발견되는 편견들을 밝혀낸다. 아동들의 잠재적인 인종 편견에 관한 연구의 두 번째 단계는 공평한 대우에 관한 아동들의 판단이 잠재적인 편견과 연관되는지, 만약 그렇다면 어떻게 연관되는지 검토하는 것이다.

사회심리학자들에 의해 확립된 또 다른 현상은 **외집단 동질성 효과**(outgroup homogeneity effect), 곧 외집단의 동질성을 가정하는 반면에 내집단의 이질성을 인정하는 경향성과 관계된다(Judd & Park, 1993 ; Park & Rothbart, 1982). 예를 들면 어떤 여성은 여성들이 아주 다양하다는 것을 인정하지만(예컨대 시끄럽고, 조용하고, 공격적이고, 수동적이다) 그럼에도 불구하고 남성들 또한 그와 아주 똑같다(공격적이다)고 추정한다. 이러한 현상은 고정관념화하는 데(내집단 다양성에 관한 인정의 부족), 그리고 문화적 편견(어떤 집단과의 친숙함의 부족은 동질성에 관한 가정으로 나아간다)에 이바지한다. 오크(Oakes, 2001)가 말한 바와 같이 내집단 편애의 원리와 결합된 외집단 동질성의 원리는 부정적인 외집단 고정관념과 내집단 갈등을 낳는다. 아동들을 대상으로 한 외집단 동질성 효과에 관한 연구는 극소수이다. 어떤 연구는 5세에서 12세 사이의 아동들이 갖는 외집단 동질성 판단은 편견을 가진 반응들과 연결된다는 것을 지적하고 있다(Aboud & Amato, 2001). 이것은 외집단이 비슷해야 한다(내집단과 관련하여 다양성을 인정하는 반면에)고 판단하는 아동들이 더 쉽게 편견적인 반응을 나타내기 쉽다는 것을 의미한다. 이러한 현상과 관련한 도덕성은 내집단 다양성이 인정되지 않을 때 개인들에게 적용되는 고정관념들에서 발견되는데, 그것은 잠재적으로 차별적인 태도와 행동을 낳는다.

성 편견의 영역에서는 비어냇(Biernat, 2003)이 **표준이동 현상**(shifting standards phenomenon)을 입증했다. 비어냇은 개인들이 어떻게 각기 다른 "잣대"를 성 관련 기대를 평가하는 데 사용하는지를 보여준다. 예를 들면 일주일에 세 번 조깅을 하는 여성은 "상당히 강건한 사람"으로 간주되는 반면에 일주일에 세 번 조깅을 하는 남성은 "다소 강건한 사람"으로 간주된다. 개인들이 그들의 기대에서 서로 차이가 있다는 사실은 그 밑에 깔려 있는 고정관념적인 기대가 존재한다는 것을 가리킨다(예컨대 "여성들은 그렇게 강건한 존재가 아니다"). 게다가 이러한 현상은 발달 심리학자들에 의해 연구되어 오지도 않았으며, 도덕적 함축 또한 연구되지 않았다. 한 가지 검토되어야 할 연구 노선은 아동들이 이동하는 표준을 가정에서의 성 역할과 서로 다른 역할에 관한 그들의 공평 판단을 평가하는 데 사용하는지의 여부를 사정하는 것이다. 한 예로서 가정에서 어머니의 역할과 아버지의 역할에 관한 아동들의 판단(예컨대 아이를 돌보기 위해 하루 종일 일하며 집에서 머무르는)을 사정했던 시노(Sinno)와 킬렌(Killen, 2004)이 최근에 조사한 연구결과는 아동들이 부모에 따라 이러한 결정유형을 평가할 때 공평과 더불어 고정관념적인 기대를 함께 사용한다는 것을 밝혀냈다. 이들 판단을 가정에서 아버지의 역할과 대비하여 어머니의 역할과 관련한 아동들의 잣대와 연관시키면 언제 고정관념이 활성화되는지에 대한 통찰을 제공해 줄 것이다. 예를 들면 일주일에 3일 저녁을 요리하는 아버지를 상당히 가정적인 존재로 간주하는 아동들이 또한 일주일에 3일 저녁 요리하는 어머니를 보통 정도의 가정적인 존재로 간주하는데, 이는 어머니들이 저녁식사를 요리한다는 저변의 고정관념적인 기대를 드러내는 것이다. 이러한 현상은 아동들이 성 영역에서, 그리고 다른 낙인찍힌 사회적 집단에 대해 갖는 편견들에 대해 여러 가지 암시를 제공해 준다.

비록 사회심리학자들이 고정관념, 편견, 차별, 선입견의 여러 가지 측면을 연구했지만 우리는 몇 가지 핵심적인 개념만을 검토했다. 왜냐하면 우리의 전체적인 초점이 집단 간 관계 맥락에서의 도덕발달에 있기 때문이다. 그럼에도 불구하고 이들 개념은 매우 뜻이 깊으며, 아동들과 청소년들이 어떻게 공평과 정의를 고정관념과 편견으로부터 구분해내는지를 이해하는 자기 발견법을 제공해 준다. 다음 절에서 우리는 인종, 민족성, 성에 관한 발달 연구에 대해 논의하고, 그런 이후 집단 간 이론과 도덕판단 관점을 통합하기 위해 설계된 최근의 연구에 대한 분석으로 마무리한다.

인종적·민족적 고정관념에 관한 발달 연구

고정관념은 문헌에서 내집단 다양성(intragroup variation)에 대한 고려 없이 인종, 민족성, 성과 같은 집단공동체 의식에만 오로지 기초하여 개인을 특정 부류에 일반화하여 귀속시키는 것으로 규정된다(Stangor & Schaller, 1996). 연구자들은 흔히 고정관념과 편견을 별개로 구분하여 개념화하는데, 고정관념은 인지, 편견은 부정적인 정서에 토대하는 것으로 본다(Aboud, 1988). 이러한 개념화와 일치하는 것으로 아동들의 고정관념에 관한 대부분의 연구는 사회인지적 혹은 도덕적 차원보다는 고정관념의 인지적 측면에 초점을 맞추었다. 그러나 인종적 · 민족적 범주에 기초하여 개인에 대한 고정관념을 지닌다는 것은 도덕적 관점에서 볼 때 그릇된 것으로 여겨질 수 있는 행동들로 나아가게 할 수 있다. 따라서 고정관념이 발달과정상 언제 등장하는지, 그리고 시간이 지나면서 어떤 변화가 일어나는지를 이해하는 것은 중요하다.

예컨대 아동들의 정보를 기억하는 능력이 고정관념에 의해 영향을 받는다는 것이 밝혀졌다. 비그러(Bigler)와 리벤(Liben, 1993)은 아동들이 사회적 자극을 범주화하는 능력과 고정관념적인, 그리고 고정관념에 반하는 정보에 대한 그들의 기억을 검토했다. 그 연구결과는 아동들이 고정관념에 반하는 정보보다는 고정관념적인 정보를, 사회적 관계에 관한 이야기보다는 특질에 관한 이야기를 더 잘 기억한다는 것을 보여주었다. 이와 함께 고정관념을 더 지지하는 아동들과 다양한 차원에서 사회적 자극을 재범주화할 수 없는 아동들은 고정관념과 반하는 정보를 덜 기억했다(Bigler & Liben, 1993). 5-7세의 아프리카계 미국 아동들은 고정관념에 반하는 정보보다는 피부색에 관한 고정관념적 정보를 더 잘 기억하고 있었는데, 그러나 이것은 그들 자신의 피부색에 관한 평가와 그들이 아프리카계 미국인들에 관한 부정적 고정관념에 얼마나 동의하는가에 따라 차이가 있었다(Averhart & Bigler, 1997). 아동들이 피부색에 기초하여 부정적인 편견을 어떻게 획득하는가에 관한 이론들은 거의 없지만 대중매체에서의 고정관념적인 이미지는 분명히 역할을 발휘한다(Rudman, 2004).

연령이 증가하면서 아동들은 사회적 고정관념과 그들 자신의 개인적 신념 사이를 보다 잘 구분할 수 있게 된다. 5세와 6세 아동들은 이러한 구분을 할 수 없으며, 부정적인 고정관념과 비슷한 개인적 신념만이 보고되었다(Augoustinos & Rosewarne, 2001). 대조적으로 외집단에 관한 부정적인 고정관념을 인식하는 8세에서 9세 아동들은 어떤 기회가 주어지면 고정관념과 그들의 개인적 신념 사이를 구분할 수 있다. 이러한 연령 관련 변화가 도덕적 이해에서의 연령 관련 변화 때문인지는 알려지지 않고 있으며, 더 많은 연구를 필요로 한다.

연구자들은 고정관념에 따른 추론의 저변에 놓여 있는 기본적 과정을 이해하고자 고정관념을 아동들이 다른 사람들의 퍼스낼리티에 관한 개념과 연결된 것으로서 검토했다. 다른 사람들의 개인적 특질을 고정적인 것으로, 그리고 특질을 행동의 원인으로 간주하는 아동들은 또한 새로운 집단의 잘 알지 못하는 구성원에 대해서도 더욱 쉽게 유형화한다. 이와는 대조적으로 다른 사람들의 특질을 변하기 쉬운 것으로 보고 맥락이 행동에 중요한 영향을 준다고 믿는 아동들은 보다 덜 정형적으로 보였다(Levy & Dweck, 1999 ; Levy, Plaks, Hong, Chiu & Dweck, 2001). 이러한 구분은 “고정관념 징후” 연구와 관련되는데, 이 연구는 특질을 고정적인 것으로 보는 관점을 가진 학생들이 특질에 관한 역동적인 관점을 가진 학생들보다 고정관념적 태도의 해로운 결과를 더 낳기 쉽다는 것을 보여주었다(Good, Aronson & Inzlicht, 2003). 광범위한 연구는 부정적인 고정관념과 일치하는 것을 경계하는 것이 또한 학업평가와 학습동기에 따른 성취에 직접적 · 간접적으로 영향을 미칠 수 있다는 것을 입증했다(Aronson, Fried & Good, 2002 ; Steele, 1997). 또한 인종적 · 민족적 고정관념은 청소년들이 개입하는 활동, 함께 어울리는 동료, 성공에 대한 그들의 능력을 어떻게 평가하는지에 영향을 미친다(Kao, 2000). 분명히 인종적 · 민족적 고정관념을 지닌다는 것은 타인들을 불공평하게 대우한다는 것을 함축한다.

그러나 고정관념에 관한 대부분의 발달 문헌은 인지과정에 초점을 두고 있으며, 고정관념적인 지식이 도덕적 추론에 대해 갖는 함의에 대해서는 검토한 연구가 거의 없다. 확실히 고정관념적인 지식은 고정관념이 부정적인 인종적 태도로 변하며 편견과 차별에 영향을 미칠 때 도덕적 이슈가 된다. 도덕적 관점에서 볼 때 고정관념은 그 자체적으로 불공평을 내포하고 있다. 왜냐하면 어느 누군가를 그 범주화가 긍정적이든 혹은 부정적이든 상관없이 오로지 그들의 집단공동체 의식에만 기초하여 범주화하는 것은 불공평하기 때문이다. 비록 고정관념이 보다 효과적인 사회적 범주화를 제공한다 하더라도 개인들이 고정관념화하는 것에 관한 옳음이나 그름을 어떻게 인식하는가는 편견과는 독립적으로 경험적으로 연구되어야 할 것이다.

인종적 · 민족적 편견의 등장과 발달

인종적 태도와 편견에 관한 문헌은 서로 밀접하게 관련되어 있는데, 그 까닭은 인종적 태도에 관한 연구의 대부분이 부정적 태도 혹은 편견에 초점을 맞추고 있기 때문이다. 이와 함께 긍정적인 태도가 검토되는 경우도 보통 부정적 태도와의 관련에서이다. 편견이란 일반적으로 인종적 집단의 구성원들에 대해 비호의적인 방식에서 반응하는 하나의 성향으로 정의된다(Aboud, 1988). 그러나 편견은 대부분의 연구, 특히 어린 아동들을 대상으로 하는 연구에서 외집단 구성원들에 대해 부정적인 특징을 귀속시키는 경향으로 조작적으로 정의된다(Aboud & Amato, 2001). 나이 든 아동들을 대상으로 한 연구에서 편견의 경험이 또한 때때로 검증된다.

민족적 태도에 관한 연구는 연령의 증가와 더불어 아동들의 유연성 또한 증가함에 따라(즉 그들은 집단 간 유사성을 보다 더 잘 인정하고 용인할 수 있다 ; Powlishta, Serbin, Doyle & White, 1994) 내집단과 외집단 모두에 대해 부정적 특징을 동시에 부여한다는 것을 보여주었다(Bigler & Liben, 1993 ; Doyle, Beaudet & Aboud, 1988). 이와 함께 아동들의 관점 채택 능력이 성숙함에 따라 그들은 서로 다른 관점이 수용 가능하다는 것을 이해할 수 있다. 이러한 이해를 조정이라 부르는데, 이는 5-9세에 증가한다(Aboud, 1981). 도이리(Doyle)와 어바우드(Aboud, 1995)는 **역편향**(외집단에 대한 긍정적 태도와 내집단에 대한 부정적 태도)의 증가를 나타냈던 6-9세 아동들이 또한 인종 간 유사성을 더 잘 지각하고, 인종 내 유사성을 덜 지각하며, 그리고 점차 더 조정한다는 것을 발견했다. 또한 어떤 아동이 같은 인종의 두 아동은 서로 같아야 한다는 유사성을 더 많이 인식하면 할수록 그 아동의 편견지수는 더 높았다(Doyle & Aboud, 1995).

비록 소수민족 아동들의 민족적 태도 또한 약 3세에서 발달하기 시작하지만 그 이후의 인종적·민족적 태도에 대한 연령 경향성은 매우 유동적이다. 몇몇 척도는 아프리카계 미국인 아동들 가운데 내집단을 향한 부정적 선입견을 입증했지만 다른 것들은 그렇지 않았다(Aboud, 1988 ;

Margie 외, 2005). 멕시코계 미국인과 아시아계 미국인 아동들은 똑같은 다양성을 보였다(Aboud & Amato, 2001 ; Bernal, Knight, Ocampo, Garza & Cota, 1993 ; Margie 외, 2005 ; Morland & Hwang, 1981). 그러나 7-10세 사이의 인종적 · 민족적 소수집단에 속한 아동들은 내집단 선입견도 외집단 선입견도 나타내지 않았다(Aboud & Doyle, 1995 ; Bernal 외, 1993 ; Kelly & Duckitt, 1995).

집단 간 관계는 인종적 편견과 선입견을 검사하는 데 있어서 하나의 중요한 맥락이다. 아동들의 부정적 외집단 선입견이 연령이 증가하면서 차츰 감소하는 경향인 반면에, 연구는 아동들과 청소년들이 사회적 관계의 영역에서 부정적인 인종적 · 민족적 태도와 편견을 지닌다는 것을 밝혀주고 있다. 6-10학년의 아프리카계 미국인과 유럽계 미국인 아동들을 대상으로 했던 한 연구는 유럽계 미국인들이 장기적인 인종 간 접촉(즉 데이트, 결혼)과 관련된 상황과 관련하여 아프리카계 미국인들보다 더 편견적이며, 반면에 보다 덜 친밀한 사회적 관계(즉 학교에서의 상호작용, 레스토랑에서의 인종적 상호작용 ; Moore, Hauck & Denne, 1984)와 관련해서는 인종적 · 민족적 차이가 없다는 것을 발견했다. 젊은 성인들을 대상으로 한 연구는 학생회장으로서 누구에게 투표할 것인가를 결정할 때 인종을 활용하는 것은 도덕적 관점에서 볼 때 옳지 않지만(불공평한 대우), 누구와 데이트를 할 것인지를 결정할 때 인종을 하나의 이유로서 활용하는 것은 도덕적("누구와 데이트할 것인가를 결정하는 한 이유로서 인종을 활용하는 것은 정당하지 못하다") · 개인적("그것은 개인이 결정할 몫이다") · 사회인습적 이유("그의 친구들은 만약 그가 그녀와 데이트를 한다면 그에 관하여 다르게 생각할 것이다")가 혼재되어 있다는 점을 지적하고 있다(Killen, Stangor, Price, Horn & Sechrist, 2004).

부가적인 연구들은 어린 아동들이 인종에 따라 사람들을 범주화할 수 있으며(Aboud, 1988 ; Levy, 2000 ; Ramsey, 1991 ; Ramsey & Myers, 1990), 인종 관련 단서가 높은 편견을 가진 아동들을 구별하는 데 결정적이라는 것을 확인했다(Katz, Sohn & Zalk, 1975). 포우리쉬타(Powlishta)와 동료들(1994)은 한 영역(성, 민족 혹은 언어집단, 혹은 신체형태)에 편견이 있었던 유치원 아동들에서부터 6학년의 캐나다 아동들이 또 다른 영역에서도 반드시 편견을 갖는 것은 아니라는 것을 발견했다. 그러나 한 영역과 관련한 태도에서의 유연성은 다른 영역들에서의 유연성을 암시했으며, 민족적 혹은 언어집단 영역에서의 유연성은 감소된 귀속 편견과 관련되었다(유럽으로부터의 광범위한 연구는 국가 정체성과 관련한 내집단과 외집단 편견의 복잡성을 입증했다. 이 연구는 이 장의 범위 밖에 있다 ; Bennett & Sani, 2004 참조 ; Rutland, 2004).

비록 인종적 태도와 편견에 관한 연구들은 일반적으로 내집단 편애를 보이는 아동이 외집단에 대해 부정적 편견을 또한 보이기 쉽다는 것을 가정하지만, 이들 두 가지 태도는 반드시 상호적인 것은 아니며(Brewer, 1999) 방법론적 가공품일 수도 있다(Aboud, 2003). 사실 이 이슈를 검토한 최근의 한 연구는 혼합된 결과를 보여주었다(Aboud, 2003). 긍정적인 내집단 편견은 인종적으로 동질적인 학교에 다니는 4세에서 7세 아동들의 표본에서 때때로 상호적으로 부정적인 외집단 편견과 관련되었지만 인종적으로 이질적인 학교에 다니는 4세에서 7세 아동들의 표본에서 상호적으로 관련되지 않았다.

어바우드(Aboud)는 또한 내집단 편애가 더 급속하게 발달했으며 외집단 편견보다 더 강력하다는 것을 확인했다. 그녀는 "내집단 애착은 [어린 아동들의] 일차적 관심이다. 외집단 구성원들은 공공연한 적의보다는 비교에 더 많은 고통을 겪는다”(2003, p. 56)고 결론을 내렸다. 또한 편견은 내집단 편애에 비해 보다 적은 아동들에게서 나타났는데, 내집단 편애는 내집단과 외집단 선입관을 분리하여 각각 검토할 필요를 더욱 두드러지게 한다(Aboud, 2003).

차별과 공평 : 인종과 민족성

차별은 편견의 행동적 표현이다. 그것은 문헌에서 외집단을 향한 부정적 행동으로 정의된다(Romero & Roberts, 1998). 비록 차별에 대한 아동들의 경험을 검증한 연구는 거의 없지만 존재하는 소수의 연구는 차별이 아동들과 청소년들, 특히 소수집단에 속한 사람들에게는 흔히 있는 경험임을 시사하고 있다(Biafora 외, 1993). 차별에 관한 지각은 또한 민족적 정체성 및 부정적인 외집단 편견과 관련되어 왔다(Romero & Roberts, 1998). 그러나 전체적으로 보면 차별에 관한 문헌은 차별의 해로운 효과와 청소년들이 차별을 어떻게 극복하는가를 검토해 왔다. 모든 민족의 청소년들은 교육상황에서 자신들이 차별을 받고 있다고 지각할 때 비탄을 경험한다고 보고한다(Fisher, Wallace & Fenton, 2000).

단지 한 연구만이 차별에 관한 아동들의 도덕적 판단을 검토했다(Verkuyten, Kinket & van der Wielen, 1997). 이 연구는 네덜란드에 살고 있는 10세에서 13세의 아동들에게 차별에 대하여 설명해달라고 부탁했다. 참여자들의 대부분은 차별을 비난과 관련되는 상황으로 규정했다. 또 다른 사람들은 차별이 불평등한 재화의 분배 혹은 놀이로부터의 배제와 관련된다고 말했다. 이 연구는 차별에 관하여 다수민족 아동들의 이해와 소수민족 아동들의 이해가 유사하다는 것을 발견했다. 그럼으로써 도덕 발달 문헌에서 발견되는 바와 같은 보편성의 형식을 제시하고 있다.

공평에 초점을 두고 있는 연구들의 대부분은 인종이나 민족성의 이슈를 특별하게 검토하지는 않는다. 그러나 대신에 그 연구들은 아동들의 공평에 관한 지각을 전반적으로 검토한다(예컨대 Astor, 1994 ; Dalbert & Maes, 2002 ; Evans, Galyer & Smith, 2001 ; Konstantareas & Desbois, 2001 ; Vandiver, 2001). 전체적으로 이들 연구는 아동들이 공평에 관한 명료한 개념을 지니고 있으며, 공평에 관하여 추론할 때 상황을 고려한다는 것을 보여주었다. 그러나 아동들이 인종이나 민족성과 관련해 공평에 대해 어떻게 생각하는지에 대해서는 별개로 탐구하지 않았다. 인종이나 민족성과 관련한 공평은 차별과 배제에 관한 문헌에서 다소 강조되고 있다. 예를 들면 버퀴텐(Verkuyten)과 동료들(1997)은 참여자들이 공평에 호소하여 차별이 왜 나쁜가를 설명했다고 보고했다. 이와 비슷하게 킬렌(Killen)과 동료들(Killen, Lee-Kim, McGlothlin & Stangor, 2002 ; Killen & Stangor, 2001), 그리고 핀니(Phinney)와 콥(Cobb, 1996)은 아동들과 청소년들이 다양한 활동에서 다른 인종이나 민족의 어느 누군가를 배제하지 않는 이유로 공평을 이용한다는 것을 발견했다. 흥미롭게도 공평을 특별히 인종적·민족적 이슈와 관련하여 논의하는 연구들(즉 Killen, Lee-Kim 외, 2002 ; Phinney & Cobb, 1996 ; Verkuyten 외, 1997)은 또한 이들 이슈에 관한 아동들의 추론을 명시적으로 검토하고 있다. 이와 함께 킬렌(Killen), 리 킴(Lee-Kim)과 동료들(2002), 버퀴텐(Verkuyten)과 협력자들(1997)의 연구 또한 인종과 민족에 기초하여 각각 별개로 배제와 차별의 도덕적 측면들에 명시적으로 관심을 기울인다.

아동들이 인종적 태도를 지니고 있으며 가끔 편견적 신념을 드러내 보인다는 것을 보여주는 증거가 있다. 획득 의문(즉 아동들이 그들의 인종적 태도를 어떻게 획득하는가?)은 복잡하다. 사회학습 이론가들은 아동들이 부모, 동료, 혹은 둘 모두로부터 그러한 태도를 획득한다고 제시한다(Allport, 1954 ; Aboud & Amato, 2001도 볼 것). 그러나 여러 연구들은 아동들이 어떻게 그들의 인종적 태도를 획득하는가에 대해 사회학습 이론이 썩 적절하게 설명해내지 못한다는 것을 발견했다. 비록 아동들과 똑같은 관점을 그들의 부모와 친구들이 지니고 있다고 가정한다 하더라도 아동들과 그들의 부모 혹은 그들의 친구의 인종적 태도 간에는 거의 상관성이 없었다(Aboud & Doyle, 1996). 이와 함께 청소년 친구들은 똑같은 인종적 태도, 고정관념, 혹은 편견을 반드시 공유할 필요도 없다(Ritchey & Fishbein, 2001). 인지발달 이론가들은 어린 아동들의 편견이 부모 태도의 모방 때문이 아니라 그들의 제한된 인지능력 때문이라고 제안한다(Aboud & Doyle, 1996).

사회인지 영역 이론은 아동들의 편견적 태도가 다양한 범위의 사회적 영향과 관련된 그들의 사회적 경험을 반영한 하나의 산물이며, 이들 판단은 그 상황과 연계된 맥락, 대상, 그리고 의미에 따라 각기 다른 방식으로 나타난다고 예견한다(Killen, McGlothlin & Lee-Kim, 2002). 인종적 편견이 어떻게 도덕판단과 연결되는가는 충분하게 이해되지 않고 있다. 초등학교 연령의 아동들은 다른 사람들에게 해를 끼치는 것이나 공유하는 것을 거부하는 것과 같은 도덕적 위반은 그른 것으로 평가한다. 그들의 이유는 공평, 정의, 평등에 기초하고 있다. 평등 판단은 인종적·민족적 배경과 관계없이 모든 사람으로 확장한다.

인종적 편견과 도덕적 판단 간의 한 가지 연결은 동료 상호작용이다. 도덕판단 이론은 동료 상호작용이 도덕판단을 촉진시킨다는 것을 예언한다(Piaget, 1932 ; Turiel, 1983). 이것은 아동들이 호혜적 상호작용을 통하여 사람은 다른 사람들이 그들에게 행위하기를 바라는 바대로 다른 사람들에게 행위해야 한다("황금률")는 것을 추론하기 때문이다. 이와 비슷하게 인종적 편견의 영역에서 인종 간 접촉(옳은 조건 하에서 ; Allport, 1954)과 민족 간 우정은 편견을 감소시키는 것으로 이론화된다(Pettigrew, 1997 ; Pettigrew & Tropp, 2000). 다음 절에서 우리는 동료 상호작용과 우정이 어떻게 집단 간 접촉 이론의 일부가 되는지를 논의한다.

집단 간 접촉과 교차적 인종 친교

집단 간 접촉의 무엇이 잠재적 선입관과 편견을 감소시키는 데 공헌하는가? 성인들을 대상으로 하는 대부분의 메타 분석은 교차적 인종 친교가 편견의 감소에 최고의 예보자임을 밝혀주었다(Pettigrew & Tropp, 2000). 특히 친교는 개인들에게 서로 다른 민족집단의 사람 간에 유사성이 존재한다는, 그리고 다른 민족집단의 사람들이 모두 똑같지는 않다는 것을 관찰할 수 있는 기회를 제공하며, 따라서 다른 민족집단의 사람을 불공평하게 대우하는 것에 대해 동정의 감정을 증가시킬 수 있다(Pettigrew & Tropp, 2000).

발달 연구는 아동들이 동일 인종 친교에 비해 교차 인종 친교를 거의 수용하지 않는 것으로 보고하고 있으며(즉 Aboud, Mendelson & purdy, 2003 ; Clark & Ayers, 1992 ; Hallinan & Smith, 1985), 이러한 경향은 일반적으로 연령이 증가하면서 점차 커진다(Aboud 외, 2003 ; 하나의 예외로 Howes & Wu, 1990 참조)는 것을 보여주었다. 아동들과 청소년들의 교차 민족 친교의 인원 수에 관한 보고들은 리포터의 민족성에 따라 또한 차이가 있다. 예를 들면 유럽계 미국인과 아프리카계 미국인 중학교 학생들에 관한 연구에서 유럽계 미국인 아동들은 아프리카계 미국인 아동들보다 동일 민족적 친교의 인원이 더 많은 것으로 보고하고 있다(Clark & Ayers, 1992). 왜 이러한 경향이 존재하는지에 대해서는 알려지지 않고 있다. 아동들은 사회적 기대, 문화적 규범, 고정관념적인 분류에 대한 반응에서 교차 민족의 동료들보다 동일 민족의 동료들을 더 선호하는가? 이들 선호의 이유에 관한 이해는 이들 선호의 기원에 역점을 두는 기본구조를 제공할 것이며, 이들 사회적 상호작용의 유형에 관한 도덕발달적 함축을 이해하도록 해줄 것이다.

아동들이 교차 민족 친교에 대해 갖는 또 다른 특징은 그들의 인종적 태도이다. 1학년, 3학년, 5학년, 그리고 6학년 아동들에 관한 최근의 연구는 아동들의 교차 민족 친교와 인종적 태도의 관계를 검토했다(Aboud 외, 2003). 유럽계 미국인 아동들의 경우, 더 높은 편견 점수를 보인 아동들은 더 높은 교차 민족의 비친교(nonfriends) 인원 수를 보고했지 더 낮은 교차 인종 친교 인원 수를 보고하지는 않았다. 그러나 교차 민족 친구를 가진 유럽계 미국인 아동들의 경우, 더 높은 편견 점수를 보인 아동들은 그들의 교차 민족 친교를 그 질적인 면에서 전체적으로 더 낮게 평가했다. 아프리카계 미국인 아동들에게 있어서 편견점수와 교차 민족 친교 사이에는 아무런 관계가 없었다(Aboud 외, 2003). 이와 함께 이 연구는 아동들이 그들의 동일 민족 친구를 교차 민족 친구보다 친밀성에서 약간 더 높게 평가한다는 것을 발견했다. 또한 이들 발견은 도덕발달 관점에서 추구할 수 있는 여러 가지 연구수단을 제공한다. 만약 아동들이 교차 인종 친교보다 동일 인종 친교에 더 높은 친밀성을 보고한다면 이것은 그들이 인종에 따라 사람들을 다르게 대우한다는 것을 의미하는가? 사실 만약 아동들의 보고가 정확하다면 어떤 요인들이 인종으로 인한 서로 다른 관계의 질에 공헌하는가? 아마도 아동들의 교차 인종 그리고 동일 인종 관계는 질에 있어서 서로 다르지 않으며, 그들의 자기 보고 자료는 실제라기보다는 고정관념적인 지각을 반영한 것일 것이다.

마지막으로 연구들은 교차 민족 친교를 고무하거나 혹은 억제할 수 있는 학교 환경의 측면을 검토했다. 민족 간에 균형이 잡힌 교실은 교차 민족 친교를 증진하는 데 가장 좋다. 왜냐하면 그러한 학급은 학생들에게 민족 간 상호작용의 기회를 최대로 제공해 주기 때문이다(Hallinan & Smith, 1985). 학교의 민족구성과 관련해서는 연구결과가 덜 분명하다. 7학년에서 12학년 학생들 가운데 국가별로 표본을 선정한 후 연구한 결과 무디(Moody, 2001)는 학교가 동질적이거나 혹은 매우 이질적일 때 친교분리가 가장 낮다는 것을 발견했다. 친교분리는 교차 민족 친교가 거의 없는 것을 의미한다. 그러나 칼슨(Carlson), 윌슨(Wilson), 그리고 하그레브(Hargrave, 2003)는 6-8학년에 해당하는 라틴아메리카 학생들의 경우, 학교의 민족구성은 교차 민족 친교의 수에 영향을 미치지 않았다는 것을 확인했다. 이와 함께 칼슨(Carlson)과 동료들(2003)은 참여자들의 타집단 정향, 그리고 교차 민족적 상호작용을 할 때 친구에 대해 얼마나 편안한가에 관한 그들의 보고가 학교의 민족집단 구성에 따라 달랐다는 것을 발견했다.

따라서 이러한 영역에서 수행되어 왔던 연구들은 교차 인종·교차 민족 친교가 아동들에게 인종주의, 편협, 그리고 편견의 그릇됨을 이해하는 것과 관련하여 아주 중요한 경험의 원천을 제공한다는 점을 시사하고 있다. 동료 상호작용이 도덕판단을 촉진시킨다는 피아제(1932)의 이론은 관점 채택과 상호성이 "평등한 관계", 즉 또래관계 사이에서 발생한다는 개념에 기초하고 있다. 피아제의 이론을 확장한다면 아동들과 청소년들이 집단공동체 의식 범주의 측면에서 그들 자신과는 출신이 다른 사람들과 함께 친교를 나눈다면 평등 및 정의와 관련하여 의사결정을 할 때 누가 포함되어야 하는가에 관한 자각이 더욱 촉진될 수 있다. (이것은 성 고정관념에 관한 절에서 논의된 바와 같이 또한 성에 있어서도 마찬가지로 적용될 수 있을 것이다.)

오로지 민족이 서로 달라 누군가와 친구가 될 수 없다는 결정에 관한 아동들의 도덕판단을 조사한 연구는 오늘날까지 거의 없다. 킬렌(Killen), 리 킴(Lee-Kim), 그리고 동료들(2002)에 의해 수행된 한 연구의 일부로서 4학년, 7학년, 그리고 10학년 학생들에게 인종 때문에 누군가와 친구가 될 수 없다는 것에 대한 허용 가능성을 평가하도록 요구했다. 킬렌(Killen), 리 킴(Lee-Kim), 그리고 협력자들(2002)은 대부분의 아동들과 청소년들이 그들이 아프리카계 미국인이라는 오로지 그 이유 때문에 누군가와 친구가 될 수 없다는 것은 불공평하다고 생각한다는 것을 발견했다. 아동들과 청소년들은 또한 누군가를 친교에서 배제시킨다는 것은, 비록 그들이 친교로부터 배제되고 있는 까닭이 그들의 민족집단 때문이라 하더라도 클럽에서 누군가를 배제하는 것이나 혹은 학교에 접근하는 것을 거절하는 것에 비교해 보면 개인적 선택이라고 더 말하기 쉬울 것 같다.

뒤따른 연구에서 킬렌(Killen), 크리스탈(Crystal), 그리고 럭(Ruck, 2004)은 소수인종과 다수인종 배경을 가진 4학년, 7학년, 10학년 학생들(동질적인 그리고 이질적인 학교에 다니고 있는)과 세 가지 수준의 친밀성에 따른 교차 인종 관계에 관한 그들의 도덕적 평가에 대해 면담했다. 세 가지 수준이란 학교에서 새로운 학생과 친구 되기, 밤샘 파티를 위해 친구 집으로 데려오기, 학교 댄스에 참여하여 데이트하기이다. 이들 시나리오의 각각에는 두 가지 고려사항이 있다. 하나는 인종에 기초한 것(결정을 내리는 사람은 유럽계 미국인이고 그 수용자는 아프리카계 미국인이다)이고, 또 하나는 비인종적 고려사항(새로운 학생은 똑같은 스포츠에 관심을 공유하지 않는다. 그리고 경쟁하는 고등학교 댄스에 데이트하러 가는 것)이다. 누군가를 배제하고자 하는 결정을 할 때 참여자들이 인종에 초점을 두는지 혹은 비인종적 고려사항에 초점을 두는지를 측정하도록, 그리고 서로 다른 인종에 관한 무엇이 잠재적으로 사람들로 하여금 마음이 불편하게 느끼도록 만드는가를 측정하도록 사정이 설계되었다. 이와 함께 참여자들에게 인종과 성에 따른 그들의 개인적 차별의 경험에 관한 일련의 일반적인 질문에 반응하도록 요구했다.

연구결과는 개인적 차별을 경험했다고 보고하는 학생들이 차별을 경험하지 않았던 학생들보다 배제를 인종적 편견에 의해 영향을 받은 것과 같은 집단 간 맥락에서 평가하는 경향이 훨씬 더 많다는 것을 보여주었다. 차별을 경험하지 않았던 학생들은 배제를 도덕적 견지("배제하는 것은 공평하지 못하다")와 반대되는 것으로서 개인적 견지에서 바라보는 경향이 있다("네가 누구와 친구를 하고 싶은가를 결정하는 것은 네 문제이다"). 인종적 혹은 성 차별의 존재를 인정하지 않는 아동들은 또한 배제를 거부하는 데 도덕적 추론을 덜 사용하며, 그리고 배제를 정당화하는 데 개인적 · 사회인습적 추론을 더 사용하는 경향이 있다. 더군다나 이질적인 학교(소수인종과 다수인종)에 다니는 아동들과 청소년들은 동질적인 학교에 다니는 다수인종 학생들보다 인종적 배제의 그릇됨을 평가하는 데 도덕적 추론을 보다 더 사용한다.

성 고정관념에 관한 발달 연구

우리는 이제 집단 간 관계 맥락에서 성 문제로 돌아간다. 비록 성과 인종은 아주 다른 개념이지만 둘 다 공평, 정의, 평등의 이슈를 내포하고 있음으로써 도덕적으로 관련된 관계로 안내하는 지위 차이(status differences)에 영향을 받아왔던 집단공동체 의식 범주를 반영한다. 성 평등은 인종 평등을 갖춘 미국에서 여러 가지로 많은 진전을 보여왔다. 이는 특히 평등한 임금, 교육, 그리고 정치 무대에서의 표현의 측면에서 그렇다. 그러나 동시에 성 고정관념은 인종적 고정관념보다 훨씬 더 쉽게 용인된다. 더 나아가 성 불평등은 세계의 여러 곳에서 극단적으로 이루어지고 있다. 예를 들면 중동, 아프리카, 아시아의 여러 곳에서 여성들은 기본 권리가 부정되고 있으며, 박해, 부당한 대우, 그리고 고문에 시달리며 차별화된 조건 속에서 삶을 살도록 강요받고 있다(Nussbaum, 1999 참조 ; Turiel, 2002).

따라서 집단 간 관계 맥락에서 도덕원리들을 적용하는 방향으로 나아가는 발달 궤도는 세계의 여러 곳에서 성과 인종에 따라 아주 다를 것이다. 세계의 다른 지역에 있는 아동들을 대상으로 성 태도를 연구한 편수가 상대적으로 부족하다는 점을 감안하여 이 장은 미국에서의 성 태도에 관한 연구로 대신하며, 이 연구결과를 도덕발달 문헌과 관련하여 해석하고자 한다. 인종적·민족적 태도에 관한 연구와 더불어 성 고정관념과 차별에 관한 대부분의 연구도 도덕발달 문헌과 잘 연관되지 않는다. 그러나 고정관념의 기대로 인해 개인들의 행동, 태도, 그리고 능력이 제한된다면 여기에는 아동들과 청소년들의 도덕발달에 대한 분명한 함축이 들어 있다. 성에 관한 판단과 인종 및 민족집단에 관한 판단 간의 차이는 성 고정관념이 용인되고 명료화되는 광범위한 맥락에 있다. 따라서 "차별과 공평"이라는 소구분(subsection)은 놀이활동, 가정에서의 노동분할, 그리고 교실/교사 기대와 관련한 성 고정관념 및 도덕성 판단에 초점을 둔 연구를 포함한다.

한쪽의 성에 국한되는 범주의 등장과 발달

수많은 연구는 아동들이 유치원 연령 정도의 이른 시기에 성 고정관념을 지각한다고 지적한다(Liben & Bigler, 2002 ; Ruble & Martin, 1998). 횡단적 연구는 성 고정관념이 연령에 따라 증가한다는 것을 보여준다. 예를 들면 4-6세 아동들과 8-10세 아동들이 성이 언급되지 않은 아동에 관하여 한 가지 특징을 알았을 때 성 고정관념을 어떻게 사용하여 전형적인 다른 남성 혹은 여성 특징을 예견하는지 비교해 보았다(Martin, Wood & Little, 1990). 보다 어린 아동들의 경우에 표적 특징(target characteristic)은 장난감 선호였다. 보다 나이 든 아동들에게 있어서 특징은 외모, 퍼스낼리티, 직업, 장난감과 관련되었다. 보다 나이가 어린 연령집단에 속한 아동들은 그 특징이 그들 자신의 성과 공통적인 것이었을 때 장난감 선호에 관하여 제휴하는 데 훨씬 더 쉬웠다. 나이가 더 든 아동들은 반대 성뿐만 아니라 그들 자신의 성과 제휴할 수 있었다. 그리고 아동 중기에 속한 나이 든 아동들은 고정관념적인 판단에서 보다 극단적이 되는 것으로 밝혀졌다.

이들 결과는 아동들이 활동과 행동에 관하여 해석할 때 성 고정관념을 사용한다는 것을 보여준다. 도덕적 관점에서 볼 때 이들 판단유형은 평등, 정의, 공평의 개념과 갈등을 일으킬 잠재력을 지니고 있다. 고정관념적인 판단의 도덕적 지위를 결정하는 데 있어서 고려해야 할 필요가 있는 것은 아동들이 장난감을 공유하고, 자원을 분배하고, 다양한 사회적 상황에서 다른 사람과의 상호작용과 관련되는 의사결정을 내릴 때 이러한 지식을 어느 정도 사용하는가이다. 킬렌(Killen), 피사케인(Pisacane), 리 킴(Lee-Kim), 그리고 아디라 레이(Ardila-Rey, 2001)는 유치원 연령의 아동들을 대상으로 성 고정관념적인 놀이활동의 맥락에서 그들의 공평 판단에 관하여 면담했다. $3\frac{1}{2}$, $4\frac{1}{2}$, 그리고 $5\frac{1}{2}$ 연령의 아동들에게 소녀들이 인형을 가지고 노는 놀이에서 한 소년을 배제시키는 것이나 혹은 소년들이 한 소녀를 트럭을 가지고 노는 놀이에서 제외시키는 것은 매우 정당한지 어떤지에 대해 물었다. 연령에 따라 아동들은 그것이 불공평하기 때문에 나쁘다고 판단했다. 그러나 아동들에게 강제적인 선택 판단("만약 놀이를 함께 할 수 있는 여분이 단지 한 사람이라면 그 집단은 소년을 골라야 하는가 아니면 소녀를 골라야 하는가?")을 하도록 요구했을 때 고정관념적인 기대가 또한 연령에 따라 증가했다. 이와 함께 아동들의 고정관념적인 판단은 그들의 공평 판단에 비해 더 융통성이 있었다. 따라서 단순한 맥락의 경우에 아동들은 인형 및 트럭 놀이와 연합된 고정관념을 알고 있다는 사실에도 불구하고 공평에 우선성을 부여했다. 이러한 연구에 대한 다음 단계는 교차 성 태도와 추론에 관한 아동들의 판단이 차별과 공평의 이슈에 관한 그들의 자각을 어떻게 드러내는지를 검토하는 것이다. 이것은 학교뿐만 아니라 가정에서 실제적인 사회적 추론과 태도에 관한 연구를 포함한다.

차별과 공평 : 성

가정에서의 차별 대우는 인류평등주의 태도와 관련된다. 가족 중에서 소녀들은 소년들에 비해 가정 일에 훨씬 더 많은 책임을 지니고 있으며, 형제자매 성 역할 태도에서 커다란 간극이 등장하는바, 소년들은 보다 전통적인 신념을 지니고 있다(Crouter, Head, Bumpus & McHale, 2001). 소년들의 경우 아들의 성 역할 행동이 그들의 아버지의 성 역할 행동 및 태도와 일치할 때만 오로지 인류평등주의 관점과 긍정적인 상호관계가 존재했다(McHale, Bartko, Crouter & Perry-Jenkins, 1990). 이와 함께 부모가 여성적 과업과 남성적 과업 두 가지 모두를 격려할 때 아동들은 교차 성적인 활동에 더 참여하게 된다는 것이 밝혀졌다(Antill, Goodnow & Russell, 1996). 동일 성 부모가 미치는 충격은 소년들에게 더 강력하다. 그리하여 만약 그 아버지가 전형적으로 세탁과 같은 "여성적인" 집안일에 참여한다면 그의 아들 또한 이러한 유형의 과업에 더 쉽게 참여하는 경향이 있었다.

또한 연구결과는 부모들이 전통적인 성 노선을 따라 일을 분할할 때, 그리고 반대 성의 어린 동생이 존재할 때 청소년들은 여성적인 과업에서 성 정형화된 참여유형이 증가한다는 것을 보여주었다(Crouter, Manke & McHale, 1995). 비록 이러한 발견들이 차별적 대우에 이바지하는 가족유형에 관한 이해를 고양시키지만 청소년들이 가정에서 성 관련된 유형과 기대를 어떻게 평가하는가를 결정하는 것은 또한 중요하다. 비어냇(Biernat, 2003)이 지적한 바와 같이 성 관련 능력들에 관한 기대에 대해서는 서로 다른 표준이 존재하며, 고정관념적인 가정은 흔히 이들 기대 아래에 잠재해 있다. 게다가 가정에서 차별적인 성 기대가 지닌 도덕적 혹은 "정의" 함축에 관한 발달 연구가 거의 존재하지 않는다(Goodnow, 1988 참조). 아동들과 청소년들은 성 관련 기대의 유형을 공평한 것 혹은 합법적인 것으로 평가하는가? 성 기대는 어느 정도로 고정관념적인 태도를 반영하는가? 이들 의문을 중점적으로 검토한다는 것은 이러한 연구의 형태에 도덕발달적 관점을 부가할 것이다.

사회인지 영역 관점에서 보면 아동들이 성 고정관념에 관하여 어떻게 추론하는지 검토하는 것은 중요하다. 카터(Carter)와 패터슨(Patterson, 1982)은 아동들에게 식탁예절과 자연법뿐만 아니라 성 고정관념적인 장난감과 직업의 유연성 및 문화적 함축에 관하여 추론하도록 요구했다. 이 연구는 아동들이 도덕적 관점이 아니라 사회인지적 관점에서 교차 성 행동을 평가한다는 것을 보여주었다. 따라서 축구를 하는 소녀는 아동들이 자원을 사절하는 것에 대해 어떻게 평가하는가보다는 아동들이 식탁예절의 파괴에 대해 어떻게 평가하는가와 유사한 준거로 평가되었다. 더군다나 양 성 모두에서 장난감의 사용과 연령이 증가함에 따라 직업에서의 유연성이 점차 증가했다. 이 연구가 함축하는 바는 아동들이 교차 성 행동을 도덕성의 문제가 아닌(보편적으로 적용되는 원리들) 선택이나 합의의 문제로 본다는 것이다. 다음 단계는 아동들이 교차 성 행동에 개입하는 기회를 부정하는 것에 대해 어떻게 평가하는가를 검토하는 것이다. 예를 들면 혼(Horn)과 누치(Nucci, 2003)에 의한 연구는 청소년들이 자신의 성 정체성을 반영하는 활동이나 옷 입는 방식을 결정할 기회를 박탈당하면 그것을 불공평하고 차별적인 것으로 평가한다는 것을 보여주었다.

5-13세에 이르는 아동들을 대상으로 수행되었던 한 연구는 아동

들이 교차 성 활동의 수용에서 U자형 곡선을 발견했다(Stoddart & Turiel, 1985). 가장 나이가 많은 집단의 아동들뿐만 아니라 가장 나이가 어린 집단의 아동들이 아동 중기에 속한 아동들보다 성에 따른 비정형적 활동에 참여하는 것이 더 나쁘다고 생각했다. 저자들은 유치원 연령의 아동들이 성 정체성을 신체적 측면에서 정의하기 때문에, 만약 어떤 소녀가 남성 정형적인 게임을 하고 논다면 다른 아동들이 그녀의 성을 의심할 수도 있다고 결론을 내렸다. 청소년들에게 있어서 성 정체성은 심리적 특성들과 밀접하게 연결되기 시작하며, 그리고 성 비정형적 방식의 행동을 배제하기에 이른다.

고정관념적인 기대가 아동들의 성 관련 행동에 대하여 부모가 내리는 결정에 어느 정도 영향을 미치는가에 관해서는 아직 충분히 이해되지 않은 채 남아 있다. 킬렌(Killen), 박(Park), 리 킴(Lee-Kim), 신(Shin, 2005)이 최근 수행한 한 연구에서 아들에게는 야구놀이를 허용하고 딸에게는 허용하지 않는다면, 혹은 딸에게는 발레를 허용하면서 아들에게는 허용하지 않는다면 그것은 옳은 일인지와 관련하여 부모와 부모가 아닌 성인들을 대상으로 면담을 실시했다. 부모들은 부모가 아닌 성인들에 비해 그 결정을 사회인습적 측면에서 평가하는 경향이 있는 반면에 부모가 아닌 성인들은 그 이슈를 도덕적 측면(불공평)에서 평가하는 경향이 더 있었다. 따라서 성 기대는 부모의 결정에 영향을 미치고, 자율성을 허용하는 결정에 나쁜 영향을 줄 수 있으며, 아동들을 성에 따라 서로 다르게 대우할 수 있다.

가정에서 성 평등에 관한 판단은 또한 아버지-자녀 관계에 의해 영향을 받는다. 어머니가 존재하지만 아버지가 자녀 양육과 가사 일에 상당히 참여하는 가정에서 성장한 젊은 성인들은 보다 전통적인 가정,

곧 아버지는 일을 하고 어머니는 가정에 머무는 상황에서 성장했던 동료들에 비해 직업과 가족 맥락에서 성 역할에 관하여 보다 인류평등주의 관점을 지니고 있었다(Williams & Radin, 1999). 게다가 어머니의 직업과 가정에서의 인류평등주의적 역할은 딸들에게 보다 긍정적인 효과를 주는데, 이는 독립적 극복 기술과 높은 성취 테스트 점수를 통해 드러난다(Hoffman & Kloska, 1995). 아들과 딸 모두에게 부모의 돌봄과 친밀성은 아동들의 자긍심과 긍정적으로 관련이 있으며, 아동들의 친사회적 발달은 반고정관념적인 아버지 참여에 의해 영향을 받는 것으로 나타났다. 인류평등주의적인 아버지를 둔 아들은 여성 활동을 보다 잘 수용하며, 평등주의 아버지의 딸에 비해 부정적인 오점을 가진 그러한 활동들과 덜 연합하는 경향이 있다. 게다가 또 아동들의 도덕발달, 즉 평등한 기회에 관한 판단은 성 평등과 공평에 대한 부모 기대에 의해 긍정적으로 영향을 받는 것으로 나타났다. 아버지 관련을 연구하는 학자들은 발달 연구에서 아버지의 역할에 상대적으로 초점을 두지 않은 것에 대해 애석해한다(Tamis-LaMonda & Cabrera, 2003). 이와 함께 아버지의 역할이 가정에서 아동들과 청소년들의 차별과 공평에 대한 해석에 어떻게 이바지하는가에 관한 더 많은 연구가 필요하다.

우리가 기술한 바와 같이 성 차이에 관한 부모의 신념은 그들의 자녀들에게 성 고정관념의 사회화와 관련하여 영향을 미치며, 그들의 사회적 발달에도 영향을 미친다. 이것은 학업과 스포츠 영역에서 그들 자녀의 성공에 대한 기대를 통해 나타난다. 에클스(Eccles), 제이콥스(Jacobs), 그리고 해롤드(Harold, 1990)는 부모가 특정한 영역에서 보다 재능을 지니고 있는 한 성에 관하여 성 고정관념적인 신념을 지니고 있을 때 그들은 그 반대 성의 자녀에 대해서는 보다 낮은 기대를 갖는 경향이 많으며,

이것은 몇 가지 방식에서 그 아동이 어떻게 수행하는가에 영향을 미쳤다. 예를 들면 소년들이 수학에서 소녀들보다 천부적으로 더 재능이 있다고 믿는 어머니는 그녀의 딸에게 기대를 덜 하게 되며, 결과적으로 딸에게 자기 충족적인 예언을 하게 된다. 명백하게 이것은 소녀들과 여성들에게 평등하고 공평한 기회에 관한 영향을 미친다.

아동들은 흔히 그들 자신의 자기 신념과 학업에 관한, 그리고 스포츠 활동에 관한 능력에 대해 나름의 신념을 가지고 있다. 어린 아동들(1학년)은 다양한 영역에서 그들의 역량에 관해 보다 긍정적인 전망을 갖는 것으로 밝혀졌다. 아동들이 점차 나이가 들어가면서(4학년) 그들의 개인적 능력에 관한 개념은 성에 따라 분할되기 시작한다. 소년들은 스포츠와 수학에서 소녀들보다 더 긍정적인 능력 신념을 지니는 경향이 있으며, 소녀들은 독서와 음악에서 소년들보다 더 긍정적인 능력 신념을 지니는 경향을 보인다(Eccles, Wigfield, Harold & Blumenfeld, 1993). 이러한 차별화는 4학년 정도의 이른 시기에 나타난다. 더 나아가 소녀들은 소년들에 비해 그들의 가장 약한 교과목(보통은 수학)에서 노력을 하면 최고가 될 수 있다는 것을 덜 믿는 경향이 있다. 소년들은 음악이나 예술과 같은 분야에서 노력하면 최고가 될 수 있다고 생각하는 경향이 덜하다(Freedman-Doan 외, 2000).

교사와 부모가 성에 따라 고정관념적인 기대를 갖는 정도에 따라 이들 기대는 아동들이 학업과 비학업적인 관심분야에서 그들의 잠재력을 탐구하는 데 지장을 줄 수 있으며, 그것은 거꾸로 그들의 미래의 직업 선택과 경력을 제한할 수 있다. 한 예로서 아동들은 직업, 직위, 그리고 성을 상호 연결한다(Liben, Bigler & Krogh, 2001). 리벤(Liben)과 동료들(2001)의 연구에 따르면, 6-11세에 이르는 아동들은 그들이 의사가 되는 것과 같은 남성 정향적인 것으로 해석했던 직업을 그들이 교사가 되는 것과 같은 여성 지향적인 것으로 해석했던 직업보다 지위에서 더 높은 것으로 평가했다. 더군다나 이 연구는 아동들이 그들 자신의 성과 연합된 직업을 선호한다는 것을 보여주었다. 소녀들은 교사와 간호원 같은 직업을 선호한 반면에 소년들은 의사와 변호사와 같은 직업을 선호했다. 다음에는 성 차별적인 기대가 성에 따라 구별된 직업과 기회로 나아가게 할지도 모른다.

집단 간 접촉과 성 평등

이전에 논의한 바와 같이 사회심리학의 집단 간 이론(Pettigrew & Tropp, 2000 참조)은 또한 성 평등과 도덕발달에 관한 연구결과를 해석하는 데 도움을 줄 수 있다. 대부분의 아동들이 남녀공학 학교에 다니기 때문에 집단 간 접촉은 성 평등에 적용되지 않는다고 제안되어 왔다. 그러나 아동 중기에 속한 아동들의 성 구별된 놀이와 상호작용에 관한 광범위한 실증자료(Ruble & Martin, 1998)는 어떤 조건 하에서 아동들이 상호작용하는가가 성에 기초된 차별의 영역에서 평등을 증진시키고 편견을 감소시키는 하나의 전형은 아니라고 시사하고 있다. 예를 들면 편견에서의 감소를 촉진하는 하나의 중심적인 조건은 권위자 제재이다. 그것은 교사나 부모와 같은 권위 위치에 있는 사람들이 상호 존중, 평등한 기회, 그리고 정의의 원리를 격려하는 정도와 관계가 있다. 그러나 비글러(Bigler), 브라운(Brown), 그리고 마켈(Markell, 2001)은 교사들이 어떤 특정한 성의 능력에 관하여 명시적이고 암묵적인 메시지를 통해 소년들과 소녀들을 일상적으로 차별한다는 것을 보여주었다. 에클스(Eccles)와 협력자들(1993)은 소녀들이 수학과 과학영역에서 평등한 지위가 허용되지 않으며, 개인화된 상호작용은 흔히 성 구별 놀이유형에 의해 예시된 바와 같이 억제된다는 것을 입증했다(Ruble & Martin, 1998). 따라서 광범위한 성 구별 상호작용, 어떤 특정한 성에 대한 기대, 그리고 성 관련 경력 기회는 공평의 이해뿐만 아니라 성 평등 원리의 발달을 저해할 수 있으며, 이는 인종과 민족집단의 영역에서 집단 간 접촉의 부족이 편견적 반응에 이바지하는 것과 똑같이 차별적 관습으로 나아가게 한다. 초등학교에서 성 차이를 강조하지 않는 것은 소녀들로 하여금 수학과 과학에서 성공하도록 격려하는 데 공헌할 뿐만 아니라 모든 아동들에게 평등과 공평 개념의 촉진에 이바지할 것이다.

도덕성 발달 연구와 집단 간 태도

지적한 바와 같이 도덕판단의 영역에서 대부분의 연구는 연구 설계에서 집단 간 범주들을 직접적으로 포함하지 않고 공평과 정의에 관한 추론에 초점을 맞추었다. 그러나 단순한 도덕적 위반에 관한 사정에서 집단 간 범주들을 포함할 때 연구는 대다수의 아동들과 청소년들이 그것을 나쁘고 불공평한 것으로 평가한다는 것을 보여주었다. 예를 들면 혼(Horn, 2003)은 청소년들이 파벌에 소속하는 것과 같은 집단공동체 의식에 기초하여 개인들에게 자원을 분배하는 것을 부정하는 것은 그릇된 것이라고 평가한다(예를 들면 운동선수에 대한 장학금을 부정하는 것은 불공평하다)는 것을 입증했다. 이와 비슷하게 킬렌(Killen), 리 킴(Lee-Kim), 그리고 동료들(2002)은 아동들과 청소년들의 95% 이상이 학교에 진학하는 것과 같은 교육기회를 부정하는 상황에서 성과 인종적 배제를 거절했다고 보고했다. 그러나 도비디오(Dovidio)와 협력자들(2001)이 지적한 바와 같이 도덕적·사회인습적·개인적 고려사항이 내포된 다면적 상황의 맥락에서 복잡한 태도를 논의하면 반응의 유형이 단순한 상황의 맥락에서 보였던 판단과는 매우 다르게 나타난다. 혼(Horn, 2003)과 킬렌(Killen), 리 킴(Lee-Kim), 그리고 동료들(2002)의 연구결과는 단순한 배제의 행위는 나쁜 것으로 평가되는 반면에 복잡한 상황에서 배제의 행위는 고정관념적인 기대와 연령의 증가와 함께 배제를 정당화하기 위한 기초로서 집단 기능작용에 대한 의존이 더욱 증가한다는 것을 암시한다.

대부분의 발달 연구에서 동료 배제는 다른 사람들을 배제하거나 배제당하는 개인적인 사회적 결손 아동들의 견지에서 전형적으로 검토된다(Arsenio & Lemerise, 2004 ; Asher & Coie, 1990 ; Rubin, Bukowski & Parker, 1998). 이들 변수는 배제하는 자의 측면에서 약한 사람을 못 살게 구는 것과 호전성을, 그리고 배제를 당하는 자의 측면에서 신중함과 두려움을 포함한다. 보다 최근에 동료 배제는 관계적 공격성의 독특한 형식으로서 연구되어 왔다(Crick & Grotpeter, 1995). 그러나 아동들이 배제당하는 아동(혹은 배제자)의 사회적 결손과 전혀 관계가 없는 이유로 다른 사람들을 배제하는 시기가 존재한다. 몇몇 아동은 그들이 소녀 혹은 아프리카계 미국인 혹은 이슬람교도이기 때문이라는 것과 같은 그들의 집단공동체 의식 때문에 배제된다. 이와 함께 여러 연구는 소수인종과 민족집단 출신의 아동들은 다수인종과 민족집단 출신의 아동들에 비해 그들의 인종이나 민족성으로 인하여 더 자주 배제를 경험하고 있다는 것을 입증했다(Phinney & Cobb, 1996 ; Verkuyten & Thijs, 2002).

이 장에서 기술된 결과들은 아동들과 청소년들이 동료집단 맥락에서의 배제를 평가할 때 성과 인종에 관한 고정관념적인 기대뿐만 아니라 도덕적 추론이 어떻게 관련되는가를 분명하게 보여주고 있다(Killen 외, 2001 ; Killen & Stangor, 2001 ; Theimer, Killen & Stangor, 2001). 그 상황이 애매하면 참여자들은 흔히 사회인습적 추론을 사용하며, 고정관념적인 기대에 의존한다. 이러한 결과는 성인들이 단순한 상황에서는 인류평등주의적 정당화를 활용하고 애매하고, 복잡하며, 생소한 상황에서는 고정관념에 의존한다는 가르트너(Gaertner)와 도비디오(Dovidio, 1986, Dovidio 외, 2001도 볼 것)의 주장을 지지하는 것으로, 이는 또한 아동들과 청소년들의 경우에서도 나타난다. 따라서 지금까지의 이들 발달 연구결과는 특수한 맥락에서 아동들과 청소년들이 도덕적 원리를 집단 간 관계와 관련된 상황에 적용한다는 것을 암시한다. 그러나 고정관념의 신념이 도덕적 원리와 갈등을 일으키는 다양한 범위의 맥락들과 관련한 보다 많은 정보가 필요하다.

전체적으로 볼 때 성 배제는 인종 배제에 비해 전형적으로 더 쉽게 용인된다. 더 나아가 참여자들의 성, 연령, 민족집단에 따라 중요한 차이가 존재한다. 예를 들면 몇몇 연구에서 다수인종의 소녀들과 소수인종의 학생들(소녀들과 소년들)은 배제를 다수인종의 소년들에 비해 더 그릇된 것으로 평가한다(Killen, Lee-Kim, 외 2002). 이들 후자의 발견은 아동들이 개인적으로 배제를 경험한 정도와 관계가 있을 것이다. 참여자의 민족성으로 인한 몇 가지 차이들은 도덕적 추론 반응의 정교화에서 드러났다. 다수인종의 학생들은 성과 인종적 배제를 나쁜 것으로서 평가하는 반면에("그러한 유형의 이유 때문에 누군가를 배제하는 것은 공평하지 못하다"), 소수인종의 학생들은 그릇됨에 관한 그들의 추론을 즉시적인 상황을 초월하여 확장하며, 한 문화의 구성원들이 민족성의 토대 위에서 배제할 때 무엇이 그러한 일을 그릇되게 만드는지에 관하여 논의하고자 하는 경향이 더 있다. 다음은 10학년의 아프리카계 미국인 소녀의 말이다.

> 사람들은 출신지역이 서로 다르다. 게다가 그들은 서로 다른 언어로 말을 한다. 그러나 모든 사람이 심장을 갖고 있고, 그들은 감정을 지니고 있으며, 그들은 또한 어떻게 감정을 펼쳐야 하는지도 안다. 그런데 마음이 아프다. 나는 만약 네가 "그래, 난 너와 인종이 다르기 때문에 너를 좋아하지 않아" 라고 말하는 그런 유형의 사람이라면 그것은 뭔가 잘못이라고 생각한다(Killen, Lee-Kim, 외, 2002, p. 55).

일반적으로 배제에 대한 도덕과 무관한 이유는 연령에 따라 점차 증가하며, 다수인종의 소녀들이나 소수인종의 개인들보다는 다수인종의 소년들 가운데 더 널리 이용된다. 따라서 사람들이 배제를 도덕적 위반으로 평가하는 것은 배제의 대상(성 혹은 인종), 내용(친교, 동료 클럽, 사회제도), 그리고 그들 자신의 상황에 관한 해석(그들의 정당화)에 따라 달라진다. 집단 간 관계 맥락에서 도덕성과 관련하여 등장하는 발달 그림은 도덕적 규범과 고정관념적인 규범 두 가지 모두가 매우 이른 시기에 사회적 추론에 영향을 미치며, 연령이 증가하면서 공평과 고정관념적인 규범은 아동들이 사회적 관계에 관하여 내리는 의사결정에 서로 다르게 영향을 미친다는 것을 암시한다.

결론

집단 간 관계 맥락에서의 도덕성에 관한 연구는 공평, 평등, 정의가 아동들의 삶에서 작용하는 방식과 더불어 다양한 경험의 배경을 가진 개인들에게 도덕적·윤리적 원리를 적용하는 것에 대한 평가를 방해 혹은 조장하는 방식들을 밝혀준다. 더 나아가 이 접근은 도덕적 평가를 함의하고 있는 도덕과 무관한 판단의 유형들을 확장시켜 준다. 이 장에서 우리는 집단기능과 고정관념의 기대와 같은 도덕과 무관한 사회적 판단들이 도덕적 의사결정에 영향을 미친다는 것을 입증했다. 사회인지 영역이론은 개인들이 사회인지적 이슈(예컨대 집단기능, 집단 정체성, 전통, 문화적 기대)와 심리적 관심(예컨대 개인적 선택과 자율성)에 어떻게 도덕적 사항(예컨대 공평, 평등, 정의)을 고려하는지를 검토하는 하나의 모델을 제공했다. 이 모델은 도덕판단의 총체적인 단계를 가정하는 전통적인 도덕발달 이론들과는 아주 다른 것으로, 개인들이 개인 상호 간과 집단 간 행동을 평가할 때 사용하는 도덕적 및 도덕과 무관한 서로 다른 추론의 형식들을 검증하는 하나의 틀을 제공한다.

집단 간 관계의 맥락에서 도덕성의 등장에 관한 이해를 풍부하게 해줄 수 있는 몇 가지 연구 노선이 존재한다. 사회인지 발달 이론은 아동들이 그들 자신의 경험에 관하여 추론하고, 이러한 해석들은 부분적으로 그들의 사회적 판단의 토대를 형성한다고 제안한다(Smetana, 1995, 이 책 제5장 ; Turiel, 1983, 이 책 제1장). 따라서 연구자들은 아동들과 청소년들의 차별 및 불공정 대우에 대한 개인적 경험과 배제 및 차별에 대한 그들의 평가 간의 관계를 분석해야 한다. 아동들의 개인적 경험이 차별적 대우의 공평에 관한 그들의 평가에 공헌한다는 지적은 많이 있다. 그러나 이 관계에 관해서는 알려진 바가 거의 없다(Fisher, Jackson & Villarruel, 1998). 요컨대 집단에서의 다수 혹은 소수의 역할은 개인들이 집단 간 관계를 평가하는 방식에 영향을 미친다. 이것은 아동 발달 문헌에서는 면밀한 조사가 거의 없는 것으로, 성인 사회심리학 문헌(Brown & Gaertner, 2001)에서 광범위한 조사를 받았던 독특한 사회적 경험의 형식이다. 한 문화의 다수 혹은 소수 구성원으로 겪는 경험이 어떻게 아동들의 차별, 공평, 배제에 관한 판단에 영향을 미치는가를 이해하기 위해서는 더 많은 연구가 필요하다.

잠재적 편견들이 성인의 사회적 태도에 팽배해 있다는 분명한 암시가 존재한다(Dovidio 외, 2001). 이와 관련하여 아동기와 청소년기에서 잠재적 태도에 관한 보다 많은 연구가 필요하다. 더 나아가 아동기에서 잠재적 편견과 명시적 편견 사이의 관계는 더 이해가 필요하다. 편견의 불공평에 대해 강력한 신념을 가진 아동들도 잠재적 편견을 지니고 있는가? 만약 그렇다면 이것은 우리에게 무엇을 말해주는가, 그리고 언제 이러한 잠재적 편견은 등장하는가?

잠재적 편견에 관한 최근의 연구는 성보다는 인종에 더 초점을 맞추어 왔다. 어느 정도 성에 관한 명시적 편견은 인종과 민족성에 관한 명시적 편견보다는 사회적으로 더 수용 가능한 것으로 간주되고 있다(확실히 지난 25년 이상). 따라서 연구자들은 잠재적인 인종적 편견을 검토할 보다 절박한 필요를 느낄 것이다. 아직까지 개인들이 집단 간 관계의 각기 다른 유형들을 생각하는 것에 관하여 알려진 바가 거의 없다. 성 배제를 그릇된 것으로 바라보는 개인들은 또한 인종적 배제를 그릇된 것으로 바라보는가? 종교, 문화적 공동체 의식, 신체장애자 지위와 같은 그러한 각기 다른 집단공동체 의식 범주들에 관해서는 어떤가? 개인들이 어떤 배제의 형식을 다른 배제의 형식보다 도덕적 관점에서 더 그릇된 것으로 인식하며, 그리고 집단 간 편견의 각기 다른 형식을 비교 연구하는 것은 편견적 판단 밑에 깔려 있는 바를 이해하는 데 공헌할 수 있다.

도덕발달 관점과 관련하여 연구자들은 공평, 평등, 정의, 권리와 같은 그러한 각기 다른 도덕적 추론의 형식들이 어떻게 집단 간 맥락에 적용되는지 검토해야 한다. 예를 들면 아동들은 단순한 배제의 맥락에서 공평 관심사를 언급하지만 보다 복잡한 상황에서 평등과 공평한 기회를 참조한다. 각기 다른 도덕적 설명의 형식에 관한 발달적 분석들은 상당히 막연하게 남아 있다. 그러나 도덕철학자들은 평등 혹은 권리 관점과 대조적으로 공평 입장에서 논증한다는 것이 무엇을 의미하는지를 구별한다(Gewirth, 1978 ; Nussbaum, 1999). 이들 추상적인 준거를 발달적 분석으로 전환하는 것은 도덕발달 연구의 기본목표로 남아 있다. 끝으로 세계 문화(즉 국민, 종교, 그리고 현대성)뿐만 아니라 지역 문화(즉 학교) 사이의 관계, 그리고 집단 간 태도는 더 많이, 더 깊이 검토되어야 한다(Turiel, 2002). 이들 각기 다른 영향의 원천은 분명히 아동들이 사회적 의사결정 상황에서 공평이나 혹은 고정관념적인 기대에 우선성을 부여하는 데 영향력을 지니고 있다. 그러나 아직 이들 문화적 변수들이 어떻게 집단 간 관계에 관한 아동들의 도덕적 추론에 영향을 주는지에 관해서는 알려진 바가 거의 없다.

인종적 및 성 평등을 향하여 큰 발걸음을 내딛었음에도 불구하고 서로 다른 배경을 가진 개인들 사이의 상호작용은 여전히 고정관념, 편견, 차별적 관습, 그리고 편견이 지속되고 있으며, 그것들은 사회적 삶에서 긴장과 스트레스, 그리고 갈등의 원인을 제공한다. 이러한 판단유형들의 발달적 기원, 등장, 그리고 궤도를 이해하는 것은 필수적이다. 고정관념적인 신념은 깊이 스며들며 성인기에 변화하기가 어렵기 때문에 우리가 고정관념이 어떻게 아동기에 등장하며, 아동들이 학교와 가정 맥락에서 사회적 관계에 관한 결정을 내릴 때 어떻게 고정관념을 사용하는지를 이해한다는 것은 가장 중요하다. 성인기에서 부정적인 집단 간 태도의 근본 원인을 밝히는 연구는 긍정적인 사회적 관계, 학업성취, 그리고 생산적인 노동력 환경을 촉진시키는 데 공헌한다. 궁극적으로 이들 이슈에 관하여 좀 더 이해함으로써 정의롭고 공평한 사회에 이바지하는 영향의 원천을 확인할 수 있다.

《 감사의 말 》

우리는 원고를 검토해 준 크리스티 에드먼드(Christy Edmonds), 하이디 맥그로쓰린(Heidi McGlothlin), 유디트 G. 스메타나(Judith G. Smetana), 그리고 엘리어트 투리엘(Elliot Turiel)에게 감사의 말을 전한다. 이 장에서 기술된 연구의 일부는 국립과학재단(National Science Foundation, #BCS034 6717)과 국립아동건강 및 인간발달연구소(National Institute of Child Health and Human Development, #1R01HD04121-01)의 승인을 받아 이루어졌다.

참고문헌

Aboud, F. E.(1981). Egocentrism, conformity, and agreeing to disagree. *Developmental Psychology, 17,* 791–799.

Aboud, F. E.(1988). *Children and prejudice.* New York : Blackewell.

Aboud, F. E.(2003). The formation of in–group favoritism and out–group prejudice in young children : Are they distinct attitudes? *Developmental Psychology, 39*(*1*), 48–60.

Aboud, F. E., & Amato, M.(2001). Developmental and socialization influences on intergroup bias. In R. Brown & S. Gaertnet(Eds.), *Blackwell handbook of social psychology : Intergroup relations*(pp. 65–85). Oxford, UK : Blackwell.

Aboud, F. E., & Doyle, A. B.(1995). The development of in–group pride in Black Canadians, *Journal of Cross–Cultural Psychology, 26*(3), 243–254.

Aboud, F. E., & Doyle, A. B.(1996). Parental and peer influences on children's racial attitudes. *International Journal of Intercultural Relations, 20*(3–4), 371–383.

Aboud, F. E., Mendelson, M. J., & Purdy, K. T.(2003). Cross–race peer relations and friendship quality. *International Journal of Behavioral Development, 27*(2), 165–173.

Allport, G. W.(1954). *The native of prejudice.* Reading, MA : Addison–Wesley.

Antill, J. K., Goodnow, J. J., & Russell, G.(1996). The influence of parents and family context on children's involvement in household tasks. *Sex Roles, 34*(3–4), 215–236.

Aronson, J., Fried, C. B., & Good, C.(2002). Reducing the effects of stereotype threat on African American college students by shaping theories of intelligence. *Journal of Experimental Social Psychology, 38*(2), 113–125.

Arsenio, W. F., & Lemerise, E. A.(2004). Aggression and moral development : Integrating social information processing and moral domain models. *Child Development, 75,* 987–1002.

Arsenio, W. F., & Lover, A.(1995). Children's conception of sociomoral affect : Happy victimizers, mixed emotions, and other expectancies. In M. Killen & D. Hart(Eds.), *Morality in everyday life*(pp. 87–128). Cambridge, UK : Cambridge University Press.

Asher, S., & Coie, J.(1990). *Peer rejection in childhood*. Cambridge, UK : Cambridge University Press.

Astor, R. A.(1994). Children's moral reasoning about family and peer violence : The role of provocation and retribution. *Child Development, 65*(4), 1054–1067.

Augoustinos, M., & Rosewarne, D. L.(2001). Stereotype knowledge and prejudice in children. *British Journal of Developmental Psychology, 19*, 143–156.

Averhart, C. J., & Bigler, R. S.(1997). Shades of meaning : Skin tone, racial attitudes, and constructive memory in African American children. *Journal of Experimental Child Psychology, 67*(3), 363–388.

Bennett, M., & Sani, F.(Eds.).(2004). *The development of the social self*. New York : Psychology Press.

Bernal, M. E., Knight, G. P., Ocampo, K. A., Garza, C. A., & Cota, M. K.(1993). Development of Mexican–American identity. In M. E. Bernal & G. P. Knight (Eds.), *Ethnic identity : Formation and transmission among Hispanics and other minorities*(pp. 31–46). Albany : State University of New York Press.

Biafora, F. A., Warheit, G. J., Zimmerman, R. S., Gil, A. G., Apospori, E., Taylor, D., & Vega, W. A.(1993). Racial mistrust and deviant behaviors among ethnically diverse Black adolescent boys. *Journal of Applied Social Psychology, 23*, 891–910.

Biernat, M.(2003). Toward a broader view of social stereotyping. *American Psychologist, 58*(12), 1019–1027.

Bigler, R. S., & Liben, L. S.(1993). A cognitive–developmental approach to racial stereotyping and reconstructive memory in Euro–American children. *Child Development, 64*, 1507–1518.

Bigler, R. S., Brown, C. S., & Markell, M.(2001). When groups are not created equal : Effects of group status on the formation of intergroup attitudes in children. *Child Development, 72*, 1151–1162.

Bourhis, R. Y., & Gagnon, A.(2001). Social orientations in the minimal group paradigm. In R. Brown & S. Gaertner(Eds.), *Intergroup processes : Blackwell handbook in social psychology*(Vol. 4, pp. 89–111). Oxford : Blackwell.

Brewer, M. B.(1999). The psychology of prejudice : In–group love or out–group hate? *Journal of Social Issues, 55*, 429–444.

Brown, R., & Gaertner, S.(Eds.).(2001). *Blackwell handbook in social psychology. Vol. 4 : Intergroup processes*. Cambridge, MA : Blackwell.

Carlson, C. I., Wilson, K. D., & Hargrave, J. L.(2003). The effect of school racial composition on Hispanic intergroup relations. *Journal of Social and Personal Relationships, 20*(2), 203–220.

Carter, D. B., & Patterson, C. J.(1982). Sex roles as social conventions : The development of children's conceptions of sex–role stereotypes. *Developmental Psychology, 18*, 812–824.

Clark, M. L., & Ayers, M.(1992). Friendship similarity during early adolescence : Gender and racial patterns. *The Journal of Psychology, 126*(4), 393–405.

Colby, A., & Kohlberg, L.(1987). *The measurement of moral judgment. Vol. 1 : Theoretical foundations and research validation*. New York : Cambridge University Press.

Crick, N., & Dodge, K. A.(1994). A review and reformulation of social information–processing mechanisms in children's social adjustment. *Psychological Bulletin, 115*, 74–101.

Crick, N., & Grotpeter, J.(1995). Relational aggression, gender, and social psychological adjustment. *Child Development, 66*, 710–722.

Crouter, A. C., Head, M. R., Bumpus, M. F., & McHale, S. M.(2001). Household chores : Under what conditions do mothers lean on daughters? In A. Fuligni (Ed.), *Family assistance and obligations during adolescence*. New Directions in Child Development Monograph. San Francisco : Jossey–Bass.

Crouter, A. C., Manke, B., & McHale, S. M.(1995). The family context of gender intensification in early adolescence. *Child Development, 66*, 317–329.

Dalbert, C., & Maes, J.(2002). Belief in a just world as a personal resource in school. In M. Ross & D. T. Miller(Eds.), *The justice motive in everyday life*(pp. 365–381). New York : Cambridge University Press.

Damon, W.(1977). *The social world of the child*. San Francisco : Jossey–Bass.

Devine, P. G., Plant, E. A., & Blair, I. V.(2001). Classic and contemporary analyses of racial prejudice. In R. Brown & S. L. Gaertner(Eds.), *Blackwell handbook in social psychology : Vol. 4 : Intergroup processes*(pp. 198–217). Oxford, UK : Blackwell.

Dovidio, J. F., Kawakami, K., & Beach, K. R.(2001). Implicit and explicit attitudes : Examination of the relationship between measures of intergroup bias. In R. Brown & S. Gaertner(Eds.), *Blackwell handbook in social psychology. Vol. 4 : Intergroup processes*(pp. 175–197). Oxford, UK : Blackwell.

Doyle, A. B., & Aboud, F. E.(1995). A longitudinal study of White children's racial prejudice as a social–cognitive development. *Merrill–Palmer Quarterly, 41*(2), 209–228.

Doyle, A. B., Beaudet, J., & Aboud, F. E.(1988). Developmental patterns in the flexibility of children's ethnic attitudes. *Journal of Cross-Cultural Psychology, 19,* 3-18.

Dworkin, R.(1986). *Law's empire.* Cambridge, MA : Harvard University Press.

Eccles, J., Jacobs, J., & Harold, R.(1990). Gender role stereotypes, expectancy effects, and parents' socialization of gender differences. *Journal of Social Issues, 46,* 183-201.

Eccles, J., Wigfield, A., Harold, R. D., & Blumenfeld, P.(1993). Age and gender differences in children's self-and task perceptions during elementary school. *Child Development, 64*(3), 830-847.

Eisenberg, N., & Fabes, R. A.(1998). Prosocial development. In W. Damon(Series Ed.) & N. Eisenberg(Vol. Ed.), *Handbook of child psychology. Vol. 3 : Social, emotional, and personality development*(5th ed., pp. 701-778). New York : Wiley.

Evans, I. M., Galyer, K. T., & Smith, K. J. H.(2001). Children's perceptions of unfair reward and punishment. *Journal of Genetic Psychology, 162*(2), 212-227.

Fazio, R. H., Jackson, J. R., Dunton, B. C., & Williams, C. J.(1995). Variability in automatic activation as an unobtrusive measure of racial attitudes : A bona fide pipeline? *Journal of Personality and Social Psychology, 69,* 1013-1027.

Fisher, C. B., Jackson, J. F., & Villarruel, F. A.(1998). The study of African-American and Latin-American children and youth. In W. Damon(Series Ed.) & R. Lerner(Vol. Ed.), *Handbook of child psychology. Vol. 1 : Theoretical models of human development*(5th ed., pp. 1145-1207). New York : Wiley.

Fisher, C. B., Wallace, S. A., & Fenton, R. E.(2000). Discrimination distress during adolescence. *Journal of Youth & Adolescence, 29*(6), 679-695.

Fiske, S.(2002). What we know now about bias and intergroup conflict, the problem of the century. *Current Directions in Psychological Science, 11,* 123-128.

Freedman-Doan, C., Wigfield, A., Eccles, J., Blumenfeld, P., Arbreton, A., & Harold, R.(2000). What am I best at? Grade and gender differences in children's beliefs about ability improvement. *Journal of Applied Developmental Psychology, 21,* 379-402.

Gaertner, S. L., & Dovidio, J. F.(1986). The aversive form of racism. In J. F. Dovidio & S. L. Gaertner(Eds.), *Prejudice, discrimination, and racism*(pp. 61-89). Orlando, FL : Academic Press.

Gaertner, S. L., & Dovidio, J. F.(2000). *Reducing intergroup bias : The Common Ingroup Identity Model.* Philadelphia : The Psychology Press.

Gewirth, A.(1978). *Reason and morality.* Chicago : University of Chicago Press.

Good, C., Aronson, J., & Inzlicht, M.(2003). Improving adolescents' standardized test performance : An intervention to reduce the effects of stereotype threat. *Journal of Applied Developmental Psychology, 24*(6), 645–662.

Goodnow, J. J.(1988). Children's household work : Its nature and functions. *Psychological Bulletin, 103*(1), 5–26.

Greenwald, A. G., Banaji, M. R., Rudman, L. A., Farnham, S. D., Nosek, B. A., & Mellott, D. S.(2002). A unified theory of implicit attitudes, stereotypes, self-esteem, and self-concept. *Psychological Review, 109*, 3–25.

Hallinan, M. T., & Smith, S. S.(1985). The effects of classroom racial composition on students' interracial friendliness. *Social Psychological Quarterly, 48*(1), 3–16.

Helwig, C. C., Arnold, M. L., Tan, D., & Boyd, D.(2003). Chinese adolescents' reasoning about democratic and authority-based decision making in peer, family, and school contexts. *Child Development, 74*, 783–800.

Helwig, C. C., & Turiel, E.(2002). Rights, autonomy, and democracy : Children's perspectives. *International Journal of Law and Psychiatry, 25*, 253–270.

Hoffman, L. W., & Kloska, D.(1995). Parents' gender-based attitudes toward marital roles and child rearing : Development and validation of new measures. *Sex Roles, 32*, 273–295.

Horn, S. S.,(2003). Adolescents' reasoning about exclusion from social groups. *Developmental Psychology, 39*, 71–84.

Horn, S. S., & Nucci, L. P.(2003). The multidimensionality of adolescents' beliefs about and attitudes toward gay and lesbian peers in school. *Equity and Excellence in Education, 36*, 136–147.

Howes, C., & Wu, F.(1990). Peer interactions and friendships in an ethnically diverse school setting. *Child Development, 61*(2), 537–541.

Judd, C. M., & Park, B.(1993). Definition and assessment of accuracy in social stereotypes. *Psychological Review, 100*, 109–128.

Kant, I.(1785/1959). *Foundations of the metaphysics of morals*. New York : Bobbs-Merrill.

Kao, G.(2000). Group images and possible selves among adolescents : Linking stereotypes to expectations by race and ethnicity. *Sociological Forum, 15*(3), 407–430.

Karpiniski, A., & Hilton, J.(2001). Attitudes and the Implicit Association Test. *Journal of Personality and Social Psychology, 81*, 774–488.

Katz, P. A., Sohn, M., & Zalk, S. R.(1975). Perceptual concomitants of racial attitudes in urban grade-school children. *Developmental Psychology, 11*(2), 135–144.

Kelly, M., & Duckitt, J.(1995). Racial preference and self-esteem in Black South

African children. *South African Journal of Psychology, 25*, 271－223.

Killen, M., Crystal, D., & Ruck, M.(2004, June 3). *Children's and adolescents' intergroup biases in the context of peer relationships*. Paper presented at the Annual Symposium of the Jean Piaget Society : Society for the Study of Knowledge and Development, Toronto, Canada.

Killen, M., & de Waal, F. B. M.(2000). The evolution and development of morality. In F. Aureli & F. B. M. de Waal(Eds.), *Natural conflict resolution*(pp. 352－372). Berkeley : University of California Press.

Killen, M., Lee－Kim, J., McGlothlin, H., & Stangor, C.(2002). How children and adolescents evaluate gender and racial exclusion. *Monographs of the Society for Research in Child Development, 67*(4, Serial No. 271).

Killen, M., McGlothlin, H., & Lee－Kim, J.(2002). Between individuals and culture : Individuals' evaluations of exclusion from social groups. In H. Keller, Y. Poortinga, & A. Schoelmerich(Eds.), *Between biology and culture : Perspectives on ontogenetic development*. Cambridge, UK : Cambridge University Press.

Killen, M., Park, Y., Lee－Kim, J., & Shin, Y.(2005). Evaluations of children's gender stereotypic activities by Korean parents and nonparental adults residing in the United States. *Parenting : Science and Practice, 5*, 57－89.

Killen, M., Pisacane, K., Lee－Kim, J., & Ardila－Rey, A.(2001). Fairness or stereotypes? : Young children's priorities when evaluating group exclusion and inclusion. *Developmental Psychology, 37*, 587－596.

Killen, M., & Stangor, C.(2001). Children's social reasoning about inclusion and exclusion in gender and race peer group contexts. *Child Development, 72*, 174－186.

Killen, M., Stangor, C., Price, B. S., Horn, S., & Sechrist, G.(2004). Social reasoning about racial exclusion in intimate and non－intimate relationship. *Youth and Society, 35*, 293－322.

King, M. L.(1957/1986). Facing the challenge of a new age. In J. M. Washington (Ed.), *I have a dream : Writings and speeches that changed the world*(pp. 14－28). San Francisco : Harper Press.

Kohlberg, L.(1971). From is to ought : How to commit the naturalistic fallacy and get away with it in the study of moral development. In T. Mischel(Ed.), *Psychology and genetic epistemology*(pp. 151－235). New York : Academic Press.

Kohlberg, L.(1984). *Essays on moral development. Vol. 2 : The psychology of moral development? The nature and validity of moral stages*. San Francisco : Harper & Row.

Konstantareas, M. M., & Desbois, N.(2001). Preschoolers perceptions of the unfairness of maternal disciplinary practices. *Child Abuse & Neglect, 25*(4), 473－488.

Lawrence, V. W.(1991). Effect of socially ambiguous information on White and Black children's behavioral and trait perceptions. *Merrill–Palmer Quarterly, 37*, 619–630.

Levy, G. D.(2000). Individual differences in race schematicity as predictors of African American and White children's race–relevant memories and peer preferences. *The Journal of Genetic Psychology, 161*(4), 400–419.

Levy, S. R., & Dweck, C. S.(1999). The impact of children's static versus dynamic conceptions of people on stereotype formation. *Child Development, 70*(5), 1163–1180.

Levy, S. R., Plaks, J. E., Hong, Y. Y., Chiu, C. Y., & Dweck, C. S.(2001). Static vs. dynamic theories and the perception of groups : Different routes to different destinations. *Personality and Social Psychology Review, 5*, 156–168.

Liben, L. S., & Bigler, R. S.(2002). The developmental course of gender differentiation. *Monographs of the Society for Research in Child Development, 67*(2, Serial No. 269).

Liben, L. S., Bigler, R. S., & Krogh, H. R.(2001). Pink and blue collar jobs : Children's judgments of job status and job aspirations in relation to sex of worker. *Journal of Experimental Child Psychology, 79*, 346–363.

Macrae, C. N., Stangor, C., & Hewstone, M.(1996). *Stereotypes and stereotyping*. New York : The Guilford Press.

Margie, N. G., Killen, M., Sinno, S., & McGlothlin, H.(2005). Minority children's intergroup attitudes about peer relationships. *British Journal of Developmental Psychology, 23*, 251–269.

Martin, C. L., Wood, C. H., & Little, J. K.(1990). The development of gender stereotype components. *Child Development, 61*, 1891–1904.

McGlothlin, H., Killen, M., & Edmonds, C.(2005). European–American children's intergroup attitudes about peer relationships. *British Journal of Developmental Psychology, 23*, 227–249.

McHale, S. M., Bartko, W. T., Crouter, A. C., & Perry–Jenkins, M.(1990). Children's housework and psychosocial functioning : The mediating effects of parents' sex role behaviors and attitudes. *Child Development, 61*, 1413–1426.

Moody, J.(2001). Race, school integration, and friendship segregation in America. *American Journal of Sociology, 107*(3), 679–716.

Moore, J. W., Hauck, W. E., & Denne, T. C.(1984). Racial prejudice, interracial contact, and personality variables. *Journal of Experimental Education, 52*(3), 168–173.

Morland, J. K., & Hwang, C. H.(1981). Racial/ethnic identity of preschool children :

Comparing Taiwan, Hong Kong and the United States. *Journal of Cross-Cultural Psychology, 12*, 409-424.

Nucci, L. P. (2001). *Education in the moral domain*. Cambridge, UK : Cambridge University Press.

Nucci, L. P., Camino, C., & Milnitsky-Sapiro, C. (1996). Social class effects on Northeastern Brazilian children's conceptions of areas of personal choice and social regulation. *Child Development, 67*, 1223-1242.

Nussbaum, M. (1999). *Sex and social justice*. Oxford : Oxford University Press.

Oakes, P. (2001). The root of all evil in intergroup relations? Unearthing the categorization process. In R. Brown & S. Gaertner (Eds.), *Blackwell handbook of social psychology. Vol. 4 : Intergroup relations* (pp. 3-21). Oxford, UK : Blackwell.

Okin, S. M. (1989). *Justice, gender, and the family*. New York : Basic Books.

Oskamp, S. (Ed.). (2000). *Reducing prejudice and discrimination*. Hillsdale, NJ : Lawrence Erlbaum Associates.

Park, B., & Rothbart, M. (1982). Perception of out-group homogeneity and levels of social categorization : Memory for the subordinate attributes of in-group and out-group members. *Journal of Personality & Social Psychology, 42*(6), 1051-1068.

Pettigrew, T. F. (1997). Generalized intergroup contact effects on prejudice. *Personality and Social Psychological Bulletin, 23*, 173-185.

Pettigrew, T. F., & Tropp, L. (2000). Does intergroup contact reduce prejudice? : Recent meta-analytic findings. In S. Oskamp (Ed.), *Reducing prejudice and discrimination* (pp. 93-114). Mahwah, NJ : Lawrence Erlbaum Associates.

Phinney, J. S., & Cobb, N. J. (1996). Reasoning about intergroup relations among Hispanic and Euro-American adolescents. *Journal of Adolescent Research, 11* (3), 306-324.

Piaget, J. (1932). *The moral judgment of the child*. Oxford, UK : Harcourt, Brace.

Piaget, J. (1952). *The origins of intelligence in children*. New York : International universities Press.

Powlishta, K. K., Serbin, L. A., Doyle, A., & White, D. R. (1994). Gender, ethnic, and body type biases : The generality of prejudice in childhood. *Developmental Psychology, 30*(4), 526-536.

Ramsey, P. G. (1991). The salience of race in young children growing up in an all-White community. *Journal of Educational Psychology, 83*(1), 28-34.

Ramsey, P. G., & Myers, L. C. (1990). Salience of race in young children's cognitive, affective, and behavioral responses to social environments. *Journal of Applied Developmental Psychology, 11*(1), 49-67.

Rawls, J.(1971). *A theory of justice*. Cambridge, MA : Harvard University Press.

Ritchey, P. N., & Fishbein, H. D.(2001). The lack of an association between adolescent friends' prejudices and stereotypes. *Merrill–Palmer Quarterly, 47*(2), 188–206.

Romero, A. J., & Roberts, R. E.(1998). Perception of discrimination and ethnocultural variables in a diverse group of adolescents. *Journal of Adolescence, 21*(6), 641–656.

Rubin, K. H., Bukowski, W., & Parker, J.(1998). Peer interactions, relationships and groups. In W. Damon(Series Ed.) & N. Eisenberg(Vol. Ed.), *Handbook of child psychology. Vol. 3 : Social, emotional, and personality development*(5th ed., pp. 619–700). New York : Wiley.

Ruble, D. N., & Martin, C. L.(1998). Gender development. In W. Damon(Series Ed.) & N. Eisenberg(Vol. Ed.), *Handbook of child psychology. Vol. 3 : Social, emotional, and personality development*(5th ed., pp. 933–1016). New York : Wiley.

Ruck, M. D., Abramovitch, R., & Keating, D. P.(1998). Children's and adolescents' understanding of rights : Balancing nurturance and self–determination. *Child Development, 69*, 404–417.

Rudman, L. A.(2004). Sources of implicit attitudes. *Current Directions in Psychological Science, 13*, 79–82.

Rutland, A.(2004). The development and self–regulation of intergroup attitudes in children. In M. Bennett & F. Sani(Eds.), *The development of the social self*(pp. 247–265). East Sussex, UK : Psychology Press.

Sagar, H. A., & Schofield, J. W.(1980). Racial and behavioral cues in Black and White children's perceptions of ambiguously aggressive acts. *Journal of Personality and Social Psychology, 39*, 590–598.

Sinno, S., & Killen, M.(2004). *Children's evaluations of working mothers and caretaking fathers : Evidence for shifting standards in childhood*. University of Maryland.

Skowronski, J. J., & Lawrence, M. A.(2001). A comparative study of the implicit and explicit gender attitudes of children and college students. *Psychology of Women Quarterly, 25*, 155–165.

Smetana, J. G.(1985). Preschool children's concepts of transgressions : The effects of varying moral and conventional domain–related attributes. *Developmental Psychology, 21*, 18–29.

Smetana, J. G.(1995). Morality in context : Abstractions, ambiguities, and applications. In R. Vasta(Ed.), *Annals of child development*(Vol. 10, pp. 83–130). London : Jessica Kingsley.

Stangor, C., & Schaller, M.(1996). Stereotypes as individual and collective representations. In C. N. Macrae, M. Hewstone, & C. Stangor(Eds.), *Foundations of stereotypes and stereotyping*(pp. 3–37). New York : Guilford Press.

Steele, C. M.(1997). A threat in the air : How stereotypes shape intellectual identity and performance. *American Psychologist, 52*(6), 613–629.

Stoddart, T., & Turiel, E.(1985). Children's concepts of cross–gender activities. *Child Development, 56*, 1241–1252.

Tajfel, H.(1978). *Differentiation between social groups : Studies in the social psychology of intergroup relations*. London : Academic Press.

Tajfel, H., & Turner, J. C.(1979). An integrative theory of intergroup conflict. In W. G. Austin & S. Worchel(Eds.), *The social psychology of intergroup relations*(pp. 33–47). Monterey, CA : Brooks–Cole.

Tamis–LaMonda, C. S., & Cabrera, N.(Eds.).(2003). *Handbook of father involvement : Multidisciplinary perspectives*. Hillsdale, NJ : Lawrence Erlbaum Associates.

Theimer, C. E., Killen, M., & Stangor, C.(2001). Preschool children's evaluations of exclusion in gender–stereotypic contexts. *Developmental Psychology, 37*, 1–10.

Tisak, M. S.(1986). Children's conceptions of parental authority. *Child Development, 57*, 166–176.

Turiel, E.(1983). *The development of social knowledge : Morality and convention*. Cambridge, UK : Cambridge University Press.

Turiel, E.(1998). The development of morality. In W. Damon(Ed.), *Handbook of child psychology. Vol. 3 : Social, emotional, and personality development*(5th ed., pp. 863–932). New York : Wiley.

Turiel, E.(2002). *The culture of morality*. Cambridge, UK : Cambridge University Press.

Turiel, E., Neff, K. D.(2000). Religion, culture, and beliefs about reality in moral reasoning. In K. Rosengren, C. Johnson, & P. Harris(Eds.), *Imaging the impossible : The development of magical, scientific and religious thinking in contemporary society*. Cambridge, UK : Cambridge University Press.

Vandiver, T.(2001). Children's social competence, academic competence, and aggressiveness as related to ability to make judgments of fairness. *Psychological Reports, 89*(1), 111–121.

Verkuyten, M., Kinket, B., & van der Wielen, C.(1997). Preadolescents' understanding of ethnic discrimination. *Journal of Genetic Psychology, 158*(1), 97–112.

Verkuyten, M., & Thijs, J.(2002). Racist victimization among children in The Netherlands : The effect of ethic group and school. *Ethnic and Racial Studies, 25*(2), 310–331.

Wainryb, C., Shaw, L., Laupa, M., & Smith, K. R.(2001). Children's, adolescents', and young adults' thinking about different types of disagreements. *Developmental Psychology, 37,* 373–386.

Wainryb, C., & Turiel, E.(1994). Dominance, subordination, and concepts of personal entitlements in cultural context. *Child Development, 65,* 1701–1722.

Wainryb, C., & Turiel, E.(1995). Diversity in social development : Between or within cultures? In M. Killen & D. Hart(Eds.), *Morality in everyday life : Developmental perspectives*(pp. 283–316). Cambridge, UK : Cambridge University Press.

Williams, E., & Radin, N.(1999). Effects of father participation in child rearing : Twenty-year follow-up. *American Journal of Orthopsychiatry, 69*(3), 328–336.

Wood, G. S.(2003, December 14). Slaves in the family. *The New York Times,* p. 10.

제7장

범문화적인 권리, 시민 자유, 그리고 민주주의

헬위그_Charles C. Helwig(토론토 대학교_University of Toronto)

최근에 인권과 민주주의에 관한 광범위한 논쟁과 논의가 있어 왔다. 이 용어의 의미와 다양한 국가와 문화적 배경에서의 그의 적용은 학계 내에서, 그리고 공공 및 국제 외교정책 논쟁에서 불일치하고 있는 문제이다. 한편으로, 역사가인 이그나티에프(Michael Ignatieff)는 최근의 인권에 관한 폭넓은 관심을 "권리혁명"(Ignatieff, 2000)으로 명명했다. 인권에 관한 보편적 호소의 증거는 서로 다른 정치적·문화적 체계를 가진 국가들이 전 세계적으로 UN의 보편적 인권선언을 승인하고 이와 함께 최근에 국제법에 이의 구현을 위해 노력하는 데에서 나타난다. 또 한편으로, 다른 사람들은 권리와 민주주의 개념이 생소할 뿐만 아니라, 원하지도 않는 문화들에 서구 양식의 정치체계를 부과함으로써 강력한 서구 국가들의 헤게모니적인 정치적 이익을 증진시키기 위해 사용하는 단순한 이데올로기적 관심전환용 정보에 불과할 뿐이라고 비난하고 있다.

권리와 민주주의는 서구 국가들에 특유한 것인가, 또한 그럼으로써 그들의 호소에 한계가 있는가, 아니면 최소한 몇 가지 측면에서 그것은 서구의 문화적 전통 및 시민들을 초월하여 타당성과 수용성을 지니고 있는가? 이에 관해 논평자들은 사람들이 유용한 증거를 직접적으로 경험하지도 않은 채 생각하고 믿는다는 것을 알아야 한다고 자주 요구한다. 이 장은 서구 문화와 비서구 문화 모두에서 수행된 권리, 시민 자유, 그리고 민주주의 개념의 발달에 관한 연구를 검토한다. 도덕판단의 포괄적 단계 이론(Kohlberg, 1981) 및 문화심리학(Shweder, 1999)과 같은 그러한 이론적 관점으로 권리와 민주주의 개념의 발달을 설명하고자 하는 시도들은 비판적으로 평가된다. 그러한 관점들은 포괄적 단계 혹은 광범위하게 걸친 문화적으로 규정된 정향에 의존하며, 다음과 같은 연구결과들의 몇 가지 측면을 설명할 수 없다. 곧 (a) 문화 내에서 발견된 권리와 민주주의에 관한 판단에서의 상황적 변수들, (b) 발달을 통하여, 그리고 다양한 문화에서 밝혀진 이들 개념에 관한 추론에서의 중요한 공통성을 설명하지 못한다. 이에 대한 하나의 대안적 설명은 사회적 발달 모델을 끌어들임으로써 이들 공통성과 변수를 설명하는 것인데, 그 모델은 개인들이 아동기의 이른 시기에 권리와 민주주의에 관한 독특한 도덕적 개념을 발달시키며, 그들의 추론이 발달하면서 이들 개념을 다른 사회적 상황의 특징들과 점차 복잡한 방식으로 통합한다고 제안한다.

서구 문화상황에서의 시민 자유와 권리에 관한 연구 : 표본조사와 포괄적 단계 접근

지난 몇십 년에 걸쳐 민주정치체계의 다른 측면들과 더불어 언론과 종교의 자유와 같은 그러한 권리와 시민 자유의 태도 및 추론에 대해 연구가 진행되어 왔다. 이들 주제에 관한 초기의 연구는 1950, 1960, 1970년대에 미국 성인들과 아동들의 시민 자유와 권리에 대한 태도를 대규모 표본조사를 통해 실시했던 정치학자들에 의해(McClosky & Brill, 1983 ; Prothro & Grigg, 1960 ; Sarat, 1975 ; Stouffer, 1955 ; Zellman & Sears, 1971), 그리고 피아제나 콜버그의 관점과 같은 그러한 포괄적 단계 관점들에 일반적으로 관심을 집중했던 발달심리학자들에 의해(예를 들면 Gallatin & Adelson, 1970, 1971 ; Melton, 1980) 수행되었다. 이들 연구의 일반적인 두 노선은 권리와 시민 자유의 개념들이 흔히 아동, 청소년, 일반 대중을 포함하여 많은 개인들에 의해 잘 이해되지 않고 있다는 결론에 이르렀다. 이 절에서는 이 두 가지 패러다임에 기원을 두고 있는 연구들이 논의되며, 이에 대해 비관적인 견해에 도달하게 된 연구결과들을 예시하고자 한다. 그런 이후에 이들 몇 가지 결론에 대해 의문을 제기하는 최근의 이론적 공식화와 연구를 검토한다.

표본조사 연구에서 정치학자들은 개인들에게 시민 자유에 대한 그들의 지지를 일반적 혹은 추상적으로(예를 들면 "나는 그들의 관점이 무엇이든 간에 상관없이 언론의 자유를 신봉한다"), 그리고 일련의 구체적인 상황에서 검증하는 여러 가지 질문을 하였다. 이들 표본조사의 일관된 결과는 질문이 추상적일 때 시민 자유에 대한 지지가 높은 수준으로 나타나지만 구체적인 상황에서는 시민 자유에 대한 지지가 훨씬 더 낮게 나타났다. 예를 들면 성인 반응자들의 단지 29%만이 나치당이나 3K단(역자 주 : 미국의 천주교도, 유대인, 흑인 등을 배척하는 백인지상주의 비밀결사)이 그들의 관점을 주장하기 위해 텔레비전에 등장하는 것을 허용해야 한다고 생각했으며, 단지 14%만이 테러리스트들이 폭발물을 제조하는 방법을 보여주는 도서들을 공공 도서관에 진열할 수 있다고 생각했다(McClosky & Brill, 1983). 이와 비슷하게 젤만(Zellman)과 시어스(Sears, 1971)는 아동들이 일반적으로 언론의 자유와 같은 가치들을 승인하는 것과 그들이 나치, 공산주의자, 베트콩 지지자들이 대중 연설을 하거나 텔레비전에 모습을 보이는 것을 허용해야 하는지에 관한 판단 간에는 아무런 상관관계가 없다는 것을 발견했다. 그 대신에 젤만과 시어스(1971)는 구체적인 상황에서의 판단은 표현의 자유를 실행하기 위한 집단 시도에 대해 지니고 있는 태도(긍정적인 혹은 부정적인)의 강도와 가장 밀접한 관련을 맺고 있다는 것을 발견했다. 그러나 고등교육을 받은 전문가들과 같은 엘리트들이 지니고 있는 태도에 관한 연구는 추상적으로 하는 판단과 구체적인 상황에서 하는 판단 간에 더 높은 일관성을 드러낸다(McClosky & Brill, 1983). 이들 표본조사 결과에 관한 공통적인 해석은 적어도 일반 대중에게 언론의 자유와 같은 그러한 시민 자유는 확신이나 혹은 진정한 이해 없이 단지 일반적인 "슬로건"으로 호소된다는 것이다(Prothro & Grigg, 1960 ; Sarat, 1975 ; Zellman & Sears, 1971).

다소 비슷한 결론은 아동들과 청소년들의 도덕판단에 관한 연구를 수행한 몇몇 발달심리학자들에 의해서도 나타났다. 물론 이들의 도덕판단은 권리와 시민 자유의 개념에 관한 그들의 이해를 포함하고 있었다.

이 연구의 상당부분은 콜버그의 도덕발달 이론에 의해 영향을 받았는데, 그의 이론은 도덕적 이해의 발달에서 세 가지 넓은 수준 내에 조직화된 일련의 6단계를 가정하고 있다. 아동기에서 시작하고, 구체적인 처벌 정향이 갖춰지며, 여기에서는 도덕적 옳음이나 그름은 애초에 권위자나 힘에 의해 결정된다. 청소년기에는 보통 중간의, 인습적 수준에 도달하게 되며, 옳은 행위는 현존하고 있는 사회조직을 지지하거나 법 혹은 사회 관습을 고수하는 것으로 정의된다. 그 계열은 원리화된 수준에서 최상에 이르며, 성인들 중 소수만이 이에 도달한다. 그리고 도덕성은 정의, 보편적 권리, 인간 존엄이라는 추상적 원리의 측면에서 정의된다(Kohlberg, 1981). 콜버그의 패러다임을 채택한 연구는 아동들과 성인들을 대상으로 남편이 그의 죽어가는 아내의 생명을 살리기 위해 약을 훔쳐야만 하는지 어떤지와 같은(하인즈 딜레마) 일련의 딜레마에 관한 도덕적 추론을 검증했다. 서구 사회와 비서구 사회 모두에서 개인들의 표준적인 도덕적 정향은 콜버그의 체계에서 인습적 수준에 해당하는 4단계에 머무는 것으로 확인되었는데, 그 단계는 흔히 개인의 권리, 정당한 법적 절차, 평등을 희생하면서도 사회질서와 그의 현존하는 법, 관습, 사회적 전통을 지지하는 것을 강조한다(Snarey, 1985).

비록 콜버그의 공식화가 그러한 일반적인 도덕 딜레마에 대한 반응을 통해 각 수준에서 지니게 되는 권리의 개념에 관하여 결론을 도출하지만 권리 그 자체의 개념은 직접적으로 조사되지 않았다. 그러나 또 다른 사람들은 권리 개념의 발달을 직접적으로 조사했던 그들 자신의 연구결과를 해석하는 하나의 지침으로서 콜버그의 체계를 활용했다. 예를 들면 멜톤(Melton, 1980)은 아동들로 하여금 **권리**를 정의하도록 요구하는 조사를 통해, 그리고 아동들의 권리(표현의 자유, 프라이버시, 공부, 적

법한 과정에 대한 권리를 포함하는)가 학교 권위자들, 부모, 나이가 많은 동료들의 요구와 갈등을 일으키는 일련의 딜레마를 통해 그들의 판단과 추론을 검토함으로써 그들 자신의 권리에 관한 개념을 조사했다. 멜톤(Melton, 1980)은 콜버그의 단계 계열과 유사한 것으로 권리에 관한 아동들의 이해에서 세 가지 대강의 수준을 발견했다. 나이가 어린 연령(6–8세)에서 권리는 단순히 아동들에게 허용된, 그리고 권위 인물들에 의해 취소될 수 있는 권력이나 특권과 동등한 것으로서 개념화되었다. 나이가 든 참여자들(8–13세)은 점차 권리를 공정에 기초한 것으로, 그리고 사회질서를 유지하는 데 공헌하는 것으로 간주했다. 청소년들(심지어는 성인들, Melton & Limber, 1992 참조) 가운데 단지 소수만이 세 번째 수준에 도달했는데, 그 수준에서는 권리가 보편적 · 추상적인 윤리적 원리들에 기초해 있으며, 권위 인물들에 의해 취소될 수 없는 자연적 권리로 개념화된다.

또 다른 연구는 아동과 청소년의 정부 또는 사회와 같은 정치적 환경에서의 권리 개념을 검토했다(Gallatin & Adelson, 1970, 1971). 갤라틴(Gallatin)과 아델슨(Adelson, 1970, 1971)은 개인의 권리와 시민 자유가 공공복지, 사회질서, 국가방위와 같은 보다 넓은 사회적 관심과 갈등을 일으키는 상황에서 미국, 독일, 영국 아동들과 청소년들이 지니고 있는 이들 권리에 대한 개념을 조사했다. 예를 들면 참여자들에게 언론의 자유는 국가 비상사태 혹은 전쟁시에 철폐되어야 하는지, 예방접종에 반대하는 종교 구성원들에게 국가가 그 절차를 밟도록 요구해야 하는지, 혹은 45세 이상의 남성들에게 해마다 의료검진을 받도록 요구해야 하는지 등을 물었다. 또한 그들에게 헌법상의 권리장전과 같은 고정불변적이어야만 하는 법의 예들을 말해보라고 요구했다.

갤라틴(Gallatin)과 아델슨(Adelson, 1970, 1971)은 몇 가지 상황에 관한 판단에서, 갈등을 해결하는 결정을 지지하기 위해 사용하는 추론의 종류에서, 그리고 고정불변적이어야 한다고 판단되는 법의 유형에서 발달적 차이를 발견했다. 나이가 든 청소년들은 나이가 어린 혹은 청소년기 이전의 아동들보다 의료검진을 요구하는 것과 같은 법을 개인들의 자유와 프라이버시에 대한 침해로 간주하는 경향이 더 많았다. 개인의 권리와 공공 선 사이의 갈등에 관한 그들의 추론에서 나이가 더 든 청소년들은 개인의 프라이버시나 자유의 보호, "공공복지", "국가적 선"과 같은 사회적 관심을 보다 유기적으로 연관시키는 반면에, 나이가 어린 청소년들과 청소년기 이전의 아동들은 질병의 직접적인 위협 혹은 행동의 다른 부정적인 효과들과 같은 구체적인 결과에 더 호소하는 경향이 있었다. 또한 나이가 더 든 청소년들은 언론의 자유나 종교의 자유와 같은 시민 자유를 영구적인 법에 의해 보호되어야 하는 영역으로 간주하는 경향이 더 높았다. 비록 반응에서 약간의 국가 간 차이가 존재했지만—미국인들은 몇 가지 갈등에서 개인의 자유에 우선권을 부여하는 경향이 가장 두드러졌다—이들 일반적인 발달양식은 연구된 세 민족을 관통하여 일관적으로 나타났다. 갤라틴(Gallatin)과 아델슨(Adelson, 1970)은 청소년기 이전의 아동들은 "추상적인 정치적 개념에 관하여 단지 어렴풋한 이해"(p. 226)를 하고 있으며, 개인의 자유에 관한 추상적인 개념은 청소년 중기에 발달하고 아마도 형식적 조작의 달성과 가설적인 연역적 추론과 같은 인지발달과 연합된 추론에서의 포괄적인 변화와 관련될 것이라는 결론을 내리고 있다(Inhelder & Piaget, 1958).

포괄적 단계 접근과 표본조사 연구 : 몇 가지 개념적·방법론적 문제

앞절에서 검토했던 연구는 시민 자유에 관한 추상적 개념이 기껏해야 청소년기 후기에 발달하거나(예를 들면 Gallatin & Adelson, 1970) 아니면 최악으로 대부분의 사람들에게서 전혀 발달하지 않는다는 결론에 이르렀다(예를 들면 McClosky & Brill, 1983 ; Melton, 1980 ; Melton & Limber, 1992 ; Sarat, 1975). 그러나 어린 아동과 청소년, 일반 대중의 판단과 추론에 관한 이러한 결론은 이 연구가 지닌 몇 가지 한계들에 비추어 재고되어야 할 필요가 있다(Helwig, 1995a ; Helwig & Turiel, 2002 ; Turiel, Killen & Helwig, 1987). 첫째, 이 연구에 사용된 몇몇 사정(assessment)은 아동들에게 권리와 같은 추상적인 용어의 정의를 제공하고 헌법적으로 보장되어야 하는 법과 같은 예들을 말하도록 요구했다(Gallatin & Adelson, 1971 ; Melton, 1980). 다른 영역에서의 연구는 사람들이—비록 이들 원리들에 관하여 직접적으로 답을 요구받거나 혹은 관련된 예들을 말해보라고 질문을 받을 때 그 원리들을 유기적으로 관련지어 답할 수 없다 하더라도—사회적 인과율, 수, 언어의 구조적 원리들과 같은 그러한 개념에 관한 상당히 함축적인 지식을 소유할 수 있다는 것을 보여주었다(예를 들면 Nisbett & Wilson, 1977 ; Shweder, Mahaptra & miller, 1987). 이에 상응하는 것으로 권리에 관한 이전의 연구에서 사용된 많은 방법들은 어린 아동 혹은 심지어는 청소년과 성인까지도 언어적으로 잘 표현하지 못한다는 편견으로 나아가게 하는 강력한 결과 요구를 이끌어냈다. 이들 방법은 단지 청소년기에서 발달하는 것으로 기대되는, 그리고 성인기에서조차도 개인에 따라 차이가 있을 수 있는 도덕적 반성과 메타 인지적 능력의 발달을 요구하고 있다(Moshman, 1998).

둘째, 이 연구의 대부분의 기초를 형성하고 있는 사회적 추론의 모델은 어쩌면 문제가 있으며 불완전한지도 모른다. 조사연구와 발달심리학 연구 두 가지 모두 공히 참여자들에게 이들 권리가 다른 사회적·도덕적 이슈(예를 들면 법, 공공복지 혹은 해, 평등)와 갈등하는 상황들을 제시했다. 이 모델의 잠재적인(그리고 때로는 명시적인) 가설은 시민 자유나 권리에 관한 개념이 맥락화된 판단에서 오로지 다른 사회적·도덕적 관심보다 우선할 때만 추상적이고 원리적이며 참된 것으로 보인다는 것이다. 따라서 개인들이 몇몇 상황에서 다른 이슈들보다 시민 자유나 혹은 개인의 권리에 우선권을 부여할지는 의문이다(예컨대 Sarat, 1975 ; Zellman & Sears, 1971). 그러나 이 모델은 권리와 시민 자유가 진정으로 유지되는 절대적인 것이어야 한다는 것을 가정하는데, 이는 권리들이 어떤 상황에 함축된 다른 중요한 도덕적·사회적 관심사와 갈등할 때와 같이 도덕적 원리들에 대한 잠재적인 예외를 고려하지 않는 입장이다. 연구에 사용된 많은 조사 표본과 갈등은 이러한 성질을 지닌 것으로 보인다. 그것들은 인종 증오의 전파(예를 들면 나치나 3K에 의한 연설), 민주정치체계나 민족국가에 대한 지각된 위협(예를 들면 전쟁이나 국가 비상시), 심지어 신체적 해나 폭력(예를 들면 테러리즘)과 같은 그러한 중요한 갈등하는 도덕적 이슈들을 불러일으킨다. 도덕철학자들은 진정으로 유지되는 권리의 개념들이 어떤 상황에서는 다른 관심사에 의해 합법적으로 무시될 수도 있다고 주장하고 있다(Dworkin, 1977 ; Meldon, 1977). 따라서 조사연구와 포괄적 단계 접근 두 가지 모두는 어려운 갈등에 놓여 있는 권리에 관한 추론과 판단에만 주로 혹은 배타적으로 초점을 맞춤으로써 권리나 시민 자유의 중요한 개념들을 놓치고 있거나 혹은 저평가하고 있는지도 모른다.

상황변수에 대한 고려 : 청소년기에서의 권리와 시민 자유에 관한 최근의 연구

보다 최근의 연구는 아동과 청소년이 권위나 법으로부터의 독립과 같은 개념들에 관하여 추론하는 일반적 준거, 그리고 권리와 자유의 개념이 서로 다른 형태에서의 갈등과 보다 단순한 상황에서의 갈등 두 가지 모두를 포함하는 다양한 상황에 어떻게 적용되는가를 검토함으로써 개인의 자유와 권리에 대한 이해의 발달을 탐구했다(Helwig, 1995a, 1997, 1998). 헬위그(Helwig, 1995a)의 경우, 참여자들(7학년과 11학년 그리고 대학생들)에게 자유와 다양한 상황에서 그의 적용에 관한 일련의 일반적인 질문을 제시했다. 일반 질문은 자유의 개념에 관한 비판적 측면을 사정하는 것으로 되어 있는데, 이들 권리가 도덕적 권리로 보이는지(Gewirth, 1978) 어떤지, 범문화적 · 보편적인 것으로 판단되는지 어떤지, 그리고 이에 상응하여 정부에 의해 이들 권리에 부과된 일반적인 법적 제한은 나쁜 것으로 판단되는지 어떤지 등으로 구성되었다. 구체적인 상황에서의 적용은 개인들이 단순한 상황(예를 들면 정부의 경제정책에 대해 비판적인 대중 연설을 하는 개인)에서 자유의 기본적인 적용을 이해하는지 어떤지, 그리고 그들이 인종적 비방을 포함하거나 폭력을 옹호하는 연설에서, 혹은 심리적·신체적 해가 승낙하는 참여자들에게 가해지는 종교의식에서와 같이 다른 사회적·도덕적 이슈와 갈등을 일으킬 때 자유에 관하여 어떻게 추론하는지를 결정하도록 설계되었다.

연구결과는 모든 연령에서 언론과 종교의 자유에 관한 개념이 권위와 법에 독립적인 "자연적 권리"로서 보유되고 있으며, 문화적 상황을 관통하여 일반화되었다는 것을 나타내 주었다(Helwig, 1995a). 청소년들은 추론과정에서 도덕 및 정치철학자들이 이들 권리를 정당화하는 데 전형적으로 사용했던 몇 가지 정당화에 호소했다(Emerson, 1970). 언론의 자유는 자기 표현과 자율성에 대한 개인적인 심리적 욕구를 충족시키고 정보의 흐름에 자유롭게 다가간다는 확신을 하는 데 있어서, 유용한 혁신의 발견을 촉진시킴으로써 사회 진보로 나아가고 정치적 표현과 목소리의 민주적인 도덕적 기능을 충족시키는 데 있어서(예컨대 소수 목소리가 민주정치질서 속에 표현된다는 신념에 의해) 중요한 것으로 보였다. 이와 대조적으로 종교의 자유는 공유된 정체성과 집단 전통 내에서의 개인적인 자기 표현을 위한 하나의 중요한 방식으로 지각되었다. 이들 모든 정당화는 가장 어린 청소년들(13세)에서조차도 이들 자유를 지지하는 데 사용되었다.

헬위그(Helwig, 1995a)의 연구에서 모든 연령의 참여자들은 이들 개념을 단순한 상황에 적용했으며, 행사 중인 시민 자유에 역행하는 정부법이나 제한을 나쁜 것으로서 거부했다. 그들은 또한 비록 모든 경우는 아니지만 몇몇 갈등에서 자유를 적용했다. 그들은 특히 신체적 해가 분명하게 예상되는 결과로 보이는 상황에서는 시민 자유에 우선권이 부여되어져서는 안 된다고 주장하는 경향이 있었다. 또한 자유가 어떤 갈등하는 이슈들을 지배하는 것으로 보여지는가 어떤가에 대해서는 연령 차이가 있었다. 보다 어린 청소년들은 나이가 더 든 청소년들에 비해 저임금 사람들을 정당에서 배제하는 것을 옹호하는 연설에서, 혹은 저임금 사람들을 조직에서 중요한 위치에 임명되는 것을 금지하는 경우에서와 같이 평등의 이슈들과 갈등을 일으킬 때 시민 자유에 대한 제한을 더 지지하는 경향이 있었다. 보다 어린 청소년들은 또한 나이 든 청소년들에 비해 시민 자유를 제한하는 가설적 법들이, 비록 그들이 자유를 제한하는 이런 법들이 나쁘며 불공정하다고 판단했지만 준수되어야 한다고 판단하는 경향이 있었다. 시민 자유를 제한하는 법들에 대한 평가와 이들 불공정한 법에 대한 동의의 판단은 발달과 더불어 개인의 추론에서 더 잘 통합되며 연합되는 것으로 보인다(Helwig, 1995a).

후자의 연구결과는 포괄적 단계 접근의 주창자들이 청소년기와 성인기에서 일반적인 도덕추론이라고 주장하는 인습적 정향을 이해하는 데 도움이 된다(Kohlberg, 1981). 개인들이 그들의 도덕적 정향에서, 그리고 권리에 대한 그들의 상응하는 개념에서 "인습적"이라는 콜버그 이론의 결론은 개인들이 권리를 유지하기 위해 법을 파괴하도록 요구받는 상황들(예컨대 하인즈 딜레마)에 관한 판단과 추론의 연구들로부터 도출된다는 것을 회상하라. 그러나 헬위그(Helwig, 1995a)의 연구결과가 암시하는 바와 같이 그러한 법에 대한 동의를 지지하는 개인들이 권리를 사회적 인습이나 권위와 구분하지 못한다는, 혹은 그들은 권리를 이들 원천들로부터 유일하게 도출되는 것으로 본다는 결론은 문제가 있다. 대신에 개인들은 단순한 상황에서 권리를 정의하거나 그것을 적용하는 준거에 관하여 판단하도록 요구받을 경우 때때로 권위와 법으로부터 독립하여 권리에 대한 판단을 하며, 그리고 다른 경우에 불공정한 법에 대한 복종이나 동의에 대해 판단을 내릴 때와 같은 경우 그들은 권리를 법에 종속시킨다. 이들 서로 다른 판단의 영역들에 대한 분리를 허용하지 않는 방법론은 따라서 권리를 사회적 인습 및 법 규범과 구분하는 개인의 능력을 저평가하거나 잘못 설명하기 쉽다.

어떤 상황에서는 권리와 자유를 승인하지만 또 다른 상황에서는 권리를 다른 사회적 · 도덕적 이슈에 종속시키는 똑같은 일반적 유형은 그 밖의 다른 국가 간 및 문화 간 연구들에서 발견되어 왔다. 클레멘스(Clemence), 도이스(Doise), 드 로사(de Rosa), 그리고 곤잘레즈(Gonzalez, 1995)는 코스타리카, 프랑스, 이태리, 그리고 스위스에서 권리의 판단을 연구했다. 이 연구에서 13-20세에 이르는 연령분포의 참여자들에게 일련의 상황이 주어졌을 때 각각의 예가 인권을 파괴하는 요소를 지니고 있는지의 여부를 판단하도록 했다. 정부에 대해 저항했다는 이유로 개인을 투옥시키는 것이나 소수민족에 대한 차별과 같은 몇몇 상황은 어느 국가에서이든 다수에 의한 인권 파괴로 판단되었다. 그러나 다른 상황에서는 공동체 복지에 대한 관심사나 법과 질서의 이슈가 개인의 권리와 자유에 우선해야 한다고 판단했다. 이는 전화 통화에 대한 정부의 도청, 사형, 전염병을 가진 사람들이 병원에 입원하는 것을 허용하도록 요구하는 법과 같은 상황에서 발생했다.

몇몇 연구는 비서구권 또는 전통 사회에서의 시민 자유와 그 밖의 다른 권리들에 관한 판단을 연구하기 시작했다. 한 연구는 이슬람교 사회의 드루즈(Druze)파를 대상으로 권리에 관한 청소년과 성인의 판단 및 추론을 검토했다. 드루즈파는 코란에 토대를 두고 있는 종교공동체이며, 이스라엘에서 분리되고 격리된 촌락에서 살고 있다. 그 연구는 헬위그(Helwig, 1995a)가 사용했던 방법과 비슷한 방법을 사용했는데, 그것은 언론 및 종교의 자유와 같은 시민 자유와 다른 권리를 일반적인 상황 그리고 해 피하기, 공동체 이익, 아버지 권위와 같은 다른 관심사와 갈등을 일으키는 다양한 상황 등 두 가지 모두에서 검토하는 것이다. 시민 자유는 일반적으로 몇몇 상황에서, 특히 갈등하는 관심사가 강하지 않을 때 승인된다는 것이 밝혀졌다. 그러나 갈등하는 관심사의 특징이 강한 다른 상황에서—해를 내포했던 종교적 관습 혹은 그들의 자녀에게 소홀했던 과거의 역사를 가진 부부의 아이를 다시 낳을 자유에 관하여 판단을 내릴 때와 같은—권리는 흔히 다른 이슈에 종속되었다. 몇몇 특수한 유사한 경우들이 이 연구의 드루즈파 청소년들의 추론 및 헬위그(Helwig, 1995a) 연구의 미국 청소년들 사이에서 발견되었다. 두 문화의 청소년들은 언론의 자유와 같은 권리를 정당화하는 데 심리적 정당화(혹은 자율성과 자기 표현에 대한 보편적인 인간적 욕구에 관한 신념들)와 이들 권리에 의해 소용되는 민주적 원리와 같은 비슷한 근거들에 호소했다. 두 문화에는 또한 연령이 높아지면서 시민 자유를 제한하는 불공정한 법의 파괴를 수용 가능한 것으로 판단하는 경향이 있었는데, 이는 법적 · 도덕적 의무가 현존하는 법에 대한 복종보다는 시민 자유에 우선권을 부여하는 경향의 방식에서 발달에 통합되기 시작한다는 것을 암시해 준다. 투리엘(Turiel)과 와인립(Wainryb, 1998)의 연구결과는 전통적인 비서구권 사회의 개인들이 의미 있는 방식으로 상황에 적용하는 시민 자유의 복잡한 개념을 발달시킨다는 것을 보여주고 있으며, 더 나아가 이들 개념에 관한 판단과 추론에서 최소한 몇 가지 연령과 관련된 변수가 문화적으로 일반적인 발달유형을 따를 것이라는 것을 시사하고 있다.

요약하면, 검토된 최근 연구들의 결과는 권리와 시민 자유에 관한 추론의 연구에서 각기 다른 판단의 차원들을 분리하는 일이 매우 중요함을 예증해 주고 있다. 물론 여기에는 각기 다른 유형의 추상적인 상황과 맥락화된 상황에서의 유사점과 차이점에 대한 설명도 포함된다. 도덕적 영역을 규정하는 것으로 믿어진 준거의 역할을 직접적으로 검토해 본 결과(예컨대 법과 권위에 관한 보편성과 비우연성) 시민 자유와 권리에 관한 추론의 몇 가지 측면은 청소년기에 지속적으로 발달하는 것으로 확인되었다. 이들 측면은 사회적 인습과 법에 독립적인 것으로 여겨지는 보편적 권리로서의 시민 자유에 관한 개념화, 그리고 역사적으로 철학적 · 정치적 이론화에서 이들 권리를 정당화하고 지지하는 데 인용되어 왔던 실질적인 근거들과 이들 자유의 연합을 포함한다. 동시에 비록 개인들이 이들 권리를 많은 상황(단순한 상황 그리고 다른 이슈들과 갈등하는 상황)에서 적용하는 것으로 밝혀져 왔지만 그들은 때때로 권리를 다른 사회적 · 도덕적 관심사에 종속시키는데, 그러한 관심사는 해악의 회피 및 개인들에 대한 불평등한 대우와 같은 법 준수와 갈등하는 도덕적 규범 및 가치의 이슈들을 포함한다. 그러나 몇몇 정치학자들이 제시한 바와 같이(예컨대 Prothro & Grigg, 1960) 사람들이 시민 자유를 이해하지 못한다는 것을 나타낸다기보다 최근의 연구는 다양한 연령, 국적, 문화에 속하는 개인 간에 시민 자유에 관한 진정한 이해와 함께 책무를 입증하고 있으며, 이는 시민 자유가 개인들의 도덕적 판단에서 작동하는 유일한 사회적 · 도덕적 관심은 아니라는 인정과 결부된다(Helwig, 1995a ; Helwig & Turiel, 2002).

이 연구에서 발견된 상황적 변수는 포괄적 단계 접근들(Kohlberg, 1981 ; Melton, 1980)과는 양립하지 않는데, 그 접근들은 청소년들의 추론을 권리와 시민 자유에 관한 순수하게 사회적인 인습적 이해에 토대를 두는 것으로 특징짓고 있다. 그러나 전체적인 연구결과의 양식은 도덕성과 사회적 인습 같은 사회적 · 도덕적 개념의 영역이 매우 이른 시기에 구분되고 발달과정을 통하여 점차 복잡한 방식에서 서로 상호 연관된다는 가정을 하는 사회적 추론 모델들과 일치한다(Helwig, 1995b ; Turiel, 1998). 보통 **영역 접근**이라 명명된 이러한 관점은 아동들이 서로 다른 형태의 사회적 경험에 직면하면서 다양한 사회적 이해의 형식을 구성한다고 가정한다. 이러한 이해는 권위, 전통, 그리고 명시적인 사회적 규칙과 관습에 토대를 둔 사회적·인습적 개념뿐만 아니라 정의, 공정, 해악에 대한 관심에 토대를 둔 도덕적 개념을 포함한다. 이 관점에 따르면 개인들의 추론은 발달에서 서로 다른 위치에 있는 다른 형식을 무시하고 한 가지 사회적 추론 형식을 강조하는 포괄적인 혹은 중심적인 경향성의 견지에서 기술될 수 없다. 오히려 개인들은 두드러진 것으로 지각되는 특별한 상황의 특징과 각기 다른 갈등하는 관심사의 유형이 발달과정상 각기 다른 위치에서 통합되는 방식과 같은 그러한 다양한 요소에 따라 서로 다른 관심사에 우선권을 부여한다(Helwig, 1995b ; Neff & Helwig, 2002 ; Turiel, 1998).

기원과 전조 : 아동기에서의 권리와 시민 자유의 개념

앞절에서 기술된 연구에 의해 제기되었던 한 가지 이슈는 권리, 개인의 자율성, 시민 자유의 개념이 청소년기 이전에 발달하는가의 여부이다. 몇몇 연구 노선은 아동기에서의 권리와 시민 자유에 관한 판단을 탐구하기 시작했다(Helwig, 1997, 1998 ; Nucci, 1981, 2001 ; Ruck, Abramovitch & Keating, 1998). 사회영역 접근에서 수행된(이 책 Turiel, 제1장, 그리고 Smetana, 제2장도 볼 것) 연구의 한 노선은 아동들이 개인적인 의사결정 자율성을 갖고 있는 것으로 믿는 영역인 **개인적 이슈들**(personal issues)에 관한 아동들의 이해를 탐구했다. 권리의 개념은 때때로 아동을 포함하는 사람들이 다른 개인 혹은 권위자의 간섭으로부터 자유롭다고 판단되는 개인의 자율성 분야나 영역의 발달과 관련되어 있다(Gewirth, 1978 ; Nucci & Lee, 1993). 개인적 이슈들에 관한 연구에서 아동들에게 전형적으로 서로 다른 종류의 선택에 관한 예들을 제시하고 그것들은 아동들이 결정해야 하는 것인지의 여부를 판단하도록 요청하거나, 혹은 그들에게 부모나 교사와 같은 권위자에 의해 아동들의 선택에 부여된 가설적인 규칙이나 제한의 적절성을 평가하도록 요구했다. 이러한 방법은 앞에서 기술되었던 포괄적 단계 접근에서 사용된 딜레마 방법과는 대조적이다.

미국인 아동들과 청소년들을 대상으로 한 연구들(예컨대 Nucci, 1981 ; Smetana, 1989)은 아동들이 친구의 선택, 여가활동, 그리고 외모(예컨대 헤어스타일 혹은 의복의 선택)와 같은 문제에 관하여 그들 스스로 의사를 결정하는 것에 대해 권위자가 제한하거나 금지하는 규칙은 아주 어린 아동들조차도 잘못된 것이거나 비합법적이라고 판단한다는 것을 보여주고 있다. 이들 판단은 전형적으로 개인의 선택이나 자율성에 대한 아동들의 욕망 또는 욕구와 관련되어, 혹은 그들의 권리에 대한 명시적인 호소에 의해 정당화된다. 개인적 영역은 유치원 연령에서 시작하여 청소년기로 연속되는 것으로, 아동들이 점차 확대되어 가는 그들의 삶의 영역에 대해 그들 스스로 의사결정을 하고자 하는 자율성을 요구하는 상황의 맥락에서 발달한다(Nucci, 2001 ; Smetana, 2002). 개인적 영역의 구성은 브라질(Nucci, Camino & Sapiro, 1996), 콜롬비아(Ardila-Rey & Killen, 2001), 일본(Killen & Sueyoshi, 1995), 홍콩(Yau & Smetana, 2003a)을 포함하여 각기 다른 다양한 문화적 환경에서 발견되고 있다. 아동들은 몇 가지 상황에서 권위자의 명령이나 통제를 거부하게 하는 개인적 의사결정 자율성의 영역을 발달시킨다는 연구결과는 어린 아동들이 그들 자신의 권리나 자율성을 오로지 성인들에 의해 허락된 특권의 형식 내에서만 규정한다는 포괄적 단계 관점의 주창자들(예컨대 Melton, 1980)에 의해 도달된 결론과 대조적이다.

개인적 자율성에 관한 개념의 발달은 언론과 종교의 자유와 같은 시민 자유의 개념에 대한 전제조건임이 예상될 수 있다. 청소년들의 추론 가운데 발견된 언론 자유와 같은 시민 자유에 대한 기본적인 정당성들 가운데 하나는 이들 권리가 자율성과 자기 표현을 위한 기본적·보편적·심리적 욕구와 연합되기 때문에 보호되어야 한다는 것임을 상기하라. 이들 지각된 보편적인 인간의 욕구는 정부나 다른 권위자의 행위에 한계를 부여하는 데 사용될 수 있는 보편적 권리 혹은 인간 권리에 관한 일반화된 개념의 토대를 형성하는 데 필요한 원천을 제공할 수 있다.

캐나다 초등학교 아동들의 언론과 종교의 자유에 관한 판단을 조사했던 연구는 이들 도덕적 권리의 일반적 특징에 대한 이해가 아동기 초기부터 발달하는 것으로 보인다는 것을 발견했다. 예를 들면 6세 연령의 아동들은 언론과 종교의 자유를 모든 문화에서 적용해야만 하는 보편적 권리로 간주하며, 그들은 정부에 의해 이들 권리에 부과된 일반적 제한을 그릇된 혹은 비합법적인 것이라고 부정적으로 평가하고 있다(Helwig, 1997, 1998). 이들 연구에서 보면 아동기에 언론과 종교의 자유를 지지하기 위해 사용된 정당성의 종류에서 발달적 차이가 존재했다. 보다 어린 아동들(6세)은 시민 자유를 개인의 선택과 표현에 대한 욕구에 호소함으로써 지지하는 경향이 있었다. 이는 그들이 언론과 종교의 자유와 같은 권리를 이른 시기에 개인적 영역에 관한 그들의 발달하는 관념과 연결시킨다는 것을 암시한다. 그러나 8세를 전후하여 아동들은 또한 이들 권리에 관한 보다 넓은 사회적 · 문화적 · 민주적 함축들을 지각하기 시작한다. 예를 들면 나이가 든 아동들은 언론의 자유를 사회적 혁신으로 나아가게 할 수 있는 개인 간의 의사소통을 촉진하는 것으로 보거나 혹은 언론의 자유를 개인들로 하여금 저항이나 청원에서 그들의 관심에 대해 목소리를 낼 수 있도록 함으로써 사회적 부정의들이 교정될 수 있는 중요한 수단으로서 지각했다(Helwig, 1998). 아동들이 정치적 영역에 관한 보다 복잡한 개념과 서로 다른 정치적 행위의 유형에 대한 가능성을 발달시킴에 따라 민주정치질서 내에서 시민 자유의 가치와 기능에 관한 그들의 이해는 고양된다. 이들 연구에서는 어떤 연령에서도 시민 자유에 관한 아동들의 개념이 권위, 현존하는 사회적 법 혹은 문화적으로 특수한 사회조직의 형식에 의해 제한되지 않는 것으로 밝혀졌다.

이 연구는 도덕적 권리와 같은 시민 자유의 기본적 특징은 아동기 초기에 발달한다고 제시한다. 이것은 권리와 시민 자유에 관한 추론에서의 중요한 발달이 아동기나 그 이후에는 일어나지 않는다는 것을 의미하는 것이 아니다. 연령 차이는 이들 권리가 어떻게 서로 다른 사회적 상황에 적용되는가에서 발견되고 있는데, 그러한 서로 다른 사회적 상황은 아동들이 권리를 행사하는 행위자의 능력 및 성숙에 관한 지각과 같은 요소들에 의해 발휘된 상황들과 역할의 특징을 이해하는 데 있어서의 발달과 관련된다. 예를 들면 한 연구에서(Helwig, 1997) 아동, 청소년, 성인에게 각기 다른 권위자(예컨대 정부, 학교 교장, 부모)가 성인이나 아동에게 그들의 언론 자유 권리를 행사하는 것(예컨대 록 음악에 관하여 이야기하는 것)을 금지하거나 혹은 권위자가 승인하지 않는 상황에서 권위자의 종교와 다른 종교를 신봉하는 것을 허락하지 않는다면 이를 수용할 수 있는지 어떤지를 평가하도록 요구했다. 나이가 어린 아동들은 성인과 아동의 권리 사이, 혹은 가정과 학교, 보다 넓은 사회의 사회적 상황 사이를 구분하지 않는 경향이 있었다. 이들은 개인의 선택과 개인의 자율성에 관한 일반적 개념을 언론과 종교의 자유에 대한 아동과 성인의 권리를 지지하는 데 구분하지 않고 사용했다. 그러나 11세 연령의 아동들부터는 서로 다른 사회적 상황에서 아동과 성인의 권리 간에 구분을 하기 시작했다. 예를 들면 나이 든 아동들과 성인들의 대부분은 부모가 그들의 어린 아동의 권리를 부모의 종교와 다른 종교를 신봉하는 것을 제한하는 것에 대해 수용할 수 있는 것으로 판단했다. 그러나 동시에 그들은 학교 교장이나 정부가 아동의 권리를 비슷하게 제한할 수 있다고 믿지 않았다. 또한 부모는 일단 그들의 자녀가 성인이 되면 다른 종교를 신봉할 자녀의 권리를 제한하는 것은 받아들 수 없는 것으로 간주했다. 이러한 구분은 어린 자녀들이 종교와 같은 그러한 문제에 관하여 의사를 결정할 능력이 부족하다는 신념에 의해, 그리고 자녀들의 사회화에서의 부모의 특별한 역할, 곧 부모는 그들의 자녀를 그들 자신의 종교적 신념과 일치하여 사회화할 "권리"를 가진다는 것을 포함한 역할에 관한 신념에 의해 정당화되었다. 이러한 판단과 추론에서의 연령 관련 양식은 보다 나이 든 아동들과 성인들이 아동의 권리에 관한 판단을 내리는 데 있어서 보다 넓은 일련의 요소에 무게를 두고 고려하며, 이는 보다 미묘한 차이가 있고 차별적인 상황에서 어린 나이의 아동들보다는 상황에 더 민감하게 권리를 적용하도록 이끈다는 것을 시사한다.

권리의 적용에서의 비슷한 상황적 변수들은 최근에 아동들이 그들 자신의 권리에 대해 갖고 있는 개념을 연구한 것에서도 발견되고 있다.

연구자들(Cherney & Perry, 1996 ; Ruck 등, 1998)은 아동들과 관련한 두 가지 유형의 권리, 곧 양육 권리와 자기 결정 권리 사이를 구분했다. 양육 권리는 보호하고 배려하는 아동들의 권리를 언급하는 것이며, 부모가 음식과 의복, 외부로부터의 안전, 그리고 정서적 지지를 제공하는 것과 같은 이슈들을 포함한다. 자기 결정 권리는 그들 자신의 삶에 대한 자율성 및 통제에 대한 아동들의 권리를 언급하는 것이며, 우리가 지금까지 논의했던 권리들—곧 개인적 이슈들(Nucci, 1981)과 시민 자유(Helwig, 1995b, 1997)에 대한 연구에서 다루었던 것들과 같은—의 유형 대부분을 포함한다. 럭(Ruck)과 동료들(1998)은 아동들과 청소년들이 발달양식에 따라 두 권리의 유형 사이를 구분한다는 것을 발견했다. 아동들과 어린 청소년들은 자기 결정 권리보다는 아동들의 양육 권리를 더 지지하는 경향이 있다. 그러나 이러한 차이는 청소년 중기에 이르러 사라지며, 이때에 이르면 자기 결정 권리에 대한 지지가 증가했다. 그러나 아동들에게 이들 각각의 권리유형 내에서 판단하도록 요구했던 특수한 상황에 따라 반응들이 각기 다르게 나타났다. 예를 들면 비록 14세 아동들의 100%가 아동들은 비밀 일기를 유지할 권리를 가졌다고 믿은 반면에 단지 20%만이 아동들은 투표할 권리를 가져야 한다고 믿었다. 럭과 동료들(1998)은 서로 다른 권리유형과 상황에 따라 판단과 추론에서 나타나는 이러한 변화양식은 "권리에 관한 아동들의 추론을 하나의 강력한 포괄적 단계로 해석하는 것을 지지하지 않는다"(p. 413)고 결론지었다.

따라서 지금까지 검토된 연구결과들은 권리와 자유의 개념이 아동기 초기에 등장하며, 최소한 시작 초기에는 자율성과 개인의 선택에 있어서 발달하는 개념들(양육 권리의 경우에는 아동들의 복지와)과 연결된다는 것을 제시하고 있다. 권리와 자유에 관한 관념의 발달은 권리를 권위자의 명령, 사회적 인습, 법적 규칙과 구분하는 양식을 따르지 않는다(Kohlberg, 1981). 대신에 이는 복합적인 사회적 상황에서 권리를 점차 복잡하게 적용한다는 측면에서 더 잘 이해될 수 있다. 아동들이 각기 다른 상황에 함축된 다양한 이슈, 예컨대 갈등하는 도덕적·법적 관심사, 행위자들이 권리를 행사하는 능력, 민주정치질서 내에서 권리의 기능과 목적 등의 이슈를 고려하기 시작하면서 그들의 판단과 추론은 보다 복잡해지기 시작하며 수많은 사회적 상황의 특징에 민감해진다.

시민 자유와 해방은 일반적으로 민주정치체계의 중요한 일면으로 여겨지며, 역사적으로 자유와 민주주의에 관한 개념은 서로 평행하여 발달하는 것으로 평가받고 있다(Held, 1996). 앞에서 한 검토는 민주적 원리들이 어떻게 언론 자유와 같은 그러한 시민 자유에 대한 중요한 정당성으로서 호소되는지, 그리고 때로는 이들 권리가 평등과 같은 다른 민주적 이상과 갈등을 일으킬 때 이들 권리를 어떻게 제한하는지를 예시해 주었다. 다음 절에서는 민주주의와 민주적 의사결정에 관한 개념의 발달을 다룬다.

민주주의와 민주적 의사결정: 서구 양식의 정치체계를 가진 사회에서의 연구

민주주의는 개인들에게 영향을 미치는 결정에서 그들에게 발언권이 주어지는 사회조직의 형식을 포함한다(Cohen, 1971). 민주주의는 그 형식이 매우 다양하며, 흔히 정의와 인간 존중이라는 일반적 혹은 보편적인 도덕적 목적에 공헌하는 것으로 정당화된다(Cohen, 1971 ; Richardson, 2002). 개인들에게 사회의 다양한 분야에서 그들의 관점을 표현하도록(직접적으로 아니면 그들의 선출된 대표자들을 통해서) 사회정책이나 결정에 영향력을 행사하도록 허용해 주는 사회적 의사결정의 민주적 절차는 개인들을 정치권력의 자의적인 행사로부터 보호하는 데 도움을 주며, 정책이나 관습에서 현존하고 있는 부정의들을 교정하는 수단을 제공해 준다고 주장되고 있다.

서구 문화에서 일찍이 수행되었던 정부와 민주주의 개념의 발달에 관한 연구는 아동들과 청소년들의 정부, 대표, 그리고 민주주의를 포함한 정치적 용어들에 대해 지니고 있는 이해를 다루었다(Connell, 1971 ; Greenstein, 1965). 예를 들면 그린스타인(Greenstein, 1965)은 아동들에게 민주주의와 같은 추상적인 용어를 정의하고 정부의 각기 다른 분과의 기능과 역할을 설명하도록 요구했다. 이들 용어를 정의하거나 정부의 각기 다른 분과의 역할을 밝히는 아동들의 능력은 청소년기 이전에는 매우 제한되어 있는 것으로 밝혀졌으며, 그들의 정치적 이해는 구체적이고, 단편적이며, 주로 정서에 토대를 두는 것으로 특징지어졌다(Greenstein, 1965).

그러나 이 연구는 앞에서 논의했던 권리에 관한 연구와 수평적인 위치에서 여러 가지 똑같은 종류의 비판을 들어야 할 것이다. 예컨대 이 연구는 아동들이 민주주의와 같은 그러한 추상적인 용어를 정의하거나 복잡한 정치체계의 기능을 설명하는 능력에 의존하고 있다. 그러나 보다 쉬운 과제 요구 하에서 민주주의에 관한 판단과 추론을 검토한 최근의 연구(Helwig, 1998)는 어린 아동조차도 민주주의의 기본적인 특징을 많이 이해하고 있다는 것을 지적하고 있으며, 이는 아동들의 이해가 앞의 연구에서 저평가되었다는 것을 나타내 주고 있다.

헬위그(Helwig, 1998)는 캐나다 아동들(6-11세)의 민주정부에 관한 개념을 조사했는데, 그는 그들에게 민주주의의 정의를 제시하라고 요구한 것이 아니라 민주주의의 중요한 특징을 소유한, 혹은 소유하지 않은 정부의 "전형적" 체계의 공평함에 관하여 판단을 내리도록 요구했다. 각각의 예시는 새로운 국민들이 정부의 형식을 결정하는 시나리오의 상황에서 제시되었다. 서로 대조된 민주적 체계에는 다음이 포함되었다. (a) 대의정체 혹은 정례적인 선거에서 국민에 의해 선출된 관리들에 의한 정부, (b) 직접민주주의, 여기에서는 모든 국민이 의사결정에 직접적으로 참여하며 다수결원칙에 의해 결정이 이루어진다. 그리고 (c) 진정한 합의에 의한 민주주의, 여기에서는 국가의 모든 사람이 모든 결정에 동의해야 한다. 이 모든 민주적 체계는 비록 이를 성취하는 수단이 예시에서 다양하지만 의사표현의 본질적인 민주적 기능에 공헌하거나 모든 국민이 의사결정과 통치에 참여하는 것을 허용한다. 비민주적 체계는 (a) 능력주의 사회, 가장 유능한 혹은 가장 능력 있는 사람들(지식에 관한 시험으로 결정되는 것과 같은)에 의한 정부, 그리고 (b) 가장 부유한 사람들이 나라를 지배하는 과두제를 포함했다. 비민주적 체계는 비록 실용적인 이점(예를 들면 가장 지식이 있는 자들에 의한 정부에서)을 갖는 것으로 지각될 수 있다 하더라도 정치적 의사결정에서 시민들의 목소리와 평등한 대표에 관한 민주적 표준을 충족시키는 데 실패한다.

모든 연령에서 민주적 체계가 선호되었으며, 그것은 비민주적 체계보다 더 공정한 것으로 판단되었다(Helwig, 1998). 민주적 체계를 지지하는 데 있어서 아동들은 의사표현과 같은 근본적인 민주적 원리, 의사결정에서 발언권을 갖고자 하는 모든 사람들의 필요, 다수결원칙에 토대를 둔 공정성에 관한 관념에 호소했다. 비민주적 체계는 편파성과 전체로서의 사람들의 관점을 대표하지 못한다는 점에서 불공정한 것으로 거부되었다. 발달적 차이가 민주적 체계에 관한 평가 내에서 발견되었다. 어린 아동들(6세)의 대부분은 한 국가에 있는 모든 사람이 모든 결정에 동의해야만 하는 진정한 합의에 의한 민주주의를 선호한 반면에, 나이 든 아동들은 거대하고 다양한 민족국가에서 합의를 이루는 것이 불가능하기 때문에 이 체계를 비현실적인 것으로 거부하는 경향이 있었다. 그 대신에 나이 든 아동들은 다수결원칙(직접민주주의)을 더 선호하는 경향이 있었다. 캐나다 청소년들을 대상으로 한 후속 연구(Helwig, 2003)는 나이 든 청소년들이 적절한 정보에 근거하여 의사결정을 하는 데 투입할 시간이나 전문지식을 갖추지 못한 다수의 사람에게 결정을 맡기는 데에 따른 실제적 문제들을 인정하기 시작하면서 다수결원칙에 대한 선호가 청소년 중기에 이르면 대의민주주의에 대한 선호로 대체되는 경향이 있다는 것을 지적했다.

이들 연구결과의 몇 가지 측면은 주목할 만하다. 첫째, 이 연구결과는 초등학교 저학년의 아동들조차도 의사표현 및 대표와 같은 근본적인 민주적 원리를 이해할 뿐만 아니라 이에 대한 명확한 인식을 지니고 있으며, 지식이 가장 많은 자들에 의한 의사결정과 같은 다른, 보다 실용적인 정부의 기능보다 이들 원리에 우선권을 부여한다는 것을 밝혀주고 있다. 둘째, 이 연구결과는 단순히 정치 사회화나 학습된 정치적 내용에 대한 몰입의 측면에서만 설명될 수는 없다. 동시에 캐나다 아동들은 공식 교육을 통해 의회제도를 처음으로 접하는데(아동기 후기 즈음에), 그럼에도 불구하고 그들은 직접민주주의를 하나의 이상으로서 선호한다. 대의민주주의에 대한 선호는 청소년 중기에 이르러 분명하게 등장하는데,

이는 그들이 공식 교육과 일반적 경험을 통해 정부체계의 특징들을 직접적으로 접하게 되면서 두드러지게 된다. 다수결원칙에 근거한 집단 의사결정 공정성에 관한 개념, 그리고 자신들의 사회의 정치체계에 단순히 일체화되지 않는 것은 아동들의 정치적 공정성에 관한 판단에서 중요한 측면을 설명해 줄 수 있다. 이들 연구결과는 아동들이 주변의 정치구조로부터 단순하게 직접적으로 도덕적-정치적 판단을 받아들이는 것이 아니라, 그들에게 점차 발달하기 시작하는 집단 의사결정 절차의 공정성에 관한 개념을 그들이 사는 사회의 형식을 포함하여 대안적인 정부의 형식을 평가하는 데 사용한다는 것을 밝혀주고 있다.

이러한 해석은 정부의 공정성 이외에도 다른 사회적 상황에서 다수결원칙과 같은 의사결정 절차들의 공정성에 관한 아동들의 판단을 연구한 여러 결과로부터도 지지를 받고 있다(Helwig & Kim, 1999 ; Kinoshita, 1989 ; Mann & Greenbaum, 1987 ; Moessinger, 1981). 이들 연구에서는 아동들에게 학급이 야외 소풍을 어디로 갈 것인가와 같은 아동들의 집단에 의해 내려져야 할 필요가 있는 일련의 결정들을 제시했다. 이 연구는 캐나다, 스위스, 오스트레일리아, 이스라엘, 일본을 포함한 다양한 국가의 초등학교 연령 아동들이 사회적 집단에서 다양한 결정을 내릴 때 하나의 공정한 절차로서 다수결원칙을 지지한다는 것을 발견했다. 다수결원칙은 아동기에서 공정한 집단 의사결정의 강력한 결정요인이 되는 것으로 여겨진다. 그러므로 아동들이 정치적 공정에 관한 판단에서 직접민주주의를 선호하는 것은 다수결원칙이 공정한 것으로 판단되는 그 밖의 다른 보다 지엽적인 상황—예컨대 동료집단이나 학교와 같은—으로부터의 일반화에 기인할 수 있다. 그러나 청소년 중기에 이르러 일단 다수결원칙을 국가적 수준에서 적용하는 특수한 문제들이 인지 · 평가되고 나면 대의민주주의와 같은 다른 민주적인 정치적 의사결정의 형식이 정치적 공정에 관한 판단과 추론에서 다수결원리를 대치하기 시작한다.

실제적으로 일련의 사회적 상황을 중심으로 초등학교 아동들이 의사결정을 내리는 것을 검토한 연구는 아동들의 연령이 증가하면서 언제 그리고 어디에서 다수결원칙이나 그 밖의 다른 의사결정 절차가 더 적절한지를 구분하는 데 점차 능숙해지기 시작한다는 것을 보여주고 있다 (Helwig & Kim, 1999). 헬위그(Helwig)와 킴(Kim, 1999)은 캐나다 아동들을 대상으로 동료집단과 같은 보다 인류평등주의적인 사회적 상황 내에서의 의사결정에 관한 판단을 가족이나 학교 교실과 같은 보다 위계적인 사회적 상황에서의 의사결정과 비교했다. 아동들에게 성인과 똑같이 집단 의사결정에 참여하게 해주는 다수결원칙이나 합의와 같은 의사결정 절차는 위계적인 사회적 상황보다는 평등주의적 상황에서 더 승인되기 쉽고, 성인 권위자들만에 의한 의사결정은 위계적인 사회적 상황에서 선호되기 쉬울 것으로 예상되었다. 그러나 결정해야 할 문제의 유형 또한 중요한 역할을 할 것이라는 것도 예상되었다. 즉 어떤 결정들, 특히 이들 결정이 교육과 같은 다른 중요한 사회적 목적에 해를 끼치거나 갈등할 수 있는 잠재력을 포함하지 않을 때, 이 위계적인 사회적 상황에서 내려질 때조차도 아동들 자신의 의사결정 자율성이 보증받을 수 있는 그러한 역할을 할 것으로 예상되었다.

헬위그(Helwig)와 킴(Kim, 1999)의 연구결과는 대체적으로 이들의 예상을 입증했다. 의사결정 절차에 관한 판단은 사회적 상황에 따라 달랐다. 다수결원칙 및 합의와 같은 절차는 가정이나 학교에서보다는 동료집단에서의 결정에 더 승인되는 경향이 있었다. 절차에 관한 평가 또한 사회적 상황에서 달랐는데, 각기 다른 결정에 대해 민주적 의사결정과 성인 권위자에 의한 의사결정 두 가지 모두에 대한 지지를 나타내는 방식이었다. 예를 들면 학교 상황에서 아동들은 야외 소풍을 어디로 가야 할 것인가는 학급 구성원들의 투표(다수결원칙)에 의해 결정되어야 한다고 판단하지만 교육과정에 관한 결정을 내릴 때에는 교사가 결정해야 한다고 믿는다. 이와 유사한 결정의 구분은 가족과 같은 다른 사회적 상황에서도 발견되는데, 예를 들면 아동들은 가족 휴가와 같은 결정이 다수결원칙이나 합의에 의해 민주적으로 결정되어야 한다고 믿지만 다른 문제들, 예컨대 아동이 어떤 학교에 다녀야 할 것인가에 대한 결정은 부모가 더 잘 판단할 것으로 평가하는 경향이 있다. 아동은 의사결정에 참여할 권리를 가져야 되는가 혹은 가져서는 안 되는가에 관한 결정에서 참여자들은 사회조직적 상황에 관한 일반적인 목적뿐만 아니라 아동들이 당해 문제에 관하여 정보를 갖고 결정을 내릴 수 있는 능력을 고려했다(Helwig & Kim, 1999). 예를 들면 아동들은 학교 야외 소풍에 관하여 결정을 내릴 정도의 능력을 지니고 있는 것으로 평가되었는데, 야외 소풍은 사실상 기분전환으로 간주되는 것이 일반적이며, 따라서 아동들의 관심과 소망에 의존하는 반면에 보다 광범위한 교육과정 결정은 교육목적에 공헌하며 아동들의 능력범위 밖에 있다. 따라서 보다 자격을 갖춘 성인들에게 넘겨주는 것이 최선이라고 간주했다.

각기 다른 민주적 절차의 적합성에 관한 아동들의 추론(즉 다수결원칙 대 합의) 또한 사회적 맥락에 따라 미묘한 차이를 보였다(Helwig & Kim, 1999). 아동들이 어떤 의사결정 절차가 적절한가에 관하여 추론할 때 고려한 한 가지 이슈는 서로 다른 사회적 상황에서 합의에 도달할 가능성이었다. 예를 들면 합의는 의견 차이가 많지 않으며 토론을 통해 해결될 수 있는 가족이나 동료집단과 같은 작은 집단에서 내리는 결정에 보다 적절한 것으로 간주되었다. 그러나 아동들은 의견이 다양하며 합의에 이르기가 더 어려운 학급과 같은 보다 큰 집단에서는 투표나 다수결원칙과 같은 공식적인 민주적 절차를 더 선호했다.

각기 다른 결정의 유형과 사회적 상황을 연합하는 능력은 연령이 증가하면서 발달했다(Helwig & Kim, 1999). 나이가 든 아동들은 나이가 어린 아동들보다 사회적 상황과 의사결정 절차 간을 더 잘 구분했다. 그러나 흥미롭게도 나이가 더 어린 아동들이 나이가 더 든 아동들에 비해 더 타율적이거나 혹은 성인 권위자에 의한 의사결정을 더 찬성한다는 경향이 발견되지 않았다(Piaget, 1932). 실제적으로 나이 어린 아동들은 나이 든 아동들에 비해 여러 사회적 상황과 결정에서 아동들에게 더 많은 자율성을 부여하는 의사결정 절차, 예컨대 합의와 같은 절차를 더 승인하는 경향이 있었다. 이 연구에서 어린 아동들은 그들 자신의 자율성에 관하여 과장된 의식을 보이는데, 그 자율성은 자신들의 한계와 능력을 보다 분명하게 인식함으로써 발달과정에서 점차 조절되어 간다.

민주적 의사결정에 관한 연구결과들은 앞에서 검토했던 권리에 관한 연구결과들과 몇 가지 유사성을 지니고 있다. 첫째, 이들 연구결과는 어린 아동조차도 다수결원칙에 근거한 공정성의 규범과 의사표현의 중요성, 집단 의사결정 절차에서 사람들이 발언하는 것을 허용하는 것 등 민주적 규범과 절차의 기본적인 특징을 이해하고 있다는 것을 보여준다. 이들 민주적 원리나 규범은 성인들뿐 아니라 아동들에게도 적용되는 것으로 보였다. 더 나아가 민주적 이해의 발달이 처벌, 권위, 사회적 관습이나 인습에 근거한 이해와 진정한 민주적 이해를 차별화하는 유형을 따른다는 어떤 증거도 없었다(Kohlberg, 1981). 오히려 어린 아동들조차 민주적 규범과 절차의 바탕에 놓여 있는 기본적 기능과 정당성을 이해하고 있었으며, 때때로 그들 자신의 경험이나 문화적 규범으로부터 일탈하여 그것들을 발달과정상 각기 다른 지점에서 사회적 상황에 적용했다. 아동들과 청소년들이 서로 다른 행위자가 민주적 의사결정 자율성을 행사하는 능력, 서로 다른 형태의 사회조직의 목적과 기능, 서로 다른 크기와 구성의 집단에서 민주적 의사결정을 이행하는 것에 관한 실제적 함축 등 서로 다른 사회적 상황의 특징을 고려함에 따라 민주적 개념의 적용이 발달함과 동시에 또한 더 복잡해지기 시작했다. 최근의 도덕적 인지발달 이론들은 사회적 상황에 관한 이들 다른 특징이 다양한 연령범위에서 어떻게 권리와 민주주의에 관한 판단과 추론에 관여되는지를 설명하는 데 주된 목적을 두어야만 한다. 피아제와 콜버그의 이론과 같은 도덕판단에 관한 현재의 포괄적 단계 이론은 서로 다른 사회적 상황의 판단과 추론에서 이러한 변화의 부류를 설명하는 데 적절치 않은 것으로 입증되었다.

비보편적 관점 : 문화심리학과 개인주의/집산주의

앞절에서 기술되었던 권리와 민주주의 개념에 관한 연구는 대부분 서구 사회로부터 나온 것이거나 아니면 최소한 서구 스타일의 민주정치 체계를 가진 사회로부터 나온 것이다. 이들 연구결과가 서로 다른 정치적 · 사회적 조직을 가진 다른 문화에 어느 정도 일반화될 수 있는가는 중요한 문제이다. 권리와 민주적 가치 및 신념에 대한 책무에 따라 다양한 문화가 존재한다고 제안하는 문화심리학과 같은 오늘날 유행하는 이론적 관점 때문에 이 문제는 도덕발달을 이론화하는 데 있어서 가장 중요하다.

문화심리학자들(예컨대 Shweder, 1999 ; Shweder & Sullivan, 1993)은 자아와 도덕성의 개념이 대부분 문화적 이데올로기를 통해, 그리고 공유된 의식과 관례에의 참여를 통해 개인에게 전이된다고 주장한다. 문화심리학자들은 문화적 차이의 이해를 위해 개인주의/집산주의의 구분을 제안하고 있다(Triandis, 1989). 또한 그들은 각기 다른 자아와 도덕성의 개념이 개인주의 사회와 집산주의 사회에서 유지된다고 주장한다. 북아메리카나 유럽 사회와 같은 개인주의 사회에서 자아는 자율적이고, 다른 사람들과 구분되는 것으로 인식되며, 이는 도덕적 초점을 개인의 권리, 개인의 자유, 그리고 평등에 두도록 한다. 이와 대조적으로 아시아, 남아메리카, 아프리카를 포함하는 집산주의 사회의 경우에는 자아에 관한 사회중심적인 혹은 상호 의존적인 개념이 유지되며(Markus & Kitayama, 1991), 여기에서 개인들은 개인적 관심과 욕망을 사회적 규범, 의무, 그리고 집단의 필요에 종속시킨다. 사회중심적 자아는 집산주의 사회에서 발견되는 위계적 사회조직과 양립 가능하고 의무에 근거한 도덕적 정향을 낳는데(Shweder, Mahapatra & Miller, 1987), 이러한 정향은 불평등의 수용, 역할 의무 및 책무에 대한 준수, 권위에 대한 복종의 필요, 그리고 현존하는 사회적 질서의 유지라는 특징을 지닌다. 문화심리학자들은 자신들의 주장을 지지하기 위해 다음과 같은 증거 사례를 도출하고 있다. 곧 집산주의 사회에 속한 개인들은 (개인주의 사회에 속한 사람들과 대조적으로) 타인 배려에 관한 결정을 내릴 때 개인적 자율성과 선택보다는 인간관계에 있어서 책무를 강조하는 경향이 있다거나(Miller, 1994) 혹은 흔히 자아를 맥락과 연계되어 있는 관계적 용어를 사용하여 정의하는 경향이 있다는 것이다(Shweder & Bourne, 1982).

개인주의/집산주의 구성 개념, 그리고 그러한 일반적 주형이나 혹은 문화 이데올로기를 통해 문화를 특징지을 수 있다는 관념은 도처에서 광범위하게 비판받고 있다(예를 들면 Bond, 2002 ; Helwig, 2005 ; Killen, 1997 ; Oyserman, Coon & Kemmelmeier, 2002 ; Smetana, 2002 ; Takano & Osaka, 1999 ; Turiel, 2002 ; Turiel 외, 1987 ; Wainryb, 이 책 제8장 ; Wainryb & Turiel, 1994). 문화적 정향이 권리와 민주주의 관념의 보편성에 대해 의문을 야기시킴에 따라 여기에서는 아시아의 특수한 경우, 특히 중국을 중심으로 일반적인 문화적 정향이 지니고 있는 몇 가지 문제가 논의된다. 그런 이후 중국 본토와 같은 아시아 사회에서 권리와 민주주의에 관한 최근에 등장하고 있는 새로운 연구결과들이 검토된다.

유교, 효, 그리고 아시아의 가치

아시아 사회는 집산주의라는, 그리고 권리와 민주주의 같은 개념은 이들 사회와는 덜 관련되거나 생소하기조차 할 것이라는 생각은 문화심리학과 같은 사회과학적 설명과 개인주의/집산주의 이분법의 지지자들 가운데서만 발견되는 것은 아니다. 싱가포르의 전 수상 리콴유와 같은 몇몇 동아시아 및 남동아시아 지도자들과 정부에 의해 지난 10여 년 동안 촉진되었던 정치 및 문화운동, 곧 **아시아 가치**(Asian values) 주창자들은 민주주의와 개인의 권리 및 자유는 서구가 부과한 것으로 이는 개인보다 공동체, 사회적 조화와 질서의 유지, 가족 및 권위와 복종에 근거한 다른 사회적 위계의 구심성에 우선권을 부여하는 아시아의 고유한 가치들과 긴장관계에 놓여 있다고 주장한다(Zakaria, 1994).

역사적으로 중국의 사회적 · 도덕적 사고, 그리고 몇몇 다른 아시아 문화의 사고는 유교의 철학에 의해 지배되는 것으로 평가되고 있다(Dien, 1982 ; Pye, 1992). 많은 서구 및 아시아 학자들의 공통적인 개념에 따르면 유교는 내재적 불평등과 더불어 존재하고 있는 위계적 사회구조의 유지를 강조하며, 이는 사회적 의무나 의례에 대한 올바른 준수에 초점을 두는 데에서 나타나고 있고 개인의 도덕적 가치도 이를 통해 정의된다고 주장한다(Pye, 1992). 유교에서 가장 중요한 가치 중 하나는 효이다. 이는 부모와 연장자에 대한 엄격한 복종이나 존중을 조장한다. 가부장적 가족은 일차적인 사회적 단위로서 여겨지며, 아버지의 권위에 대한 복종은 최고이다. 파이(Pye, 1992)에 따르면 고전적인 유교 가르침에서 "효는 절대적인 요구이자 부모가 하는 행동의 질과 관계없이 존재한다"(p. 92). 불평등과 명백한 역할 의무를 지니고 있는 위계적 가족은 개인들의 다른 사회적 관계와 의무에 대한 전형으로서 유지되는데, 국가는 이의 확장에 해당된다. 이러한 유교의 개념은 중국이 문화심리학자들에 의해 집산주의 사회로 명명되는 주요한 이유 중 하나이다. 그것은 또한 인권과 민주주의 개념이 전통적인 중국 가치와 정반대의 위치에 있다는 아시아 가치 운동 주창자들의 주장을 뒷받침하고 있다.

그러나 지난 10여 년 동안 정치철학과 아시아 연구분야에 대한 풍부한 자료는 인권과 민주주의가 전통적인 중국적 사고 및 가치와 전혀 공명하지 못하는 순수한 서구적 관념이라는 결론에 대해 제한을 가하기 시작했다(예를 들면 Angle, 2002 ; Ching, 1998 ; de Barry, 1998 ; Friedman, 2002 ; Gangjian & Gang, 1995 ; Jung, 1994 ; Roetz, 1993 ; Svensson, 2002). 여기에서는 이에 대해 몇 가지 논의를 하고자 한다. 놀랍게도 다른 학문분야에서의 연구결과에 대한 그의 영향을 비교해 볼 때 그것은 아시아 문화와 관련한 오늘날의 심리학적 이론화와 연구에 많은 영향을 미치지 못하고 있다.

학문의 한 노선은 지난 150년 동안의 중국의 정치 및 철학 저작들을 중심으로 권리와 민주주의에 관한 이론화의 발달을 검토했다. 스벤쓴(Svensson, 2002)이 수행한 광범위한 역사적 조사연구는 중국 사상가들이 이들 개념을 그들 자신의 목적과 사회에 적절하게 채택했던 것과 같은 고유한 영향뿐만 아니라, 전형적인 서구의 정치 및 철학 저작들이 19세기 후반에 중국에서 번역되었던 것과 같은 서구로부터의 영향도 밝히고 있다. 19세기 후반과 20세기 초반에 중국에서 이루어졌던 권리에 관한 초기의 논의를 보면 인간의 권리는 타고난 본성에 근거한 것, 곧 자율성에 대한 보편적인 인간의 욕구를 지지하는 것으로, 그리고 사람들이 민주적 정치참여와 자유의 맥락에서 그들의 풍부한 잠재력과 인간 존엄성을 실현하는 수단으로 간주되었다(Angle & Svensson, 2001). 이러한 이론적 근거들은 서구 정치사상의 발달에서(Emerson, 1970), 그리고 앞에서 검토했던 권리에 관한 추론의 연구에서 오늘날 서구 청소년들이 권리의 개념을 정당화하는 데 사용했던 것(Helwig, 1995a)과 유사하다. 그러나 스벤쓴(2002)이 결론을 내린 바와 같이 "인간의 권리에 관한 개념은 서구에 의해 중국에 부과된 것은 아니었다"(p. 73). 그보다도 오히려 인간의 권리는 중국의 민족자결주의를 지지하고 서구에 의한 식민주의와 지배에 저항하기 위해 자주 인용되었다. 또한 중국 저자들은 인권과 민주주의를 황제의 학정, 남성과 여성의 불평등한 권력과 지위에 대한 관심을 포함한 사회적 불평등의 치명적 결과의 문제와 같은 중국 내부의 사회적 부정의를 다루면서 인용했다. 오늘날 인권에 관한 아시아의 담론에서 아시아의 가치 운동 그 자체는 권위주의 정부가 그들의 정치체계를 정당화하기 위한, 그리고 인권 기록에 관한 지역적 · 국제적 비판을 모면하기 위한 하나의 보호막으로 활용되고 있다는 비판을 받고 있다(Jung, 1994 ; Sen, 1999 ; Svensson, 2002). 중국과 서구의 정치사상가 및 철학자 사이에서 권리와 민주주의의 개념을 떠받치고 있다고 여겨지는 정당화의 종류, 그리고 서구와 아시아 사회에서 발생하고 있는 비슷한 종류의 정치적 · 사회적 문제에 대한 그들의 적용이 서로 일치한다는 것은 이들 개념의 유용성과 적절성이 서구 문화를 초월한다는 것을 말해주고 있다.

지난 20여 년 동안 축적된 풍부한 연구결과는 또한 유교를 권위에 대한 무조건적 복종, 그리고 사회정의나 평등을 희생하는 대가로 현존 사회적 위계를 유지하기 위해 정향된 것이라는 역사적 기술을 비판하고 있다. 예를 들면 뢰츠(Roetz, 1993)는 유교에서 최고의 인간 가치는 인 혹은 자비로움이라는 가치인데, 이는 단순히 자신의 분명한 역할이나 지위를 수행함으로써 나타나는 낮은 형식의 위엄과는 다른 것으로서 정의나 진리와 일치하여 행위할 때 등장하는 보편적인 인간의 위엄으로서 해석한다. 이러한 개념이 서구 사상가들 사이에 널리 공유되기 이전에 공자는 모든 인간은 본질상 평등하다("모든 사람은 형제다")는 것을 명료하게 표현했다. 또한 공자는 상호성으로서의 정의의 관념을 황금률의 형식으로 분명하게 제시했다.

그러나 대부분의 담론은 유교철학자들에 의해 효에 부여된 제한들이었다. 공자와 그의 제자들은 권위에 대한 존중 및 복종의 역할 의무에 관한 요구와 정의에 근거한 보다 높은 도덕적 원리 간의 갈등에 대한 잠재력을 인정했으며, 일반적으로 그러한 갈등에서 복종보다는 정의에 우선권을 부여했다. 예를 들면 공자는 어떤 아동이 부모가 뭔가 나쁜 일을 하고 있다고 믿을 때 그 자녀는 부모에게 그 방식을 바꾸도록 노력하면서 온화하게 간언해야 한다(그동안 내내 존중하는 방식으로)고 단언했다(Roetz, 1993). 효의 의미 그 자체는 흔히 단순한 복종이라기보다는 정의의 요구를 따르는 것과 동등한 것이었다. 다음은 전통적인 유교 경전인 『효경』에 있는 예이다(Roetz, 1993, p. 64에서 인용한 것임).

> 그러므로 부정의에 직면하면 아들은 아버지와 다투지 않을 수 없으며, 하위자는 그의 지배자와 싸우지 않을 수 없다. 부정의에 직면하면 우리는 투쟁해야만 한다. 만약 우리가 … 단지 아버지의 명령만 따른다면 그것을 어찌 효라 할 수 있겠는가!

권위자의 잠재적 부정의에 맞서 말해야 하는 이러한 의무는 각료 혹은 정부 관리와 지배자 간의 관계에로 확장한다는 것에 주목해야 한다. 만약 지배자가 비도덕적으로 혹은 공공선에 해를 끼치는 방식으로 행동한다면 예하 각료들은 부정의한 명령을 실행하기보다는 우선 지배자의 마음을 변화하도록, 그것을 하지 못하도록, 포기하도록 하는 것이 우선해야 할 일이었다(Gangjian & Gang, 1995).

유교가 지배자의 명령과 정책에 영향을 미치는 수단—사실 정치적 부정의와 갈등하는 경우에 도덕적 의무로서—으로서 의사표현에 부여하는 가치는 여러 사람에 의해 전통적인 중국 정치사상에서 언론 자유의 중요성에 관한 초기의 인식에 대한 증거로 제시되어 왔다(de Barry, 1998 ; Gangjian & Gang, 1995, Jung, 1994). 비록 이러한 자유가 흔히 일반 대중이 아닌 각료들의 맥락에서 이야기되었지만 고대 유교 저작들에는 대중의 반대나 이의가 허용되었던 여러 경우가 있다(Roetz, 1993, p. 44).

가장 충격적인 경우는 정치권력의 토대에 관한 고대 중국 이론에서이다. 중국 정치철학자들은 사회계약 이론의 정치적 통치형식을 채택했다(Gangjian & Gang, 1995, Jung, 1994, Roetz, 1993). 유명한 유교철학자인 맹자에 따르면 지배자는 "하늘의 뜻"을 따라야만 한다. "하늘의 뜻"은 상호성의 한 형식으로서 인식되는 것인데, 지배자에게는 민중의 복지를 제공할 의무가 부여되고, 역으로 민중에게는 충성과 복종이 요구되었다. 그러나 만약 지배가가 극단적인 부정의로 통치함으로써 이 뜻을 기만하고 민중의 저항과 불만을 무시하려 한다면 민중에게 하늘의 이름으로 지배자에 봉기하고 또한 전복하는 "혁명의 권리"가 허용되었다(Ching, 1998). 강지앙(Gangjian)과 강(Gang, 1995) 그리고 칭(Ching, 1998)이 지적하고 있는 바와 같이 유사한 이러한 반란의 권리는 훨씬 이후에까지(16세기) 서구에서 언급되지 않았으며, 1789년 프랑스 인권선언과 미국 독립선언에서 공식적으로 기술되기 시작했다.

고대 중국의 도덕철학과 전통에 관한 이러한 짧은 논의는 고대 아시아 사회에서조차도 도덕적 의무나 가치는 순수하게 권위자에 대한 복종의 측면에서, 혹은 오로지 사회적 의무의 충실한 완수를 통해서만 정의되지 않는다는 것을 예증해 준다. 더군다나 고대 중국의 철학 경전에는 서구의 권리와 민주주의 이론 발달의 기초를 형성했던 것들과 유사한 도덕적 직관이 존재한다는 것이 명백해졌다(Ching, 1998 ; de Barry, 1998 ; Jung, 1994 ; Roetz, 1993). 이 직관은 모든 개인의 도덕적 평등(최소한 원리에 있어서)에 관한 인정, 정부는 지배자와 민중 간의 사회적 계약에 기초하여 설립되는데 지배자는 전체로서의 민중의 이익을 고려하여 통치해야만 한다는 전제조건을 지닌다는 생각, 그리고 언론의 자유와 이의를 존중하는 몇 가지 형식의 필요성 등을 포함한다.

그러나 고대 중국 철학자들은 이러한 개념을 민중의 충분한 정치 참여를 증진시키며 기본적인 권리와 자유를 안전하게 보장하는 제도적 장치로 정교화시켜 발전시키지 못했다. 예컨대 서구에서 훨씬 뒤에 발생·했던 선거 민주정치 및 언론 자유와 같은 시민 자유의 형식적 · 제도적 보장으로 나아가지 못했다(de Barry, 1998 ; Jung, 1994). 대신에 유교에서의 정치적 정의는 실제로 독재 혹은 권위와 부정의가 남용될 수 있는 경우에도 민중의 최선의 이익에 일치하여 행동하는 지도자들의 선의지나 덕, 그리고 민중을 대신하여 말하는 각료들에 의존한다. 그러나 보다 최근의 이러한 조사연구는 주제와 관련하여 두 가지 중요한 점을 예시해 준다. 첫째, 그것은 서구 문화에서 민주적 개념과 권리를 정당화하기 위해 사용되었던 가치와 원리의 대부분이 오늘날뿐만 아니라 오래 전의 고대 중국의 도덕적 담론에서도 이미 내포되어 있었다는 것을 보여준다. 여기에는 보편적인 인간의 존엄에 관한 개념, 민중의 이익을 고려하거나 의사표현의 몇 가지 기본적 개념에 공헌하는 정부의 중요성, 그리고 단순한 사회인습적 가치나 권위자의 명령으로부터 정의의 독립 등이 포함된다. 둘째, 그것은 개인주의나 집산주의와 같은 그러한 광범위한 문화적 정향은 문화적 전통의 복잡성과 거기에 표현된 다양한 가치의 배열을 특징화하기에는 불충분하다는 것을 예증해 준다. 이는 집산주의 도덕성의 가장 순수한 체현 가운데 하나를 나타내는 것으로 흔히 평가되는 신념체계인 유교의 예에서 잘 나타났다.

이러한 분석으로부터 제기되었던 중요한 심리학적 의문은 경험적인 것과 관련되는 것인데, 민주적 가치나 혹은 어떠한 유형에 관한 이해는 반드시 도덕철학자와 정치이론가 사이에서 주장되는가, 이들 사회의 일반 대중에 의해서는 주장되지 않는가이다. 심리학자들은 아시아 사회에서 권리와 민주적 사고 개념의 발달을 검토하기 시작했는데, 여기에는 중화인민공화국과 말레이시아와 같은 집산주의와 아시아 가치의 지배하에 있는 것으로 믿어지는 몇몇 사회가 포함되었다. 다음 절에서 이 최근의 연구로부터 나온 결과들이 검토된다.

아시아 사회에서의 권리와 민주적 의사결정에 관한 판단

권리에 관한 개념의 기초를 형성하는 데 있어서 앞에서 보여주었던 하나의 중요한 영역은 개인적 자율성 영역의 구성이다. 지적한 바와 같이 최근의 연구는 홍콩의 아동들이 북아메리카와 그 밖의 다른 문화적 배경을 가진 아동들을 대상으로 했던 연구에서 발견된 것과 여러 모로 유사한 방식에서 도덕적·사회적 인습 이슈와 개인적 이슈를 구분한다는 것을 보여주었다(Yau & Smetana, 2003a). 연구에서 밝혀진 발달양식은 서구의 문화적 배경을 가진 아동들과 성인들이 점차 연령이 높아지면서 보다 넓은 일련의 이슈에 대해 개인적 의사결정 자율성을 아동들에게 더 허용하는 경향이 있으며, 이는 아동들이 그들의 삶의 보다 넓은 영역에 대해 더 큰 자율성을 발휘할 수 있는 능력을 발달시킨다는 판단의 역할을 반영하는 것이다. 그러나 부모가 아직 그들의 결정권 내에 있는 것으로 간주하는 이슈에 대해 자녀가 (특히 청소년기에) 개인적 자율성을 주장하고자 시도함에 따라 이 과정은 흔히 아동과 성인 간의 논쟁, 불일치, 그리고 갈등으로 특징지어진다(Smetana, 1989).

요(Yau)와 스메타나(Smetana, 2003b)는 중화인민공화국의 홍콩과 심천에서 청소년들이 그들의 부모와 겪었던 갈등과 불일치에 관한 경험, 그리고 이들 사건에 관한 그들의 추론을 검토했다. 두 도시에서 청소년들과 그들 부모 사이의 갈등이 드물지 않았다는 것이 밝혀졌으며, 이 연구결과는 주로 사회적 조화와 부모의 권위에 대한 복종을 반영하는 것으로서의 중국 가족생활과 문화의 집산주의적 특징과는 대조를 이루었다. 비록 갈등이 전체적으로 홍콩에서보다는 심천에서 덜 나타났지만 학업과 관련한 갈등은 심천에서 더 자주 나타났다. 갈등으로 나아가게 하는 이슈의 종류에서(예컨대 가정의 일상적 허드렛일, 활동의 규제, 대인관계), 그리고 가장 의미 있는 것으로 청소년들이 논쟁에서 그들의 입장을 지지하기 위해 사용했던 정당화의 종류에서 이 연구결과와 서구 표본에 대한 이전의 연구결과(Smetana, 1989) 사이에 유사점이 발견되었다. 홍콩과 심천의 청소년들은 개인의 선택과 개인적 욕구 및 욕망의 추구와 같은 개념을 부모의 권위와 통제에 대해 도전하는 데 활용했다. 더군다나 개인의 선택에 대한 권리의 주장은 홍콩과 심천 모두에서 연령이 높아지면서 증가했는데, 이는 서구 연구자들과 이론가들에 의해 확인되었던 것으로, 청소년기에 자율성 이슈에 대한 관심이 보다 증가한다는 발달적 진보와 일치한다(Dornsbusch 외, 1985 ; Erikson, 1968).

아동들의 자율성에 관한 신념의 역할은 또한 말레이시아에서 살고 있는 중국 소수민족 청소년들의 표본을 포함한 아동들의 권리에 관한 개념의 발달을 연구했던 국가 간 연구에서도 명백하게 나타났다(Cherney & Shing, 2003). 그 연구는 여러 가지 자결권과 양육 권리에 관한 추론에 초점을 맞추었으며, 중국계 말레이시아 청소년들과 스위스, 미국, 캐나다 출신 청소년들 간에 국가 간 차이를 거의 발견하지 못했다. 개인주의와 집산주의 이분법이 제시하고자 했던 것처럼(아시아 가치 논증에 따

라) 중국계 말레이시아 청소년들은 서구 문화 출신 아동들에 비해 부모의 양육 권리를 더 인정하지 않았으며, 그들은 자신들의 자결권을 덜 주장하지도 않았다. 특히 이와 관련하여 두드러진 것은 중국계 말레이시아 청소년들이 비록 그 종교가 부모의 종교와 다를 때조차도 그들 자신의 종교를 선택할 권리, 이혼 후 어떤 부모가 자녀 양육권을 가져야 하는가를 선택하는 그들의 권리, 폭력과 관련한 학교 규칙의 위반으로 책망받을 때 자신들의 견해를 밝히고 또한 증거를 제시할 권리(정당한 법의 절차), 그리고 비밀 일기를 쓰거나 혹은 그들의 부모가 반대한다 하더라도 자신의 친구를 선택할 그들의 권리와 같은 아동들에 대한 다양한 자결권을 지지했다는 연구결과였다. 동시에 중국계 말레이시아 청소년들은 서구 국가의 청소년들과 마찬가지로 아동들이 투표할 권리나 일할 권리와 같은 그 밖의 다른 권리를 가져야만 한다고 믿지 않았다. 체르니(Cherney)와 싱(Sing, 2003)이 지적한 바와 같이 개인주의와 집산주의 같은 광대한 문화적 정향은 이들 양식을 설명하는 데 거의 유용하지 못했다. 대신에 아동의 권리에 관한 판단을 내릴 때 청소년들은 각기 다른 종류의 권리를 행사하는 능력에 내재된 것으로 가정되는 심리적 역량을 참작하면서 다양한 문화의 상황적 맥락에 함축되어 있는 특수한 권리를 고려했다. 아동들의 발달능력에 관한 공통적 개념은 범문화적 권리에 관한 판단에서 이들 유사점의 기초가 되는 것으로 보이는데, 그와 유사한 하나의 결론은 앞에서 검토했던 서구 문화적 맥락에서의 권리와 의사결정에 관한 연구에서 맥락적 변수를 설명하는 가운데 도달했다.

또 다른 연구들(Helwig, Arnold, Tan & Boyd, 2003a, 2003b)은 중화인민공화국에서 현대적인, 도시 환경(Nanjing)과 보다 전통적인, 농촌 환경을 포함한 다양한 환경에서 민주적 의사결정에 관한 판단을 조사했다.

한 연구(Helwig 외, 2003a)는 헬위그(Helwig)와 킴(Kim, 1999)의 설계에 근거를 두었지만 정면으로 마주보는 면담보다는 다소 은밀한 지필평가를 사용했다. 그 연구는 아동과 관련된 결정에 대해 동료집단, 가족, 학교에서 민주적 집단 의사결정과 권위에 근거한 집단 의사결정에 관한 중국 청소년들(13-18세)의 추론을 검토했다. 연구결과는 캐나다 참여자들을 대상으로 했던 연구에서 발견된 바와 같이 서로 다른 상황과 사회적 맥락에 따른 의사결정 절차에 관한 판단의 변화뿐만 아니라 결정에 참여할 아동의 자율성과 권리가 인정되며, 그리고 지지를 받는 민주적 의사결정을 강력히 지지한다는 것을 보여주었다. 중국 청소년들은 아동의 자율성과 권리가 의사결정에 내포되어야 한다는 명시적 호소를 통해, 그리고 다수결원칙에 토대를 둔 공정성의 개념을 통해 다수결원칙과 합의와 같은 민주적 의사결정 절차에 대한 그들의 지지를 정당화했다. 이러한 정당화는 거부적인 반응에서 거의 절반을 차지했다. 중국 청소년들은 대부분의 의사결정에 있어서 성인의 권위에 입각한 결정을 거부했으며, 그것을 불공정하며 아동의 자율성을 제한하는 것으로 평가했다. 많은 청소년들(비록 다수는 아니지만)은 학교의 교육과정 결정과 같은 그 밖의 다른 결정에 있어서는 교사와 같은 성인 권위자가 보다 나은 결정을 내릴 풍부한 지식과 능력을 지니고 있기 때문에 결정해야 한다고 믿었다.

발달적 차이를 포함하여 상황에 따른 변화의 양식과 결정의 유형은 대체적으로 캐나다 아동들과 청소년들을 대상으로 했던 선행 연구결과를 벗어나지 않았다. 예를 들면 중국 청소년들은 발달과정에 따라 합의나 다수결원칙이 언제 더 적절한가에서 차이가 나타나는 경향이 있는데, 가족과 같은 보다 규모가 작은 집단에서는 합의를 선호하는 반면에 학교 교실과 같은 보다 규모가 큰 집단에서는 다수결원칙에 따른 결정을 선호했다. 비록 성인 권위자를 선호하는 의사결정은 도시지역 참여자보다는 농촌지역 참여자가 더 선호하는 경향이 있었지만 지역적 차이는 아주 작았으며, 상황과 결정에 따른 판단에서의 똑같은 변화의 양식이 모든 환경에서 발견되었다.

이 연구에서 하나의 놀라운 결과는 가족상황에서 제시된 것으로 성인 권위자를 선호하는 반응을 더 지지할 것이 예상되었던 결정의 사례와 관련된다. 그 사례는 어떤 가정에서 자녀가 학교 성적을 끌어올리기 위해 주말에 특별 지도를 받아야 하는가의 여부에 관한 것이었다. 중국에서 자녀들의 학업생활에 부모가 많이 관여하는 것을 감안한다면 (Chao & Sue, 1996 ; Wu, 1996), 이 사례는 다른 결정에서보다 성인(부모) 의사결정을 지지하는 반응이 더 많을 것으로 예상되었다. 그러나 중국 청소년들은 이 결정에서 성인 권위자를 거부하고 그 대신에 합의에 의한 의사결정을 더 지지하는 것으로 밝혀졌다. 그들의 합의에 대한 지지는 비록 부모가 지니고 있는 소망과 배치되더라도 자녀의 동의를 확보할 필요성에 토대를 두고 있었으며, 이러한 입장은 학업적 결정을 스스로 내릴 자녀의 자율성과 권리를 존중할 것을 요구함으로써 정당화되는 경향이 있었다.

중국 참여자들 또한 학교 상황에서 성인 교육 권위자에 의한 의사결정을 비판할 아동의 권리, 개인적 자율성, 개인적 동기 조장의 중요성을 호소했다. 비록 다른 결정보다는 교육과정 결정에서 성인 권위자에 의한 의사결정을 더 지지했지만, 도시와 농촌 두 환경 출신의 대부분의 중국 참여자들은 여전히 교육과정 결정이 교실에서의 다수결원칙에 의해 민주적으로 이루어져야 한다는 것을 선호했다. 이것은 캐나다 아동들을 대상으로 했던 연구(Helwig & Kim, 1999)에서의 대다수 참여자들과는 대조적이다. 그들은 적절한 교육과정 결정을 내릴 아동들의 능력에 대한 관심 때문에 성인 권위자에 의한 결정을 더 지지하는 경향이 있었다. 교육과정 이슈와 관련하여 중국 청소년들 사이에 발견되었던 민주적 의사결정에 대한 강력한 지지는 표준화된 교육과정 및 국가수준 성취 시험과 같은 현재 중국에서 시행되고 있는 몇몇 교육의 실제에 대한 그들의 불안과 불신으로부터 나온 결과로 보인다. 한 청소년은 그에 관하여 다음과 같이 지적하고 있다 : "교육 권위자들의 결정은 오로지 시험을 근거로 하고 있으며, 우리로 하여금 재미 없는 교과서를 배우도록 한다. 우리는 고품격 교육에 관심이 있다. 교육 권위자들에게 결정을 맡길 수는 없다!"

교육과정 맥락에서 민주적 의사결정에 대한 지지는 화합과 사회적 위계 및 권위자의 수용을 강조하는 중국인 심리의 집산주의 특징으로부터 이탈했다는 점뿐만 아니라, 많은 서구의 교육적 맥락에서조차도 극단적인 것으로 간주될 수 있을 정도의 자율성을 아동들에게 확장하고자 하는 의지 때문에 놀라게 된다. 이러한 중국 청소년들의 관점은 사회의 많은 성인, 특히 교육체계에서 권위자의 위치에 있는 사람의 관점과는 사뭇 다르다. 비록 몇몇 중국 논평자는 아동들이 학교에서 보다 많은 권리와 자율성을 갖도록 요구했지만(예컨대 Chen & Su, 2001), 미국과 중국 유아교육자들의 관점을 비교한 한 연구는 중국 교사들이 교사의 권위에 대한 존중을 토대로 하는 하향식(top-down) 혹은 위계적 교수방법을 더 찬성하는 경향이 있었던 반면에, 미국 교사들은 교육적 결정의 선택과 발언을 아동에게 더 많이 부여하는 것으로 인정되는 방법을 지지하는 경향이 더 있음을 보여주었다(Wang, Elicker, McMullen & Mao, 2001). 중국 청소년들의 반응은 부모와 교육자가 아동의 교육적 의사결정 자율성을 너무 지나치게 제한하는 분위기로 인하여 자율성과 민주적 발언권 및 참여를 호소하거나 심지어 과장한 결과일 수도 있다는 것을 암시해 준다. 이 연구결과는 또한 민주적 의사결정과 권리에 관한 판단들이 사회체계 내의 개인들의 관점에 따라 어떻게 변화할 수 있는지를 예증해 주는 것으로, 이는 성 위계질서 내에서 남성과 여성에 의해 내려진 사회적 · 도덕적 판단을 고려해 보면 적절하다(Wainryb & Turiel, 1994 ; Neff & Helwig, 2002).

민주 정부에 관한 중국 청소년들의 개념을 조사했던 후속 연구는 중국에서 신봉되고 있는 민주주의 개념이 서구 문화에서 발견되었던 것과 중요한 유사점을 배태하고 있다는 더 진전된 증거를 제시했다(Helwig 외, 2003b). 헬위그(Helwig, 1998)의 연구에 토대를 둔 이 연구는 민주적 정부체계와 비민주적 정부체계에 관한 중국 청소년들의 추론을 검토했다. 헬위그(1998)의 캐나다 참여자들을 대상으로 했던 연구결과와 마찬가지로 중국 청소년들(농촌과 도시 환경 출신 모두)은 능력주의 사회나 과두제와 같은 비민주적 체계보다는 대의민주주의와 다수결원칙과 같은 민주적 체계를 선호했다. 중국 청소년들은 현대 정치 이론화(Cohen, 1971 ; Richardson, 2002)에서 민주 정부를 지지할 때 사용하는, 그리고 캐나다 아동들과 청소년들을 대상으로 했던 선행 연구에서 발견되었던 다양한 이유와 원리를 근거로 이를 정당화했다. 이는 의사표현 혹은 발언권을 소유할 원칙, 정부는 사회의 다양한 각 분야의 이익을 대표해야 한다는 관념, 자유롭고 정기적인 선거에 의해 산출되는 정치적 책임의 원칙, 다수의 의지에 토대를 둔 민주주의 개념, 정치체계에서 소수의 권리 보호에 대한 관심 등을 포함한다. 한 중국 청소년은 이를 다음과 같이 표현하고 있다 : "(대의민주주의)는 공정하다. 왜냐하면 이들 대표자가 보통 사람들에 의해 선출되고, 그럼으로써 그들은 보통 사람들의 이익을 대표하기 때문이다. 만약 그들 중의 누군가가 보통 사람을 위해 말을 하지 않는다면 그들은 2-3년 내에 사라질 것이다."

또한 이 연구에서 발견된 발달양식은 캐나다 청소년들을 대상으로 했던 연구에서 발견된 것들과 유사했다. 능력주의 사회와 같은 비민주적 체계에 대한 선호는 연령이 높아감에 따라 감소했다(비록 민주적 체계가 모든 연령에서 가장 공정한 것으로 평가되고 선호되었지만). 청소년 중기에 이르면(15세) 정치적 공정성에 관한 판단은 가장 공정한 것으로서 대의민주주의 주변에 자리를 잡는 경향이 있었다. 정당화에 관한 분석은 이들 발달양식이 연령이 증가하면서 정부의 이상적 형식으로서의 대의민주주의에 관한 인식에 의해 추동된다는 것을 암시하는데, 청소년들은 나이가 들어가면서 대의민주주의가 대표자의 도덕적 목적과 정책 이슈를 공식화하고 또한 논쟁하는 데 헌신할 시간을 가진 선출된 관리에 의한 의사결정의 실제적 목적 등 두 가지 목적을 가장 잘 균형잡게 해주는 것으로 인식한다는 것이다.

이전에 중국인들을 대상으로 했던 정부와 무관한 맥락에서의 민주적 의사결정에 관한 연구에서처럼(Helwig 외, 2003a) 지역적 차이는 거의 없었다. 도시와 농촌 청소년들은 똑같이 민주적 정부를 지지하는 반면에 다른 체계를 불공정한 것으로 거부하는 경향이 있었다. 이 연구는 정부의 민주적 형식과 이러한 체계를 방어하기 위해 특징적으로 사용되었던 이유와 원리는 다양한 문화에서(캐나다, 중국), 그리고 근대화되고 서구 영향에 노출된, 전통성을 고수하는 지역 등 현저하게 서로 다른 중국의 전 영역에서 인정되고 또한 받아들여진다는 것을 보여준다. 이 연구결과는 근본적인 민주적 개념은 보편적인 도덕적 호소력을 지니며 개인주의적 · 집산주의적 문화 간의, 혹은 서구와 아시아 가치 간의 이분법을 초월하고 있다.

결론

이 장에서 기술되었던 연구결과들은 권리, 시민 자유, 민주주의 개념이 아동기 초기에 발달하기 시작하며 다양한 문화에서 발견된다는 것을 제시한다. 도덕적 추론에 관한 포괄적 단계(Kohlberg, 1981) 혹은 개인주의와 집산주의의 광대한 문화적 정향(Shweder, 1999)을 강조하는 이전의 이론적 관점들은 현존하는 연구결과의 집적을 설명하기에는 불충분하다. 포괄적 단계 이론은 발달의 전 과정을 통하여 나타난 권리와 민주적 원리를 지지하기 위해 호소했던 기본적 정당성에서의 중요한 연속성과 다양한 상황에 권리와 시민 자유를 적용하는 데에서 드러났던 변화를 예견하거나 설명하는 데 실패한다. 어린 아동조차도 처벌, 권위, 사회적 인습과 구별되는 권리와 민주주의 개념—비록 이들 개념이 복잡한 사회적 상황에서 항상 이해되거나 우선권이 부여되지 않으며, 똑같은 방식에서 발달의 전 과정을 통해 적용되는 것은 아니지만—을 소유하고 있다. 권리와 민주주의에 관한 판단과 추론에서 이러한 공통성과 변화를 설명하기 위해서는 그들 자체에서, 그리고 다른 사회적 · 도덕적 개념과의 갈등을 수반하고 있는 복잡한 상황에서 이들 개념의 발달을 검토하는 분화된 사회적 발달 모델이 필요하다.

여러 증거는 개인적 자율성, 권리, 그리고 민주주의에 관한 개념이 서구의 문화적 전통에만 구속되는 것이 아니라 흔히 집산주의로서 또한 권위자에 대한 복종과 위계 및 전통의 유지에 정향된 것으로 특징지어지는 아시아 사회를 포함한 다양한 문화에서 나타난다는 것을 보여주고 있다. 연구결과들은 사회적·도덕적 이해의 원천을 일차적으로 변화하는 문화적 전통이나 교의의 영향으로 추적하는 문화심리학(Shweder, 1999)과 같은 사회적·도덕적 발달에 관한 관점과 일치하지 않는다. 그 대신에 개인적 자율성, 권리, 그리고 민주적 개념에 관한 관념의 원천은 그 대신에 보편적인 인간 욕구에 관한 공통적인 개념과 서로 다른 문화에서 경험되는 사회적 삶의 급박성에 의존하는 것으로 보인다. 다양한 문화적 배경의 개인들은 자신들을 지배하는 제도에서 발언권을 가져야 한다는 생각을 불가피하게 인식하고, 개인적 자율성에 대한 욕구는 절대적으로 필요할 뿐만 아니라 사회적 관습과 규범을 고려하고 평가할 때 고려되어져야 한다고 믿는다. 다양한 국가와 문화에서 수행되었던 연구결과들로부터 등장하고 있는 발달양식은 아동들이 발달할수록 각기 다른 사회적 상황의 목적과 구조(예컨대 동료집단, 가족, 학교, 정부), 자율성과 권리를 행사할 행위자의 각기 다른 능력(예컨대 아동 혹은 성인), 그리고 해악 혹은 법적 요구의 이슈와 같은 각기 다른 사회적 및 도덕적 관심사의 존재 등과 같은 많은 요소를 점차적으로 복잡한 방식에서 고려한다는 것을 보여준다. 그러한 요소들은 일반적인 문화적 정향보다 지금까지 연구된 문화에서 권리와 민주적 의사결정에 관한 개념의 적용을 설명하는데 오히려 훨씬 더 유익한 정보를 제공해 주었다.

이것은 우리가 권리와 민주주의에 관한 추론에서 문화의 역할을 완벽하게 설명할 수 있다는, 혹은 밝혀져야 할 중요한 문화적 차이들이 결코 존재하지 않는다는 것을 말하는 것은 아니다. 예를 들면 우리는 언론의 자유와 그 밖의 다른 시민 자유의 개념이 어떻게 추론되고 다양한 문화, 특히 권위주의적 사회 혹은 공식적인 민주적 전통이 없는 사회에 적용되는지에 관한 더 많은 연구가 필요하다. 비록 오늘날 개인적 자율성과 집단 의사결정의 민주적 개념에 관한 신념 모두가 중화인민공화국과 같은 아시아 사회에서 신봉되고 있다는 것이 분명하지만, 우리는 또한 이들 개념 간의 잠재적 교환이 어떻게 이해되는지에 관한 더 많은 연구가 필요하다. 예를 들면 중국에서는 다수결원칙에 관한 민주적 관념과 개인의 자유에 관한 민주적 관념 간의 경계가 서구에서와 다르게 그려지는가? 중국과 같은 그러한 사회에서 어떤 결정이 민주적인 것으로 정당화될 수 있는 방식에서 내려지는 것으로 인식된다면, 집단은 개인의 보다 넓은(혹은 서로 다른) 삶의 영역에 대해 결정을 내릴 수 있는가? 우리는 아마도 앞으로의 연구가 상황과 문화에 따른 판단에서의 유사성과 차이점의 양식을 내놓기를 기대할 수 있을 것이다. 그러나 이에 대한, 그리고 그 밖의 중요한 여러 의문에 대한 대답은 우리가 포괄적인 문화적 정향의 방식을 버리고 권리와 민주의의의 개념이 어떻게 각 문화에서, 그리고 범문화적으로 서로 다른 사회적 환경에서 적용되고 통합되는지에 대해 더 자세히 검토할 때 밝혀질 수 있다.

《 감사의 말 》

이 장은 캐나다 사회과학 · 인문연구회로부터 허가와 지원을 받아 집필되었다. 나는 크리스토퍼 로(Christopher Lo), 안젤라 프렌시프(Angela Prencipe), 라첼 리어슨(Rachel Ryerson), 엘리어트 투리엘(Elliot Turiel), 그리고 편집자들에게 이 장의 초고에 관해 논평해 준 점에 대해 감사드린다.

참고문헌

Angle, S. C.(2002). *Human rights and Chinese thought : A cross−cultural inquiry.* Cambridge, UK : Cambridge University Press.

Angle, S. C., & Svensson, M.(2001). *The Chinese human rights reader : Documents and commentary, 1900−2000.* New York : M. E. Sharpe.

Ardila−Rey, A., & Killen, M.(2001). Middle−class Columbian children's evaluations of personal, moral, and social conventional interactions in the classroom. *International Journal of Behavioral Development, 25,* 246−255.

Bond, M. H.(2002). Reclaiming the individual from Hofstede's ecological analysis—A 20 year odyssey : Comment on Oyserman et al.(2002). *Psychological Bulletin, 128,* 73−77.

Chao, R. K., & Sue, S.(1996). Chinese parental influence and their children's school success : A paradox in the literature on parenting styles. In S. Lau(Ed.), *Growing up the Chinese way : Chinese child and adolescent development*(pp. 93−120). Hong Kong : The Chinese University Press.

Chen, H., & Su, L.(2001). Child protection and development in China. *International Society for the Study of Behavioral Development Newsletter, 2,* 7−8.

Cherney, I., & Perry, N. W.(1996). Children's attitudes toward their tights−an international perspective. In E. Verhellen(Ed.), *Monitoring children's rights*(pp. 241−250). Boston : Martinus Nijhoff.

Cherney, I. D., & Shing, Y. L.(2003, April). *Children's attitudes toward their tights : A cross−cultural perspective.* Poster presented at the meeting of the Society for Research in Child Development, Tampa, FL.

Ching, J.(1998). Human rights : A valid Chinese concept? In W. de Barry & T. Weiming(Eds.), *Confucianism and human rights*(pp. 67−82). New York : Columbia University Press.

Clemence, A., Doise, W., de Rosa, A. S., & Gonzalez, L.(1995). Le representation sociale des droites de l'homme : Une recherche internationale sur l'entendue et les limites de l'universalité [Social representations of human rights : International research on the extent and limits of their university.] *Journal Internationale de Psychologie, 30,* 181–212.

Cohen, C.(1971). *Democracy.* New York : The Free Press.

Connell, R. W.(1971). *The child's construction of politics.* Melbourne, Australia : Melbourne University Press.

de Barry, W.(1998). *Asian values and human rights : A Confucian communitarian perspective.* Cambridge, MA : Cambridge University Press.

Dien, D. S.(1982). A Chinese perspective on Kohlberg's theory of moral development. *Developmental Review, 2,* 331–341.

Dornbusch, S. M., Carlsmith, J. M., Bushwall, S. J., Ritter, P. L., Leiderman, H., Hastorf, A. H., & Gross, R. T.(1985). Single parents, extended households, and the control of adolescents. *Child Development, 56,* 326–341.

Dworkin, R.(1977). *Taking rights seriously.* Cambridge, MA : Harvard University Press.

Emerson, T.(1970). *The system of freedom of speech.* New York : Random House.

Erikson, E.(1968). *Identity, youth, and crisis.* New York : W. W. Norton.

Friedman, E.(2002). On alien western democracy. In C. Kinwall & K. Sösson(Ed.), *Globalization and democratization in Asia* (pp. 53–72). London : Routledge.

Gallatin, J., & Adelson, J.(1970). Individual rights and the public good : A cross–national study of adolescents. *Comparative Political Studies, 2,* 226–244.

Gallatin, J., & Adelson, J.(1971). Legal guarantees of individual freedom : A cross–national study of the development of political thought. *Journal of Social Issues, 27,* 93–108.

Ganjian, D., & Gang, S.(1995). Relating human rights to Chinese culture : The four paths of the Confucian Analects and the four principles of a new theory of benevolence. In M. C. Davis(Ed.), *Human rights and Chinese values : Legal, philosophical, and political perspectives* (pp. 35–56). New York : Oxford University Press.

Gewirth, A.(1978). *Reason and morality.* Chicago : University of Chicago Press.

Greenstein, F.(1965). *Children and politics.* New Haven, CT : Yale University Press.

Held, D.(1996). *Models of democracy.* Cambridge, UK : Polity Press.

Helwig, C. C.(1995a). Adolescents' and young adults' conceptions of civil liberties : Freedom of speech and religion. *Child Development, 66,* 152–166.

Helwig, C. C.(1995b). Social contexts in social cognition : Psychological harm and civil liberties. In M. Killen & D. Hart(Eds.), *Morality in everyday life : Devel-*

opmental perspectives(pp. 166–200). Cambridge, UK : Cambridge University Press.

Helwig, C. C.(1997). The role of agent and social context in judgments of freedom of speech and religion. *Child Development, 68,* 484–495.

Helwig, C. C.(1998). Children's conceptions of fair government and freedom of speech. *Child Development, 69,* 518–531.

Helwig, C. C.(2003). [Judgments and reasoning about the fairness of government systems in adolescence.] Unpublished raw data.

Helwig, C. C.(2005). Culture and the construction of concepts of personal autonomy and democratic decision–making. In J. E. Jacobs & P. A. Klaczynski(Eds.), *The development of judgment and decision making in children and adolescents*(pp. 181–212). Mahwah, NJ : Lawrence Erlbaum Associates.

Helwig, C. C., Arnold, M. L., Tan, D., & Boyd, D.(2003a). Chinese adolescents' reasoning about democratic and authority–based decision making in peer, family, and school contexts. *Child Development, 74,* 783–800.

Helwig, C. C., Arnold, M. L., Tan, D., & Boyd, D.(2003b, June). *Mainland Chinese adolescents' judgments and reasoning about democratic government.* Poster presented at the annual meeting of the Jean Piaget Society, Chicago, IL.

Helwig, C. C., & Kim, S.(1999). Children's evaluations of decision making procedures in peer, family, and school contexts. *Child Development, 70,* 502–512.

Helwig, C. C., & Turiel, E.(2002). Civil liberties, autonomy, and democracy : Children's perspectives. *International Journal of Law and Psychiatry, 25,* 253–270.

Ignatieff, M.(2000). *The rights revolution.* Toronto : Anansi.

Inhelder, B. & Piaget, J.(1958). *The growth of logical thinking from childhood to adolescence.* New York : Basic Books.

Jung, K. D.(1994). Is culture destiny? : The myth of Asia's anti–democratic values ; a response to Lee Kuan Yew. *Foreign Affairs, 73*(6), 189–194.

Killen, M.(1997). Culture, self, and development : Are cultural templates useful or stereotypic? *Developmental Review, 17,* 239–249.

Killen, M., & Sueyoshi, L.(1995). Conflict resolution in Japanese social interactions. *Early Education and Development, 6,* 313–330.

Kinoshita, Y.(1989). Developmental changes in understanding the limitations of majority decisions. *British Journal of Developmental Psychology, 7,* 97–112.

Kohlberg, L.(1981). *Essays on moral development. Vol. 1 : The philosophy of moral development.* San Francisco : Harper & Row.

Mann, L. & Greenbaum, C. W.(1987). Cross–cultural studies of children's decision rules. In C. Kagitcibasi(Ed.), *Growth and progress in cross–cultural psychology* (pp. 130–137). Berwyn, PA : Swets North America.

Markus, H. R., & Kitayama, S. (1991). Culture and the self : Implications for cognition, emotion, and motivation. *Psychological Review, 98,* 224–253.

McClosky, H., & Brill, A. (1983). *Dimensions of tolerance : What Americans believe about civil liberties.* New York : Russell Sage.

Meldon, A. I. (1977). *Rights and persons.* Berkeley : University of California Press.

Melton, G. B. (1980). Children's concepts of their rights. *Journal of Clinical Child Psychology, 9,* 186–190.

Melton, G. B., & Limber, S. P. (1992). What children's rights mean to children : Children's own views. In M. Freeman & P. Veerman (Eds.), *The ideologies of children's rights* (pp. 167–187). Dordrecht : The Netherlands : Kluwer.

Miller, J. G. (1994). Cultural diversity in the morality of caring : Individually–oriented versus duty–based interpersonal moral codes. *Cross Cultural Research, 28,* 3–39.

Moessinger, P. (1981). The development of the concept of majority decision : A pilot study. *Canadian Journal of Behavioral Science, 13,* 359–362.

Moshman, D. (1998). Cognitive development beyond childhood. In W. Damon (series Ed.) & D. Kuhn & R. Siegler (Vol. Eds.), *Handbook of child psychology. Vol. 2 : Cognition, perception, and language* (5th ed., pp. 947–978). New York : Wiley.

Neff, K. D., & Helwig, C. C. (2002). A constructivist approach to understanding the development of reasoning about rights and authority within cultural contexts. *Cognitive Development, 17,* 1429–1450.

Nisbett, R. E., & Wilson, T. D. (1977). Telling more than we can know : Verbal reports on mental precesses. *Psychological Review, 84,* 231–259.

Nucci, L. P. (1981). The development of personal concepts : A domain distinct from moral and social concepts. *Child Development, 52,* 114–121.

Nucci, L. (2001). *Education in the moral domain.* Cambridge, UK : Cambridge University Press.

Nucci, L. P., Camino, C., & Sapiro, C. (1996). Social class effects on northeastern Brazilian children's conceptions of areas of personal choice and social regulation. *Child Development, 67,* 1223–1242.

Nucci, L. P., & Lee, J. (1993). Moral and personal autonomy. In G. Noam & T. Wren (Eds.), *Morality and the self* (pp. 123–148). Cambridge, MA : MIT Press.

Oyserman, D., Coon, H. M., & Kemmelmeier, M. (2002). Rethinking individualism and collectivism : Evaluation of theoretical assumptions and meta–analysis. *Psychological Bulletin, 128,* 3–72.

Piager, J.(1932). *The moral judgment of the child.* London : Routledge & Kegan Paul.

Prothro, J. W., & Grigg, C. M.(1960). Fundamental principles of democracy : Bases of agreement and disagreement. *Journal of Politics, 22,* 276–294.

Pye, L. W.(1992). *The spirit of Chinese politics.* Cambridge, MA : Harvard University Press.

Richardson, H. S.(2002). *Democratic autonomy : Public reasoning about the ends of policy.* New York : Oxford University Press.

Roetz, H.(1993). *Confucian ethics of the axial age.* Albany : SUNY Press.

Ruck, M. D., Abramovitch, R., & Keating, D. P.(1998). Children's and adolescents' understanding of rights : Balancing nurturance and self–determination. *Child Development, 69,* 404–417.

Sarat, A.(1975). Reasoning in politics : The social, political, and psychological bases of principled thought. *American Journal of Political Science, 19,* 247–261.

San, A.(1999). *Development as freedom.* Random House : New York.

Shweder, R. A.(1999). Why cultural psychology? *Ethos, 27,* 62–73.

Shweder, R. A., & Bourne, E. J.(1982). Does the concept of the person vary cross–culturally? In A. J. Marsella & G. M. White(Eds.), *Cultural conceptions of mental health and therapy*(pp. 97–137). Boston : Reidel.

Shweder, R. A., Mahapatra, M., & Miller, J. G.(1987). Culture and moral development. In J. Kagan & S. Lamb(Eds.), *The emergence of morality in young children* (pp. 1–83). Chicago : University of Chicago Press.

Shweder, R. A., & Sullivan, M. A.(1993). Cultural psychology : Who needs it? *Annual Review of Psychology,* 44, 497–523.

Smetana, J. G.(1989). Adolescents' and parents' reasoning about actual family conflict. *Child Development, 60,* 1052–1067.

Smetana, J. G.(2002). Culture, autonomy, and personal jurisdiction in adolescent–parent relationships. In H. W. Reese, & R. Kail(Eds.), *Advances in Child development and behavior*(Vol. 29, pp. 51–87). New York : Academic Press.

Snarey, J.(1985). Cross–cultural universality of moral development : A critical review of Kohlbergian research. Psychological Bulletin, 97, 202–232.

Stouffer, S.(1955). *Communism, conformity and civil liberties.* New York : Doubleday.

Svensson, M.(2002). *Debating human rights in China : A conceptual and political history.* New York : Rowman & Littlefield.

Takano, Y., & Osaka, E.(1999). An unsupported common view : Comparing Japan and the U. S. on invidualism/collectivism. *Asian Journal of Social Psychology, 2,* 311–341.

Triandis, H. C.(1989). The self and social behavior in differing cultural contexts.

Psychological Review, 96, 506–520.

Turiel, E.(1998). The development of morality. In W. Damon(Series Ed.) & N. Eisenberg(Vol. Ed.), *Handbook of child psychology. Vol. 3 : Social, emotional, and personality development*(5th ed., pp. 863–932). New York : Wiley.

Turiel, E.(2002). *The culture of morality : Social development, context, and conflict.* Cambridge, UK : Cambridge University Press.

Turiel, E., Killen, M., & Helwig, C. C.(1987). Morality : Its structure, functions and vagaries. In J. Kagan & S. Lamb(Eds.), *The emergence of morality in young children*(pp. 155–244). Chicago : University of Chicago Press.

Turiel, E., & Wainryb, C.(1998). Concepts of freedoms and rights in a traditional, hierarchically organized society. *British Journal of Developmental Psychology, 16,* 375–395.

Wainryb, C., & Turiel, E.(1994). Dominance, subordination, and concepts of personal entitlement in cultural context. *Child Development, 65,* 1701–1722.

Wang, J., Elicker, J., McMullen, M., & Mao, S.(2001, April). *American and Chinese teachers' beliefs about early childhood curriculum.* Poster presented at the biennial meeting of the Society for Research in Child Development, Minneapolis, MN.

Wu, D. Y. H.(1996). Parental control : Psychocultural interpretations of Chinese patterns of socialization. In S. Lau(Ed.), *Growing up the Chinese way : Chinese child and adolescent development*(pp. 1–28). Hong Kong : The Chinese University Press.

Yau, J., & Smetana, J. G.(2003a). Conceptions of moral, social–conventional, and personal events among Chinese preschoolers in Hong Kong. *Child Development, 74,* 1–12.

Yau, J., & Smetana, J. G.(2003b). Adolescent–parent conflict in Hong Kong and Shenzhen : A comparison of youth in two cultural contexts. *International Journal of Behavioral Development, 27,* 201–211.

Zakaria, F.(1994). Culture is destiny : A conversation with Lee Kuan Yew. *Foreign Affairs, 73*(2), 109–127.

Zellman, G. L., & Sears, D. O.(1971). Childhood origins of tolerance for dissent. *Journal of Social Issues, 27,* 109–136.

제8장

문화에서의 도덕발달

다양성, 관용, 그리고 정의

와인립_Cecilia Wainryb(유타 대학교_University of Utah)

도덕발달에 관한 관점들과 도덕적 다양성

인간은 문화를 통해 발달하며 문화적 제도가 인간의 도덕적 삶을 구성한다는 명제는 논쟁의 여지가 없다. 그러나 어떤 문화가 그럴 것 같은가, 그리고 문화가 도덕발달을 구성한다는 것이 무슨 뜻인가에 관해서는 심한 불일치가 존재한다. 이들 이슈에 관한 다양한 관점은 거꾸로 문화에 따른 도덕적 경험의 다양성에 관한 본질을 각기 다르게 이해하고 있다.

이 장에서 제시된 문화에서의 도덕발달에 관한 관점은 인간은 도덕적 및 그 밖의 다른 사회적 개념을 여러 가지 사회적 상호작용에 참여하며 이에 대한 반성을 통해 자신의 문화 내에서 발달시킨다고 단정하는 발달 이론에 근거를 두고 있다(Turiel, 1983, 1998a). 이 관점은 또한 문화란 협력, 논쟁, 권력충돌, 그리고 개인들—남성과 여성, 성인과 아동, 가진 자와 갖지 못한 자—간의 경합적 의미의 맥락에서 창조·유지되는 역사적 구성이라고 주장하는 문화인류학의 최근 학설(Abu-Lughod, 1991 ; Wikan, 1991)에 의해 뒷받침되고 있다. 이 관점에 따르면 문화는 인간으로 하여금 어떤 방식으로 느끼고 생각하고 행동하도록 만드는 힘을 가지고 있지 않다. 즉 문화는 다양한 종류의 사회적 상호작용에 대한 기회를 제공하는 다면적인 환경이다. 아동을 포함하여 인간은 자신의 문화 관습과 전통 속에 깊이 박혀 있는 사회적 상호작용을 반성할 수 있다. 그리하여 무엇이 옳은가 혹은 소중한가에 관한 논쟁은 매우 일상적인 현상이다. 인간은 자신의 문화산물이자 다른 구성원과 서로 맞교환이 가능한 복사물이 된다기보다 문화 속에서 "여러 가지 선택에 직면하고, 다른 사람과 싸우고, 서로 대립되는 주장을 하고, 똑같은 사건에 대해 여러 관점에서 논쟁하고, 다양한 관계에서 오르막과 내리막을 경험할 뿐만 아니라 자신의 처지와 욕망에서 변화를 경험하며, 새로운 압력에 직면하며, 자신이나 혹은 주변의 다른 사람에게 무슨 일이 일어날 것인가를 예견하지 못한다" (Abu-Lughod, 1991, p. 154).

이러한 관점은 전형적으로 **문화심리학**(cultural psychology)의 광범위한 우산 아래로 수렴되는 명제인 문화결정론과는 대조적이다(Bruner, 1990 ; Cole, 1990 ; Markus & Kitayama, 1991 ; Shweder, 1990 ; Shweder & Sullivan, 1993). 비록 그러한 명제들 간에 중요한 측면에서 차이가 있지만 그 명제들은 문화에서의 도덕발달 연구결과로서 문화와 발달에 관한 핵심적인 가정을 공유한다. 문화심리학의 관점에서 보면 문화는 사고와 행위의 비교적 일관된 양식을 형성하는 포괄적인 구성으로 가정된다. 물론 그 양식은 문화에 따라 서로 다르다. 개인의 심리는 그 문화의 지배적인 양식 혹은 정향과 일치하여 구성된다고 알려지고 있으며, 인간은 일반적으로 문화에 참여하고 그 문화의 주요 특징을 받아들이며 재생산하는 성향이 있다. 비록 문화가 어떻게 **문화화**(enculturation, Herskovits, 1947, 1955)를 성취하는지에 대해서는 자세한 설명이 없지만, 문화심리학자들은 "도덕적 질서의 지역 수호자들"(Shweder, Mahapatra & Miller, 1987)에 의한 문화 전이의 하향식 과정을 통해, 혹은 문화적 관습과 사회적으로 구속된 행동 양식에의 참여(Rogoff, 1990)를 통해 문화의 정향이 그 문화의 구성원에게 명시적·묵시적으로 전달·획득된다고 가정한다. 문화의 구성원들은 이러한 과정의 결과로 목적, 가치, 그리고 발달 경로를 통해 공유하게 되는, 곧 하나의 공유된 문화를 지니는 것으로 가정된다.

문화심리학자들이 문화체제의 일관되고 통일성 있는 양식에 관해 지니고 있는 생각은 문화의 양식이 넓게는 개인주의 혹은 집산주의로 구분될 수 있다는 명제에 의해 가장 잘 예시된다. 이 공식에 따르면 **개인주의**(individualistic) 정향을 가진 문화(예를 들면 미국, 캐나다, 서구 유럽, 오스트레일리아, 뉴질랜드)는 비교적 서로 간의 관계성 및 공동체와 분리된, 그리고 자유와 개인의 목적을 성취하는 데 동기화되는 자율적 인간과 관련한 사회적 경험을 구성한다. 그 핵심이 **집산주의**(collectivistic)인 문화(예를 들면 많은 아시아, 아프리카, 남아메리카 국가)는 가족이나 공동체와 같은 집단과 관련한 사회적 경험을 구성한다. 즉 집산주의 문화의 구성원들은 주로 그들의 상호 의존적인 역할에 의해, 그리고 집단주의 사회체계에 의해 그들에게 부여된 의무로 일체가 된다(Hofstede, 1980 ; Markus & Kitayama, 1991 ; Triandis, 1989, 1990). 도덕발달의 영역에서 보면 개인주의 문화와 집산주의 문화는 도덕성에 관하여 근본적으로 각기 다른 개념을 옹호하고 있다(Shweder 외, 1987). 개인주의 문화에서의 도덕성은 권리에 토대를 두고 있으며, 개인의 독립성을 확장하고 보호하는 일에 대한 관심에 의해 구성된다. 권리, 평등, 정의, 개인의 자유는 개인주의적 도덕률과 사회적 관습의 골격을 이룬다. 이와 대조적으로 집산주의 문화는 보다 상호 의존적인 의무에 근거한 도덕성을 지닌다. 그러한 도덕성을 조직화하는 특징은 사회체계에서의 각자의 역할에 의해 할당된 규칙과 의무에 의해 명령을 받는 행위들이며, 권리와 자유, 그리고 개인적 행위자와 관련한 관심을 배제한다.

비록 개인주의 혹은 집산주의의 구성이 인간의 사고, 정서, 그리고 행동에서의 변수 모델로 엄청난 인기를 누려왔고 많은 문화와 영역(개관을 위해서는 Kagitcibasi & Berry, 1989, 참조 ; Triandis, 1990, 1995)에서 엄청난 연구결과를 산출했지만 문화 간의 차이에 관한 그러한 초점은 문화 내(within)의 차이를 간과하거나 경시하는 결과를 초래했다. 모든 문화(사실은 전 대륙)는 그의 그럴 듯한 균일 정향에 따라 개인주의 혹은 집산주의, 권리 혹은 의무, 독립성 혹은 상호 의존성으로 특징지어졌다(Markus & Kitayama, 1991 ; Triandis, 1989). 이러한 문화적 동질성에 대한 강조는 인류학자들과 발달심리학자들의 비판대상이 되었다. 그들은 자율성과 상호 의존성이 발달에서 상호 배타적인 것이 아니라 서로 연관되는 것이며, 서구와 비서구 사회 사람들의 사고와 행동에 공존하고 있다고 주장했다(Holloway, 2000 ; Killen & Wainryb, 2000 ; Spiro, 1993 ; Strauss, 2000 ; Turiel, 1998a, 2002 ; Turiel & Wainryb, 1994, 2000 ; Wainryb, 1997 ; Wainryb & Turiel, 1995). 국가 간 연구와 1980년 이래 미국에서 수행되었던 연구에 대한 최근의 메타 분석(Oyserman, Coon & Kemmelmeir, 2002)은 개인주의 사회와 집산주의 사회 간의 차이는 크지도 않고 또한 체계적이지도 않다는 것, 그리고 사회와 개인은 단 하나의 정향의 측면에서 정확하게 특징지어질 수 없다는 것을 확인시켜 주었다.

몇 년이 지나면서 개인주의 혹은 집산주의 문화에 관한 기술은 개인주의적 요소와 집산주의적 요소의 혼합(예를 들면 Markus & Kitayama, 1991와 Markus, Mullally & Kitayama, 1997, 그리고 Shweder 외, 1987과 Shweder, Much, Mahapatra & Park, 1997을 비교할 것)을 허용하는 방향으로 후퇴했다. 그럼에도 불구하고 그러한 명제들은 문화적 동질성의 실질적 수준과 심리발달에 관한 문화적 양식화의 과정을 전제한다. 그러한 공식에 의하면 개인주의와 집산주의는 연속적인 차원의 양 극에 위치하는 이상적 유형으로 개념화된다. 비록 문화가 개인주의 요소와 집산주의 요소의 각기 다른 비율로 두 이상적 유형 간의 특수한 균형을 깨뜨리는 것으로 묘사되지만(Greenfield, 1994 ; Sinha & Tripathi, 1994) 그 두 요소는 아직까지 지배적인 정향으로 일관되게 받아들여지고 있다. 예를 들면 일본 사회에서 개인주의 요소와 집산주의 요소의 특수한 혼합은 그 차원에 관한 집산주의 측면의 기준 값을 나타내는 것으로 기술되었다. 반면에 미국 사회에서 두 정향의 혼합은 개인주의 측면의 기준 값이 되는 것으로 알려졌다(Greenfield, 1995). 문화는 보다 작은 문화공동체들이나 하위문화들—각기 그 자체의 문화적 정향을 가진—이 하나의 커다란 사회 내에서 공존하는 한 이질적일 수밖에 없다는 또 다른 주장이 제기되었다. 이 공식 역시 문화는 (비록 크기에서 작다 하더라도) 공유된 의미, 가치, 전통, 그리고 관습의 지배적이고 비교적 동질적인 핵심에 의해 명칭이 부여된다는 가정을 그대로 따르고 있는 것이다. 이 관점에서 보면 역시 인간은 상연하고 있는 (다양한) 문화적 각본에 짜맞춰지게 된다.

비록 혼합된 정향들의 공존을 허용하는 공식화가 문화 내에서 사회적 삶을 구성하는 다면적 경험의 몇 가지 측면을 수렴하기는 하지만, 모든 문화적 분석은 문화 내의 사회적 · 도덕적 다양성의 범위를 경시한다. 예를 들면 몇몇 그러한 공식화는 갈등이 한 사회 내에서 각기 다른 하위문화의 가치 간에 발생할 것이라는 점을 인정한다. 그러나 그러한 갈등은 문화집단 간 갈등—문화집단 내의 동질성과 조화의 가정을 유지하는 것을 허용하는 움직임—으로 간주된다. 인간의 목적과 관점이 그 문화의 지배적 정향에 의해 형성되는 것으로 간주되기 때문에 한 문화(혹은 하위문화) 내의 개인들이 서로 다른 관점을 발달시키거나 혹은 서로가 심각한 갈등 속으로 빠져들어 갈 가능성은 크게 고려할 사항이 아니다. 그 결과로 나타난 관점은 인간의 관심사란 그 문화의 정향을 반영하는 것으로 한 문화 내에서 개인 간에 중요한 갈등이 거의 없다는 시각이다.

자극적인 문화심리학의 비평에서 저드(Gjerde, 2004)는 이러한 유형의 문화적 분석을 뒷받침하는 것은 다름아닌 다음과 같은 본질주의자의 신념이라는 점을 특별히 언급했다.

> 언어, 혈통, 피부, 관습과 같은 본질적 요소를 공유하는, 그리고 그의 유사성이 실질적이고 자연적이며 압도적인 자연적 실체—흔히 부족, 민족 혹은 문화집단으로서 기술되는—가 존재한다. 이 관점에서 보면 각 개인은 그 자신의 문화의 특성을 소유하며, 집단은 독립적인 변수의 지위를 차지하고 원인요소로서 작동할 수 있다. 이러한 특징은 아주 깊게 각인되어서 '문화적 단위' 내의 각 개인은 상호 맞교환이 가능한 상품으로서 취급

> 당할 수 있는 것으로 가정된다. … [그리고] 인간은 그의 사회, 문화, 그리고 대륙의 소형 대표로 환원된다(p. 142).

본질주의자로서의 저드의 문화심리학 입장에 관한 기술은 대신에 개인적 행위자의 중심 역할을 인정하자고 주장하는 일부 문화심리학자의 저항에 직면하게 되었다(예컨대 Shweder & Sullivan, 1993). 본질주의라는 딱지가 그들에게 적합하든 그렇지 않든 간에 문화적 분석은 인간이 문화적 규범과 관습에 저항할 수 있는, 혹은 동의조차도 하지 않을 수 있는 발달과정을 구체화하는 것을 일관되게 무시해 온 것은 사실이다. 그러한 발달의 측면에 대한 그들의 무시는 간과되어서는 안 될 것 같다. 역으로 문화적 분석이 심리적 과정의 문화적 형성을 강조한 것은 의미를 구술하는 문화의 힘을 과장하여 평가하는 경향성과 더불어 개인적 행위자를 과소평가하는 경향성을 함축하는데, 이는 자명한 일이다.

문화를 하나의 집단적, 공유된 목소리로 말하는 담화로 보는 관점은 문화 내에서 인간이 갖는 관심사의 다양성, 문화 내에서 인간 간의 갈등과 불일치, 그리고 인간이 그의 문화의 규범과 관습에 관하여 갖는 다양한 해석과 비판적 판단을 지적하는 증거와 일치하지 않는다. 이러한 이질성의 유형은 문화적 결정이나 발달양식을 강조하는 공식화에 의해 충분하게 설명될 수 없으며, 이는 비록 그러한 공식화가 한 사회 내에서 다양한 문화적 주형의 존재를 허용한다 하더라도 마찬가지이다. 다음 절에서 보다 충분히 논의하겠지만 문화적 이질성에 관한 설명은 집산주의 요소와 개인주의 요소의 특수한 비율을 결정하는 것 이상을 요구한다. 자율성과 상호 의존성 정향은 사회적 상호작용에서 중심적인 것이다. 즉 인간은 다양한 목적과 관심사를 발달시키며(어떤 사람은 개인주의적인 것과 같은, 또 어떤 사람은 집산주의적인 것과 같은). 그리고 문화 내의 특수한 맥락에 관한 그들의 해석에 따라 서로 다른—흔히 갈등에 지배된—판단과 결정을 내린다.

이 장에 제시된 도덕성과 문화에 관한 발달적 관점에서 보면(Turiel & Wainryb, 1994, 2000도 볼 것) 분석의 초점은 발달의 문화적 양식화로부터 문화 내의 복합적 맥락에서 인간의 다양한 경험으로 옮겨간다. 그러한 **문화와 무관한 담론**(acultural discourse)—도덕성 발달에 관한 문화적 효력과 관습의 영향을 무시하는 담론—은 도덕적 조망에서 "상당히 일반적인, 다소 공허한 공통성"(Miller, 2001, p. 159)에 관한 자료를 산출하며, 단지 일반적 의미의 인간으로서 도덕적·사회적 삶을 동질적으로 만들지 않는가? 문화심리학자들은 아마도 그렇게 생각할 것이다. 왜냐하면 그들은 문화에 대한 관념을 인간 다양성의 개념을 고정시키고 다양한 문화적 조망을 표현하는 데 있어서 결정적인 것으로 판단하기 때문이다. 그러나 발달적 관점에서 보면 모든 범위의 인간 다양성을 수렴하게 하는 다양성의 주요 고정장치로서의 **문화로부터 멀어지고 있는** 것이다.

문화에서의 사회적·도덕적 발달에 관한 연구는 불가피하게 도덕적 다양성의 본질에 관한 질문과 연결되는데, 그 질문이란 어떤 의미가 학문세계를 넘어서 확장하는가이다(Wainryb, 2004b). 그 구성에서 점차적으로 다문화되어 가고 있는 북아메리카와 서구 유럽의 민주사회에서는 다양한 문화를 가진 이민자들의 사회적·도덕적 관습과 가치를 조정할 것인가 어떨 것인가, 그리고 어떻게 반응하는 것이 최선인지 결정해야 하는 심각한 도전에 직면해 있으며, 인권, 평등, 그리고 인간 다양성 존중에 대한 관심사가 위기에 놓였다.

사회적·도덕적 발달의 문화적 양식화를 강조하는 명제는 주로 지각된 자민족중심주의, 그리고 보편적 특징을 강조하는 서구의 편견에 대응하여 등장했으며, 인간 발달에 관한 귀중한 관점을 증진시키고자 하는 명백한 목적과 더불어 진보를 이루어 왔다. 1980년대에 이르러 문화심리학자들은 "고정된 본질, 내재적 특질, 그리고 보편적 절대 진리에 관한 일방적 강조를 의심하는 지적 분위기"(Shweder & Sullivan, 1993, p. 500)를 토로하기 시작했다. 이에 답하여 그들은 문화를 발달의 주요 원천—자아, 정서, 인지, 가치의 기원이자 조직자—으로 옹호했다. 그들의 지적 의제는 "문화적 전통과 사회적 관습이 인간의 정신을 규제하고 표현하며 변형·교환하는 방식—이는 인류의 정신적 통일성보다는 오히려 마음, 자아, 그리고 정서에서 인종적 다양성을 초래한다"—을 연구하고(Shweder, 1990, p. 1), "정서적·신체적 기능 작용에 관한 심리적 다양성의 인종적·문화적 원천을 조사하며"(Shweder & Sullivan, 1993, p. 497), "심리적 다원주의에 관한 신뢰할 만한 이론"(p. 498)을 발달시키는 것을 포함한다.

전통적으로 사회적·도덕적 발달에 관한 문화적 양식화를 강조하는 명제는 인종주의와의 투쟁과 보다 최근에는 다문화주의 및 각 문화의 권리 증진과 관련되고 있다. 그의 기본적인 가정, 즉 각 문화는 그 문화 내에 의미를 갖는 독특한 관점을 소유한다는 가정은 전형적으로 각 문화적 관점이 그 문화 밖의 다른 것들에 의해 존중받거나 혹은 최소한 관용되어야 할 가치가 있다는 것을 함축한다(Shweder, 2000, 2002). 그러나 이러한 존중과 관용에 대한 요구가 문화란 단지 하나의 독특한 관점—하나의 내부 관점, 하나의 지역 목소리—만을 소유한다는 것을 전제하지는 않는다.

대조적으로 이 장에서 제시된 관점은 문화 내에서 발견된 다양한,

그리고 상호 갈등하는 사회적 · 도덕적 관점을 지적하고, 또한 인간 다양성은 문화 간 차이의 측면에서 충분히 기술될 수 없다는 것을 강조한다. 그러므로 문화의 구성이 인간 다양성과 정의에 대한 존중을 증진하는 토대로서 그럴 듯하게 공헌할 수 없다. 왜 그런가? 발달에 관한 문화적 양식화와 관련한 명제는 문화에의 **참여**, 그리고 문화적 규범과 관습의 수**용**을 강조하며 한 문화 내의 개인들이 그들 문화의 어떤 측면들을 싫어하고 또한 변화하길 소망할 수도 있다는 가능성을 무시하기 때문이다. 그러므로 인간 다양성에 관한 주요 고정장치로서의 문화에 대한 관념에 의존하는 분석은 필연적으로 문화의 관념이 표명하는 것을 의미한다는 바로 그러한 일부 집단과 개인들의 경험을 간과하게 된다.

경합적인 문화적 환경에서의 도덕적 삶 : 발달적 접근

인간—성인들과 아동들—은 다면적인 사회환경에서 살아가며 발달하고, 다양한 사회적 경험에 의미를 부여하려고 노력하며, 자신들을 규제하는 사회적 관습과 규범 및 가치의 의미에 대해 서로 일치하지 않으며 때때로 자신들의 사회환경의 측면에 대해 비판적 태도를 취하고 저항하거나 심지어는 그것을 변경하고자 시도하기도 한다. 이러저러한 권력을 가진 사회적 위치에 종사하고 있는 사람들은 서로 다른 경험을 하며, 때때로 갈등을 일으키게 되는 각기 다른 목적과 관심을 발달시킨다. 사회적 · 도덕적 발달에 영향을 미치는 것은—지배적인 문화적 형태 혹은 주형이라기보다—문화에서 인간이 갖는 다양한, 그리고 흔히 갈등이 내재된 사회적 경험이다(Turiel & Wainryb, 1994, 2000).

포괄적인 문화적 정향 측면에서의 사회적 · 도덕적 발달에 관한 기술, 예컨대 권리와 의무에 근거한 도덕률은 문화에서 인간의 사회적 · 도덕적 삶의 관심사와 목적의 다양성을, 혹은 인간이 특수한 맥락에서 그러한 관심과 목적에 우선권을 부여하는 다양한 방식을, 혹은 그러한 우선권에 관한 서로 간의 불일치를 모두 포섭할 수는 없다. 이것은 문화가 중요하지 않다는 것 혹은 사회적 · 도덕적 발달이 문화적 맥락 내에서 발생하지 않는다는 것을 의미하는 것이 아니다. 오히려 문화적 맥락에서의 변화에 관한 충분한 범위를 설명하고 의미 있는 문화 간 비교를 허용하기 위해서는 문화를 정반대의 혹은 이원론의 견지에서 특징짓는 것을 피할 필요가 있다는 것을 주장하는 것이다(Killen & Wainryb, 2000 ; Turiel, 1998a, 2002 ; Turiel & Wainryb, 1994, 2000 ; Wainryb, 1997 ; Wainryb & Turiel, 1995). 비록 문화집단 간의 비교를 도출하는 것이 가능하겠지만, 그러한 비교는 사회 내의 사회적 경험의 복잡성을 인정하는 방식에서 취해져야만 한다. 문화적 담론과 이데올로기는 사회 구성원들에 의한 해석과 심지어는 비평에 예속된다. 문화적 맥락 내에서 충분한 사회적 · 도덕적 다양성의 범위를 설명하기 위해서는 연구의 초점을 문화적 상징과 공유된 이해를 넘어서 확장해야 하고, 또한 의미를 자신의 경험에 부여하고 문화적 이데올로기를 재해석하는, 그리고 문화적 관습에 따라 판단하는 인간의 적극적인 역할을 인정해야 한다.

지난 25년간 계획에 따라 수행되었던 수많은 연구는 서로 다른 문화적 환경에서 아동들과 성인들의 다양한 사회적 · 도덕적 경험과 관련한 신뢰할 만한 증거를 산출했다. 비록 처음에는 연구가 주로 북아메리카에서 수행되었지만 최근에 이르러서는 아시아, 아프리카, 중앙아메리카 및 남아메리카의 여러 나라에서 연구가 진행되었다. 비록 서로 관련되며 서로 간에 정보를 제공하지만 두 가지 부류의 독특한 연구결과는 도덕적 삶의 이질성에 대한, 그리고 그러한 이질성의 발달적 근원에 대한 증거를 제공한다. 그 연구결과 중 한 부류는 인간이 범문화적으로 발달시키는 다양한 사회적 · 도덕적 관심사, 그리고 인간이 자신의 문화 내에서 특수한 사회적 맥락에 의미를 부여하면서 그러한 관심사에 비중을 두는 다양한 방식을 입증하고 있다. 또 다른 연구결과의 부류는 사회에서 서로 다른 위치에 종사하는 인간에 의해 발현된 갈등하는 관점을 지적하고 있다. 반성과 해석을 할 수 있는 행위자로서, 그리고 갈등과 속임수뿐만 아니라 다른 사람과의 협동에 참여하는 행위자로서 인간에 관한 관점—아동들을 포함하여—은 이 두 가지 부류의 연구결과의 토대를 이루고 있다.

문화 내에서의 다양한 사회적 · 도덕적 관심

아동들의 사회적 · 도덕적 관심의 다양성은 서구 사회와 비서구 사회 구성원 모두에게서 충분히 입증되고 있다. 북아메리카에서 수행되었던 광범위한 연구는 아동들이 어린 나이에 차별화된 사회적 개념을 형성하기 시작한다는 것을 입증하고 있다. 아동들은 자아와 인간의 자율성, 자격, 그리고 권리에 관한 관심—개인주의적으로서 생각될 수 있는 관심사—을 발달시킨다. 많은 실험 및 관찰 연구는 개인의 자율성 영역이 부모와 같은 권위적인 인물들과의 갈등, 긴장, 협상의 맥락에서 주로 구별된다는 것을 보여주고 있다. 심지어는 4세와 5세 연령인 유치원 아동들이 그들 자신의 개인적 권한 내에 있는 것으로 믿는 이슈에 대해 부모와 협상하며 성인들의 규칙과 개입을 부당한 것으로 거부한다는 것을 보여주고 있다(Killen & Smetana, 1999 ; Nucci, 1981 ; Nucci & Weber, 1995 ; Smetana & Asquith, 1994 ; Smetana & Gaines, 1999). 연구는 또한 개인적 영역의 한계설정에 대한 자녀와 그들 부모 간의 갈등은 청소년기에 더 자주 나타나는데, 10대들은 그 시기에 이르면 점차 그들의 개인적 외모, 그들의 방 청결, 그리고 귀가시간과 같은 문제에 대한 부모의 통제에 대해 그 정당성을 문제삼는다(Smetana, 1988, 1989, 2000 ; Smetana & Asquith, 1994 ; Smetana & Gaines, 1999).

개인의 선택영역에 대한 관심과 더불어 아동들은 또한 개인의 자유와 권리에 대한 관심을 발달시킨다. 미국과 캐나다에서 수행되었던 연구에서(Helwig, 1995, 1997, 1998 ; Helwig, 이 책 제7장도 볼 것 ; Ruck, Abramovitch & Keating, 1998) 예를 들면 6세 혹은 7세 아동들은 언론과 종교의 자유를 보편적인 도덕적 권리로서 개념화하고 있으며, 심지어 이들 권리를 부정하는 법에 직면해서조차도 범문화적 맥락에서 이를 주장한다. 이들 권리를 보편적인 것으로 정당화할 때 아동들과 청소년들은 인간 행위자와 개인의 선택 개념에 호소하고 있다. 청소년들은 또한 모든 개인에게 표현을 보장하는 민주적인 사회 및 정치제도를 유지하는 데 있어서 권리의 중요성에 대해 언급한다(Helwig, 1998). 비슷한 연구결과는 여러 유럽 국가에서도 수집되었다(Doise, Clemence & Spini, 1996).

서구 사회 아동들에게 있어서 개인의 자율성과 권리 개념이 중심을 이루고 있음에도 불구하고 연구는 아동들이 또한 다른 사람의 복지, 정의, 그리고 공정에 관심—서구 사회의 개인주의적 특징화와 일치하지 않는 것으로 보여질 수 있는 관심사—을 갖는다는 것을 신뢰성 있게 보여주고 있다. 아동들은 또한 대인관계 책무(Killen & Turiel, 1998 ; Neff, Turiel & Anshel, 2002 ; Smetana, Killen & Turiel, 1991)뿐만 아니라 권위와 복종(Damon, 1977 ; Laupa, 1991 ; Laupa & Turiel, 1986 ; Tisak, 1986), 사회적 역할과 인습(Nucci & Nucci, 1982 ; Smetana, 1981, 1985 ; Smetana & Braeges, 1990 ; Tisak & Turiel, 1988 ; Turiel, 1983) 등 집산주의와 유사한 관심을 발달시킨다.

사회적 상호작용이 개인주의적(예컨대 개인의 선택, 권리, 자율성) 관심사와 집산주의적(복종, 상호성, 집단 이익) 관심사의 성격을 동시에 지니고 있을 때 아동들은 단순히 개인주의적 목적을 집단 목적 앞에 배치하지는 않는다. 오히려 그들은 그러한 맥락의 특수한 특성을 평가하고 해석하며 어떤 상황에서는 개인주의적 관심사에, 또 어떤 상황에서는 집산주의적 관심사에 우선권을 부여하는 등 맥락에 따라 다른 판단을 내린다. 미국과 캐나다에서 수행된 연구는 북아메리카 아동들(그리고 성인들)은 흔히 개인의 자율성과 권리를 지지하지만 사회적 상황의 다른 특질에 민감하게 반응한다. 또한 많은 맥락에서 그들은 자율성과 권리에 대한 관심사보다 타인들에 대한 해악의 방지(Helwig, 1995, 1997), 대인관계 책무(Neff 외, 2002 ; Smetana 외, 1991), 우정과 상호성(Kahn & Turiel, 1988), 집단 목적(Killen, 1990), 심지어 권위(Fuligni, 1998 ; Laupa, 1991 ; Laupa & Turiel, 1986, 1993 ; Smetana, 1988, 1989 ; Smetana & Asquith, 1994 ; Smetana & Bitz, 1996 ; Tisak, 1986) 등의 관심사를 우선시한다는 것을 보여주었다.

전통 사회에서는 자율성과 개인의 권리에 관한 관심사가 사회적 조화의 유지, 위계서열의 존중, 그리고 전통적 역할과 의무의 옹호에 체계적으로 종속될 것으로 예상할 수도 있는데, 비슷한 연구결과들이 전통 사회 구성원 간에 목격되었다. 비록 전통 문화의 구성원을 대상으로 한 연구가 광범위하게 수행되지는 못했다 하더라도 아시아[예컨대 중국(Helwig, Arnold, Tan & Boyd, 2003) ; 홍콩(Yau & Smetana, 1996, 2003a, 2003b), 인도(Madden, 1992 ; Neff, 2001), 인도네시아(Carey & Ford, 1983), 일본(Crystal, 2000 ; Crystal, Watanabe, Weinfurt & Wu, 1998 ; Killen & Sueyoshi, 1995), 한국(Kim, 1998 ; Kim & Turiel, 1996 ; Song, Smetana & Kim, 1987), 중화민국(Killen, Ardila-Rey, Barakkats & Wang, 2000)], 중동(Turiel & Wainryb, 1998 ; Wainryb, 1995 ; Wainryb & Turiel, 1994), 아프리카[예컨대 베냉(Contry, 2004), 나이지리아(Hollos, Leis & Turiel, 1986), 잠비아(Zimba, 1987)], 그리고 중앙아메리카 및 남아메리카(예컨대 브라질(Nucci, Camino & Sapiro, 1996), 콜롬비아(Ardila-Rey & Killen, 2001 ; Killen 외, 2000 ; Mensing, 2002), 그리고 엘살바도르(Killen 외, 2000)]에서 연구의 실질적인 대상은 전통 문화에 속한 아동들이 도덕성, 사회적 인습, 대인관계 책무의 영역에 관하여 혼합적인 판단을 하면서도 또한 인간에 관한 개념을 선택, 자격, 그리고 권리를 가진 자율적인 행위자로서 유지하고 있음을 입증했다. 자율성과 상호 의존성에 대한 관심사가 서로 갈등을 일으킬 때 어떤 관심사에 비중을 두며 행동으로 옮기는가를 검증한 연구는 전통 사회의 아동들과 성인들이 개인주의적 목적을 집산주의적 관심에 예속시키는 것(Triandis, 1990에 의해 제시되었던 바와 같은)이 아니라 맥락의 특질에 따라 그에 어울리는 판단을 내린다는 것을 보여주었다.

전통 사회에서 인간을 자기 관할, 자기 선택, 자격, 그리고 권리를 소유한 자율적인 행위자로서 개념화하는 것은 그런 문화에 속한 인간은 개인의 자율성과 독립성에 대한 관심을 압도하는 사회중심적·상호 의존적인 개념을 형성한다는 일반적인 가정으로 인해 특히 중요하다. 트리안디스(Triandis)는 이에 대해 다음과 같이 언급했다 : "극단적인 집산주의의 경우에 인간은 개인의 목적, 태도, 신념, 가치를 갖지 못하고 단지 내집단의 그러한 것만 반영할 뿐이다. 인간의 행동은 전적으로 사회적 역할로부터 예상이 가능하다 ⋯ ." (1990, p. 52 ; Cousins, 1989도 볼 것 ; Markus & Kitayama, 1991 ; Shweder & Bourne, 1982 ; Triandis, 1989).

몇몇 국가를 대상으로 이루어진 연구는 전통 사회의 인간 또한 자신 이외의 다른 인간도 개인의 목적과 관심을 가지고 있다는 이해뿐만 아니라 자아감, 개인의 목적과 관심을 포함한 개인적 행위자의 개념을 발달시킨다는 것을 입증했다. 홍콩의 유치원 아동들(Yau & Smetana, 2003 a), 브라질(Nucci 외, 1996), 그리고 콜롬비아(Ardila-Rey & Killen, 2001)의 아동들, 그리고 일본(Crystal, 2000 ; Crystal 외, 1998 ; Gjerde & Onishi, 2000 ; Holloway, 1999, 2000 ; Killen & Sueyoshi, 1995), 홍콩(Yau & Smetana, 1996, 2003 b), 중화민국(Helwig 외, 2003)의 청소년들은 부모와 사회의 규제범위에서 벗어나 있으며, 그리고 개인의 판단에 전적으로 맡겨야 한다고 생각하는 활동 조절, 학업, 개인적 외모, 잡일, 교우관계를 포함한 개인의 자율성의 영역을 구분한다. 아동들은 그러한 이슈에 대해 그들의 부모와 의견이 대립되고, 개인의 자율성과 다른 목적 간에 균형을 맞추려고 시도하며, 많은 상황에서 가족의 화목, 위계서열의 보호, 역할과 의무에 대한 복종과 같은 중요한 경쟁적인 사회적 관심사와 갈등에 직면해서도 자율성을 옹호한다. 전통 사회의 아동들은 개인의 선택, 성인 간섭으로부터의 자유, 개인의 욕망과 필요의 추구와 같은 개인주의적 개념에 호소한다. 드루즈파(Druze, Wainryb, 1995)를 대상으로 했던 연구와 인도(Neff, 2001)에서의 연구는 많은 상황에서 이와 비슷하게 아동들과 청소년들이 대인관계 책무보다는 개인의 선택에 있어서 우선권을 옹호한다는 것을 보여주었다.

전통 사회의 성인들이 그들의 자녀에 대해 개인의 선택영역을 인정한다는 연구결과 또한 주목할 만한 가치가 있다. 몇몇 연구는 북아메리카에 거주하고 있는 대만과 중화민국계의 중국 어머니들, 일본과 브라질의 어머니들은 자녀에게 어느 정도의 독자적인 의사결정이 허용되어야 한다고 믿는데(예컨대 대만에서의 Chuang, 2000 ; 중화민국에서의 Xu, 2000), 그 이유는 주로 그들이 자녀의 발달하는 자율성과 개성을 촉진시켜 줄 필요성을 인식하기 때문이라는 것을 보여주었다. 이와 비슷하게 콜롬비아, 엘살바도르, 그리고 대만의 유치원 교사들은 그들의 중요한 목표에 협동을 가르치는 것뿐만 아니라 아동의 자율성과 자립을 촉진시키는 것을 포함시키고 있다(Killen 외, 2000).

개인의 관할영역에 대한 개념과 더불어 전통 사회의 아동들은 또한 개인의 권리와 자유의 개념을 발달시킨다(또한 Helwig, 이 책 제7장 참조). 예를 들면 중국(Helwig 외, 2003)과 북부 이스라엘의 드루즈파 가운데(Turiel & Wainryb, 1998) 아동들과 청소년들은 언론, 종교, 그리고 생식의 자유는 현행법에 부수적이지 않는 기본적인 인권이며, 일반적으로 정부 측의 불간섭 의무를 수반한다고 주장한다. 더 나아가 그들은 그러한 권리를 많은 조건 하에서, 심지어 부모의 권위나 다른 집단적 관심사와 갈등에 직면해서도 옹호한다. 북아메리카 아동들과 청소년들을 대상으로 했던 연구결과와 마찬가지로 의무와 복종에 대한 고려보다는 해악의 방지를 고려하는 것은 일관되게 개인의 권리에 우선권을 부여하는 것으로 평가된다.

전체적으로 고려해 볼 때 연구는 전통 문화에 속한 사람들이 사회체계에서의 역할, 의무, 그리고 전통과 일치하여 판단하고 또한 자율성, 자격, 그리고 권리를 가진 독립된 행위자로서의 인간에 관한 포괄적인 의미를 지니고 있다는 것을 지적하고 있다. 그들은 권위자의 명령이 미치는 범위의 한계를 설정하며 개인의 선택, 자격, 권리를 그들의 사회적 상호작용의 구성요소로서 지각한다. 비록 개인의 자율성을 행사할 때 우선권 및 선호와 관련하여 복잡한 양상을 드러내지만 그들은 집단의 목적, 타인의 복지, 그리고 문화체계에서의 위계적 역할과 같은 다른 사회적 고려사항보다는 그들의 자유에 더 무게를 둔다.

연령과 관련된 두 가지 체계적인 양식이 서구와 비서구 사회 모두에서 목격되었다. 자율성과 개인의 선택에 대한 관심이 모든 문화에서 연령에 따라 체계적으로 증가한다는 것이 밝혀졌으며, 모든 사회에서 아동들의 판단은 연령에 따라 보다 식별력이 있고, 미묘한 차이가 있으며, 맥락에 민감했다. 이와 함께 이 연구결과는 청소년기에 자율성과 사회적 맥락의 특징에 대한 이해와 관심이 증가하는 것은 특수한 문화적 정향의 표명이라기보다는 일반적인 발달적 변화를 반영하는 것임을 제시하고 있다.

개인의 목적과 개인의 권리가 다름아닌 위계적으로 조직화된 사회 구성원이 하는 사고의 일부라는 연구결과는 모든 사회에서 그러한 결과가 동일하게 표명된다는 것을 의미한다고 받아들여져서는 안 된다. 오히려 그 명제는 문화적 제도의 유형과 상관없이 개인 상호 간 관계가 결코 단순히 문화적 각본의 상연을 위한 맥락에 불과한 것이 아니라는 점이다. 관계는 다면적이며 또한 개인의 선호, 권리, 그리고 공정의 이슈에 대한 상호 기대, 갈등, 그리고 협상을 포함한다. 그러므로 대부분의 관계 맥락에서 어떤 사람은 그 자신의 개인의 선택과 결정을 다른 사람에게 부과하고자 시도할 것이며, 또 다른 사람은 그 자신의 개인의 목적과 욕망을 추구하고자 시도하고, 그의 권리와 자격을 주장하려고 노력하며 타협에 도달할 것이라고 주장하고 있다. 그러한 이슈가 표명되는 방식은 매우 다양할 것이다(Turiel, 1994, 1996, 1998b).

발달 연구와 인류학 연구는 개인의 자율성이 위계적 체계를 중심으로 보다 구속적으로 조직화된 사회에서 다양하게 표명되는 방식을 예증해 주고 있다. 예를 들면 위계적으로 조직화된 이스라엘 드루즈 공동체(Wainryb & Turiel, 1994)를 대상으로 수행되었던 연구는 사회에서 지배적인 위치에 종사하고 있는 사람들이 개인의 특권과 자격에 대한 강한 의식을 소유하고 있다는 것을 보여주었다. 이와는 대조적으로 종속적인 위치에 있는 사람들의 자율성 경험은 순응에 대한 사회의 요구에 의해 제한되고 협소화된다. 대부분의 경우에 종속적인 위치에 있는 사람들은 개인의 자유에 대한 그들의 욕구를 표현하지 않는 것이 더 낫거나 혹은 필요하다고 판단한다. 그럼에도 불구하고 그들은 그들 자신의 목적과 문제를 지각하고 있으며, 그들의 역할과 의무를 그들의 자율성과 권리를 불공정하게 제한하는 것으로 바라본다. 이와 비슷하게 인도 사회의 모든 계급 출신의 성인 남성과 여성(Mines, 1988)은 자신을 그들의 사회집단의 목적과 구별되는 개인의 목적(예컨대 직업적 관심, 경제적 목적)을 지닌 존재로 기술하고, 많은 사람은 그러한 목적을 사회적 기대와 분명한 반대의 위치에 있는 것으로 기술하며, 대부분은 나이가 들 때까지, 곧 그들의 자율성을 주장한 결과가 보다 덜 극단적일 때까지(예컨대 상속권 박탈이 더 이상 위협이 아닐 때) 그들의 목적 추구를 연기하고 있다고 보고한다. 자율성을 추구하고자 하는 노력이 순응에 대한 사회적 요구의 맥락 내에서 표명되는 다양한 방식에 관한 또 다른 증거는 사회의 종속적 위치에 있는 사람들이 전형적으로 보여주는 은밀한 책략과 협상의 과정이다. 그 예로는 남아시아 여성들(Ewing, 1990, 1991), 그리고 후궁들(Mernissi,

1994)과 일부다처의 베두인 사회(Abu-Lughod, 1993) 여성들의 행동이다. 이와 비슷하게 범문화적 발달 연구(Smetana, 2002)는 비록 전통 사회와 서구 사회의 청소년들이 개인의 자율성에 대한 욕망을 표현하지만, 전통 사회의 청소년들과 부모 간의 갈등은 서구 사회의 청소년들과 그들 부모 간에 타나는 것보다 더 드러나지 않는다—덜 자주 나타나며 덜 강렬하다고 보고된다—고 지적한다.

이 절에서 고찰되고 있는 연구결과는 모든 사회의 아동들과 성인들이 각기 다양한 사회적 · 도덕적 관심을 발달시킨다는 것을 지적한다. 이러한 연구결과는 또한 모든 사회의 아동들과 성인들이 그러한 관심을 서로 다른 사회적 맥락에서 다르게 적용하며, 어떤 때는 자율성과 권리에 우선권을 부여하고 또 어떤 때는 전통과 사회적 조화에 우선권을 부여한다. 사회적 맥락이 사회적 판단과 행동에 영향을 미친다는 명제는 새로운 것도 아니고 논쟁거리도 아니다. 개인의 자유와 권리에 대한 태도를 다룬 대규모 여론조사(McClosky & Brill, 1983 ; Stouffer, 1955)뿐만 아니라 순응(Asch, 1952), 복종(Milgram, 1963), 친사회적 행동(Darley & Latane, 1968 ; Latane & Darley, 1970)에 관한 사회심리학 연구를 포함한 그 밖의 다른 관점에서의 연구결과와 학습과 조건화(Gewirtz, 1972)를 다룬 행동주의 연구는 이미 오래 전에 맥락적 변수들이 판단과 행동에서 중요한 변화와 관련된다는 것을 지적해 왔다. 예를 들면 대규모 여론조사는 사람들이 언론과 종교의 자유, 집회의 자유, 프라이버시와 많은 상황에서 서로 다른 삶의 양식에 대한 권리를 옹호하면서도 또 다른 상황에서 그들은 그러한 권리와 자유를 전통, 공공질서 유지 혹은 타인의 복지에 대한 고려에 종속시키고 있음을 보여주었다. 이와 비슷하게 방관자 개입(bystander intervention, 역자 주 : 위험에 빠진 사람을 돕기 위해 제3자가 간섭하는 행동을 가리킴) 연구는 사람들이 어떤 맥락에서는 상호 의존감과 이타주의를 보이는 반면에, 또 다른 맥락에서는 개별적 혹은 개인주의적 경향성을 보인다는 것(이에 대한 그리고 이와 비슷한 연구결과에 관한 보다 광범위한 논의를 위해서는 Turiel & Wainryb, 1994 참조)을 밝혀주고 있다.

판단과 행동에서의 맥락적 변화와 관련한 다양한 심리학 연구유형으로부터 획득된 연구결과에 대한 하나의 해석은 판단과 행동에서의 변화가 맥락적 특징에서의 변화에 따라 기계적으로 유도된다는 것이다. 하나의 대안적 해석—사람들이 그들의 사회세계에 관하여 알게 되며 결정을 내리는 상호작용 과정을 보다 잘 파악하는 해석—은 맥락적 특징에서의 변화가 지각되고 판단되는 상황의 의미를 변경한다는 것이다(Asch, 1952 ; Ross & Nisbett, 1991 ; Turiel & Wainryb, 1994). 이런 방식에서 볼 때 판단과 행동에서의 맥락적 변화에 관한 증거는 사회적 · 도덕적 이해가 개인과 다양한 측면의 사회환경 간의 상호작용 과정으로부터 나온다는 발달 명제와 일치한다. 그리고 그 과정은 투리엘(Turiel & Perkins, 2004 ; Turiel, 이 책 제1장도 볼 것)이 최근에 **마음의 유연성**이라 명명한 것을 수반한다.

문화적 배경과 상관없이 아동들(그리고 성인들)은 그들의 사회적 경험과 관계에 대한 접근에서 유연성을 보인다. 즉 그들은 끊임없이 그들이 참여하는 사회적 맥락의 특징을 평가하고, 그들의 이해와 행동을 조절하며, 그들이 그러한 상황에 부여하는 의미와 해석에 따라 체계적으로 변하는 판단을 내린다. 지난 15년 이상 수행된 연구는 사회적 · 도덕적 판단을 내리는 상호작용적 · 해석적인 과정의 측면에 관한 자료를 축적해 왔다(Wainryb, 2000, 2004a). 이 연구는 아동들(그리고 성인들)이 관련된 사실에 관한 이해(Wainryb, 1991, 1993 ; Wainryb & Ford, 1998 ; Wainryb,

Shaw, Langley, Cottam & Lewis, 2004 ; Wainryb, Shaw, Laupa & Smith, 2001 ; Wainryb, Shaw & Maianu, 1998), 관련된 사람들의 명시적 · 묵시적인 반응(Shaw & Wainryb, 2004), 그들의 심리적 상태(Brehl & Wainryb, 2004 ; Chandler, Sokol & Wainryb, 2000 ; Wainryb & Ford, 1998), 그리고 역할(Wainryb, Brehl & Matwin, 2004)과 같은 사회적 맥락의 특수한 특징과 더불어 그러한 이해의 공유된 혹은 경합된 성격(Shaw & Wainryb, 1999)에 관한 그들의 해석을 참고하여 사회적 · 도덕적 판단을 내린다는 것을 보여주었다.

이와 함께 이 절에서 고찰된 연구는 전통 사회와 서구 사회의 인간은 똑같이 자율성과 권리, 집단 목적, 조화, 전통, 인간 복지, 그리고 정의에 대한 관심을 발달시킨다는 것을 지적하고 있다. 그 연구는 또한 인간은 문화적 각본에 따라 상연한다기보다 유연성을 갖고 그의 문화 내에서 사회적 맥락에 접근한다는 것을 보여준다.

문화 내에서의 권력과 갈등 관점들

사람들(아동들과 성인들)이 각기 다른 맥락에서 그들의 사회도덕적 상호작용에 영향을 미치는 관심의 다양성은 사회환경에 접근하는 유연성의 한 가지 지표이다. 이에 덧붙여 문화 내의 사람들 또한 서로 다른 의미를 똑같은 사회적 맥락에 귀인시킬 수도 있다. 이것은 특히 불평등한 권력을 가진 개인들 간에 분명하며, 특히 의미가 있다. 사실 문화 내의 권력과 갈등에 관한 분석은 문화 분석에 극히 중요하다. 왜냐하면 그들은 문화적 규범과 관습의 의미가 서로 다른 역할에 처해 있는 사람들 간에 공유되지 않는다는 것을 드러내 주기 때문이다(Turiel, 1994, 1996, 2002).

문화에서의 사회적 삶은 개인 간의 협동뿐만 아니라 권력충돌을 포함한다. 대부분의 사회에서 무엇이 옳고 또한 소중한가에 관한 논쟁은 흔히 있는 일이다. 문화적 관습과 전통은 한 세대에서 다음 세대에게 전달된 과거의 진정한 표상이 아니다. 즉 그것들은 명시적 · 암묵적인 논쟁과 갈등의 맥락에서 형성 · 경쟁 · 변화한다(Gjerde, 2004 ; Wikan, 2002). 이미 언급한 바와 같이 모든 문화의 인간은—심지어 전통적인, 위계적으로 조직화된 문화에서도—개인의 목적과 관심의 영역을 구분하며, 경합적인 사회적 고려사항에 직면해서조차도 그 자신의 목적과 관심에 대한 통제를 성취하고 유지하고자 노력한다. 그러므로 어느 정도 권력을 가진 사회적 입장에 있는 사람들이 그들 문화의 측면에 관한 공유된 이해를 발달시키기보다(혹은 기껏해야, 그 외에도) 그들의 경험을 다르게 해석하고 다른 목적과 관심, 그리고 관점을 발달시키며 서로 갈등에 놓여 있는 자신들을 발견하게 된다.

문화적 의미와 관습의 경합적인 성격, 전통 사회에서 종속적인 입장에 있는 개인 간의 불만과 갈등의 편재는 신문, 잡지 기사와 민족지학 연구서에 풍부하게 수록되어 있다. 부미라(Bumiller, 1990)의 인도 여성들의 관점에 관한 설명, 굿윈(Goodwin, 1994)의 이슬람 국가 여성들과의 면담, 그리고 메르니씨(Mernissi, 1994)의 모로코 후궁 여성들과 아동들의 삶에 관한 설명은 여성들이 자신들에 대한 남성들의 통제를 허용하는 문화적 관습의 결과로 인해 고통과 부정의를 경험하고 있다는 사실을 지각한다는 것을 보여준다. 아부 루고드(Abu-Lughod, 1993)의 이집트 베두인 여성들에 관한 민족지학적 연구는 여성들이 정해진 결혼과 일부다처와 같은 불공정하다고 생각하는 관습에 대해 일부러 불복종하고 타파하고자 하는 여러 가지 방식을 보여주고 있다. 이와 비슷하게 첸(Chen,

1995)의 방글라데시와 인도에서의 연구는 여성과 낮은 사회계층 사람에 대한 고용을 제한하는 전통에 저항하는 도전적인 행위를 예증하고 있다. 갈등과 불만은 또한 서구 사회에서도 제시되는데, 인종적 · 경제적 · 성적 관계(예컨대 Okin, 1989)에 영향이 있는 현행 제도에 도전하는 사회적 움직임이 존재한다는 증거가 있다. 모든 문화에서 인간은 자신을 억압하는 문화적 관습과 전통에 흔히 저항하거나 최소한 불만을 토로하며 좌절된 소망을 표명한다. 때때로 저항은 조직화된 정치적 · 사회적 운동 형식을 취하지만 인간은 또한 명시적 · 암묵적인 활동을 통해 일상생활에서 문화적 의미에 도전한다(Turiel, 1994, 1996, 2002, 2003 ; Turiel, 이 책 제1장도 볼 것).

그러므로 도덕적 · 사회적 발달을 이해하기 위해서는 권력을 가진 사람들의 관점—한 문화의 공적 논의에서 지배적인 바로 그 관점—에 주의를 기울이는 것만으로는 불충분하다. 따라서 그들의 관점을 문화로서 이해하도록 하는 권력이 부족한 사람들의 관점 또한 고려되어야 한다. 그들 문화의 관습과 관련하여 종속적인 입장에 있는 사람들이 지니는 관점에 대한 체계적인 연구는 문화에서 권력 차등과 연관된 해석과 갈등의 몇 가지 층들을 밝혀주었다. 이스라엘 드루즈 공동체에서 수행된 일련의 연구를 고려해 보면 전통적인, 그리고 위계적으로 조직화된 사회는 부계의, 그리고 가장의 가족구조를 중심으로 이루어졌다(이 사회에 관한 포괄적인 기술은 Turiel & Wainryb, 1994 ; Wainryb & Turiel, 1994 참조). 가족 내에서 남성과 여성 혹은 여자 아이 간의 갈등에 초점을 둔 이 연구는 다소라도 권력을 가지고 각기 다른 역할에 있는 사람들은 표면적으로 똑같은 상황에 대해서 서로 다른 경험을 하며 서로 다른 결정을 내린다고 지적했다.

예를 들면 남편과 아내 혹은 아버지와 딸 사이의 갈등, 곧 지배적인 위치에 있는 사람이 종속적인 위치에 있는 사람의 행동을 반대하여 일어나는 갈등을 고려한다면 남성과 여성 참여자들은 상당한 의사결정 권력을 남편과 아버지에게 귀속시키며, 그러한 갈등은 아내나 딸이 남자의 소망을 묵묵히 따름으로써 해결되어야 한다고 판단했다. 가부장적 사회에서 예상되는 바와 같이 그들의 추론은 위계적 체계에서 의무, 사회적 역할, 상호 의존성에 대한 관심사를 중심으로 일어났다. 그러나 종속적인 위치에 있는 사람이 지배적인 위치에 있는 사람의 행동을 반대하여 일어나는 갈등에 대해 똑같은 참여자들은 남편과 아내 혹은 아버지와 딸 간의 갈등에 다르게 접근했다. 그 경우에 그들은 아내나 딸은 남자의 결정에 간섭해서는 안 되며, 남성의 자율성과 자격에 따라야 한다고 진술했다. 따라서 하나의 사회적 맥락—남편과 아내 혹은 아버지와 딸 간의 논쟁—을 놓고도 한편으로는(남자가 그의 아내 혹은 딸의 선택에 반대할 때) 지위, 역할, 그리고 상호 의존성의 견지에서 해석되었고, 또 다른 한편으로는(아내 혹은 딸이 그녀의 남편이나 아버지의 선택에 대해 반대할 때) 독립성, 개인의 선택, 그리고 자율성의 견지에서 해석되었다. 지배적·종속적인 입장에 있는 사람들의 자유 및 자격과 관련한 서로 다른 관점을 입증하는 비슷한 연구결과들이 인도(Neff, 2001), 콜롬비아(Mensing, 2002), 그리고 베냉(Conry, 2004)에서도 수집되었다.

이들 연구에서 또 다른 중요한 결과는 집안의 다른 가족 구성원과의 갈등경험이 서로 다른 특질을 지니며, 뚜렷하게 서로 다른 결과를 수반한다는 것이다. 가족 간의 논쟁이 남성에 대한 강한 자격의식을 수반했던 까닭에 드루즈 여성과 여자 아이는 만약 여성이 남편이나 아버지의 소망을 묵묵히 따르지 못한다면 여성의 안녕에 심각한 부정적인 결과를 낳을 것이라고 평가했다. 즉 남편이 아내와 이혼할지도 모르고, 아내나 딸을 집 밖으로 내쫓거나 혹은 신체적 해를 가할 수도 있다는 것이다. 이러한 연구결과의 중요성은 두 가지이다. 첫째, 그것은 사회 구성원들이 서로 다른 경험을 가질 수 있다는 것을 보여준다. 더 나아가 그것은 사회 구성원들이 그들의 문화에 대한 책무에서 뿐만 아니라 그렇게 하지 않았을 때 일어날 결과에 대한 공포로 인해 문화적 관습을 준수할 수도 있다는 것을 시사한다. 이것은 사회적 · 도덕적 발달과 문화에 관한 연구에 있어서 엄청난 결과이다. 왜냐하면 그것은 사람들이 공유된 문화적 관습과 전통을 따르며 참여할 때조차도 그러한 관습에 참여한다는 의미가 그리 간단치만은 않기 때문이다. 공유된 문화적 관습과 전통에의 참여는 흔히 의미의 쟁취를 위한 투쟁과 논쟁, 그리고 불만을 실제적으로 숨기기 쉽다. 예를 들면 드루즈인을 대상으로 한 연구에서 여아와 여성의 대부분은 자신들의 사회에 일반화되어 있는 역할과 지위의 위계를 단순히 그대로 받아들이거나 혹은 찬성하지 않았다. 오히려 그들은 아버지 혹은 남편의 요구와 주장이 불공정하며 아내와 딸의 권리 및 자격을 파괴한다고 진술했다.

이와 함께 사회에서 종속적인 입장에 있는 사람들의 관점에 관한 연구결과는 사회적 · 도덕적 삶의 경합적인 성격을 강조하고 논쟁, 반대, 그리고 저항이 사회적 · 도덕적 발달에서 수행할 중요한 역할을 제시한다. 그러나 문화심리학자들은 그러한 관점을 무시했으며, 그들이 반대와 저항을 숙고하는 가능성을 무시했다(예컨대 Miller, 2001 ; Menon & Shweder, 1998).

지난 몇 년 동안 문화심리학자들은 전통 사회에서 종속적인 입장에 있는 사람들이 그들의 삶에 대한 불만을 표현하고, 그들에게 부과된 고통에 관하여 불평하며 그들의 불만족을 전달하는 의미를 지닌 행동에 개입한다는 것을 인정하기 시작했다. 그럼에도 불구하고 문화심리학자들은 그러한 행동이 개인의 자율성, 권리, 그리고 정의에 관한 진정한 관심을 함축하고 있다는 것, 혹은 그것이 문화적 규범과 관습의 근본적 측면에 도전하거나 파괴하고자 하는 것을 의미한다는 것을 부정한다. 오히려 그들은 "불만은 흔히 문화적 관습의 비교적 표면적인 혹은 공공연한 측면을 향하고, 보다 근본적인 문화적 책무는 도전받지 않고 남아 있다" (Miller, 2001, p. 166 ; Menon & Shweder, 1998도 볼 것)고 주장한다.

한 예로서 부바네스와르(Bhubaneswar) 사원 도시에 있는 오리야(Oriya) 어를 사용하는 힌두교 여성들을 대상으로 수행되었던 인류학 연구결과에 대해 문화심리학자들이 제시했던 해석을 참고해 보자(Menon & Shweder, 1998). 그 연구에서 밝혀진 것으로 여성들은 그들의 일상적인 삶에 만족하지 않고, 그다지 감사하게 여기지도 않으며, 시간을 질질 끌며 비협조적이고, 크게 소리 내어 불평을 하며, 그들의 보고를 보류하면서 불만을 표출한다. 우리는 이런 행동이 저항이나 타도를 나타낸다고 여기지 않는다. 오히려 "올드 타운(Old Town)에서 그러한 행동은 여성들이 가정에서 발생하는 불만이나 불평을 표현하는 것으로 보는 바로 그러한 방식이다" (Menon & Shweder, 1998, p. 179). 오리야 어를 사용하는 힌두교 여성들은 "파괴적인 저항자들이 아니라, 오히려 서구 페미니스트들이 대부분 파악하는 데 실패한 도덕적 질서에 대한 적극적 지지자들이다. 오리야 여성들에 의해 지지된 도덕적 질서에서 일련의 덕과 가치 중 높은 지위를 차지하고 있는 것은 순결, 중용, 의무, 자제, 만족의 지연, 자기 수양, 그리고 완전무결한 가내 '봉사'이다. 그 목록에서 낮은 지위에 있는 것은 자유와 사회적 평등이다" (p. 156). 우리는 이러한 문화적 해석은 무엇이 진정한 저항과 반대 의사표현의 분명한 증거가 되는지를 명료하게 설명해 주지 못한다는 점에 주목해야 한다. 문화심리학자들은 미국에서 1960년대에 유행했던 문화적 가치와 관습에 대한 흑인과 여성의 저항에 불을 지폈던 불만을 좌절된 자율성과 파괴된 권리에 대한 확실한 의지 표명으로서 평가하는가? 그러한 행위가 개인의 목적, 권리, 그리고 자유의 추구에 정향된 개인주의 사회의 맥락에서 발생한다면 그들은 아마도 그렇게 평가하는 것이 가능할 것이다. 그러나 만약 그들이 그렇게 평가한다면 그것은 그들이 흑인과 여성에 대한 권리를 부정한 사회가 "권리 정향적"이라고 말해질 수 있는 토대를 정당화하는 것일 것이다. 더 중요한 것으로 이러한 해석은 전통 사회에서 종속적인 위치에 있는 사람들의 행동과 관점을 과소평가하며 하찮게 여긴다는 것이다.

불만, 저항, 반대, 그리고 파괴와 관련한 증거를 포함하여 종속적인 위치에 있는 사람들의 판단과 행동은 그들의 정의와 권리에 대한 관심뿐만 아니라 개인의 목적, 자격, 그리고 자율성에 관한 깊은 이해를 함축한다. 그러한 판단과 행동은 또한 문화적 비판에 개입하는 동시에 그들 공동체의 삶에 기꺼이 참여하고자 하는 의지와 자발성을 드러낸다. 언론의 설명과 조사는 불만, 저항, 반대, 그리고 파괴가 종속적인 입장에 있는 사람들의 일상 삶의 일부분일 뿐만 아니라, 그들의 입장에서 중요한 신체적 · 정서적 수행과 위험을 포함한다는 것을 지적한다. 전통 사회의 여성들이 불공정하거나 혹은 명백하게 권리 제한적이라고 판단되는 그들 문화의 관습과 규범의 측면을 파괴하는 명시적인 행동과 묵시적인 행동에 개입할 때, 그들의 행동은 불평을 늘어놓거나 혹은 시간을 질질 끌며 협조하지 않는 그러한 행동으로 국한되지 않는다. 그들은 자신들에게 유리한 방식에서 조정할 수 있는 힘을 얻고자 다른 여성들과 동맹한다. 즉 그들은 그들 자신과 다른 여성들의 행방을 은밀하게 속이며 금지된 목적과 활동을 추구하고자 비밀리에 재원을 취하고 모은다. 그들은 흥정하고, 불평하고, 위장하고, 숨기며, 그리고 바라지 않는 결혼이나 합의에 강요되는 것을 피하고자 도망간다. 그리고 그들은 그들 자신과 다른 여성들의 자유와 고결함을 보호하기 위해 공개 대면과 저항을 무릅쓰며, 때로는 정치적 결사체를 구성하기도 한다. 그 과정에서 그들은 국외로 추방당하거나 자녀들과 격리되고, 두들겨 맞고, 불에 데워지고, 죽임을 당하는 위험을 겪기도 한다. 전통 사회에서 낮은, 그리고 공민권이 박탈당한 계층의 구성원들은 그들의 생명과 삶을 잃을 위험을 안고서 물리적 충돌을 포함한 대면을 요구하고 또한 개입한다.

그러한 판단과 행동을 간단히 처리하거나 과소평가함으로써 문화적 분석은 종속적 입장에 있는 사람들을 괴롭히는 고통의 진실과 깊이를, 그들의 분노와 울분의 진실성과 정당성을, 그들의 개입의 심각성을, 그리고 그들의 도덕적 헌신의 복잡함을 간과한다. 그러나 종속적 입장에 있는 사람들의 관점을 간단히 처리하거나 과소평가하는 것은 어쩌면 문화에의 참여, 그리고 문화에 대한 동일시와 순종을 발달의 설명으로 바라보는 심리학 이론들의 피할 수 없는 요소일지도 모른다.

문화에의 참여와 문화와의 동일시 과정을 사회적 · 도덕적 발달에 대한 설명으로만 보는 것은 논쟁, 갈등, 그리고 타도가 사회적 · 도덕적 발달에서 지니고 있는 중요한 역할을 무시하는 것이다. 그것은 또한 고분고분하는 행동과 태도가 위계적 맥락 내에서 힘의 발휘를 숨길 수도 있다는 것을 무시한다. "힘의 한 가지 측면은 지식으로서 간주하는 바를 규정하고 지식에 관한 정의를 인위적으로 구성된 것으로 보기보다는 자연적인 것(natural)으로 보이도록 만드는 능력이다 … . [힘]이란 반드시 지시적 · 강압적인 것으로서 경험되는 것이 아니라 사람들이 그들의 환경, 그들이 강압적인 폭력에 예속됨이 없이 할 수 있는 것과 할 수 없는 바를 구성하고 형성하며 구조화한다”(Gjerde, 2004, p. 145). 불만과 저항이 존재하지 않는다는 것이 단순히 인간이 그 문화의 관습과 전통을 자유롭게 선택하여 참여한다는 것이거나 혹은 진정으로 그와 일체감이 된다는 것을 나타낸다고 가정할 수는 없다. 오히려 불만과 저항이 존재하지 않는다는 것은 그러한 문화적 관습과 전통이 불러일으키는 박탈과 부정의의 바로 그 조건들을 반영하는 것일지도 모른다(Baumrind, 1998 ; Nussbaum, 1999 ; Okin, 1999).

불만과 저항이 존재하지 않는다는 것은 종속적인 입장에 있는 사람들이 비록 문화적 규범이 불공정하다고 판단되더라도 그들(그리고 다른 사람들)은 문화적 규범의 요구에 순순히 응해야만 한다고 판단하는 경우(발달 연구에서 잘 입증되었듯이)에서 나타날 뿐만 아니라(Wainryb & Turiel, 1994), 사람들이 생활의 지침으로 삼고 있는 제도의 불공정성을 인정하려 하지 않는 상황에서도 나타난다. 「신은 나를 노예로 창조하셨다」(God created me to be a slave)라는 제목의 한 논문에서 버키트(Burkett, 1997)는 모리타니(Mauritania)의 9만여 명의 노예에 관하여 보고하고 있다. 이 공동체 구성원들과의 대화를 토대로 버키트는 “반란의 가능성은 자유에 관한 기억을 집단적으로 잃어버린 사람들에게서 감지하기가 어렵다. 이는 완전히 자유로운 남성과 여성으로 이루어진 세상에서 가능한 일과 같다”(p. 57)고 지적한다. 억압의 수용은 거의 극단적인 굴종 수준에 이르는 부정의의 조건으로부터 유래하는지도 모른다. 교육이나 고용에서 최악의 수준이지만 여성들은 더 이상 그에 대한 욕망을 표명하지 않는다. 베일로 가리고, 집안에서 부녀자의 모습이 남의 눈에 띄지 않도록 휘장을 치거나 혹은 성적 불구로 만들어도 여성들은 그러한 관습을 찬성하고 심지어 주장하기도 한다. "그러한 축소된 선택권"을 가진 사람들은 "단지 축소된 의미에서만 선택한다는 것을 의미할 수"(Nussbaum, 1999, p. 23) 있으므로 그러한 사람들은 자유롭게 그들의 조건을 선택하거나 혹은 찬성한다고 가정하기가 어렵다(Baumrind, 1998 ; Okin, 1999 ; Sunstein, 1999).

거짓 의식, 혹은 너스바움(Nussbaum, 1999)의 용어를 빌리면 "욕망의 기형"의 개념은 복잡하며 논쟁적이다. 문제의 핵심은 만약 예상된 희생자들이 관습이나 전통을 불공정한 것이나 억압적인 것으로 경험하지 않는다면 그것을 불공정한 것이나 억압적인 것으로 간주할 수 있는 것인지의 여부이다. 어떤 사람들은 개인들을 거짓 의식의 오도된 희생자들로 간주하는 것은 "가장하는 것, 심지어는 뻔뻔스러운 것"(Parekh, 1999, p. 73)이라고, 그리고 그렇게 하는 것은 그들에게서 권한을 빼앗는 것이자 그들의 축소된 선택을 정당화하는 데 흔히 이용되는 취약함과 무능력함이라는 바로 그 이미지를 강화시켜 준다고 비난한다(Bhabha, 1999 ; Minow, 2002 ; Parekh, 1999). 다른 한편으로, 따돌림받는 자들의 관점은 특히 억압과 부정의가 오랫동안 지속되고 또한 널리 만연되어 왔던 상황에서 그들이 더 이상 상기되거나 혹은 생각되지 않는—모리타니(Mauritania) 노예들의 경우에서와 같이—가능성들을 지적할 때 철저하게 배척되어서는 안 된다고 주장될 것이다. "어떤 의미에서 이질적인 목소리는 사회의 주류로부터 멀어진 혹은 억압된 집단이 자기를 표현하는 데 있어서 가장 중요한 것[일 수도 있다]. 곧 사람들은 흔히 외부로부터 좋은 아이디어를 빌려오며, 어딘가 다른 곳에서 존중의 예들을 지적함으로써 그들의 존엄성을 변호한다"(Nussbaum, 1999, p. 8).

인간은 자유에 대한 억압을 자유롭게 선택할 수 있다는 명제를 수용함과 동시에 종속적인 위치에 있는 인간은 진정으로 자율성과 정의에 관심을 가질 수 있다는 명제를 거부하는 것은 일관성이 없는 것이 아닐 뿐만 아니라 서로 모순되지도 않는다. 사실 그러한 관점은 문화와 발달의 본질에 관한 어떤 가설들 내에서 의미를 갖는다. 만약 문화들이 통합적이고 일관되며 조화롭다면, 그리고 인간의 사고와 정서, 도덕성—선호와 욕망—이 문화에 의해 형성되고, 그럼으로써 "마음, 자아, 그리고 정서에서 모든 인류를 향한 정신적 통일보다는 민족적 차이를 더 낳는" (Shweder, 1990, p. 1)다면 따돌림받는 자의 관점에서 사람들이 그들의 자유와 선택권을 축소시키는 문화적 조건을 선택하거나 소중히 여긴다는 것은 타당하다. 결국 그러한 문화적 관점에서 보면 자율성과 권리의 선호는 복종과 불평등의 선호(혹은 "순결, 겸손, 의무, 자기 훈육, 만족의 지연, 자기 증진, 그리고 가내 봉사의 이상" ; Menon & Shweder, 1998, p. 156)에 비해 인간 본성에 더 어울리는 것도 아니고 덜 어울리는 것도 아닌, 단순히 문화의 산물일 뿐이다.

지금까지 고찰해 보았던 연구와 그 밖의 다른 설명에서 입증되었듯이 문화는 조화로운 통일체가 아니며, 대리와 자율성을 위한 노력(정의, 상호성, 그리고 친선을 위한 노력과 함께)은 특정 지역 혹은 서구의 창조물이 아니다. 권력과 갈등의 핵으로서의 문화에 관한 인식, 공통적인 인간 본성에 관한 개념이라는 이 두 가지는—비록 사회적·문화적 조직의 특징에 의해 제한되기 쉬운 것이라 하더라도—인간의 자유에 대한 종속의 선택을 불명료하게 만들며 설명을 요청하게 만든다. 비록 거짓 의식의 문제는 단순하다고 주장하는 것이 순진한 일이라 하더라도 박탈된 삶을 살아가는 사람들의 입장에서 순응과 동의의 의미에 관하여 회의적인 것은 당연하다.

비록 문화심리학자들이 모든 문화 내에는 어느 정도의 다양성이 존재한다는 것을 인정한다 하더라도 그들은 모든 문화 내에 문화적 의미와 관습에서 중요한 동질성이 존재한다고 가정한다. 사실 그들의 가정은 문화적 의미와 관습에서의 동질성이 서로 다른 문화의 주요 정향 간에 의미 있는 비교를 가능하게 해줄 정도로 중요하다는 것이었다. 지금까지 검토한 바와 같이 문화 내의 사람들이 지닌 다양한 사회적 · 도덕적 관점, 그들의 판단과 행동에서 목격되는 맥락에 따른 변화, 그들이 그들 문화의 규범과 관습에 관하여 내리는 비판적 판단은 문화심리학자들의 문화에 관한 개념화를 의심하게 만든다.

이 장에서 고려되었던 자료는 문화적 의미와 문화적 관습에 대한 동질성이 거의 존재하지 않는다는 것을 강력하게 암시한다. 문화 내의 사회적 · 도덕적 삶은 많은 다양성, 복합성, 그리고 갈등의 층과 수준의 특징을 보인다. 사회적 추론과 사회적 행동에서의 중요한 변화는 문화 또는 개인 내에서 일어난다. 전통 사회와 서구 사회에 상관없이 성인들과 아동들은 복잡한 사회적 · 도덕적 관심을 발달시키며 유연성을 갖고 그들 문화 내에서 사회적 맥락에 접근한다. 자율성과 상호 의존의 두 가지를 향한 정향은 그들의 사회적 관계에서 중심을 이룬다. 성인들과 아동들은 그들 문화의 규범과 관습을 숙고하고, 흔히 그 가운데 몇 가지와 관련해서 비판적 입장을 견지하며 그것들을 타파하거나 변화시키려고 시도한다. 권력 차이는 문화 내에서 동질성보다는 오히려 근본적인 이질성을 등장시키는 중심적인 특질을 이루게 된다. 이러한 이질성은 외관상 동일한 상황에 대해 다양한 경험을 하고, 문화적 관습에 대해 서로 다른 관점을 지니며, 그리고 목적과 관심이 서로 갈등하고 있다는 점에서 입증되고 있다. 어떠한 일군의 동질적인 문화적 의미가 그러한 이질적인 환경 내에서 확인될 수 있는가를 인지하기는 어렵다. 그 대신에 사람들이 그들의 문화 내에서 참여하는 많은 특수한 사회적 맥락, 그리고 그러한 맥락에 관한 그들의 다양하고 갈등하는 해석과 평가는 사회적 · 도덕적 발달 연구의 초점이 되어야 한다.

그러나 문화에 관한 관념이 인간 다양성의 개념을 고정시키는 데 있어서 오랫동안 중요한 요소로 간주되어 왔다는 점에 주목해야만 한다. 문화적 차이(문화들 간의 차이)는 인종차별주의와의 투쟁, 보다 최근에는 다문화주의의 증진 및 문화의 권리와 복잡하게 서로 뒤얽혀 있다. 그러므로 문화 간의 차이를 대수롭지 않게 여기면서 여기에서 제안된 자문화중심적 담론—문화 내의 사람들이 지니는 복잡한 맥락, 다양한 경험, 그리고 이질적인 관점에 초점을 두는 담론—은 인간 다양성의 범위를 흐리게 한다는 주장이 제기될 수 있을 것이다. 그 반대의 관점이 여기에서 주장된다. 고려된 자료가 암시했던 바와 같이 인간 다양성의 범위는 문화적 차이의 견지에서 충분하게 묘사되지 못할 뿐만 아니라, 문화의 구성—문화적 분석에서 전형적으로 사용되는 바와 같이—은 인간 다양성과 정의에 대한 존중을 증진시키기 위한 토대로서 공헌할 수 없다. 이러한 이슈는 다음 절에서 자세히 논의된다.

도덕적 다양성 갈무리하기, 그리고 문화의 난제들

문화의 개념은 사회적 위계 및 인종차별주의와의 투쟁, 그리고 다양성에 대한 관용의 증진과의 투쟁과 관련되어 왔다. 그러나 사회과학에서 전형적으로 사용되어 온 바와 같이 문화의 구성 개념은 다양한 폭력, 차별, 그리고 억압형식의 영속화와 밀접하게 연관되어 왔다. 왜 이러한 현상이 빚어지게 되었는지 이해하기 위해서는 비록 다소 엉성하다 하더라도 문화에 관한 개념의 기원을 둘러싸고 있는 사회적·역사적 환경을 검토할 필요가 있다(더 포괄적인 사회역사적 설명을 위해서는 Finkielkraut, 1995, 참조 ; Hatch, 1983).

문화는 20세기 초에 최초로 인종의 개념에 대한 대안으로 등장했다. 전통 인류학을 반박하면서 보아스(Boas, 1908, 1938)는 인종이 고정된 도덕적·지적 차이를 나타낸다는 19세기 진화론적 관점을 논박했다. 그는 대신에 그런 차이는 문화적 조건의 견지에서 설명될 수 있다고 제안했다. 진화론자들이 역사에서 유일하게 하나의 방향, 곧 여러 사회를 상대적으로 순위를 매기도록 해주는 "발전"의 방향 측면에서 생각했던 반면에, 보아스와 여러 다른 사람들(예를 들면 Benedict, 1934 ; Herskovits, 1955)은 각 문화가 그 자체의 독특한 발달양식을 지니고 있다는 생각을 진전시켰으며, 그럼으로써 서구 문명의 우월성에 대한 신념에 도전했다. 이윽고 보아스적인 사고는 보편적인 인류학적 사고로 자리잡아 갔다. 즉 인류학자들은 더 이상 야만인과 문명화된 사람의 측면에서 말하지 않고 대신에 평가적 함의를 지니지 않는 용어인 **문화**(cultures)의 측면에서 말했다. 문화의 개념과 함께 **관용**(tolerance)의 개념—모든 문화는 동등하게 존중받아야 한다는 신념—이 뒤따라 왔다. 이러한 관용의 개념은 서구 문명의 우월성과 관련한 빅토리아조 풍의 명제, 곧 서구 팽창주의와 문명화된 서구 표준의 야만인들에 대한 강요를 정당화하는 데 사용되었던 명제에 대한 대안으로 많은 호응을 받았다.

문화가 왜 인류학적 사고의 중심적인 특징뿐만 아니라 엄청난 사회정치적 중요성을 지닌 개념이 되었는지 이해하는 것은 그리 어렵지 않다. 사실 관용의 개념, 그리고 그와 관련된 인간 존엄과 자결권의 개념은 항상 사회과학에서 문화의 구성 개념으로 즐겨왔던 강력한 호소의 토대가 되어왔다. 타문화의 전통에 대한 단호한 비판이 정당화되지 않는다는 명제에 동의하지 않는 사람이 없을 것이다. 그러나 한 문화의 모든 측면이 수용 가능한 것으로 판단되어야 한다는 똑같은 단호한 기대 또한 정당화되지 않는다. 그러한 기대는 관용의 배후에 있는 추진력과 일치하지 않는다. 즉 "주문식의"(on demand) 긍정적 판단은 진정한 존중의 표현이 아니다. 더 중요한 것은 문화의 모든 측면이 수용 가능하다는 가정과 문화의 본래 모습이 보호되어야 한다는 요구는 어떤 문화적 관습은 정의롭지 못하며 억압적일 수도 있다는 가능성을 간과한다(혹은 무시한다. Hatch, 1983).

이들 이슈의 수용은 단순히 학문적인 것과는 거리가 멀다. 최근 몇 년 동안 여성 성기 훼손, 전족, 강제 결혼, 명예와 관련한 폭력, 격리/휘장, 일부다처와 같은 그러한 문화적 전통과 관습은 전 세계에서 복잡한 논쟁을 불러일으켰다. 한 예로서 여성 성기 훼손[1](이후 FGM으로 표기한다)의 관습을 검토해 보자. 그것은 비록 폭넓게 저항을 받지만 아직 많은 아프리카 국가에서 시행되고 있다. 여성의 건강과 성에 대해 FGM이 유린하는 장단기 결과는 충분히 입증되어 왔다(Amnesty International, 1995 ; World Health Organization, 1994). 그럼에도 불구하고 관용, 다양성, 문화적 보전의 주창자들 관점에서 보면 FGM은 그 관습이 시행되는 국가에서 "인기가 있을 뿐만 아니라 유행하고 있다"(Shweder, 2002). 그리고 여성의 아름다움에 관한 서구인들의 개념에 따라 가슴확대 수술이 증가하며, 그 밖의 의학적으로 불필요할 뿐만 아니라 잠재적으로 해로운 조처와 같은 서구 관습과 하등 차이가 없다(Tamir, 1996도 볼 것). FGM에 관한 서구인들의 비판—그것은 더 논의된다—은 자신의 문화를 영속화하고자 하는 인간의 권리를 파괴하는 단순히 정서적인 혐오반응("한바탕 웃음반응" ; Shweder, 2002, p. 222)일 뿐이다(Gilman, 1999 ; Parekh, 1999).

FGM을 취향이나 미학의 문제와 견주는 것은 FGM과 가슴확대 수술과 같은 조처 간의 중요한 차이를 무시하는 것이다. FGM은 4세 혹은 5세의 어린 소녀에게 강제로 시행되며, 설사 소녀가 나이가 들었다 하더라도 그녀의 동의를 필요로 하지 않는다. 그 수술을 받는 여성의 선호와 결정은 무식, 영양실조, 경제적 의존성, 협박, 그리고 정치적 힘의 부족과 같은 조건에 의해 제한된다. 이와 대조적으로 가슴확대와 같은 서구 사회에서의 일반적인 조처는 상당히 가격이 비싼 선택의 종류로 주로 성인에 의해 시행되고 있다. 그러한 조처를 시행하고자 하는 그들의 결정에 영향을 미칠 잘못된 정보와 사회적 압력은, 비록 유감이지만, 물리적 힘이나 강압과는 다르다. 그러한 차이를 간과한 채 관용을 주창하는 자들은 FGM을 어쩔 수 없이 불가피하게 따라야만 하는 소녀와 여성의 경험을 대수롭지 않게 여긴다. 문화의 모든 측면이 수용 가능하고 가치가 있다는 입장뿐만 아니라, FGM과 같은 관습을 찬성하도록 가능하게 만드는 것은 어떤 특정 문화에 속한 사람들의 경험과 관점, 그리고 자신들의 문화 중에서 어떤 측면을 영속화시킬 것인가를 결정하는 그들의 권리에 대한 무시이다.

FGM 및 여러 다른 문화적 관습과 관련한 논쟁은 수천 명의 사람이 중동, 북아프리카, 남아시아에서 유럽 및 북아메리카 사회로 이주하면서 동시에 그들의 문화적 관습도 함께 옮겨감에 따라 매우 친숙해졌다. 비록 대부분이 이민자 역시 모든 사람처럼 똑같이 존중받고 대우받아야 한다는 데 동의하지만 그것이 의미하는 바에 관해서는 제각각 서로 다르다. 서구 사회에서 이민자들에게 FGM, 전족, 혹은 일부다처와 같은 문화적 관습을 계속 시행하도록 허용해야 하는가? 서구 국가에서 태어나 양육되는 그들의 자녀를 자신들의 의지에 반하여 결혼해야만 하는 그들의 모국으로 되돌아가도록 허용할 것인가? 더 일반적으로 시민권리와 평등의 원리에 우선하여 그들의 문화를 존중해야 하는가?

문화적 다양성을 옹호하는 자들은 아마도 이에 대해 긍정적으로 대답할 것이다. 사실 "문화적 방어"는 오늘날 미국(Maslow-Cohen & Bledsoe, 2002) 및 그 밖의 다른 서구 국가(Wikan, 2002)에서 가정범죄를 저질러 고소를 당한 이민자 집단 구성원들을 대리하여 점차 호소되고 있다. 이러한 전략의 저변에는 만약 외국 문화에서 사회화된 사람이라면 어떤 행동이 그 자신의 문화규범과 일치한다면 비록 특정한 공공법률을 위반했다 하더라도 그 행동에 대해 온전하게 책임을 져서는 안 된다는 전제가 깔려 있다. 더 나아가 그 논증은 어떤 행위의 문화적 근거에 관한 증거를 인정하는 방어만이 그 사람이 진정한 측면에서 이해될 수 있는 기회를 제공할 수 있다는 것이다(Honig, 1999). 문화적 방어("나의 문화는 나로 하여금 그것을 하도록 했다")는 그것이 일반적으로 인정되는 것보다 더 광범위하게 미국에서 활용되고 있으며, FGM을 포함하여 아시아와 중동 국가의 남성 이민자들이 간통을 저질렀을 것으로 가정하여 아내를 살해하고, 흐몽 라오스인(Hmong Laotian) 남성들이 유괴와 성폭행을 저지르고 난 후 자신들의 행위를 **"약탈혼"**(zij poj niam)이라는 그들 문화의 관습이라고 주장하며, 일본이나 중국 어머니들(그들 자신의 목숨 또한 거두고자 시도하는)이 자녀를 살해한 후 어머니-자녀 자살은 남편의 부정에 의해 야기된 수치심과 손상을 교정하는 의미가 있다고 주장(Maslow-Cohen & Bledsoe, 2002 ; Okin, 1999)하는 경우에서 흔히 성공적으로 활용되고 있다.

불가피하게 문화적 방어가 도덕적 다양성의 이해와 연관된다는 생각은 어려운 문제를 불러일으킨다. 문화적 방어는 한 인간의 행동을 충분히 이해하기 위해서는 그 혹은 그녀가 어떤 의미에서 기능을 하며 결정을 내리는지 이해할 필요가 있다는 인식을 수반한다. 그러나 문화적 방어는 또한 희생자들의 동등한 지위를 훼손시키면서 문화의 지위에 특권을 부여한다. 더 나아가 문화의 유풍에 대한 진흥은 흔히 여성과 아동들의 행동에 영향을 주는 경향이 있으므로(Katha Pollitt, 1999, p. 29는 "나는 만약 알제리의 이민자가 이슬람교는 빌린 돈에 대해 이자를 금지한다는 이유에서 그의 비자 계산서에 이자를 지불하길 거부한다면 그가 얼마를 준비할지 궁금하다"고 묻는다) 흔히 문화에 대한 관용과 존중에 대한 대가를 지불하는 사람은 그들이다. 노르웨이에 살고 있는 이민자들 사이에 유괴와 "부정한 여인 살해"의 경우를 둘러싸고 있는 매우 불온한 사건들에 관한 위칸(Wikan, 2002)의 보고를 살펴보자. 그녀의 보고에 따르면 이민자 공동체의 소녀와 젊은 여성은 자주 그들의 남성 친척에게 심각한 해악을 당한다. 비록 이들 젊은 여성이 노르웨이에서 양육되며 그들 중 많은 이가 심지어 태어나기조차 했지만 그들은 "그들의 문화"를 무시하고 행동했다는 이유만으로 두들겨 맞거나 죽임을 당한다. 그들의 문화란 이런 것이라고 어떻게 결정될 수 있으며, 누가 결정할 수 있는가? "누가 전형적인 '이민자' 인가 … 그 사람은 오로지 1세대 이민자여만 하는가, 아니면 이민자의 자녀까지 포함되는가? 만약 그렇다면 … 몇 세대까지인가? 부모의 상황과 동일하지 않은 역사적 상황에서 성장해 온 그들 자녀의 정체성은 무엇인가?" (Wikan, 2002, p. 72).

FGM 및 부정한 여인 살해와 같은 관습(원래의 문화에서 시행되든 아니면 서구 사회 가운데 행해지든)이 관용되어야 한다는 명제에 대한 비판은 자민족중심주의와 인종차별주의에 대한 관심이 경박하다는 것을 의미한다는 것을 반드시 수반할 필요는 없다. 그것은 자세히 살펴볼 만한 중요한 관심사이다. 또한 이 비판이 (비록 불쾌하지만) 관용되어야 할 문화적 관습과 저항되어야 할 관습을 구분하는 과업이 복잡하지 않다는 것을 암시하지도 않는다. 그 과업은 귀찮은 일이며, 이성적인 사람은 특별한 경우에 관하여 서로 다른 결론에 이를 수도 있다. 그 대신에 FGM 및 부정 여성 살해와 같은 문화적 관습에 대한 비판적 논의는 다양성의 관용과 문화적 전통의 영속화에 대한 논의의 힘이 대체적으로 문화란 그 구성원들이 하나의 목소리로 말하는(절단되고 있는 것이 **그들**의 생식기이든 아니든, 혹은 제한되고 있는 것이 사회에 대해 참여하는 **그들**의 자유이든 아니든) 유기체적 전체성이라는 가정에 의존한다는 것을 부각시키는 의미가 있다. 이러한 가정은 잘못된 것이다. 문화는 왜곡되거나 혹은 침묵되기도 하는 것을 포함하여 다양한, 그리고 갈등하는 목적과 관점을 함유한다. 문화심리학자들에 의해 전형적으로 활용되는 것과 같은 문화의 구성, 그리고 문화적 보존과 관용에 관한 관련된 관념은 타인들의 관점을 희생시키면서 사회의 몇몇 구성원의 관점을 진흥시키거나 정당화시키는 경향이 있다. 여기에서 주장되고 있는 것은 문화의 개념이 인간 경험의 다양성을 포괄하고 인간과 정의에 대한 존중을 넓히는 데 그리 썩 적절하지 않다는 것이다.

문화적 차이의 견지에서 다양성의 사고는 사람들이 "서로 간에 어떤 전통을 유지하길 원하며 어떤 전통을 유지하지 않기를 원하는지, 그들의 역사를 어떻게 다루길 원하는지, 기타 등등"(Habermas, 1994, p. 125)을 결정할 자유가 있다—혹은 있어야만 한다—는 사실을 인정하지 못한다. 이 문제, 즉 문화적 차이의 측면에서 다양성을 고정화하는 것은 그들 문화의 어떤 측면을 그들이 보존하고자 바라며 어떤 측면을 그들이 거부하고자 바라는지를 결정할 개인의 자유를 침범하도록 이끌 수 있다는 것은 또한 다문화주의에 관한 논의에서 입증되고 있다.

앞에서 기술했던 해를 끼치거나 혹은 문화의 어떤 구성원들의 자유를 제한하는 문화적 관습 사례들과 달리 다문화주의의 개념은 내적 갈등이나 어떤 목소리의 침묵을 시사하지 않는다. 오히려 그 반대로 다문화주의의 개념은 인간이 부정의와 불평등 상황에 대한 반응에서 서로 겹치는 경험, 의미, 그리고 정체성을 조율하기 위한 분명한 목적에서 집합적인 문화적 목소리로 말하는 경우를 상기시킨다. 20세기 말 무렵에 많은 집합적 목소리가 다문화주의와 동일성 정치(identity politics)의 깃발 아래 등장했다. 예를 들면 미국에서의 인종차별주의 철폐와 시민 권리에 관한 1960년대의 보편적 논의는 1970년대 말에 이르러 문화와 문화적 정체성에 관한 논의로 변모했다. 집합적 목소리—예컨대 블랙파워(흑인 지위향상 운동)에 대한 요구—는 인종차별주의에 저항하는 하나의 수단으로 조율되었다. 즉 아프리카계 미국 문화를 재발견하고 촉진시키는 행위는 인종차별주의자의 각본을 전면적으로 무너뜨리는 하나의 강력한 수단으로 간주되었다(Boykin, 1983 ; Boykin & Toms, 1985 ; McLoyd, 2004). 동일성 정치에 깔려 있는 것은 집단 정체성의 공적인 인정이 이전에 선거권을 박탈당했던 집단들에게 권한을 부여하며 그들이 진보하는 데 공헌할 것이라는 기대였다(Taylor, 1994). 집단 정체성을 조율함으로써, 그리고 그들의 문화가 인정되고 그의 특성이 존중받아야 한다(예컨대 아프리카계 미국인들)고 주장함으로써 비특권층 집단은 "부끄러워하도록 교육받아 왔던 바가 긍지의 대상으로 변할 것으로"(Finkielkraut, 1995, p. 68) 기대되었다.

그러한 집단 문화 정체성이 어떤 특정한 시간에, 그리고 공유된 경험과 목적을 중심으로 조율되기 시작하는 부분적으로 서로 중복되는 표현들로서 인정되는 한(Gjerde, 2004), 그것들은 개인과 집단의 권리를 확장하는 데 있어서 고려할 만한 사회적 · 정치적(아마도 또한 심리적) 가치를 지니고 있을지도 모른다. 그러나 다문화주의와 동일성 정치의 깃발 아래 문화적 정체성은 전형적으로 구체화되었으며, 구속적이고 또한 시대를 초월한 실체가 되었다.

> 민족정치학(ethnopolitics)은 그것이 동원하는 민족집단의 상상 속의 독특하고도 유일한 문화적 유산을 강조하고, 이념화하고, 구체화하고, 변경하고, 때때로 실질적으로 재창조한다. 민족적 범주는 따라서 민족집단을 형성하는 것으로 인정받으며, 이런 집단은 그들이 공유한다고 가정하는 문화와 관련하여 정의된다. … [문화의 추상적인 관념]은 뚜렷한 실질적인 내용을 지닌 구체화된 실체에 의해 대체되고, 사람들이 개인의 행동에 규범적이고 예언적인 실질적 유산, 궁극적으로는 사회적 행위의 원인 … 을 "지니는" 혹은 "구성원이 되는" 그런 지위를 지니게 된다(Baumann, 1996, pp. 11-12).

이러한 구체화된 문화 개념으로의 움직임은—비록 사회적 · 정치적 변화에 영향을 미치기 위해서는 아마도 필요하겠지만—개인적 · 사회적 수준 모두에서 그러한 집단 구성원들의 자율성에 엄청난 위험을 지니고 있다. 왜냐하면 문화는 사회 내의 인간이 겪는 경험(관심, 목적, 관점)의 다양성을 포괄하지 못하며, 그 집단의 애초의 기원과 상관없이 인간은 한 개인 또는 한 집단의 일부로서가 아닌 바로 한 사람의 개인으로서 간주되어야 할 권리를 지니고 있기 때문이다. 다문화주의와 집단 권리의 강력한 보증이라고 할 수 있는 테일러(Taylor)의 "인식의 정치"(The Politics of Recognition)에 대한 강력한 응답으로 애피아(Appiah, 1994)는 집단 정체성이 개인에 대해 갖는, 개인이 그러한 정체성이 등장한 긴박한 역사적 상황을 인식했을 때의 위험을 다음과 같이 지적했다.

> 오늘날 다문화적인 우리의 서구 상황에서 … 어떤 사람은 예컨대 여성, 동성애자, 흑인이기 때문에 평등한 존엄성으로 대우받지 못하고 있다. … 삶을 존엄하게 하고자 하는 대신에 집단 정체성을 채택하며 긍정적인 인생 각본을 구성하는 것은 자연스러워 보인다. 블랙파워 운동 이후 아프리카계 미국인은 자신이 검둥이라는 각본, 곧 자기 혐오적인 옛날 각본을 제거하고 공동체에서 다른 사람들과 긍정적인 일련의 흑인 인생 각본을 구성하기 위해 노력한다. … 그 이야기가 이런 방식으로 전개되어 가는 것은 아마도 역사적으로나 전략적으로 필요할 것이다. 그러나 내가 생각하기에 우리는 이런 방식으로 구성된 정체성이 우리가 … 결국 행복해질 수 있는 것인지 어떤지 물을 필요가 있다. 흑인으로서 그리고 동성애자로서 인간을 존중할 것을 요구하는 것은 아프리카계 미국인이 되는 것에 동의하거나 동성 욕구를 갖는 것에 동의하는 몇 가지 각본이 존재한다는 것을 필요로 한다. 흑인과 동성애자가 되는 적절한 방식이 존재할 것이고, 충족되어야 할 기대가 존재할 것이며, 요구가 마련될 것이다. 이 지점에 이르면 자율성을 진지하게 취하는 어느 누군가는 우리가 학대의 한 가지 종류를 다른 종류

로 대체하지 않는지 물을 것이다. … 만약 내가 옷장의 세계와 동성애자 해방의 세계 사이에서, 혹은 톰 아저씨의 오두막집(Uncle Tom's Cabin)의 세계와 블랙파워 사이에서 선택해야 한다면 나는 물론 각각의 경우에서 후자를 선택할 것이다. 그러나 나는 선택해야 하는 상황에 있지 않기를 바란다(pp. 160-163).

문화나 민족에 의해 정의된 것과 같은 집단 정체성이 개인에게 위험을 부과할지도 모르는 또 다른 증거는 집단적 범주로서의 성에 관한 오랜 논쟁, 성 정체성을 정의하는 데 있어서 권력의 역할, 그리고 "그저 여성일 뿐"으로서의 그들의 집단 정체성에 의해 제한되어 온 여성의 상황이다. 거꾸로 성 범주의 고려는 예컨대 아프리카계 미국인, 이민자, 동성애자가 그들의 민족적 정체성, 애초의 국가 혹은 성적 정향을 그들 삶의 중심으로 만드는 기대로 인해 어떻게 구속을 느낄 수 있는가를 예시해 주는 데 공헌한다(Wolf, 1994).

그러나 이들 고려 가운데 어느 것도 인간 경험의 다양성이 중요하지 않다는 것을 제시하려는 것은 아니다. 아마 틀림없이 문화적 정체성에서 예시된 바와 같은 문화의 구성 개념은 자기 결정(self-determination)과 저항을 위한 수단으로 공헌할 수 있다. 그럼에도 불구하고 의미를 지시할 수 있는 통합되고 조화로운 실체로 구체화될 때 문화적 범주 또한 억압적인 구속이 되는 잠재력을 지닌다.

사회적 수준에서 다양성과 문화적 정체성에 대한 관심은 다문화주의의 관념과 문화적 권리에 대한 요구에서 예시되기 시작한다. 20세기 말 무렵에 문화적 정체성과 문화적 권리의 인식에 대한 요구는 자유민주주의에 관한 정치적 논의에서 주요 주제가 되기 시작했다. 다문화주의와 문화적 권리를 향한 움직임이 서구 민주주의에 대해 지니는 위험을 조율하기 위한 노력에서 하버마스(Habermas, 1994)는 권리를 문화에 양도할 사회의 책무(그가 "행정수단에 의한 종의 보존"에 비유했던 기획)와 인간은 자신의 문화적 유산으로 인해 차별을 받는 고통 없이 문화적 유산의 규범에 따라 사는 자유를 지니고 있다는 것을 보장하는 사회의 책무 간의 구별을 강조했다. 문화의 도전은 인간 다양성에 대한 무관심과 동등하지도 않으며 그것을 함의하지도 않는다. 반대로 문화의 구성 개념의 도전은 인간은 "[그 자신의] 문화에 직면할, 그리고 그것을 그의 전통적인 형식에서 유지하거나 그것을 변형할 기회, 곧 그의 통제로부터 무관심으로 벗어날, 혹은 그것을 스스로 비판적으로 버리고 전통과 심지어 각기 분리된 정체성과 의식적으로 단절하며 생활할 기회"(Habermad, 1994, p. 132)를 가져야만 한다는 신념을 반영한다.

문화적 권리와 문화적 다양성의 관용에 관한 옹호자들—즉 문화를 다양성의 척도로서 주장하는 자들—은 인간 다양성이 문화 속에 간직되어 있다는 것을 인지하는 데 실패하면 인간마다 세계에 대해 겪는 경험의 독특성들이 하나의 동질적이자 인증되지 않은 주형에서 뒤섞인다고 주장할 것이다(Taylor, 1994). 여기에서 주장된 논증은 전형적으로 이해되고 있는 문화의 개념은 문화의 구성원들이 자신들의 문화가 지닌 어떤 측면을 싫어하고, 분개하고, 저항하고, 변화시키고자 바랄 수도 있다는 가능성을 잊어버리고 문화에의 참여와 문화적 규범 및 관습의 수용을 강조한다는 것이다. 비록 서로 다른 전통에 대한 존중과 그의 수용에서 자유롭게 된다 하더라도 문화의 관념은 부정의하고 억압적인 규범, 제도, 그리고 관습을 명시적 · 묵시적으로 정당화하는 데 사용되어 왔다. 인간 다양성을 고정시키는 주요 장치로서의 문화의 관념에 의존하는 것은 다양성에 대한 존중과 정의를 증진하는 데 장애가 된다(Wainryb, 2004b). 문화들 내의 복잡하고 갈등하는 관점을 인정하는 접근이 과업에 보다 더 적절하다.

결론 : 문화에서의 도덕적 다양성과 보편성

문화에 관한 담론은 심리학 연구분야에서 일종의 개념적 · 의사소통적인 주도권을 즐겨왔다. 이 담론은 전체주의와 통합의 주장으로 낙인이 찍힌 문화에 관한 이해에 모아졌다. 이러한 문화의 관점은 사회 내의 불평등 체계를 무시하며 인간의 다양하고 복잡한 경험을 감춘다. 그것은 의미를 지시하는 사회의 힘을 과대평가하며, 발달과정을 사회에 대한 보수적인 순응의 과정으로, 그리고 인간을 문화적 상표로 표현하면서 개인적 행위자를 과소평가한다. 문화에 관한 보다 비판적인 이해를 채택한다는 것은 통일과 조화의 언어를 버리고 문화란 다양한 관심과 목적을 가진, 또한 가치와 관습, 그리고 전통에 대해 심사숙고하는, 어떤 것들은 환영하고 어떤 것들은 거부하는 능력을 지닌 인간들로 이루어짐을 인정한다는 것을 함축한다. 그것은 또한 어떠한 공동체에서도 사람들, 특히 불평등한 위치에 있는 사람들은 반드시 서로 다른, 그리고 흔히 갈등하는 관점을 발달시킨다는 것을 인정함을 내포하고 있다. 그러므로 문화에서의 사회적 · 도덕적 발달에 관한 연구는 문화에서의 사회적 삶의 많은 맥락에, 그리고 각 개인이 자신의 경험을 그러한 사회적 맥락 속에서 의미를 만드는 다양한 방식에 주의를 기울여야 한다. 이것은 문화에서 인간의 사회적 · 도덕적 삶의 양식이 없다는 것을 말하는 것은 아니다. 오히려 문화 내에서 다양한 부분적인, 그리고 상호 중복하는 양식이 서로 다른 사회적 맥락과 서로 다른 경험의 영역에서 다양하게 나타난다.

문화 내의 다양성에 관하여 말하는 것은 문화 간의 차이가 존재하지 않는다거나 혹은 하찮다는 것을 의미하는 것은 아니다. 확실히 역사적 · 사회적 · 정치적 상황은 세계의 서로 다른 곳에 있는 사람들에게 극단적으로 서로 다른 발달적 맥락을 형성하고 구성한다. 더군다나 사회는 위계적 관계를 중심으로 조직되는 삶의 영역(예컨대 경제적, 가족, 종교적), 위계적 차이가 승인되고 제도화되는 정도, 그리고 개인이 권력과 지위를 얻는 (혹은 잃는) 기회와 관련하여 실질적으로 서로 다르다. 예를 들면 어떤 문화에서는 가족 내에 남성과 여성 간의 엄격한 지위 구별, 불복종이나 위반과 관련된 강력한 재가가 존재한다. 이 장에서 고찰된 몇 가지 연구, 예컨대 자율성과 권리 혹은 부모-자녀 갈등에 대한 관심은 그러한 사회에서 서로 다르게 나타난다는 것을 지적했다. 동시에 그 연구는 위계적 구별 이외의 다양한 사회적 · 도덕적 고려들이 또한 그러한 위계적으로 조직된 문화에서 적용된다는 것을 지적했는데, 여기에는 서로 다른 지위에 있는 사람 간의 개인의 자율성과 갈등에 대한 관심이 포함된다. 그것은 또한 덜 위계적으로 조직된 사회가 지위 구별과 불평등에서 자유롭지 않다는 것을 보여주었다. 그러므로 문화에서의 사회적 · 도덕적 발달에 관한 분석은 문화적 조건과 제도의 다양성에 민감해야 한다. 사실 저항이 필요한 것은 문화의 동질화 효과와 그의 압제적인 방식이다. 연구는 사회 내의 복잡성에 대해 주의를 기울이면서도 사회 간의 잠재적 차이에 대해 여전히 경계를 늦추지 말아야 하는데, 거기에는 사람들과 집단들이 그들의 문화 내에서 잘못 대우받거나 억압받는 다양하고도 독특한 방식이 포함된다.

그러나 맥락적 특수성과 문화적 조건에 대해 민감하도록 요구하는 것은 독특하고도 본질적인, 인간 본성을 부과하는 것 혹은 도덕적 상대주의를 강요하는 것과는 다르다. 다른 정치철학자들(예컨대 Okin, 1999), 인류학자들(예컨대 Hatch, 1983 ; Wikan, 2002), 심리학자들(예컨대 Turiel, 2002 ; Wainryb, 2004b)처럼 너스바움(Nussbaum, 1999)은 왜 보편주의가 다양성, 다원주의, 그리고 관용을 증진시키는 최선의 방책인가에 관한 분명한 예시를 보여주었다. 애피아(Appiah, 1992)는 그것을 다음과 같이 간결하게 표현했다 : "만약 우리가 그것을 특수한 상황에서 발생하는 인간 문제로 바라본다면 문제를 해결할 수 있을 것이며, 만약 우리가 그것을 아무래도 다른 사람과 다른 우리의 존재에 의해서 생성된 아프리카 사람의 문제로 바라본다면 그것을 해결할 수 없을 것이다"(pp. 179). 비록 그가 범아프리카주의 정치의 고유한 도전에 관하여 이러한 논평을 했지만 문화적 차이의 본질화에 저항하라는 애피아의 요청은 사회적·도덕적 발달의 연구에서 가장 중요하다.

이것은 일단 문화 간 또는 문화 내 차이의 양식에 주의함으로써, 그리고 문화의 결합력을 의심함으로써 성취될 수 있다. 이 장에서 고찰되었던 연구에 의해 예시된 바와 같이 서로 다른 문화의 사람들은 그들의 다양한, 어느 정도 위계적으로 조직된 관계의 맥락에서 자율성과 유대감 두 가지 모두를 경험한다. 서로 다른 문화의 사람들은 또한 다양한 사회적 목적과 관계의 유형이 공존함으로써 불가피하게 발생하는 개인 내 또는 개인 상호 간의 갈등을 교섭한다. 협동, 복종, 반대, 그리고 파괴 모두가 경쟁적인 문화적 조망 안에 공존한다. 위험한 본질화(essentialization)를 피하며 문화 내에 공존하는 다양하고 역동적인 관점에 대한 감정을 표현하면서 문화마다의 사회적 · 도덕적 삶의 다양성을 포착하기 위해서 사회적 · 도덕적 발달에 관한 연구는 정의, 자율성, 친선, 상호관계, 그리고 전통의 문제와 관련한 목적과 관심사가 조화 혹은 갈등, 그리고 독특한 맥락에서 서로 다른 문화 내에서 표현되는 국부적인 방식에 그 관심의 초점을 맞추어야 한다. 연구는 또한 아동들과 성인들의 문화적 규범과 관습의 수용에 관한 가정을 의심해 보아야 하며, 대신에 협동, 복종, 반대, 그리고 파괴가 각기 다른 사회를 받아들이는 국부적인 형식을 확인하려고 노력해야 한다. 인간 다양성을 고정시키는 주요 장치로서의 문화의 구성 개념으로부터 벗어날 때 사회적 · 도덕적 발달에 관한 연구는 인간 발달에서의 다양성의 범위—서로 다른 문화의 서로 다른 도덕적 조망이 아니라, 서로 다른 문화 내의 서로 다른 사람들의 다양하고 갈등하는 조망—를 입증할 잠재력을 지니게 된다.

참고문헌

Abu-Lughod, L.(1991). Writing against culture. In R. E. Fox(Ed.), Recapturing anthropology : *Working in the present*(pp. 137-162). Santa Fe, NM : School of American Research Press.

Abu-Lughod, L.(1993). *Writing women's worlds : Bedouin stories*. Berkeley : University of California Press.

Amnesty International.(1995). *Human rights are women's rights*(pp. 131-134). London : Amnesty International.

Appiah, K. A.(1992). *In my father's house : Africa in the philosophy of cultures*. Oxford : Oxford University Press.

Appiah, K. A.(1994). Identity, authenticity, survival : Multicultural societies and social reproduction. In A. Gutmann(Ed.), Multiculturalism(pp. 149-164). Princeton : Princeton University Press.

Ardila-Rey, A., & Killen, M.(2001). Columbian preschool children's judgments about autonomy and conflict resolution in the classroom setting. *Internationals Journal of Behavioral Development, 25*, 246-255.

Asch, S.(1952). *Social psychology*. Englewood Cliffs, NJ : Prentice-Hall.

Baumann, G.(1996). *Contesting culture : Discourse of identity in multi-ethnic London*. New York : Cambridge University Press.

Baumrind, D.(1998). From ought to is : A neo-Marxist Perspective on the use and misuse of the culture construct. *Human Development, 41*, 45-65.

Benedict, R.(1934). *Patterns of culture*. Boston : Houghton Mifflin.

Bhabha, H. K.(1999). Liberalism's sacred cow. In J. Cohen, M. Howard, & M. Nussbaum(Eds.), *Is multiculturalism bad for women?*(pp. 79-84). Princeton : Princeton University Press.

Boas, F.(1908). *Anthropology*. New York : Columbia University Press.

Boas, F.(1938). *The man of primitive man*. New York : Free Press.

Boykin, A. W.(1983). The academic performance of Afro–American children. In J. T. Spence(Ed.), *Achievement and achievement motives*(pp. 324–371). San Francisco : Freeman.

Boykin, A. W., & Toms, F. D.(1985). Black child socialization : A conceptual framework. In H. P. McAdoo & J. L. McAdoo(Eds.), *Black children : Social, educational, and parental environments*(pp. 33–52). Newbury Park, CA : Sage.

Brehl, B., & Wainryb, C.(2004). *Children's explanations of harmful behavior : Naive realism and interpretation*. Unpublished manuscript, University of Utah.

Bruner, J.(1990). *Acts of meaning*. Cambridge, MA : Harvard University Press.

Bumiller, E.(1990). *May you be the mother of a hundred sons : A journey among the women of India*. New York : Fawcetts Columbine.

Burkett, E.(1997, October 12). God created me to be a slave. *New York Times Magazine*, pp. 56–60.

Carey, N., & Ford, M.(1983, August). *Domains and social and self–regulation : An Indonesian study*. Presented at the meeting of the American Psychological Association. Los Angeles.

Chandler, M. J., Sokol, B. W., & Wainryb, C.(2000). Beliefs about truth and beliefs about rightness. *Child Development, 71*, 91–97.

Chen, M.(1995). A matter of survival : Women's right to employment in India and Bangladesh. In M. C. Nussbaum & J. Glover(Eds.), *Women, culture, and development : A study of human capabilities*(pp. 61–75). New York : Oxford University Press.

Chuang, S. S.(2000). *Chinese mothers' parenting beliefs about the personal domain for young children*. Unpublished doctoral dissertation, University of Rochester.

Cole, M.(1990). Cultural psychology : A once and future discipline? In J. J. Berman (Ed.), *Nebraska Symposium on Motivation : Vol. 38. Cross–cultural perspectives* (pp. 279–335). Lincoln : University of Nebraska Press.

Conry, C.(2004). *Moral reasoning about traditional and everyday gender hierarchy in Benin West Africa : The roles of informational assumptions about capabilities and pragmatic concerns*. Unpublished manuscript, University of California, Berkeley.

Cousins, S. D.(1989). Culture and self–perception in Japan and the United States. *Journal of Personality and Social Psychology, 56*, 124–131.

Crystal, D.(2000). Concepts of deviance and disturbance in children and adolescents : A comparison between the United States and Japan. *International Journal of Psychology, 35*, 207–218.

Crystal, D. S., Watanabe, H., Weinfurt, K., & Wu, C.(1998). Concepts of human differences : A comparison of American, Japanese, and Chinese children and

adolescents. *Developmental Psychology, 34*, 714–722.
Damon, W. (1977). *The social world of the child.* San Francisco : Jossey–Bass.
Darley, J. M., & Latane, B. (1968). Bystander intervention in emergencies : Diffusion of responsibility. *Journal of Personality and Social Psychology, 8*, 377–383.
Doise, W., Clemence, A., & Spini, D. (1996). Human rights and social psychology. *The British Psychological Society Social Psychology Section Newsletter, 35*, 3–21.
Ewing, K. (1990). The illusion of wholeness : Culture, self and the experience of inconsistency. *Ethos, 18*, 251–278.
Ewing, K. (1991). Can psychoanalytic theories explain the Pakistani woman? Intrapsychic autonomy and interpersonal engagement in the extended family. *Ethos, 19*, 131–160.
Finkielkraut, A. (1995). *The defeat of the mind.* New York : Columbia University Press.
Fuligni, A. J. (1988). Authority, autonomy, and parent–adolescent conflict and cohesion : A study of adolescents from Mexican, Chinese, Filipino, and European backgrounds. *Developmental Psychology, 34*, 782–792.
Gewirtz, C. (1972). Some contextual determinants of stimulus potency. In R. D. Parke (Ed.), *Recent trends in social learning theory* (pp. 7–33). New York : Academic Press.
Gilman, S. L. (1999). "Barbaric" rituals?. In J. Cohen, M. Howard, & M. Nussbaum (Eds,), *Is multiculturalism bad for women?* (pp. 53–56). Princeton : Princeton University Press.
Gjerde, P. F. (2004). Culture, power, and experience : Toward a person–centered cultural psychology. *Human Development, 47*, 138–157.
Gjerde, P. F., & Onishi, M. (2000). Selves, cultures, and nations : The psychological imagination of "the Japanese" in the era of globalization. *Human Development, 43*, 216–226.
Goodwin, J. (1994). *Price of honor : Muslim women lift the veil of silence on the Islamic world.* New York : Penguin.
Greenfield, P. M. (1994). Independence and interdependence as developmental scripts. In P. M. Greenfield, & R. R. Cocking (Ed.), *Cross–cultural roots of minority child development* (pp. 1–40). Hillsdale, NJ : Lawrence Erlbaum Associates.
Greenfield, P. M. (1995, March). Discussant's remarks. In C. Raeff (Chair), *Individualism and collectivism as cultural contexts for developing different modes of independence and interdependence.* Society for Research in Child Development, Indianapolis, IN.
Habermas, J. (1994). Struggles for recognition in the democratic constitutional state.

In A. Gutmann (Ed.), *Multiculturalism* (pp. 107–148). Princeton : Princeton University Press.

Hatch, E. (1983). *Culture and morality : The relativity of values in anthropology*. New York : Columbia University Press.

Helwig, C. C. (1995). Adolescents' and young adults' conceptions of civil liberties : Freedom of speech and religion. *Child Development, 66*, 152–166.

Helwig, C. C. (1997). The role of agent and social context in judgments of freedom of speech and religion. *Child Development, 68*, 484–495.

Helwig, C. C. (1998). Children's conceptions of fair government and freedom of speech. *Child Development, 69*, 518–531.

Helwig, C. C., Arnold, M. L., Tan, D., & Boyd, D. (2003). Chinese adolescents' reasoning about democratic and authority–based decision making in peer, family, and school contexts. *Child Development, 74*, 783–800.

Herskovits, M. J. (1947). *Man and his work : The science of cultural anthropology*. New York : Knopf.

Herskovits, M. J. (1955). *Cultural anthropology*. New York : Knopf.

Hofstede, G. (1980). *Culture's consequences : International differences in work–related values*. Beverly Hills, CA : Sage.

Hollos, M., Leis, P. E., & Turiel, E. (1986). Social reasoning of Ijo children and adolescents in Nigerian communities. *Journal of Cross–Cultural Psychology, 17*, 352–374.

Hollway, S. D. (1999). Divergent cultural models of child rearing and pedagogy in Japanese preschools. In E. Turiel (Ed.), *New directions for child development. Vol. 83 : Development and cultural change : Reciprocal processes* (pp. 61–75). San Francisco : Jossey Bass.

Hollway, S. D. (2000). *Contested childhood : Diversity and change in Japanese preschools*. New York : Routledge.

Honig, B. (1999). "My culture made me do it." In J. Cohen, M. Howard, & M. Nussbaum (Eds.), *Is multiculturalism bad for women?* (pp. 35–40). Princeton : Princeton University Press.

Kagitcibasi, C., & Berry, J. W. (1989). Cross–cultural psychology : Current research and trends. *Annual Review of Psychology, 40*, 493–531.

Kahn, P. H., & Turiel, E. (1988). Children's conceptions of trust in the context of social expectations. *Merrill Palmer Quarterly, 34*, 403–419.

Killen, M. (1990). Children's evaluations of morality in the context of peer, teacher–child, and family relations. *Journal of Genetic Psychology, 151*, 195–410.

Killen, M., Ardila–Rey, A., Barakkatz, M., & Wang, P. (2000). Preschool teachers' perceptions about conflict resolution, autonomy, and the group in four countries : United States, Colombia, El Salvador, and Taiwan. *Early Education and Development, 11*, 73–92.

Killen, M., & Smetana, J. G.(1999). Social interactions in preschool classroom and the development of young children's conceptions of the personal. *Child Development, 70*, 486–501.

Killen, M., & Sueyoshi, L.(1995). Conflict resolution in Japanese preschool interactions. *Early Education and Development, 6*, 313–330.

Killen, M., & Turiel, E.(1998). Adolescents' and young adults' evaluations of helping and sacrificing for others. *Journal on Adolescence, 8*, 355–375.

Killen, M., & Wainryb, C.(2000). Independence and interdependence in diverse cultural contexts. In S. Harkness & C. Raeff(Eds.), *Individualism and collectivism as cultural contexts for development. New directions for child development, 87*(pp. 5–22). San Francisco : Jossey–Bass.

Kim, J. A.(1998). Korean children's concepts of adult and peer authority and moral reasoning. *Developmental Psychology, 34*, 947–955.

Kim, J. M., & Turiel, E.(1996). Korean children's concepts of adult and peer authority. *Social Development, 5*, 310–329.

Latane, B., & Darley, J. M.(1970). *The unresponsive bystander : Why doesn't he help?* New York : Appleton–Crofts.

Laupa, M.(1991). Children's reasoning about three authority attributes : Adult status, knowledge, and social position. *Developmental Psychology, 27*, 321–329.

Laupa, M., & Turiel, E.(1986). Children's conceptions of adult and peer authority. *Child Development, 57*, 405–412.

Laupa, M., & Turiel, E.(1993). Children's concepts of authority and social contexts. *Journal of Educational Psychology, 85*, 191–197.

Madden, T.(1992). *Cultural factors and assumptions in social reasoning in India*. Unpublished doctoral dissertation, University of California, Berkeley.

Markus, H. R., & Kitayama, S.(1991). Culture and the self : Implications for cognition, emotion, and motivation. *Psychological Review, 98*, 224–253.

Markus, H. R., Mullally, P., & Kitayama, S.(1997). Selfways, Diversity in modes of cultural participation. In U. Neisser & D. Jopling(Eds.), *The conceptual self in context : Culture, experience, self–understanding*(pp. 13–61). Cambridge, MA : Cambridge University Press.

Maslow–Cohen, J., & Bledsoe, C.(2002). Immigrants, agency, and allegiance : Some notes from anthropology and from law. In R. A. Shweder, M. Minow, & H. R. Markus(Eds.), *Engaging cultural differences : The multicultural challenge in liberal democracies*(pp. 99–127). New York : Russell Sage Foundation.

McClosky, M., & Brill, A.(1983). *Dimensions of tolerance : What Americans believe about civil liberties*. New York : Russell Sage.

McLoyd, V. C.(2004). Linking race and ethnicity to culture : Steps along the road from inference to hypothesis testing. *Human Development, 47*, 185–191.

Menon, U., & Shweder, R. A.(1998). The return of the "white man's burden" : The moral discourse of anthropology and the domestic life of Hindu women. In R. A. Shweder(Ed.), *Welcome to middle age! : (And other cultural fictions)* (pp. 139–188). Chicago : University of Chicago Press.

Mensing, J. F.(2002). Collectivism, individualism, and interpersonal responsibilities in families : Differences and similarities in social reasoning between individuals in poor, urban families in Colombia and the United States. Unpublished doctoral dissertation, University of California, Berkeley.

Mernissi, F.(1994). *Dreams of trespass : Tales of a Human girlhood*. Reading, MA : Addison–Wesley.

Milgram, S.(1963). Behavioral study of obedience. *Journal of Abnormal and Social Psychology, 67*, 371–378.

Miller, J. G.(2001). Culture and moral development. In D. Matsumoto(Ed.), *The handbook of culture and psychology*(pp. 151–169). New York : Oxford University Press.

Mines, M.(1988). Conceptualizing the person : Hierarchical society and individual autonomy in India. *American Anthropologist, 90*, 568–579.

Minow, M.(2002). About women, about culture : About them, about us. In R. A. Shweder, M. Minow, & H. R. Markus(Eds.), *Engaging cultural differences : The multicultural challenge in liberal democracies*(pp. 252–268). New York : Russell Sage Foundation.

Neff, K. D.(2001). Judgments of personal autonomy and interpersonal responsibility in the context of Indian spousal relationships : An examination of young people's reasoning in Mysore, India. *British Journal of Developmental Psychology, 19*, 233–257.

Neff, K. D., Turiel, E., & Anshel, D.(2002). Reasoning about interpersonal responsibility when making judgments about scenarios involving close personal relationships. *Psychological Reports, 90*, 723–742.

Nucci, L.(1981). The development of personal concepts : A domain distinct from moral or societal concepts. *Child Development, 52*, 114–121.

Nucci, L. P., Camino, C., & Sapiro, C. M.(1996). Social class effects on Northeastern Brazilian children's conceptions of areas of personal choice and social regulation. *Child Development, 67,* 1223−1242.

Nucci, L. P., & Nucci, M. S.(1982). Children's responses to moral and social−conventional transgressions in free−play settings. *Child Development, 53,* 1337−1342.

Nucci, L. P., & Weber, E. K.(1995). Social interactions in the home and the development of young children's conceptions of the personal. *Child Development, 66,* 1438−1452.

Nussbaum, M. C.(1995). Human capabilities, female human beings. In M. C. Nussbaum & J. Glover(Eds.), *Women, culture, and development : A study of human capabilities*(pp. 61−104). New York : Oxford University Press.

Nussbaum, M. C.(1996). *Sex and social justice.* New York : Oxford University Press.

Nussbaum, M. C.(2000). *Women and human development : The capabilities approach.* Cambridge, UK : Cambridge University Press.

Okin, S. M.(1989). *Justice, gender, and the family.* New York : Basic Books.

Okin, S.(1999). Is multiculturalism bad for women? In J. Cohen, M. Howard, & M. Nussbaum(Eds.), *Is multiculturalism bad for women?*(pp. 7−26, 115−132). Princeton : Princeton University Press.

Oyserman, D., Coon, H., & Kemmelmeier, M.(2002). Rethinking individualism and collectivism : Evaluation of theoretical assumptions and meta−analyses. *Psychological Bulletin*, 128, 3−72.

Parekh, B.(1999). A varied moral world. In J. Cohen, M. Howard, & M. Nussbaum(Eds.), *Is multiculturalism bad for women?*(pp. 69−75). Princeton : Princeton University Press.

Pollitt, K.(1999). Whose culture? In J. Cohen, M. Howard, & M. Nussbaum(Eds.), *Is multiculturalism bad for women?*(pp. 27−30). Princeton : Princeton University Press.

Rogoff, B.(1990). *Apprenticeship in thinking : Cognitive development in social context.* New York : Oxford University Press.

Ross, L., & Nisbett, R. M.(1991). *The person and the situation : Perspectives on social psychology.* Philadelphia : Temple University Press.

Ruck, M. D., Abramovitch, R., & Keating, D. P.(1998). Children's and adolescents' understandings of rights. *Child Development, 69,* 404−417.

Shaw, L., & Wainryb, C.(1999). The outsider's perspective : Young adults' judgments of social practices of other cultures. *British Journal of Developmental Psychology, 17,* 451−471.

Shaw, L., & Wainryb, C.(2004). *Children's and adolescents' thinking about victimization and consent.* Unpublished manuscript, University of Utah.

Shweder, R. A. (1990). Cultural psychology? What is it? In J. W. Stigler, R. A. Shweder, & G. Herdt (Eds.), *Cultural psychology : Essays on comparative human development* (pp. 27–66). New York : Cambridge University Press.

Shweder, R. A. (2000). The psychology of practice and the practice of the three psychologies. *Asian Journal of Social Psychology, 3,* 207–222.

Shweder, R. A. (2002). "What about female genital mutilation?" and why understanding culture matters in the first place. In R. A. Shweder, M. Minow, & H. R. Markus (Eds.), *Engaging cultural differences : The multicultural challenge in liberal democracies* (pp. 216–251). New York : Russell Sage Foundation.

Shweder, R. A., & Bourne, E. J. (1982). Does the concept of person vary cross-culturally? In A. J. Marsella & G. M. White (Eds.), *Cultural conceptions of mental health and therapy.* Boston : Reidel.

Shweder, R. A., Mahapatra, M., & Miller, J. G. (1987). *Culture and moral development. The emergence of morality in young children* (pp. 1–83). Chicago : University of Chicago Press.

Shweder, R. A., Much, N. C., Mahapatra, M., & Park, L. (1997). The "big three" of morality (autonomy, community, divinity) and the "big three" explanations of suffering. In A. M. Brandt (Ed.), *Morality and health* (pp. 119–169). New York : Routledge.

Shweder, R. A., & Sullivan, M. A. (1993). Cultural psychology : Who needs it? *Annual Review of Psychology, 44,* 497–527.

Sinha, D., & Tripathi, R. (1994). Individualism in a collectivistic culture : A case of coexistence of opposite. In U. Kim, H. C. Triandis, C. Kagitcibasi, S. Choi, & G. Yoon (Eds.), *Individualism and collectivism : Theory, method, and applications.* Beverly Hills, CA : Sage.

Smetana, J. G. (1981). Preschool children's conceptions of moral and social rules. *Child Development, 52,* 1333–1336.

Smetana, J. G. (1985). Preschool children's conceptions of transgressions : The effects of varying moral and conventional domain-related attributes. *Developmental Psychology, 21,* 18–29.

Smetana, J. G. (1988). Adolescents' and parents' conceptions of parental authority. *Child Development, 59,* 321–335.

Smetana, J. G. (1989). Adolescents' and parents' reasoning about actual family conflict. *Child Development, 60,* 1052–1067.

Smetana, J. G. (2000). Middle class African American adolescents' and parents' conceptions of parental authority and parenting practices : A longitudinal investigation. *Child Development, 71,* 1672–1686.

Smetana, J. G., & Asquith, P.(1994). Adolescents' and parents' conceptions of parental authority and adolescent autonomy. *Child Development, 65*, 1147–1162.

Smetana, J. G., & Bitz, B.(1996). Adolescents' conceptions of teachers' authority and their relations to rule violations in school. *Child Development, 67*, 1153–1172.

Smetana, J. G., & Braeges, J. L.(1990). The development of toddlers' moral and conventional judgments. *Merrill–Palmer Quarterly, 36*, 329–346.

Smetana, J. G., & Gaines, C.(1999). Adolescent–parent conflict in middle–class African American families. *Child Development, 70*, 1447–1463.

Smetana, J. G., Killen, M., & Turiel, E.(1991). Children's reasoning about interpersonal and moral conflicts. *Child Development, 62*, 629–644.

Song, M. J., Smetana, J. G., & Kim, S. Y.(1987). Korean children's conceptions of moral and conventional transgressions. *Developmental Psychology, 23*, 577–582.

Spiro, M.(1993). Is the Western conception of the self "peculiar" within the context of the world cultures? *Ethos, 21*, 107–153.

Stouffer, S.(1955). *Communism, conformity and civil liberties*. New York : Doubleday.

Strauss, C.(2000). The culture concept and the individualism–collectivism debate : Dominant and alternative attributions for class in the United States. In L. Nucci & G. E. Saxe(Eds.), *Culture, thought, and development*(pp. 85–114). Mahwah, NJ : Lawrence Erlbaum Associates.

Sunstein, C. R.(1999). Should sex equality law apply to religious institutions? In J. Cohen, M. Howard, & M. Nussbaum(Eds.), *Is multiculturalism bad for women?* (pp. 85–94). Princeton : Princeton University Press.

Tamir, Y.(1996). Hand off clitoridectomy : What our revulsion reveals about ourselves. *The Bostom Review, 21*, 3/4.

Taylor, C.(1994). The politics of recognition. In A. Gutmann(Ed.), *Multiculturalism* (pp. 25–74). Princeton : Princeton University Press.

Tisak, M.(1986). Children's conceptions of parental authority. *Child Development, 57*, 166–176.

Tisak, M. S., & Turiel, E.(1988). Variation in seriousness of transgressions and children's moral and conventional concepts. *Developmental Psychology, 24*, 352–357.

Triandis, H. C.(1989). The self and social behavior in differing cultural contexts. *Psychological Review, 96*, 506–520.

Triandis, H. C.(1990). Cross–cultural studies of individualism and collectivism. In J. J. Berman(Ed.), *Nebraska Symposium on Motivation 1989, Vol. 37*(pp. 41–133). Lincoln : University of Nebraska Press.

Triandis, H. C.(1995). *Individualism and collectivism*. Boulder, CO : Westview Press.

Turiel, E.(1983). *The development of social knowledge : Morality and convention*. Cambridge, UK : Cambridge University Press.

Turiel, E.(1994). Morality, authoritarianism, and personal agency. In R. J. Sternberg & P. Ruzgis(Eds.), *Personality and intelligence*. Cambridge, UK : Cambridge University Press.

Turiel, E.(1996). Equality and hierarchy : Conflict in values. In E. S. Reed, E. Turiel, & T. Brown(Eds.), *Values and knowledge*(pp. 75–102). Mahwah, NJ : Lawrence Erlbaum Associates.

Turiel, E.(1998a). The development of morality. In W. Damon(Series Ed.) & N. Eisenberg(Vol. Ed.), *Handbook of child psychology*(5th ed.). *Vol. 3 : Social, emotional, and personality development*(pp. 863–932). New York : Wiley.

Turiel, E.(1998b). Notes from the undergroud : Culture, conflict, and subversion. In J. Langer & M. Killen(Eds.), *Piaget, evolution, and development*(pp. 271–296). Mahwah, NJ : Erlbaum.

Turiel, E.(2002). *The culture of morality : Social development, context, and conflict*. Cambridge, UK : Cambridge University Press.

Turiel, E.(2003). Resistance and subversion in everyday life. *Journal of Moral Education, 32*, 115–130.

Turiel, E., & Perkins, S. A.(2004). Flexibilities of mind : Conflict and Culture. *Human Development, 47*, 158–178.

Turiel, E., & Wainryb, C.(1994). Social reasoning and the varieties of social experience in cultural contexts. In H. W. Reese(Ed.), *Advances in child development and behavior, Vol. 25*(pp. 289–326). New York : Academic Press.

Turiel, E., & Wainryb, C.(1998). Concepts of freedoms and rights in a traditional, hierarchically-organized society. *British Journal of Developmental Psychology, 16*, 375–395.

Turiel, E., & Wainryb, C.(2000). Social life in cultures : Judgments, conflict, and subversion. *Child Development, 71*, 250–256.

Wainryb, C.(1991). Understanding differences in moral judgments : The rold of informational assumptions. *Child Development, 62*, 840–851.

Wainryb, C.(1993). The application of moral judgments to other cultures : Relativism and universality. *Child Development, 64*, 924–933.

Wainryb, C.(1995). Reasoning about social conflicts in different cultures : Druze and Jewish children in Israel. *Child Development, 66*, 3900–401.

Wainryb, C.(1997). The mismeasure of diversity : Reflections on the study of cross-cultural differences. In E. Turiel(Ed.), *Development and cultural change : Reciprocal processes new directions for child development, Vol. 83*(pp. 51–76).

San Francisco : Jossey–Bass.

Wainryb, C. (2000). Values and truths : The making and judging of moral decisions. In M. Laupa (Ed.), *Rights and wrongs : How children evaluate the world, new directions for child development, Vol. 89* (pp. 33–46). San Francisco : Jossey–Bass.

Wainryb, C. (2004a). Is and ought : Moral judgments about the world as understood. In J. Baird & B. Sokol (Eds.), *Mind, morals, and action. New directions for child development*. San Francisco : Jossey–Bass.

Wainryb, C. (2004b). The study of diversity in human development : Culture, urgencies, and perils. *Human Development, 47*, 131–137.

Wainryb, C., Brehl, B., & Matwin, S. (2004). *Being hurt and hurting others : Children's narrative accounts and moral judgments of their own interpersonal conflicts*. Unpublished manuscript, University of Utah.

Wainryb, C., & Ford, S. (1998). Young children's evaluations of acts based on beliefs different from their own. *Merrill–Palmer Quarterly, 44*, 484–503.

Wainryb, C., & Langley, M. (2003). *Victims and perpetrators : Children's narrative accounts of their own interpersonal conflicts.* Unpublished manuscript, University of Utah.

Wainryb, C., Shaw, L., Langley, M., Cottam, K., & Lewis, R. (2004). Children's thinking about diversity of belief in the early school years : Judgments of relativism, tolerance, and disagreeing persons. *Child Development, 75*, 687–703.

Wainryb, C., Shaw, L., Laupa, M., & Smith, K. R. (2001). Children's, adolescents', and young adults' thinking about different types of disagreements. *Developmental Psychology, 37*, 373–386.

Wainryb, C., Shaw, L., & Maianu, C. (1998). Tolerance and intolerance : Children's and adolescents' judgments of dissenting beliefs, speech, persons, and conduct. *Child Development, 69*, 1541–1555.

Wainryb, C., & Turiel, E. (1994). Dominance, subordination, and concepts of personal entitlements in cultural contexts. *Child Development, 65*, 1701–1722.

Wainryb, C., & Turiel, E. (1995). Diversity in social development : Between or within cultures? In M. Killen & D. Hart (Eds.), *Morality in everyday life : Developmental perspectives* (pp. 283–316). Cambridge, UK : Cambridge University Press.

Weber, E. K. (1999). Children's personal prerogative in home and school contexts. *Early Education and Development, 10*, 499–515.

Wikan, U. (1991). Toward an experience–near anthropology. *Cultural Anthropology, 6*, 285–305.

Wikan, U. (2002). *Generous betrayal : Politics of culture in the new Europe*. Chicago : University of Chicago Press.

Wolf, S.(1994). Commentary to Charles' Taylor "The politics of recognition." In A. Gutmann (Ed.), *Multiculturalism* (pp. 75–86). Princeton : Princeton University Press.

World Health Organization (1994). WHO leads action against female genital mutilation. *World Health Forum*, 15.

Xu, F.(2000). *Chinese children's and mothers' concepts regarding morality, social convention, and children's personal autonomy*. Unpublished doctoral dissertation, University of Illinois, Chicago.

Yau, J., & Smetana, J. G.(1996). Conceptions of moral, social–conventional, and personal events among Chinese preschoolers in Hong Kong, *Child Development, 74*, 647–658.

Yau, J., & Smetana, J. G.(2003a). Adolescent–parent conflict among Chinese adolescents in Hong Kong, *Child Development, 67*, 1262–1275.

Yau, J., & Smetana, J. G.(2003b). Adolescent–parent conflict in Hong Kong and Shenzhen : A comparison of youth in two cultural contexts. *International Journal of Behavioral Development, 27*, 201–211.

Zimba, R. F.(1987). *A study of forms of social knowledge in Zambia*. Unpublished doctoral dissertation, Purdue University.

주

1. 비록 여성 할례, 음핵 절제, 음부 봉쇄, 그리고 여성 성기 훼손(FGM)과 같이 여러 용어가 흔히 구별 없이 사용되고 있지만, 그것들은 서로 다른 조처를 나타낸다. FGM은 의료관계 문헌에서 모든 그러한 조처의 표준적인 용어로 사용된다. 여성 할례는 국제 전문의들에 의해 받아들여지지 않고 있는데, 왜냐하면 그것은 일반적으로 건강과 성적, 기능 작용에 아무런 해로운 결과를 끼치지 않는다고 믿는 남성 포경수술과 유사하기 때문이다. 비록 소녀와 여성에게서 조직의 제거를 포함하지 않는 몇 가지 상징적인 조처의 경우가 있긴 하지만 그러한 조처는 국제기구들에 의해 FGM의 범주 속에 포함되지 않는다. 한편, 남성의 음핵 제거는 음경의 대부분을 절단하는 것이다. 남성의 음부봉쇄는 음낭 피부의 일부와 음경 전체를 제거하는 것이다. FGM을 당한 여성의 약 85%는 음핵 절제 수술을 받았다. 비록 음부봉쇄는 단지 전체의 15%에 해당하지만 수단과 소말리아에서 행해지는 모든 수술의 80% 내지 90%는 이런 종류이다(더 상세한 내용은 Nussbaum, 1999, 제4장, 참조).

제4부

양심과 내면화

제4부에 있는 장들은 아동의 사회적 가치 및 표준의 내면화와 양심의 습득에 초점을 둔 도덕발달 접근들을 고찰한다. 제9장에서 그루섹(Joan Grusec)이 기술한 바와 같이 내면화 접근은 도덕발달 분야에서 오랜 역사를 갖고 있다. 그루섹은 사회적 표준의 내면화에 대한 정신분석 접근과 행동주의 접근의 진화를 추적하면서 사회화 이론가들이 추진해 왔던 연구에 대한 역사적 개관을 제시한다. 그녀는 이들 초기의 이론적 관점들이 다양한 이론적 접근의 성공적인 통합을 반영한 정보처리 이론 및 귀인 이론을 포함한 보다 최근의 가정교육, 그리고 도덕발달 접근들과 어떻게 연결되는지를 알기 쉽게 기술한다.

프로이트를 시발로 하여 양심은 도덕발달에 대한 정신분석 접근과 행동주의 접근 모두에서 중심적인 개념으로 자리 잡았다. 양심은 충동을 통제하고 사회적 가치, 규범, 기대와 일치하는 행위를 조절함으로써 아동의 행동을 규제하는 내면화된 장치에 속한다. 아동은 부모나 그 밖의 다른 사회화 동인에 의한 감독이나 감시가 없을 때조차도 규칙을 준수할 수 있을 때 양심을 성공적으로 획득했다고 알려지고 있다. 수십 년 동안 인기를 잃은 이후에 지난 10여 년에 걸쳐 양심의 개념에 대한 관심이 재차 유행되고 있다. 제10장에서 톰슨(Ross Thompson), 메이어(Sara Meyer), 맥긴리(McGinley)는 양심에 관한 이러한 최근의 연구를 기술하고 있다. 그들의 관점에서 보면 양심은 어린 아동의 도덕발달을 관장하는 중심적인 장치이며, 그리고 대인관계의 발달을 위한 발판을 제공한다. 그들은 정서적 발달, 사회적 이해, 그리고 정신적 구조에서 최근의 연구를 도출하는 양심의 통합적 개념화를 제공하며, 또한 애착 이론을 근거로 양심발달에 영향을 미치는 관계적 영향을 기술한다.

제11장에서 쿠친스키(Leon Kuczynski)와 나바라(Geoffrey Navara)는 또한 사회화 이론의 현대적 재개념화를 제시함으로써 그루섹(Grusec)에 의해 기술되었던 맥락을 종합하고 있다. 사회화가 부모와 자녀 간의 양방향적이라는(상의하달식과 일방향적 방식에서의 진행이라기보다는), 그리고 자녀는 사회화 과정에서 적극적인 역할을 수행한다는 압도적인 경험적 증거에 직면한 후, 쿠친스키와 나바라는 가족의 상호작용적 성질과 자신이 받는 메시지를 해석·평가하고자 하는 자녀의 적극적인 시도를 강조하는 가정의 새로운 사회화 개념을 제시한다. 그들은 가정에서의 상호작용적 사회화 과정을 문화와 사회적 변화의 맥락에서 가정을 검토함으로써 보다 큰 사회체계와 연결하고자 시도하는 가운데 그들의 변증법적 관점을 확장시킨다. 따라서 이 장들은 가정에서의 양심 및 사회화에 관

한 연구가 어떻게 다시 활기를 띠게 되었으며 오늘날의 이론과 연구에 변형되어 왔는지 논증한다.

제9장

사회화 관점에서 본 도덕적 행동과 양심의 발달

그루섹_Joan E. Grusec(토론토 대학교_University of Toronto)

이 장은 도덕발달 연구에 대한 사회화 이론가들의 접근을 기술한다. 이 장은 아동들이 도덕적 가치와 표준을 포함하여 사회의 가치와 표준을 획득하는 것과 관련한 사회화 이론가들의 개념이 시간이 지나면서 어떻게 진화해 왔는가에 주목하고 있다는 점에서 그 접근방식이 역사적이다. 그것은 프로이트에서 시작하여 사회화 과정에 관한 오늘날의 사고를 예시하면서 끝을 맺는다. 물론 여기에는 도덕성의 사회화가 포함되지만 그렇다고 이에 제한되지는 않는다. 그것은 아동이 어떻게 행동의 규칙과 표준을 학습하며 이러한 학습이 어떻게 양심에서 나타나는지에 대하여 연구자들과 이론가들이 관심을 가지게 된 전통을 기술한다. 양심은 사회적 요구에 대한 준수, 즉 그러한 요구로부터의 일탈 이후 느끼는 죄의식, 고백, 배상하고자 하는 시도, 아울러 사회화의 동인들에 의한 감시가 없을 때 규칙을 지키는 것 등을 포함한다. 규칙은 투리엘(Turiel)과 그의 동료들(Turiel, 1998)이 **도덕적**(moral)으로(개인들이 어떻게 서로를 향하여 행동해야 하는지에 관한 규범적 이해를 포함한) 이름을 붙인 것을 포함하는, 그러나 그런 행위를 넘어서 확장하여 사회적 요구로부터의 모든 일탈을 포함하는 다양한 범위의 행위를 포괄한다. 사실 최근까지(예컨대 Bugental & Goodnow, 1998) 서로 다른 규칙의 영역은 서로 다른 사회화 행위를 요구할 것이라는 가능성에 거의 주목하지 않았다.

프로이트에 의해 제공된 사회화 모델에 따라 부분적으로 유도된(예컨대 Freud, 1930/1955, 1937 참조) 연구와 이론은 양심의 행동적 · 정서적 표명에 관해, 그리고 개인의 것으로서 사회적 가치의 내면화나 채택에 관해 초점을 맞추어 왔다. 내면화는 도덕적 행위가 보상에 대한 희망이나 벌에 대한 두려움과 같은 외적 압력 때문에 일어나는 것이 아니라, 그 밑에 깔려 있는 가치들이 명백하게 자연발생적이거나 내적으로 동기화되기 때문이라는 것을 함축한다. 개인이 그 자신의 것으로 받아들이는, 그리고 그 자신이 구성원인 하나 혹은 그 이상의 집단의 표준에 근거를 두거나 혹은 그로부터 도출된 일련의 표준, 가치, 태도, 신념, 그리고 행동을 획득하는 과정, 곧 사회화에 관한 이해로 관심이 집중된다. 개인은 이를 획득하는 데 있어서 부모나 교사, 동료, 형제자매를 포함한 보다 경험이 풍부한 집단 구성원의 행동을 통해 도움을 받으며, 비록 가장 큰 관심이 사회화의 동인으로서 부모의 역할에 주어져 왔다는 점에 주목해야 하지만 텔레비전과 인터넷을 포함한 대중매체로부터 그 자신이 얻는 정보에 의해서도 도움을 받는다. 사회화는 도덕적 가치 및 그 밖의 다른 가치의 전달이나 단순한 양도를 뜻하지 않는다. 비록 프로이트가 아동은 부모의 가치를 그 자신의 것으로 통합하거나 양도받는 “사회적 주형” 모델을 강조했지만 그 모델은 사회화 과정에서 아동을 적극적인 존재로 보는 쌍방향적 모델로 진화했으며, 이는 수용 가능한 행동에 대한 일련의 지침을 사회화의 동인과 함께 구성하는 것으로 본다. 보다 최근에 몇몇 사람(예컨대 Kuczynski, 2003)은 사회화에서 아동의 기능을 강조하는, 아동이 부모와의 상호작용에서 지니는 상당한 힘에 초점을 두는 상호작용 모델로 옮겨가고 있다.

정신분석 이론과 도덕발달

프로이트의 심리사회적 단계들에 관한 분석은 양심과 도덕발달에 관한 초기 이론들의 토대를 제공했다. 프로이트(1930/1955)에 따르면 각 심리성적 단계에서 아동은 신체적인 욕망을 만족시키고자 하는 욕구와 사회의 요구에 따르고자 하는 필요 사이에서 갈등을 해결해야 하는 문제에 직면하게 된다. 그 갈등이 해결되는 방식은 그의 일생에 걸친 사회적 · 정서적 기능작용에 영향을 미친다. 도덕발달과 관련해 볼 때 가장 중요한 아동기의 사건은 4살 정도에서 시작하는 남근기 동안에 일어난다. 남자 아이에게 있어서 처음에는 그에게 음식과 안전을 제공해 주기 때문에 어머니를 사랑하는 대상으로 간주했지만 이 시기에는 이제 호감이 가는 성적 대상이 되기 시작한다. 결론적으로 오이디푸스 콤플렉스가 발달하고 남자 아이는 그의 어머니의 사랑에 대하여 아버지를 그 자신과의 경쟁자로 인식한다. 그러나 아버지에 의한 거세 공포는 그 상황에 따른 긴장을 완화시킨다. 따라서 공포로부터 기인된 불안은 남자 아이를 이 위험스런 사람에 대한 환상적 통제(fantasy control)를 획득하는 하나의 방법으로 그의 아버지(혹은 아버지와 똑같은 그의 개념)를 동일시하게 하거나 그의 아버지와 유사하게 되도록 이끈다. 아버지의 역할을 수행하면서 남자 아이는 또한 어머니의 관심을 끌기 위한 보다 경쟁적인 입장에서 자기 자신을 바라본다. 남자 아이는 공격자와의 동일시를 통해 사회의 도덕적 가치들을 채택하거나 혹은 내면화하는데, 그러한 가치들은 아버지의 도덕적 행동에서 드러난다. 그의 초자아 혹은 양심은 이처럼 아버지가 지니고 있는 표준의 내면화나 통합, 그리고 아버지의 순응에 대한 요구를 통해 발달한다.

그러면 여자 아이는 어떤가? 내면화에 대한 메커니즘이 분명히 남자 아이와 똑같을 수는 없다. 여자 아이는 아버지에 대해 성적 감정을 갖는 것으로 주장되며(소위 말하는 엘렉트라 콤플렉스), 어머니를 아버지의 애정을 얻기 위한 경쟁자로 간주한다고 주장된다. 그러나 여자 아이는 거세 공포를 느낄 수 없다. 여자 아이에게 작동하는 메커니즘은 이미 그녀의 어머니와 함께 지니고 있는 지속적인 애정관계와 관련된다. 즉 여자 아이는 어머니가 음식과 안전의 원천이기 때문에 그녀를 닮고 싶어 한다. 그러나 의존적 동일시는 공격자와의 동일시만큼 그렇게 강력한 메커니즘이 아니다. 왜냐하면 공격자와의 동일시와 달리 그것은 그의 정서적 기원과 분리되지 않기 때문이다. 그 결과로 여자 아이의 도덕적 행동은—남성 접근의 특징인 도덕적 이슈에 대한 정의감과 비인격적 접근에 의해서보다는—감정에 의해 더 안내되는 경향이 있다.

비록 아동의 근친상간 욕망에 관한 특수한 관념이 어떤 경험적 근거를 지니고 있지는 않지만 프로이트의 몇 가지 기본 개념은 여러 다른 사람에 의해 잘 다듬어져 왔다. 양심발달 영역에서 정신분석 이론가들이 이룬 핵심적인 요점을 기술하면서 호프만(Hoffman, 1970a)은 이러한 노력을 요약했다. 어린 아동은 부모에 의해 야기되지 않은 신체적 불편 및 병과 같은 그런 일로부터 뿐만 아니라 부모에 의한 통제로부터 나오는 좌절 또한 불가피하게 경험한다. 이러한 좌절은 부모에 대한 적의의 성장을 촉진시키지만 그 적의는 억압된다. 왜냐하면 아동은 부모에 의해 벌받을 것을, 특히 부모가 자신을 더 이상 사랑해 주지 않거나 방기할지도 모른다는 것을 두려워하기 때문이다. 비교적 변경되지 않은 부모의 규칙과 금지의 형식을 채택하는 것은 부모의 승인에 대한 가능성을 증가시킬 뿐만 아니라 억압을 유지하는 데도 도움을 준다. 아동은 또한 훈련자로서의 부모의 역할에 관한 가정을 포함하여 부모의 행동과 내적 상태를 열심히 배우고자 하는 일반화된 동기를 발달시킨다. 따라서 아동이 부모에 대해 느꼈던 적의는 내면화되며, 이는 죄의식의 형식을 가정한다. 이러한 조건들 하에서 아동이 죄의식의 감정을 회피할 수 있는 유일한 길은 부모의 금지를 따르는 것이며, 규정된 규범으로부터 일탈하고자 하는 욕망의 의식적 자각에 대항하여 방어하는 것이다. 이 모든 것 중에서 동일시, 투입, 그리고 내면화에 관한 이론적 개념은 양심발달을 이해하기 위한 시도에서 지배적인 역할을 발휘하며, 도덕발달과 양심에 관한 많은 후속적 사고의 활동무대를 조성해 준다.

사회학습 이론과 도덕발달

시어스와 예일 인간관계연구소

정신분석 이론은 일반적으로 경험적 검증에 의한 뒷받침이 부족해 한계가 있었다. 그러나 1930-1940년대 동안 인성과 인간발달에 관한 이론을 개발하고자 시도한 이론 심리학자들은 그럼에도 불구하고 그들의 연구에 대해 그 가치를 인정했다. 행동주의와 자극-반응 이론은 과학적 엄격함의 진수를 제공함으로써 최고의 영향력을 발휘했다. 그러나 프로이트와 정신분석학자들은 임상적으로 근거한 자료를 제공했으며, 그로부터 인간 행동의 일반 이론을 도출했다. 그리고 사회학습 이론은 연구의 엄격함과 인간 경험에 관한 풍부한 자료가 연합하여 등장했다. 예일 인간관계연구소(Yale Institute of Human Relations)에 있는 메이(Mark May)는 그 기획에 참여했던 사람들 중에서 헐(Clark Hull), 밀러(Neal Miller), 돌라드(John Dollard), 도브(Leonard Doob), 밀러(Neil Miller), 모워(O. Hobart Mower), 시어스(Robert Sears)와 함께 하나로 통합된 행동과학을 구성하기 시작했다(예를 들면 Dollard, Doob, Miller, Mower & Sears, 1939). 그들의 연구는 본질적으로 자극-반응 이론의 기본구조 안에서 프로이트의 가설을 재해석하는 것이었다. 이러한 방식에서 그들은 인간 기능작용과 발달에 관한 역동적 관점을 도출했다.

시어스는 이러한 통합된 구조 안에서 도덕적 행동의 발달에 관한 이해를 성취하기 위해 최선을 다했다. 예컨대 그의 동료들과 함께 그는 공격적 행동이 아동기에 어떻게 사회화되는가를 포함하여 좌절과 공격성 간의 관계에 관한 설명을 제시했다(Dollard 외, 1939). 그 제안(그 주제에 관한 프로이트의 초기 저작에 영향을 받았던)은 공격성을 하나의 충동으로 본 것인데, 그 충동은 좌절에의 노출로 인해 동기화되고 그의 힘은 경험된 좌절의 양에 의해 결정된다는 것이다. 비록 공격성이 좌절의 지배적인 반응이었지만 시어스(1941)는 학습을 통해 의존·퇴행·증가된 문제 해결력이 애초의 지배적인 반응을 대체할 수 있다고 제안했다. 공격적 반응은 좌절의 근원인 개인의 고통을 가능한 끌어내는 것(일차적으로 강화를 주는 사건)과 짝을 이룰 뿐만 아니라 좌절 조건의 성공적인 제거와도 짝을 이루기 때문에 공격성은 (이차적인) 충동 특성을 획득한다.

시어스(Sears, Whiting, Nowlis & Sears, 1953)는 도덕적 영역에서의 사회화에 관한 그의 분석을 의존성 충동의 개념으로 확장했다. 그는 보호자가 배고픔, 갈증, 온정 및 편안과 같은 일차적인 충동의 감소와 짝을 이루어 왔기 때문에 보호자와의 친근성이 어린 아동에게 이차적인 강화가 된다고 제안했다. 의존성이 하나의 획득된 충동이라는 지위를 얻는 것은 아동이 모든 일차적인 충동이 감소될 때조차도 의존적 방식에서 행동한다는 사실로 인해 뒷받침된다. 그의 발달에 대해 제안된 메커니즘은 일관되지 않은 보상과 벌로 인해 야기된 갈등이었으며, 그것은 충동의 작동을 유지하는 데 필요한 에너지를 제공해 준다. 이를 근거로 출발하여 시어스는 동일시 이론을 제안했다. 어린 아동이 그 자신과 어머니를 구별할 수 없다는 것은 그녀의 행위가 그 자신의 행위와 동등한 것으로 보인다는 것을 의미한다. 그러므로 어머니의 행동의 재생산은 강화되며, 그럼으로써 그 목적이 어머니와 같이 행동하는 것인 이차적 충동체계와 더불어 모방 반응의 습관이 발달한다. 이러한 방식으로 시어스는 프로이트의 의존 동일시의 개념을 학습 이론 용어로 환원하고자 노력했다. 이와 함께 그는 아동이 어떻게 보호자와의 동일시를 통해, 혹은 유사하게 모방함으로써 부모의 가치를 획득하는가를 이해하는 방법을 제시했다. 그러나 그는 동일시가 어떻게 충동 지위를 획득할 수 있는가에 대해서는 좀처럼 설명하지 못했다(Grusec, 1992).

시어스(Sears), 맥코비(Maccoby), 그리고 레빈(Levin, 1957)은 최초로 양심발달과 가치의 내면화와 관련한 사회학습 가설들에 관하여 중요한 검증을 제시했다. 보스턴 근처에 살고 있는 379명의 가족을 대상으로 한 조사연구에서 그들은 자녀가 비행에 개입할 때 어머니가 사용했던 훈육 기법, 죄의식, 고백, 배상 등 자녀의 양심발달 지표를 포함한 자녀 교육 및 사회화와 관련된 여러 가지 변수를 사정했다. 여기에서 양심은 유혹에 대한 저항과 부모 역할의 모방(예를 들면 금지된 행위와 관련한 자기 학습)과 같은 그러한 행동적 특질뿐만 아니라 일탈에 대한 정서적 반응을 포함한 방식에서 작동되었다. 그때 성공적인 사회화는 그 아동이 명백한 외부 압력 때문에 부모의 명령에 순응하는 것은 아니라는 것을 필요로 했다. 외부 압력으로 인해 부모의 명령에 순응하는 것은 그가 실제적으로 가치를 내면화하지 못했다는 것을 암시해 주는 조건임을 주목해야 한다. 사실 어린 아동은 끊임없는 부모의 감시와 직접적인 개입을 요구하는 외부 통제로부터 벌에 대한 공포나 보상에 대한 희망에 기초한 자기 통제와 부모의 행위 표준을 그 자신의 것으로서 받아들일 때 나타나는 내적 통제에 이르기까지 하나의 연속선상을 따라 움직이는 것으로 간주된다.

시어스와 동료들(1957)은 훈육전략을 두 범주로 구분했다. 애정 정향적(love oriented) 범주는 칭찬, 격리, 추론, 애정의 철회, 그리고 물질적

(material) 범주는 구체적인 보상, 박탈, 신체적 처벌을 포함했다. 그들은 자녀에게 애정 정향적 기법을 사용한 어머니가 물질 정향적 기법을 사용했던 어머니의 자녀에 비해 더 높은 수준의 양심발달을 초래했다는 것을 발견함으로써 동일시 이론을 옹호했다. 시어스와 동료들은 이것은 애정 철회로 처벌을 받은 자녀가 철회당했던 애정을 되찾기 위해 도덕적 행동을 포함하여 부모의 행동을 실천해야 할 필요가 있기 때문이라고 지적했다. 또한 양심발달은 애정 철회를 거의 혹은 전혀 사용하지 않았던 상대적으로 차가운 어머니나 따뜻한 어머니를 가진 자녀보다는 상대적으로 따뜻하면서 애정 철회를 사용했던 어머니를 가진 자녀에게서 더 높게 나타났다. 애정 철회를 사용했던 따뜻한 어머니의 자녀는 분명히 차가운 어머니의 자녀와 그들의 애정을 철회하지 않았던 어머니의 자녀에 비해 그들 어머니의 행동, 표준, 그리고 가치를 실천함으로써 이차적 강화를 더 많이 획득했다.

비록 이 연구와 이후의 연구들(예를 들면 Sears, Rau & Alpert, 1964)이 도덕발달의 경험적 조사연구를 향한 진일보한 것이었다 하더라도, 주로 정신분석 관점으로부터 차용했던 사회학습 접근은 이차적인 혹은 획득된 충동의 발달을 기술하려고 노력하는 가운데 직면했던 도전의 늪에 빠져들게 되었으며(Grusec, 1992), 반두라(Albert Bandura)와 월터(Richard Walters, 1963)가 주로 행동주의 전통에 의존하여 개발했던 보다 효율적인 이론에 의해 대체되었다.

반두라와 사회인지 이론

반두라(Albert Bandura)와 시어스(Robert Sears)는 스텐포드 대학교에서 동료로 활동했으며, 학습원리에 의해 안내된 인간 행동 이론에 대한 그들의 상호 관심은 각자 서로에게 관심을 불러일으켰다. 그들 간의 연계는 또한 그때 스텐포드 대학원 학생이었던 월터(Richard Walters)에 의해 이루어졌다. 반두라와 월터의 최초의 저서는 그 당시에 존재했던 사회학습 이론의 전통에 많이 젖어 있었다. 『청소년의 공격성』(*Adolescent Aggression*, 1959)에서 그들은 반사회적 소년들이 의존 반응의 거절과 처벌로부터 발생하는 의존성 불안으로 고통받고 있다는, 그리고 이러한 불안에 의해 촉발된 좌절은 그들의 반사회적 행동의 원인이 되고 있다는 주장을 제기했다. 그들은 또한 부모의 따뜻함, 애정 철회의 활용, 그리고 양심발달을 강조함과 동시에 행동 통제의 내면화에서 동일시에 의해 수행되는 역할을 호소했다.

그러나 『청소년의 공격성』이 집필되는 동안에도 반두라와 월터는 인간 발달의 이해에 대한 당시의 사회학습 접근에 점차 불만이 높아가고 있었다. 그들은 행동주의의 개념에 매료되었는데, 그것은 시어스와 그의 동료들이 충동과 동기 개념의 측면에서 행동을 설명하고자 시도했을 때 때때로 직면했던 복잡함이 없이 학습 현상을 구체화시켰다. 그들은 또한 비정상적 행동의 다양한 영역에 대한 작동적 조건화 원리의 성공적 적용 사례들을 검토하고 있었다(예를 들면 Ayllon & Haughton, 1962). 1963년에 반두라와 월터는 정신분석학적 영향에서 탈피하여(물론 의존성, 공격성, 그리고 양심과 같은 역점을 두었던 주제들에 대해서는 예외로 하고) "사회행동주의적"(sociobehavioristic) 접근을 제시한 『사회학습과 인성발달』(*Social Learning and Personality Development*)을 출간했다. 그들 또한 그 당시의 사회학습 이론이 동물 연구로부터 도출된 좁은 범위의 학습원리에 지나치게 의존했다는, 그리고 인간 기능작용의 사회적 본질이 훨씬 더 강력하게 강조되어야 할 필요가 있다고 주장했다. 이것은 특히 동일시 영역, 곧 반두라와 월터가 모방으로 기술했던 영역에서 분명했다. 그들은 사회학습 이론가들이 사회적 변수의 중요성을 고려하는 데 실패함으로써 새로운 반응이 어떻게 획득되는가를 이해하는 데 어려움을 겪게 되었다고 주장했다.

스키너(Skinner)의 접근에 있어서 새로운 반응의 획득은 연속적인 접근과정을 통해 설명되었다. 밀러(Miller)와 달라드(Dollard, 1941)는 사회적 단서가 분별 자극으로 공헌하며 모방은 이들 자극과 대응하는 행동이 강화될 때 발생한다고 제안하면서 모방은 도구적 조건화의 특수한 경우라고 지적했다. 그러나 반두라와 월터는 서로 연계된 반응이 취해지지 않았으며, 그럼으로써 강화될 수 없을 때에도 관찰학습을 통해 모방이 발생할 수 있다는 것을 경험적으로 입증했다. 따라서 그들은 관찰학습은 새로운 반응이 획득되는 일차적인 방식이며, 실제적으로 그것은 학습의 중심적인 형식이라고 제안했다. 본질적으로 반두라와 월터는 프로이트의 동일시 관념에서 벗어났으며, 또한 동일시 추동의 필요와 대응반응의 강화를 요구하는 모방의 개념에서도 벗어났다. 그들은 또한 관찰학습이 연속적인 접근이나 혹은 직접적 학습보다 행동 변화의 보다 효과적인 기법이라고 주장했다. 이에 덧붙여 그들은 사회화 과정에 관한 보다 인지적인 해석을 제시했으며, 궁극적으로는 **사회학습**(social learning)으로부터 **사회인지**(social cognitive)로 이론의 명칭을 변화시켰다(예를 들면

Bandura, 1986).

1960년대 동안 반두라와 그의 동료들은 도덕적 영역에서 그 접근의 유용성을 입증하는 수많은 연구 결과물을 내놓았다(예컨대 Bandura, Grusec & Menlove, 1966 ; Bandura & Huston, 1961 ; Bandura & Mischel, 1965 ; Bandura, Ross & Ross, 1965 ; Walters & Parke, 1964). 그들은 공격성의 억제, 자기 규제(수행의 표준과 관련한 극기), 유혹에 대한 저항, 만족의 지연—그들이 도덕성 혹은 양심의 본질이라고 간주했던 것들—에 초점을 두었으며, 모델이 새로운 반응을 가르칠 뿐만 아니라 이전에 학습되었던 행동이 발생할 가능성을 변화시킨다는 것을 입증했다. 그들은 또한 관찰자들이 정확한 모방으로 보상받을 것인가를 인식하든 어떻든 간에 결국 똑같은 관찰학습을 보여준다는 것을 발견했다(Bandura 외, 1966). 즉 일단 관찰학습에 대한 능력이 발달되고 나면 인간은 자신이 관찰한 바를 결코 학습하지 않을 수 없다는 것이다. 반두라는 또한 일시적으로 그의 관심을 1960년대의 연구 중심이었던 도덕발달 접근인 도덕추론과 판단영역으로 돌렸다. 그리하여 반두라(Bandura)와 맥도날드(MacDonald, 1963)는 5-11세에 이르는 소년들로 하여금 그들의 판단보다 다소 진보했거나 혹은 덜 진보된 도덕판단으로 강화를 받는(왜 특정한 행동이 비난받아야 마땅한가를 의도나 결과를 사용하여 설명함으로써) 모델을 관찰하도록 했다. 그들은 그 이후에 소년들이 자신들의 판단을 그 모델의 방향에 따라 상향하거나 하향하여 변화시킨다는 것을 발견했으며, 이러한 연구결과는 도덕판단의 단계들이 현재의 사고와 새로운 경험의 종합에 의해 통제된 역행할 수 없는 계열 속에서 발달한다는 개념을 의문시하게 만들었다(비록 몇 사람들에게는 납득이 가지 않지만)고 주장했다(예컨대 Cowan, Langer, Heavenrich & Nathason, 1969).

아동의 행동 통제가 어떻게 환경의 결과(사회화 동인들로부터의 처벌이나 보상)로부터 자기 통제로 옮겨가는가라는 핵심적인 의문에 대한 반두라의 대답은 시어스와 그의 동료들(1957)의 관점과는 사뭇 달랐다. 앞에서 기술한 바와 같이 시어스와 동료들은 이 문제를 사회화 동인의 행동과 표준에 대한 동일시 혹은 내면화의 메커니즘을 통해 다루었다. 반두라는 양심이나 내면화에 대한 대답을 자기 규제에서 이끌어 왔으며, 인간은 다른 사람에 대한 관찰과 직접적인 교수를 통해 학습된 판단을 가지고 자신의 행동을 판단하기 때문에 변화하는 상황에도 불구하고 이념적 입장을 유지한다(즉 그들은 가치를 내면화한다)고 제안했다. 내적 표준에 일치하는 그런 행동은 긍정적으로 판단되는 반면에 이들 표준에 일치하지 않는 행동은 부정적으로 판단된다(Bandura, 1977). 달리 말하면 사회화 동인들은 아동들의 다양한 행동에 대해 서로 다르게 반응하며, 이들 반응은 모방된다. 또한 아동들은 자기 규제를 함으로써 다른 사람들로부터 보상을 받을 뿐만 아니라, 다른 사람들이 스스로 채택한 자기 평가적 표준을 관찰하고 또한 채택한다. 이러한 경험의 역사를 통해 아동들은 그 자신의 행동에 대한 통제를 발달시키게 된다.

반두라(예컨대 1977)는 행동의 표준이 수동적으로 흡수 · 통합되지는 않는다("사회적 주형" 모델)는 점을 애써 지적했다. 아동들은 행동의 규칙이나 표준을 형성하기 이전에 그들이 받아들인 갈등하는 정보로부터 선택하는데, 그들의 선택은 모델과 자아 간의 지각된 능력에서의 차이, 어떤 특정한 행위에 부여된 가치와 행동은 자신이 거의 통제력을 지니지 못하는 외적 요소의 기능보다는 자기 자신의 노력과 능력으로부터 나타나는 것으로 간주되는 정도를 포함한 다양한 요소에 따라 달라진다.

호프만과 부모의 훈육전략 : 인지발달 관점

반두라의 연구는 사회화 과정에서 관찰학습의 중요성을 강조했다. 그럼에도 불구하고 가치와 표준의 내면화에서 그 역할은 의문시되었다. 호프만(Hoffman, 1970a)은 도덕발달과 관련된 문헌을 검토하면서 이전의 수년 동안에 발간되었던 모방에 관한 수많은 연구물을 광범위하게 분석했다. 그는 표준에서 벗어난 모델에 대한 직접적인 관찰은 관찰자에게 억제력을 감퇴시키는 효과를 발휘한다는 풍부한 증거가 존재한다고 결론을 내렸다. 그러나 그는 그 증거가 억제적이거나 자제적인 방식에서 행동하는 모델, 혹은 반사회적 행위로 인해 벌을 받는 모델이 실제적으로 관찰자의 억제나 혹은 자제에 공헌한다는 입장과 관련해서는 확실하지 않다고 주장했다. 오히려 지금까지의 연구는 모델에 대한 처벌이 그 모델을 관찰하기 이전에 있었던 기준을 넘어서는 아동의 통제력 발휘를 불러일으킨다는 증거를 보여주지 못하고 있다. 그리하여 호프만은 모델링이란 그 동기가 현실적으로 쾌락주의적인 외적 도덕성이라고 결론을 내리고 대안적인 사회화 메커니즘에 착수했는데, 그것은 긍정적인 도덕적 행동의 내면화에서 부모의 훈육전략과 그의 역할에 관한 것이었다. 인지발달적 관점에서 그는 외적이고 임의적인 것으로서의 규칙에 관한 아동들의 관점이 객관적이고 합리적이라는 관점으로 변화하는 것은 아동을 과도하게 감시하지 않는, 그리고 아동이 이해할 만한 추론을 활용하여 요구하는 사회화의 동인들에 의해 초래된다고 주장했다. 가치의 내면화는 또한 아동으로 하여금 그 자신의 행위에 관하여 결정하는 데 참여하도록 장려하는 동인들에 의해 촉진된다. 이러한 사회화 분위기에 동반하여 행동의 표준을 내면화하는 데 도움을 주는 정서적 반응이 아동에게서 일어난다. 즉 부모가 자녀의 반사회적 행위에 대한 반응에서 애정을 철회할 때 나타나는 불안과 죄의식, 그리고 반사회적 행위가 다른 사람에게 미치는 해로운 결과에 관한 자각과 관련된 보다 적극적인 죄의식 반응의 형식 등이 일어난다. 이 후자의 죄의식 형식은 아동의 부정적인 행위가 타인에게 미치는 영향에 초점을 두는 부모의 추론에 의해 야기된다. 그것은 부모의 애정 철회에 의해 야기된 죄의식에 비해 덜 비합리적이고, 아동의 공감능력을 바탕으로 형성되며, 그리고 배상하고자 하는 노력이나 타인에 대한 차후 고려를 더 증진시키는 경향이 있다.

호프만은 지금까지 연구되어 왔던 도덕성을 다음과 같은 네 가지 범주로 분류했는데, 각각은 몇 가지 형식의 행동적 혹은 정서적 표식에 의해 사정되었다 : (a) 내재적인 도덕적 정향, 이는 흔히 투사적 기법, 즉 아동에게 가설적 일탈을 기술하고 있는 짤막한 삽화를 보여주고 그 결과를 기술하도록 요구하는, 그리고 이 결과에는 책임의 수용, 배상하고자 하는 시도, 혹은 처벌과 같은 외적 관심에 대한 최소한의 주의 등과 관련되는 그런 기법에 의해 사정된다. (b) 죄의식 강도, 이는 가설적 일탈을 기술하고 있는 이야기 완성 과제에 대한 반응을 통해 사정된다. (c) 유혹에 대한 저항, 이는 이야기에 대한 반응과 더불어 유혹 상황에서 아동의 실제적인 행동에 대한 관찰을 통해 사정된다. 그리고 (d) 자백 및 과오의 수용, 이는 유혹 상황에서 나타내진 실제 행동, 인형놀이에서의 환상적 반응으로부터 아니면 부모의 보고로부터 평가된다. 그는 시어스와 동료들(1957)이 훈육전략 혹은 기법을 두 가지 범주, 곧 사랑 정향적 전략과 물질적 전략으로 구분한 것을 받아들였으며, 더 나아가 그 두 가지 정향을 다음과 같은 세 가지 범주로 더 세분화했다. (a) 지배력 행사,

이는 체벌, 물질적 대상과 특권의 박탈, 직접적인 힘의 적용, 혹은 이 모든 것과 관련한 위협을 포함한다. (b) 애정 철회, 이는 무시, 대화 거부, 격리, 그리고 유기의 위협과 같은 분노나 혹은 불승인의 비물리적 표시를 포함한다. 그리고 (c) 유도, 이는 왜 그 아동이 다르게 행동해야만 하는가에 관한 설명이나 이유, 아동의 자존심이나 혹은 자제 노력에 대한 호소, 그리고 가장 중요한 것으로 타자 정향적인 유도 등으로 구성된다. **타자 정향적 유도**(other oriented induction)와 관련하여 호프만은 그 아동의 행위가 다른 사람들에 대해 갖는 함축과 관련된, 다른 사람들의 필요와 욕망을 지적한, 혹은 왜 또 다른 사람이 그 아동 자신의 비행과 연계된 행위에 개입하는가에 대한 설명과 관련된 추론을 의미한다고 하였다.

이러한 구분을 한 이후에 호프만(1970a, 표 3)은 현존하고 있는 관련된 연구를 조사했다. 그는 권력행사와 내면화 간에는 부정적 관련이, 유도와 내면화 간에는 긍정적 관련이 있으며(그 두 가지 모두 어머니에 대해 유지되는 것이지 아버지에 대해서는 아니다), 애정 철회와 유도 간에는 어떤 분명한 관련이 있는 것은 아니라는 것을 발견했다. 그는 또한 어머니의 애정과 내면화 간의 관계에 관한 몇몇 지지에 주목했다.

호프만은 세 가지 형식의 훈육과 내면화 간의 연계에 대한 몇 가지 메커니즘을 제안했다. 그는 지배력은 분노를 방출하는 반사회적 방식에 대한 모델을 제공할 뿐만 아니라 자율성이 도전받는 아동에게서 분노를 낳는다고 제안했다. 그는 또한 그것은 아동으로 하여금 손상을 당해온 대상보다는 자기 자신에 주의의 초점을 두게 하며, 그리고 그것은 아동이 주변 환경에 있는 단서에 주목하는 것을 더욱 어렵게 만드는 높은 흥분 수준으로 나아가게 한다고 제안했다. 마지막으로 그것은 다른 사람들의 필요에 대해 공감을 느끼는 아동의 능력을 활용하지 못한다. 그가 모든 훈육 중재에는 지배력 행사, 애정 철회, 그리고 추론의 요소를 포함한다고 제안했을 때, 그는 지배력 행사와 애정 철회는 행동하고자 하는 동기를 제공하고 추론은 도덕적으로 관련된 인지구조를 제공한다는 다소 완화된 결론을 내놓았다. 그때 최적의 흥분 수준과 함께 아동들은 다른 사람들에게 행한 해악에 대해 주의를 기울이는 것과 관련되는 인지적 자료에 의해 영향을 받는, 그리고 이러한 인지적 자료를 그들의 행위가 다른 사람들에게 어떻게 영향을 미치는가에 관한 공감능력 및 지식과 통합할 최적의 위치에 있게 된다. 호프만의 결론은 미묘한 차이가 있는 것이었지만 흔히 지배력 행사보다는 추론이 더 우월하다는 것을 주장하는 것으로 귀착되었다(Grusec & Goodnow, 1994). 어머니의 온정은 도덕발달에 대한 믿을 만한 예보자라는 관념—이는 이 장에서 재고된다—또한 지속할 수 없게 되었다.

귀인 관점에서 본 도덕발달

많은 이론적 정향들이 사회화의 연구를 안내해 왔다. 지금까지 논의된 것은 사회학습 이론, 사회인지 이론, 그리고 인지발달 이론의 공헌이다. 1970년대 말과 1980년대 동안 새로운 이론적 관점이 사회인지 연구분야로부터 사회심리학에 등장했다. 즉 귀인 이론이다. 많은 연구자들(예컨대 Dienstbier, Hillman, Lehnhoff, Hillman & Valkenaar, 1975 ; Grusec, 1983 ; Lepper, 1983 ; Walters & Grusec, 1977)은 사회화 과정, 특히 표준이 내면화되거나 혹은 각 개인에 의해 자기 자신의 것으로 받아들여지는 방식을 설명하는 데 있어서 이 새로운 이론이 지닌 유용성을 재빠르게 인식했다. 초기의 연구에서 프리드만(Freedman, 1965)은 특정 장난감을 가지고 논 것 때문에 약간의 책망을 당한 아동들은 심하게 책망을 받았던 아동들에 비해 나중에 혼자 남아 있게 되며, 아무도 자신들을 바라보고 있지 않다고 믿을 때(내면화의 중요한 측면) 그 장난감을 가지고 노는 행위를 더 삼가는 경향이 있다는 것을 입증했다. 레퍼(Lepper, 1983)는 이러한 연구결과를 설명하기 위해 최소 충분성 원리(minimal sufficiency principle, Nisbett & Valins, 1971)를 채택했다. 그 개념은 사람들이 그들의 행동에 대한 이유나 변명을 추구한다는 것이었다. 예컨대 하나의 명백한 해명, 곧 벌에 대한 두려움이 존재한다면 사람들은 자신의 행위를 외적 압력 탓으로 돌리며, 그 외적 압력이 더 이상 존재하지 않게 되면 사람들은 다른 방식으로 행동할 수 있다. 어떤 명백한 해명이 존재하지 않는다면, 예컨대 그들이 문제의 행위에 개입하는 데 단지 최소의 압력이 존재한다면(추론에 의해 제공된 그런 종류의 최소 압력) 그들은 그 이유를 그들 자신의 신념과 내재적 동기에서 찾는다. 내면화의 이슈를 외삽법(extrapolation)에 의해 추정해 본다면 도덕적 및 그 밖의 다른 가치의 사회화를 위한 최적의 전략은 아동들로 하여금 최소 압력에 따르도록—순응을 얻기에 꼭 충분한—유도하는 조건을 제공하는 것일 것이며, 그럼으로써 그들의 순응을 내면화된 가치체계로 귀인시키지 않으면 안 되게 하는 것일 것이다. 너무 지나치게 충분한 정당화가 존재한다면 외적 인과율에 귀인시키는 경향이 더 많을 것이며, 그리고 그 행동은 내면화되지 않을 것이다. 그런데 여기에 추론이 지배력 행사보다 더 우월하다는 것과 관련한 또 다른 해명이 있는바, 이는 호프만(1970a)에 제공했던 그런 해명을 초월한다.

많은 연구가 사회화의 귀인 분석과 잘 들어맞는다. 예를 들면 그루섹(Grusec)과 레들러(Redler, 1980)는 아동들에게 다른 사람들과 함께 한 게임에서 이룬 승리를 그들과 함께 공유하도록 비강압적인 자극을 제공했으며, 그런 이후 그들에게 그 사람들은 언제고 가능할 때마다 다른 사람들을 돕는 것을 좋아하는 훌륭한 사람이기 때문에 그렇게 해야만 한다고 말하거나 혹은 그렇게 하는 것은 좋은 일이기 때문에 그렇게 해야만 한다고 말하면서 그들의 행동을 해석했다. 후자는 공유하는 것에 대한 외적인 사회적 강화를 내포하기 때문에 친사회적 행동에 대해 보다 외적인 정당화를 제공하게 되는 반면에, 내적 동기로의 귀인은 내면화를 더 증진시키는 경향이 있는 것으로 간주된다. 예상과 어울리게 내적 동기를 내포한 해명을 제공받았던 아동들은 사회적 강화의 형식에서 좀 더 외적인 귀결에 따라 행동했던 아동들보다 그후에 다양한 상황에서 더 친사회적이었다.

훈육기법에 관한 사고의 확장

시어스(Sears)와 협력자들(1957)이 발간했던 아동 교육 방법에 관한 상당히 의미 있는 사정으로부터 호프만(Hoffman, 1970a)의 영향력 있는 분석, 그리고 그 분야에서 지속된 연구(관련 연구의 검토를 위해서는 Maccoby & Martin, 1983을 볼 것)를 통해 받아들여진 예지는 강력한 지배력 행사의 자녀 교육 전략은 아동들이 가치를 내면화하는 데 해로운 반면에 추론과 자율성을 지지해 주는(비강압적인 혹은 비처벌적인) 접근은 내면화에 보다 도움이 된다는 것이었다. 애정 철회는 내면화에 대한 영향력의 견지에서 볼 때 그 둘 사이의 어딘가에 위치하는 것으로 간주되었다. 그 다음으로 진행된 것은 이러한 다소 지나치게 단순한 관점을 세련시키며 효과적인 사회화의 본질에 관한 사고를 더욱 발달시키는 것이었다. 특히 추론, 애정 철회, 그리고 지배력 행사는 획일적인 구성 개념이 아니라는 점이 인정되었다. 따라서 놀라울 것도 없이 차별적인 효과성을 입증하는 증거는 항상 일관되거나 확신을 부여하는 것은 아니었다. 게다가 가장 혹은 최소한 효과적인 부모는 하나의 특정한 훈육 접근을 일관되게 사용하는 자들이라는 그 어떠한 함축도 아마 부정확할 것이라는 것이 분명해졌다. 마지막으로 어떤 적절한 이론이 사회화에서 아동에 의해 수행되는 의미 있는 역할뿐만 아니라 발달적 고려사항들을 설명해야만 한다는 점이 인정되고 있다.

단일범주로서의 훈육전략

추론은 일탈이 자아 또는 타인들에 대해 미치는 결과에 관한 토론, 규범적 행동의 진술, 그리고 정보와 무관한 언어화를 포함하는 전 범위의 접근을 망라한다. 그 내용에서 서로 다른 각각의 추론은 각기 다른 결과를 낳을 수 있다. 예컨대 타인 정향적 추론은 타인의 관점을 고려하는 아동의 능력에 따라 다른 반면에 규범적 행동의 진술은 그렇지 않을 것이다. 아동들은 어떤 이론적 근거들은 그 밖의 다른 것들보다 더 큰 "진리 가치"를 지닐 것으로 믿을 수 있으며, 그러므로 그러한 이론적 근거에 따라 다르게 영향을 받을 수 있다. 어떤 이유들은 그 아동이 세계를 바라보는 특정한 방식과 더 관련되며, 그리하여 현재 존재하고 있는 인지구조에 보다 쉽게 동화될 수 있다. 맨쿠소(Mancuso)와 레러(Lehrer, 1986)는 내용과 반대되는 것으로서 구조를 근거로 이유를 구분한다. 따라서 어떤 이유는 다른 것들보다 더 일반적이다. 비록 보다 간접적인 이유가(예컨대 진술 "누가 작년에 너의 비서였나?"는 특정한 요구의 부적절성을 전달하고자 하는 의도가 있다) 주의를 요구하며 궁극적으로는 바라는 행위를 더욱 분명하게 만든다는 점에서 또한 내면화에 하나의 유용한 기능으로 공헌할 수 있다 하더라도 이유들은 그 명료성과 중복성에서 서로 다르다(Cashmore & Goodnow, 1985).

이와 비슷하게 지배력 행사는 광범위한 중재를 망라한다. 심지어 체벌도 물체를 사용하든 혹은 손을 사용하든 여하튼 가혹행위의 요소로 분류될 필요가 있다. 그렇게 하지 못함으로써 그것이 해로우냐 혹은 해롭지 않느냐에 대해 혼란스러운 논쟁이 벌어지게 된다(Gershoff, 2002). 처벌은 또한 특권이나 물질적 자원의 철회, 분노의 표현, 명령, 불승인, 수치, 그리고 굴욕 등을 포함한다. 또한 체벌이 가해지는 맥락도 중요하다. 체벌이 공적으로 가해지는가 아니면 사적으로 가해지는가? 체벌이 애정이 있는 부모에 의해서 이루어지는가 아니면 거절하는 부모에 의해서 이루어지는가, 자제력을 갖고 교사의 위치를 가정하는 부모에 의해서 이루어지는가 아니면 자제력을 잃고 예측 불가능한 부모에 의해서 이루어지는가? 체벌이 아동의 자율성을 상실하도록 만드는가? 마지막으로 애정 철회는 부모로부터 격리시키겠다고 겁을 주는 위협과 가장 사랑하는 사람을 만족시키는 데 실패함으로써 유발된 죄의식을 포함하는데, 이런 특질들은 그 아동에게 아주 다른 결과를 지닐 수도 있다.

불일치하는 증거

추론이 지배력 행사에 비해 더 우월하다는 것과 관련한 연구결과들은 그렇게 압도적이지 않다. 예를 들면 그 관계는 어머니들에게는 유지되는 것 같지만 아버지들에게는 그렇지 않으며, 중간계층 아동들에게는 유지되지만 하위계층 아동들에게는 그렇지 않다(예컨대 Brody & Flor, 1997 ; Brody & Shaffer, 1982). 두려움을 잘 타는 기질을 가진 아동들은 그들의 어머니가 유도적 훈육기법을 사용할 때 의미 있는 수준의 양심발달을 보이는 경향이 있는 반면에, 별로 두려움을 타지 않는 기질을 가진 아동들은 어머니의 훈육기법에 의해 다르게 영향을 받지 않는다(Kochanska, 1997).

특정한 훈육전략을 일관적으로 사용하는 부모

이 장의 서두에서 지적한 바와 같이 사회화 이론가들은 아동들이 획득하고 있는 가치의 내용에 대해서는 별반 주의를 기울이지 않았다. 예컨대 그들은 공격성, 부정직, 타인들에 대한 배려 보여주기, 식사예절 간에 어떠한 구분을 거의 하지 않았다. 하나의 예외가 호프만(Hoffman, 1970b)에게서 나타나는데, 그는 각기 다른 상황은 사회화 동인들로부터 각기 다른 훈육전략을 유도하며, 이는 강력한 도덕적 정향을 지닌 아동들의 어머니들에게서 더욱 그런 경향이 있다는 것을 관찰했다. 그러나 그런 생각은 많은 연구자들이 어머니들은 훈육전략을 혼합하여 사용할 뿐만 아니라, 훈육전략을 그들이 반응하고 있는 비행(非行)에 따라 다르게 사용한다고 보고할 때까지 상당 기간 동안 받아들여지지 않았다. 요컨대 그루섹(Grusec)과 쿠친스키(Kuczynski, 1980)는 어머니들이 그들의 자녀가 다른 사람들에게 심리적 해를 끼칠 때는 추론을 활용하는 반면에, 불복종하거나 물건을 손상시키는 경우에는 지배력을 주로 행사한다고 말하는 것을 관찰했다. 잔 왁슬러(Zahn-Waxler)와 채프먼(Chapman, 1982)은 어린 아동들이 물리적 대상을 손상시키거나 충동 통제를 상실하는 경우에 체벌과 애정 철회를 유발하지만 그러나 공격성은 그렇지 않다고 보고했다. 마구잡이의 놀이와 같은 높은 흥분상태의 행위는 지배력 행사와만 연계되며 사회적 관습의 위반(예컨대 나쁜 식사예절)은 추론과만 연계되었다(Trickett & Kuczynski, 1986). 그루섹(Grusec), 딕스(Dix), 그리고 밀스(Mills, 1982)는 어머니들이 반사회적 행동에 대해 추론과 지배력 행사를 혼합하여 반응하며, 다른 사람들에 대한 관심을 보이는 데 실패할 경우에는 추론으로 반응한다는 것을 발견했다. 어머니들과 교사들 또한 각기 다른 비행영역에 따라 다양한 이유를 활용한다(Smetana, 1997). 그리하여 이들 연구는 비록 비행성격과 어머니의 반응 간의 연계와 관련하여 어떤 분명한 양식이 존재하는지에 대해서는 더 확인해 보아야 하겠지만, 어머니들이 그 비행성격에 따라 그들 자녀의 비행에 대해 각기 다르게 반응한다는 것을 은연 중 나타낸다.

각기 다르게 반응을 보이는 하나의 이유는 아마도 부모가 그들 자녀의 위반에 대해 반응할 때 지니게 되는 목적과 관련이 있을 것이다. 예컨대 부모는 어떤 상황에서는 자녀에게 일반 기준이나 가치를 가르치고 싶어하는 반면에 또 다른 상황에서는 단순히 복종, 특정 행위의 중단, 혹은 그 둘 모두를 원할 수 있다. 따라서 해스팅스(Hastings)와 그루섹(Grusec, 1998)은 그 목적이 자녀들에게 행동기준을 가르치고자 하는 데 있다고 말한 어머니들은 자녀들과 추론을 하는 경향이 더 있다고 보고한다. 단순히 자녀들이 문제 행위에 개입하는 것을 중단하기를 바라는 어머니들은 벌이나 혹은 벌을 주겠다고 위협하는 경향이 더 있었으며, 자녀와 긍정적인 관계를 유지하고자 하는 데 초점을 둔 어머니들은 자녀와 교섭하거나 심지어 자녀가 동의하는 것을 거부하는 것까지도 수용하는 경향이 더 있었다. 이와 비슷하게 쿠친스키(Kuczynski, 1984)는 어머니들에게 자녀들과 함께 방에 있는 동안 기구를 분류하는 과업에 자녀들의 협조를 구해보도록(즉시적 순종의 목적), 혹은 자녀들만 홀로 남겨놓은 후 자녀들이 계속 기구 분류 과업을 수행하도록(지속적인 순종의 목적) 요청했다. 후자의 어머니 집단은 과업준비 놀이(pretask play) 동안 자녀들에게 보다 애정을 가지고 교육했고, 더 많은 설명을 제시했으며, 과업을 수행하는 동안 자녀들의 성격에 관하여 긍정적인 진술을 더 많이 했다. 추정컨대 이 어머니들은 책임을 져야 할, 감시를 받지 않는 자녀 행동을 촉진시키고자 하는 그들의 목적에 도달하고자 온정을 활용하며 자녀의 감수성을 격려함으로써 자발적 동기 부여의 감정을 고조시키고자 한 것이다(Jensen & Moore, 1977 ; Miller, Brickman & Bolen, 1975). 물론 사회화 동인들이 도덕적 행위를 다룰 때는 일반 기준을 가르치거나 지속적인 순종을 획득하고자 하는 장기적인 목적을 갖는 경향이 있는 반면에, 그 밖의 다른 형식의 행동을 사회화할 때는 보다 단기적인 목적을 갖는 경향이 있는지에 대해서는 아직 명확하지 않다.

그러나 비행성격에 따라 반응을 서로 다르게 하는 것은 서로 다른 목적을 증진시킬 뿐만 아니라 각기 다른 행동영역이 각기 다른 중재를 요구한다는 것을 인식하는 사회화 동인들에 의해 보다 효과적인 자녀 교육의 조치가 될 수 있을 것이다. 요컨대 트리켓(Trickett)과 쿠친스키(Kuczynski, 1986)는 욕설을 퍼붓는 어머니들이 자녀의 비행에 대한 그들의 반응에서 보다 덜 유연하다는 것을 발견했으며, 호프만(Hoffman, 1970b)은 반응에서 보다 가변적인 어머니를 둔 자녀들이 강력한 도덕적 정향을 더 지니는 경향이 있다고 보고했다. 따라서 전략을 비행과 대응시키는 것(그 적절한 연계가 무엇이든 간에)은 사회화에 대한 함수적 접근일 수 있다.

아동들은 성인의 추론내용을 비행영역(도덕적·사회인습적)에 따른 그의 타당성에 비추어 평가한다(Smetana, 1997). 게다가 아동들은 어떤 위반이 과연 처벌을 받을 만한지 어떤지에 대해서 그 위반의 성격과 연령에 따라 인식을 다르게 한다는 증거가 있다. 요컨대 학령 전 연령의 아동들은 도덕적 위반을 사회인습적 위반보다 더 심각하며 더 처벌받을 만하다고 간주한다. 심지어 청소년들은 부모가 도덕적 이슈에 대해서는 훈육을 행사할 권위와 권리를 계속 보유해야 하며, 그보다는 정도가 낮지만 인습적 이슈에 대해서도 그래야만 한다는 점에 동의한다(Smetana & Asquith, 1994). 문제가 발생하는 경우는 부모는 위반을 인습적 영역에 속하는 것으로 간주하는 반면에 청소년들은 그것을 이제 부모의 중재영역을 벗어난 것으로 간주할 때이다(Nucci, 1984 ; Smetana & Berent, 1993). 아마도 자녀가 부모 중재에 대해서 갖는 타당성의 평가와 그 자녀가 부모의 요구에 순종하고자 하는 의지 사이에는 상당한 상관관계가 존재하는 것 같다.

정보처리 관점에서 본 사회화

그루섹(Grusec)과 굿나우(Goodnow, 1994)는 앞에서 기술했던 분류 문제에 대한 반응에서 사회화에 대한 전통적 접근들, 특히 훈육전략을 내포하고 있는 접근들의 재공식화를 제안했다. 그들의 주장에 의하면 사회화는 그 전략에 관한 초점보다는 사회화 동인들이 제시하는 정보의 종류와 그것을 제시하는 방식의 견지에서 오히려 더 잘 이해될 수 있다. 그들은 부모(혹은 그 밖의 모든 사회화 동인)가 지지하는 가치(도덕적 혹은 그 밖의 다른)와 자녀가 지지하는 가치 간에 나타나는 커다란 유사성은 두 단계를 내포한다고 제안했다. 곧 부모의 메시지를 자녀가 정확하게 지각하는 것이고, 자녀가 그 메시지를 거부하기보다는 수용하는 것이다. 그들의 분석에 따르면 정확한 지각은 부모가 가르치고자 바라는 기준이나 가치가 분명하게 표현될 때 촉진된다. 그때 중복성과 일관성은 표현의 명료성을 증진하는 두 가지 조건이다. 지배력 행사나 극적인 제시는 자녀로 하여금 그 메시지에 주의하도록 함으로써 메시지를 더 분명하게 만드는 데 어느 정도 도움을 줄 것이다. 예컨대 메시지는 자녀가 인지적 복합성 수준을 고려하는 이해능력, 그리고 타인들의 관점을 채택하는 능력과 적절히 들어맞을 필요가 있다. 메시지가 가까운 장래에 그 이슈와 아무런 관련이 없거나 혹은 관련되는 정도, 그리고 그 메시지에 대해 일컬어지는 일반성의 수준 또한 중요하다. 내용을 꺼내보아야 할 필요가 있는 암시적인 메시지는 메시지에 대해 다시 주목을 끌며 그것을 더욱 두드러지게 만들기 때문에 효과적일 수 있다. 메시지는 또한 부모가 어떤 특정한 가치를 지지하며, 그럼으로써 그 내용에 얼마나 많은 주의를 기울여야 할 것인가라는 중요한 정보를 내포한다.

몇몇 연구는 정확한 지각을 촉진시키는 조건에 초점을 맞추었다. 요컨대 캐시모어(Cashmore)와 굿나우(Goodnow, 1985)는 특정 가치의 중요성에 관한 부모가 서로 일치하게 되면 아마도 가치를 더욱 두드러지게 만드는 조건으로서 그런 가치에 관한 정확한 지각을 촉진시킨다는 것을 발견했다. 오카가키(Okagaki)와 베비스(Bevis, 1999)는 가족 간에 가치에 관하여 논의하는 것은 자녀가 부모의 가치를 정확하게 지각하는 정도를 증가시킨다고 보고한다. 이스라엘 고등학생들을 대상으로 한 연구에서 크나포(Knafo)와 쉬바르츠(Schwartz, 2003)는 학생들이 그들 부모의 가치를 정확하게 지각하는 데에는 여러 가지 변수들이 긍정적으로 관련된다는 것을 발견했다. 여기에는 부모가 보여준 온정 및 민감 정도와 그들 부모가 어떤 가치의 중요성에 관하여 서로 일치하는 정도 등이 포함된다. 부모가 가치에 대해 서로 갈등하고 무관심하거나 독재적인 교육방식은 정확한 지각과 부정적으로 관련되었으며, 그리고 아버지-아들 간에는 예외로 하지만 애정 철회와 시간이 지나도 일관되는 부모의 가치 메시지는 정확성과 긍정적으로 관련되었다. 크나포(Knafo)와 쉬바르츠(Schwartz)는 애정이 깃든 자녀 교육은 부모가 지지하는 가치에 대해 자녀들이 보다 주의를 갖고 귀 기울이고자 하는 동기를 증가시키며, 그리고 일관성은 메시지를 더욱 이해할 수 있게 만든다고 지적한다.

그루섹(Grusec)과 굿나우(Goodnow)에 따르면 부모의 메시지를 수용하는 것은 다음과 같은 세 가지 가능 조건과 관련된다. 자녀가 부모의 행동이 타당하다고 믿는 정도, 자녀가 부모의 소망에 따르고자 동기화되는 정도, 그리고 자녀가 메시지에 표현된 가치를 자연발생적인 것으로서 간주하는 정도가 그것이다. 지각된 타당성과 관련하여 부모의 중재는 비행성격과 잘 들어맞고(예컨대 다른 사람들에게 행해진 해악에 대한 언급과 관련되는 이유는 그 비행이 사회적 인습의 위반일 경우에는 부적절할 수 있다) 잘 의도된 것으로, 그리고 공정한 것으로 간주되어야 한다. 지각된 타당성은 또한 문화적 맥락과 관련한 기대에 의해 영향을 받는다. 즉 어떤 행위들은 어떤 문화집단 혹은 특정한 사회적 계층에서, 혹은 어머니들과는 달리 아버지들로부터 보다 규범적이며 그럼으로써 보다 수용적일 수 있다. 또한 특정한 중재의 타당성은 자녀의 연령과 분위기, 기질에 따라 변화할 수 있다. 수용을 증진시키는 동기는 그러한 수용이 자녀의 자율성을 위협하지 않는다는 우선권을 갖거나 혹은 외적 유인책과 강력하게 연계된 것으로 간주되어야 한다. 공감적 흥분, 그 가치가 부모에게 얼마나 중요한가에 관한 지각, 부모를 기쁘게 해드리고자 하는 바람은 부모의 메시지를 수용하고자 하는 욕구를 증진시키는 동기적 상태에 대한 후보들이다. 비록 이런 종류의 동기는 아마도 건강한 기능작용에 별로 도움이 되지 않는다 하더라도 애정 철회에 의해 유발되는 안전의 감정에 대한 위협은 또한 동기적 힘으로서 자격을 갖는다. 마지막으로 가치가 자연발생적이라는 감정은 확실히 내면화를 증진시킨다. 그러한 감정은 외적 압력의 부각을 최소화시키고 친사회적 행동을 내적 동기로 귀인시키는 것을 최대화시키는 부모의 중재로부터 나온다.

성공적인 문제 해결력으로서 효과적인 자녀 교육

정확한 지각과 수용의 견지에서 내면화를 분석하는 것은 사회화의 동인에, 그리고 그 동인에 의해 사용된 전략에 초점을 두었던 도덕적 사회화에 관한 이해로부터 아동에, 그리고 바라는 행동을 아동에게서 가장 잘 촉진시키는 조건에 초점을 두는 이해로 나아가게 한다. 이들 조건은 아동의 지각과 그 상황에 대한 평가를 포함함으로써 부모의 자녀 교육 전략 그 자체에 초점을 두었던 이전의 분석보다 아동 입장에서 공헌할 수 있는 훨씬 더 많은 여지를 제공한다. 따라서 효과적인 자녀 교육은 "아동과 상황의 끊임없이 변화하는 특징의 와중에서 평가적이고 융통성 있는 행위의 문제" (Grusec, Goodnow & Kuczynski, 2000, p. 206)로 간주될 수 있다. 이러한 접근은 자녀의 행동에 대한 특수한 교육전략의 효과에 영향을 미치는 변수들이 매우 다양함을 지적하는 많은 연구결과와 잘 어울린다. 자녀 교육 전략과 자녀 비행 성격 간의 상관관계와 관련한 연구결과들에 대해서는 이미 논의되었다. 사회화 문헌에서 확인되어 왔던 몇 가지 부가적인 변수들에는 그 전략이 채택되는 자녀 교육 맥락, 자녀의 기질, 문화와 사회계층, 정상을 참작하는 상황들의 존재, 자녀의 발달적 지위, 자녀와 부모의 성 등이 있다. 도덕적 행동을 증진하기 위한 자녀 교육 접근과의 상호작용 측면에서 이들 각각에 대해 간략하게 고찰한다.

맥락

점차 사회화 이론가들의 관심을 끄는 것은 부모의 중재가 행해지는 맥락이다. 분명히 중재는 그것이 발생하는 환경과 배경에 따라 각기 다른 의미를 가정한다. 특히 중요한 것으로 보이는 맥락의 두 가지 특징은 사회화 동인과 자녀 간 관계의 특질과 중재가 자율성을 지지하는 정도이다.

관계. 한 가지 관계 특질—온정—은 물론 사회화 연구에서 오랜 역사를 지니고 있다(Sears 외, 1957의 연구결과에서 그의 중요성을 회상해 보라. 온정적인 부모로부터의 애정 철회는 차가운 부모로부터의 애정 철회보다 양심 발달에 더 도움이 되는 것으로 밝혀졌다). 온정은 명백히 다양한 기능을 발휘한다. 그것은 자녀들에게 사회화의 동인을 기쁘게 해드리고자 하는 동기를 제공한다. 그것은 자녀들을 부모의 곁에 머물도록 함으로써 부모의 메시지를 들을 기회를 더 제공한다. 두 번째 관계 특질은 부모에 의한 자녀의 보호와 관계가 있다. 부모와의 관계가 긍정적인 관계라면 자녀들은 부모가 그들을 신체적 · 심리적 해악으로부터 자신들을 보호해 줄 뿐만 아니라 자신들을 수용할 수 있는, 그리고 도덕적인 방식으로 안내해 줄 것으로 믿는 경향이 있다. 또한 민감하게 반응하는 부모에 의해 제공된 감정의 확인과 부정적 정서의 이해는 표준의 내면화에 또한 도움이 된다(Bretherton, Golby & Cho, 1997). 안정적으로 애착을 가졌던 자녀들은 불안정적으로 애착을 가졌던 자녀들보다 특정한 부모 중재에 대해 각기 다르게 반응하는 것으로 보인다. 예컨대 알렌(Allen), 무어(Moore), 쿠퍼

민크(Kuperminc), 그리고 벨(Bell, 1998)은 높은 수준의 통제를 보인 어머니들의 청소년 자녀들은 자율적인 혹은 몰입 애착 지위(preoccupied attachment status, 역자 주 : 다른 사람들과 정서적으로 완전히 하나가 되고 싶어하는 애착유형)를 지니게 되어 아마도 손상된 도덕발달을 반영하는 외면적 문제 행동(externalizing behavior, 역자 주 : 주의산만, 충동성, 과다행동, 반항행동, 공격성과 같이 내부적인 것을 객관화시키는 행동)을 보이는 경우가 거의 없었다고 지적했다. 불안한 혹은 비몰입 애착 지위를 가진 청소년들의 경우에는 어머니의 통제와 외면적 문제 행동 간에는 아무런 관련이 없었다. 또한 어머니의 통제는 안정적으로 애착을 가졌던 청소년들 사이에서 낮은 범죄 수준과 관련이 있었다. 결론적으로 안정적으로 애착을 가졌던 자녀들은 불안정적으로 애착을 가졌던 자녀들보다 어머니의 통제를 더 받아들이는 경향이 있는데, 이는 아마도 그들이 자신들의 부모가 납득할 만한 요구를 한다고 더 믿기 때문이거나 그들이 부정적인 면을 강조하여 어머니의 행동을 지각하지 못하기 때문일 것이다.

자율성 지지. 자가 생성(self-generation)의 감정은 긍정적인 사회적 행동의 내면화에서 핵심이다. 요컨대 그들의 영향력 행사에서 자주 참견하며 통제를 하는 사회화 동인들은 똑같은 영향력 기법을 사용하면서도 선택의 감정을 증진하는 방식에서 그렇게 하는 동인들보다 훨씬 덜 효과를 발휘하는 경향이 있는 것으로 보인다(Deci & Ryan, 1985). 예컨대 추론은 자녀가 강압적인 것으로 인식하지 않는 방식에서 기준을 이어받도록 도와주면서 활용될 수 있다. 아니면 추론은 자녀들이 어떤 행위를 강요받고 있다고 느끼게 만들면서 사용될 수도 있다. 심지어 지배력 행사도 그것이 시행되는 맥락에 따라, 그리고 일탈하는 자녀로 하여금 자신이 전혀 동정적이지 않은 성인들에 의해 지배당하고 있는 것이 아니라 아직 자신의 통제 하에 있다고 느끼게 하는 정도에 따라 덜 강압적인 특질을 지닐 수 있다. 도덕적 영역에서 자주 참견하는 통제가 갖는 부정적인 효과는 강압적 통제가 반사회적이고 범죄적인 행동을 낳을 개연성이 더 높다는 것을 입증하는 연구들로부터 분명하게 나타난다(Kerr & Stattin, 2000).

자녀의 기질

유전자와 환경 간의 상호작용에 대한 연구는 사회화 연구자들에게 주요한 초점이 되기 시작했으며(Collins, Maccoby, Steinberg, Hetherington & Bornstein, 2000), 이것이 추구하는 하나의 형식은 서로 다른 기질을 갖고 있는 자녀들에게 자녀 교육 방법의 형식에서 미치는 환경조건의 서로 다른 효과를 조사하는 것이다(기질이란 특징적인 정서, 운동, 그리고 주의력의 반응성과 자기 규제에서 체질적으로 토대를 둔, 그리고 조기에 나타나는 개인적 차이로 정의된다).

기질은 어느 정도의 안정성을 나타낸다. 예를 들면 억제 혹은 무서움은 나중의 내면화 행동과 연계되는 반면에 초기의 충동성 혹은 조절불능과 과민반응은 외면화 문제 행동과 더 연계된다(Rothbart & Bates, 1998). 그렇지만 안정성은 온당하고 경험이 중요하다는 하나의 암시이다. 비록 생각나게 하는 유전자-환경 상호관계가 자녀 교육 방법과 자녀 결과 간 연계의 근본적인 부분을 결코 설명할 수는 없다 하더라도(예컨대 O'Connor, Deater-Deckard, Fulker, Rutter & Plomin, 1998) 아동들 또한 그들의 기질에 따라 특정한 자녀 교육 행동을 초래한다. 요컨대 자녀 교육은 자녀 기질에 의해 어떤 특징들이 결정되기도 하지만 자녀 결과에 대해 독자적인 공헌을 하기도 한다. 그러나 조사연구는 기질과 자녀 교육이 도덕성 발달을 포함한 다양한 사회적 발달 영역에서 분명하게 확인할 수 있는 각기 다른 결과를 낳는 데 상호작용할 수 있다고 지적하고 있다.

기질과 자녀 교육 간의 상호작용을 입증하는 최초의 연구들 가운데 하나는 코찬스카(Kochanska, 1997)에 의해 보고되었다. 그녀는 두려움을 타는 아동들(어린 시기에 낯선 상황에서 불안감을 나타내는, 어머니에게 바짝 다가서 머물러 있는, 그리고 탐구하는 데 주저하는 아동들)이 힘을 강조하지 않는 어머니의 온화한 훈육기법 사용과 양심발달 간에 통상적인 긍정적 관계를 보여주었다고 지적했다. 그러나 체질적으로 두려움을 타지 않는 아동들은 그렇지 않았다. 즉 그들의 양심발달 수준은 어머니와의 상호 협력적이고 반응적인, 그리고 긍정적인 정향이 보다 잘 예견해 주었다. 코찬스카는 두려움이 없는 아동들을 상대로 하는 온화한 훈육은 내면화에 최적인 불안의 수준을 자극하지 않는다고, 그러나 보다 높은 지배력 행사 수준(그것은 아마도 최적의 수준에 보다 가까울 것이다) 또한 유도 저항과 적의를 자극하고 또한 그럼으로써 내면화를 방해한다고 제안했다. (왜 서로의 협력적인 관계가 두려움을 타는 아동들의 양심에 관한 예보자가 되지 못하는가에 대해서는 분명치가 않다.) 비슷한 연구결과는 콜더(Colder), 로흐만(Lochman), 그리고 웰스(Wells, 1997)에 의해서 예증되었는데, 그들은 기질적으로 두려움이 많으며 혹독한 훈육기법을 사용하는 부모를 둔 소년들은 그들의 교사의 평가에 따르면 두려움이 별로 없으면서 혹독한 부모를 가진 아동들 혹은 두려움이 많으면서 온화한 부모를 가진 아동들보다 더 공격적이라는 것을 발견했다. 그러나 그 상황이 매우 복잡하다는 것은 최근에 발간된 저작들에서 이런 연구결과가 반복되지 않고 있다는 것이 입증되고 있다(van der Mark, Bakermans-Kranenberg & van Ijzendoorn, 2002).

그 밖의 여러 편의 다른 연구들 또한 반사회적 · 비도덕적 행동을 표출하는 데 있어서 자녀 교육 방법과 아동 기질 간의 상호작용을 입증해 왔다. 화내고 처벌하는 어머니를 가진 민감한 유아들은 2살이 되었을 때 처벌을 덜 하는 어머니를 가진 민감한 유아들에 비해 더 화를 내고 말을 듣지 않는 경향이 있었다. 민감하지 않은 유아들을 대상으로 관찰한 결과로는 어머니의 처벌과 아동 결과 간에 상관관계가 그리 높지 않았다(Crockenberg, 1987). 어머니의 통제와 지지는 행동을 많이 통제당하고 또한 부정적인 정서상태를 지닌 청소년들의 경우에 반사회적 행동과 매우 높은 연관을 맺고 있는 반면에, 이들 기질 표지에서 보다 적당한 점수를 보인 청소년들의 경우에는 그렇지 않았다(Stice & Gonzales, 1998). 이와 비슷하게 동료에 대한 조절되지 않는 아동들의 기질(즉 분노)과 공격성은 어머니의 부정적인 통제와 적의가 높을 때 관련되지만, 어머니들이 부정적 통제와 적의에서 낮은 수준을 보일 때는 관련되지 않는다(Rubin, Hastings, Chen, Stewart & McNichol, 1998). 비록 체벌은 유연한 아동들, 즉 적응을 잘하고 또한 민감하게 반응하지 않는 아동들의 외면화 문제 행동 혹은 반사회적 행동과 상관관계가 없다 하더라도 두 변수는 유연하지 못하며 민감하게 반응하는 아동들의 경우에는 상관관계가 있었다(Paterson & Sanson, 1999).

비록 이러한 일련의 연구들이 어머니의 통제는 까다로운 기질을 가진 아동들에게는 해로운 것이라고 제안하고 있지만, 또 다른 연구결과들은 이것이 항상 그런 것은 아니라고 지적한다. 예컨대 베이츠(Bates), 닷지(Dodge), 페팃(Pettit), 그리고 릿지(Ridge, 1998)는 기질적으로 통제에 대해 매우 저항하는 아동들을 대상으로 연구했다(보상 자극에 강력히 그리고 열성적으로 집중하는 아동들은 비교적 약한 수준의 기본적인 사회적 친화성을 지니며, 주의와 경계를 통제하는 데 어려움을 보인다). 이런 아동들의 경우에 그들은 어머니들이 뭔가를 제한하는 통제에서 낮은 수준을 보일 때 아동들은 통제를 하는 상대에게 낮은 저항을 보이며 중기 아동기에서 외면화 문제 행동을 더 보이는 경향이 있는 반면에, 그런 연계는 어머니들이 제한하는 통제에서 높은 수준을 보일 때는 존재하지 않는다는 것을 발견했다. 실제로 어머니가 높은 제한을 보이는 경우에 아동들이 높은 반항성을 나타내면서도 어떤 때는 그들의 사회적·도덕적 상호작용에서 매우 잘 행동하고 또 어떤 때는 그렇지 못했다.

기질과 자녀 교육 간 상호작용에 관한 개념은 매우 호소력이 있으며, 확실히 그의 유용성에 대한 경험적 지지가 존재한다. 그럼에도 불구하고 아직도 상호작용의 특수한 방향뿐만 아니라 이런 상호작용이 어떤 조건 하에서는 일어나지 않는지를 결정하는 견지에서 더 많은 연구가 수행될 필요가 있다.

문화와 사회적 계층

아동들의 도덕발달에 관한 자녀 교육 방법의 효과에 있어서 하나의 중요한 중재자는 부모와 자녀가 자신들을 발견하는 문화적 분야이다. 흔히 이러한 문화적 분야의 성격은 사회적 계층 혹은 출생 국가의 차이로 대표된다. 이러한 문화적 분야은 자녀 교육 방법이 채택되는 방식뿐만 아니라 그 방법이 인식되고 효과를 나타내는 방식에도 영향을 미친다. 예컨대 엄격하고 지배력 행사적인 자녀 교육은 앵글로 색슨 유럽계 배경을 가진 부모보다는 아시아와 아프리카계 미국인 부모 가운데 더 자주 나타나지만, 그런 방식은 앵글로 색슨 유럽계 미국인 부모가 똑같은 방법을 사용했을 때보다 상대적으로 해악이 덜하다(Chao, 1994). 보다 낮은 사회경제적 배경 출신의 부모 또한 더 자주 지배력 행사적 훈육기법을 사용하지만, 그 결과는 중류계층 맥락에서 입증되었던 것과 유사하게 항상 부정적인 사회적·정서적 결과를 지니는 것으로 나타나지는 않는다(예컨대 Brody & Flor, 1998). 물리적 훈육은 앵글로 색슨계 미국인 아동들에게 있어서 외면화 문제 행동과 연계되지만 아프리카계 미국인 아동들에게 있어서는 그렇지 않았다(Deater-Deckard, Dodge, Bates & Pettit, 1996).

이러한 차이에 대한 설명의 일부는 아마도 각기 다른 문화적 맥락에서 엄격하고 지배력 행사의 자녀 교육에 관한 의미가 서로 다른 것과 연관이 있을 것이다. 예컨대 카오(Chao, 1994)는 중국과 같은 보다 집단주의 문화에서 지배력 행사의 자녀 교육은 자녀를 교육하는 일과 더불어 부모가 자기 자식에 대해 관심을 갖고 함께 참여하며 배려해야 할 부모로서의 책임에 대한 중요성을 반영한다고 주장한다. 이것은 (서구 유럽의) 개인주의적 맥락과는 대조되는 것인데, 개인주의적 맥락에서 자녀 교육은 청교도적인 엄격함과 도덕성을 성취하고자 하는 자녀의 의지에 대한 봉쇄 등을 함축하는 이제 더 이상 받아들일 수 있는 것으로 고려되지 않는 자녀에 대한 사회화 접근으로 여겨진다. 같은 맥락에서 루디(Rudy)와 그루섹(Grusec, 2001)은 집단주의(이집트계 캐나다인) 어머니들이 개인주의(앵글로 색슨계 캐나다인) 어머니들보다 자녀 교육에 대한 접근에서 지배력 행사를 더 많이 사용한다는 것을 발견했다. 그러나 두 집단은 어려운 자녀 교육 상황에서 자녀들의 긍정적인 결과와 연계되어 온 두 가지 변수, 곧 온정과 자기 효능감에서 차이를 보이지 않았다. 게다가 낮은 수준의 온정과 낮은 효능감은 앵글로 색슨계 캐나다인 표본에서 처벌적인 자녀 교육과 상호 관련이 있었지만 이집트계 캐나다인 표본에서는 그렇지 않았는데, 이는 엄격하고 지배력 행사적인 자녀 교육이 각기 다른 맥락에서 서로 다른 의미를 지닌다는 또 다른 증거이다. 이와 비슷하게 가난하면서 홀로 사는 부모가 있는 아프리카계 미국인 가족들을 대상으로 한 대규모 연구에서 브로디(Brody)와 플로로(Flor, 1998)는 자신의 자녀를 매우 통제하고 신체적 구속을 활용한 어머니들이 그들의 자녀 교육 방법에서 온정을 함께 하고 있다는 것을 관찰했다. 이러한 어머니를 둔 자녀들은 그들 자신의 행동을 규제하는, 즉 미리 계획을 세우고 과업을 꾸준히 실천하며 그런 행위의 결과를 미리 생각하는, 확실히 도덕적 행동에서 요구되는 최고의 조건인 그런 능력이 훨씬 더 크다는 것을 입증했다.

아시아 문화와 보다 낮은 사회경제적 계층 맥락에서 지배력 행사의 자녀 교육을 훨씬 더 자주 사용하는 것은 여러 가지 가능성에 귀인되어 왔다. 아시아 문화에서 그것은 권위 존중을 더 많이 강조한다는 것을 반영하는 반면에, 보다 낮은 계층 환경의 경우에는 반사회적 행동에 대한 기회를 보다 쉽게 접할 수 있는 위험한 맥락에 대처하는 반응을 나타낼 수도 있다. 그 이유가 무엇이든 간에 경험적 증거는 긍정적인 정서적 맥락에서 활용하는 지배력 행사는 덜 긍정적인 정서적 맥락에서 활용하는 것보다 자녀의 사회화에 훨씬 덜 해로울 수 있다는(자녀 교육 방법의 맥락에 관한 논의에서 지적한 바와 같이), 그리고 서구의 중류계층 맥락에서 나타나는 그의 부정적 효과는 그것이 자주 채택되는 정서적 맥락에 귀인될 수 있다는 것을 지적하고 있다.

정상참작 상황의 존재

아동들은 몇 가지 이유 가운데 하나 때문에 나쁘게 행동할 수 있다. 곧 그들은 어느 것이 더 좋은지를 모를 수 있다. 그들은 자신들이 해왔던 행동이 받아들일 수 없다는 것을 이해하지만 어떤 이유로 인해 그들은 여전히 고의적으로 반사회적 행위에 개입하기도 한다. 분명히 그 비행이 왜 발생했는가에 따라 적절한 반응은 달라진다. 전자의 경우에는 설명과 추론이 선택할 수 있는 방법이다. 후자의 경우에는 보다 더 지배력 행사적인 중재가 적절할 수 있다.

아동의 발달적 지위

인지적 기능작용의 수준은 명백하게 각기 다른 자녀 교육 전략이 어떻게 받아들여지를 결정하는 주요 요인이다. 어린 아동들은 나이가 더 든 아동들보다 체벌을 수용 가능한 전략으로 간주하는 경향이 더 크다 (Siegal & Cowen, 1984). 또한 연령이 높아감에 따라 아동들은 점차 더 많은 이슈에 대해 부모가 통제를 행사할 권리를 갖지 않는 개인적인 것으로 간주하게 된다(Smetana, 1997). 어린 아동들은 탈중심화를 할 수 있는 능력에 한계가 있기 때문에 풍자적인 방식으로 전해진 메시지를 다루는 데 어려움을 겪는다(Bugental, Kaswan & Love, 1970). 연령에 따른 효과에 관한 또 다른 예는, 비록 모든 연령의 집단이 갈등하는 메시지를 분명하게 기술할 수 있지만, 나이가 든 아동들보다는 더 어린 아동들에게 있어서 메시지의 내용이 그것이 표현되는 목소리의 음조보다 더 무게를 지닌다는 연구결과이다(Morton & Trehub, 2001). 흥미롭게도 로스봄(Rothbaum)과 와이즈(Weisz, 1994)는 메타 분석에서 지배력 행사의 자녀 교육 행동과 외면화 문제 행동 간의 연합이 보행기 아이들 및 학령 전 아동들보다는 나이가 든 아동들 및 청소년들에게 더 크다는 것을 발견했다. 이에 대한 하나의 이유는 아마도 아동들이 점차 나이가 들어가면서 처벌적 자녀 교육을 덜 공정하며 받아들이기 어려운 것으로 간주하기 때문일 것이다.

아동의 성

소녀들은 똑같은 부모의 중재에 대해 소년들과 다르게 반응한다. 예컨대 소년들은 일반적으로 소녀들보다 외면화 문제 행동을 나타내 보이는 경향이 더 있으며, 그 결과로 패터슨(Patterson, 1982)에 의해 기술되어 왔던 일종의 강압적 행동의 확대 순환(escalating cycle)에 연루되는 경향이 더 있다. 달리 말하면 그들은 훨씬 더 높은 수준의 반사회적 행동으로 부모(보다 구체적으로는 어머니)와 상호작용을 시작하는 경향이 있으며, 그럼으로써 어머니의 중재에 더욱 민감하게 반응을 보이는 경향이 있다. 소년들은 또한 소녀들보다 유전적으로 부모의 압력에 대해 부정적으로 반응을 보이는 성향이 있는 것으로 보인다(Rothbaum & Weisz, 1994).

부모의 성

자녀 교육 방법의 또 다른 중요한 중재자는 부모의 성이다. 지적한 바와 같이 추론과 양심발달 간의 상관관계는 중류계층 아버지들보다는 중류계층 어머니들에게서 더 나타나는 경향이 있었다. 비행에 관하여 어머니가 이런저런 말을 많이 하는 것은 청소년기 소년들의 유혹에 대한 저항과 관련되는데 아버지의 경우는 그렇지 않다(LaVoie & Looft, 1973). 로스봄(Rothbaum)과 와이즈(Weisz, 1994)는 그들의 메타 분석에서 부모의 민감성과 자녀들의 외면화 문제 행동 간의 상관관계가 아버지들보다는 어머니들에게서 훨씬 더 강하다는 것을 발견했다(비록 그들은 또한 임상 관련 표본에서 정반대 결과를 지적했지만 ; Loeber & Stouthamer-Loeber, 1986 도 볼 것). 이러한 성 차이는 어머니들이 일차적 보호자라는 사실에 의해, 혹은 그들이 자녀들의 행동에 대해 논리적으로 생각하고, 설명을 추구하고자 하며, 그들과 자녀 간의 갈등에 대해 서로 받아들일 수 있는 해결책을 찾으려는 경향이 더 있다는 사실로 단순히 설명될 수도 있을 것이다(Grusec & Goodnow, 1994). 또한 아버지들은 자녀 교육에 대한 접근에서 보다 직접적이고 지배력 행사적인 경향이 있으며(Vuchinich, Emery & Cassidy, 1988), 자녀들 또한 지배력 행사를 아버지들의 규범으로서 간주하고 그것을 충분히 받아들일 수 있다고 인식한다. 실제적으로 많은 연구들(Dadds, Sheffield & Holbeck, 1990 ; Siegal & Barclay, 1985 ; Siegal & Cowen, 1984)은 자녀들이 체벌에 대해 그것이 어머니보다는 아버지에 의해 가해질 때 더 받아들일 수 있는 것으로 간주하고 있음을 지적한다.

결론

이러한 여러 가지 중재 변수들은 분명히 자녀 교육 전략을 가치를 자녀들에게 일방적으로 전달하는 것으로 보는 관념에서 뛰어넘을 것을 요구한다. 각기 다른 자녀와 각기 다른 상황은 각기 다른 방법을 요구한다. 효과적인 부모는 특정한 시점에 무엇을 해야 할 것인가를 아는 자이다. 이러한 접근은 부모-자녀 간의 상호작용이 쌍방향적 성격이라는 것을 인정할 것(Kuczynski, 2003)과 자녀라는 매개자를 자녀 교육의 본질적 특징으로 승인할 것을 요구한다. 자녀와 부모는 지속적인 교환, 곧 자녀는 부모가 자신에게 하는 것에 대해 평가 · 비교 · 해석하는 그러한 교환에 서로 연루된다.

물론 이러한 개념은 결코 새로운 것이 아니다. 시어스(Sears, 1951)는 외부 세계가 개인에게 영향을 미칠 뿐만 아니라 개인 또한 외부 세계에 영향을 미친다고 주장했다. 언급한 바와 같이 반두라(Bandura, 1977) 또한 인간은 자신이 모방하고자 하는 대상과 인물을 선택한다는 점을 입증하기 위해 노력했다. 사회화 이론가들은 인간은 어떻게 그리고 왜 똑같은 사회화 입력에 대해 서로 다르게 반응을 보이는지를 정교화시키고자 착수했다. 그리고 성공적인 사회화 동인들은 그들 자녀가 주어진 전략에 대해 어떻게 반응하는지 알 필요가 있다는 점은 점차 분명해지고 있다. 도덕성에 관한 사회화를 포함하여 부모가 사회화를 이해하는 것이 중요하다는 것은 부모의 이해와 자녀 결과 간의 관계를 지배하는 변수들을 명료화하며 그 과정을 탐구하는 것이 중요하다고 지적했던 그루섹(Grusec), 굿나우(Goodnow), 그리고 쿠친스키(Kuczynski, 2000)에 의해 주장되었다. 이러한 이해의 일부는 자녀의 사고와 평가를 정통으로 인식하도록 해주는 조건들에 관한 초점과 관련되어야 한다. 이들 조건은 두 사람 간의 좋은 관계를 증진하는 온정의 맥락, 그리고 두 사람 간에 정보를 전달하고 받고자 하는 상호 간의 욕구 등을 포함한다. 그 조건들은 또한 자녀들로 하여금 보다 자유롭게 정보를 전달할 수 있도록 만드는 수용성 및 자율성의 맥락, 도덕적 행동을 포함한 긍정적인 사회정서적 결과를 촉구하는 상황을 포함한다(Kerr & Statin, 2000). 이런 의미에서 가치의 내면화에 관한 연구는 그 초점을 전략과 기법으로부터 전략에 대한 자녀의 반응성과 그런 반응성에 관한 이해를 촉진시키는 조건, 그리고 이와 아울러 그 이해를 좋게 활용하는 사회화 동인들의 능력 및 의지로 옮겨간 것으로 보인다.

사회화 연구 및 도덕발달 연구의 추가적 특징

아동들이 도덕적 가치, 도덕적 행동, 그리고 양심발달을 획득하는 것을 촉진하도록 하는 조건들에 관해서는 상당히 알려졌다. 이 장의 나머지 부분에서는 오늘날 연구활동 방향에 관한 그 밖의 다른 두 가지를 기술한다. 그 두 가지는 사회화 과정에서의 중요한 전략들의 확장 그리고 행동영역에 대한 커다란 관심 및 그 영역에서의 사회화의 기저를 이루는 각기 다른 메커니즘이 그것이다.

사회화 전략들. 사회화 이론가들은 도덕성의 사회화가 발생하는 일차적인 것으로 훈육전략과 훈육맥락에 초점을 두기 시작했다. 비록 동일시와 관찰학습이 단지 쾌락주의적 동기에 의해서만 동기화된 행동을 증진시킨다는 호프만(Hoffman, 1970a)의 논증은 확실히 중점적으로 다루어지지는 않았지만, 동일시와 관찰학습 또한 자녀 교육 행동의 중심적인 특징으로서 포함되고 있다. 보상은 내재적 동기를 손상시킬 수 있다는 논증 때문에 일반적으로 사회화의 중요한 방법으로서는 경시되어 오고 있다(예컨대 Lepper, 1983).

자기 자녀들의 소망과 필요에 대한 부모의 민감성과 응낙(거기에서 이것은 적절하다)은 또한 양심이나 도덕성의 전조로서 인정받고 있다. 이러한 정향은 자녀들이 이번에는 거꾸로 그들 부모의 소망에 민감하게 반응하고 따르게 되는 상호성의 상황을 조장한다(Maccoby & Martin, 1983 ; Parpal & Maccoby, 1985). 상호 응낙, 조화, 적극성으로 특징되는 부모-자녀 관계는 일탈 이후의 죄의식, 감독자 부재 시 유혹에 대한 저항, 규칙 위반에 대한 저항, 도덕적 · 친사회적 행동에 관한 어머니의 보고 등의 수준을 포함한 자녀들의 양심을 예견하는 것으로 평가되고 있다(예컨대 Kochanska & Murray, 2000).

특수한 갈등의 경계 밖에 있는 도덕적 이슈들에 관한 논의 혹은 응낙에 대한 요구는 명백하게 또 다른 중요한 사회화 전략이다. 사회집단 대부분의 구성원들이 따르고 있는 일상적인 행동 · 사고 · 감정 방식은 도덕적 정향의 발달에 대한 또 다른 매체이다(Goodnow, Miller & Kessel, 1995). 그것은 은혜에 보답하고자 하는 욕구 때문에 갈등 해결의 결과 혹은 토론과 교수의 결과로서 나타나는 행위양식이 아니다. 오히려 그것은 단순히 자연계 질서의 일부 혹은 일처리 방식인 것 같으며, 그런 이유 때문에 도전과 의문에 저항적일 수도 있다. 그 밖의 다른 전략들은 부겐탈

(Bugental)과 굿나우(Goodnow, 1998), 그루섹(Grusec)과 동료들(2000)에 의해 논의되었는데, 집에 틀어박힌 생활이나 혹은 미리 무장하는 생활을 포함하고 있다. **집에 틀어박힌 생활**(cocooning)의 경우에 자녀들은 일탈행동과 사고에 노출당하는, 그럼으로써 유혹이 일어나는 것으로부터 보호받는다. **미리 무장하는 생활**(pre-arming)의 경우에 그들은 다른 사고방식에 대해 경계를 하게 되며, 이러한 대안적 접근을 다루는 방식을 제공받는다. 이런 종류의 전략이 도덕적 가치의 내면화와 도덕적 행동의 발달에서 발휘하는 역할은 훈육전략의 경우에서처럼 분명하게 정교화되지 않고 더 탐구되어야 할 부분으로 남아 있다.

도덕적 행동의 성격. 이 장의 곳곳에서 언급된 바와 같이 사회화 이론은 전반적으로 도덕성을 포함한 사회적 결과를 단일한 행동부류로서 다루었으며, 똑같은 메커니즘이 모든 영역의 발달을 지배한다고 가정했다. 이것이 적절치 않을 수도 있을 것이라는 암시는 사회화 중재의 효과가 비행의 성격에 따라 달라질 수 있다는 발견과 더불어 나타난다. 부겐탈(Bugental, 2000)은 행동의 부류 혹은 영역 간의 구분(예컨대 자원을 공유하고 상호 방어를 하고자 하는 목적에서 보호, 권위, 상호성, 혹은 연합 등을 강조하는 관계)을 요구하는 사회화에 관한 이해에 대해 진화론적 접근을 제안했으며, 각기 다른 메커니즘은 이들 각기 다른 영역에서의 발달을 지배한다고 주장한다. 이에 관한 탐구는 사회화 이론가들이 아동들은 어떻게 도덕적 인간으로 발달해 가는가에 관한 도전을 지속적으로 다루고자 할 때 의심의 여지없이 미래 연구활동의 한 특징이 될 것이다.

참고문헌

Allen, J. P., Moore, C., Kuperminc, G., & Bell, K.(1998). Attachment and adolescent psychosocial functioning. *Child Development, 69*, 1406−1419.

Ayllon, T., & Haughton, E.(1962). Control of the behavior of schizophrenic patients by food. *Journal of the Experimental Analysis of Behavior, 5*, 343−352.

Bandura, A.(1977). *Social learning theory*. Englewood Cliffs, NJ : Prentice−Hall.

Bandura, A.(1986). *Social foundations of thought and action : A social cognitive theory*. Englewood Cliffs, NJ : Prentice−Hall.

Bandura, A., Grusec, J. E., & Menlove, F. L.(1966). Observational learning as a function of symbolization and incentive set. *Child Development, 37*, 499−506.

Bandura, A., & Huston, A. C.(1961). Identification as a process of incidental learning. *Journal of Abnormal and Social Psychology, 63*, 311−318.

Bandura, A., & McDonald, F. J.(1963). The influence of social reinforcement and the behavior of models in shaping childrens' moral judgments. *Journal of Abnormal and Social Psychology, 67*, 274−281.

Bandura, A., & Walters, R. H.(1959). *Adolescent aggression*. New York : Ronald Press.

Bandura, A., & Walters, R. H.(1963). *Social learning theory and personality development*. New York : Holt, Rinehart, & Winston.

Bates, J. E., Dodge, K. A., Pettit, G. S., & Ridge, B.(1998). Interaction of temperamental resistance to control and restrictive parenting in the development of externalizing behavior. *Developmental Psychology, 34*, 982−985.

Bretherton, I., Golby, B., & Cho, E.(1997). Attachment and the transmission of values. In J. E. Grusec & L. Kuczynski (Eds.), *Parenting and children's internalization of values*(pp. 103−134). New York : Wiley.

Brody, G. H., & Flor, D. L.(1998). Maternal resources, parenting practices, and child competence in rural, single−parent African American families. *Child Development, 69*, 803−816.

Brody, G. H., & Shaffer, D. R.(1982). Contributions of parents and peers to children's moral socialization. *Developmental Review, 2,* 31–75.

Bugental, D. B.(2000). Acquisition of the algorithms of social life : A domain-based approach. *Psychological Bulletin, 126,* 187–219.

Bugental, D., & Goodnow, J. J.(1998). Socialization processes : Biological, cognitive, and social-cultural perspectives. In W. Damon(Ed.), *Handbook of child psychology*(vol. 4, pp. 389–462). New York : Wiley.

Bugental, D. B., Kaswan, J. W., & Love, L. R.(1970). Perceptions of contradictory messages conveyed by verbal and nonverbal channels. *Journal of Personality and Social Psychology, 16,* 647–655.

Cashmore, J. A., & Goodnow, J. J.(1985). Agreement between generations : A two-process approach. *Child Development, 56,* 493–501.

Chao, R. K.(1994). Beyond parental control and authoritarian parenting style : Understanding Chinese parenting through the cultural notion of training. *Child Development, 65,* 1111–1119.

Collins, W. A., Maccoby, E. E., Steinberg, L., Hetherington, E. M., & Bornstein, M. H.(2000). Contemporary research on parenting : The case for nature and nurture. *American Psychologist, 55,* 218–232.

Colder, C. R., Lochman, J. E., & Wells, K. C.(1997). The moderating effects of children's fear and activity level on relations between parenting practices and childhood symptomatology. *Journal of Abnormal Child Psychology, 25,* 251–263.

Cowan, P. A., Langer, J., Heavenrich, J., & Nathanson, M.(1969). Social learning and Piaget's cognitive theory of moral development. *Journal of Personality and Social Psychology, 11,* 261–274.

Crockenberg, S.(1978). Predictors and correlates of anger toward and punitive control of toddlers by adolescent mothers. *Child Development, 58,* 964–975.

Dadds, M. R., Sheffield, J. K., & Holbeck, J. F.(1990). An examination of the differential relationship of marital discord to parents' discipline strategies for boys and girls. *Journal of Abnormal Child Psychology, 18,* 121–129.

Deater-Deckard, K., Dodge, K. A., Bates, J. E., & Pettit, G. S.(1996). Physical discipline among African-American and European-American mothers : Links to children's externalizing behaviors. *Developmental Psychology, 32,* 1065–1072.

Deci, E. L., & Ryan, R. M.(1985). *Intrinsic motivation and self-determination in human behavior.* New York : Plenum Press.

Dienstbier, R. A., Hillman, D., Lehnhoff, J., Hillman, J., & Valkenaar. M. C.(1975). An emotion-attribution approach to moral behavior : Interfacing cognitive and avoidance theories of moral development. *Psychological Review, 82,* 299-315.

Dollard, J., Doob, W. L., Miller, N. E., Mowrer, O. H., & Sears, R. R.(1939). *Frustration and aggression*. New Haven, CT : Yale University Press.

Dornbusch, S., Ritter, P., Leiderman, P., Roberts, D., & Fraleigh, M.(1987). The relation of parenting style to adolescent school performance. *Child Development, 58,* 1244-1257.

Freedman, J. L.(1965). Long-term behavioral effects of cognitive dissonance. *Journal of Abnormal and Social Psychology, 1,* 145-155.

Freud, S.(1930/1955). *Civilization and its discontents*. London : Hogarth Press.

Freud, S.(1937). *New introductory lectures on psychoanalysis*. London : Hogarth Press and Institute of Psychoanalysis.

Gershoff, E. T.(2002). Corporal punishment by parents and associated child behaviors and experiences : A meta-analytic and theoretical review. *Psychological Bulletin, 128,* 539-579.

Goodnow, J. J., Miller, P. M., & Kessel, F.(Eds.). (1995). *Cultural practices as contexts for development*. San Francisco : Jossey-Bass.

Grusec, J. E.(1983). The internalization of altruistic dispositions : A cognitive analysis. In E. T. Higgins, D. N. Ruble, & W. W. Hartup(Eds.). *Social cognition and social development*(pp. 275-293). New York : Cambridge University Press.

Grusec, J. E.(1992). Social learning theory and developmental psychology : The legacy of Robert Sears and Albert Bandura. *Developmental Psychology, 28,* 776-786.

Grusec, J. E., Dix, T., & Mills, R.(1982). The effects of type, severity and victim of children's transgressions on maternal discipline. *Canadian Journal of Behavioural Science, 14,* 276-289.

Grusec, J. E., & Goodnow, J. J.(1994). Impact of parental discipline methods on the child's internalization of values : A reconceptualization of current points of view. *Developmental Psychology, 30,* 4-19.

Grusec, J. E., Goodnow, J. J., & Kuczynski, L.(2000). New directions in analyses of parenting contributions to children's acquisition of values. *Child Development, 71,* 205-211.

Grusec, J. E., & Kuczynski, L.(1980). Direction of effect in socialization : A comparison of the parent vs. the child's behavior as determinants of disciplinary techniques. *Developmental Psychology, 16,* 1-9.

Grusec, J. E., & Redler, E.(1980). Attribution, reinforcement, and altruism : A developmental analysis. *Developmental Psychology, 16,* 525-534.

Hastings, P. D., & Grusec, J. E.(1998). Parenting goals as organization of responses to parent child disagreement. *Developmental, Psychology, 34,* 465-479.

Hoffman, M. L(1970a). Moral development. In P. H. Mussen(Eds.). *Carmichael's manual of child psychology*(vol. 2, pp. 361–360). New York : Wiley.

Hoffman, M. L(1970b). Conscience, personality, and socialization techniques. *Human Development, 13*, 90–126.

Jensen, A. M., & Moore, S. G.(1977). The effect of attribute statements on cooperativeness and competitiveness in school–age boys. *Child Development, 48*, 305–307.

Kerr, M., & Stattin, H.(2000). What parents know, how they know it, and several forms of adolescent adjustment : Further support for a reinterpretation of monitoring. *Child Development, 36*, 366–380.

Knafo, A., & Schwartz, S. H.(2003). Parenting and adolescents' accuracy in perceiving parental values. *Child Development, 74*, 595–611.

Kochanska, G.(1997). Multiple pathways to conscience for children with different temperaments : from toddlerhood to age 5. *Developmental Psychology, 33*, 228–240.

Kochanska, G., & Murray, K. T.(2000). Mother–child mutually responsive orientation and conscience development : From toddler to early school age. *Child Development, 71*, 417–431.

Kuczynski, L.(1984). Socialization goals and mother–child interaction : Strategies for long–term and short–term compliance. *Developmental Psychology, 20*, 1061–1073.

Kuczynski, L.(Ed.).(2003). *Parent–child relationships as a dyadic process*. Thousand Oaks, CA : Sage.

LaVoie, J. C., & Looft, W. R.(1973). Parental antecedents of resistance–to–temptation behavior in adolescents. *Merrill–Palmer Quarterly, 19*, 107–116.

Lepper, M.(1983). Social control processes, attributions of motivation, and the internalization of social values. In E. T. Higgins, D. N. Ruble, & W. W. Hartup (Eds.), *Social cognition and social development : A sociocultural perspective*(pp. 294–330). New York : Cambridge University Press.

Loeber, R., & Stouthamer–Loeber, J.(1986). Family factors as correlates, and predictors of juvenile conduct problems and delinquency. In M. Tonry and N. Morris(Eds.), *Crime and justice*(vol. 7, pp. 219–339). Chicago : University of Chicago Press.

Maccoby, E. E., & Martin, J. A.(1983). Socialization in the context of the family : Parent–child interaction. In E. M. Hetherington(Ed.), *Handbook of child psychology*(Vol. 4, pp. 1–102). New York : Wiley.

Mancuso, J. C., & Lehner, R.(1986). Cognitive processes during reactions to rule violation. In R. D. Ashmore & D. M. Brodzinsky(Eds.). *Thinking about the family : View of parents and children*(pp. 67–93). Hillsdale, NJ : Lawrence Erlbaum Associates.

Miller, N. E., & Dollard, J.(1941). *Social learning and imitation*. New Have, CT : Yale University Press.

Miller, R. L., Brickman, P., & Bolen, D.(1975). Attribution versus persuasion as a means for modifying behavior, *Journal of Personality and Social Psychology, 31*, 430–441.

Morton, R., & Trehub, S.(2001). Children's understanding of emotion in speech. *Child Development, 72*, 834–843.

Nisbett, R. E., & Valins, S.(1971). *Perceiving the causes of one's own behavior*. Morristown NJ : General Learning Press.

Nucci, L.(1984). Evaluating teachers as social agents : Students' ratings of domain appropriate and domain inappropriate teacher responses to transgression. *American Educational Research Journal, 21*, 367–378.

O'Connor, T. G., Deater–Deckard, K., Fulker, D., Rutter, M., & Plomin, R.(1998). Genotype–environment correlations in late childhood and early adolescence : Antisocial behavioral problems and coercive parenting. *Developmental Psychology, 34*, 970–981.

Okagaki, L., & Bevis, C.(1999). Transmission of religious values : Relations between parents' and daughters' beliefs. *Journal of Genetic Psychology, 160*, 303–318.

Parpal, M., & Maccoby, E. E.(1985). Maternal responsiveness and subsequent child compliance. *Child Development, 56*, 1326–1334.

Paterson, G., & Sanson, A.(1999). The association of behavioural adjustment to temperament, parenting and family characteristics among 5–year–old children. *Social Development, 8*, 293–309.

Paterson, G. R.(1982). *Coercive family process*. Eugene, OR : Castalia Press.

Rothbart, M., & Bates, J.(1998). Temperament. In W. Damon & N. Eisenberg (Eds.). *Handbook of child psychology : Social, emotional, and personality development*(vol. 3, pp. 105–176). New York : Wiley.

Rothbaum, F., & Weisz, J. R.(1994). Parental caregiving and child externalizing behavior in nonclinical samples : A meta–analysis. *Psychological Bulletin, 116*, 55–74.

Rubin, K. H., Hastings, P. D., Chen, X., Stewart, S., & McNichol, K.(1998). Intrapersonal and maternal correlates of aggression, conflict, and externalizing problems in toddlers. *Child Development, 69*, 1614–1629.

Rudy, D., & Gruscc, J. E.(2001). Correlates of authoritarian parenting in individualist collectivist cultures and implications for understanding the transmission of values. *Journal of Cross-Cultural Psychology, 32*, 202–212.

Sears, R. R. (1941). Non-aggressive reactions to frustration. *Psychological Review, 48*, 343–346.

Sears, R. R. (1951). A theoretical framework for personality and social behavior. *American Psychologist, 6*, 476–483.

Sears, R. R., Maccoby, E. E., & Levin, H. (1957). *Patterns of child rearing*. Evanston, IL : Row Peterson.

Sears, R. R., Rau, L., & Alpert, R. (1964). *Identification and child rearing*. Stanford, CA : Stanford University Press.

Sears, R. R., Whiting, J. W. M., Nowlis, V., & Sears, P. S. (1953). Some child-rearing antecedents of dependency and aggression in young children. *Genetic Psychology Monographs, 47*, 135–234.

Siegal, M., & Barclay, M. S. (1985). Children's evaluations of fathers' socialization behavior. *Developmental Psychology, 21*, 1090–1096.

Siegal, M., & Cowen, J. (1984). Appraisals of intervention : The mother's versus the culprit's behavior as determinants of children's evaluations of discipline techniques. *Child Development, 55*, 1760–1766.

Smetana, J. (1997). Parenting and the development of social knowledge reconceptualized : A social domain analysis. In J. E. Grusec and L. Kuczynski (Eds.). *Parenting and the internalization of values : A handbook of contemporary theory* (pp. 162–192). New York : Wiley.

Smetana, J., & Asquith, P. (1994). Adolescents' and parents' conceptions of parental authority and adolescent autonomy. *Child Development, 65*, 1147–1162.

Smetana, J., & Berent, R. (1993). Adolescents' and mothers' evaluations of justifications for disputes. *Journal of Adolescent Research, 8*, 252–273.

Stice, E., & Gonzales, N. (1998). Adolescent temperament moderates the relation of parenting to antisocial behavior and substance use. *Journal of Adolescent Research, 13*, 5–31.

Trickett, P., & Kuczynski, L. (1986). Children's misbehavior and parental discipline in abusive and non-abusive families. *Developmental Psychology, 22*, 115–123.

Turiel, E. (1998). The development of morality. In W. Damon (Ed.), *Handbook of child psychology* (vol. 4, pp. 863–932). New York : Wiley.

van der Mark, I. L., Bakermans-Kranenburg, M. J., & van Ijzendoorn, M. H. (2002). The role of parenting, attachment, and temperamental fearfulness in the prediction of compliance in toddler girls. *British Journal of Developmental Psychology, 20*, 361–378.

Vuchinich, S., Emery, R. E., & Cassidy, J.(1988). Family members as third parties in dyadic family conflict : Strategies, alliances, and outcomes. *Child Development, 59,* 1293–1302.

Walters, G. C., & Grusec, J. E.(1977). *Punishment.* San Francisco : Freeman.

Zahn–Waxler, C., & Chapman, M.(1982). Immediate antecedents of caretakers' methods of discipline. *Child Psychiatry and Human Development, 12,* 179–192.

제10장

관계 속에서 가치 이해하기

양심의 발달

톰슨_Ross A. Thompson
메이어_Sara Meyer(캘리포니아 대학교 데이비스 캠퍼스_University of California, Davis)
맥긴리_Meredith McGinley(네브라스카 대학교_University of Nebraska)

양심은 어린 아동들이 일반화 가능한, 내적인 행동 표준과 일관되게 구성하고 행동하는 데 영향을 미치는 인지적 · 정의적 · 관계적 과정과 그 밖의 다른 과정들로 이루어진다. 어린 시기에서의 양심발달은 최근까지 도덕발달 연구자들에게 중심적인 관심사가 아니었다. 도덕적 성장에 대한 전통적 접근들(학습 이론과 피아제 및 콜버그에 의해 개척된 인지발달 관점의 접근법과 같은)은 어린 아동을 자기 중심적이며 인습 이전의 사고자로서, 그리고 다른 사람에 의해 제공되는 유인책과 제재에 따라 반응하는 자기 본위의 도덕가로서 묘사했다. 다른 사람과 좋은 관계를 유지하는 데 관심이 있는 나이 든 아동, 그리고 도덕적 이슈를 보다 넓은 윤리적 구조 내에서 고려하는 청소년과 대조적으로 어린 아동의 도덕성은 보상, 처벌, 복종에 의해 유도된 권위적 · 도구적 정향으로 간주되었다. 이러한 관점에서 보면 초기 아동기의 도덕성은 나중의 가치, 인간적 고려, 그리고 관계의 도덕성과 첨예하게 구분되었다.

그러나 발달과학자들이 초기 아동기의 사고와 추론에 관한 전통적 결론을 재검토하게 됨에 따라 그들 또한 도덕적 이해를 새로운 시각으로 바라보게 되었다. 어린 아동은 더 이상 자기 중심적인 존재로 간주되지 않고 다른 사람의 사고와 감정, 그리고 신념에 깊은 관심을 기울이는 존재로 간주되었으며, 마음의 발달 이론에 관한 연구는 어린 아동이 각기 다른 정신적 · 정서적 상태에 관하여 복잡한 추론을 한다는 것을 밝혀냈다(Wellman, 2002 ; Wellman, Cross & Watson, 2001). 어린 아동의 표준에 대한 민감성, 다른 사람의 욕구 · 의도 · 규칙에 관해 발달하는 개념, 그리고 행동적 기대에 관한 진술은 처벌을 초월하여 순응과 협동의 동기적 토대에 각각 서로 다르게 이바지한다. 그리고 발달 관계 이론은 긴밀한 관계를 통하여 어린 아동이 겪는 경험이 그 자신에 관한 관점, 도덕성 개념, 그리고 다른 사람과 협력하고자 하는 동기를 얼마나 의미 있게 형성하는지를 보여주는데, 특히 애착 이론은 이에 공헌한 바가 크다(Kochanska & Thompson, 1997 ; Maccoby, 1984 ; Thompson, Laible & Ontai, 2003). 종합해 보면 초기 아동기에서의 양심발달이 나중의 도덕발달과 상당부분 공통성을 공유한다는 것은 이제 점차 분명해지고 있다. 곧 관계적 · 인간적 · 타인지향적 도덕성의 토대는 학령기 이전에 등장한다.

초기 양심에 관한 새로운 연구는 또 다른 이유에서 중요하다. 나이가 좀 더 든 이후의 도덕발달에 관한 연구들이 주로 비행에 관한 아동들의 사회인지적 판단으로 초점을 좁히는 것과 대조적으로 양심발달에 관한 연구는 개념적 · 방법론적으로 많은 측면을 내포하고 있다(예컨대

Kochanska, Aksan & Nichols, 2003 ; Laible & Thompson, 2002 ; Smetana, 1997 ; Zahn-Waxler & Robinson, 1995). 예를 들면 이 영역에서의 연구는 행동 표준의 표현에서 인지적 성취뿐만 아니라 도덕적 정서의 발달(특히 공감뿐만 아니라 죄의식이나 수치심의 생기발랄한 감정을 이끌어내는 조건), 행동 자제력의 등장, 협동하고자 하는 동기에 관한 관계적 영향력, "도덕적 자아"의 등장(그리고 양심의 성장에 공헌하는 자각의 측면), 기질적 영향력 등을 탐구한다. 어린 아동의 도덕판단, 정서, 그리고 행동 순응을 연구함으로써 양심발달에 관한 연구자들은 초기 도덕발달의 연구에 반드시 필요한 외연(外延)을 가져다 준다(예를 들면 Grusec, Goodnow & Kuczynski, 2000 ; Harris & Nunez, 1996 ; Kochanska, Gross, Lin & Nichols, 2002 ; Lagattuta, 인쇄 중 ; Thompson 등, 2003 참조). 양심발달의 연구는 방법론적 창조성을 요구해 왔다. 이 분야의 연구들은 부모의 요구에 대한 어린 아동의 순응, 비행에 대한 아동의 행동적 · 정서적 반응에 관한 관찰과 유혹 과제에 대한 저항, 도덕적 일탈 및 순응과 관련되는 가설적 이야기들에 대한 반응, 초기 양심에 관한 부모의 질문서, 비행과 선행에 관한 부모-자녀의 대화 등을 사정하기 위해 실험실 절차의 도움을 받고, 또한 어린 아동이 직관적 도덕가로서 어떻게 이해하고 느끼며 반응하는지를 이끌어내기 위해 그 밖의 여러 가지 절차의 도움을 받는다. 초기 양심에 관한 연구는 개념적 외연과 방법론적 창조성을 통해 이른 시기의 도덕성의 토대를 검증할 것을 요구해 왔다.

우리의 목적은 이러한 새로운 발견을 차곡차곡 수집하는 것이며, 미래의 탐구를 위한 방향을 제시하는 것이다. 첫 번째 절은 초기 양심의 개념적 토대에 집중한다. 우리는 어린 아동이 행동 기대에 관한 그의 최초의 학습과 행동 표준에 관한 그의 표현에서, 그리고 표준의 위반에 대한 그의 민감성에서 어떻게 직관적 도덕가가 되는지를 고찰한다. 이들 연구결과로부터 등장하는 하나의 결론은 어린 아동들이 세상에서 기대할 만하고 규범적인 그들의 표현의 일부로서 행동 기대에 잘 적응하지만, 도덕 표준들이 그들에게 특수한 개념적 도전을 부과한다는 것이다. 정서는 도덕적 이해와 순응의 유력한 동기 요소이기 때문에 뒤이은 다음 절에서는 양심발달의 정서적 측면을 다룬다. 이것은 발달하는 자기 이해 및 자기 규제, 도덕적 정서 발달, 그리고 기질적 개성의 중요성과 양심발달과의 관계를 포함한다. 이들 문헌으로부터 등장하는 설명은 부모의 유인책과 제재에 의해 도덕성이 가르쳐지고 있는 것이 아니라, 오히려 어린 아동들은 발달하는 자기 인식과 타인과의 정서적 연계로부터 일어나는 유인책으로 인해 도덕적 이슈에 익숙하게 된다는 것이다.

따라서 세 번째 절은 양심발달에 대한 상관적인 공헌을 다룬다. 우리는 부모-자녀 관계의 정서적 특질의 중요성과 부모의 기대에 부응하고자 하는 어린 자녀의 동기에 대한 애착의 보호가 지닌 중요성을 고찰한다. 그때 우리는 통제와 훈육에 관한 부모의 전략을 좀 더 고찰하기 위해 상관적 영향력을 풀어헤쳐 보며, 그리고 이른 시기에 양심의 발달을 구체화하는 그 밖의 다른 영향을 검토한다(예컨대 Holden, Miller & Harris, 1999 ; Kochanska, Aksan & Nichols, 2003 ; Kuczynski, Marshall & Schell, 1997). 이들 문헌으로부터 등장하는 결론은 부모와의 협력적인 분위기를 유지하고자 하는, 그리고 성인으로부터 착한(그리고 유능한) 사람으로 인정받고자 하는 어린 자녀의 욕구를 포함하여 가족 사이에 존재하는 상관적 유인이 보상과 처벌보다 훨씬 더 중요하다는 것이다. 거꾸로 양심발달에 공헌하는 부모의 전략은 일관된 행동 표준의 확실한 강요 그 이상이며, 또한 자녀가 순수한 젊은 도덕가로서 발달하도록 돕는 정서, 대화, 그리고 예방적 노력과 관련된다.

결론에 해당하는 절에서 우리는 초기 양심발달에 대한 이들 새로운 관점이 도덕발달 이론과 연구에 대해 어떤 의미를 갖는지에 대해 보다 폭넓게 고찰한다.

양심의 개념적 토대

도덕발달에 관한 연구는 항상 아동들의 개념 발달과 밀접하게 연결된다. 왜냐하면 도덕성은 다양한 종류의 추론과 관련되기 때문이다. 예를 들면 도덕성은 행동 표준에 대한 이해와 개인적 행동에 대한 그의 적용을 수반하며, 특수한 맥락과 행위에 따른 제재와 보상을 보다 넓은 행위규칙으로 일반화하는 것과 관련된다. 도덕성은 타인들의 필요, 욕구, 그리고 관심에 대한 이해와 그것을 자기 자신의 것과 관계지우는 것을 요구하며, 그것은 또한 자신의 행위에 대한 다른 사람들의 반응을 예상하는 것을 요구한다. 도덕성은 많은 이해의 영역과 관련되며, 그리하여 양심발달에 관한 연구는 아동들의 개념적 성장을 검토하는 연구와 밀접하게 연관된다.

행동 기대에 관한 학습

양심발달은 아동의 행위에 따른 성인들의 제재(그리고 보상)가 정서적 · 행동적 결과를 초래하는 유아기에 그 기원을 두고 있다(Kochanska & Thompson, 1997). 예를 들면 12개월 된 유아는 과거의 불승인에 대한 단순한 연합학습 혹은 조건화된 반응, 그리고 그와 연합된 불확실성 혹은 불안감 때문에 금지된 행위(금지된 물건을 만지는 것과 같은)를 피한다. 아동은 어떤 행위가 불승인과 불안 이후에 일상적으로 수반되는지를 빠르게 학습한다. 그 결과 유아는 비슷한 상황에서 불확실성을 느끼며 금지된 행위를 억제하고자 한다. 두 살 정도에 이른 유아는 또한 벌을 받는 다른 사람으로부터 모방학습 때문에 불승인 방식으로 행동하는 것을 주저한다. 그러나 이들 경우에 어린 아동의 행동적 순응은 이전의 보상과 처벌로부터 발생하는 것이지 어떤 일반화된 가치에 대한 내적 의무감으로부터 나오는 것은 아니다. 따라서 이들 행위는 진정으로 "도덕적"이라 간주될 수는 없다. 비록 유아와 보행기 아이가 양심의 개념적 토대를 발달시키기 시작한다 하더라도—우리가 다음에 보게 되듯이—이들 토대는 진정한 도덕적 행위를 동기화시킬 정도로 충분하게 발달되지는 않는다.

그러나 이런 불승인과 보상에 관한 경험은 중요하다. 왜냐하면 불승인은 아동이 긴밀한 정서적 유대를 발달시키는 성인으로부터 나오기 때문이다. 따라서 부모의 불승인은 주의와 이해하고자 하는 노력을 이끌어내는 중요한 경험이다. 더군다나 부모의 행동 제재에 대한 유아의 경험은 태어난 첫 해 후기 무렵에 두드러지게 증가하는데, 이는 특히 자기 안에서 생기는 이동능력의 성장과 더불어 증가한다. 캠포스(Campos), 커모이안(Kermoian), 그리고 점바렌(Zumbahlen, 1992)은 일단 유아가 네 발로 기거나 포복하기 시작하면 목적달성이 더욱 가능해질 뿐만 아니라 위험한 혹은 불승인하는 방식으로 행동하며, 그리고 부모로부터 벗어나 이러저리 다니기 시작한다는 것을 발견했다. 결과적으로 부모는 아동의 행위를 더욱 적극적으로 관리하고, 점차적으로 금지와 제재를 사용하게 되며, 또한 이동결과에 따른 보다 큰 행동 순응을 기대한다고 보고한다(Biringen, Emde, Campos & Appelbaum, 1995 ; Campos, Anderson, Barbu-Roth, Hubbard, Hertenstein & Witherington, 1999 ; Campos 외, 1992). 따라서 부모에 대한 안정적 · 불안정적 애착도 같은 기간 동안(9개월부터 12개월)에 점차 강화되고, 유아는 점차적으로 자신의 행위와 의도가 애착 인물에 의해 좌절되고 불승인된다는 것을 인식하게 된다. 그러므로 어린 시절부터 아동은 행동에 따른 왕성한 관계적 동기의 맥락에서 행동 기대를 학습하며, 부모가 자녀의 행동을 관리하고 안내하는 방식은 아마도 그의 보다 넓은 관계 특질과 관련되는 것으로 보인다.

이들 경험은 유아가 다른 사람이 어떤 일에 대해 지니는 의도적 · 주관적인 정향은 그 자신의 것과 다를 수도 있다는 여명의 자각(dawning awareness)을 발달시킬 때에도 일어나기 때문에 양심발달에 중요하다(Tomasello, 1999 ; Tomasello & Rakoczy, 2003). 의사소통 제스처, 다른 사람과의 공동 관심을 이루기 위한 노력, 그리고 관찰학습을 통해 12개월 된 아동은 다른 사람도 생각이 있고 주관이 있는 파트너라는 자각을 드러낸다. 가장 광범위하게 연구된 이러한 자각의 표명 가운데 하나는 생후 첫 해 말기에 등장하는 사회적 참조(social referencing)이다(Baldwin & Moses, 1996 ; Feinman, Robert, Hsieh, Sawyer & Swanson, 1992). 사회적 참조는 보통 유아가 다른 사람에게서 발견하는 정서적 표현에 입각한 새로운 혹은 불확실한 상황에 반응할 때 목격된다. 곧 어린 아동은 예컨대 보호자가 걱정스럽거나 놀라워하는 기색을 보이는 새로운 상황에 조심스럽고 신중하게 반응한다. 비록 사회적 참조가 스스로 발한 정보 추구를 반영하는 것인지 아니면 정서적 공유, 안락 추구, 혹은 안정에 토대를 둔 행동의 다른 측면에 관한 상관현상인지에 대해서는 불분명하지만(Baldwin & Moses, 1996), 생후 첫 해 말기에 또 다른 상호 주관적 능력인 사회적 참조가 등장하는 것은 유아가 다른 사람으로부터 기인하는 정서적 정보를 훌륭히 사용하며 그것을 그 자신의 행동을 안내하는 데 활용할 수 있다는 것을 암시한다(Thompson, 1998a).

사회적 참조는 행동 기대에 관한 학습에서 중요하다. 왜냐하면 부모는 어린 자녀가 위험스러운 혹은 금지된 행위를 알지 못하거나 불명확한 상황에서 불안이나 불승인을 전달하기 때문이다. 아기가 다른 사람 집에 있는 고양이 변기를 향해 기어갈 때 어머니의 명령어 "아!"와 불안한 얼굴 표정은 이 행위에 유아를 위한 정서적 유의성을 부여하고 있으며, 이것은 부모의 정서적 단서가 명령어 및 행위와 더불어 수반될 때 더욱 영향력이 있게 된다. 게다가 조금 더 나이가 들면 사회적 참조는 부모와 자녀의 표정, 표현, 그리고 제스처의 교환을 통해서 허용 또는 금지된 행위에 대한 부모와 유아 사이의 비언어적 절충의 일부로서 자녀에게 신중하게 편입되기 시작한다. 부모를 향해 뒤를 힐끗힐끗 돌아보면서 비디오 카세트 레코드(VCR)를 향해 접근하는 손버릇이 나쁜 보행기 아이는 부모의 표현을 제재받는 행위에 관한 아동의 기대를 명료화하거나 확인하는 데에 가담시키고 있는 것이다(Emde & Buchsbaum, 1990). 엠디(Emde)와 그의 동료들에 따르면 이처럼 부모의 정서적 표현을 점검하고 또 점검하는 것은 어린 아동이 행동 표준이 충분하게 내면화되기 이전에 그의 행동을 외적인 정서적 단서와 신중하게 비교하게 되므로 자제력을 성장시키는 중요한 발단이 된다. 그후 아동들이 부모가 존재하지 않을 때 어떤 행위를 고려할 때 부모가 승인 혹은 승인하지 않았던 표현을 점진적으로 기억하고 내면화하게 됨에 따라 그들은 양심발달을 향한 하나의 길로서 "부재하는 부모를 참조"하게 된다(Emde, Biringen, Clyman & Oppenheim, 1991 ; Emde & Buchsbaum, 1990).

더 많은 연구가 유아와 보행기 아이의 행동 규제에 관한 이런 종류의 정서적 단서가 지니는 영향력을 명료하게 밝히는 데 노력을 기울여야 한다. 예를 들면 비록 상당한 연구가 유아는 걱정이나 불안의 정서를 표현하는 부모(혹은 또 다른 신뢰할 만한 보호자)가 존재할 때 행위를 금지한다는 것을 밝혀주고 있지만 많은 행동 기대는 화가 난, "경고하는" 어조의 맥락 속에서 전달된다. 매우 어린 아동이 성인의 목소리와 얼굴 표정의 운율에 따라—비록 이것이 부모의 행동 기대를 위반하는 맥락에 따라 분별적으로 야기되기 쉽지만—어떻게 반응하는지는 분명하지 않다. 또한 성인의 정서적 단서가 어린 아동에게 미치는 영향력이 어느 정도인지에 관해 더 많은 연구가 필요한데, 여기에는 어린 아동이 보호자의 정서적 표현에 내재되어 있는 정보를 통해서, 혹은 진행 중인 행위를 촉진시키거나 금지시키는 공명하는 정서의 각성을 통해, 혹은 그 둘 모두를 통해 행동을 변경하는지 어떤지에 관한 논쟁적인 이슈도 포함된다.

그러므로 생후 일 년 정도에 이르면 유아는 관계적 맥락에서 행동 기대를 학습하게 되는데, 관계적 맥락에서는 보호자의 정서적 단서가 성인은 주관적이고 의지를 지닌 동인이라는 자각과 더불어 성인의 불승인에 표준적인 정보적 가치와 행동적 유인책을 부여한다. 그러나 아동이 행동 표준을 보다 넓은 기대 및 가치에 관한 이해에서 내면화된 규칙으로 자리잡기 시작할 때까지 아동의 순종을 진정으로 본질상 도덕적인 것으로 간주하기는 어렵다.

행동 표준 표현하기

구성주의 이론가들이 주장하듯이 아동은 적극적인 경험의 해석자이다. 이는 아동이 부모에 의해 전달된 규칙과 가치를 대할 때 그렇다. 예를 들면 그루섹(Grusec)과 굿나우(Goodnow, 1994)가 언급한 것처럼 아동이 부모와의 훈육과정에서 전달된 가치를 내면화하는 여부는 주로 아동이 부모-자녀 관계의 일반적 특질뿐만 아니라 성인 교육의 적절성과 타당성, 부모 메시지의 명료성, 자녀에 대한 부모 행동의 정서적 효과(예를 들면 안전 혹은 자율의식에 대한 위협)를 어떻게 인식하는가에 달려 있다. 비록 그들의 분석이 나이 든 아동들에 초점을 맞추었지만(그들은 도덕적 사회화 연구의 전통적 초점을 유지하고 있다) 그것은 어린 아동들에게도 마찬가지이다. 예를 들면 우리가 예상하듯이 아동의 기질적 특질은 부모 훈육방법이 미치는 영향력을 조정할 수 있다. 어떤 아동은 특정한 훈육 교육에 대해 정서적·행동적으로 반응하는가 하면 또 어떤 아동은 부모-자녀 관계의 보다 넓은 특질에 반응한다. 이와 함께 어린 아동들이 외적 표준과 관련하여 욕망, 신념, 그리고 의도를 추론하는 방식에서 보이는 발달적 변화는 그들이 정신적으로 행동 기대를 표현하는 방식에 중요한 영향을 미친다.

아동들이 인간의 내적 상태에 관한 이해를 발달시키는 과정에 대한 연구 혹은 "마음 이론"은 어린 아동이 생후 첫 5년 동안에 행동의 심리적 원인에 대한 중요한 통찰을 성취한다고 밝히고 있다(Wellman, 2002 ; Wellman 외, 2001). 마음 이론은 의도, 욕망, 그리고 정서가 행위를 뒷받침한다는 여명 인식(dawning realization)으로 시작하는데, 그것은 생후 첫 18

개월 동안에 등장한다(예를 들면 Repacholi & Gopnik, 1997 ; Woodward, 1998). 이것은 정신적 세계에 관한 보다 풍부한 이해와 관련되는 "욕구 심리학" 발달의 토대를 제공한다. 그러므로 3세에 이르면 아동은 인간이 자신의 의도, 욕구, 그리고 감정에 따라 행동한다는 것을 이해한다. 그러나 이 연령의 아동은 아직 정신적 사건의 대표성을 파악하지 못하며, 그에 따라 사건에 관한 신념이 실재와 어떻게 불일치하는지에 관하여 쉽게 인식할 수 없다. 그러나 5세에 이르면 아동은 행동이 오류 신념(false belief)에 의해 동기화될 수 있다는 이해를 합병시키는 보다 적절한 "신념-욕구" 마음 이론을 재구성하게 된다(예를 들면 어느 누군가에 의해서 치워진 연필을 잘못 생각하고 서랍 속에서 찾고 있는 것). 이 연령의 아동은 또한 정서의 표현 규칙(감정에 관하여 다른 사람에게서 잘못된 신념을 생기게 하는)과 사회적 기만의 당연한 결과적 개념을 파악하기 시작한다. 마음 이론은 5세 이후에 관해서도 더 많은 성과를 내놓고 있다. 예컨대 프라벨(Flavell), 밀러(Miller), 그리고 밀러(Miller, 2002)가 언급한 바와 같이 마음의 구성주의 이론에 따르면, 아동은 정신적 과정(기대와 편견과 같은)이 어떻게 지식과 이해를 형성하게 되는지를 6세경에 이르러 판단하게 되며, 그리고 얼마쯤 이후에 아동은 배경과 경험에서의 개인적 차이가 거꾸로 정신적 상태에 영향을 미치는 심리적 특질을 어떻게 형성하는지를 알게 된다. 그럼에도 불구하고 생후 첫 5년은 다른 사람이 스스로 결정한 행동의 정신적 기원을 이해하는 순진한 심리학자로서의 어린 아동의 출현을 입증한다.

문제는 많은 행동이 스스로 결정되지 않는다는 것이다. 곧 선택은 인간에게 부과된 규칙과 의무, 그리고 금지에 의해 제한받는다. 흥미로운 최근의 한 분석에서 웰만(Wellman)과 밀러(Miller, 2003)는 **의무적 추론**

(deontic reasoning)—누군가가 해도 좋거나 해야만 하는, 혹은 하지 않는 것이 좋거나 해서는 안 되는 것과 관련된 사고—은 초기 아동기에서 마음 추론의 이론과 관련된 또 다른 중요한 심리적 이해의 측면이라고 주장하고 있다. 그들은 마음 이론과 같이 어린 아동이 의무를 매우 빨리 파악한다고 주장한다. 예컨대 한 연구에서 해리스(Harris)와 누네츠(Nunez, 1996)는 3세 아동들이, 비록 비슷한 기술적인 그러나 규범적이지 않은 격률("캐시가 자전거를 탈 때 그녀는 항상 헬멧을 착용한다")을 적용하는 데는 그렇게 능숙하지 못했지만, 규범적 규칙(즉 "엄마는 만약 캐시가 자전거를 타려면 반드시 헬멧을 착용해야 한다고 말한다")을 각기 다른 시나리오에 적절히 적용하는 데는 상당히 정확했다는 것을 보여주었다. 두 상황 간의 차이는 권위자가 관련되느냐 혹은 그렇지 않느냐와 더불어 금지된 행위와 허용된 행위—정형적인 행위와 비정형적인 행위보다는—가 나타나 있느냐 혹은 그렇지 않느냐와 관련된다. 이런 이유 때문에 의무는 어린 아동에게 특히 두드러지는데, 웰만(Wellman)과 밀러(Miller, 2003)는 아마도 의무가 3세 아동들로 하여금 오류 신념을 개념화하는 데 어려움을 갖도록 만드는 어쩔 수 없는 실재의 진실에 필적하는 필수적 특질을 지니고 있는 것 같다고 주장한다. 웰만(Wellman)과 밀러(Miller, 2003)는 의무의 경우에 어린 아동은 규칙이 파괴될 수 없으며 의무는 반드시 이행되어야 한다고 단언하는 경향이 있으며, 그것은 피아제(1965)에 의해 이미 오래 전에 어린 아동에게서 목격되었던 도덕적 절대주의와 비슷하다고 제안하고 있다. 피아제 자신이 언급한 바와 같이 규칙을 의무적인 것으로 받아들이는 아동의 이해는 이들 규칙이 부모에 의해 전달되는 방식과 관계없이 발달한다. 왜냐하면 어린 아동들은 규칙을 움직일 수 없는 사회적 실재(사건에 관한 신념) 및 의무(규칙에 관한 신념)에 관한 직

관적 추론에 편입시키기 때문이다.

어린 아동은 또한 각기 다른 의무 간의 영역을 개념적으로 구분한다. 성인은 도덕규칙(그것은 모든 상황에서 적용이 가능하며, 파기될 수 없다)을 사회인습적 규칙(그것은 몇몇 국부적인 경우에 적용이 가능하지만 다른 경우에는 그렇지 못하며, 부모와 다른 권위자에 의해 변경될 수 있다)과 쉽게 구별한다. 둘 다 어떤 의미에서는 의무적이지만 의무의 기원, 일반성, 그리고 강도에서 차이가 있다. 일련의 연구에서 스메타나(Smetana)는 어린 아동조차 사회적 규제를 수반하는 영역 간에 그러한 개념적 구분을 한다는 것을 보여주었다(Smetana, 1981, 1985 ; Smetana & Braeges, 1990). 그녀의 연구에서 2-4세에 이르는 아동들은 그들이 익숙했던 도덕적·사회인습적 규칙의 위반을 "나쁜 것"으로 기술했다. 그러나 비록 2세 아동들이 각기 다른 위반을 서로 구분하지 못했지만 3세와 4세 아동들은 사회인습적 위반보다 도덕적 위반을 보다 심각한 것으로, 그리고 훨씬 더 취소 불가능한 것(예컨대 "여기에 그에 관한 규칙이 없었다면 괜찮았을까?")으로 평가했다. 스메타나는 그러한 영역 구분이 또한 가정에서 부모의 사회화 전략에 통합된다는 것을 보여주었다(Smetana, 1989, 1997 ; Smetana, Kochanska & Chuang, 2000). 요약하면 어린 아동들은 의무적인 기대에 민감하며, 사회세계에 관한 그들의 사고에서 각기 다른 의무의 영역 사이를 구분한다.

신기하게도 어린 아동 또한 복잡한 사회적 상황에서 도덕적 표준과 사회인습적 표준 간의 상호작용에 관하여 정교한 판단을 내린다. 킬렌(Killen), 피사케인(Pisacane), 리 김(Lee-Kim), 아딜레이(Ardile-Rey, 2001) 그리고 테이머(Theimer), 킬렌(Killen), 스탱거(Stangor, 2001)는 각각 유치원 아동들이 또래집단 놀이에서 널리 알려진 성에 근거한 사회적 배제 시도(예컨대 인형놀이에서 소년을 배제하는 소녀들)를 어떻게 평가하는가를 사정했다. 그들은 비록 유치원 아동들이 성 배제가 인습적 고정관념에 기초하여 일어난다는 것을 인지하지만 또한 성에 근거한 배제에서 공정성을 우선적으로 고려한다는 것을 발견했다. 요약하면 그들은 사회인습적 규범과 도덕적 명령을 동등하게 취급하여 판단했다.

물론 양심과 도덕성이 단지 인지적 능력만은 아니다. 그것들은 순종과 위반 두 가지 모두에 의해 야기된 왕성한 정서와 관련된다. 라가투타(Lagattuta, 인쇄 중)는 인간이 순종할 때(그러나 자신의 욕구를 충족시키는 것을 방해하는) 혹은 인간이 위반할 때(욕구를 만족시키는) 나타나는 정서에 관한 아동의 이해를 탐구했다. 4-7세 아동과 성인을 대상으로 금지된 규칙과 갈등을 일으키는(예컨대 "당신은 길거리 안으로 들어가서는 안 된다") 어떤 방식으로 행위하고자 원하는(예컨대 볼을 회수하러 길거리 안으로 뛰어드는 것) 이야기 주인공이 어떤 느낌을 가질 것 같은가에 관하여 면담을 했다. 어린 아동과 대조적으로 7세 아동의 대부분과 성인은 그 이야기 주인공이 위반할 때 부정적인 혹은 혼합된 정서를 느낄 것이라고 예견했다. 물론 각각의 경우에 이야기 주인공은 볼을 회수하고자 하는 그의 밑에 깔려 있는 욕구의 만족과 불일치하는 방식으로 정서적으로 반응하고 있다. 대조적으로 어린 아동은 보다 부정적인 정서를 고분고분한 이야기 주인공에 귀인시켰으며, 보다 긍정적인 정서를 위반했던 사람에게 귀인시켰다. 어린 아동은 욕구와 관련된 도덕적 행위에 관한 미래의 결과를 고려하는 데 있어서 개인의 욕구 만족이나 좌절을 초월하여 바라보는 데 많은 어려움을 가지고 있었다. 그러한 관점은 아르세니오(Arsenio)와 그의 동료들의 결론과 일치하는바, 아동들은 가해자를 긍정적인 느낌으로 인식하는데, 그들은 희생자의 고통이 아니라 가해자의 욕구 만족에 초점을 두기 때문에 가해자의 비행에 관하여 긍정적인 인식을 갖는 것이다(Arsenio & Kramer, 1992 ; Arsenio & Lover, 1999). 라가투타(Lagattuta)가 언급한 바와 같이 현재의 욕구를 충족시킴으로써 나타날 미래의 결과를 고려하는 것은 도덕적 의무와 그 밖의 다른 행위를 고려할 때, 특히 나중의 결과가 현재의 욕구 만족과 정서적으로 갈등할 때 유치원 아동들에게는 하나의 개념적 도전이다. 그러한 결론은 어린 아동이 현재의 쾌락을 장기적인 목적이나 의무를 추구하기 위해 부정하기에는 어려움이 있다는 많은 연구결과들과 일치하고 있다.

어린 아동들이 일상의 삶을 특징짓는 규칙과 의무에 관하여 깊게 그리고 상당한 통찰력을 가지고 생각한다는 것은 이와 같은 연구들로부터 명백하다. 그들은 서로 다른 의무영역 간에 개념적 구분을 할 뿐만 아니라 그들은 복잡성과 범위에서 의미심장하게 발달하는 다른 사람의 욕구, 의도, 그리고 신념에 관한 표상의 맥락에서도 구분한다. 규칙, 기대, 그리고 표준의 형식을 띤 의무는, 비록 어린 아동은 흔히 그러한 규칙을 그 자신의 행위에 일관적으로 적용하거나 혹은 규칙을 위반함으로써 왕성한 현재의 의도와 욕구를 충족시킬 수 있을 때 그러한 규칙을 위반하고자 하는 성향에 저항하는 데 어려움을 갖지만, 어린 아동들이 세계가 어떻게 규범적으로 기능하는지를 이해하는 데 특별한 중요성을 지니고 있는 것으로 보인다. 그럼에도 불구하고 규칙은 그들에게 개념적으로 움직일 수 없는 구성 개념이며, 이런 방식에서 그들에게 출현하는 규칙의 개념화는 유아의 행동적 순종으로부터 유치원 아동의 내면화된 양심으로의 전이를 시작하게 만든다.

행동 표준에 관한 아동들의 발달하는 표상은 또한 어린 아동이 공통의, 재현하는 경험을 표현하고 이해하는, 그리고 그의 결과를 예견하는 보다 넓은 지식구조의 기본형 내에 새겨지기 쉽다. 이들 "원본"은 어린 아동으로 하여금 익숙한 경험을 포괄적으로 표현하고 그것을 다른 지식체계와 통합할 수 있도록 해줌으로써 사건 표상의 토대를 구성한다(Hudson, 1993 ; Nelson, 1978). 어린 아동에게 영향을 미치는 많은 도덕적·인습적 표준은 일상적인 사건과 관련되며 다음과 같은 맥락에서 반복적으로 전달된다. 곧 가정에서 위험한 물건을 만지지 못하도록 하는 금지, 일을 엉망으로 만들며 물건을 부수는 일로부터 회피하도록 하는 것, 기다림·공유하기·공격성·먹는 일과 관련한 자제력, 단순한 매너, 자기보호, 그리고 가족의 일상적인 일에 참여하기 등의 맥락에서 전달된다(Gralinski & kopp, 1993 ; Smetana 외, 2000). 따라서 행동 기대는 어린 아동의 초기 원형 지식체계 속으로 통합되기 시작하고 규범적 가치를 그 결과로서 가정하게 된다. 일이 어떻게 행해지는지에 대한(식사시간, 취침시간, 주간의 일상) 어린 아동의 이해는 이 상황에서는 어떻게 행동해야 하고 또 다른 상황에서는 어떻게 행동해야 하는지에 대한 표준을 포함한다. 게다가 어린 아동이 사건 각본을 일상적인 상황(식사시간 각본을 지난밤 저녁식사에서 일어났던 특수한 활동을 기술하기 위해 사용하는 것과 같은) 뿐만 아니라 새로운 상황을 표현하기 위해 활용하는 정도에 따라 그의 행동 표준에 관한 이해는 그의 기억과 표상 속에 은연중 함축되기 쉽다. 그러므로 모든 것을 종합해 볼 때, 어린 아동에게 행동 표준이 두드러지고 규범적 가치를 가정하는(즉 피아제의 도덕적 절대주의) 또 다른 이유는 행동 기대에 관한 초기의 이해가 일상적 사건의 규범적 구조에 관한 아동의 발달하는 표상 속으로 통합되기 시작한다는 데 있다. 우리가 어떻게 행동할 것인가에 대한 기대는 마치 다른 사람들이 이러한 전형적 상황에서 어떻게 행동할 것인가에 대한 기대와 똑같이 규범적이며 의무적인 것으로서 지각되기 시작할 것이다.

이 절에서 기술된 연구들이 예증하는 바와 같이 어린 아동의 행동 표준에 대한 표상의 본질을 유도해내는 데 관심을 가진 과학자들에게 상당한 연구의제들이 아직 그 결과가 밝혀지지 않은 채 남아 있다. 특히 어린 아동들이 행동규범을 익숙한 다른 규범적 사건(사회세계뿐만 아니라 자연세계의 사건을 포함하여)과 비교하여 어떻게 생각하는지를 이해하는 것, 그리고 그들의 도덕적·인습적 의무의 개념을 일관되지만 반드시 의무적일 필요는 없는(예컨대 일상적인 일) 사회적 사건과 비교하여 더 깊게 탐구하는 것은 중요할 것이다. 관계적 맥락, 곧 이들 표준이 어떻게 어린 아동에게 전달되는지, 그리고 부모-자녀 상호작용 속에 내재해 있는 순종에 대한 정서적 유인책을 고려하면서 어린 아동의 규범적 의무의 개념을 연구하는 것은 특히 중요할 것이다. 스메타나(Smetana)의 연구가 암시하는 바와 같이 아동은 보호자와의 상호작용 속에서 사회적 의무의 영역에 관한 상당한 지식을 전유한다. 그러나 보호자는 어린 자녀에게 규범적·의무적 특질에 대한 자녀의 신념에 공헌하는 방식으로 그들의 행동 기대를 전달하는가?

표준에 대한 민감성

만약 어린 아동들이 그들의 세계에서 행동 표준을 뒷받침하는 의무를 포함하여 규범적인 것에 대한 정신적 구조를 창조하고 있다면 이러한 경향성은 또한 그 밖의 다른 방식에서도 명백해야만 한다. 카간(Kagan, 1981, 인쇄 중)은 어린 아동이 생후 2년째 말에 직면하는 표준 위반에 대해 강화된 민감성을 발달시키며, 그것은 명백하게 망가진 혹은 손상된 대상에 대한 그의 반응에서 뚜렷하다고 주장했다. 그는 이 기간 동안에(그러나 그 이전은 아니고) 아동이 애초의 원형 표준이 위반되었을 때, 곧 의복의 떨어진 단추, 찢겨져 나간 책장, 마루 위의 쓰레기, 부서진 장난감 혹은 흐트러진 물건을 주목할 때에 관심을 갖기 시작한다고 주장한다. 카간(Kagan)은 그의 연구에서 19개월 된 아동들—그러나 14개월 된 아동들은 그렇지 않았다—이 부서진 장난감에 대해 목소리로(예컨대 "그것은 망가졌다") 아니면 낙담한 표현과 확실한 걱정으로 관심을 표현한다는 것을 발견했다(Lamb, 1993도 볼 것). 카간은 이러한 현상을 점차 등장하는 도덕관념으로 해석했다. 왜냐하면 각 사건은 부서진, 망가진, 손상된 대상에 대한 제재를 통해 부모에 의해 전형적으로 강요된 암묵적인 규범이나 표준을 위반했기 때문이다. 어떤 의미에서 보면 이 연령의 아동들은 부모로부터 받아왔던 특정한 표준으로부터 일반화된 내면적 규범을 창조한 것이다. 더구나 이 연령의 아동들은 또한 무의식적으로 인간의 고의성(human intentionality)을 이들 위반으로 귀인시킨다. 곧 어느 누군가가 그 흠에 대해 책임이 있다고 추론하게 되며, 그것은 또한 이들 반응의 도덕적 관련성을 높이는 데 기여한다(Kagan, 4월 3일, 2003, 개인 간의 정보교환).

코찬스카(Kochanska), 캐시(Casey), 그리고 후쿠모토(Fukumoto, 1995)는 다소 나이가 든 아동들(26-41개월)을 대상으로 한 연구에서 이 관점을 좀 더 깊게 탐구했다. 아동들에게 한 장난감은 완전하지만 다른 장난감은 결점을 가지고 있는(예컨대 찢긴 천의 곰, 찢어진 혹은 얼룩진 담요) 장난감 쌍을 제시한 후 그들의 반응을 관찰했다. 코찬스카와 그녀의 동료들은 아동들이 결점을 가지고 있는 대상에 대해 이런저런 말을 하면서

(예컨대 "깨졌다", "나는 싫어", "똑바로 고정해"), 그리고 그것을 수선하고자 시도하면서 상당히 높은 관심을 보였다고 보고했다. 몇 주 후에 아동들로 하여금 그들이 책임이 있다고 믿을 수밖에 없는 일련의 조작된 사고를 실험실에서 목격하도록 했으며, 이후의 그들의 후속적인 정서적 반응과 이를 복구시키고자 하는 반응을 관찰했다. 앞서 결점을 가진 대상에 대하여 커다란 민감성을 보였던 소녀들은 또한 그 사건에 대해 커다란 관심과 고통으로 반응했으며, 소년들에게 있어서는 그러한 반응이 더 약하게 나타났다. 이러한 연구결과는 코찬스카와 그녀의 동료들로 하여금 이들 반응이 옳고 그름의 의식으로 유도하는 내면적 표준의 체계가 점차 등장하고 있다는 것을 반영한다는 결론으로 나아가도록 했다.

따라서 어린 아동들의 규범적 행동 표준에 대한 의무감은 일상적인 대상의 보전과 관련한 규범적 표준에 대한 보다 넓은 민감성의 일부일 수 있다. 더군다나 똑같은 경향성이 또한 자아 인식에서도 명백하게 나타난다. 곧 18개월 혹은 19개월 된 아동들은 코 위의 연지 반점에 대해 당혹스럽게 반응하는 반면에 더 어린 아동들은 그렇지 않았는데, 이는 그들의 규범적인 신체적 외모에 대한 내면적 표준을 반영하는 것이다(Lewis, 2000 ; lewis & Brooks-Gunn, 1979). 그러나 카간(Kagan)에 의해 확인된 표준에 대한 민감성이 진정한 도덕의식을 반영하는 것인지, 혹은 대신에 본질적으로 반드시 도덕적일 필요는 없는 규범적 표준의 적용인지를 확증하기 위해서는 더 깊은 연구가 필요하다. 비록 어린 아동들이 손상이 있었던 대상에 흥미를 갖고 관심을 기울인 것은 분명하다 하더라도(특히 비교할만한, 전혀 흠이 없는 대상이 같이 제시될 때) 어떤 연구자들도 아직까지 모범과는 다른, 그러나 손상을 입지 않은 다른 대상에 대한 아동들의 평가적 반응을 검토하지 않았다. 그렇게 하기 위해서는 어린 아동들의 완전무결한 대상 및 손상을 입은 대상에 대한 반응과 표준에서 벗어난, 그러나 손상을 입지 않은 대상에 대한 그들의 반응을 비교하는 것은 중요할 것이다(예컨대 온전한 컵 및 깨진 컵을 바닥에 예쁜 구멍이 나 있는 컵과 비교하기, 온전한 담요 및 찢겨진 담요를 사각형보다는 팔각형 담요와 비교하기). 비록 그들의 정서적·평가적 반응에 대해서는 아직까지 사정해 보지 않았지만 2세 정도의 아동들은 기능적 디자인에서의 이들 차이에 상당히 민감하다(Kemler Nelson, Herron & Morris, 2002 ; Kemler Nelson, Holt & Chang Egen, 2003). 만약 2세 아동들이 손상되지 않은, 그러나 단순히 비정형적인 대상에 대해 "몹시 싫다"는 말과 함께 정서적 관심을 가지고 반응한다면, 표준에 대한 그들의 초기 민감성은 그들이 익숙한 대상에 대해 지닌 규범적인 것에 그들의 우선권을 부여하고 있음을 반영하는 것이라고 할 수 있다. 이것은 코찬스카(Kochanska)와 동료들(1995)의 연구결과에 의해 제시된 바와 같이 나중에 유치원 시기에 이르러서야 의심할 여지없이 도덕적 민감성으로 발달해 간다.

요약

변화하는 경험세계 안에서 예견 가능한 항상성에 대한 그들의 연구(피아제가 주장했던 연구는 초기 인지적 성장의 많은 부분을 묘사하고 있다)에 따르면 어린 아동은 애착 인물로부터 행동 기대에 관하여 학습한다. 어린 아동이 움직이기 시작하자마자 이들 기대는 신체적 간섭, 정서적 표현, 그리고 일상의 경험 속에 통합되고 또한 아동의 전형적인 사건 표상 속으로 통합되기 쉬운 말을 통해 전달되기 시작한다. 만약 어린 아동의 의무론적 추론에 관한 현대적 설명(Wellman & Miller, 2003)과 학령 전 아동의 도덕적 절대주의에 관한 전통적 설명(Piaget, 1965)이 옳다면 어린 아동은 이들 기대와 표준을 규범적 의무로서 간주하기 시작한다. 개인적 외모(코 위의 연지)에 대한 모독과 대상들을 보전하고 손상되지 않도록 존속시키는 것과 관련한 기대의 위반에 대해 감정적으로 반응하는 것과 거의 유사한 방식으로 어린 아동들은 행동 표준을 규범적 실재를 기술하는 것으로, 또한 그럼으로써 그것이 어쩔 수 없는 의무적인 것이며, 위반은 이해관계의 원천이라고 간주한다. 이것은 특히 어린 아동들이 일찍 사회인습적 규범과 구분하는 도덕적 의무에 있어서 그렇다. 그럼에도 불구하고 어린 아동들은 현재뿐만 아니라 미래의 맥락(즉 현재의 결과뿐만 아니라 나중의 결과)에서 행동을 인식하는, 그리고 도덕적 갈등에서 다양한 행동을 동기화시키는 욕구를 이해하는 어려움 때문에 의무론적 의무에 의해 개념상으로 도전을 받는다.

또 다른 도전은 초기의 의무론적 이해가 쉽게 도덕적 순응으로 환원되지 않는다는 것이다. 어린 직관주의 도덕가는 상관하는 사람들의 행동 기대와 (때때로) 협력하고자 하는 그들의 욕구를 이해하고자 하는 그 아동의 강력한 노력에도 불구하고 날마다 의무가 반드시 순응으로 이어질 필요는 없다는 실재에 직면한다. 그리고 미래의 결과는 자존심을 위협할지도 모르는 애착 인물로부터의 불승인과 마찬가지로 중요하다. 도덕적 순종의 이러한 정서적 차원은 부모의 가치를 획득하며 순응하는 데에 대한 중요한 동기이므로 우리는 이제 다음 차례로 양심발달에 관한 정서적 영향력을 고려하도록 하겠다.

양심과 정서

비록 나이가 든 아동들의 도덕판단 발달에 대해 상당한 관심이 있어왔지만 연구자들은 양심발달이 단순한 개념적 이해 그 이상이라는 것을 인정한다(예를 들면 Barrett, 1998 ; Kochanska, 2002a ; Laible & Thompson, 2002 ; Stipek, 1995). 도덕성은 자기 이해, 그리고 계속 발달하는 아동이 자기 자신을 인식하는 방식으로부터 발생하는 협동과 순종에 대한 동기와 타인들로부터 평가받고자 하는 욕망과 관련된다. 도덕적 순종은 또한 긍지, 죄의식, 수치심, 그리고 때때로 부모의 불승인으로부터 생기는 정서를 회피하기 위해 협력을 동기화시키는 공감과 같은 강력한 도덕적 정서의 협조를 얻는다. 그리고 기질적 개성은 양심발달에 관한 이들 정서적 영향에 대해 아동의 감수성을 조정하는 중요한 요소이다.

발달하는 자기 이해와 자기 규제

어린 아동은 자신을 인과적 행위자(causal agent)로서 이해하고 자신을 평가의 대상으로서 간주할 수 있을 때까지는 도덕적으로 행위할 수 없다. 게다가 도덕발달은 아동의 발달하는 자기 규제 능력과 타인의 눈에 받아들여질 수 있는 존재로서 평가받고자 하는 욕망과 어울려 증진한다. 사실 코찬스카(Kochanska, 2002a)는 발달하는 도덕적 자아가 초기 아동기에서 도덕적 행위를 안내한다고 제안했다. 이런 방식으로 양심의 성장은 자기 이해 및 자기 규제의 발달과 밀접하게 관련된다.

유아조차도 인과적 행위자로서 자신을 경험할 수 있지만 도덕성과 가장 관련된 자기 이해의 증진은 생후 2년째와 3년째에 일어난다. 예를 들면 생후 2년째 말기와 3년째 초기에 보행기 아이들은 다음과 같은 명백한 자기 표상에 관한 많은 징후를 보이는바, 여기에는 그들의 언어적인 자기 참조적 행동("나를 크게 해줘!", Bates, 1990 ; Stern, 1985), 지원을 거부함으로써 독립된 행위자로서 능력과 책임감을 주장하고자 하는 노력(Bullock & Lutkenhaus, 1990 ; Heckhausen, 1988), 자신들에게서 단순 감정 확인하기(Bretherton, Fritz, Zahn-Waxler & Ridgeway, 1986), 성에 따라 그리고 그 밖의 다른 방식으로 자아 기술하기(Ruble & Martin, 1998), 그들의 행동이 다른 사람들에 의해 어떻게 간주되는지에 대한 점증하는 관심(Emde & Buchsbaum, 1990 ; Stipek, Recchia & McClintic, 1992) 등이 포함된다. 어린 아동들은 달리 말하면 자신을 보다 다차원적이고 평가적인 방식으로 간주하기 시작하며, 그들이 유능하고 책임 있는 사람으로서 인식되도록 노력하는 것과 같이 다른 사람들이 그들을 평가의 대상으로서 어떻게 간주하는지 이해하는 데 관심을 점차 발달시킨다(William James의 대상으로서의 자아). 이러한 자기 표상에 관한 명백한 특징은 어린 아동들이 타인들의 평가에, 그리고 그러한 평가로부터 나오는, 또한 다른 사람들이 승인하는 방식에서 행동하도록 그들의 동기에 이바지하는 감정(긍지와 죄의식과 같은)에 민감하도록 하게 하는 원인이 된다.

어느 정도 이후, 곧 생후 4년째와 5년째에 어린 아동은 보다 명백한 성격학적 용어로 그 자신을 인식하기 시작한다. 확실히 어린 아동들은 흔히 자신의 자발적인 자기 묘사에서 구체적인, 관찰 가능한 특징과 행위 경향성(예컨대 "나는 크고, 나는 빨리 달릴 수 있다", Eder, 1989, 1990)에 의존하지만 그들은 또한 퍼스낼리티 자기 묘사와 같은 심리적 특질 용어(예컨대 "나는 때때로 버릇이 없지만 어른과 잘 지낸다", Eder, 1989, 1990)를 사용할 수 있다. 이것은 어린 아동의 자기 존중에 관한 아주 초기의 묘사와 정반대로 학령 전 아동이 자신을 다른 사람과 비교하는, 그리고 그로부터 자기 이해가 발생하는 성격학적 방식에서 자신을 생각한다는 것을 시사한다. 비록 어린 아동의 자기 묘사는 최소한 부분적으로는 그의 부모에 의해 자신이 어떻게 인식 또는 묘사되는지로부터 유래한다고 가정하는 것이 적절하다 하더라도, 학령 전 아동의 심리적 자기 귀인에 관한 본질과 영향력에 관한 보다 많은 연구가 필요하다(Eder & Mangelsdorf, 1997). 이것은 특히 양심발달과의 관계에서 중요하다. 왜냐하면 아동이 그 자신을 버릇 없는 자 혹은 교양 있는 자로 어떻게 인식하는가는 도덕적으로 관련된 행동에서 동기적으로 중요하며, 그리고 부모-자녀 관계와 부모의 자녀에 관한 평가에 중요한 방식으로 연결되기 때문이다(Kochanska, 2002a).

자기 이해에서의 이러한 증진은 한 도덕적 존재로서의 아동의 발달에 공헌할 뿐만 아니라 자기 통제 및 자기 규제의 성장을 위한 발판을 제공한다(Kopp, 1982, 1987 ; Kopp & Wyer, 1994). 콥(Kopp)이 언급했듯이 자기 규제는 초기 몇 년 동안에 힘든 과정을 거쳐 발달한다. **자기 규제**(self-regulation)는 다음과 같은 내용을 수반한다. 곧 보호자로부터 학습한 행동 표준을 기억하며 일반화하는 능력의 발달, 자율적·기능적 인간으로서 자기 자각의 성장, 기억된 부모의 지침으로부터 나오는 행동을 자기 주도적으로 변경할 수 있는 능력 발달시키기, 그리고 다양한 상황에서 점차적으로 이들 지침에 따라 자신의 행동을 계속적으로 조절하는 능력 등이다. 이는 복잡한 성취이며 앞선 검토와 일치하는 것으로, 콥

(Kopp)에 따르면 유능한 자기 통제를 위한 능력은 다소 늦게 등장하는 자기 규제적인 능력과 함께 세 살 때 성취된다. 이러한 관점은 자기 규제의 기초적인 능력이 학령 전 시기 동안에 전두엽의 발달과 더불어 등장한다고 제안하는 발달 신경과학의 관련 문헌들과 함께 행동적 · 정서적 · 주의적 자기 규제에 관한 주목할 만한 연구와도 일치한다(Shonkoff & Phillips, 2000). 비록 자기 관리와 관련하여 아직 발달해야 할 것이 많지만 5세에 이르면 주의에 초점을 맞추고, 충동을 통제하며, 그리고 정서를 관리하는 전략을 편입할 수 있는 능력이 2세 때보다 훨씬 더 발달한다. 물론 이것은 외적인 혹은 내면화된 행위 표준을 따를 수 있는 어린 아동의 능력이 또한 초기 아동기에 의미 있게 발달하며, 동시에 상관 있는 사람들에게 협력하고자 하고 기쁘게 해주고자 하는 학령 전 아동의 동기가 또한 성장하고 있다는 것을 의미한다.

도덕적으로 관련된 정서의 발달

도덕적으로 유순한 행동에 대한 강력한 동기 요인 중 하나는 협력적 · 비협력적인 행위로부터 발생하는 원기왕성한 정서이다. 생후 2년째와 3년째에 이르면 어린 아동들은 앞에서 기술되었던 자기 표상(self-representation)과 관련한 여러 진보들과 더불어 심리적으로 자기 참조적 정서, 곧 긍지, 수치심, 죄의식, 당혹감 등을 나타내 보이기 시작한다(Barrett, 1998 ; Barrett, Zahn-Waxler & Cole, 1993 ; Lewis, 2000). 죄의식은 가장 광범위하게 연구되어 왔다. 한 중요한 연구에서 코찬스카(Kochanska)와 동료들(2002)은 아동들이 실험자의 특수 장난감을 손상시켰다고 믿게 하는 조작된 사건들과 관련되는 실험상황을 중심으로 22개월, 23개월, 그리고 45개월 된 아동들이 보이는 정서적 · 행동적 반응을 관찰했다. 아동들은 각 연령에서 관심과 고통을 보였다. 이들 반응에서의 개인 차이는 시간이 지나도 안정적이었으며, 규칙에 대한 순응, 이야기 완성 반응에서의 도덕적 주제, 아동이 스스로 보고한 도덕적 행동(Kochanska의 도덕적 자아)을 포함한 56개월 때의 일련의 양심평가를 적절히 예보했다(특히 45개월 연령). 게다가 각 연령에서 보다 큰 죄의식을 보였던 아동들은 기질적으로 두려움을 더 많이 타며, 그들의 어머니들은 훈육장면에서 지배력 행사를 덜 사용한 것으로 밝혀졌다. 이들 발달 연구결과는 자녀의 죄의식 발달에 관한 어머니들의 보고와 일치하며, 이 기간 이후 죄의식의 정서적 · 행동적 발현에서 중요한 성장이 이루어짐을 보고한다(Kochanska, DeVet, Goldman, Murray & Putnam, 1994 ; Stipek, Gralinski & Kopp, 1990 ; Zahn-Waxler & Robinson, 1995).

마치 성인을 바라보고 미소를 지으며 재롱에 주목하도록 하는 것이 성공의 단순한 기쁨(긍지)을 수반하는 것처럼 또한 성인의 불승인으로 인해 보행기 아이가 경험하는 당혹감은 점차 보호자의 동의(수치심)를 회피하고자 하는 혹은 잘못을 수정하고자 하는(죄의식) 노력으로 발달해 간다. 이들 사례가 보여주듯이 이러한 도덕적으로 관련된 정서들은 이른 시기에 사회적으로 발현되는데, 스티펙(Stipek, 1995 ; Stipek 외, 1992)이 언급했듯이 아동의 행동에 대한 부모의 반응이 결정적이다. 행동 기대에 그들의 자녀가 따르거나 그렇지 않을 때 부모가 보이는 반응을 통해 부모는 승인 혹은 불승인에 관한 명확한 표현을 제공할 뿐만 아니라, 그 사건에 관한 어린 자녀의 해석을 인지적으로 구조화한다. 부모는 자신들의 반응을 이전에 전달했던 표준("너는 네 여동생을 때릴 만큼 어리석지 않다")과 명시적으로 연계시킴으로써, 책임의 뚜렷한 귀인을 연상시킴으로써("너는 왜 네 여동생을 때렸니?"), 그리고 가끔은 자기 참조적 평가와 정서를 야기함으로써("나쁜 녀석!") 구조화한다. 이것은 자녀의 행동, 다른 사람들에 대한 결과, 부모의 반응 등과 도덕적 정서에 관한 경험 간의 인과적 연합이 심리적으로 복잡하며, 따라서 항상 어린 자녀들에게 개념적으로 명료하지만은 않기 때문에 중요하다. 긍지, 수치심, 그리고 죄의식(그리고 그 밖의 다른 정서)의 감정을 뚜렷이 유발시킴으로써, 그리고 이들 인과적 연합을 분명하게 형성하도록 해주는 언어적 반응을 제공함으로써 상당한 정도의 도덕적 및 정서적 사회회가 이른 시기에 부모-자녀 관계에서 일어난다.

부모의 인지구조는 중요하다. 왜냐하면 부모는 사건에 대해 자녀와는 다른 해석을 제공할 것이기 때문이다. 4살짜리 아동이 갖고 싶어하는 장난감을 가지고 형제자매와 싸우는 것은 누구의 욕망이 더 우세한가에 관한 분쟁이며, 각 아동에게 있어서 개인적 권리의 침해는 현저한 문제로 등장한다. 그러나 부모가 한 자녀 혹은 두 자녀의 행동을 승인할 때 그 분쟁은 보다 넓은 도덕적 차원의 양상을 띠게 되며, 그 사건에 관한 부모의 이해는 자녀 자신의 것과 중대하게 다르기 쉽다. 비록 이와 같은 훈육에 수반하여 일어나는 고양된 정서들이 자녀가 부모의 메시지를 처리하고 이해하는 깊이를 훼손시킬 수도 있겠지만, 그 사건에 관한 자녀의 경험과 성인이 전달한 그에 관한 해석 사이의 차이는 어린 자녀들에게 개념상으로 자극적이 되기 쉽다. 일어난 것을 해석하는 데 있어서(때로는 부모와의 후속적인 대화의 맥락에서) 어린 아동들은 똑같은 사건에 대하여 불일치하는 정신적 표상들에 직면할 뿐만 아니라, 성인의 도덕판단 아래에 놓여 있는 귀인과 평가에 대한 보다 큰 통찰을 획득하게 된다.

우리가 앞으로 보게 되듯이 부모가 어린 자녀와 비행에 관하여 이야기하는 방식—그 사건이 발생한 한참 이후에—은 어린 아동들의 양심 및 정서 이해의 성장과 연련된다(Thompson 외, 2003, 참조). 더 나아가 이들 대화에서 부모는 사건에 대해 승인이나 불승인으로 반응하기 때문에 그들의 어린 자녀를 행동에 대한 도덕적 해석뿐만 아니라 문화의 체계 속으로 편입시키게 된다. 예컨대 밀러(Peggy Miller)와 그녀의 동료들에 따르면 중국과 미국의 어머니들은 자녀의 비행을 그 자녀의 면전에서 매우 다르게 표현한다. 미국의 어머니들은 자녀의 비행을 힘이 넘치거나 짓궂음 탓으로 돌리는 경향이 있는 반면에, 중국 어머니들이나 중국계 미국인 어머니들은 비행에 내재되어 있는 창피함을 더욱 강조하는데, 이는 그들의 문화적 가치와 서로 일치한다(Miller, Fung & Mintz, 1996 ; Miller, Potts, Fung, Hoogstra & Mintz, 1990).

비록 죄의식, 수치심, 긍지와 같은 도덕적 정서의 등장이 어린 아동들의 표상적 자기 인식(representational self-awareness)의 성장을 조건으로 할지라도, 그 결과로 이들 정서가 유발되는 사회적 맥락은 자기 이해(self-understanding)의 성장을 구체화한다(Barrett, 1995 ; Dunn, 1987). 특히 책임에 관한 강력한 부모의 메시지와 행동의 결과는 그것들이 연합되는 왕성한 자기 참조적 정서와 함께 어린 아동들에게 있어서 중요하고도 기억할 만한 경험이다. 이런 경험이 그 아동의 자서전적인 기억과 자기 참조적 신념에 통합되기 시작하면서 도덕적 평가는 아동들이 자신을 바라보는 방식과 다른 사람과 관계하는 방식 및 의미 있는 사람과 관계맺는 방식을 이해하는 일부로 자리잡기 시작한다.

공감 또한 초기 아동기에 등장하는 도덕적 행위를 위한 또 다른 정서적 원천이다. 상호 주관적인 이해에서의 그 밖의 다른 진전과 더불어 공감능력은 두 살 때 나타나며, 초기 아동기에 정서 이해의 성장과 함께 지속적으로 발달한다(Thompson, 1998b ; Zahn-Waxler, 2000 ; Zahn-Waxler & Radke-Yarrow, 1990 ; Zahn-Waxler & Robinson, 1995). 그러나 다른 사람의 고통, 두려움, 분노의 모습과 목소리는 어린 아동들에게 동기적으로 복잡한 사건이다. 그것은 공감적인 감정과 친사회적 기상으로 유도할 수도 있을 것이다. 그러나 어린 아동들은 또한 고통 속에 있는 다른 사람을 무시하고, 비웃고, 공격할 수도 있으며, 아니면 제한된 사회적 이해뿐만 아니라 그들 자신의 정서적 안정에 대한 위협 때문에 자신들에 대한 안락함을 추구할 수도 있다(Cummings & Davies, 1994, 참조 ; Davies & Cummings, 1994). 결과적으로 성인들이 다른 사람에게서 목격하고 있는 정서를 아동이 이해하도록, 특히 인과관계와 책임을 명료화함으로써 돕는 인지구조를 제공할 수 있을 때 원래 그대로의 순수한 공감적 각성은 다른 사람을 향한 친사회적 기상으로 편입될 수 있으며, 그 아동이 다른 사람에게 고통을 안긴 가해자일 때 죄의식으로 편입될 수 있다(Zahn-Waxler, 2000 ; Zahn-Waxler & Radke-Yarrow, 1990 ; Zahn-Waxler, Radke-Yarrow, Wagner & Chapman, 1992). 이에 비추어 볼 때 공감 그 자체는 어린 아동들에게서 도덕적 감정을 확실하게 유도해내지는 않는다. 그러나 인과관계와 책임에 관한 성인으로부터 전달된 구성 개념의 맥락에서 공감적 각성을 경험하는 것은 어린 아동의 도덕적 정서와 친사회적 반응의 유도자가 될 수 있다.

기질의 개인적 특성

기질은 초기 도덕적 순응의 저변에서 서로 다른 동기의 통로를 예증해 주는 양심에 대해 잠재적으로 중요한 발달적 영향력을 지니고 있다. 서로 다른 기질적 개요를 가진 어린 아동들이 내면화된 행동 통제를 발달시킨다는 인식은 달리 말하면, 양심발달에 공헌하는 유인책과 제재가 각각의 아동들이 초기 도덕적 사회화의 다차원성을 예시하는 방식에 따라 다를 수 있다는 것을 제시한다.

이러한 관점은 이론적 비평에서 양심발달이 두 가지 발달 통로를 가정한다고 제안했던 코찬스카(Kochanska, 1993)의 연구에서 가장 강력하게 제시되어 왔다. 그 두 가지 발달 통로 가운데 첫째는 비행과 연합된 정서적 불쾌 및 불안을 회피하고자 하는 동기이고, 둘째는 행동 자제력을 발휘함으로써 보호자와 좋은 관계를 유지하고자 하는 동기이다. 아동의 기질적 개요는 어떤 발달 통로가 양심의 성장에 지배적으로 공헌하는가를 형성하는 데 있어서 영향을 발휘한다. 이러한 관점은 이후 나중에 두 가지 연구를 통해 정교화되었는데, 그 연구들은 기질적으로 두려움을 타는 어린 아동들의 경우에 양심의 정도가 권력을 강조하지 않고 대신에 단정적이지 않은 안내 및 "온화한 훈육"을 사용하는 모성적 통제 전략에 의해 예보되었다는 것을 보여주었다. 코찬스카는 추론하길, 이런 아동은 비행을 저지른 후 자연스럽게 당혹감을 느끼고 불안해하고 그의 부정적인 결과에 관심을 갖기 쉬우며, 따라서 너무 과도한 고통을 주지 않으면서 아동에게 이미 존재하는 불안의 도움을 받는 자녀 교육 방법이 도덕적 내면화에 가장 높은 공헌을 하는 경향이 있다는 것이다. 이와는 대조적으로 기질상 상대적으로 덜 두려워하는 아동의 경우, 양심은 모성적 훈육기법에 의해서보다는 오히려 애착의 안전한 확보와 어머니의 온정적인 민감한 반응에 의해 예보되었다. 이들 아동에게 있어서 어머니-자녀 관계의 관계적 유인책이 협력과 순응을 동기화시켰다(Kochanska, 1991, 1995). 이러한 연합은 종단적인 후속 연구에서 부분적으로 반복되었는데, 그 후속 연구에서는 어머니의 사회화와 아동의 기질이 2-3세 사이에서 사정되었고, 양심의 정도(유혹에 대한 저항과업과 미완성 이야기에 대한 반응을 통해 사정된)는 4-5세 사이에서 획득되었다(Kochanska, 1997a). 그러나 이들 연구결과는 코찬스카(Kochanska)와 그의 동료들(2002)에 의한 독립적인 연구에서 반복되지 않았으며, 반데 마크(van der Mark), 베이커만스 크라넨버그(Bakermans-Kranenburg), 반 이젠도른(van IJzendoorn, 2002)이 훨씬 더 어린 소녀들을 대상으로 수행했던 연구에서도 반복되지 않았다. 그러나 이를 종합해 보면 경험적 증거는 기질이 어린 아동들의 양심발달에서 초기에 자녀 교육 방법이 미치는 영향을 조절한다는 점을 균형적으로 제시하고 있다. 물론 더 많은 연구가 이러한 모델이 초기 아동기를 초월하여 양심발달에 적용 가능한지 어떤지를 명료화할 수 있는 보증을 제시해야만 한다.

코찬스카(1993)에 의해 제안된 양심발달에서의 또 다른 발달 통로 역시 기질적으로 조절된다. 통제하고자 하는 데에 노력을 기울이는(혹은 억제하는) 어린 아동은 금지된 충동에 저항하기 위해 극기를 발휘할 수 있으며, 그런 아동이 도덕적으로 더 순응적일 수 있음을 기대하는 것은 있을 수 있는 일이다. 그녀는 초기의 억제적인 통제와 나중의 초기 아동기 및 학령기에서의 양심 정도 간의 동시적이자 종단적인 연합을 보여주는 연구들에서 이런 연합을 확인했다(Kochanska, Murray & Coy, 1997 ;

Kochanska, Murray, Jacques, Koenig & Vandegeest, 1996 ; 또한 Kochanska & Knaack, 2003 ; 그리고 Kochanska 외, 1994 참조). 이 관점에서 보면 기질은 어린 아동들로 하여금 행동 기대와 관련하여 자기 통제를 발휘할 수 있도록 만드는 양심발달에 직접적인 영향력을 지니고 있다.

기질의 역할과 양심발달에 관한 제3의 묘사는 아동들의 부정적인 반응성에서 개인적 차이를 검증하는 연구들로부터 나온다. 기질적으로 부정적인 정서를 지니고 있으며 성급하고 까다로운 아동은, 비록 불승인과 비판에 대한 민감성 때문에 죄의식을 더 느끼기 쉽지만 또한 불복종하기도 쉽다. 따라서 양심발달에 관한 기질적 반응성의 영향력과 관련한 예보는 다소 혼란스럽다. 한 연구에서 코찬스카와 동료들(1994)은 기질적 반응성에서 높은 학령 전 소녀들이 죄의식, 후회, 그리고 비행 이후 부모와 좋은 관계를 복원하고자 하는 노력 등을 포괄하는 "정서적 불안"이라 불리는 양심 차원에 관한 어머니의 보고에서 높은 점수를 획득했다고 보고했다. 카간(Kagan, 인쇄 중) 역시 이와 비슷한 연구결과를 보고했다(Lehman, Steier, Guidash & Wanna, 2002도 볼 것).

그러나 또 다른 연구는 양심발달에서 부정적 반응성의 영향력에 대하여 매우 다른 결과를 제시하고 있다. 30개월 된 아동들을 대상으로 한 실험 과제에서 아동들의 비협력적 행동은 기질적 반응성과 그 아동의 자기 규제 능력(Stifter, Spinrad & Braungart-Rieker, 1999) 및 어머니의 통제전략(Braungart-Rieker, Garwood & Stifter, 1997)과의 상호작용에 의해 예견되었다. 부정적 반응성에서 높은 아동들은 더 비협력적인 경향이 있었다. 물론 이것은 어머니의 통제 혹은 아동 자신의 자기 규제 능력의 행사에 의해 조절되기는 했다. 이러한 연구결과는 아이젠버그(Eisenberg, 2000)의 관점과도 일치하는데, 그는 기질적 반응성의 효과가 이러한 반응성을 구성적·비구성적 명령에 편입시키는 규제과정의 맥락 속에서 이해되어야 한다고 했다. 기질적인 부정적 반응성이 양심발달에 영향을 미치는 방식—아동들의 비행 경향성을 고조시킴으로써, 아니면 불복종의 정서적 불안에 대한 그들의 민감성을 고조시킴으로써—에 관해서는 분명히 더 많은 탐구가 요청되고 있다.

이를 종합해 보면 이들 연구결과는 초기의 양심발달에 대한 다양한 발달 통로의 윤곽을 대체적으로 그려주고 있으며, 또한 도덕적 행동의 적절한 동기적 토대와 그렇지 않은 토대를 분명하게 해준다. 이들 연구가 제시하듯이 어린 아동들은 각자 다소 다른 이유로 인하여 도덕적으로 순응할 것이다. 어떤 아동들에게 있어서 협력은 많은 상황에서(학습과 자기 보호에서와 같은) 쉽게 드러나게 되는 자기 통제와 자기 관리에 대한 보다 넓은 능력으로부터 주로 나타난다. 또 어떤 아동들에게 있어서 보호자와 좋은 관계를 유지하는 것—그리고 비행을 수반하여 나타나는 관계적 조화에 대한 위협—은 협력적 행동의 일차적인 동기원이다. 또 다른 아동들은 성향적으로 두려워하고 불안해하는 정서—특히 이전에 있었던 부모의 불승인과 연합된 상황에서—를 지니는 경향이 있으며, 따라서 도덕적 순응은 이들 혐오적인 감정을 회피하고자 하는 노력으로부터 나온다. 기질과 양심에 관한 연구는 어린 아동에게서 도덕적 순응을 사회화하는 가장 효과적인 부모 전략이 적어도 부분적으로는 그 아동의 기질적 개요에 달려 있다는 것을 보여주고 있다. 이것은 초기 사회화에서 주목받지 못했던 환경 영향력의 중요성을 나타내 주는 또 다른 예이며, 그것은 물론 자녀 교육 방법이 어린 아동의 기질적 개요에 의해 영향을 받는다는 인식으로 인해 복잡하게 되었다(Clark, Kochanska & Ready, 2000).

더 나아가 이 연구는 각각 기질적으로 연합된 동기적 정향이 그의 강점과 약점을 지니고 있다는 것을 제시한다. 예를 들면 부모와 좋은 관계를 유지하고자 순응하는 기질상 두려워하지 않는 아동은 자신이 발각되지 않을 수 있다면 비행을 저지르기 쉽다. 쉽게 불안을 경험하는 기질상 두려움이 많은 아동은 비행을 저지르면 죄의식을 느끼며, 그 결과로서 도덕적으로 완고해지기 쉽다. 양심발달에 대한 대안적 길이 적어도 부분적으로는 기질적 개인 특성으로부터 기인한다는 이러한 인식은 이런 길이 도덕발달에 광범위한 영향력을 지니고 있으며, 나이가 든 아동을 대상으로 보다 더 폭넓은 연구를 필요로 하는 이슈라는 것을 제안하는 것이다.

요약

어린 아동들은 그들이 의무적이라고 생각하는 기대와 일치하여 일관되게 행동하기는 어렵다. 왜냐하면 자기 통제가 제한되어 있고, 자기 규제는 이제 발생하는 단계이며, 즉시적인 욕망은 흔히 그들의 도덕적 딜레마의 표상에서 미래의 결과보다 더 중요하기 때문이다. 그렇다 하더라도 실패의 결과는 의미심장하다. 곧 책임 및 인과관계, 그리고 현저한 자기 참조적인 도덕적 정서의 각성을 명료하게 하는 언어적 설명과 더불어 애착 인물로부터 불승인이 수반된다. 기질은 이러한 사회적·정서적 과정을 중재하는데, 그러나 일차적으로는 양심발달에 편입되기 시작하는 내재적 취약성과 자원의 배열을 분명하게 함으로써 조절한다. 우리는 의무론적 책무에는 개념적으로 익숙해져있지만 일관적으로 순응할 수 없는 그들의 능력 한계에 따른 정서적 결과에 취약한 어린 아동들에게 동정심을 느껴야만 한다.

다행히도 어린 아동들은 행동 표준을 전달하고 강요하는, 그리고 반향적 전략뿐만 아니라 예방적 전략을 통해 초기의 도덕발달에 공헌하고 어린 아동의 도덕적 이해의 개념적 토대를 지지하는 보호자에 의해 지원을 받는다. 어린 아동들은 홀로 도덕성의 세계를 항해하지 못하기 때문에 우리는 이제 양심발달에 관한 관계적 영향력을 고려할 차례이다.

양심발달에 관한 관계적 영향력

부모는 어린 아동의 도덕세계에서 중심적인 인물이다. 그들은 행동 표준을 표현·설명하며, 비행에 대한 인과관계와 책임에 관한 분명한 귀인을 제공하고, 공감 및 죄의식과 같은 도덕적 정서를 유도하며, 비행을 비난·제재하고, 그리고 순응에 가장 중요한 몇 가지 유인책을 제공한다. 그들의 영향력은 최소한 두 가지 길을 경유하여 발생한다. 곧 행동적 순응을 그들이 공유하는 좋은 관계의 네트워크 내에 깊이 새겨두는 보다 넓은 부모-자녀 관계의 특질을 통해서, 그리고 부모가 비행 및 순응에 대해 반응하는 특수한 예방적 노력과 반동적 실천을 통해서이다.

관계적 특질

비록 도덕적 사회화가 흔히 특정한 자녀 교육 방법과의 관계에서 논의되지만(예컨대 훈육기법들), 위에서 윤곽이 잡혔던 기질 연구는 이들 방법이 실행되는 보다 넓은 관계 맥락 때문에 그것들이 영향력이 있다는 것을 제시한다. 예를 들면 어린 자녀들은 부모의 기대에 부응하고 그들이 즐기는 긍정적인 정서적 관계를 유지하기 위해 동기화된다. 이러한 시각에서 볼 때 초기 아동기의 부모-자녀 관계는 아동으로 하여금 긴밀한 관계의 상호 의무에 민감하도록 함으로써 도덕적 행동을 지원하는 상호성 관계 체계로의 입문으로 이해될 수 있다. 비록 부모와 자녀의 상호 의무가 초기 아동기에 분명히 평등하지는 않지만, 그럼에도 불구하고 어린 자녀는 부모의 솔선에 건설적으로 반응하고, 부모의 가치를 전유하며, 긍정적인 관계를 유지하고 존중하도록 하는 부모의 정서적 보호에 의해 동기화된다. 그러한 서로 반응하는 부모-자녀 관계는 아동을 인간의 도덕적 행위의 차원으로 안내하고(예컨대 다른 사람에 대한 결과), 보다 일반적으로는 자녀로 하여금 부모의 사회화 주도를 받아들이도록 하며, 자녀들이 이후 세월이 흘러 다른 상대방들과 또한 공유하게 될 일종의 "공동"관계의 경험을 제공한다(Kochanska, 2002b ; Maccoby, 1984, 1999 ; Waters, Kondo-Ikemura, Posada & Richters, 1991).

코찬스카(Kochanska, 2002b)에게 있어서 부모와 자녀 간의 상호 반응 정향은 두 가지 특징을 포함하고 있다. 상호반응성과 공유된 긍정적 정서가 그것이다. 어린 자녀를 두고 있는 부모를 대상으로 다양한 기간에 걸친 가정 관찰(home observation)을 통해 이들 관계적 특징을 사정했던 몇몇 연구에서 그들의 상호 반응 정향에 관한 사정은 동시에 그리고 종단적으로 아동의 양심발달 정도를 예견하는 것으로 밝혀졌다(Kochanska, 1997b ; Kochanska & Aksan, 1995 ; Kochanska, Forman & Coy, 1999 ; Kochanska & Murray, 2000). 이들 연구에서 예를 들면 높은 상호 반응의 특징을 지닌 관계에 있는 아동들은 26개월부터 41개월 사이에 부모의 요구에 대해 **헌신적인 순종**(committed compliance, 상기시키는 주의 없이 협력)으로 행동했으며, 그리고 유아기, 유치원, 그리고 학령기 사정에서 보다 큰 **규칙의 내면화**(internalization of rules, 홀로 있거나 혹은 동료와 있을 때 순응)를 보였다. 비슷한 연구결과가 라이블(Laible)과 톰슨(Thompson, 2000)에 의해서도 보고되었다.

따라서 코찬스카(Kochanska, 2002b)가 주장했듯이 부모-자녀 관계의 따뜻함과 반응성은 어린 자녀들의 도덕적 순응을 위한 중요한 관계적 유인이다. 그러나 이들 연구는 또한 왜 상호 반응 정향이 초기의 양심발달과 연계되는지에 관한 추가적인 이유를 밝혀주었다. 예컨대 상호 반응관계에 있는 어머니들은 그들 자녀와의 상호작용에서 보다 낮은 지배력 행사를 사용하며, 그것은 그들이 온화한, 덜 강압적인 영향력 기법을 사용한다는 것을 반영한다(Kochanska, 1997b ; Kochanska 외, 1999). 상호 반응관계에 있는 자녀들 또한 그들의 어머니에 의해 일어난 고통의 시뮬레이션에 대해 보다 큰 공감적 반응성을 보여주며, 어머니들 자신 또한 보다 공감적이다. 이것은 그들 관계에서 보다 깊은 정서적 개입을 반영하는 것이다(Kochanska, 1997b ; Kochanska 외, 1999). 행동 유전자 연구에서 디터 덱카드(Deater-Deckard)와 오코너(O'Connor, 2000)는 아동의 유전자형 특징이 두 사람 간의 상호 반응 정향을 설명하는 데 도움이 되며, 이것은 유전자-환경 상호관계를 환기시키는 한 예라고 결론을 내렸다. 상호 반응 정향은 따라서 부모-자녀 관계의 몇 가지 다른 특징들과 연관되는 경향이 있으며, 그것은 아동 기질과 온화한 훈육의 영향력에 관한 코찬스카의 다른 연구가 제안하듯이 또한 초기 양심발달에 중요한 영향력을 지니고 있다. 이들 상관관계와 그들의 발달결과를 명료하게 설명해 줄 더 많은 연구가 필요하다.

코찬스카의 상호 반응 정향에 관한 측정결과는 서로 다른 상황의 경우에서도 일관되며 몇 년이 지나도 안정적이라는 것이 밝혀졌다. 이는 그것이 초기의 부모-자녀 관계에 관한 보다 강한 특징을 획득한다는 것을 제시하고 있다. 또한 초기 양심발달과 관련된 또 다른 초기 관계적 특질의 지표는 애착의 보장이다. 상호 반응 정향처럼 애착 보장 또한 아동의 신호와 필요에 대한 부모의 민감한 반응성에 토대를 둔 긍정적인 부모-자녀 관계 위에서 구축된다(Thompson, 1998a). 애착 이론가들은 초기 아동기에서의 안전한 애착이 어린 아동으로 하여금 부모의 사회화 주도에 대해 보다 순종적·협력적·반응적이 되도록 만드는 보다 지지적인, 화목한 부모-자녀 관계를 창조한다고 주장하고 있다(Waters 외, 1991). 이에 대한 몇 가지 증거가 있다. 론더빌(Londerville)과 메인(Main, 1981)은 12개월 때에 안정적으로 애착을 가졌던 것으로 간주되었던 유아들은 21개월 때에 놀이 시간에서 보다 협력적이고 순응적이며 덜 반항적(그러나 더 "성가신")이었으며, 그들의 어머니들은 유아들과의 상호작용에서 보다 따뜻하고 또한 부드러웠다는 것을 발견했다. 다른 연구들 또한 안정적으로 애착을 가졌던 유아들이 보다 순종적이고 긍정적이며, 그들의 어머니들은 문제 해결 과제에서 보다 지지적이며 유용했다는 것을 발견했다(Bates, Maslin & Frankel, 1985 ; Matas, Arend & Sroufe, 1978). 언급한 바와 같이 코찬스카(1995)는 애착의 보장이 기질상 두려움을 별로 타지 않는 어린 아동들의 양심의 정도와 연합된다는 것을 발견했으며, 라이블(Laible)과 톰슨(Thompson, 2000) 또한 애착의 보장이 초기 양심발달의 정도를 예견한다고 지적했다. 이들 연구결과는 안전한 애착이 어머니와 자녀가 서로 공헌하는 보다 긍정적이고 화목한 관계를 창출한다는 애착 문헌에 있는 보다 광범위한 결론과 일치한다(Thompson, 1999). 그러나 흥미롭게도 라이블과 톰슨(2000), 그리고 코찬스카도 부모와 자녀 간의 애착 보장의 깊이와 상호 반응 정향 간의 의미 있는 연합을—비록 그들이 외견상으로는 개념적 중복을 보이지만—발견하지 못했다.

애착 이론은 안정적으로 애착을 가졌던 어린 아동들이 그들 자신, 관계하는 상대방, 그리고 그 밖의 다른 긴밀한 관계에 개입하는 방법을 이해하는 데 영향을 미치는 관계 경험에 관한 정신적 표상("내적 작동 모델들")을 창조한다는 추가적인 제안을 함으로써 한발 더 나아가고 있다. 이런 점에서 내적 작동 모델의 개념은 긍정적인 부모-자녀 관계에 의해 동기화된 행동 순응의 과정으로부터 양심의 성장을 위한 토대를 제공하는 행동 내면화의 과정으로 연결시켜 주는 다리를 제공한다. 부모와의 관계적 경험에서 어린 아동들은 양심과 관련된 많은 사회적·심리적 과정에 관한 정신적 표상을 창조한다. 곧 정서적 경험과 그의 원인 및 결과에 관한 이해, 규칙과 표준에 관한 표상과 그것들이 존재하는 이유, 자아와 그의 도덕적 차원에 관한 개념, 관계에 관한 그리고 도덕적 행동과 관계가 있는 관계적 과정(상호성, 친절, 그리고 공정과 같은)에 관한 이해 등이 이에 속한다. 물론 이들 표상은 나이가 들어감에 따라 상당히 변화하며, 그리고 불안정한 관계로부터 나온 개념은 안정관계의 그것들과는 다소 다른 것 같다.

그러나 관계적 경험으로부터 도출된 초기 아동기의 내적 작동 모델의 특질에 관한 체계적이고 경험적인 탐구가 거의 존재하지 않는다. 왜냐하면 **내적 작동 모델**(internal working models)을 규정하고 사정하는 것이 어떤 면에서는 어렵기 때문이다(Thompson, 인쇄 중 ; Thompson & Raikes, 2003). 발달과학자들은 안정적으로 애착을 가졌던 학령 전 아동들이 불안정적으로 애착을 가졌던 어린 아동들에 비해 정서—특히 부정적 정서들—에 관하여 보다 복잡한 이해를 지니며(Laible & Thompson, 1998), 안정적인 아동들 또한 불안정한 아동들보다 자신들을 더 긍정적으로 간주한다는 것을 발견했다(Cassidy, 1988 ; Verschueren, Marcoen & Schoefs, 1996). 애착 보장이 초기의 양심발달에서 개인적 차이를 예견한다는 사실에 비추어 볼 때 안정적인 그리고 불안정적인 관계에 의해 산출된 내적 작동 모델에 관한 이들 및 다른 잠재적 특징의 관련성에 관한 보다 탁월한 이해가 요구된다. 이 이슈를 중점적으로 다루는 하나의 접근은 다음에 논의된 안정적인 부모-자녀 관계에 의해 조성된 정서와 도덕성에 관한 열린 논의의 특질에 토대를 두고 있다(Thompson 외, 2003, 참조). 애착 보장, 부모-자녀 상호작용, 긴밀한 관계로부터의 아동들의 작동 모델, 그리고 양심발달 사이의 연합을 명료하게 밝히는 그 밖의 다른 접근 또한 마땅히 탐구할 만하다.

관계적 과정

부모-자녀 관계의 일반적 특질은 초기 양심발달에 중요한 요인이지만, 우리가 보았던 것처럼 관계적 경험이 양심발달을 구성하는 데 미치는 특수한 영향력을 이해하기 위해서는 관계적 특질을 개념적으로 분석할 필요가 있다. 부모의 온정과 반응성 이외에 관계적 과정에 관한 두 가지 다른 종류가 가장 광범위하게 연구되어 왔다. 그 두 가지는 부모 훈육방법과 예방적 전략, 그리고 대화식 논의가 그것이다.

훈육방법과 예방적 전략. 부모의 훈육 접근이 도덕발달에 미치는 영향은 광범위하게 연구되어 왔다. 유아들과 유치원 아동들을 대상으로 한 연구결과는 지배력 행사적이고 강압적인 중재는 아동으로 하여금 상황에 따라 순응하도록 하게 한다는, 그러나 또한 그 아동의 좌절과 때로는 저항을 유발한다는 결론을 내림으로써 나이 든 아동들을 대상으로 한 연구결과와 일치하고 있다. 그러나 추론을 강조하고 또한 정당화를 제공하는 훈육은, 비록 아동들이 또한 교섭을 통해 그들의 자율성을 주장할 수 있다 하더라도 어린 아동들에게 보다 더 내면화된 가치를 조장하는 경향이 있다(Crockenberg & Litman, 1990 ; Kuczynski & Kochanska, 1990 ; Kuczynski, Kochanska, Radke-Yarrow & Girnius-Brown, 1987 ; Power & Chapieski, 1986). 이들 연구결과는 이 장에서 일찍이 보고했던 연구들과 일치하고 있으며, 그리고 어린 아동들이 두드러진 정서와 욕망을 내포하고 있는 갈등에 휩싸여 아마도 마음 속에서 불분명할 수 있는 인과관계, 책임, 그리고 책무의 이슈를 명료화하는 데 부모의 중재가 매우 중요하다는 것을 강조하고 있다. 예를 들면 다른 사람의 고통을 목격하는 어린 아동은 어머니가 또한 그 사람이 겪는 고통의 원인과 관련하여 정서적으로 강력한 설명을 해주면 더욱 협조적이고 친사회적으로 반응한다(Zahn-Waxler, Radke-Yarrow & King, 1979 ; Zahn-Waxler 외, 1992). 그러므로 어린 아동들에게조차도 잘못된 행동의 원인과 결과를 말로 설명해 주는 것은 도덕적 이해와 양심의 성장에 의미 있게 공헌한다. 따라서 놀랄 것도 없이 부모는 2살 된 자녀로 하여금 순응의 시작을 유도하고자 할 때 물리적 중재보다는 언어적 전략에 의존한다(Dunn & Munn, 1987 ; Kuczynski 외, 1987).

그러나 도덕적 내면화에 관한 훈육효과의 이러한 단순한 설명은 몇 가지 방식에서 복잡해진다(Grusec 외, 2000 ; Kuczynski, Marshall & Schell, 1997). 첫째, 자녀 순응과 도덕적 내면화는 항상 부모의 사회화 노력에서 중심적인 목적이 되는 것은 아니며, 따라서 부모의 훈육 노력과 그들의 자녀에 대한 영향력은 영역과 상황에 따라 다르다(Grusec & Goodnow, 1994 ; Holden & Miller, 1999). 자기 주장을 장려하고 선택을 조장하며 부모-자녀 간의 의사소통과 이해를 앙양하는 것은 비행을 둘러싼 많은 일상의 갈등에서, 특히 그런 갈등이 도덕적 딜레마보다는 오히려 사회인습적 · 개인적 이슈와 관계할 때 가치 전달과 필적할 만한 목적이다(Dawber & Kuczynski, 1999 ; Hastings & Grusec, 1998 ; Nucci, 1996 ; Nucci & Weber, 1995). 이것은 훈육상의 대면이 일관되게 가치의 내면화를 위한 광장이 되는 것은 아니며, 그리고 대안적인 자녀 교육의 목적, 훈육적 교육, 그리고 이런 경우들에서 양심발달 간의 관계가 더 잘 이해되지 않으면 안 된다는 것을 의미한다. 특히 부모가 훈육상의 대면에서 그 목적을 분명하게 인식하게 되면 부모가 사용하는 전략과 거꾸로 자녀의 양심발달에 대한 영향을 분명하게 할 수 있는가?

둘째, 아동들은 훈육대면에서 뿐만 아니라 그들이 훈육결과를 통해 전유하는 가치의 구성에서 스스로 영향력이 있다(Kuczynski 외, 1997 ; Lollis & Kuczynski, 1997). 예컨대 홀든(Holden), 톰슨(Thompson), 잼바라노(Zambarano), 그리고 마샬(Marshall, 1997)은 어머니의 태도와 훈육방법이 그 방법에 대한 자녀의 반응에 따라 다양하며, 그리고 결과 기대는 부모가 자녀 양육에서 가장 많이 사용하는 방법, 특히 사랑의 매에 중요한 영향을 미친다(Holden & Miller, 1999 ; Holden 외, 1999). 자녀 비행에 대한 이유는 부모의 훈육 노력과 그의 효과—특히 자녀가 이런 상황에서 성인을 공정하게 그리고 적절하게 행위하는 자로서 인식하는지 어떤지—에 대한 자녀의 반응에 또한 중요한 영향을 미친다. 게다가 자녀가 가치와 표준에 관한 부모의 전달을 평가하고 해석하는 방식은 자녀가 훈육대면으로부터 전유하는 가치와 규칙에 의미 있게 영향을 미친다. 물론 여기에서 자녀에 대해 평가하고 해석하는 방식은 자신의 사회인지적 능력과 이미 존재하는 작동 모델에 의해 영향을 받는다(Grusec & Goodnow, 1994 ; Kuczynski 외, 1997).

셋째, 우리가 나중에 부모-자녀 대화와 관련하여 기술하듯이 특수한 자녀 교육 방법들은 초기 양심을 형성하는 데 있어서 일반적인 관계의 질과 서로 영향을 주고받는다. 다른 말로 표현하면 온정적이고 안전한 관계에 있는 아동은 불안전하거나 가혹한 관계에 있는 아동에 비해 자녀 교육 방법에 보다 반응적이다. 이러한 가정에 대한 증거는 최근에 코찬스카(Kochanska), 악산(Aksan), 낙크(Knaack), 리네(Rhines, 2004)가 14개월 때 애착 안정, 14-45개월 때 자녀 교육 방법, 그리고 56개월 때 양심을 사정했던 연구결과에서 나타나고 있다. 안정적으로 애착을 가졌던 아동의 경우 온화한 훈육/반응성과 나중의 양심 간에 의미 있는 긍정적인 종단적 연합이 존재했다. 불안정적으로 애착을 가졌던 아동의 경우 그러한 연합이 존재하지 않았다. 초기의 양심발달에서 일반적 관계의 질과 특수한 자녀 교육 방법 간의 상호작용에 관한 더 깊은 탐구가 분명히 요구된다.

마지막으로 비행이 발생하기 전에 부모가 잠재적 비행을 막기 위해 예방적으로 행동할 때 아동들이 가치를 전유한다는 점을 주목하는 것은 또한 중요하다. 어린 자녀에게 있어서 예방전략은 주로 기분전환, 대안적 행위 제공하기, 그리고 그 밖의 다른 다양한 방책으로 이루어진다(Holden, 1983 ; Holden & West, 1989). 그러나 자녀가 성숙함에 따라 부모는 자녀들이 집 밖에서 일어날 수 있는 갈등하는 가치들에 직면할 것에 대비하여 부모가 지니고 있는 가치에 관한 이해를 그들에게 제공함으로써 개념적으로 예방전략에 점차 적극 참여한다(Grusec 외, 2000 ; Padilla-Walker & Thompson, 인쇄 중). 비록 이런 종류의 예방 노력은 자녀들이 동료, 매스컴, 공동체, 그리고 그 밖의 다른 가족 이외의 영향(예컨대 인터넷상의 폭력이나 성적 내용, 미성년 흡연이나 음주에 대한 동료 유혹)에 노출될 때 더 중요하게 되지만, 부모는 또한 어린 자녀들을 동등하게 비교할 만한 가치 도전—예컨대 아동들의 텔레비전 선전이나 동료 집에서의 가족 규칙과 같은—에 맞서 개념상 보호하고자 하는 경향이 있다. 이민온 소수 가족들을 대상으로 한 연구는 의미 있는 자녀 교육 예방전략이 지배문화의 강력한 반대 가치에 직면해 민족적·문화적 정체성을 어떻게 유지하고 있는지를 보여주고 있지만(예컨대 Nanji, 1993 ; Thornton, Chatters, Taylor & Allen, 1990), 다수문화에서 성장한 아동들의 가치 사회화에 대해 그러한 개념상 예방적인 전략에 대한 탐구는 아직까지 거의 없다(그러나 한 예외로서 Padilla-Walker & Thompson, 인쇄 중, 참조). 그러한 예방적 대화들이 초기 및 중기 아동기에서 아주 자주 일어남에 따라 그것들은 아동들이 가치에 관한 이해와 그에 관한 전유를 발달시킬 수 있는 의미 있는 광장을 제공한다.

부모-자녀 간의 대화식 논의. 훈육맥락의 범위를 넘어서 가치에 관한 대화는 실제적으로 몇 가지 이유에서 중요하다. 훈육장면에서의 격앙된 정서는 부모가 자녀의 행동과 관련한 갈등에서 아무리 온화하게 아동을 대한다 할지라도 일어나는 것으로, 어린 자녀는 부모의 메시지를 듣겠지만 그것을 깊게 분석하거나 혹은 이해하지 못한다(Thompson, 1998a). 정보처리의 깊이는 자녀가 부모 권위에 대해 갖는 의견 차이와 일치되는 것 같지는 않다. 특히 만약 어린 자녀가 교섭이나 거래를 위해 인지적 자원을 동원하고 있다면 더욱 그렇다(Crockenberg & Litman, 1990 ; Kuczynski 외, 1987). 대신에 가치는 성인이 가족 이외의 원천(앞에서 논의한 바와 같은)으로부터 부모의 가치에 대한 도전에 맞서 아동들을 예방적으로 보호하고자 노력하는 대화 속에서, 혹은 비행이 발생할 때 과거 사건들에 관한 토론에서 훈육대면을 넘어서 더 논의되고 이해되는 경향이 있다. 이런 상황에서 자녀의 인지적 자원들은 보다 덜 경합적인 정서적 흥분과 더불어 부모의 메시지를 이해하는 데 초점이 모아질 수 있다. 부모가 이러한 대화를 도덕적 가치를 전달하는 하나의 수단으로서 명시적으로 의도하지 않을 때조차도 부모가 과거 사건들에 관한 그들의 설화적 해석으로 구체화시키는 추론, 가정, 판단, 그리고 다른 해석들은 그러한 대화를 초기의 도덕적 이해와 양심발달을 위한 강력한 광장을 만든다.

과거 사건들에 관하여 대화를 나누는 동안에 부모의 이야기 내용과 스타일이 어린 자녀의 양심발달에 의미 있게 영향을 미친다는 증거가 점차 늘어나고 있다(검토를 위해서는 Thompson 외, 2003 참조). 라이블(Laible)과 톰슨(Thompson, 2000)은 아동이 비행을 저질렀거나 아니면 적절하게 행동했던 과거의 사건들에 관한 부모-자녀 대화에 초점을 맞추었다. 이런 대화에서 인간의 감정에 대해 자주 언급했던 어머니들은 양심발달에서 보다 진전된 자녀를 두게 되었다. 비록 규칙에 대한 어머니의 언급과 그 결과가 또한 이들 대화 속에 정보로 입력된다 하더라도 양심발달을 예견했던 것은 정서에 대한 어머니 언급이 유일했다. 이들 연구결과는 30개월 때에 자녀와 갈등을 빚으면서 어머니가 했던 감정에 대한 언급(그러나 규칙과 도덕적 평가에 대한 언급이 아니다)이 6개월 후 그 자녀의 양심발달을 예견했던 유망한 종단적 연구에서 반복되었다(Laible & Thompson, 2002). 또 다른 연구에서도 이와 비슷하게 자녀와의 갈등을 해결하는 데 있어서 추론과 인간적 관심을 사용했던 어머니를 둔 2–3세 아동들은 도덕적 이해의 깊이에 관한 사정에서 유치원과 1학년 때에 더욱 향상되었다(Dunn, Brown & Maguire, 1995). 이들 연구결과는 도덕적 행동에 관한 부모–자녀 대화의 가장 중요한 특징 중의 하나는 그들이 어린 자녀들로 하여금 비행과 선행의 인간적 차원에 대해 어떻게 민감하도록 하느냐, 그리고 어린 자녀들로 하여금 그들의 행위의 결과를 다른 사람들이 어떻게 느끼는가를 이해하도록 어떻게 도와주느냐에 있다는 점을 제시한다. 어린 아동들은 잘못한 행동의 인간적 차원을 고려하면서 행동 표준을 일찍 획득하게 된다.

비행과 관련한 부모–자녀 간 대화식 논의의 또 다른 특징 또한 중요하다. 그들이 어린 자녀와 갈등을 빚을 때, 갈등을 해결하는 데 있어서 주도권을 갖는 어머니들이 그들의 기대를 설명하고 명백하게 하기 위해 정당화를 사용하고 긴장이 악화되는 것(위협이나 괴롭힘을 통해서와 같은)을 피하고자 노력한 경우에는 나중에 양심발달에 관한 사정에서 더 향상된 어린 자녀를 두게 되었다(Laible, 2004a ; Laible & Thompson, 2002). 이와 대조적으로 바로 근래에 있었던 자녀의 비행을 하나하나 열거하면서 대화적으로 "지배력 행사"를 하는 어머니들은—비판적 · 부정적 태도 보이기, 실망이나 분노의 감정 전달하기, 질책이나 처벌 표현하기 등을 포함하는—도덕적 딜레마에 대한 자녀들의 이야기 완성 반응을 사정했던 도덕적 인지의 측정에서 낮은 점수를 얻은 유치원 자녀를 두게 되었다(Kochanska, Aksan & Nichols, 2003). 이를 종합해 보면 이러한 어머니의 갈등과 관련 한 논의의 특징은 어머니들이 어린 자녀들에게 방어나 위협의 감정을 과도하게 불러일으키지 않으면서 대인관계 갈등의 원인과 결과에 관한 보다 풍부한 이해를 제공할 때 초기의 양심발달이 촉진된다는 것을 시사한다. 물론 어머니들이 그들의 기대를 건설적으로 설명하고 그들의 감정을 전달하며 그 상황에 관한 그들의 인식을 명료화할 때(그것은 보통 자녀 자신의 것과 다르다), 어머니가 사용하는 정당화는 심리적 이해에서 많은 가르침을 제공한다. 이러한 결론은 물론 나이 든 아동들을 대상으로 한 도덕적 내면화에 관한 귀납적 훈육방법의 잘 입증된 효과들과 일치한다. 그러나 이들 결론은 이런 영향력이 어린 자녀들에게 또한 중요하며, 훈육대면과는 별개의 상황, 예컨대 어머니와 자녀가 함께 과거 비행에 관하여 하나하나 열거하는 동안에, 그리고 어머니들이 흔히 자녀가 비행을 저지르기 전에 그들의 행동 기대를 전달하는 가족 갈등 상황에서 뚜렷하다는 것을 지적한다.

보다 일반적으로 연구자들은 또한 보다 정교한 대화양식, 즉 서로 공유하고 있는 회상을 풍부한 장식으로 꾸며진 구조를 통해 대화를 하는 어머니들이 보다 빈약한, 실용적 대화양식을 구사하는 어머니들의 자녀에 비해 양심발달에서 보다 향상된 자녀를 두고 있다는 것을 발견했다(Laible, 2004b ; Laible & THompson, 2000). 이들 어머니에 의해 제공된 정교한 세부사항과 배경적인 정보가 아마도 행동 표준에 관한 어머니의 설명과 자녀의 협력에 대한 이유들에 대해 심리적 깊이를 더하는 데 공헌하는 것 같다. 이와 마찬가지로 중요한 것으로서 이러한 어머니 대화의 요소들—특히 감정에 대한 특수한 언급—은 양심발달과의 관련에서 온정적이고 안정적인 부모-자녀 관계와 상호작용한다(Laible & Thompson, 2000 ; Thompson 외, 2003). 따라서 보다 넓은 관계적 질은 부모-자녀 대화의 특수한 특질들과 상호작용하여 어린 아동들로 하여금 도덕성에 관하여 이해하게 해주며, 또한 자신들을 도덕적 존재로서 최초로 이해하도록 해준다.

따뜻한, 안정적인 관계의 맥락에서 부모-자녀 간 대화 논의의 중요성과 관련한 이러한 결론은 양심발달을 이해하는 데뿐만 아니라 안정적 혹은 불안정적인 부모-자녀 애착에 의해 영감을 받은 작동 모델의 발달 영향을 개념화하는 데도 중요하다(Thompson, 2000). 자녀와 안정적인 애착관계를 유지하는 어머니들은 보다 정교한 양식을 사용하는 경향이 있는데(Reese, 2002), 그것은 안정적인 관계에서 부모와 자녀에 의해 공유된 보다 열린, 솔직한 의사소통 양식에 관한 애착 이론상의 기대와 일치한다(Bretherton & Munholland, 1999). 애착 이론가들은 예견하길, 신뢰와 확신의 관계에서 자녀들은 수용해 주고 도움을 주는 반응을 기대하며 감정과 갈등, 그리고 문제에 관하여 열린 마음으로 이야기할 수 있다는 것이다. 이 절에서 검토된 연구는 정교한 대화양식이 애착 이론가들에 의해 기술된 열린 의사소통 양식의 한 가지 특징이라는 것, 그리고 그러한 부모와의 공유된 의사소통에서 어린 아동들은 심리적 주제에 관하여 성인이 토론해 준 결과로 더 풍부하여진 심리세계에 관한 정신적 표상(혹은 작동 모델)을 발달시킨다는 것을 시사한다. 이러한 표상들은 다른 사람들의 감정과 안녕에 대한 인간적 존중에서 이성적인 설명을 통해 갈등을 해결하는 솔선을 보여주는 부모의 모범을 상기하면서, 그리고 도덕적 행동에 대한 동기가 부모와의 긍정적인 신뢰관계를 유지하고자 하면서 도덕적 순응의 이슈를 간직하는 양심의 발달을 촉진시킨다.

초기 아동기에 미치는 양심발달에 관한 대화 논의의 영향력에 관해서는 더 많은 연구가 필요하다. 논의 참조와 양식이 성인의 언어에 부가된 사회적 · 정서적 의미를 제공하는 비언어적 행동—얼굴표정, 음색, 감정적 제스처, 자세 신호—의 풍부한 어휘 속에 끼워넣어지는 방식은 탐구되지 않은 채 아직 남아 있다. 또한 부모가 어린 자녀들과 나누는 그 밖의 다른 대화광장의 양식, 특히 잠재적 비행의 예상, 그리고 그것을 피하고자 하는 노력이 성인의 논의에 영향을 미칠 수 있는 미래의 사건에 관한 대화가 그렇다. 우리는 특히 부모-자녀 대화에서 전달될 수 있는 도덕적 사회화의 또 다른 형식, 곧 의무 도덕성에 관심이 있다. 달리 말하면 어린 아동들은 흔히 초기 도덕적 사회화의 총체를 구성하는 도덕적 금지와 대조적으로 인간으로서 그들에게 주어지는 도덕적 의무에 관하여 어떻게 학습하는가? 일상의 부모-자녀 대화는 도움을 필요로 하는 다른 사람을 돕고 고통받는 사람에게 관심을 갖는, 그리고 타인의 복지에 공헌하는 의무에 관한 가치를 통합하는가?

더 깊은 연구조사를 위한 또 다른 중요한 분야는 부정적인 혹은 혼합된 도덕적 메시지를 그들의 어린 자녀에게 제공하는 부모에 대한 관심이다. 자녀와의 대화가 부정적이거나 모욕적인, 혹은 그렇지 않으면 다른 사람들의 필요나 동기에 대한 비공감적인 묘사를 내포하는, 혹은 자녀를 겁주거나 위협하는, 혹은 자기 본위의 도덕적 정향을 전달하는, 혹은 거짓말하기, 속이기, 다른 사람들을 불친절하게 대우하는 것을 정당화하려고 노력하는 부모가 어떻게 그들의 어린 자녀들에게 비슷한 가치와 성향을 주입시키는 경향이 있는지는 이러한 연구 검토로부터 분명해질 것이다. 더 나아가 불신하는 혹은 불안정적인 부모-자녀 관계에서 자라는 어린 아동들은 안정과 온정의 배려관계에 의해 영감을 받는 아동들에 비해 보다 자기 보호적인, 그리고 아마도 덜 타인 정향적인 도덕적 성향을 발달시키는 경향이 있다. 이러한 부정적인 혹은 혼합된 도덕적 메시지들은 또한 혹독한 혹은 처벌적인 자녀 교육 방법으로 특징되는 부모-자녀 관계에서 두드러지기 쉬우며, 사실 그러한 부모의 자녀에 의해 채택된 보다 외부의, 처벌 지향의 도덕적 가치를 설명하는 데 도움이 될 수 있다. 요약하면, 부모-자녀 관계의 다차원성을 개념적·경험적으로 탐구함으로써 양심발달에 관한 많은 것을 알 수 있을 것이다. 곧 우리는 어린 아동들에게서 인간적·관계적 가치들의 성장에 관하여, 그리고 자기 본위적이고 착취적인 도덕적 정향들의 등장에 관하여 알 수 있다.

요약

관계는 양심발달에 중요하다. 왜냐하면 부모-자녀 상호작용의 넓고 특수한 특징은 어린 아동들의 도덕적 가치에 관한 이해를 형성하기 때문이다. 부모-자녀 관계 그 자체는 이들 영향과 관련이 있다. 어린 아동들은 성인과의 대화 속에서 다른 사람들의 감정의 중요성에 관하여 학습하며, 그들은 또한 이러한 정서를 형제자매 혹은 부모와 갈등하는 동안 직접적으로 경험한다. 그리고 나서 그들이 나중의 대화에서 관찰했던 감정에 관하여 이야기한다. 아동들은 그들 자신의 감정이 부모와 갈등을 빚는 동안에조차도 존중받기 때문에 다른 사람들이 어떻게 느끼는가에 대하여 관심 갖는 것을 학습한다. 관계가 양심발달에 미치는 영향에 대하여 상당히 많은 이해가 존재하게 되었는데, 이는 연구자들이 어린 아동들로 하여금 다른 사람들의 감정, 그들의 행위와 타인들의 복지 사이의 연관, 그리고 도덕적 행위에 대하여 민감하게 해주는 상호성 체계에 개입하는 구성과정들을 명료하게 설명하고자 안정성 혹은 상호반응성의 광범위한 차이를 개념적으로 "풀어줌"으로써 가능하게 되었다.

양심과 도덕발달 이론 및 연구

이들 연구문헌으로부터 등장하는 양심발달에 관한 기술은 학습 이론가들과 피아제 학설 및 콜버그 학설 접근법들로부터 나온 초기 도덕성에 관한 전통적 관점보다 훨씬 더 풍부하며 더 흥미가 있다. 양심은 도덕적 순응에 대한 처벌 및 복종 정향을 지닌 자기 본위적인 기회주의자가 된다기보다는 그들의 세계와 다른 사람들의 욕망 및 관심에서의 규범적 일관성을 이해하고자 하는 어린 아동들의 노력 속에 뿌리를 두고 있다. 도덕적 협력에 대한 유인은 부모 및 다른 권위자들의 제재로부터 일어날 뿐만 아니라, 부모와 어린 자녀 간에 발달하는 긴밀한 신뢰관계(혹은 보다 갈등을 빚는 부모-자녀 관계로부터 발생하는 불안정)로부터 발생하는 상호 선의지로부터 또한 일어난다. 자녀들은 부모가 규칙에 관하여, 그리고 그러한 규칙을 위반했을 때의 결과에 관하여 어떻게 이야기하는가로부터 가치를 학습한다. 그런데 그들은 부모가 인간의 감정에 관하여, 그리고 그러한 감정이 자녀의 행위에 의해 어떻게 영향을 받는지에 관하여 이야기할 때 더 많은 학습을 하게 된다. 어린 자녀들은 또한 그들의 부모가 그들과의 갈등을 어떻게 해결하고자 노력하는지에 관한 예를 통하여 양심을 학습한다. 초기 양심발달에 관해서는 기질의 영향을 받는 다양한 방식이 존재하는데, 그러나 각각은 온정적 반응의 부모-자녀 관계와 부모가 발달상 적절한 제재를 사용하는 것과 관련된다. 그러나 어린 아동들은 가치를 훈육대면에서 뿐만 아니라 그 밖의 다른 일상 가정생활의 광장에서 획득한다. 일상의 가정생활 광장은 과거 사건들에 관한 부모와의 대화(그것은 과거의 선행뿐만 아니라 비행의 경우를 포함하는 경향이 있다), 혹은 그 이전에 있었던 가족 간 갈등에 관한 공유된 회상, 혹은 자녀가 가족 이외로부터 발생하는 부모 가치에 대한 도전에 직면할 것을 예상하여 개념적 기능을 예방 차원에서 갖추도록 하는 성인의 노력으로 이루어진다. 물론 양심발달은 정서적 성장과 밀접하게 연관되며, 죄의식 및 수치심과 같은 자기 참조적 정서와 자기 이해뿐만 아니라 도덕적 이해를 위한 강력한 촉매제인 공감과 같은 타인 지향 정서의 각성과도 밀접하게 연관된다. 전체적으로 양심발달은 어린 아동들의 긴밀한 관계에서의 경험, 그들의 발달하는 심리적 이해, 그리고 점차 나타나는 그들의 도덕적으로 책임 있는 개체로서의 자각과 밀접하게 연관된다.

그러므로 도덕발달 이론에서 초기 아동기의 위상을 새롭게 관조할 시점이 도래했다. 보행기 기간 및 학령 전 시기에서의 양심을 보다 반성적이고 인간적이며 관계적인 중기 아동기 및 청소년기의 도덕성과는 다른 독특한 것으로 간주하는 것보다는 초기 아동기가 이후 연령에서의 도덕성을 위한 기초를 어떻게 제공하는가를 고려하는 것이 바람직하다. 코찬스카와 그 밖의 다른 학자들의 연구가 보여주었듯이 그들의 발달하는 개념적 기능, 안정성 혹은 불안정성에 관한 관계 경험, 도덕적 자아의 등장, 부모와의 대화, 그리고 그 밖의 다른 경험에서 어린 아동들은 나이

든 아동들과 청소년들의 도덕 정향보다는 더 단순한, 그러나 근본적으로는 서로 비슷한 도덕 정향을 발달시킨다. 중기 아동기와 청소년기에서 목격되는 도덕판단, 정의, 그리고 행동의 형식이 어떻게 초기 아동기에 뿌리를 두고 있는가를 이해하는 것은 따라서 앞으로 미래의 많은 중요한 연구과제 중 하나가 된다.

도덕발달 연구에 대한 초기 양심 연구의 또 다른 공헌은 그의 개념적 · 방법론적 폭이다. 연구자들은 초기 양심의 관계적 · 개념적 · 정서적 · 기질적, 그리고 다른 구성요소들을 파악하고자 하는 그들의 노력에서 창조력을 발휘해 왔다. 그들은 또한 이들 발달 영향들이 상호 교차하는 지점을 탐구하는 데 있어서 혁신적이었다. 즉 그것은 양심발달에 대한 다양한 길을 규명하는 데 기질과 자녀 훈육방법 간의 상호작용이 관련이 있는지, 혹은 부모-자녀 대화 논의가 어린 아동들의 도덕적 이해를 형성하는 데 있어서 보다 넓은 관계적 질과 어떻게 상호작용하는지 이해하고자 한 것이다. 이러한 연구의 폭은 도덕적 행동과 같은 다면적인 현상에 관한 연구에서 중요하며, 그리고 초기 양심에 관한 연구는 다른 연령에서 도덕발달에 관심을 갖고 있는 학자들의 연구 모델을 제공해 준다.

어린 아동들은 그들에게 의미 있는 관계의 맥락에서 가치를 이해하기 시작하는 직관주의 도덕가들이라는 이 연구로부터 등장하는 관점이 아마도 가장 소중한 것일 것이다. 어린 아동들은 자율적인 도덕 이론가들이 아니고 그렇다고 타인들에 의해 주조되는 진흙 덩어리도 아니다. 그들은 대신에 이해하고자 열심히 노력하는, 그들 자신의 직관적 도덕성을 창조하는, 그러나 또한 가정에서의 일상 경험 속에서 도덕성에 관한 지혜를 제공하는 성인 조언자들의 민감한 안내로 도움을 받는 도덕 초심자들이다. 그러한 어린 아동들에 관한 기술은 양심의 시초에 대한 탐구에 생기를 불어넣는다.

《 감사의 말 》

우리는 이 원고의 초고를 검토하고 또한 좋은 논평을 해준 편집자들과 그라지나 코찬스카(Grazyna Kochanska)에게 매우 감사한다.

참고문헌

Arsenio, W. F., & Kramer, R.(1992). Victimizers and their victims : Children's conceptions of the mixed emotional consequences of victimization. *Child Development, 63,* 915–927.

Arsenio, W. F., & Lover, A.(1999.) Children's conceptions of sociomoral affect : Happy victimizers, mixed emotions, and other expectancies. In M. Killen & D. Hart(Eds.), *Morality in everyday life : Developmental perspectives*(pp. 87–128). New York : Cambridge.

Baldwin, D. S., & Moses, L. J.(1996). The ontogeny of social information–processing. *Child Development, 67,* 1915–1937.

Barrett, K. C.(1995). A funcfionalist approach to shame and guilt. In J. P. Tangney & K. W. Fischer(Eds.), *Self–conscious emotions*(pp. 25–63). New York : Guilford.

Barrett, K. C.(1998). The origins of guilt in early childhood. In J. Bybee(Ed.), *Guilt and children*(pp. 75–90). San Diego : Academic Press.

Barrett, K. C., Zahn–Waxler, C., & Cole, P. M.(1993). Avoiders vs. amenders : Implications for the investigation of guilt and shame during toddlerhood? *Cognition and Emotion, 7,* 481–505.

Bates, E.(1990). Language about me and you : Pronomial reference and the emerging concept of self. In D. Cicchetti & M. 48–505). Beeghly(Eds.), *The self in transition : Infancy to childhood*(pp. 165–182). Chicago : University of Chicago Press.

Bates, J. E., Maslin, C. A., & Frankel, K. A.(1985). Attachment security. mother–child interaction, and temperament as predictors behavior–problem ratings at age three years. In I. Bretherton & E. Waters(Eds.), *Growing points in attachment theory and research. Monographs of the Society for Research in Child Development, 50*(1–2, Serial no. 209), 167–193.

Biringen, Z., Emde, R. N., Campos, J. J., & Appelbaum, M. I. (1995). Affective reorganization in the infant, the mother, and the dyad : The role of upright locomotion and its timing. *Child Development, 66,* 499–519.

Braungart–Rieker, J., Garwood, M. M., & Stifter, C. A. (1997). Compliance and noncompliance : The roles of maternal control and child temperament. *Journal of Applied Developmental Psychology, 18,* 411–428.

Bretherton, I., Fritz, J., Zahn–Waxler, C., & Ridgeway, D. (1986). Learning to talk about emotions : A functionalist perspective. *Child Development, 57,* 529–548.

Bretherton, I., & Munholland, K. A. (1999). Internal working models in attachment relationships : A construct revisited. In J. Cassidy & P. R. Shaver (Eds.), *Handbook of attachment* (pp. 89–111). New York : Guilford.

Bullock, M., & Lutkenhaus, P. (1988). The development of volitional behavior in the toddler years. *Child Development, 59,* 664–674.

Campos, J., Anderson, D., Barbu–Roth, M., Hubbard, E., Hertenstein, M., & Witherington, D. (1999). Travel broadens the mind. *Infancy, 1,* 149–219.

Campos, J. J., Kermoian, R., & Zumbahlen, M. R. (1992). Socioemotional transformations in the family system following infant crawling onset. In N. Eisenberg & R. A. Fabes (Eds.), *Emotion and its regulation in early development* (pp. 35–40). San Francisco : Jossey–Bass.

Cassidy, J. (1988). Child–mother attachment and the self in six–year olds. *Child Development, 59,* 121–134.

Clark, L. A., Kochanska, G., & Ready, R. (2000). Mothers' personality and its interaction with child temperament as predictors of parenting behavior. *Journal of Personality and Social Psychology, 79,* 274–285.

Crockenberg, S., & Litman, C. (1990). Autonomy as competence in 2–year–olds : Maternal correlates of child defiance, compliance, and self–assertion. *Developmental Psychology, 26,* 961–971.

Cummings, E. M., & Davies, P. (1994). *Children and marital conflict.* New York : Guilford.

Davies, P. T., & Cummings, E. M. (1994). Marital conflict and child adjustment : An emotional security hypothesis. *Psychological Bulletin, 116,* 387–411.

Dawber, T., & Kuczynski, L. (1999). The question of ownness : Influence of relationship context on parental socialization strategies. *Journal of Social and Personal Relationships, 16,* 475–493.

Deater–Decker, K., & O'Connor, T. G. (2000). Parent–child mutuality in early childhood : Two behavioral genetic studies. *Developmental Psychology, 36,* 561–570.

Dunn, J.(1987). The beginnings of moral understanding : Development in the second year. In J. Kagan & S. Lamb (Eds.), *The emergence of morality in young children* (pp. 91–112). Chicago : University of Chicago Press.

Dunn, J., Brown, J. R., & Maguire, M.(1995). The development of children's moral sensibility : Individual differences and emotion understanding. *Developmental Psychology, 31*, 649–659.

Dunn, J., & Munn, P.(1987). The development of justifications in disputes. *Developmental Psychology, 23*, 781–798.

Eder, R. A.(1989). The emergent personologist : The structure and content of $3\frac{1}{2}$–, $5\frac{1}{2}$–, and $7\frac{1}{2}$–year–olds' concepts of themselves and other persons. *Child Development, 60*, 1218–1228.

Eder, R. A.(1990). Uncovering children's psychological selves : Individual and developmental differences. *Child Development, 61*, 849–863.

Eder, R. A., & Mangelsdorf, S. C.(1997). The emotional basis of early personality development : Implications for the emergent self–concept. In R. Hogan & S. Briggs (Eds.), *Handbook of personality psychology* (pp. 209–240). Orlando, FL : Academic Press.

Eisenberg, N.(2000). Emotion, regulation, and moral development. *Annual Review of Psychology, 51*, 665–697.

Emde, R. N., Biringen, Z., Clyman, R. B., & Oppenheim, D.(1991). The moral self of infancy : Affective core and procedural knowledge. *Developmental Review, 11*, 251–270.

Emde, R. N., & Buchsbaum, H.(1990). "Didn't you hear my Mommy?" Autonomy with connectedness in moral self–emergence. In D. Cicchetti & M. Beeghly (Eds.), *The self in transition : Infancy to childhood* (pp. 35–60). Chicago : University of Chicago Press.

Feinman, S., Roberts, D., Hsieh, K. –F., Sawyer, D., & Swanson, D.(1992). A critical review of social referencing in infancy. In S. Feinman (Ed.), *Social referencing and the social construction of reality in infancy* (pp. 15–54). New York : Plenum.

Flavell, J. H., Miller, P. H., & Miller, S. A.(2002). *Cognitive development* (4th ed.). Upper Saddle River, NJ : Prentice–Hall.

Gralinski, J. H., & Kopp, C. B.(1993). Everyday rules for behavior : Mothers' requests to young children. *Developmental Psychology, 29*, 573–584.

Gruse, J. E., & Goodnow, J. J.(1994). Impact of parental discipline methods on the child's internalization of values : A reconceptualization of current points of view. *Developmental Psychology, 30*, 4–19.

Gruse, J. E., Goodnow, J. J. & Kuczynski, L.(2000). New direction in analyses of parenting contributions to children's internalization of values. *Child Development, 71*, 205–211.

Harrise, P. L., & Nunez, M.(1996). Understanding of permission rules by prechool children. *Child Development, 67*, 1572–1591.

Harter, S.(1999). *Developmental approaches to self processes*. New York : Guilford.

Hasting, P. D., & Gruse, J. E.(1998). Parenting goals as organizers of responses to parent–child disagreement. *Developmental Psychology, 34*, 465–479.

Heckhausen, J.(1988). Becoming aware of one's competence in the second year : Developmental progression within the mother–child dyad. International *Journal of Behavioral Development, 11*, 305–326.

Holden, G. W.(1983). Avoiding conflict : Mothers as tacticians in the supermarket. *Child Development, 54*, 233–240.

Holden, G. W., & Miller, P. C.(1999). Enduring and different : A meta–analysis of the similarity in parents' child rearing. *Psychological Bulletin, 125*, 233–254.

Holden, G. W., Miller, P. C., & Harris, S. D.(1999). The instrumental side of corporal punishment : Parents' reported practices and outcome expectancies. *Journal of Marriage and the Family, 61*, 908–919.

Holden, G. W., Thompson, E. E., Zambarano, R. J., & Marshall, L. A.(1997). Child effects as a source of change in maternal attitudes toward corporal punishment. *Journal of Social and Personal Relationship, 14*, 481–490.

Holden, G. W., & West, M. J.(1989). Proximate regulation by mothers : A demonstration of how differing styles affect young children's behavior. *Child Development, 60*, 64–69.

Hudson, J. A.(1993). Understanding events : The development of script knowledge. In M. Bennett(Ed.), *The child as psychologist : An introduction to the development of social cognition* (pp. 142–167). New York : Harvester Wheatsheaf.

Kagan, J.(1981). *The second year : The emergence of self–awareness*. Cambridge, MA : Harvard University Press.

Kagan, J.(in press). Human morality and temperament. In G. Carlo & C. Pope–Edwards(Eds.), *Moral motivation through the lifespan. Nebraska Symposium on Motivation* (Vol. 51). Lincoln : University of Nebraska Press.

Kemler Nelson, D. G., Herron, L., & Morris, C.(2002). How children and adults name broken objects : Inferences and reasoning about design intentions in the categorization of artifacts. *Journal of Cognition and Development, 3*, 301–332.

Kemler Nelson, D. G., Holt, M. G., & Chang Egan, L.(2003). *Two–and three–year–olds infer and reason about design intentions in order to categorize broken objects*. Manuscript submitted for publications, Swarthmore College.

Killen, M., Pisacane, K., Lee-Kim, J., & Ardila-Rey, A.(2001). Fairness or stereotypes? Young children's priorities when evaluating group exclusion or inclusion. *Developmental Psychology, 37,* 587-596.

Kochanska, G.(1991). Socialization and temperament in the development of guilt and conscience. *Child Development, 62,* 1379-1392.

Kochanska, G.(1993). Toward a synthesis of parental socialization and child temperament in early development of conscience. *Child Development, 64,* 325-347.

Kochanska, G.(1995). Children's temperament, mother's discipline, and security of attachment : Multiple pathways to emerging internalization. *Child Development, 66,* 597-615.

Kochanska, G.(1997a). Multiple pathways to conscience for children with different temperaments : From toddlerhood to age 5. *Developmental Psychology, 33,* 228-240.

Kochanska, G.(1997b). Mutually responsive orientation between mothers and their young children : Implications for early socialization. *Child Development, 68,* 94-112.

Kochanska, G.(2002a). Committed compliance, moral self, and internalization : A mediated model. *Developmental Psychology, 38,* 339-351.

Kochanska, G.(2002b). Mutually responsive orientation between mothers and their young children : A context for the early development of conscience. *Current Directions in Psychological, Science, 11,* 191-195.

Kochanska, G., Aksan, N., & Nichols, K. E.(2003). Maternal power assertion in discipline and moral discourse contexts : Commonalities, differences, and implications for children's moral conduct and cognition. *Developmental Psychology, 39,* 949-963.

Kochanska, G., & Aksan, N.(1995). Mother-child mutually positive affect, the quality of child compliance to requests and prohibitions, and maternal control as correlates of early internalization. *Child Development, 66,* 236-254.

Kochanska, G., Aksan, N., Knaack, A., & Rhines, H. M.(2004). Maternal parenting and children's conscience : Early security as a moderator. *Child Development, 75,* 1229-1242.

Kochanska, G., Casey, R. J., & Fukumoto, A.(1995). Toddlers' sensitivity to standard violations. *Child Development, 66,* 643-656.

Kochanska, G., DeVet, K., Goldman, M., Murray, K., & Putnam, S. P.(1994). Maternal reports of conscience development and temperament in young children. *Child Development, 65,* 852-868.

Kochanska, G., Forman, D. R., & Coy, K. C.(1999). Implications of the mother-child relationship in infancy for socialization in the second year of life. *Infant Behavior & Development, 22,* 249–265.

Kochanska, G., Gross, J. N., Lin, M. -H., & Nichols, K. E.(2002). Guilt in young children : Development, determinants, and relations with a broader system of standards. *Child Development, 73,* 461–482.

Kochanska, G., & Knaack, A.(2003). Effortful control as a personality characteristic of young children : Antecedents, correlates, and consequences. *Journal of Personality, 71,* 1087–1112.

Kochanska, G., & Murray, K. T.(2000). Mother-child mutually responsive orientation and conscience development : From toddler to early school age. *Child Development, 71,* 417–431.

Kochanska, G., Murray, K. T., & Coy, K. C.(1997). Inhibitory control as a contributor to conscience in childhood : From toddler to early school age. *Child Development, 68,* 263–277.

Kochanska, G., Murray, K. T., Jacques, T. Y., Koenig, A. L., & Vandegeest, K.(1996). Inhibitory control of young children and its role in emerging internalization. *Child Development, 67,* 490–507.

Kochanska, G., & Thompson, R. A.(1997). The emergence and development of conscience in toddlerhood and early childhood. In J. E. Grusec & L. Kuczynski (Eds.), *Parenting and children's internalization of values*(pp. 53–77). New York : Wiley.

Kopp, C. B.(1982). Antecedents of self-regulation : A developmental view. *Developmental Psychology, 18,* 199–214.

Kopp, C. B.(1987). The growth of self-regulation : Caregivers and children. In N. Eisenberg(Ed.), *Contemporary topics in developmental psychology*(pp. 34–55). New York : Wiley.

Kopp, C. B., & Wyer, N.(1994). Self-regulation in normal and atypical development. In D. Cicchetti & S. L. Toth(Eds.), *Disorders and dysfunctions of the self. Rochester Symposium on Developmental Psychopathology*(vol. 5, pp. 31–56). Rochester, NY : University of Rochester Press.

Kuczynski, L., & Kochanska, G.(1990). Development of children's noncompliance strategies from toddlerhood to age 5. *Developmental Psychology, 26,* 398–408.

Kuczynski, L., Kochanska, G., Radke-Yarrow, M., & Girnius-Brown, O.(1987). A developmental interpretation of young children's noncompliance. *Developmental Psychology, 23,* 799–806.

Kuczynski, L., Marshall, S., & Schell, K.(1997). Value socialization in a bidirectional context. In J. E. Grusec & L. Kuczynski (Eds.), *Parenting and children's internalization of values* (pp. 23–50). New York : Wiley.

Lagattuta, K. (in press). When you shouldn't do what you want to do : Young children's understanding of desires, rules, and emotions. *Child Development in press.*

Laible, D. J. (2004a). Mother–child discourse about a child's past behavior at 30–months and early socioemotional development at age 3. *Merrill Palmer Quarterly, 50,* 159–180.

Laible, D. J. (2004b). Mother–child discourse in two contexts : Links with child temperament, attachment security, and socioemotional competence. *Developmental Psychology, 40,* 979–992.

Laible, D. J., Thompson, R. A. (1998). Attachment and emotional understanding in preschool children. *Developmental Psychology, 34,* 1038–1045.

Laible, D. J., Thompson, R. A. (2000). Mother–child discourse, attachment, security, shared positive affect, and early conscience development. *Child Development, 71,* 1424–1440.

Laible, D. J., Thompson, R. A. (2002). Mother–child conflict in the toddler years : Lessons in emotion, morality, and relationship. *Child Development, 73,* 1187–1203.

Lamb, S. (1993). First moral sense : An examination of the appearance of morally related behaviours in the second year of life. *Journal of Moral Education, 22,* 97–109.

Lehman, E. B., Steier, A. J., Guidash, K. M., & Wanna, S. Y. (2002). Predictors of compliance in toddlers : Child temperament, maternal personality, and emotional availability. *Early Child Development and Care, 172,* 301–310.

Lewis, M. (2000). Self–conscious emotions : Embarrassment, pride, shame, and guilt. In M. Lewis & J. M. Haviland–Jones (Eds.), *Handbook of emotions* (pp. 563–573). New York : Guilford.

Lewis, M., & Brooks–Gunn, J. (1979). *Social cognition and the acquisition of self.* New York : Plenum.

Lollis, S., & Kuczynski, L. (1997). Beyond one hand clapping : Seeing bidirectionality in parent–child relations. *Journal of Social and Personal Relationships, 14,* 441–461.

Londerville, S., & Main, M. (1981). Security of attachment, compliance, and maternal training methods in the second year of life. *Developmental Psychology, 17,* 289–299.

Maccoby, E. E. (1984). Socialization and developmental change. *Child Development, 55,* 317–328.

Maccoby, E. E.(1999). The uniqueness of the parent-child relationship. In W. A. Collins & B. Laursen (Eds.), *Relationships as developmental contexts. Minnesota Symposia on Child Psychology*(vol. 30, pp. 157-175). Hillsdale, NJ : Lawrence Erlbaum Associates.

Matas, L., Arend, R. A., & Sroufe, L. A.(1978). Continuity of adaptation in the second year : The relationship between quality of attachment and later competence. *Child Development, 49,* 547-556.

Miller, P. J., Fung, H., & Mintz, J.(1996). Self-construction through narrative practices : A Chinese and American comparison of early socialization. *Ethos, 24,* 237-280.

Miller, P. J., Potts, R., Fung, H., Hoogstra, L., & Mintz, J.(1990). Narrative practices and the social construction of self in childhood. *American Ethnologist, 17,* 292-311.

Nanji, A. A.(1993). The Muslim family in North America : Continuity and change. In H. P. McAdoo (Ed.), *Family ethnicity : Strength in diversity*(pp. 229-244). Newbury Park, CA : Sage.

Nelson, K.(Ed.).(1978). *Event knowledge : Structure and function in development.* Hillsdale, NJ : Lawrence Erlbaum Associates.

Nucci, L.(1996). Morality and the personal sphere of actions. In E. S. Reed, E. Turiel, & T. Brown (Eds.), *Values and knowledge*(pp. 41-60). Mahwah, NJ : Lawrence Erlbaum Associates.

Nucci, L. P., & Weber, E. K.(1995). Social interactions in the home and the development of young children's conceptions of the personal. *Child Development, 66,* 1438-1452.

Padilla-Waler, L., & Thompson, R. A.(in press). Combating conflicting messages of values : A closer look at parental strategies. *Social Development.*

Piaget, J.(1965). *The moral judgment of the child.* New York : Harcourt, Brace.

Power, T. G., & Chapieski, M. L.(1986). Childrearing and impulse control in toddlers : A naturalistic investigation. *Developmental Psychology, 22,* 271-275

Repacholi, B. M., & Gopnik, A.(1997). Early reasoning about desires : Evidence from 14- and 18-month olds. *Developmental Psychology, 33,* 12-21.

Reese, E.(2002). Social factors in the development of autobiographical memory. The state of the art. *Social Development, 11,* 124-142.

Ruble, D. N., & Martin, D. L.(1998). Gender development. In W. Damon (Ed.). & N. Eisenberg (Vol. Ed.), *Handbook of child psychology Vol. 3 : Social, emotional and personality development*(5th ed., pp. 933-1016). New York : Wiley.

Shonkoff, J. P., & Phillips, D. A.(Eds.).(2000). *From neurons to neighborhoods : The science of early childhood development*. Report of the Committee on Integrating the Science of Early Childhood Development, National Research Council and Institute of Medicine. Washington, DC : National Academy Press.

Smetana, J. G.(1981). Preschool children's conceptions of moral and social rules. *Child Development, 52*, 1333–1336.

Smetana, J. G.(1985). Preschool children's conceptions of transgressions : The effects of varying moral and conventional domain-related attributes. *Developmental Psychology, 21*, 18–29.

Smetana, J. G.(1989). Toddlers' social interactions in the context of moral and conventional transgressions in the home. *Developmental Psychology, 25*, 499–508.

Smetana, J. G.(1997). Parenting and the development of social knowledge reconceptualized : A social domain analysis. In J. E. Grusec & L. Kuczynski(Eds.), *Parenting and children's internalization of values*(pp. 162–192). New York : Wiley.

Smetana, J. G., & Braeges, J. L.(1990). The development of toddler's moral and conventional judgments. *Merrill-Palmer Quarterly, 36*, 329–346.

Smetana, J. G., Kochanska, G., & Chuang, S.(2000). Mothers' conceptions of everyday rules for young toddlers : A longitudinal investigation. *Merrill-Palmer Quarterly, 46*, 391–416.

Stern, D. N.(1985). *The interpersonal world of the infant*. New York : Basic.

Stifter, C. A., Spinrad, T. L., & Braungart-Rieker, J. M.(1999). Toward a developmental model of child compliance : The role of emotion regulation in infancy. *Child Development, 70*, 21–32.

Stipek, D.(1995). The development of pride and shame in toddlers. In J. P. Tangney & K. W. Fischer(Eds.), *Self-conscious emotions*(pp. 237–252). New York : Guilford.

Stipek, D. J., Gralinski, J. H., & Kopp, C. B.(1990). Self-concept development in the toddler years. *Developmental Psychology, 26*, 972–977.

Stipek, D., Recchia, S., & McClintic, S.(1992). Self-evaluation in young children. *Monographs of the Society for Research in Child Development, 57*(Serial No. 226).

Theimer, C. E., Killen, M., & Stangor, C.(2001). Preschool children's evaluations of exclusion in gender-stereotypic contexts. *Developmental Psychology, 37*, 18–27.

Thompson, R. A.(1998a). Early sociopersonality development. In W. Damon(Ed.), *& and personality development*(5th ed., pp. 25–104). New York : Wiley.

Thompson, R. A.(1998b). Empathy and its origins in early development. In S. Braten (Ed.), *Intersubjective communication and emotion in early ontogeny*(pp. 144–

157). Cambridge, UK : Cambridge University Press.

Thompson, R. A.(1999). Early attachment and later development. In J. Cassidy & P. R. Shaver(Eds.), *Handbook of attachment : Theory, research, and clinical applications*(pp. 265–286). New York : Guilford.

Thompson, R. A.(2000). The legacy of early attachments. *Child Development, 71,* 145–152.

Thompson, R. A.(in press). The development of the person : Social understanding, relationships, self, conscience. In W. Damon & R. M. Lerner(Eds.), *Handbook of child psychology*(6th Ed.), Vol. 3. *Social, emotional, and personality development* (N. Eisenberg, Vol. Ed.). New York : Wiley.

Thompson, R. A., Laible, D. J., & Ontai, L. L.(2003). Early understanding of emotion, morality, and the self : Developing a working model. In R. V. Kail(Ed.), *Advances in Child Development and Behavior*(vol. 31. pp, 137–171). San Diego : Academic.

Thompson, R. A., & Raikes, H. A.(2003). Toward the next quarter–century : Conceptual and methodological challenges for attachment theory. *Developmental and Psychopathology, 15,* 691–718.

Thornton, M. C., Chatters, L. M., Taylor, R. J., & Allen, W. R.(1990). Sociodemographic and environmental correlates of racial socialization by black parents. *Child Development, 61,* 401–409.

Tomasello, M.(1999). *The cultural of human cognition.* Cambridge, MA : Harvard University Press.

Tomasello, M., & Rakoczy, H.(2003). What makes human cognition unique? From individual to collective to shared intentionality. *Mind & Language, 18,* 121–147.

van der Mark, I. L., Bakermans–Kranenburg, M. J., & van IJzendoorn, M. H. (2002). The role of parenting, attachment, and temperamental fearfulness in the prediction of compliance in toddler girls. *British Journal of Developmental Psychology, 20,* 361–378.

Verschueren, K., Marcoen, A., & Schoefs, V.(1996). The internal working model of the self, attachment, and competence in five–year–olds. *Child Development, 67,* 2493–2511.

Waters, E., Kondo–Ikemura, K., Posada, G., & Richters, J. E.(1991). Learning to love : Mechanisms and milestones. In M. R. Gunnar & L. A. Sroufe(Ed.), *Self processes and development. Minnesota Symposia on Child Psychology*(vol. 23, pp. 217–255). Hillsdale, NJ : Lawrence Erlbaum Associates.

Wellman, H. M.(2002). Understanding the psychological world : Developing a theory of mind. In U. Goswami (Ed.), *Handbook of childhood cognitive development* (pp. 167–187). Oxford : Blackwell.

Wellman, H. M., Cross, D., & Watson, J. (2001). Meta-analysis of theory of mind development : The truth about false belief. *Child Development, 72,* 655–684.

Wellman, H. M., & Miller, J. G. (in press). Including deontic reasoning as fundamental to theory of mind. *Psychological Review.*

Wellman, H. M., & Miller, J. G. (2003). *Integrating deontic reasoning and theory of mind.* Unpublished manuscript, University of Michigan (submitted for publication).

Woodward, A. (1998). Infants selectively encode the goal object of an actor's reach. *Cognition, 69,* 1–34.

Zahn-Waxler, C. (2000). The development of empathy, guilt, and internalization of distress : Implications for gender differences in internalizing and externalizing problems. In R. J. Davidson (Ed.), *Anxiety, depression, and emotion* (pp. 222–265). New York : Oxford University Press.

Zahn-Waxler, C., & Radke-Yarrow, M. (1990). The origins of empathic concern. *Motivation and Emotion, 14,* 107–130.

Zahn-Waxler, C., Radke-Yarrow, M., & King, R. A. (1979). Child rearing and children's prosocial initiations toward victims of distress. *Child Development, 50,* 319–330.

Zahn-Waxler, C., Radke-Yarrow, M., Wagner, E., & Chapman, M. (1992). Development of concern for others. *Developmental Psychology, 28,* 126–136.

Zahn-Waxler, C., & Robinson, J. (1995). Empathy and guilt : Early origins of feelings of responsibility. In J. P. Tangney & K. W. Fischer (Eds.), *Self-conscious emotions* (pp. 143–173). New York : Guilford.

제11장

사회화, 내면화 그리고 문화적 적응에서의 혁신과 변화의 원천

쿠친스키_Leon Kuczyski
나바라_Geoffrey S. Navara(구얼프 대학교_University of Guelph)

가정에서의 사회화에 관한 오늘날의 연구는 내면화 과정과 결과에 관해 급진적으로 변화된 가설의 맥락에서 진행되고 있다. 내면화(internalization)는 개인에게 애초부터 외재적인 것으로 가정되는 가치들이 개인의 사고와 행위로 통합되기 시작하는 과정이다(Grusec & Goodnow, 1994). 1980년대 이전의 경우에 내면화에 관한 연구는 사회화의 일방향적·결정론적인 개념에 의해 안내되었다(Maccoby, 1992). 전통적인 사회화의 관점에서 보면 내면화는 아동들의 가치 획득과 수용이 사회화 동인들의 직접 행동과 관습을 통해 성취되는 세대 간 전달의 과정으로 인식되었다. 내면화의 산물은 두 가지 상호 연관된 문제의 측면에서 고려되었다. 그 두 가지 문제는 나이 든 세대로부터 나이 어린 세대로 표준, 가치, 지식, 태도, 동기, 역할, 그리고 관습과 같은 문화적 내용의 전달과 가족과 사회 권위자들의 요구 및 기대에 대한 행동 동조의 촉진이다(Dubin & Dubin, 1963). 사회화 이론의 암묵적인 목적은 부모로부터 자녀로 이어지는 가치의 연속성, 보다 일반적으로는 사회와 문화가 각각 다음 세대에서 재생산되는 과정을 이해하는 것이었다(Corsaro, 1997 ; Valsiner, 1988).

사회화와 내면화에 관한 일방향적인 개념은 개인과 사회 간의 거시적 수준과 부모-자녀 관계의 미시적 수준 모두에서 사회화의 과정과 결과에 관한 제한된 관점으로 인하여 많은 비판을 받아왔다. 사회학자들과 인류학자들은 사회규범 및 역할에 대한 동조와 세대 간 가치의 안정적 전달과 같은 개념들을 강조하는 사회화의 구조-기능주의적 구상을 비판해 왔다(Corsaro, 1997 ; Ferree, 1990 ; Sapir, 1934 ; Strauss, 1992 ; Wrong, 1961). 예컨대 롱(Wrong, 1961)은 그러한 개념이 사회가 실제보다 훨씬 더 많이 통합된다는 것을 가정할 뿐만 아니라 인간 본성을 실제보다 훨씬 더 순응하는 것으로 가정하고 있다고 제시했다. 최근에 이르러 발시너(Valsiner, 1988)는 전통적 관점으로는 세대 간 혁신을 내면화 과정의 산물로 설명할 수 없다는 점에 주목했다.

부모-자녀 상호작용과 관계에서 아동들의 적극적인 역할과 관련한 1970년대 이후의 발견 또한 초기 사회화 이론의 미시적 과정 가설을 훼손시켰다(Hartup, 1978 ; Kuczynski, 2003). 이들 변화의 원천에는 아동들이 출생 때부터 상호적 영향과정에서 부모에게 영향을 미칠 준비가 되어 있다는 개념(Maccoby & Martin, 1983 ; Rheingold, 1969), 아동들이 본래적으로 지식 구성의 과정과 그들 자신의 도덕발달에서 적극적이라는 개념(Kohlberg, 1969 ; Piaget, 1965), 그리고 부모-자녀 간 사회적 상호작용

(Bell, 1968 ; Sameroff, 1975)과 부모–자녀 관계(Hinde, 1979 ; Lollis & Kuczynski, 1997)에 대한 아동들의 공헌에 새로운 이해를 증진시켰던 쌍방향적인 인과적 모델 등이 포함된다. 사회화 문헌들에 관한 경험적 검토 또한 점차적으로 아동들의 사회화 결과에 영향을 미치는 소규모의 직접적인 부모 영향에 관심을 갖도록 불러일으켰다(Collins, Maccoby, Steinberg, Hetherington & Bornstein, 2000 ; Maccoby & Martin, 1983). 가치 내면화를 고려해 볼 때 부모와 자녀 간의 유사성의 전달에 대한 증거는 적절하며, "그와 같은 가치들, 심지어 사회적 실재에 대한 일반적 정향이 아닌 주로 정치적 정향, 종교적 신념, 그리고 삶의 양식"(Kohn, 1983, p. 1)과 관련이 있다.

지난 10년 동안 부모–자녀 관계와 관련한 축적된 통찰을 가정에서의 사회화 개념에 통합하고자 하는 노력이 활발히 진행되어 왔다(Grusec, Goodnow & Kuczynski, 2000). 사회화 이론을 갱신하는 데 있어서 그루섹(Grusec)과 굿나우(Goodnow, 1994)는 부모가 가치 내면화를 어떻게 촉진시키는가를 설명할 때 부모의 적극성과 더불어 자녀의 적극성 또한 중점적으로 다루어야 할 필요가 있다고 제안했다. 그루섹과 굿나우의 내면화 모델은 부모의 메시지를 해석·평가하고 받아들이거나 거부하는 데 있어서 자녀의 적극적 성격과 그것이 전달되는 적절성을 강조한다. 그들의 관점에서 보면 최적의 사회화 방법은 부모가 자녀들에 대한 사회화 목적을 조절할 때 수많은 선택을 해야 하며, 부모는 자신들의 메시지를 해석하는 자녀들의 능력을 인정하는 방식에서 메시지를 구성할 것을 요구한다. 우리들 자신이 행한 연구에서 우리는 인간 의지, 그리고 내면화된 개념의 성격(Kuczynski, Marshall & Schell, 1997)과 동조의 성격(Kuczynski & Hildebrandt, 1997)에 대한 쌍방향적인 인과관계에 집중된 초점이 함축하는 바를 탐구해 왔다. 그 분야에 대한 하나의 추가적인 도전은 가정에서의 사회화 과정에 관한 새로운 개념을 보다 넓은 사회체계와 문화에 연관시키는 것이다(Bugental & Goodnow, 1998 ; Parke & Buriel, 1998 ; Trommsdorff & Kornadt, 2003).

이 장의 목적은 내면화의 구성 개념과 관련한 고전적 문제들과 그것들을 현대 사회화 이론에서 중점적으로 다루고자 하는 새로운 노력을 검토하는 것이다. 우리는 부모-자녀 관계의 본질과 관련한 최근의 가설들이 사회화와 내면화를 세대 간 유사성뿐만 아니라 세대 간 변화를 낳는 역동적 과정으로 간주할 수 있는 수많은 방향을 제시한다고 주장한다. 이 장의 첫 부분은 사회화 이론에서의 새로운 발달을 고찰한다. 우리는 가치의 본질, 내면화 과정, 내면화의 결과와 관련한 일방향적 내면화 모델의 전통적 가설을 쌍방향적 내면화 모델의 가설과 비교한다(표 11.1). 가정과 그 밖의 다른 사회적 맥락은 문화에서의 성공적인 적응을 위해 가치, 신념, 그리고 견해와 관련하여 이질적인 개념을 포함하는 것으로 추정된다. 인간 의지(human agency)와 쌍방향적 인과관계는 내면화에 관한 역동적 관점의 초석이다. 부모와 자녀를 의지를 지닌 행위자로서 보다 충분하게 고려하는 것은 동조와 유사성의 전달에 관한 전통적 초점과 더불어 선택, 저항, 그리고 혁신의 과정을 부모-자녀 사회화의 설명에 추가한다. 두 번째 부분에서 우리는 가정 내에서의 쌍방향적 과정에 관한 변증법적 관점이 변화와 변형을 내면화의 본래적 측면으로 고려하는 것을 촉진시킨다는 점을 제안한다. 이 장의 마지막 부분은 가정 내에서의 미시적 과정을 사회적 변화와 문화의 거시적 과정과 연결시키고자 시도한다. 거기에서 우리는 부모-자녀의 세대 간 체계와 부모-자녀의 문화 간 체계 내에서의 변화에 대한 변증법적 내면화 관점의 함축

표 11.1_ 일방향적 내면화 모델과 쌍방향적 내면화 모델의 가설들

	일방향적 내면화	쌍방향적 내면화
가치	논쟁의 여지가 없는, 획일적인	논쟁의 여지가 있는, 다양한
맥락	격리된 개인들	상호 의존적인 관계
	동질적 · 안정적	이질적, 변화하는
	제약하는	제약하는, 가능하게 하는
과정		
인과관계	일방향적	쌍방향적 · 변증법적
행위	불평등, 수동적	평등, 적극적
지배력	고정적인 불균형	상호 의존적인 불균형
결과		
내용	유사성	새로운 종합
동조	동조/비순응	적응/협상

을 예증하기 위해 문화 적응의 과정에 초점을 맞춘다.

자녀 교육과 내면화에 관한 오늘날의 가설들

가치

가치는 사람들의 삶에서 길잡이 원칙으로서, 그리고 그들이 행위, 사람, 사건을 선택하고 정당화하며 평가하는 데 사용하는 준거로서 공헌하는 바람직하고 추상적인, 상황 초월적인 목적이다(Schwartz, 1992). 넓게 말해서 "가치는 사람들이 행동하고 생각하거나 느끼는 어떤 방식이

다른 것보다 더 바람직하고, 더 값어치 있거나 혹은 더 중요하다고 판단할 때마다 등장한다"(Goodnow, 1997, p. 341). 아동들의 사회화에 관한 연구는 가치 내면화의 한 특수한 경우로서 도덕발달에 접근했다. 가치발달에 관한 초기 연구는 20세기 중반에 정신분석과 사회학습 이론에 의해 주도되었으며, 가치의 유형 간을 구분하지 않았다. 이러한 가치에 대한 탈내용(content-free) 접근은 암묵적으로 모든 가치의 발달이 매우 일반적인 학습 혹은 동일시 과정에 의해 이해될 수 있음을 가정하고 있었다(Grusec, 1997 ; Maccoby, 1992). 그러나 최근 10여 년 동안 가치는 특수한 문화에 속한 부모의 사회화 목적에 따라 그 중요성이 각기 다르다고 주장되어 왔으며(Grusec & Kuczynski, 1980), 또한 발달, 규제, 그리고 사회화의 과정은 가치의 내용에 따라 각기 다른 것으로 간주되고 있다(Kuczynski & Hildebrandt, 1997). 가치의 유형 간을 구분하고자 하는 여러 가지 제안이 있어왔다. 그러한 구분은 단기(즉시 순응) 대 장기(부모의 부재시에도 순응) 동조를 위한 목적을 이끌어내는 표준 간에 이루어져 왔다(Kuczynski, 1984). 사회적 영역 관점은 도덕적 영역의 가치를 상호작용의 개인적·인습적·자유재량적 영역과 구분했다(Killen, Lee-Kim, McGlothlin & Stangor, 2002 ; Smetana, 1997 ; Turiel, 2002). 그 밖의 다른 구분은 개인주의 가치와 집산주의 가치 간에 이루어졌으며(Grolnick, Deci & Ryan, 1997), 대안적인 도덕성이 자연법, 정의, 공동체, 그리고 초월적 존재를 근거로 존재할 수도 있다는 주장이 제기되고 있다(Shweder, Mahapatra & Miller, 1990 ; Shweder, Much, Mahapatra & Park, 1997). 최근의 문화 간(cross-cultural) 연구는 10가지 가치체계에 초점을 맞추고 있다. 그것은 한 문화 내에서 다양한 수준으로 유지되고 사회화되는 격려, 자기 지도, 보편주의, 자비, 순응, 전통, 안전, 지배력, 성취, 그리고 쾌락주의이다(Schwartz, 1992).

이 장에서 어떤 특정한 행동 혹은 사고양식이 "도덕적"인 것으로 규정되고 정당화되며 평가되기 때문에, 그리고 사회화 동인들에 의한 특수한 훈련으로 선별되기 때문에 그러한 양식들을 "도덕적"인 것으로 구분하는 것은 중요하다고 가정되고 있다. 그러나 특수한 사회적 맥락과 역사적 맥락에서 상호작용하는 개인들이 도덕적 가치를 포함한 모든 가치를 구성한다. 비록 해악, 동등한 대우, 공정과 관련이 있는 도덕적 정당화 형식들을 연상시키는 가치를 확인하는 것은 중요하지만(Smetana, 1997), 이들 추론형식이 적용되어 온 특정한 관습(예컨대 여성과 아동, 혈족, 노예에 관한 대우)은 시간이 지나면서 문화 내에서와 문화별로 서로 다르게 되었다. 우리가 무엇을 먹을 것인가, 누구와 교제하거나 배제할 것인가, 옷을 어떻게 입을 것인가 등을 포함하는 그러한 종교적 관습과 신념, 성적 관행, 그리고 여러 사회적 규제 형식은 서로 다른 시간에 서로 다른 문화에서 사회화 동인들에 의해 도덕과 유사한 지위(moral-like status)를 지닌 것으로서 다루어져 왔으며, 엄격한 행동적 동조 혹은 인지적 수용을 위한 목적을 이끌어낸다. 요컨대 각 개인은 복잡한 추론형식을 사용하며 해석과 갈등에 상당한 범위의 여지를 제공함으로써 그 적용이 일관되지 않는다(Killen 외, 2002). 이 장에서 도덕성과 그 밖의 다른 가치들과의 논의는 그동안 거의 주목을 받아오지 못한 가치의 특질, 곧 세대 간 변화의 가능성에 그 초점이 있기 때문에 융합된다.

가치 이질성의 맥락. 가치 내면화 과정에 공헌하는 부모와 자녀 간의 사회적 상호작용은 분리된 채로 일어나지는 않는다. 개인들은 다양한 개념의 근원을 참고로 하며, 그것을 내면화 과정의 일부로 통합할 것이다. 베리(Berry), 푸팅가(Poortinga), 시갈(Scgall), 그리고 다슨(Dasen, 2002)은 문화적 지식의 근원에 따라 서로 다른 세 가지 문화적 전달방법을 기술하고 있다. (a) **수직적 전달**(부모와 자녀 그리고 자녀와 부모), (b) **빗각 전달**, 부모의 세대와 비슷한 다른 성인들과 지지하는 문화기관들이 사회화 동인인 곳, 그리고 (c) **수평적 전달**, 여기에서는 또래들이 사회화 동인으로서 작동한다. 이들 다양한 근원은 각자의 내면화를 위한 개념으로서 통합·관리되거나 혹은 거부되어야 하는 등 때때로 서로 경쟁하는 개념들로 "실용모형들의 생태학"을 구성한다(Kuczynski 외, 1997).

문화적 맥락과 사회적 맥락은 내면화될 가치와 그 밖의 다른 개념의 원천으로서 고정적이지 않고 끊임없이 변화한다. 가치에 관한 역사적 검증은 사회적 가치들이 한 세대로부터 다른 세대로 변화함을 보여준다. 사회적 변화는 개인과 집단에 의한 이민, 전쟁, 경제적 변화, 새로운 기술, 그리고 새로운 개념의 유입에 의해 일어난다. 최근 세대 사이에서 권위, 환경, 성 평등, 시민 권리, 아동의 권리, 성적 행동규범, 그리고 다양성의 수용과 관련한 가치에서 끊임없는 세대 변화가 있어왔다. 급속한 사회적 변화를 겪으며 발달 중인 문화의 경우 집산주의 가치와 규범에 따라 안내되는 불균형적 관계(norm-guided asymmetrical relationships)는 감소되어 왔고, 이에 대응하여 개인주의 가치 정향은 증가되어 왔으며, 상호의존에 대한 선호는 그대로 유지되고 있다(Kâgitçibâsi, 1996). 사회적 가치들이 고정적이지 않은 성격을 지니고 있다는 것은 부모 세대 동안에 유행했던 가치들이 부모가 자녀들을 교육하는 시점에 이르러 적절히 변화될 수도 있다는 것을 의미한다(Kohn, 1983). 그들 자녀의 환경에서 이전과는 다른 경우를 경험하고 있는 부모는 자녀가 나중에 성인이 되어 삶을 살아갈 사회적 환경을 위해 자신들이 살아왔던 방식과는 다르게 자녀를 교육하고자 원할 수 있을 것이다(Inkeles, 1955).

사회적 맥락은 또한 그들의 가치 구성과 관련하여 이질적이며 그들의 해석과 관련하여 다양한 관점을 제공한다(Goodnow, 1997). 문화에 관한 초기의 정의는 어떤 특정한 시기와 장소의 인간 집단에 의해 소유된 의미, 관습, 그리고 가치의 통합된 성격을 강조했다(Strauss, 1992). 집산주의 대 개인주의와 같은 개념은 문화적 집단이 행동, 사고, 감정의 바람직한 방식에 관한 공유된 이해를 지니고 있다. 그러나 이제 연구자들은 문화적 집단 내에 한때 우리가 믿었던 것보다 훨씬 더 많은 다양한 가치가 존재한다고 주장한다(Bukowski & Sippola, 1998 ; Matsumoto, 2001). 최근의 연구는 문화적 관습에 스며들어 있는 모순과 애매함, 그리고 부정의(injustice)를 강조하기 시작한다(Turiel, 2002 ; Turiel & Wainryb, 2000). 보다 약한 자를 지배하는 자격을 보다 강한 자에 부여하는 가치는 특히 도전에 열려 있다. "공적 · 이념적 유대감, 상호 의존, 그리고 의무를 강조하는 문화에서조차도 몇몇 집단의 자율성은 사회의 구조와 규범 및 사회적 관습의 구성 속에 스며들어 있을 수 있다"(Turiel & Wainryb, 2000, p. 252). 상호 의존 및 자율성과 관련해 보면 그러한 사회의 소녀들과 여성들은 상호 의존적인 반면에, 소년들과 남성들은 그들의 자율성에 관한 제약을 거의 받지 않는 경우인 것 같다.

가족의 전통적인 개념 또한 가치와 관련하여 부모와의 일관된 관련성을 가정했다. 보다 최근의 관점은 가정에서의 경험, 가치, 그리고 지각이 한때 가정되었던 것보다 훨씬 더 적게 공유된다는 입장을 견지한다. 어머니의 가치는 항상 아버지의 가치와 일치하는 것은 아니다(Kohn, 1983). 게다가 최근 10여 년 동안 이혼율이 증가한 결과로 많은 아동들에게 있어서 부모의 역할을 수행하는 특정한 성인들과 사회화 동인들은 그 아동들이 어렸을 때 그런 역할을 했던 똑같은 사람들이 아니다(Tesson, 1987).

문화적 및 가정환경에서 부모와 자녀에게 유효한 생각의 이질성은 각자의 내면화에서 변화의 중요한 원천이 된다. 부모가 지니고 있는 지식 중의 일부를 자녀에게 전달한다는 부모에 관한 전통적 생각은 물론 사회화의 중요한 측면인바, 이는 특히 아동들의 발달에서 초기에 그렇다. 그러나 아동들이 점차 발달하고 또한 대중매체, 학교, 또래문화에 접근하면서 부모의 영향력은 차츰 덜 배타적이 되어간다. 아동들은 어떤 가치가 적절한지에 관한 많은 선택이 존재한다는 것을 배우며, 그것은 성공적인 기능작용을 위한 토대를 제공한다. 이러한 대안적인 관점은 자녀들이 부모로부터 배워왔던 것에 대해 의문을 제기하고 또한 재조직하는 토대를 제공할 수 있으며, 이러한 생각이 부모-자녀 간의 상호작용 동안 전달되는 정도에 따라 부모-자녀 갈등에, 그리고 자녀들뿐만 아니라 부모의 한층 더한 관념의 발달에 공헌할 것이다.

과정

초기 연구는 내면화의 개념을 자녀들이 부모의 행위에 의해 형성되어 가는 하나의 과정으로서 인식했던 부모-자녀 관계의 성격에 관한 여러 가지 가설들로 인해 제약을 받았다(Kuczynski, 2003 ; Kuczynski, Harach & Bernardini, 1999). 인과관계는 부모로부터 자녀에게 향하는 일방향으로 가정되었다. 행위는 아동들이 사회화 동안에 획득하는 의미를 결정할 목적과 능력을 지닌, 그리고 그들의 행동을 제약하는 힘을 가진 부모로 귀인되었다. 자녀들은 수동적인 수용자이거나 아니면 그 역할이 부모 메시지에 순응하고 내면화하는 것으로 제한된 자녀 교육 방법에 대한 반응자로 간주되었다. 또한 과정의 일방적인 취급 속에 함축되어 있던 것은 맥락 및 지배력과 관련한 가정들이었다. 부모와 자녀는 고정적인 불평등한 지배력의 관계(Hoffman, 1975) 속에 있는 분리 격리된 개인들로서 상호작용하는 것으로 간주되었으며, 여기에서는 인과관계와 의지가 보다 강력한 부모에게 귀인되었다.

가정에서의 사회화 과정에 관한 오늘날의 이론화는 쌍방적 가설구조에 의해 유도되고 있다(Kuczynski, 2003 ; Kuczynski 외, 1999). 그 중의 으뜸은 부모-자녀 관계의 인과관계는 쌍방향적이라는 명제이다(Maccoby & Martin, 1983). 자녀로부터 부모를 향한 영향력의 방향이 부모로부터 자녀를 향한 영향력의 방향에 첨가되어야 한다는 독특한 개념은 내면화 과정에 많은 역동성을 부여하는 데 오랫동안 유익했다. 가장 잘 연구된 일반화는 자녀들이 훈육과 사회화 전략에 관한 부모의 선택에 영향을 미침으로써 그들 자신의 사회화 과정에 영향력을 발휘한다는 것이다(Grusec & Goodnow, 1994). 두 번째 일반화는 자녀들이 부모의 스트레스 수준, 부부 만족, 정신적 건강, 직업, 그리고 부모의 가장 가까운 환경의 일부가 됨으로써 가정환경의 지위 및 성격과 같은 그러한 부모의 삶의 많은 측면에 영향력을 발휘한다는 것이다(Ambert, 1992). 더욱이 자녀 교육에 참여하는 과정에서 부모는 많은 도전과 정서적 경험, 그리고 문제해결의 기회를 경험한다. 이러한 방식으로 자녀들은 간접적으로 부모의 성격, 성숙, 태도, 가치에서 변화를 일으킨다(Frankel, 1991 ; Palkovitz 외, 2003). 마지막으로 자녀들은 성인기 동안 그들 부모의 계속적인 사회화의 동인으로서 직접적으로 행동할 것이다(Kuczynski 외, 1997). 아동기 중기와 청소년기 초기 동안에 자녀들은 점차적으로 부모의 관점과 모순되거나 경쟁하는 가정 정보와 관점을 지니게 된다. 자녀들은 부모가 발달시켜 온 표준과 습관, 태도, 가치, 신념과 관련하여 직접적으로 도전을 시작하며, 그러한 도전은 부모로 하여금 이들 행동을 검증하거나 변화하게 하는 원인이 될 수 있다(Baranowski, 1978 ; Peters, 1985 ; Ta, Kuczynski, Bernardini & Harach, 1999).

오늘날의 이론화에서 쌍방향적 인과관계는 부모-자녀 관계에서의 인간 의지, 맥락, 그리고 지배력 불평등을 포함하는 부모-자녀 관계의 성격에 관한 보다 큰 일련의 쌍방적 가정의 일부로서 이해되고 있다(Kuczynski, 2003). 의지는 부모와 자녀에게 동등하게 귀인되며, 그들은 행위를 일으키고, 그들의 환경과 서로 간의 상호작용을 이해하며, 자율성에 대한 위협에 저항하는 본래적 능력을 지니고 있는 것으로 가정된다. 부모와 자녀는 고립된 개인으로서가 아니라 쌍방향적 영향을 촉진하는 상호 의존적인 관계 맥락 속의 동반자로서 서로 작용한다고 가정된다. 부모와 자녀 간의 불평등한 지배력은 부모와 자녀로 하여금 서로의 영향력에 대해 수용적이며 받아들이기 쉽도록 만드는 긴밀한 관계 맥락을 포함한 다양한 원천들로부터 자녀가 지배력을 도출하는 상호 의존적인 불균형으로서 이해된다.

가족 과정에 관하여 일방적으로부터 쌍방적인 가설로 전환한 이러한 변화의 의의는 일방적 가설이 일방향적이고 고정적인 전달과정으로서의 내면화에 관한 사고를 지지했던 반면에, 쌍방적 가설은 삶의 전체적 과정을 통한 역동적인 변화의 과정으로서의 내면화 개념을 지지한다는 데에 있다. 다음 절에서 우리는 내면화의 역동적 개념을 함축하고 있는 부모-자녀 관계에 관한 쌍방적 관점의 네 가지 측면, 곧 맥락, 인간 의지, 쌍방향적 과정, 그리고 내면화의 결과를 탐구한다.

내면화의 관계 맥락

사회과학에서 맥락에 관한 전통적인 관점은 일반적으로 어떻게 환경이 의미를 유도하며 개인적 선택에 한계를 부여함으로써 인간 의지를 제약하는가를 강조한다(Fine, 1992). 인간 의지의 관점으로부터 맥락에 접근하는 것은 맥락의 권능 부여 효과에 대해 균형적으로 관심을 기울이도록 만든다. 집단적 · 개인적 행위에 의해 구성되어 온 사회적 맥락과 문화적 맥락은 꼭 의지를 제약하기보다는 그것을 지원하기도 한다(Brandtstädter, 1997 ; Giddens, 1990).

비슷한 진술이 아동들의 발달에 관한 근접 맥락으로서 부모-자녀 관계에 관하여 가해질 수 있다. 쿠친스키(Kuczynski)와 그루섹(Grusec, 1997)은 부모가 아동들의 내면화 과정을 제약하고 연결시키는 최적의 위치에 있다고 주장한다. 장기적인 관계에서 부모가 지닌 특권화된 위치와 초기 사회화에 대한 부모의 지배력과 책임에 관한 사회의 합법화는 부모에게 보다 많은 자원을 제공하며, 그 어느 다른 성인이나 또래보다 아동에게 영향을 미칠 수 있는 기회를 제공한다. 그러나 관계 맥락 또한 아동들에게 그들의 의지를 실행할 수 있는 혹은 그들에게 부여된 제약의 성격을 협상할 수 있는 상당한 여지를 제공하는 활력적 요소들을 통합한다(Kuczynski, 2003). 부모-자녀 관계는 그의 오랜 상호작용의 역사(Hinde, 1979 ; Lollis & Kuczynski, 1997), 그의 긴 미래과정, 그의 수직적(애착, 권위) 및 수평적(친밀성, 교제) 지배력 배열(Harach & Kuczynski, 1999), 그리고 일상생활을 하는 동안 관계자들의 보다 큰 상호 의존 때문에 일반적인 성인-아동 관계와는 차별된다. 이러한 관계의 특징은 부모로 하여금 그들 자녀의 영향에 대해 수용적일 뿐만 아니라 잘 받아들이도록 영향을 발휘한다는 것이다.

의지의 표현에 대한 편차는 부모-자녀 관계 맥락의 본래적인 요소이다. 예를 들면 부모는 그들의 요구에 대한 저항을 기꺼이 참으려고 할 것이다. 왜냐하면 부모는 긍정적인 부모-자녀 관계를 유지하고자 애쓰거나 그들의 자녀에게서 자율성, 독립성, 그리고 단호함을 키워주고 싶어하기 때문이다(Hastings & Grusec, 1998). 부모는 아주 이상적인 것으로부터 수용 가능하고 참을 만한, 혹은 "말도 안 되는" 것에 이르는 자녀의 행동에 대한 그들의 수용과 관련하여 다양한 입장을 전달한다(Goodnow, 1994). 거꾸로 자녀들은 부모의 입장이 얼마나 많은 가치 확장을 제공하는지, 그리고 그들 자신의 독창적인 해석이나 저항에 얼마나 많은 편차가 존재하는지를 깨닫는다(Goodnow, 1997).

인간 의지

부모-자녀 관계의 최근의 이론화는 부모와 자녀 사이의 쌍방향적 상호작용에 내포된 과정을 이해하고자 하는 노력의 일환으로 인간 의지(human agency)에 많은 관심을 집중시켜 왔다(Cummings & Schermerhorn, 2003 ; Kuczynski 외, 1999). 쿠친스키(Kuczynski, 2003)는 의지의 개념을 지배력으로부터 분리하여 제안했다. 부모와 자녀는 비록 그들이 지배력에서 불평등하다 하더라도 평등한 의지자로서 제안된다. 인간 의지에 관한 초점은 부모-자녀의 상호작용에서 각자 서로 의도적·자기 주도적인 행위와 구성적·해석적인 활동과의 관련을 의미한다. 의지의 행사는 각자 서로의 상호작용을 이해하고 또한 영향을 미치고자 하는, 그리고 그들의 목적에 대한 장애를 극복하고자 하는 그들의 자기 주도적 노력 속에 반영된다. 부모와 자녀를 의지자로서 보는 최근의 고양된 관점은 가정에서 사회화 경험과 관련한 자녀들의 적극적 역할에 관하여 수십 년 동안의 연구결과를 합병시키며(Grusec & Goodnow, 1994 ; Hartup, 1978 ; Maccoby & Martin, 1983) 인지심리학과 사회학으로부터 인간 의지에 대한 핵심 통찰을 통합하는 방식을 제공하기 때문에 중요한 관점이다. 인간 의지에 관한 두 가지 측면—구성능력과 자율성 표현—은 특히 의지의 행사가 어떻게 내면화의 결과에서 사회적 및 세대 간 변화에 공헌하는지를 이해하는 데 중요하다.

구성으로서의 의지. 구성은 부모와 자녀가 그들의 경험을 이해하며 그들 각자의 상호작용으로부터 새로운 의미를 창출하는 능력을 의미한다. 1990년대 동안 많은 사회화 연구자들은 아동을 자신의 사회화 경험을 적극적으로 해석하는 존재로서 바라보는 관점을 선호하면서 내면화의 전달 모델을 포기하기 시작했다(Grusec & Goodnow, 1994 ; Kuczynski 외, 1997 ; Lawrence & Valsiner, 1993 ; Smetana, 1997).

이들 이론의 본질은 아동이 내면화 과정에서 개념을 적극적으로 구성한다는 것이다. 내면화의 모든 결과, 곧 세대 간 유사성이라는 결과마저도 그 자신의 사회적 맥락에 의해 제시된 개념과 반응으로부터 그 아동에 의해 구성된다. 부모는 메시지를 일괄하여 꾸리는 데 적극적이므로 자녀들은 부모의 관점을 정확하게 해석할 수 있다(Grusec & Goodnow, 1994). 그러나 아동의 구성능력은 부모가 전달하고자 시도하는 그러한 일련의 개념과 그 자신이 그 메시지를 얼마나 정확하게 해석하는가에 한계를 부여한다.

구성과정에 관한 사회발생학적 해석은 아동들이 새롭게 받아들인 지식을 적용하는 과정을 고려함으로써 혁신의 잠재력을 한 단계 더 발전시킨다. 비고츠키(Vygotsky, 1978)에 따르면 아동들은 일상의 문제를 해결하고자 하는 시도에서 그 문화에 유용한 정보를 활용한다. 이러한 문화적 지식의 활용과정은 수동적이지 않다. 왜냐하면 아동들은 그 정보를 현재 그들 자신이 지니고 있는 이해의 견지에서 해석해야만 하며, 그들은 그 지식을 현재의 즉시적인 과제에 적합하도록 조정해야만 하기 때문이다. 코사로(Cosaro, 1997)는 내면화가 전유(appropriation), 재고안(reinvention), 재생산(reproduction) 과정과 관련된다고 주장한다. 아동들은 성인문화로부터 입수한 정보를 그들 자신의 목적과 필요에 따라 창조적으로 활용한다. 일상의 삶에서 문화적 정보에 관한 그들의 해석과 조정은 그들이 문화로 되돌아가는 행위에 대한 새로운 의미와 가능성을 창조한다.

로렌스(Lawrence)와 발시너(Valsiner, 1993, 2003)는 내면화를 사회화의 병렬적 · 동시적인 과정과 더불어 고려한다. 그들의 관점에서 보면 **내면화**(internalization)는 아동들이 개인적인 경험, 필요, 그리고 삶의 방식의 견지에서 사회적 환경을 평가하며 이해하고자 시도할 때 발생하는 인지적 처리과정을 의미한다. **객관화**(externalization)는 아동들이 아는 바에 따라 표명하며 행동할 때 일어나는 그 이상의 처리과정을 의미한다. 사회적 투입에 관한 아동의 해석을 통해 개인적 의미가 그 사람의 문화에 적절한 개념, 메시지, 역할, 그리고 관계에 주어진다(Lawrence & Heinze, 1997). 따라서 혁신적인 구성은 두 가지 수준에서 일어난다. 부모 혹은 문화로부터 발산하는 메시지와 가치, 그리고 여러 정보는 일반적으로 내면화될 때 해석과 변형의 한 과정을 겪고 그들이 객관화될 때 해석과 변형의 또 다른 과정을 거친다.

인지발달 연구는 특히 가치 내면화에서 아동들의 구성적 활동에 초점을 맞추었다. 사회적 영역 관점은 아동들이 그들이 받는 메시지, 그들의 행동에 의해 야기된 반응, 그리고 사회적 위반의 희생자와 관찰자로서의 경험으로부터 자신들의 사회적 상호작용을 나름대로 이해한다고 가정한다(Smetans, 1997). 이러한 자료로부터 그들은 환경 속에 함축되어 있는 도덕적(해악 피하기, 정의, 평등한 대우, 공정)·인습적(상황에 따른 적절한 행동기준)·자유재량적(안전과 안녕)·개인적(자율적 선택) 영역을 포함한 가치의 다양한 영역을 서로 구분하여 구성한다. 그들은 또한 직면하는 갈등과 딜레마를 해결하고자 그 밖의 다른 추론양식을 발달시키고 이들 정당한 근거를 미래의 경우에서 그들의 입장을 방어하는 데 사용한다.

아동들의 구성적 활동이 부모와 자녀 간의 가치에서 차이를 생기게 할 것이라는 관념은 또한 사회적 영역 이론과 양립 가능하다. 부모는 영역에 타당한 정보를 얼마나 제공하느냐, 그리고 영역에 타당한 사회화 전략을 어느 정도 사용하느냐에 따라 자녀의 도덕발달 증진에 영향을 미칠 것이다. 그러나 "영역 관점에서 볼 때 부모의 의사전달은 사회적 지식의 구성에 사용되는 아동들의 사회적 경험의 측면들이다. 곧 이러한 구성은 부모의 메시지, 규칙, 표준, 그리고 가치의 직접적 모사가 아니라 새로운 구성이다"(Smetana, 1997, p. 176). 한 연구는 갈등과 협상, 그리고 그로 말미암은 부모와 자녀의 관점에서의 비유사성은 개인적 영역에서 가장 잘 나타나기 쉽다는 것을 암시하고 있다(Nucci & Weber, 1995). 비록 아동들이 도덕적·인습적 이슈에 관하여 부모의 관점을 수용하는 경향이 있지만 이것은 정도의 문제이다. 연구는 또한 아동들이 인종이나 민족성을 근거로 특정 개인을 배척하도록 지시하거나(Killen 외, 2002) 혹은 비도덕적이며 불공정·부정의하다고 판단되는 행동을 지시하는 부모의 권리에 대해 동의하지 않는 경향이 있다고 지적한다(Turiel, 1998). 그런 경우에서 아동들은 부모와는 다른 가치를 발달시킬 수 있다.

자율성으로서의 의지. 자율성은 각 개인 환경과의 상호작용에서 개인적 통제력을 성취하고 타인들에 의한 과도한 결정에 저항하는 하나의 동기이다. 인간은 행동의 자유에 대한 위협을 당하거나 개인적 부정의를 지각할 때 자신의 선택능력을 복원하고자 시도하거나 또는 명시적·묵시적인 저항을 통해 상징적으로 자신의 자율성을 단언한다. 서구 사회에서는 생후 2년 때와 같이 매우 이른 시기의 아동들을 대상으로 동조하도록 가하는 성인의 압력에 대한 아동들의 저항을 연구해 왔다(Crockenberg & Littman, 1990 ; Dunn & Munn, 1985 ; Kuczynski & Kochanski, 1990 ; Wenar, 1982). 권위에 대한 아동들의 저항은 남아프리카(Reynolds, 1991), 볼리비아 농촌(Punch, 2002), 그리고 서구 사회에서 문화변형을 겪고 있는 무슬림들(Mayall, 2001)과 인도계 아시아인(Talbani & Hasanali, 2000)을 포함하는 다양한 문화에서 보고되고 있다. 성인기에서는 심리적 유도 저항(Brehm, 1981), 임상 저항(Davidson, 1973), 그리고 2차 조정(Goffman, 1961)을 포함한 다양한 구조 하에서 그 현상을 연구했다. 자율성에 대한 위협에 저항하는 동기는 노예 혹은 권위주의 사회와 같은 극단적 억압의 맥락에서 자세히 증명되어 왔다. 명시적으로 저항하는 것이 안전하지 않은 그러한 상황에서 각 개인은 간접적으로, 암암리에, 그리고 창조적인 방법을 통해 일상적인 삶의 영역에서 저항을 표현한다

(Scott, 1990). 조화를 강조하며 개인적 자유를 제한하는 문화적 관습을 강조하는 전통적인 위계적 문화, 특히 여성들에게 가장 영향을 미치는 그런 문화에서도 저항의 인지적 · 행동적 형식이 발생하고 있는바(Turiel, 2002), 그것은 아마도 사회변화를 위한 씨앗을 태동할 것이다.

사회적 영역 관점에서의 최근의 연구는 아동들의 저항이 그들의 사회적 추론으로부터 발생할 것이라고 제안한다. 아동들은 만약 관점의 요점과 권위자들의 표준이 사회적 상황에 대해 그들 스스로 구성한 이해와 모순된다면 그에 대해 저항할 것이다(Smetana, 2005). 투리엘(Turiel, 2002)은 이슈의 개념들이 저항과 대립으로 나아갈 수 있는 세 가지 길을 제시하고 있다. 하나는 사람들이 불평등한 대우나 그들의 활동에 대한 제한을 정의와 같은 도덕적 측면에서 판단할 때이다(Killen 외, 2002). 두 번째 길은 각 개인이 사회적 인습의 수용에서 서로 다를 때 일어난다. 예를 들면 의상, 매너, 그리고 성적 관습과 관련하여 부모 세대와 자녀 세대 간에 차이가 존재할 수 있다. 세 번째 길은 아동들이 그들에게 귀속되어야 한다고 믿는 개인적 영역에서 그들의 선택에 개입하는 부모 권위의 합법성에 대해 대립할 때 일어난다(Nucci & Weber, 1995). 청소년기 동안의 갈등 또한 사회인습적 이슈와 개인적 이슈 두 가지 모두의 요소를 지니는 특수한 제한의 정의(definition)에 대하여 불일치가 존재할 때 일어난다(Smetana, 1997, 2005).

의지의 표현으로서 아동들의 저항은 역동적인 내면화 모델에 대한 몇 가지 함축을 지니고 있다. 첫째, 내면화의 귀인 이론에서 지적된 바와 같이 그것은 부모의 압력에 대한 아동들의 공적인 순응과 그들의 부모 메시지에 대한 사적인 수용 간의 분리로 나아가게 할 것이다(Lepper, 1983). 자녀의 저항과 반항은 부모로 하여금 자녀 교육 방법을 변경하게 할 수 있다. 세 살짜리 자녀를 둔 어머니들을 대상으로 한 연구에서 신체적 처벌에 대한 태도를 바꾸었던 어머니들은 흔히 매를 때리는 것에 대해 자녀들이 부정적인 반응을 보였기 때문이라고 보고했다(Holden, Thompson, Zambarano & Marshall, 1997). 어떤 경우에 자녀들이 저항을 표현하는 것은 부모로 하여금 그들의 도덕적 입장을 되돌아보게 하며, 그들의 주장을 품위 있게 다듬(Pontecorvo, Fasulo & Sterponi, 2001)고 그들의 태도와 신념을 변경하게(Ta 외, 1999) 할 수 있다.

사회화 · 내면화에서 부모와 자녀의 의지

부모와 자녀를 의지자로 동등하게 간주하는 것은 일방적인 사회화와 내면화 모델의 관점에서 크게 주목받지 못해왔던 다양한 과정을 두드러지게 해준다. 이는 미래 연구를 위한 방향으로서 공헌한다. 일방적인 사회화 모델에서 그들 자신이 아동기에 받았던 내면화의 결과를 아무런 변화 없이 자녀들에게 넘겨주는 부모는 전달과정에서 의심의 여지 없는 통로로 간주되었다(Kuczynski 외, 1997). 부모를 의지자로서 보다 중요하게 간주하는 것은 그들 자신의 내면화된 결과와 관련하여 부모의 해석적 · 구성적인 활동에 관심의 초점을 두는 것이다. 객관화의 과정에서 부모는 태도, 신념, 가치, 그리고 사회화가 진행되는 동안 발달된 사회적 정의(social definitions)의 적절성을 적극적으로 대조하고 또한 평가할 수 있다(Kuczynski 외, 1997).

그러한 심사숙고 과정에 따른 두 가지 결과가 존재할 수 있다. 첫째, 부모는 주변의 문화에 팽배해 있는 갈등하는 개념과 가치에 반응할 것이며, 그들 자신의 개념을 재평가하고 거부 혹은 재구성함으로써 변화하는 사회에서 그들 자신이 성공적으로 적응하기 위해 그들의 개념을 보다 적절하게 조정할 것이다. 둘째, 부모는 자녀들의 미래 성공과 안녕을 위해 자녀 교육 결정에서 그들의 가치를 평가하고 조정할 것이다. 부모는 그들이 아동기 동안에 내면화했던 것들과 유사한 가치들을 증진시키기 위해 결정할 것이다. 그러나 때로는 그 결정이 그들 자신의 원래 습득과는 다른 가치들을 증진시키는 결과를 낳을 수도 있다. 부모는 모든 가치들에 관하여 동등하게 관심을 갖지 않는다(Grusec 외, 2000). 세대 간 변화는 부모가 어떤 가치를 간직할 만한 것이고 어떤 가치를 버려야 할 것인가와 관련하여 내리는 선택으로부터 결과할지도 모른다. 부모는 경합하는 다양한 자녀 교육 목적과 관심에 따라 선택하며, 그리고 그것들을 자녀의 경합하는 목적과 관련하여 조절하고자 애쓴다. 그루섹(Grusec)과 굿나우(Goodnow, 1994)는 부모가 특정한 가치나 메시지를 전달하고자 바랄 때 그들은 자녀들로 하여금 의지자로서 그들의 메시지를 정확하게 해석하며, 그것을 자발적으로 수용할 수 있도록 하는 방식에서 개입할 때 가장 효과적으로 전달하게 된다고 주장한다.

부모-자녀 관계의 쌍방적 모델은 작용원리로서 자녀의 의지 및 자녀로부터 부모를 향한 영향의 방향이 부모의 의지 및 영향과 나란히 체계적으로 탐구되어야 한다는 점을 주장한다. 아동들은 부모가 그러했듯이 이전 세대에 의해 전달된 메시지를 그들이 알고 있는 바와 그들의 발달적으로 제한된 이해 수준의 견지에서 해석한다. 아동들은 또한 그러한 관점을 또래, 대중매체, 학교, 그리고 그들 자신의 자기 반성에 의해 제공된 대안 관점들과 서로 조정해야만 한다. 아동들 자신의 관점은 일상의 상호작용에서 부모의 요구와 주장에 의해 도전을 받는다. 그들 자신의 객관화 과정의 일부로서 아동들은 상황에 관한 그들 부모의 정의를 받아들이고 조종할 것인지, 아니면 독창적으로 해석할 것인지 결정해야만 한다.

내면화 과정의 변증법적 모델

쿠친스키(Kuczynski)와 그루섹(Grusec, 1997)은 가정에서의 내면화 과정에 관한 이론적 취급이 쌍방향적 인과관계의 특정한 개념을 중심으로 연합되기 시작했다고 지적했다. 여기에는 쌍방향적 인과관계에 관한 교류적(Patterson, 1997)·체계적(Garborino, Kostelny & Barry, 1997 ; Parke & Buriel, 1998)·변증법적 모델(Lawrence & Valsiner, 1993 ; Valsiner, Branco & Dantas, 1997) 등이 포함된다. 우리는 특정한 쌍방향성 모델에 관한 철저한 탐구를 통해 진보가 이루어질 수 있다고 믿는다. 그리하여 우리는 다음 절에서 가정에서의 내면화 과정 연구에 대해 변증법적 인과관계가 지니고 있는 장점을 논의한다.

변증법적 인과관계는 개인들과 그들의 다양한 맥락 내에, 그리고 그 사이에 존재하는 본래적인 모순과 이 요소들이 서로 적극적으로 상호작용하는 결과로서 발생하는 질적인 종합을 강조한다. 맥락적 변증법 모델들은 모순의 해결이 항상 일시적이라는 점을 제안한다. 왜냐하면 각각의 종합은 긍정적 궤도이든 아니면 부정적 궤도이든 어느 한 방향으로 나아갈 수 있는 새로운 모순의 기초가 되기 때문이다(Kuczynski, 2003). 인과관계에 관한 변증법적 관점의 본질은 환경과 상호작용하는 개인들이 변화하는 맥락 속에서 끊임없는 변화의 과정을 겪는다는 것, 그리고 새로운 형식이 발달에서 계속적으로 등장한다는 것이다.

변증법적 인과관계는 새미로프(Sameroff, 1975)에 의해 최초로 제안된 처치 모델의 한 특징이었다. 그러나 변증법의 요소는 그후에 부모와 자녀의 자극과 반응이라는 상호 교환으로서 처치에 관한 행동적 해석이 널리 대중화되면서 소홀하게 취급되었다. 변증법은 부모와 자녀 간의 상호작용을 의지자들 간의 상호작용으로 개념화하는 이론가들에 의해 분명하게 채택되었다(Hinde, 1997 ; Lawrence & Valsiner, 1993). 부모와 자녀가 서로에 대해 겪는 갈등경험으로부터 창조하는 의미를 고려하는 그 밖의 다른 접근들은 또한 변증법적 인과관계와 양립될 수 있을 것이다(Grusec & Goodnow, 1994 ; Kuczynski 외, 1997 ; Smetana, 1997).

우리는 쌍방향적 인과관계에 관한 변증법적 관점이 사회화와 내면화에서 역동적 과정의 분석에 이점을 제공할 것이라고 제의한다. 상호작용하는 의지자들의 관점에서 고려된 부모-자녀 사회화는 변증법적 과정을 부추기는 모순을 끊임없이 제공한다. 부모가 자녀들에게 요구하는 상호작용은 흔히 부모의 필요를 자녀의 필요에, 부모의 의지를 자녀의 의지에, 부모의 가치에 관한 이해를 자녀의 이해에, 행동에 관한 부모의 정의(definition)를 자녀의 정의에, 그리고 부모의 영향 전략을 자녀의 영향 전략에 집어넣으려 한다. 부모의 입장에서 보면 권위자, 보호자, 애착인물, 그리고 동료와 같은 그러한 다양한 기능을 균형 잡는 부모의 역할에서 모순이 존재한다(Harach & Kuczynski, 1999). 이와 함께 부모와 자녀는 그 밖의 변화를 위한 모순이나 기회를 제공해 주는 가치와 이해에 관한 보다 큰 생태학적 맥락과 끊임없이 충돌하는데, 또래, 텔레비전, 인터넷, 학교 등이 그런 맥락에 포함된다. 변증법적 관점에서 볼 때 고정불변

보다는 변화에 대한 적응이 성공적인 자녀 교육의 본질적인 요소이다 (Holden & Ritchie, 1988).

새로운 종합으로서의 내면화 결과

과정에 관한 변증법적 개념의 중요한 가치는 그것이 사회화 · 내면화 · 객관화 과정 결과의 본질을 재개념화하는 방식에 주의를 돌리게 한다는 것이다. 사회화에 따른 주요 결과의 개념인 가치내용과 행동 동조의 전달에 대한 전통적 사회화 이론은 바람직한 결과란 나이 든 세대의 관념 및 기대와 보다 어린 세대의 반응 간에 정확한 대응이라는 것과 같이 결정론적인 경향이었다. 몇 세대를 거친 관념의 직접적인 전달은 세대 간 연속성과 사회 및 문화의 재생산을 위한 메커니즘으로 이해되었으며(Corsaro, 1997 ; Valsiner, 1988), 부모 및 제도적 권위자들의 기대에 따른 행동 동조는 정확한 순응으로서 비슷하게 인식되었다(Kuczynski & Hildebrandt, 1997). 아동들이 부모의 요구에 순응하고자 하는 동기의 표준을 외적 통제(Patterson, 1997)로 보느냐 아니면 내적 통제(예컨대 Hoffman, 1970 ; Lepper, 1982)로 보느냐에 따라 이론들이 서로 달랐다. 그러나 일방향 사회화 이론은 최종적인 아동의 동조 형식이 부모의 바람과 다를 것이라고는 예상하지 않았다.

상호작용의 결과가 일시적인 종합이라는 변증법적 개념은 내용 내면화와 행동 동조를 역동적 방식에서 재공식화하는 하나의 방식을 제공한다. 변증법적 관점에서 볼 때 개인의 내면화의 내용과 사회화 압력에 대한 개인의 동조는 발달의 최종 지점이 아니다. 오히려 그것들은 진행 중인 과정에 있는 구두점이며, 그리고 그 이상의 변화를 위한 단계를 설정한 요소를 내포하고 있다.

실용모형으로서의 내용 내면화. 쿠친스키(Kuczynski), 마샬(Marshall), 그리고 쉘(Schell, 1997)은 내용 내면화의 개념을 제안했는데, 이 과정을 통해 부모와 자녀들은 그들 가족의 문화적 맥락의 신념, 태도, 가치에 관한 개인적 실용모형을 구성하게 된다는 것이다. 실용모형은 고정적 결과로서의 일방향적 내면화 개념과 중요한 차이를 두드러지게 한다. 로렌스(Rawrence)와 발시너(Valsiner)가 기술한 바와 같이 "세계에 관한 인간의 정신 내적 재구성은 고도로 역동적인 구조이다. 그것은 결코 끝이 정해져 있지 않으며, 세계와의 새로운 만남을 위한 충분한 지지자로서 지속한다"(1993, p. 152). 그러므로 실용모형에 통합된다는 것은 각 개인의 신념, 가치, 기능, 태도, 그리고 동기가 끊임없이 발달 중에 있으며 삶을 통해 도전과 재구성에 열려 있다는 것을 의미한다.

서로 삶의 경험이 다르고 또한 서로에 대한, 그리고 그들의 생태학적 맥락에 유용한 그 밖의 다른 실용모형에 대한 처치의 결과로서 한 가정의 어머니, 아버지, 그리고 각 자녀는 내면화 과정의 결과로서 각각 다소 다른 개인적 실용모형을 발달시킨다. 가정에서의 과정을 세대 간 과정 및 문화적 변화의 거시적 과정과 연결시키는 실용모형 개념의 유용성에 관한 특수한 사례들은 이 장의 마지막 절에서 다루어진다.

협상과 조절로서의 동조. 부모의 표준에 대한 자녀들의 동조는 하나의 변증법적 종합으로 또한 개념화될 수 있다. 부모-자녀 갈등에 관한 누적된 연구는 부모의 명령과 자녀들의 반응 간의 정확한 대응으로서의 순응에 관한 전통적 결정주의 관점과 일치하지 않는 현상을 발견해 왔다. 전통적 관점이 제시하는 것과 달리 자녀들은 덜 통제되고 부모 또한 훨씬 덜 통제하는 것으로 나타나고 있다(Eisenberg, 1992 ; Vuchinich, 1987). 게다가 갈등은 부모-자녀 관계에서 일정하게 발생하는, 서로 견뎌내는 특징인 것으로 여겨진다(Dunn & Munn, 1985). 그러한 연구결과들은 동조를 관계적 관점에서 바라보게 함으로써 동조와 저항이 긴밀한 관계에서 취하는 형식과 기능을 검증한다(Kuczynski & Hildebrandt, 1997). 부모의 명령과 그에 대한 자녀들의 반응은 자녀들의 의지의 표현을 지지하는 상호 의존적인 관계 맥락에서 일어난다. 사회적으로 유능한 아동들은 조절과 협상의 개념과 일치하는 협동의, 상호 규제하는 그러나 똑같지는 않은 동조와 저항의 형식을 표출하는 것으로 여겨진다(Kuczynski & Hildebrandt, 1997). **조절**(accommodation)은 관계의 경계 내에서 자율성의 한 표현으로 간주되는 것으로 협동적 반응의 기대, 그리고 또한 협동적 반응의 형식이 요청의 발송인에 의해서보다는 수용자에 의해 선택되어야 한다는 것을 시사한다. 따라서 부모의 요구에 협력적이고자 하는 혹은 부모가 지니고 있는 의도의 전제를 수용하고자 하는 자녀들이 보이는 조절반응은 부모가 경청한다는 것, 자녀들이 그들 자신의 계획을 부모의 소망과 통합하고자 시도한다는 것, 자녀들이 기꺼이 대안적인 행위과정을 긍정적으로 협상하고자 한다는 것을 뜻할 수 있다. 이와 비슷하게 협상의 개념은 자녀들이 상호 의존관계에 얽혀 있는 여러 가지 제한들 속에서 그들의 저항을 표현하는 것을 배운 그러한 관계 내에서의 독특한 불순응의 표준을 뜻한다.

유치원 아동들의 동조형식에 관한 고찰은 자녀들이 부모의 요구에 순응하는 동안에도 그들의 의지를 표현한다고 제시한다. 자녀들의 협력적 반응은 헌신적 순종, 상황적 혹은 마지못한 순종, 그리고 조절로 구분이 가능하다. **헌신 순종**(committed compliance)은 부모의 요구에 대한 자녀의 자발적인 혹은 열성적인 협력에서 의지가 명백하게 나타나는 협동이다(Kochanska & Aksan, 1995). **상황 순종**(situational compliance)은 외적 압력에 대한 순응의 전통적 개념과 일치한다(Maccoby & Martin, 1983). 이와 비슷한 범주로 자녀들이 최소 방식에서 순응하고 마지못해 순응함으로써 그들의 의지를 보이는 **억지 순종**(unwilling compliance)이 있다(Lollis, Kuczynski, Navara & Koguchi, 2003). **조절**은 순응의 범주 내에 속한 의지 가운데 새롭게 기술된 것인데, 이는 자녀의 태도가 협력적이지만 자녀는 또한 순응의 형식과 관련하여 창조적인 해석과 대안을 끼워넣거나 혹은 제시하는 일종의 협력 형식이다. 자녀들의 비협력적 반응 또한 몇 가지 형식으로 구분이 가능하다. 여기에는 **협상**(negotiation), **수동적 불복종**(passive noncompliance), **단순한 거절**(simple refusal), 그리고 **반항**(defiance) 등이 있다(Crockenberg & Litman, 1990 ; Kuczynski & Kochanska, 1990 ; Lollis 외, 2003). 비록 모든 불복종 형식이 의지의 징후로서 간주될 수 있지만 각각의 형식은 자녀의 자기 주장과 사회적 기능의 견지에서 다르게 간주된다.

내면화 과정의 결과를 고려해 볼 때 부모의 통제에 대해 자녀들이 보이는 여러 가지 반응은 순응에 관한 전통적인 결정주의 정의와 일치하지 않는다는 것이다. 아동들이 보이는 반응의 대부분은 부모의 명령의 "투입"과 자녀의 반응의 "산출" 간에 변형을 반영한 것이다. 우리가 지금까지는 단지 부모의 요구에 대한 자녀들의 즉시적인 반응만을 고려해 왔다는 점에 주목하는 것은 중요하다. 순응에 관한 연구에서 놓쳐왔으며 매우 빈약하게 고찰되었던 것은 부모의 부재 시 순응의 형식이다.

전통적으로 부재시 순응은 부모의 관찰, 혹은 집 밖에서 자녀들의 행동에 대한 부모의 계속적인 감시에 의해 통제되는 것으로 가정되었다. 그러나 아동들의 행위에 초점을 맞추는 최근의 관점은 부모 부재시 자녀들의 의지를 통제하는 부모의 능력에 관하여 전통적 관점이 다소 낙관적이었다고 지적한다. 코사로(Corsaro, 1997)는 아동들은 그들의 부모 및 그 밖의 다른 권위자들의 성인문화와 더불어 나란히 작동하는 또래문화에서 동료 및 형제자매와 협력한다고 주장한다. 더욱이 또래문화를 통해 아동들은 성인 지식을 재가공하는 과정에서 서로 협력하며, 성인 규칙을 회피하고 판단하며 도전하는, 그리고 집합적으로 그들 자신의 삶에 대한 통제수단을 얻는 창조적 방식을 발견한다(Corsaro, 1997). 그러한 활동을 부모가 감시한다는 것은 현실성이 없다. 왜냐하면 감시의 성공은 자녀들이 자신들의 암묵적 활동에 관하여 자발적으로 털어놓는 이야기에 의존할 수밖에 없기 때문이다(Kerr & Stattin, 2000). 그래서 우리는 아동들의 동조를 부모뿐만 아니라 그들 자녀의 의지를 반영하는 하나의 새로운 변증법적 종합으로 간주할 때 가장 잘 이해된다고 제안하는 것이다.

요약하면, 부모와 자녀들 간의 쌍방향적 영향에 관한 변증법적 관점은 사회화와 내면화에서 역동적 과정을 이해하는 데 유익하다. 변증법적 인과관계는 그 자신의 목적과 관점, 그리고 정보의 원천을 지닌 동인으로서 간주되는 부모와 자녀들 간의 상호작용을 이해하는 데 매우 적절하다. 그 관점은 연구자들로 하여금 사회화와 내면화 과정의 결과는 부모가 지닌 소망의 직선적 반영이라기보다는 관계 맥락에서 상호작용하는 부모와 자녀들의 의지를 반영하는 새로운 종합임을 수용하도록 유도한다.

문화변용 : 가족과정을 사회변화와 연결시키기

최근 몇십 년 동안 사회학 및 정치학 연구는 가정에서의 미시적 과정을 고려하지 않고 사회에서의 가치변화에만 초점을 맞추어 왔던 반면에, 가정에서의 사회화 연구는 사회적 변화의 거시적 과정을 고려하지 않았다(Boehnke, Ittel & Baier, 2002). 오늘날 사회화 이론의 중요한 도전은 이들 두 가지 분석 수준을 연결시키는 것이다. 이 마지막 절에서 우리는 그러한 연결 가능성을 내면화의 실용모형, 쌍방향성, 그리고 부모와 자녀들을 똑같이 의지자로 간주하는 것과 같은 개념을 사용하는 새로운 쌍방적 사회화 개념의 범위 내에서 탐구한다. 그러한 연결 가능성을 예시하고자 우리는 새로 이민온 국가의 가치와 관습으로 이민 가족들의 문화변용이 일어나는 것을 다루는 한참 번창하는 문헌에 초점을 맞춘다.

문화 전달에 관한 최근의 개념은 앞에서 논의되었던 쌍방 개념의 구조와 양립한다. 개인과 문화 간에 영향력이 미치는 과정은 점차 쌍방향적으로 이해되고 있으며, 그리고 문화의 구성에서 의지자로서 개인의 역할을 간주한다(Berry 외, 2002 ; Valsiner, 1988). 문화는 고정적인 외적 실체가 된다기보다 인간, 집단, 그리고 환경 간의 상호작용에 의해 형성되고 또한 재형성된다(Phalet & Schonpflug, 2001). 이와 비슷하게 비록 문화변용에 관한 연구가 일반적으로 정착문화의 규범에 대한 이민자들의 문화적 조절에 초점을 맞추지만 문화변용 또한 사회변화에 대한 하나의 메커니즘이다. 왜냐하면 두 문화는 서로 간의 직접적·간접적 접촉으로 인하여 변화를 겪기 때문이다.

세대와 문화의 실용모형

전통적으로 성공적인 사회화는 아동이 부모의 문화적 가치를 받아들이며 부모의 규칙과 표준에 순응할 때 성취되었다고 믿는다. 문화적 연속성의 개념(Cavalli-Sforzs & Fledman, 1981)은 호소력이 있으며, 어떤 점에서는 세대 간의 사회적 응집력과 연속성의 한 메커니즘으로서 바람직하다(Nauck, 2001 ; Schonpflug, 2001). 그러나 이 장에서 제시된 내면화의 실용모형에 관한 개념은 이러한 연속성이 신뢰할 만한 것이 될 수 있는지 어떤지에 관하여 의문을 불러일으킨다.

앞에서 우리는 유사성과 변화를 부모와 자녀가 내면화의 과정에서 구성하는 가치, 태도, 지식, 그리고 신념이 개인적 실용모형에서 상징적으로 진척되는 것으로 논의했다. 그림 11.1에서 우리는 내면화의 실용모형을 사회적 수준에서 유사성과 변화의 매개체로 고려함으로써 이 개념을 확장시킨다. 중요한 결론은 그들의 실용모형 과정의 일부로서 부모와 자녀는 모두 그들 세대의 그리고 그들 문화의 가치와 관습을 진척시키고 또한 변경한다는 것이다.

세대(generation)의 개념은 가치 갈등의 한 원천 또는 가치의 사회적 변화의 운반자로 오랫동안 제안되어 오고 있다. 세대에 관한 연구는 "어떤 특정한 시기에 태어나고 학습하는 사람들의 의지를 통해 과거가 현재에 입력되고 또한 미래를 공급하는 연속성과 변화에 주로 관심이 있다"(Mayall, 2002, p. 37). 만하임(Mannhiem, 1928/1952)에 따르면 젊은 사람들은 특정한 시대의 특수한 사회적·역사적·정치적 사건 및 개념에 노출됨으로써 한 세대를 형성한다. 즉 그들은 상황을 해석하고 평가하는

그림 11.1_ 이민 맥락에서 부모와 자녀의 개인적 실용모형에 관한 문화 및 세대 실용모형의 영향

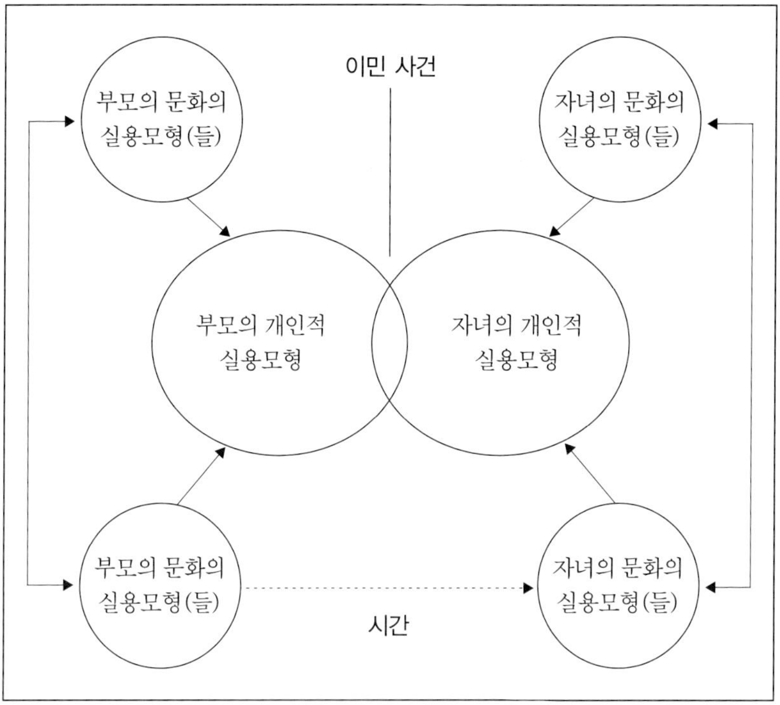

공유된 방법을 개발한다. 그리고 어떤 경우들에서는 비슷한 방식에서 이슈에 반응하는 구성원들 간에 면 대 면(face to face) 상호작용으로 특징지어지는 세대 단위를 형성하기도 한다.

사회학자들은 최근에 세대의 형성과정은 아동들이 또래들과 연대집단을 형성하는 초기 아동기에 시작한다고 주장했다(Mayall, 2002). 코사로(Corsaro)와 에더(Eder, 1990)는 그 과정을 또래문화의 형성으로 기술하고 있다. **또래문화**(peer culture)는 아동들이 또래들과의 상호작용에서 산출하고 공유하는 일상적 일과, 인공물, 가치, 그리고 관심 등에 관한 일

련의 안정적인 활동이다(Corsaro & Eder, 1990). 부모는 부모대로 또한 현존하는 실용모형의 지원으로서, 그리고 사회변화의 입력으로서 문화기구, 종교집단, 그리고 학교와의 연합을 포함한 그들 자신의 세대 또래들로부터 계속적인 지원과 입력을 받는다(Berry 외, 2002).

실용모형의 개념과 세대의 관계는 그림 11.1의 밑부분에 묘사되어 있다. 부모는 부분적으로 그들 세대의 집단적인 실용모형에 유행하고 있는 개념을 내면화함으로써 그들의 실용모형을 형성한다. 부모는 과거에 형성되었던, 그리고 현재 부모의 세대와의 연합을 통해 계속적으로 지원을 받을 수 있는 어떤 가치, 관념, 그리고 사고방식을 결국 진척시킴으로써 그들의 과거 세대의 실용모형을 분명하게 보여준다. 부모가 지닌 이러한 가치와 관념은 그들 자신의 또래들과의 상호작용을 통해 그들 자신의 세대를 형성하고 있는 자녀들의 그것들과는 서로 다를 수 있다. 부모와 자녀의 실용모형에서의 어떤 연속성은 부모가 그들 자신의 세대로부터 관념을 촉진함에 따라 확립된다. 자녀들 또한 그들 자신 세대의 집단적인 실용모형에 접근한다. 부모의 실용모형에서의 변화는 자녀 세대의 관념이 부모-자녀 간의 사회적 상호작용에서 부모에게 거꾸로 전달될 때 일어나는 개인적 발달 동안에 일어날 것이다. 그러나 집단적인 개인적 발달로 인한 변화는 가치에서의 사회적 변화에 영향을 미치는 단지 하나의 수단일 뿐이라는 증거가 있다. 두 번째 수단은 세대교체이다.

세대 변화와 관계가 있는 가치에 대한 가장 체계적인 연구는 복종과 독립의 자녀 교육 가치에 관심을 기울인다. 알윈(Alwin, 1988, 1996)은 20세기를 통하여 미국과 몇몇 유럽 및 아시아 국가에서 엄격한 동조, 매너, 애국심, 그리고 종교적 준수의 가치가 감소하고 독립과 관용의 가치가 증가했다는 것을 입증했다. 이러한 특정한 일련의 가치들과 관련하여 그 증거가 중요한 것은 사회적 변화가 각 개인의 일생을 통한 발달적 변형이라기보다는 세대교체에 귀인될 수 있다는 것이다(Alwin, 1996). 즉 사회적 수준에서의 변화는 부모 세대가 사라지거나 혹은 영향력을 잃을 때 강화되며, 그리고 자녀 세대에 의해 대체된다.

문화변용의 맥락에서 문화의 실용모형이 제공하는 공헌은 그림 11.1에 또한 묘사되어 있다. 하나의 실용모형으로서의 문화의 개념은 하나의 의미체계(Bruner, 1996) 혹은 사회적 상호작용의 과정에서 개인들에 의해 구성된 개인적 개념 구조 모델로서의 구성주의적 문화관에 입각하고 있다(Valsiner, 2001).

이민집단에 관한 연구는 문화를 하나의 실용모형으로서 구성되고 보유된 개념체계로 간주할 때 매우 유용하다는 것을 보여주고 있다. 문화변용은 이민 부모에게 부모와 자녀의 가치 간의 거리가 점차 멀어지는 데에 세대의 문제를 더해준다(Knafo & Schwartz, 2001). 세대는 시간이 지나면서 사회적 변화로 인해 부모와 자녀 간의 실용모형에서 차이를 낳을 것이다. 반면에 이민은 장소의 변화로 인해 그들의 실용모형에서 차이를 낳을 것이다. 부모의 문화에 관한 실용모형은 애초의 문화에서 형성되었지만 그 문화로부터의 피드백은 이민의 사건을 통해 붕괴된다. 이러한 분리는 이민 온 부모와 그들 자녀의 실용모형 모두에 영향을 미친다. 자녀들의 문화 실용모형은 채택된 문화 실용모형과의 상호작용을 통해 빠르게 형성된다. 그들 부모 문화의 지지 맥락과 분리되어 있기 때문에 자녀들이 부모 문화와 연속성을 이룰 수 있느냐는 거의 배타적으로 부모의 선략과 노력에 달려 있다.

세대의 실용모형에서와 같이 문화 실용모형은 문화적 안정과 변화 모두에 공헌한다. 몇몇 연구는 새로 이민온 국가에서 그들 문화를 보존하고자 시도하는, 그러나 그들의 모국 내의 사회 세력과는 단절되어 있는 사람들은 결국 시대에 뒤떨어진 문화 실용모형을 유지하게 된다고 제시한다. 파버(Farver), 바다(Bhadha), 그리고 나람즈(Naramj, 2002)는 남아시아 이민 부모들이 그들의 새로운 환경에서 전통적인 가치와 신념을 이식하고 유지하고자 시도할 때 그냥 잊고 사는 사람들보다 더 인도 사람이 되어간다는 것을 발견했다. 이들 이민 부모들의 경우 문화적 규범과 가치는 이민 이후 수년이 지난 동안에도 비교적 고정적으로 남아 있었다. 그것은 때로는 그들의 애초의 문화에서 오늘날 받아들여진 규범이나 가치와는 거의 닮은 것이 없는 일종의 문화적 "빛바랜 사진"이라 할 수 있다. 나바라(Navara)와 제임스(James, 2003)는 캐나다에 살고 있는 포르투갈 이민자들에게서 비슷한 현상을 발견했다. 포르투갈 이민자 부모는 상당히 오랜 기간 동안 캐나다에 살면서 전통적인 가치와 문화적 신념을 유지했다. 그러나 그들은 여행 목적으로 잠시 동안 포르투갈을 다녀온 후 흔히 자신들이 간직한 포르투갈 문화 실용모형에서 보존하고 있는 문화의 개념과 오늘날 포르투갈에서 유행하고 있는 개념 및 관습 사이에 커다란 차이가 있다는 것을 알게 된다.

이민자 자녀들이 그들 부모와는 다른 문화의 실용모형을 발달시킨다는 것은 의심의 여지가 없다. 실제적으로 "젊은이들의 주요한 사회화는 각기 다른 문화적 분야들이 상호 충돌하는 가운데 발생하며 … 그들은 한 가지 이상의 유산으로부터 자의식적으로 선택·융화·통합하며 정교화시킨다" (Vertovec & Cohen, 1999, p. 10)는 주장이 있어왔다. 몇몇 연구는 이민자 자녀들의 가치는 그들 부모의 가치보다는 오히려 그들의 비이민자 또래들의 가치와 더 유사하다고 지적한다(Cashmore & Goodnow, 1985 ; Knafo & Schwartz, 2001 ; Phinney, Ong & Madden, 2000). 파크(Parke)와

뷰리엘(Buriel, 1998)은 동화와 두 문화 공존을 미국으로 이민온 이후 불과 몇 세대 내에 대부분의 자녀들이 따라갔던 궤도로 논의하고 있다. 대부분의 유럽 이민자들은 동화된 실용모형을 어느 정도 발달시켰다. 왜냐하면 그들은 이민온 국가의 문화를 형성했던 유럽인들의 이전 세대의 관념을 이미 상당부분 공유하고 있었기 때문이다. 적어도 어느 정도의 전통적 문화의 연속성이 일상생활에 전혀 부담을 주지 않는 흔적 정도의 "상징적 민족성"(Alba, 1990) 형식으로 동화된 문화집단 내에 유지되고 있다. 아메리카 인디언들, 라틴아메리카인들, 아프리카계 미국인들, 그리고 아시아계 미국인들을 포함하여 애초에 비유럽계의 문화를 가진 이민자들은 긍정적인 이중 준거구조 내에서 그들의 전통적인 문화와 신념의 측면을 보유하는 경향이 있었다. 따라서 미국에 살고 있는 멕시코 이민자들의 경우 1세대는 자신들을 "멕시코인"으로서 인정할 것이다. 그러나 반면에 그들의 자녀는 "멕시코계 미국인"이나 아니면 "치카노(Chicano)"(역자 주 : 멕시코계 남자 미국인) 신원 중에서 어느 하나를 선호할 것이다.

문화변용 과정에서 의지자로서의 부모

문화변용은 보다 큰 사회적 맥락에서 사회화와 내면화에 대한 자연 그대로의 현장 실험을 제공한다. 문화의 내부자들에게 있어 문화적 가치와 관습은 당연한 것으로 받아들여진다. 굿나우(Goodnow, 1997)는 문화변용의 대부분은 사고를 통해서, 그리고 의식적으로 그것을 전달하는 것을 통해서보다는 문화적 관습의 실천을 통해서 더 잘 성취된다고 제안한다. 게다가 문화의 내부자들인 부모는 유사한 가치와 관습을 공유한 공동체 내에서 생활을 하는 것과 같은 그러한 집단과정으로부터 이득을 얻는다. 왜냐하면 그러한 집단과정은 부모의 개인적 노력과 별개로 그들이 지닌 가치의 전달을 지원해 주기 때문이다(Harris, 1995).

그러나 문화의 실용모형을 구성한다는 개념은 이민자들이 그들의 애초의 국가에서는 당연하게 여겨졌을 지원 없이 그들의 문화를 보존하고 전달하고자 시도하는 문화변용의 과정에서 더욱 두드러진다. 문화변용은 고려되지 않은 영역에서의 문화적 전달을 새로 이민온 국가에서 문화 실용모형을 구성할 때 이민 부모와 자녀들에 의해 이루어진 의식적 선택의 영역으로 가져온다.

이민자들은 그들의 이입된 문화적 가치와 그들의 귀화한 사회에 널리 확산되어 있는 가치 사이에서 많은 모순에 직면한다(Fuligni, 1998 ; Phalet & Schonpflug, 2001 ; Phinney 외, 2000). 애초의 문화에서 발달된 실용모형은 이민국가의 적의적인 문화에 의해 지원받지 못하고 훼손당하거나 새로운 환경에서의 성공에 대한 부적응적인 요소를 포함하고 있을 수 있다. 이민자들이 여전히 지니고 있는 전통적 가치들이 귀화한 문화의 관점에서 볼 때 모두 긍정적이거나 혹은 도덕적인 것만은 아니다. 문화적 전달은 거의 주목을 받지 못하는 "어두운 면"을 지니고 있다. 대부분의 문화에서 전달된 결과 가운데에는 종교적 · 정치적 투쟁의 세기 동안에 형성된 편협과 불평등의 가치들이 존재한다. 곧 그러한 편협과 불평등의 가치들은 계층, 계급, 그리고 성뿐만 아니라 인종적 · 민족적 · 국가적 · 종교적 · 종족적 측면에 근거를 두고 있다. 이들은 상대적으로 동질성을 띠고 있던 애초의 문화에서는 지지받아 왔을 것이지만 다문화적으로 구성되기 시작한, 그리고 다양성과 관용에 가치를 부여하는 경향이 있는 많은 이민문화에서는 문제가 있다. 전통적인 가부장적 문화 출신의 부모들 또한 그들의 전통적 규범보다 더 민주적인(Trommsdorff & Kornadt, 2003), 그리고 그들이 새로운 환경 속으로 이식하고자 시도하는 전통적인 권위주의적 자녀 교육 방법을 지지하지 않는 새로운 부모-자녀 관계의 형식에 의해 도전을 받고 있다는 것을 인식할 것이다. 우리의 개념적 구조 측면에서 볼 때 부모는 이민국가의 새로운 신념 체계, 가치, 그리고 관습을 그들의 실용모형 내에 갑작스럽게 통합해야 하는 과업에 직면하게 된다. 그들은 새로운 문화에서 성공적으로 살아남기 위해 그들이 지니고 있던 이전의 실용모형 가운데 어떤 측면을 조절해야 하며, 그들의 이전의 문화 가운데 어떤 측면을 자녀들의 사회화에서 보전하거나 유입하도록 할 것인지를 결정해야만 한다.

이 장의 초반에서 우리는 자녀들뿐만 아니라 부모도 그들 자신의 내면화에서 동인으로서 간주되어야 할 필요가 있다고 제안했다. 특히 부모는 그들 자신의 태도와 가치를 적극적으로 대조하고 평가하며 그들 자신의 아동기 동안에 획득했던 가치와 신념을 재해석하고, 조절하고, 혹은 거부한다. 이러한 과정은 부모가 서로 다른 문화적 재배치를 경험하며 그들의 전통적인 혹은 사회화된 신념과 다른 사회적 가치에 노출될 때 더욱 두드러진다. 예를 들면 부모 민속 이론은 다른 문화와의 접촉으로 인해 잘 변화했을 것이다. **부모 민속 이론**(parental ethnotheories)은 부모가 그들 자녀를 교육하는 데 있어서 부모를 유도하는 가치, 신념, 그리고 방법이다(Harkness & Super, 1995). 그러나 부모 민속 이론의 개념은 자녀 교육 방법에 관한 전통적 문헌들을 부모의 문화적 맥락의 중요성과 명백하게 연결시키고 있다. 베리(Berry)와 동료들(2002)은 부모의 동료들이 본질적으로 전통적 가치의 조절이나 거부의 과정이 발생할 수 있도록 하는 부모 민속 이론에 아마도 도전할 것이라고 언급했다.

베리(1997)는 이민 부모와 자녀들이 몇 가지 방식에서 경쟁하는 문화적 신념과 가치에 반응했을 것이라고 제안했다. 여기에는 **통합**(integration, 전통적인 문화적 본래 모습을 유지하면서 지배사회의 몇몇 문화적 가치를 향해 나아가고 또한 채택한다), **분리**(separation, 전통적인 문화적 가치의 강력한 유지와 지배문화에 대한 저항), **동화**(assimilation, 전통적 가치가 지배문화의 가치를 지지하며 사라져 버린다), 그리고 **주변인화**(marginalization, 전통적 가치의 상실과 지배문화의 신념에 대한 동일시의 결핍)가 포함된다. 주변인화는 지배문화의 고정관념과 편견에 대한 반응, 전통적 가치에 대한 환멸, 그리고 이민자 자신들의 가능한 편견과 고정관념에 대한 반응으로 일어날 수 있다. 우리는 이들 반응이 이민 부모가 애초에 지니고 있던 문화의 실용모형을 보존할 것인가 혹은 개선할 것인가에 대해 서로 다른 목적과 정향을 향해 영향을 미칠 것이며, 또한 그들 자녀에게 새로운 문화적 맥락에 대비하도록 가치를 증진시키는 데 있어서 서로 다른 목적과 전략을 사용하게 할 것이라는 점을 제시한다.

여기에서 흥미롭게도 분리와 통합은 모두 다 크건 작건 모국의 전통적 가치를 촉진시킨다는 목적을 지니고 있다. 나겔(Nagel, 1994)은 이를 쇼핑 카트에 비유하고 있는데, 부모는 자녀들에게서 촉진시키고자 그들의 민족문화로부터 요소(종교, 규범, 가치, 상징, 신화, 관습, 미술, 음악, 그리고 의상과 같은)를 선택한다. 부모는 그러한 개념을 직접적 혹은 목적적인 교수를 통해, 그리고 자녀들이 전통적인 행사에 참여할 기회를 제공함으로써 조장할 수 있다(Parke, Ornstein, Rieser & Zahn-Waxler, 1994). 뷰리엘(Buriel, 1985)은 멕시코계 미국인 부모는 자녀들에게 모범을 보임으로써, 혹은 자녀에게 그들의 전통과 신념, 그리고 가치에 관하여 직접적으로 가르침으로써 민족적 행동을 강화하고자 시도한다는 것을 발견했다.

굿나우(Goodnow, 1997)는 두 가지 방어전략, 곧 미리 무장하는 생활(pre-arming)과 집에 틀어박힌 생활(cocooning)에 관해 기술했는데, 부모는 지배문화에서 외부 영향으로부터 문화적·종교적 가치를 보호하기 위하여 이 전략을 사용한다. 부모는 그들의 관습이나 민족성 때문에 그들을 공격하거나 위협하는 개인을 모욕함으로써 그들의 자녀를 **미리 무장**(pre-arm)시킬 수 있다. 또 다른 대안으로 그들은 경쟁하는 메시지와 영향을 피하거나 비켜서도록 미리 대책을 세우는 다양한 전술로 그들의 자녀를 가르칠 수 있다. 부모는 또한 바람직한 가치들이 확립되기 전까지 경쟁하는 가치들로부터 그들의 자녀를 전략적으로 차폐시킴으로써, 혹은 집에만 갇혀 있도록 하는 **누에고치화**(cocooning)시킴으로써 어떤 문화적·종교적 신념을 유지시키고자 시도할 수 있다(Goodnow, 1997).

부모는 채택된 문화 내에서 그들 자신과 그들의 자녀를 누에고치처럼 집에만 있게 할 것이며, 함께 살아갈 같은 민족의 이웃을 선택하고, 자녀들을 민족학교에 입학시키고, 민족기구와 종교기관과의 배타적인 유대관계를 발달시키며, 그들 세대의 다른 이민자들과의 연합을 확립함으로써 그들 애초의 문화의 실용모형을 보존할 수 있다. 나포(Knafo, 2003)는 그들 자신의 신념과 가치를 반영한 학교를 선택하는 누에고치화 전략을 사용했던 신앙심이 깊은 이스라엘인과 비종교인 이스라엘인을 연구했다. 나포(Knafo)는 누에고치화 전략이 직접적인 부모 교육에 대한 필요를 미리 사전에 제거한다는 것을 암시하고 있듯이 자녀들이 그러한 딱 들어맞는 기관에 다닐 때 가치에 관하여 부모-자녀 간에 논의가 거의 없었다는 것을 발견했다. 민족공동체에서의 삶은 또한 자녀들에게 그들의 집에서 장려된 가치를 지지할 똑같은 민족집단으로부터 또래들과 그 밖의 다른 성인 역할 모델들과의 연합을 형성할 기회를, 그럼으로써 또한 나머지 사회와는 어느 정도 분리될 수 있는 기회를 제공해준다.

이민 부모는 또한 선택된 전통적 가치들을 버리는 선택을 할 수도 있다. 재배치하는 가족들은 흔히 그들 자신과 그들 자녀들을 위해 삶의 질을 증진시키고자 하는 목적을 지닌다. 쵸프라(Chopra)와 사틴더(Satinder, 2003)는 캐나다에 살고 있는 동인도 출신의 이민 부모는 그들 자녀들에 대하여 높은 교육적·직업적 기대를 가지고 있으며 자녀들은 성공을 보장하는 문화적 규범을 채택해야만 한다는 것을 발견했다. 귀화한 문화에서 성공에 적절하지 않는 전통적 신념을 유지한다는 것은 이러한 목적에 어울리지 않는 것으로 인식될 수 있다.

유용한 연구는 문화적 유산을 보존하고자 분리전략을 사용하는 부모는 그럼에도 불구하고 그들의 자녀가 결국에는 일을 하며, 그리고 성인이 되어 삶을 살아갈 사회에서 성공할 수 있도록 도와주는 자녀 교육전략을 채택할 것이라고 암시한다. 지브코빅(Zivkovic, Youniss, 1994에 보고되었다)은 북아메리카로 이민을 왔던 두 집단의 크로아티아인 부모들을 비교했다. 크로아티아의 농촌지역 출신의 한 집단은 북부 뉴저지의 도시지역에 있는 배타적인 민족 공동체로 이주했으며, 그들은 자녀들이 크로아티아인의 정체성, 언어, 식사습관, 그리고 그 밖의 다른 민족적 전통을 유지하길 바란다고 보고했다. 다른 집단은 1950년 이후 미국으로 이민왔던 고등교육을 받은 전문인들의 표본으로서 그들의 크로아티아 배경을 미국인 신원으로 동화시켰으며, 그들 자녀들이 크로아티아 정체성을 유지하도록 하는 데에도 별 관심을 보이지 않았다. 이민온 국가의 주 문화에 대한 정향에서의 이러한 차이에도 불구하고 두 집단은 순응보다는 자기 주도성을 증진시키는 자녀 교육 전략을 채택했으며, 그리고 그들 자녀들로 하여금 이민온 국가에서의 성공을 위해 준비하도록 해주는 교육에 가치를 부여하고 있었다(Youniss, 1994).

자녀들의 문화변용 과정

부모의 경우와 같이 이민자들의 자녀는 그들 자신의 문화의 실용 모형을 구성하며 그들의 가족, 동료, 그리고 문화로부터 분출하여 나오는 경쟁적인 메시지들을 해석·선택하고, 저항 혹은 관리해야만 한다. 자녀들은 특히 만약 그들이 아주 어릴 때 이민을 왔거나 혹은 이민온 국가의 문화에서 태어났다면 그들의 부모와는 서로 다른 지점에서 문화변용의 문제에 접근한다. 왜냐하면 그들은 보통 부모보다 더 빠르게 적응하고 또한 언어를 배우며, 그리고 보다 철저하게 널리 유행하고 있는 이민국가의 문화가치들을 채택하는 경향이 있기 때문이다(Feather, 1975 ; Georgas, Berry, Shaw, Christakopoulou & Milonas, 1996 ; Schumann, 1978, 1986 ; Tong, 1996). 이민국가 문화의 기대, 관습, 그리고 가치에 적합하게 들어맞도록 한다는 것은 실제적인 관심의 문제이다. 왜냐하면 그들은 삶을 거기에서 살아야 하며, 결국에는 일을 하고 결혼을 하며 그들 자신의 자녀들을 교육해야 하기 때문이다. 그러므로 자녀들은 이미 문화변용된 이민국가 문화의 실용모형 범위 내에서 때때로 적합하지 않는 부모의 가치를 통합하거나 관리해야 하는 문제에 직면할 수 있다.

이민 부모와 그들 자녀의 실용모형이 서로 다른 비율로 변형이 이루어지는 것은 부모-자녀 관계에 영향을 미친다. 럼보트(Rumbaut)와 포트(Portes, 2001)는 자녀들과 그들의 부모를 연관시키면서 세 가지 서로 다른 문화변용 양식을 기술하고 있다. **불협화적 문화변용**(dissonant acculturation)은 증가된 부모-자녀 갈등에 의해 수반되며, 부모와 자녀 사이에 문화변용 간극이 존재할 때 일어난다. 자녀들이 부모의 가치가 이민 국가의 문화 내에서 잘 어울리며 그리고 성공하고자 하는 그들의 욕망과 갈등을 일으킨다고 지각할 때 그들은 부모 그리고 전통적인 문화적 신념과 가치에 관한 긍지보다는 당혹감을 더 느낄 것이다. **협화적 문화변용**(consonant acculturation)은 고양된 가족 응집력과 관련되며, 부모와 자녀 간에 문화변용의 간극이 거의 존재하지 않거나 아예 없을 때 일어난다. **선택적 문화변용**(selective acculturation)은 같은 민족공동체들이 문화적 변화를 늦춤으로써 문화변용 과정을 완충시키며 전통적인 부모의 가치와 신념의 부분적 잔류를 증진시킬 때 일어난다.

연구자들은 이민 자녀들이 흔히 집에서 그들 부모에 의해 옹호되는 전통적 가치 및 신념과 학교에서 문화적으로 다양한 그들 동료들에 의해 지지되는 것들 간에 협상을 하면서 이중적 기대를 극복해야 한다는 것을 발견했다(예컨대 Farver 외, 2002). 부모와 자녀는 또한 데이트 상대 선택(Hyman, Vu & Beiser, 2000 ; Talbani & Hasanali, 2000), 학업성취(Hyman, Vu & Beiser, 2000), 동조, 집단주의의 가치(Goodnow, 1988), 개인적 권리와 가족의 의무(Sam & Virta, 2003)에 관한 자녀의 자율성과 관련하여 서로 다른 기대를 유지할 수 있을 것이다. 이들 불일치는 흔히 내적 갈등과 공공연한 그리고 암묵적인 저항으로 이끈다(Hyman, Vu & Beiser, 2002). 연구자들은 또한 청소년들이 그들에게 부여된 문화적 제약에 분노를 잘 표현하며 현상유지를 주장하는 관념이 별 매력이 없다고 인지한다는 것을 발견했다. 전통적인 문화적 가치들과의 이러한 의견 차이는 흔히 반항적인 행위, 예컨대 집 밖에서 북아메리카 스타일의 의복 착용하기, 전통적인 공동체 활동에 소홀히 참여하기, 부모 모르게 집 밖으로 나가기와 같은 행위로 표현된다(Talbani & Hasanali, 2000).

아동들의 의지와 자녀로부터 부모를 향한 영향력의 방향은 문화변용에 관한 연구에서 이제 막 탐구되기 시작하고 있다. 파크(Parke)와 그의 동료들에 의해 검토된 문화 중개인으로서 아동들에 관한 최근의 연구(Parke & Buriel, 1998 ; Parke 외, 2003)는 자녀들이 그들 부모의 문화의 실용모형을 형성 · 관리하는 데 중요한 역할을 수행한다고 제시하고 있다. 이민 자녀들은 흔히 금융기관, 의사, 그리고 정부 관리들과의 관계에서와 같은 다양한 상황에서 가족의 대표 얼굴이 되는 위치에 놓이게 된다(Buriel & De Ment, 1997). 자녀들이 이민국가 문화에 보다 더 전문가이기 때문에 그들은 부모를 위해 새로운 언어의 번역가와 문화의 해석가가 되기 시작하며, 그럼으로써 새로운 문화의 규범에서 그들 부모의 재사회화의 역할을 수행할 수 있다. 멕시코계 미국인과 중국계 미국인 가족들에 관한 연구들은 흔히 여자 자녀들에 의해 중개가 이루어지며 자녀들이 청소년기 이전인 초등학교에서 시작한다고 밝히고 있다(Buriel & De Ment, 1997 ; Chao, 2001). "중개를 하는 상황에서 자녀들은 부모와의 상호작용에서 성인처럼 행동하고, 그것은 흔히 정보의 전달과 관련되는 역할 역전을 낳는다. 즉 아동 문화 중개자들은 때때로 자녀로서 그들의 지위에 어울리는 부모에 대한 존경과 존중을 유지하면서도 새로운 문화에 관한 과업을 부모에게 '가르쳐야' 한다"(Parke 외, 2003, p. 261). 암버트(Ambert, 1992)는 이러한 조건에 처하게 되는 경우 아동들은 새로운 문화에 대한 부모의 적응에 긍정적인 영향을 미치거나 아니면 부정적인 영향을 미치는 독특한 위치에 놓이게 된다고 추측했다. 성공적인 적응이 이루어지는 경우는 부모가 새로운 삶의 방식을 배우며 그들의 자녀가 새로운 사회로부터 채택했던 가치를 제공해야만 하는 과업에 대해 수용적이 됨으로써 그들이 지니고 있던 이전의 어떤 태도와 가치를 변화시킬 때일 것이다.

연구할 필요성이 있는 부모의 실용모형과 관련하여 자녀들이 행위할 그 밖의 다른 가능성들이 또한 존재한다. 자녀들의 중개 역할은 부모가 지배문화와 직접적으로 상호작용할 필요성을 미연에 제거해 버림으로써 부모의 실용모형을 더 이상 활성화시키지 못하게 할 수도 있다. 이러한 일은 나이 든 자녀들이 부모의 재정을 관리하거나 혹은 의사 및 변호사와 같은 외부 집단과의 어떤 상호작용을 중개할 때 일어날 수 있다.

도덕적 영역에서의 부모와 자녀 간의 문화적 충돌에 관해서는 거의 알려지지 않고 있다. 그러나 다문화 국가에서 자녀들과 이민 부모는 서로 다른 도덕적 관점을 지닐 수 있으며, 특히 민족 간 그리고 인종 간 관계와 관련이 있는 이슈에 대해서는 더욱 그러할 것이다. 킬렌(Killen)과 동료들(2002)은 아동들에게 만약 부모가 인종에 근거하여 사람을 배척하는 행위를 용서한다면 어떻게 할 것인가라고 물었다. 초등학교 아동들은 부모의 권위와 그들 자신의 도덕판단 사이에서 갈등을 겪은 반면에, 청소년들은 인종에 입각한 배제를 나쁜 것으로 판단하며 그들 부모의 도덕적 입장을 의문시하는 경향이 더 있었다. 한 아시아 청소년은 그녀 부모의 전통적 인종주의와 그리고 부모에게 인종적 평등에 관하여 교육을 해야 할 필요성에 대하여 길게 이야기했다. 제1저자가 제2차 세계대전 이후 캐나다로 온 동유럽 이민자들의 제1세대 자녀들의 또래들과 상호작용을 했던 개인적 경험은 아동들이 문화 전달의 부정적 측면을 다루는 것에 직면할 수 있음을 시사하고 있다. 동화된 그리고 두 문화 속에서 자란 이러한 자녀들 세대의 부모는 1920년대와 1930년대 동안 동유럽에서 성장했다. 두 집단은 그 가치 속에 종교적 · 민족적 적개심의 요소를 내포한 문화를 공유하고 있었다. 그들 자신의 실용모형을 북아메리카의 교육기관과 동료집단 속에서 형성했던 그들 자녀들의 관점에서 보면, 그들 부모의 여러 가지 관념은 북아메리카 문화의 민족적 · 종교적 다양성의 맥락에서 "편협하고", "미신적이고", "부적절한" 것으로 평가되기 시작했다. 그러한 이슈들은 때때로 부모와 자녀 간의 갈등의 토대가 되었으며, 그리고 가치에서의 부모의 변화를 초래했다. 그러나 화목한 장기적인 가족관계를 생각하여 자녀들 또한 그들 부모의 실용모형을 "소중히 보호하는" 전략을 채택했다. 즉 자녀들은 부모의 신념에 맞게 그들의 비위를 맞춰주거나 혹은 어떤 주제를 "비무장지대" 내에 차단시킴으로써(Hagestad, 1979, Greene & Boxer, 1986에 보고되었음) 부모와 자녀의 서로 다른 세대적 · 문화적 실용모형 간의 갈등이 회피될 수 있었다.

결론

이 장은 부모-자녀 관계의 본질에 관한 변화된 가정들로부터 등장하고 있는 가정에서의 사회화와 내면화 과정에 관한 이론적 변화를 개략적으로 살펴보았다. 쌍방향적 인과관계는 최근의 내면화 공식화에서 주어진 것이다(Kuczynski & Grusec, 1997). 부모가 자녀들의 발달에 영향을 미치듯이 자녀들은 부모의 자녀 교육 방법에 영향을 미친다고 오랫동안 이해되어 왔다. 그러나 자녀들이 부모의 내면화와 발달에 개입하며 그들 자신의 발달하는 세대의 개념에 개입하는 것을 포함한 보다 포괄적인 영향력을 지니고 있다는 개념은 이제 막 탐구가 시작되고 있다. 부모와 자녀를 그들 관계의 맥락에서 의지자로서 강조하는 것을 포함하는 가족 과정에 관한 보다 포괄적인 관점은 연구에 관한 추가적인 길을 열어놓고 있다. 인지발달 연구는 내면화에서 아동들의 구성적 과정을 탐구하는 방법을 이끌었다. 그러나 이것은 부모의 구성적 과정에 대한 균형잡힌 관심과 서로 대응되지 못하고 있다. 부모 역시 가치에 관한 끊임없는 발달을 이룩하고 있다. 예를 들면 부모는 그들의 사회화 경험에 관하여 어떻게 생각하며 그들은 자녀를 사회화시킬 때 어떤 가치를 전달하고, 버리고, 변경할 것인가를 어떻게 선택하는가? 부모의 사회화 노력에 관한 자녀들의 관점도 또한 연구가 요구되고 있다. 자녀들은 부모의 메시지를 어떻게 해석하고, 저항하며, 협상하는가?

사회화의 개념에서 또 하나의 확장은 내면화의 결과를 부모와 자녀 모두 개인의 전 생애 발달의 수준에서 일어나는 끊임없는 과정으로서 사회 및 세대 변화에 대한 하나의 공헌자로 고려하는 것으로부터 나온다. 부모는 비록 자녀들의 사회화를 촉진시키기 위해 노력하지만 그들 자신의 내면화의 결과와 씨름하기도 한다. 부모와 그들의 자녀는 모두 그들 서로 간의 그리고 그들의 변화하는 맥락과의 상호작용에 비추어 내면화의 실용모형을 주기적으로 갱신해야만 한다.

참고문헌

Alba, R. D.(1990). *Ethnic identity : The transformation of white America.* New Haven, CT : Yale University Press.

Alwin, D.(1988). From obedience to autonomy : Changes in traits desired in children, 1924–1978. *Public Opinion Quarterly, 52,* 33–52.

Alwin, D. F.(1996). Parental socialization in historical perspective. In C. D. Ryff & M. M. Seltzer(Eds.), *The parental experience in midlife*(pp. 105–167). Chicago : University of Chicago Press.

Ambert, A. M.(1992). *The effect of on parents. Haworth marriage & the family.* New York : Haworth.

Baranowski, M. D.(1978). Adolescent's attempted influence on parental behaviors. *Adolescence, 13,* 585–604.

Bell, R. Q.(1968). A reinterpretation of the direction of effects in studies of socialization. *Psychological Review, 75,* 81–95.

Bernard, J.(1972). *The future of marriage.* New York : World Publishing.

Berry, J. W.(1997). Immigration, acculturation, and adaptation. *Applied Psychology : An International Review, 46*(1), 5–34.

Berry, J. W., Poortinga, Y. H., Segall, M. H., & Dasen, P. R.(Eds.).(2002). *Cross-cultural psychology : Research and applications*(2nd ed.). New York : Cambridge University Press.

Boehnke, K, Itell, A., & Baier, D.(2002). Value transmission and 'Zeitgeist' : An underresearched relationship. *Sociale Wetenschappen, 45,* 28–43.

Brandstädter, J.(1997). Action perspectives on human development. In W. Damon & R. M. Lerner(Eds.), *Handbook on child psychology*(5th ed., vol. 1., pp. 807–829). New York : John Wiley & Sons Inc.

Brehm, S. S.(1981). Oppositional behavior in children : A reactance theory approach. In S. S. Brehm, S. M. Kassin, & F. K. Gibbons(Eds.), *Developmental social psychology : Theory and research*. New York : Oxford University Press, 96−121.

Bruner, J. S.(1996). *Acts of meaning*. Cambridge, MA : Harvard University Press.

Bugental, D. B., & Goodnow, J. G.(1998). Socialization processes. In N. Eisenberg (Vol. Ed.), *Handbook of child psychology, Vol. 3 : Social, emotional, and personality development*. New York : John Wiley & Sons.

Bukowski, W. M., & Sippola, L. K.(1998). Diversity and the social mind : Social goals, social constructs, and social development. *Developmental Psychology, 34*, 742−746.

Buriel, R.(1985). Locus of control orientations of Anglo−and Mexican−American children. *Psychological Reports, 57*(3, Pt 2), 1121−1122.

Buriel, R., & Cardoza, D.(1993). Mexican American ethnic labeling : An intrafamilial and intergenerational analysis. In M. E. Bernal & G. P. Knight(Eds.), *Ethnic identity : Formation and transmission among Hispanics and other minorities. SUNY series, United States Hispanic studies*(pp. 197−210). Albany : State University of New York Press.

Buriel, R., & De Ment, T.(1997). Immigration and sociocultural change in Mexican, Chinese, and Vietnamese−American families. In A. Booth, A. C. Crouter, et al.(Eds.), *Immigration and the family : Research and policy on U. S. immigrants* (pp. 165−200). Hillsdale, NJ : Lawrence Erlbaum Associates.

Cashmore, J. A., & Goodnow, J. J.(1985). Agreement between generations : A two−process approach. *Child Development, 56*, 493−501.

Cavalli−Sforza, L. L., & Feldman, M. W.(1981). *Cultural transmission and evolution : A quantitative approach*. Princeton University Press.

Chao, R. K.(2001). Extending research on the consequences of parenting style for Chinese Americans and European Americans. *Child Development, 72*(6), 1832−1843.

Chopra, R., & Satinder, K. P.(2003) *Parent and child attitudes toward educational and occupational achievement as a function of acculturation*. Paper presented at the Canadian Psychological Association annual conference, Hamilton, Ontario, Canada.

Coleman, J. S., & Hoffer, T.(Eds.).(1987). *Public and private high schools : The impact of communities*. New York : Basic Books.

Collins, W. A., Maccoby, E. E., Steinberg, L., Hetherington, E. M., & Bournstein, M. H.(2000). Contemporary research on parenting : the case for nature and nurture. *American Psychologist, 55*, 218−232.

Corsaro, W. A.(1997). *The sociology of childhood*. Thousand Oaks, CA : Pine Forge Press.

Corsaro, W. A., & Eder, D.(1990). Children's peer cultures. *Annual Review of Sociology, 16,* 197–220.

Crockenberg, S., & Litman, C.(1990). Autonomy as competence in 2–year–old : Maternal correlates of child defiance, and self–assertion. *Developmental Psychology, 26,* 961–971.

Cummings, E. M., & Schermerhorn, A. C.(2003). A developmental perspective on children as agents in the family. In L. Kuczynski(Eds.), *Handbook of dynamics in parent–child relations*(pp. 91–108). Thousand Oaks, CA : Sage.

Davidson, G. C.(1973). Counter–control in behavior modification. In L. A. Hamerlynck, L. Handy, & E. J. Mash(Eds.), *Behavior change : Methodology and practice*(pp. 153–167). Champaign, IL : Research Press.

Dix, T., & Branca, S. H.(2003). Parenting as a goal–regulation process. In L. Kuczynski(Ed.), *Handbook of dynamics in parent–child relations*(pp. 167–188). Thousand Oaks, CA : Sage.

Dubin, E. R., & Dubin, R.(1963). The authority inception period in socialization. *Child Development, 34*(4), 885–898.

Dunn, J. F., & Munn, P.(1985). Becoming a family member : Family conflict and the development of social understanding in the second year. *Child Development : Special Issues : Family Development, 56*(2), 480–492.

Eisenberg, A. R.(1992). Conflicts between mothers and their young children. *Merrill–Palmer Quarterly, 38,* 21–44.

Farver, J. A., Bhadha, B. R., & Naramj, S. K.(2002). Acculturation and psychological functioning in Asian Indian adolescents. *Social Development, 11*(1), 11–29.

Feather, N. T.(1975). *Values in education and society.* New York : Free Press.

Ferree, M. M.(1990). Beyond separate spheres : Feminism and family research. *Journal of Marriage and the Family, 52,* 866–884.

Fine, G. A.(1992). Agency, structure, and comparative contexts : Toward a synthetic interactionism. *Symbolic Interaction, 15*(1), 87–107.

Frankel, J.(1991). On being reared by your children : State of art as reflected in the literature. *Free Inquiry in Creative Sociology, 19,* 193–200.

Fuligni, A. J.(1998). Authority, autonomy, and parent–adolescent conflict and cohesion : A study of adolescents from Mexican, Chinese, Filipino, and European backgrounds. *Developmental Psychology, 34*(4), 782–792.

Garbarino, J., Kostelny, K., & Barry, F.(1997). Value transmission in an ecological context : The high–risk neighborhood. In J. Grusec & L. Kuczynski(Eds.), *Parenting and children's internalization of values : A handbook of contemporary theory*(pp. 307–332). New York : John Wiley & Sons.

Georgas, J., Berry, J. W., Shaw, A., Christakopoulou, S., & Milonas, K.(1996). Acculturation of Greek family values. *Journal of Cross–Cultural Psychology, 27*(3), 329–338.

Giddens, A.(1990). Structuration theory and sociological analysis. In J. P. Clark, C. Modgil, & S. Modgil(Eds.), *Anthony Giddens : Consensus and controversy*(pp. 297–315). London : The Falmer Press.

Goffman, E.(1961). *Asylums*. New York : Anchor Books.

Goodnow, J. J.(1988). Children, families, and communities : Ways of viewing their relationships to each other. In N. Bolger, A. Caspi, G. Downey, & M. Moorehouse(Eds.), *Persons in context : Developmental processes. Human development in cultural and historical contexts*(pp. 51–76). New York : Cambridge University Press.

Goodnow, J. J.(1994). Acceptable disagreement across generations. *New Directions for Child Development, 66*, 51–63.

Goodnow, J. J.(1997). Parenting and the transmission and internalization of values : From social–cultural perspectives to within–family analyses. In J. E. Grusec & L. Kuczynski(Eds.), *Parenting and children's internalization of values : A handbook of contemporary theory*(pp. 333–361). New York : Wiley.

Greene, A. L., & Boxer, A. M.(1986). Daughters and sons as young adults : Restructuring the ties that bind. In N. Datan, A. L. Greene, & H. W. Reese(Eds.), *Life–span developmental psychology : Intergenerational relations*(pp. 125–149). Hillsdale, NJ : Lawrence Erlbaum Associates.

Grolnick, W. S., Deci, E. L., & Ryan, R. M.(1997). Internationalization within the family : The self–determination theory perspective. In J. E. Grusec & L. Kuczynski(Eds.), *Parenting and children's internalization of values : A handbook of contemporary theory*(pp. 135–161). New York : Wiley.

Grusec, J. E.(1997). A history of research on parenting strategies and children's internalization of values. In J. E. Grusec, & L. Kuczynski(Eds.), *Parenting and children's internalization of values : A handbook of contemporary theory*(pp. 3–22). New York : Wiley.

Grusec, J. E., & Goodnow, J. J.(1994). Impact of parental discipline methods on the child's internalization of values : A reconceptualization of current points of view. *Developmental Psychology, 30*, 4–19.

Grusec, J. E., Goodnow, J. J., & Kuczynski, L.(2000). New directions in analyses of parenting contributions to children's acquisition of values. *Child Development, 71*, 205–211.

Grusec, J. E., & Kuczynski, L.(1980). Directions of effect in socialization : A comparison of parent vs. child's behavior as determinants of disciplinary technique. *Developmental Psychology, 16,* 1−9.

Harach, L., & Kuczynski, L.(1999, April). *Defining and constructing relationships from the perspective of parents.* Paper presented at the Society for Research in Child Development, Albuquerque, New Mexico.

Harkness, S., & Super, C. M.(1995). Culture and parenting. In M. H. Bornstein (Ed.), *Handbook of parenting, vol 2 : Biology and ecology of parenting*(pp. 211−234). Hillsdale, NJ : Lawrence Erlbaum Associates.

Harris, J. R.(1995). Where is the child's environment? A group socialization theory of development. *Psychological Review, 102,* 458−489.

Hartup, W. W.(1978). Perspectives on the child and family interaction : Past, present and future. In R. M. Lerner & G. B. Spanier(Eds.), *Child influences on marital and family interaction : A life−span perspective*(pp. 23−45). New York : Academic Press.

Hastings, P. D., & Grusec, J. E.(1998). Parenting goals as organizers of responses to parent−child disagreement. *Developmental Psychology, 34*(3), 465−479.

Hinde, R. A.(1979). *Toward understanding relationships.* London : Academic Press.

Hinde, R. A.(1997). *Relationship : A dialectical perspective.* Hove, UK : Psychology Press.

Hoffman, M. L.(1970). Moral development. In P. H. Mussen(Ed.), *Carmichael's manual of child psychology, 2*(pp. 261−360). New York : Wiley.

Hoffman, M. L.(1975). Moral internalization parental power, and the nature of parent−child interaction. *Developmental Psychology, 11,* 228−239.

rearing : a cognitive mechanism for change. In L. Kuczynski(Ed.), *Handbook of dynamics in parent−child relations*(pp. 189−210). Thousand Oaks, CA : Sage.

Holden, G. W., & Hawk, K. H.(2003). Meta−parenting in the journey of child rearing : a cognitive mechanism for change. In L. Kuczynski(Ed.), *Handbook of dynamics in parent−child relations*(pp. 189−210). Thousand Oaks, CA : Sage.

Holden, G. W., & Ritchie, K. L.(1988). *Child rearing and the dialectics of parental intelligence. In J. Valsiner(Ed.), Child development within culturally structured environments. Parental cognition and adult−child interaction*(pp. 30−59). Norwood, NY : Ablex.

Holden, G. W., & Thompson, E. E., Zambarano, R. J., & Marchall, L. A.(1997). Child effects as a source of change in maternal attitudes toward corporal punishment. *Journal of Social and Personal Relationships, 14,* 481−490.

Hyman, I., Vu, N., & Beiser, M.(2000). Post−migration stresses among Southeast Asian refugee youth in Canada : A research note. *Journal of Comparative Family*

Studies, 31(2), 281–293.

Inkeles, A.(1955). Social change and social character : The role of parental mediation. *Journal of Social Issues, 11*, 12–23.

Kâgitçibâsi, C.(1996). *Family and human development across culture : A view from the other side.* Hillsdale, NJ : Lawrence Erlbaum Associates.

Kerr, M., & Stattin, H.(2000). What parents know, how they know it, and several forms of adolescent adjustment : Further support for a reinterpretation of monitoring. *Developmental Psychology, 36*, 366–380.

Kille, M., Lee–Kim, J., McGlothlin, H., & Stangor, C.(2002). How children and adolescents evaluate gender and racial exclusion. *Monographs of the Society for Research and Child Development, 67*(4), 1–29.

Knafo, A.(2003). Contexts, relationship quality, and family value socialization : The case of parent–school ideological fit in Israel. *Personal Relationships, 10*, 373–390.

Knafo, A., & Schwartz, S. H.(2001) Value socialization in families of Israeli–born and Soviet–born adolescents in Israel. *Journal of Cross–Cultural Psychology, 32*(2), 213–228..

Kochanska, G., & Aksan, N.(1995). Mother–child mutually positive affect, the quality of child compliance to requests and prohibitions, and maternal control as correlates of early internalization. *Child Development, 66*(1), 236–254

Kohlberg, L.(1969). Stage and sequence : The cognitive–developmental approach to socialization. In D. A. Goslin(Ed.), *Handbook of socialization theory and research*(pp. 347–480). Chicago : Rand McNally.

Kohn, M. L.(1983). On the transmission of values in the family : A preliminary reformulation. *Research in Sociology of Education and Socialization, 4*, 1–12.

Kuczynski, L.(1984). Socialization goals and mother–child interaction : Strategies for long–term and short–term compliance. *Developmental Psychology, 20*, 1061–1073.

Kuczynski, L.(2003). Beyond bidirectionality : Bilateral conceptual frameworks for understanding dynamics in parent–child relations. In L. Kuczynski(Ed.), *Handbook of dynamics in parent–child relations*(pp. 1–24). Thousand Oaks, CA : Sage.

Kuczynski, L., & Grusec, J. E.(1997). Future directions for a theory of parental socialization. In J. E. Grusec, & L. Kuczynski(Eds.), *Parenting and the internalization of values : A handbook of contemporary theory*(pp. 398–413). New York : Wiley.

Kuczynski, L., Harach, L., & Bernardini, S. C.(1999). Psychology's child meets sociology's child : Agency, power and influence in parent–child relations. In C. Shehan(Ed.), *Through the eyes of the child : Revisioning children as active agents of family life*(pp. 21−52). Stamford, CT : JAI Press.

KuczyNnski, L., & Hildebrandt, N.(1997). Models of conformity and resistance in socialization theory. In J. E. Grusec, & L. Kuczynski(eds.), *Parenting and te internalization of values : A handbook of contemporary theory*(pp. 227−256). New York : Wiley.

Kuczynski, L., & Kochanska, G.(1990). The development of children's noncompliance strategies from toddlerhood to age 5. *Developmental Psychology, 26*, 398−408.

Kuczynski, L., Marshall, S., & Schell, K.(1997). Value socialization in an biodirectional context. In J. E. Grusec, & L . Kuczynski,(Eds.), *Parenting and the internalization of values : A handbook of contemporary theory*(pp. 23−50) New York : Wiley.

Lawrence, J., & Heinze, V.(1997). Everyone does it. But who's to blame : Adolescent constructions and reconstructions of shoplifting. In B. D. Cox & C. Lightfoot(Eds.), *Sociogenetic perspectives on internalization*(pp. 45−71). Mahwah, NJ : Lawrence Erlbaum Associates.

Lawrence, J., & Valsiner, J.(1993). Conceptual roots of internalization : From transmission to transformation. *Human Development, 36*(3), 150−167.

Lawrence, J., & Valsiner, J.(2003). Making personal sense. An account of basic internalization and externalization precesses. *Theory and Psychology, 13*(6), 723−752.

Lepper, M.(1983). Social control processes, attributions of motivation, and the internalisation of social values. In E. T. Higgins, D. N. Ruble, & W. W. Hartup (Eds.), *Social cognition and social development : A sociological perspective*(pp. 294−330). Cambridge, UK : Cambridge University Press.

Lollis, S., & Kuczynski, L.(1997). Beyond one hand clapping : Seeing bidirectionality in parent−child relations. *Journal of Social and Personal Relationships, 14*, 441−461.

Lollis, S., Kuczynski, L., Navara, G. S., & Koguchi, Y.(2003). *Children's agency within compliance and non−compliance*. Poster presented at Society for Research in Child Development biennial meeting, Tampa, Florid.

Maccoby, E. E.(1992). The role of parents in the socialization of children : An historical overview. *Developmental Psychology, 28*, 1006−1017.

Maccoby, E. E., & Martin, J. A.(1983). Socialization in the context of the family : Parent−child interaction. In P. H. Mussen(Ed.) & E. M. Hetherington(Vol. Ed.), *Handbook of child psychology : Vol. 4. Socialization, personality, and social development*(4th ed., pp. 1−101). New York : Wiley.

Mannhiem, K.(1928/1932). *The problem of generations, Essays in the sociology of knowledge*, London : Routledge and Kegan Paul.

Matsumoto, D.(2001). Culture and emotion. In D. Matsumoto(Ed.), *The handbook of culture & psychology*(pp. 171–194). New York : Oxford University Press.

Mayall, B.(2001). Understanding childhoods : A London study. In L. Alanen & B. Mayall(Eds.), *Conceptualizing child–adult relations*(pp. 114–1280). London : Routledge/Farmer.

Mayall, B.(2002). *Towards a sociology for childhood : Thinking from children's lives.* Buckingham : Open University Press.

Nagel, J.(1994). Constructing ethnicity : Creating and recreating ethnic identity and culture. *Social Problems, 41*, 152–176.

Nauck, B.(2001). Social capital, intergenerational transmission and intercultural contact in immigrant families. *Journal of Comparative Family Studies. Special Issue : Immigrant and Ethnic Minority Families, 32*(4), 465–488.

Navara, G. S., & James, S.(2003). *Community and professional healers' perceptions and treatment of illness and culture bound disorders*. Paper presented at the Critical Multicultural Counseling conference in Toronto(OISE), Ontario, Canada.

Nucci, L., & Weber, E. K.(1995). Social interactions in the home and the development of young children's conceptions of the personal. *Child Development, 66*, 1438–1452.

Palkovitz, R., Marks, L. D., Appleby, D. W., & Holmes, E. K.(2003). Processes and products of intergenerational relationships. In L. Kuczynski(Ed.), *Handbook of dynamics in parent–child relations*(pp. 307–324) Thousand Oaks, CA : Sage

Parke, R. D., & Buriel, R.(1998). Socialization in the family : Ethnic and eclological perspectives. In W. Damon(Series Ed.) & N. Einsenberg(Vol. Ed.), *Handbook of child psychology : Vol. 3. Social, emotional, and personality development*(5th ed., pp. 463–552). New York : Wiley.

Parke, R. D., Killian, C. M., Dennis, J., Flyr, M. L. McDoWell, D. J. Simpkins, S., Kin N., & Wild M.(2003). Managing the external environment : the parent and child as active agents in the system. In L. Kuczynski(Ed.), *Handbook of dynamics in paren–child relations*(pp. 247–240). Thousand Oaks, Sage.

Parke, R. D., Ornstein, P. A., Rieser, J. J. & Zahn–Waxler, C. *A century of developmental psychology*, Washington, DC : American Psychological Association.

Patterson, G. R.(1997). Performance models for parenting : A social interactional perspective. In J. E. Grusec & L. Kuczynski(Eds.), *Parenting and the internalization of values : A handbook of contemporary theory*(pp. 193–226). New York : Wiley.

Peters, J.(1985). Adolescents as socialization agents to parents. *Adolescence, 20*, 921–931.

Phalet, K., & Schoenpflug, U. (2001). Intergenerational transmission of collectivism and achievement values in two acculturation contexts : The case of Turkish families in Germany and Turkish and Moroccan families in the Netherlands. *Journal of Cross-Cultural Psychology. Special ISSUE : Perspectives on Cultural Transmission, 32*(2), 186-201.

Phalet, K., & Schoenpflug, U. (2001). Intergenerational transmission in Turkish immigrant families : Parental collectivism, achievement values and gender differences. *Journal of Comparative Family Studies. Special Issue : Immigrant and Ethnic Minority Families, 32*(4), 489-504.

Phinney, J. S., Ong, A., & Madden, T. (2000). Cultural values and intergenerational values discrepancies immigrant and non-immigrant families. *Child Development, 71*(2), 528-539.

Piaget, J. (1965). *The moral judgement of the child*(Trans. M. Gabain.). New York : Free Press.

Pontecorvo, C., Fasulo, A., & Sterponi, L. (2001). Mutual apprentices : The making of parenthood and childhood in family dinner conversations. *Human Development, 44*, 340-361.

Punch, S. (2002). Research with children : *The same or different from research with adults? Childhood : A Global Journal of Child Research, 9*(3), 321-341.

Rheingold, H. L. (1969). The social and socializing infant. In D. A. Goslin (Ed.), *Handbook of socialization theory and research*. Chicago : Rand McNally.

Rumbaut, R. G., & Portes, A. (Eds.). (2001). *Ethnicities : Children of immigrants in America*. New York : Andrew W. Mellon Foundation.

Reynolds, P. (1991). *Dance civet cat : Child labour in the Zambezi Valley*. Athens : Ohio University Press.

Sam, D. L., & Virta, E. (2003). Intergenerational value discrepancies in immigrant and host-national families and their impact on psychological adaptation. *Journal of Adolescence, 26*(2), 213-231.

Sameroff, A. (1975). Transactional models in early social relation. *Human Development, 18*(1-2), 65-79.

Sapir, E. (1934). The emergence of the concept of personality in a study of cultures. *Journal of Social Psychology, 5*, 408-415.

Schonpflug, U. (2001). Decision-making influence in the family : A comparison of Turkish families in Germany and in Turkey. *Journal of Comparative Family Studies, 32*(2), 219-230.

Schumann, J. H. (1978). *The pidginisation process : A model for second language acquisition*. Rowley, MA : Newbury Press.

Schumann, J. H.(1986). Research on the acculturation model for second language acquisition. *Journal of Multilingual and Multicultural Development, 7*(5), 379–392.

Schwartz, S. H.(1992). Universals in the content and structure of values : Theoretical advances and empirical tests in 20 countries. In M. P. Zanna(Ed.), *Advances in experimental social psychology*(Vol. 25, pp. 1–64). San Diego, CA : Academic Press.

Scott, J. C.(1990). *Domination and the arts of resistance. New Haven*, CT : Yale University Press.

Shweder, R. A., Mahapatra, M., & Miller, J. G.(1990). Culture and moral development. In J. W. Stigler, R. A. Shweder, & G. S. Herdt(Eds.),(1990). *Cultural psychology : Essays on comparative human development*(pp. 130–204). New York : Cambridge University Press.

Shweder, R. A., Much, N. C., Mahapatra, M., & Park, L.(1997). The "big three"of morality(autonomy, community, divinity) and the "big tree" explanations of suffering. In H. M. Brandt & P. Rozin(Eds.),(1997). *Morality and health*(pp. 119–169). Florence, KY : Taylor & Frances Routledge.

Smetana, J.(1997). Parenting and the development of social knowledge reconceptualized : A social domain analysis. In J. E. Grusec & L. Kuczynski(Eds.), *Parenting and the internalization of values : A handbook of contemporary theory* (pp. 162–169). New York : Wiley.

Smetana, J.(2005). Adolescent–parent conflict : resistance and subversion as developmental process. *Contrarian in moral development and moral education*(pp. 69–91). Mahwah, NJ : Lawrence Erlbaum Associates.

Strauss, C.(1992). Models and motives. In R. G. D' Andrade & C. Strauss(Eds.), *Human motives and cultural models*(pp. 1–20). New York : Cambridge University Press.

Ta, L., Kuczynski, L., Bernardini, S. C., & Harach, L.(1999, April). *Parents' perceptions of children's influence in the context of the parent–child relationship*. Paper presented at the Society for Research in Child Development, Albuquerque, New Mexico.

Talbani, A., & Hasanali, P.(2000). Adolescent females between tradition and modernity : Gender role socialization in south Asian immigrant culture. *Journal of Adolescence, 23*(5), 615–627.

Tesson, G.(1987). Socialization and parenting. In K. L. Anderson(Ed.), *Family matters* (pp. 87–111). Agincourt, Ontario : Methuen Publications.

Tong, V. M.(1996). Home language literacy and the acculturation of recent Chinese immigrant students. *The Bilingual Research, Journal, 20*(3), 523–543.

Trommsdorff, G., & Kornadt, H.(2003). Parent–child relations in cross–cultural perspective. In L. Kuczynski (Ed.), *Handbook of dynamics in parent–child relations*(pp. 271–306). Thousand Oaks, CA : Sage.

Turiel, E.(1998). Moral development. In W. Damon (Ed.) & N. Eisenberg(Vol. Ed.), *Handbook of child–psychology : Vol. 3, Social, emotional, and personality development*(5th ed., pp. 863–932). New York : Wiley.

Turiel, E.(2002). *The culture of morality*. Cambridge : Cambridge University Press.

Turiel, E., Wainryb, C.(2000). Social life in cultures : Judgments, conflict and subversion. *Child Development, 71*, 250–256.

Valsiner, J.(1988). Ontogeny of co–construction of culture within socially organized environmental settings. In J. Valsiner (Ed.), *Child development within culturally structured environments : Vol. 2, Social co–construction and environmental guidance in development*(pp. 283–297). Norwood, NJ : Ablex.

Valsiner, J.(2001). *Comparative study of human cultural development*. Madrid, Spain : Fundación Infancia y Aprendiaje.

Valsiner, J., Branco, A. U., & Dantas, C. M.(1997). Co–construction of human development : Heterogeneity within parental belief orientations. In J. E. Grusec & L. Kuczynski (Eds.), *Parenting and the internalization of values : A Handbook of contemporary theory*(pp. 227–256). New York : Wiley.

Vertovec, S., & Cohen, R.(1999). Introduction. In *Migration, diasporas and transnationalism* [The international Library of the Studies of Migration, Vol. 9]. Cheltenham, UK : Edward Elgar.

Vuchinich, S.(1987). Starting and stopping spontaneous family conflicts. *Journal of Marriage in the Family, 49*, 591–601.

Vygotsky, L. S.(1978). Mind in society. Cambridge, MA : Harvard University Press.

Wenar, C.(1982). On negativism. *Human Development, 25*, 1–23.

Wrong, D. H.(1961). The oversocialized conception of man in modern sociology. *American Sociological Review, 26*, 183–193.

Youniss, J.(1944). Rearing children for society. In J. G. Smetana (Ed.), *Beliefs about parenting : Origins and developmental implications*(pp. 37–50). San Francisco : Jossey–Bass.

역자 후기

도덕성 발달에 관한 연구는 그동안 인지발달 이론과 같은 발달심리학 분야를 중심으로 이루어져 왔다. 근래에 인격교육이 부활하면서 교육학 분야가 관심의 초점이 되기도 하였지만, 넓게 보면 두 접근 모두 도덕성의 발달과 교육이라는 같은 주제를 축으로 하는 심리학적 접근의 범위 내에 위치해 있다고 볼 수 있다. 다만, 전자가 발달에 더 비중을 두는 반면에 후자는 교육에 더 비중을 두는 차이가 있을 뿐이다. 우리나라에서 도덕성에 관한 논의가 반세기 이상의 세월이 흐르면서도 늘 같은 이야기를 반복하고 있는 듯한 인상을 주는 것은 이처럼 매우 제한된 주제를 다루고 있기 때문이다.

위에 언급된 말은 일반적인 학문적 경향성을 요약한 것이 아니다. 더군다나 권위 있는 이 분야의 어느 유명 인사가 한 말은 더더욱 아니다. 그동안 이 분야에 관심을 갖고 있던 내가 평소에 품고 있었던 생각이자 일단의 불만이기도 하다. 인간의 도덕성에 관한 보다 근원적이면서도 다양한 시각이 없을까, 그리고 그저 관념상의 논의를 넘어서는 실증적인 접근이 없을까 하는 아쉬움이 늘 남아 있었다. 이런 생각의 저 밑바닥에는 '나' 라는 인간의 비도덕적 행태의 근본에 대한 지적 갈증이 자리하고 있었다. 그럴 듯하게 포장된 가면의 이면에 도사리고 있으면서 언제든 꿈틀거릴 준비가 되어 있는 그 지독한 도덕성을 어떻게 해석해야 할 것인가?

이 책은 인간의 도덕성 발달에 관한 다양한 접근을 소개하고 있다. 이 분야는 우리가 자율성이냐 덕이냐의 논란에 휘말려 있던 지난 20여 년 동안에 연구의 주제뿐만 아니라 이론적 관점에서 크게 확장되었다. 이 분야의 주제는 문화, 정서, 공감, 양심, 사회화, 집단 간 관계, 교육, 권리, 가치, 자연, 이타주의, 공격성, 성, 청소년 범죄, 생물학, 영장류 동물학, 상호성, 인격교육, 지역 봉사, 그리고 청소년 발달 등으로 넓혀졌다. 그리고 인류학, 사회학, 정치학, 윤리학, 철학을 포함한 사회과학 분야의 학문뿐만 아니라 사회심리학, 인지심리학, 그리고 신경과학을 포함한 그 밖의 다른 심리학 영역에서의 일반적인 발달을 고찰하는 데까지 확장되었다. 나는 이 책을 통하여 그동안 미처 생각하지 못했거나 혹은 소홀히 했던 주제와 이론적 관점을 만날 수 있었다. 이 책에 등장하는 여러 학자들의 체취는 나의 지적 목마름에 대한 하나의 작은 폭포수였다.

참으로 지난한 과정이 지났다. 누군가가 말했듯이 길고 어두웠던 터널을 빠져나온 느낌이다. 겨울 하늘엔 태양이 빛난다. 그럼에도 찬란한 태양이 오히려 부담스럽게 눈부신 까닭은 작업을 완벽하게 해냈다는 자신감이 부족하기 때문일 것이다. 좀 더 시간과 정열을 쏟아부으며 붙

들고 늘어졌어야 하는데 하는 아쉬움이 밀려온다. 그래서 뒤를 돌아본다. 이제 막 빠져나온 터널 입구가 시커먼 입을 벌린 채 나를 집어삼켜 버릴 것 같은 기세로 버티고 서 있다. 차마 그곳으로 다시 들어갈 용기가 나지 않는다. 번역과 관련된 그 모든 오점은 아마도 나에게 시지푸스(Sisyphos)의 형벌이 되어 가슴에 남을 것이다. 결과란 자신의 사고와 행위능력의 범위에서 이루어진다는 평소 신념을 되씹으면서 이 작업을 마무리한다.

방대한 분량임에도 불구하고 꼼꼼한 교정과 함께 읽기 좋게 편집해 준 인간사랑 편집부 여러분께 감사드린다. 그리고 심각히 어려운 출판계 현실에도 불구하고 묵묵히 책을 출간해 주신 여국동 사장님께도 진심으로 감사드린다.

끝으로 제자인 이재호 선생에게 특별히 감사의 마음을 전한다.

2010년 3월

옮긴이 김태훈

• **김태훈**(hoon@gjue.ac.kr)

약력
서울교육대학 졸업
중앙대학교 문리대 영어영문학과 졸업
서울대학교 대학원 국민윤리교육과 졸업(석사 · 박사)
미국 조지아 대학교 연구교수
현재 공주교육대학교 윤리교육과 교수

저서
『민주시민을 위한 윤리 · 도덕』(공저, 형설출판사, 1992)
『인격교육과 덕교육』(공역, 배영사, 1995)
『세계의 도덕 · 윤리교육』(공저, 교육과학사, 1998)
『도덕 · 윤리 교과교육학 개론』(공저, 교육과학사, 1998)
『덕 교육론』(양서원, 1999)
『윤리학과 덕교육』(공저, 한국정신문화연구원, 2001)
『공동체주의 교육』(공저, 교육과학사, 2002)
『도덕과 교육의 이론』(공저, 인간사랑, 2004)
『도덕과 교육의 실제』(공저, 인간사랑, 2005)
『새로운 시대의 인격교육』(공역, 인간사랑, 2008)
『도덕성 발달이론과 교육』(인간사랑, 2004 초판, 2008 수정판 발행)

도덕성 발달 핸드북 -1-

초판1쇄 / 2010년 3월 30일

엮은이 **멜라니 킬렌/쥬디스 스메타나**
옮긴이 **김태훈**
펴낸이 **여국동**
펴낸곳 **도서출판 인간사랑**
인 쇄 **백왕인쇄**
제 본 **바다제책**

출판등록 1983. 1. 26. / 제일 3호

(411- 815) 경기도 고양시 일산구 백석동 1178-1
TEL (031)901-8144, 907-2003
FAX (031)905-5815
e-mail/igsr@yahoo.co.kr / igsr@naver.com

정가 35,000원

ISBN 978-89-7418-001-0 93370
978-89-7418-000-3 (전2권)

※ 잘못된 책은 교환해 드립니다.